KB038907

질투, 나는 왜 그를 믿지 못할까

THE JEALOUSY CURE
Learn to Trust, Overcome Possessiveness,
and Save Your Relationship

Robert L. Leahy 저

서수연 · 이종선 · 최기홍 공역

학지사

역자 서문

우리에게 이유 없는 감정은 없다. 감정은 우리가 환경에 적응하고 생존할 수 있도록 돕는 메시지를 담고 있다. 감정에 담긴 고통이 클수록 메시지의 중요성도 크다. 질투의 감정은 아마도 우리가 가장 힘들어하고 다루고 싶지 않으며 인정하고 싶지 않은 감정일 것이다. 그렇지만 질투를 느낀다고 전혀 수치스러워할 필요는 없다. 질투의 감정은 당신이 누군가와 깊은 관계를 맺고 싶기 때문에 생기는 감정이며, 그 누군가를 깊이 사랑하고 소중하게 지키고 싶다는 의미이다. 질투의 감정을 통해 우리는 서로의 사랑을 확인하고 관계를 다시 되돌아보는 계기를 만들어 더 깊은 관계로 발전시킬 수도 있다. 그러나 질투의 감정에 빠져 이성을 잃고 감정에 사로잡힐 때에는 그 관계가 파괴적으로 끝날 수도 있다.

당신이 이 책을 통해 질투 안에는 관계의 회복, 나와 상대에 대한 배려와 존중의 메시지가 있다는 것을 꼭 알게 되었으면 좋겠다. 이 책에서는 질투의 본질, 그 감정에 담긴 중요한 메시지 그리고 관계의 회복을 위한 실제적인 방안을 제시한다. 이 책은 질투의 감정을 잘 다스릴 수 있는 현실적인 방안을 제시하고 있다. 관계가 너무 밀착되어 있다고 느끼거나 관계가 너무 소원해져 있다고 느끼는 사람들 그리고 관계를 새롭게 만들어 가고 싶은 모든 사람에게 도움이 되는 내용들로 구성되어 있다.

역자들은 임상심리학자로서 정신병리와 심리치료 등을 연구하고, 병원, 지역사회 정신건강 기관, 상담센터에서 내담자에게 인지행동치료를 제공하고 있다. 코로나19가 시작되기 전 어느 여름, 이 책의 저자인 Robert Leahy 박사를 초청해 강연과 함께 임상 경험을 나눌 기회를 가질 수 있었다. Robert Leahy 박사는 임상심리학자로서 풍부한 임상 경험을 바탕으로 인지행동치료에서 정서를 다루는 영역을 확장하고 있었다. 또한 Leahy 박사가 이 책에서 질투 감정의 본질과 이를 다스리는 방안을 쉽고 명확하게 일반 독자에게 전달하고 있음을 알았다. 우리는 방학과 연구년을 이용하여, 관계 때문에 고민을 하거나 어려움을 겪는 독자를 위해 이 책을 번역하기로 마음먹었다. 코로나19로 관계가 소원해지거나 가까운 관계에서 어려움을 겪는 분들이 많아지고 있다. 독자들이 이 책을 통해 관계에서의 어려움을 해소하고, 더 많은 관계의 즐거움을 경험할 수 있기를 바란다.

서수연, 이종선, 최기홍 드림

서문

　프로이트가 다윈의 발견들의 심리학적 의의를 탐색하기 시작하면서, 우리는 진화론이 비교적 불쾌한 어두운 측면이 있다는 것을 강제로 인지해야 했다. 인류의 역사는 우리의 공격 능력과 연민 가능성 사이에서 거듭되는 투쟁으로 볼 수 있다. 우리의 가장 기본적인 동기의 근원에는 생존과 유전자에 대한 재생산에 대한 이슈가 있다. 그 안에는 자원이나 성적(생식과 관련 있는) 기회에 대한 접근과 같은 대인관계적인 경쟁도 있다. 이런 중심적인 갈등은 자기애적 혹은 사이코패스적ㆍ자기중심적인 경쟁심, 부족 중심주의, 편견, 부러움과 이 책의 주제인 질투심과 같은 여러 가지 동기와 관련된 다양한 과정을 야기한다.

　Robert Leahy 박사는 우리의 어두운 면에 대해 진화론적ㆍ사회적 근원을 깊이 이해하는 것과 그것을 알아차릴 수 있는 능력 사이에 다리를 놓아 주어, 궁극적으로 우리가 그 어두운 면에 대한 책임을 질 수 있도록 도와주는 선구적인 일을 수년간 해 왔다. 우리가 행동을 하는 이유에 대해 더 많은 인식을 하면서 우리는 스스로의 행동에 대해 더 책임을 질 수 있도록 관심을 가질 수 있다. 이것은 뛰어나고 중요한 이 책의 명백한 핵심 목표 중 하나이다.

Leahy 박사는 질투심이 부러움과 어떤 공통점이 있으면서도 구분되는지 뚜렷하게 보여 준다. 부러움은 누군가 혹은 어떤 집단이 우리보다 더 많은 것을 가져서 우리가 그것을 갖고 싶을 때 느끼는 감정이다. 부러움에 대한 적대적인 양식은 다른 사람들이 갖고 있는 것을 파괴하게끔 만들 수 있지만, 유익한 형태의 부러움은 다른 사람들을 모방하고 더 좋은 사람이 될 수 있게 도와줄 수 있다. 반면에 질투심은 세 명 이상의 사람 사이에서 한 명의 관심과 긍정적인 평가를 얻기 위한 경쟁과 관련이 있다. 일반적으로 성적 관계 내에서 발생하지만, 항상 그렇지는 않다. 질투심과 부러움은 다른 사람을 해치고 파괴시키고 싶은 지경에 이를 수 있는 특정 대상에 대한 적대적 행동에 대한 동기를 높이는 경향성이 있다는 것에서 공통점이 있다. 그래서 "내가 가질 수 없다면 그 누구도 가질 수 없다."와 같은 유명한 말도 있다.

질투심의 근원은 다양한 종에서 찾아볼 수 있으며, 특히 파트너 지키기라고 불리는 행동과 관련이 있다. 이 행동은 (대부분 남성이지만 항상 그렇지는 않다) 다른 사람들이 파트너에 접근하는 것을 예방하면서, 동시에 파트너에게 공포를 느끼게 한다. 실제로 공포를 느끼게 하는 것은 질투심을 느낄 때 흔하게 사용되는 전략이다. 『구약성경』에서는 하느님은 질투심을 느끼는 하느님으로, 그를 배신하거나 복종하지 않는 사람들에게는 말로 다 할 수 없는 불행을 가져올 수 있는 능력이 있는 존재로 묘사되었다. "나를 떠나면 큰일 날 거야."라는 표어는 질투심을 느끼는 자들의 주요 위협 메시지다.

질투심이 자비로운 관계의 가장 큰 파괴자라는 것을 아는 것은 어렵지 않다. 질투심은 사랑 대신에 분노를 자리 잡게 한다. 질투심은 수동 공격성부터 시작해서 가정 폭력이나 살인까지 모든 종류의 관계적 갈등을 야기한다. 질투심은 자주 스토킹 행동의 이유가 되며, 사랑의 대상이 본인이 아닌 다른 사람을 선택할 때에는 보복의 동기가 될 수 있다. 결국 질투심은 본인이 가장 원하는 사람을 멀리 도망가게 만든다. 그리고 분노와 유사한 여러 감정처럼, 질투심은 합리화하기도 쉽다.

이 책, 『질투, 나는 왜 그를 믿지 못할까』에서 Leahy 박사는 임상가로 활동한 상당한 경험을 통해 이런 자주 소외되는 개인적이고 관계적인 비극을 조명한다. 그는 질투심의 원천과 우리가 해결할 수 있는 방법들에 대한 심도 깊은 통찰을 제공한다. 당신이 질투심으로 고통받고 있다면, 이 책은 당신이 혼자가 아니라는 것을 인지하게 해 줄 것이며, 당신이 질투심에 대한 욕구와 고통을 경험하는 이유는 인간의 뇌, 즉 당신의 뇌가 그것을 가능하게 만들었기 때문이라는 것을 알게 해 줄 것이다.

Leahy 박사는 질투심으로 고통받는 사람들뿐만 아니라 질투심의 의심을 받는 상대방에 대해서도 민감하게 다룬다. 비극적이게도, 질투심을 경험하는 사람들이 적대적 행동을 저지르듯이, 질투심의 대상이 되는 사람들은 현재 일어나는 상황에 대해 자주 수치스러워한다. 그들은 스스로에게조차 현실을 숨기려고 하고, 도움을 잘 청하지 않는다. 실제로, 질투심의 많은 피해자는 질투심으로 인해 무시당하거나 폭력을 경험하면 그들이 현재 맺고 있는 관계에 대해 수치심과 두려움을 과도하게 느낄 수 있다. 이 책은 당신이 질투심으로 인한 관계의 피해자라는 것을 파악하게 해 줄 것이며, 전문적인 도움이 필요한지도 결정할 수 있게 도와줄 것이다.

『질투, 나는 왜 그를 믿지 못할까』는 질투심의 특징과 패턴에 대한 통찰의 명확성을 제공하기 때문에 큰 가치를 가지고 있다. 특히 우리가 질투심을 경험하는 것에 대한 수치심으로부터 자유로울 수 있는 능력이 있다는 지침들을 담고 있다는 것이 중요하다. 스스로에게 솔직해지는 것이 우리 행동에 책임을 지는 것의 첫 단계이다. 우리의 머릿속에 떠오르는 생각들을 항상 멈출 수는 없지만, 우리는 스스로의 행동과 그 결과에 대해 책임질 수 있다. 궁극적으로 우리는 태어나는 날부터 죽는 날까지 우리의 충동과 욕구가 수십만 년에 걸쳐 진화되었기 때문에 단명하는 생물학적으로 결정된 존재일 수밖에 없다. 우리의 유전자들이 우리가 사랑하는 사람들을 통제하고 조정하라고 명령하여도, 궁극적으로 그런 충동을 놓아주어야지만 우리는 평화와 친밀함을 경험할 수 있다.

이 책은 당신의 질투심과 그 해결책에 대해 이해할 수 있게 도와주는 깊은 통찰이 있는 중요한 책이다. 당신은 스스로에게 솔직해지고, 마음속의 용기를 찾아내서 질투심으로 충만한 마음을 어루만질 수 있게 될 것이다. Leahy 박사의 글은 섬세하고, 접근 가능하며, 자비롭다. 궁극적으로 질투심을 이겨 내는 것은 엄청나게 고통스럽고 파괴적인 인간 경험으로부터 우리를 자유롭게 하는 것을 의미한다. 여기에 그 여정에 사용할 수 있는 단계적 지침이 있다.

Paul Gilbert, PhD, OBE

들어가며

　필리스는 평소에는 함께 있으면 즐거운 사람이다. 그녀의 웃음은 전염된다. 그녀는 지적이고, 유머 감각도 뛰어나고, 만나는 거의 모든 사람들에게 친절하다. 그녀는 매력적인 외모를 가졌고, 창의적이고, 친구도 많다. 그렇지만 필리스는 남자친구인 마이클에게 질투심을 느끼고, 이 감정은 때때로 그녀를 압도하며, 질투심으로 인해 그녀는 메스껍고, 불안하고, 분노를 느낀다. 마이클이 파티에 가면 불안하고, 예전 연인과 연락하는 것에 대해 걱정한다. 마이클이 '그저 친구인' 그의 옛 연인과 저녁을 먹으면, 필리스는 분노가 폭발한다. 그녀는 질투심을 떨쳐 버릴 수 없기 때문에 스스로 뭔가 잘못됐다고 느낀다. 그녀는 눈맞춤을 피하고 땅바닥을 응시하며 나에게 "저는 정말 미쳐 버릴 것만 같아요."라고 말한다.

　스티브에 대해서도 한번 생각해 보자. 그는 처음 레이첼을 사귀기 시작했을 때에는 질투심을 느끼지는 않았지만, 이제는 질투심을 느낀다. 그는 레이첼이 자신에게 관심이 줄었다는 증거를 찾기 위해 그녀의 페이스북 계정을 확인하고, 그녀의 스마트폰을 몰래 보려고 시도한다. 그는 계속 궁금해한다. '그녀가 다른 사람을 만나고 있나?' '페이스북에서 친구 신청한 그 남자는 누구지?' '계속 다른 남자를 물색 중인가?' 스티브는 일에 집중할 수 없고, 술을 더 많이 마시며, 너무 괴로워서 친구들을 만나고 싶지 않다. 그는 나에게 이렇게 말한다. "레이첼이 바람을 피고 있다는 그 어떤 증거도 없지만, 확신을 할 수 없어요. 불안해서 견딜 수가 없어요. 어떨 때에는 더 이상 걱정하지 않기 위해 차라리 헤어지는 것이 더 낫겠다는 생각까지 들어요."

거의 대부분의 사람이 살면서 한 번쯤은 질투심을 느꼈을 것이고, 배우자, 연인, 친구, 형제자매나 다른 가족 구성원을 향한 질투심이 담겨져 있는 생각을 했을 것이다. 이 책에서 볼 수 있듯이, 질투심은 사람들이 사랑하고 두려워하는 감정처럼 정상이다. 보편적인 감정이며, 다른 문화의 사람들, 어린아이들, 심지어 동물들도 느낀다. 우리가 질투심을 느끼는 이유는 어떤 특별한 방식으로 누구와 연결이 됐다고 느끼기 때문이다. 그렇기 때문에 그 관계가 위험에 빠졌다고 느끼면, 우리는 위협을 느끼거나 모욕당했다고 느낄수 있다. 우리는 피상적인 관계 내에서는 질투심을 느끼는 것이 흔하지 않기 때문에, 질투심을 느낀다는 것은 다른 사람이 우리에게 중요한 존재라는 신호일 것이다. 그렇지만 필리스나 스티브처럼 우리를 압도하고 벗어날 수 없다면, 우리는 후회할 만한 일들을 하게 된다. 질투심 때문에 우리는 심각한 문제가 생길 수 있다.

나는 인지행동치료 관점에서 걱정, 불안, 우울, 행동 변화의 어려움에 대해 심리학과 관련된 책 25권을 집필했다. 그리고 관련 주제에 대해 책을 쓴 뛰어난 수많은 치료자들이 책도 흥미롭게 읽었다. 그렇기 때문에 질투심으로 인해 힘들어하는 사람들을 위해 인지행동치료 관점에서 쓴 책이 없다는 것이 의아했다. 질투심이 우리가 연구하는 많은 주제, 그리고 우리가 효과적으로 치료하고 있는 걱정, 사후반추, 자기비난, 분노와 갈등 해소와 같은 영역들과 관련이 있기 때문에 특히 더 이상했다. 질투심에 대한 책은 필요했다.

인지행동치료는 전 세계적으로 우울과 불안, 그리고 마음을 힘들게 하는 다양한 다른 문제에 대해 가장 권위 있는 치료로 평가되고 있다. 인지행동치료는 현재 가지고 있는 생각, 행동 그리고 다른 사람과의 상호작용에 집중해서 어려움에 더 잘 대처할 수 있는 자조 도구들을 제공한다. 이 책에서는 다양한 강력한 기법과 개념화를 활용하여 흔히 어렵고 압도적인 이 감정에 더 잘 대처할 수 있도록 도움을 줄 것이다. 나는 당신이 오늘 이용할 수 있는 새로운 도구들을 통해 질투심에 대해 다른 관점을 갖고 인생이 질투심으로 인해 조정 당하지 않기를 희망한다.

나는 좋은 사람들이 질투심으로 인해 힘들어하는 것을 보았다. 그들은 연인을 사랑하고 신뢰하고 같이 성장하고 싶어 한다. 그렇지만 질투심으로 인해 통제할 수 없는 불안과 분노로 상황이 악화되기도 하며, 그 이후에는 죄책감과 수치심으로 이어지기도 한다. 한 여성은 본인이 통제감을 잃고 관계를 망치고 있다며 수치심과 두려움으로 울었다. 한 남성은 만나고 있는 여성과 결혼을 하기를 바랐지만, 질투심 때문에 그녀를 심문하고, 비난하고, SNS에서 그녀를 스토킹했다. 한 남성은 부인과 세 자녀를 사랑했지만, 질투심으로 인해 너무 압도돼서 차라리 자살하는 것이 낫겠다는 생각을 했다. 다행히도 그는 극단적인 선택을 하지 않았고, 그는 질투심으로 덮여 버린 결혼생활을 구제할 수 있었다.

질투심은 강렬한 사랑과 강렬한 두려움이 조합되었기 때문에 비극적 감정이다. 질투심의 결과로 나오는 행동은 보호하고 싶은 관계를 위험에 빠트릴 수 있다. 그리고 질투심으로 인한 생각, 감정과 행동은 수치심과 죄책감을 동반한다. 질투심으로 인해 힘들었던 경험이 있었다면, 스스로 제정신인지 의심을 해 본 적이 있을 것이며, 과연 질투심을 느낄 자격이 있는지 의문을 가졌을지도 모른다. 우리의 문화는 때때로 고통스럽고 힘든 감정은 허용하지 않으며, 이런 감정을 느끼면 자신에게 큰 문제가 있다는 메시지를 보낸다. 그렇지만 나는 당신에게 질투심은 인생의 한 부분이며, 친밀감을 느끼고 강렬한 관계를 맺을 때 정상적으로 경험할 수 있는 감정이라고 이야기해 주고 싶다.

사람들은 의도는 선한 친구들이나 상담자들에게 조언을 구하는 경우가 많은데, 그런 조언들은 도움이 되지 않고 상황을 더 악화시킬 수도 있다. 다음은 흔하게 듣는 조언들이며, 왜 그 조언들이 정확하지도 도움이 되지도 않는지 설명했다.

- "너는 자존감이 낮아서 그래." 현실적으로 질투심이 높다는 것은 자존감이 너무 높아서 생길 수도 있다는 것이다. 어쩌면 사람들에게 부당한 대우를 받는 것을 잘 인내하지 못할 수 있다. 그렇기 단순한 문제가 아니다.
- "그냥 신경을 꺼야 해." 질투심을 유발하는 생각에 대해 신경을 끄려고 할수록 질투심과 관련된 생각들이 더 날 것이다. 우리는 우리의 생각에 지배되지 않으면서 수용하는 방법을 배워야 한다.

- "긍정적인 생각을 하려고 노력해 봐." 이런 조언은 보통 상대방을 더 기분 나쁘게 만든다. 그 이유는 이것이 받을 수 있는 최고의 조언이라면, 더 절망감을 느끼게 되기 때문이다.
- "왜 스스로 벌을 주고 있어?" 질투심은 배신당하는 것으로부터 스스로를 보호하려는 시도이기 때문에 이것은 완전히 빗나간 조언이다.
- "너는 질투심을 느낄 자격이 없어." 모든 사람은 느끼고 있는 그 어떤 감정이나 생각들을 온전히 느낄 권한이 있다. 이렇게 비타당화하는 것은 거절당하는 것에 대해 더 위협감을 느끼게 할 수 있다.
- "나는 아무것도 잘못한 것이 없어." 사실일 수는 있겠지만, 질투심의 대상인 사람이 이런 이야기를 하면 무엇인가 더 숨기고 있다는 생각에 더 열심히 노력하게 만들 수 있다.
- "그냥 나를 믿어." 누구를 믿으라고 지시를 내리는 것은 현재 힘들어하는 감정이나 이유를 타당화해 주지 않기 때문에 효과가 없다.
- "너는 미쳤어." 이것은 거절과 유기 불안에 대한 불안을 증가시키며, 더 질투심을 느끼게 만든다.

이렇게 말하는 것들이 타당할지는 모르겠지만, 현재 느끼는 감정과 관련이 없고 이런 감정에 적절하게 대처하는 데에는 효과적이지 않기 때문에 도움이 되지 않는다. 질투심은 어떤 관계가 위협을 느끼고 있을 때 느끼는 감정이기 때문에, 비난을 하고, 최소화하고, 놀리는 것은 더 기분 나쁘게 만들고, 더 많은 질투심을 유발할 수 있다. 그렇다면 어떻게 도움이 되는 방법으로 질투심을 다룰 수 있을까?

질투심에 어떻게 더 잘 대처하는지 보여 주는 것이 이 책의 목표 중 하나다. 나는 당신이 질투심이 무엇인지 이해하는 데 도움을 주고 싶다. 그것은 정열적인 감정으로, 우리를 힘들게 하는 분노, 불안, 무기력감, 적개심 그리고 절망감과 같은 감정과 관련이 있기 때문이다. 그리고 당신만이 이 감정을 느끼는 것이 아니라는 것도 깨닫게 해 주고 싶다.

또 다른 목표 중 하나는 당신의 관계를 망치거나 구제해 줄 수 있는 당신이 내리는 결정들을 살펴보는 것이다. 질투심을 느끼게 되면, 누구를 믿을 수 없다는 강렬한 감정을 느끼면, 그다음에는 무엇을 하는가? 질투심과 관련 있는 생각이나 감정들은 흔하게 다음과 같은 반응이나 행동 패턴으로 이어진다.

- 심문하기
- 배신당했다는 단서 찾기
- 상대방을 통제하기
- 상대방에게 벌주기
- 상대방이 배신했다는 가능성에 대해 지나치게 걱정하기
- 배신을 당했다면 내가 걱정하는 일이 일어날까 봐 두려워하기

그렇지만 질투심이나 질투심과 관련 있는 생각이 항상 질투심과 관련 있는 행동으로 이어지는 것은 아니다. 당신은 실제로 무엇을 하는지에 대해 선택을 할 수 있다. 더 좋은 방법으로 반응할 수 있

다. 머릿속에서 질투심을 완전히 제거하지는 못해도, 질투심이 나를 완전히 사로잡고 나의 안녕감과 관계들을 완전히 망치는 것을 방지할 수 있다.

이 책은 당신이 질투심을 느낄 자격이 없고, 비이성적이며, "그냥 떨쳐 버려야 한다."와 같은 말을 하며 강의를 하려는 의도가 아니다. 절대 아니다. 질투심이 합당할 때에는, 연인에게 자기주장을 하고, 문제해결을 하며 선을 그어야 할 시간인지도 모른다. 질투심으로 인해 두 사람은 서로 관계를 더 공고히 하고, 서로 지켜야 할 규칙들을 세우고, 상호 간 이해를 높일 수 있게 돕고, 이 모든 것들은 신뢰를 쌓는 데 도움이 될 것이다. 어떤 경우에는 질투심이 우리의 관계에서 전념, 정직함, 투명성, 선택 등과 같이 무엇이 부족한지 알려 줄 수 있다.

질투심을 느낀다는 것이 끔찍한 일이 벌어질 것이라는 것을 의미하지 않는다. 생각과 감정뿐만 아니라 현실을 바라보는 데 도움이 된다. 감정은 항상 현실을 정확하게 예측하지 않는다. 질투심이 워낙 정열적이고 압도적인 감정이기 때문에, 거리를 두고 멀리서 바라보는 것이 불가능해 보일 수도 있다. 그렇지만 생각의 속도를 늦추고, 잠시 동안 감정에서 거리를 두고, 스스로에게 어떤 이야기를 하는지 잠시 동안 생각하고 숙고한다면, 상황은 달라질 수도 있다. 생각과 감정에 사로잡힐 필요는 없을 수도 있다.

만약 상대방이 질투를 하고 있다면, 이 책을 통해 상대방이 무엇을 경험하는지 이해하는 것을 도울 수 있다. 묵살해 버리는 반응이 왜 절대 도움이 되지 않는지 이해할 수 있게 도울 것이다. 질투심을 당하고 있는 입장에서 친밀한 관계의 맥락에서 비난을 당하고 신뢰를 받지 못하는 것이 얼마나 힘든 일인지 알 것이다. 관계에 있는 두 명 다 이런 고통스러운 감정에 더 잘 대처하는 방법을 배울 수 있다. 이 책은 연인과 함께 공통된 이해를 하고 규칙을 정할 수 있게 길잡이가 되어 줄 것이다. 질투심은 내가 원한다고 없어지지 않는다. 두 사람 모두 부정적인 행동과 결과적으로 나타나는 갈등을 줄이고 질투심을 수용하고, 공존하고, 존중하는 방법을 배울 수 있다.

　이 책의 최종 목표는 질투심이 본질적으로 나쁘지 않고 인간 본성의 일부분이기 때문에 탓하고 부끄러워할 만한 일이 아니라는 것을 볼 수 있게 도와주는 것이다. 실제로 관계 내에서 관심이 필요한 영역을 발견하는 데 도움이 될 있다는 면에서 유용할 수 있다. 나는 질투심을 이해하고 질투심으로 인한 괴로움으로부터 자유로워질 수 있게 수백 명의 내담자들을 도와주었다. 계속 읽으면 당신도 자유로워질 수 있을 것이다.

차례

제1부

질투심의 열정에 대해

제1장 ••• **경쟁적 감정의 진화 • 25**

제2부

질투심이 문제가 될 때

제4장 ●●● 질투심에 사로잡힐 때 • 75

질투심 돌리기

제8장 •••질투심 반박하기 • 181

제9장 •••상황 속에서 질투를 이해하기 • 215

제12장 •••복합적인 작업: 과거 부정을 극복하기 • 279

제1부

질투심의 열정에 대해

경쟁적 감정의 진화

가장 이성적이고 논리적인 사람도 질투심으로 압도되고 질투심으로 인해 유발되는 분노, 불안과 무기력감에 사로잡힐 수 있다. 진화심리학자 데이비드 부스는 대학교에 있을 때, 여자친구가 다른 사람들과 성관계를 하고 싶으면, 그녀의 몸을 소유하는 것이 아니기 때문에 반발할 권한이 없다고 생각했다고 한다. 그녀는 원하는 대로 할 자유가 있다고 믿었다. 그렇지만 그가 실제로 여자친구가 생기고 생각이 바뀌었다고 한다.[1] 그만 이렇게 생각하는 것은 아니다. 대부분의 사람들도 그렇게 생각한다.

우리가 경험할 수 있는 모든 감정을 통틀어, 질투심은 가장 견디기 힘들고 위험할 것이다. 질투심은 배신당하는 것에 대한 위협, 혹은 버림받을 것에 대한 위협을 향한 열정이다. 침입자 혹은 경쟁자로 인식되는 사람을 향한 분노다. 우리의 신뢰를 배신할까 봐 두려움을 느끼는 사람에 대한 적대심이다. 질투심은 본능적이며, 근본적이며, 어떤 경우에는 폭력적이다. 우리는 질투심 때문에 압도될 수 있고, 흥분할 수 있고, 조정당할 수 있다. 우리의 마음과 생각은 사로잡힐 수 있다. 그리고 우리는 불안을 느끼고 무기력해질 수 있다.

질투심은 무엇인가

질투심은 우리의 **특별한** 관계가 위협당할 수 있다는 두려움을 경험할 때 느끼게 된다. 연인이나 친구가 우리에게 흥미를 잃어버리고 다른 사람과 더 친밀한 관계를 형성할까 봐 두렵다. 우리는 그 사람을 향한 관심에 대해 위협을 느낀다. 질투심은 아무런 사건 없이 일어나지는 않는다. 실제로 세 명이 있어야 존재하는 감정이다. 세 번째 사람이 우리의 특별한 관계를 위협한다. 우리는 연인, 친구, 가족 구성원 그리고 동료를 질투할 수 있다. 우리는 운이 없다면 우리가 사회활동을 하는 영역에 들어오는 그 누구로부터 위협을 인지할 수 있다. 우리는 모든 것이 급작스럽게 엉망이 되고, 굴욕감을 느끼고, 하찮은 존재가 되고, 버림받을 것에 대해 두려워한다.

우리는 흔하게 질투심을 부러움과 혼동한다. 부러움은 누군가 우리보다 더 우위에 있을 때, 그리고 간혹 그 사람이 우위에 있는 것이 불공평하다고 느끼고, 그들의 성공 때문에 우리가 하찮아 보인다고 생각하기 때문에 그들의 성공을 분하다고 느낄 때 생기는 감정이다. 그들의 성공이 우리의 실패다. 우리가 가치 있게 생각하는 영역에 우리와 경쟁하는 사람들을 부러워한다. 사업이라면, 우리보다 더 돈을 많이 벌거나 더 승진을 빨리 하는 사람들을 부러워한다. 학계라면 연구비 수주를 하거나 논문을 쓰는 사람을 부러워한다.

부러움은 비교와 관련이 있다. 질투심은 관계에 대한 위협과 관련이 있다. 질투심과 부러움은 다른 감정이지만, 우리는 빈번하게 같은 사람에 대해 두 감정을 다 느끼는 이유는 우리는 다른 사람과 경쟁한다는 느낌이 들고, 우리가 질 수도 있다는 생각이 들기 때문이다.[2] 나는 이 책에서 질투심에 집중할 것이다.

우리는 질투심을 어떻게 경험하는가

질투심은 단일한 감정이 아니다. 분노, 불안, 끔찍함, 혼란스러움, 흥분, 무기력감, 절망감, 슬픔과 같은 강력하고 혼란스러운 감정의 복합체다. 실제로 연애 중인 사람은 상대방이 바람을 피운다는 생각 때문에 질투심을 느끼면서도, 바람 피운다는 환상으로 인해 성적으로 흥분될 수 있다. 우리는 한 번에 한 감정만 느껴야 한다고 생각하기 때문에 혼란스럽다. 또한, 사랑이라는 감정은 모든 것을 더 복잡하게 만든다. 고통스럽고 부정적인 감정은 사랑이라는 긍정적인 감정과 섞일 수 있다. 우리는 긍정적이거나 부정적인, 한 방향으로만 감정을 느끼고 싶은데, 두 종류의 감정들이 파도처럼 밀려오면서 자주 우리를 압도한다.

우리는 질투심을 '느낀다'고 하지만, 우리의 질투심은 넓은 범위의 생각들도 관련이 있다. 우리는 '그는 다른 사람에게 관심 있어.' 혹은 '그녀는 나를 떠날 거야.' 혹은 '내 파트너는 절대 다른 사람을 매력적으로 느끼면 안 돼.'라는 생각을 한다. 우리는 알아야 하는 것들에 대한 생각도 있다. '나는 정확하게 모든 것을 알 필요가 있어.' 또한, 우리가 상황에 대한 파악이 잘 이루어지고 있지 않다면, 우리는 그것에 대한 생각도 있다. '내가 모르는 것은 나를 해칠 수 있어.'

우리는 자주 질투심을 느끼면 주변에게 안심받기를 원하거나 날카로운 질문을 하면서 행동으로 옮기게 된다. 우리는 상대방을 따라다니거나, 염탐하거나, 이메일이나 문자 메시지를 읽거나, 유혹하거나, 회유하거나, 차 안에 있는 블랙박스를 확인하거나, 향수 냄새를 맡거나, 짐 가방을 뒤지거나, 다른 사람에게 무엇을 아는지 물어보거나, 위협을 할 수 있다. 우리는 소리를 지르고, 심문하고, 삐지고, 철회한다. 우리는 매달리고 회피한다.

그래서 질투심은 그냥 '감정뿐이다.'라는 말은 틀리다. 질투심은 상대방을 조정하기 위한 복합적인 감정, 감각, 생각, 행동, 질문 그리고 전략이다. 질투심은 어떤 상황인지 확실하게 알기 위한 끝없는 욕망 때문에 생기며, 우리는 그것으로 인해 우리가 모르지만 사실일 수도 있는 모든 끔찍한 일들을 상상하게 된다. 우리는 알려고 하고 조정하고자 한다. 우리는 자주 우리의 생각, 환상 그리고 감정을 마치 우리가 두려워하는 현실이 된 것 마냥 취급한다. 그렇지만 감정은 사실이 아니다.

단순히 질투심을 느끼거나 질투 나는 생각을 떠오른다고 하는 것이 주요 문제가 아니다. 문제는 뒤따라오는 행동과 조정 전략 때문이다. 우리가 어떻게 반응하는지가 문제가 되는 것이다. 분란으로 인한 연속적 반응은 눈 깜짝할 사이에 걷잡을 수 없이 문제가 커질 수 있기 때문에 우리가 하는 말과 행동에 우리는 깜짝 놀랄 수 있다. 다른 말로, 우리가 질투심을 느끼는 것과 그것을 행동으로 옮기는 것은 다르다. 우리는 이것에 대해 좀 더 자세하게 다룰 것이다. 우리가 질투심으로 인한 반응들을 더 잘 조정하기 위해서는 나의 질투심, 그리고 일반적으로 질투심에 대해 더 잘 이해하는 것이 도움이 될 것이다. 큰 그림은 이렇다.

진화론적 관점

다윈의 큰 통찰을 통해 우리는 역사 속의 모든 생물체는 생존을 위한 몸부림을 하고 있다는 것을 깨닫게 됐다.[3] 우리의 조상은 모두 기아, 외적의 침입, 같은 부족 혹은 공동체 구성원으로부터의 살해, 성폭행과 유아 살해의 위협을 받았다. 태어날 때부터 사는 것은 투쟁이었다. 그리고 그 투쟁은 자주 서로 대적하면서 이루어졌다. 우리는 인간의 본성의 핵심에 있는 특성들을 생각해 볼 수 있다. 예를 들어, 영유아의 애착, 위협에 대한 방어, 고소공포증, 영유아의 낯가림 현상, 발표 불안, 배우자나 자녀들에게 강한 애착을 형성하는 것들이 있는데, 이런 특성들은 생존에 기여하기 때문에 다른 동물에도 찾아볼 수 있다는 것을 인지할 수 있다.

생존은 경쟁을 해서 이기는 것과 관련이 있다. 형제, 동료, 성적 파트너 간에도 경쟁이 있다. 질투심은 이런 위협을 원시적으로 인지하는 형태다. 우리가 보호받을 수 있게 전략으로 진화한 것이다. 그렇지만 요즘 세상에는 질투심은 결혼을 파괴할 수 있고, 친구들을 떠나게 할 수 있고, 형제자매와 관계를 끊어 버릴 수 있다.

　　그렇다면 질투심이 정당화되고 우리가 통제하기 위해 할 수 있는 것이 아무것도 없다고 할 수 있을까? 절대 그렇지 않다. 질투심이 우리의 진화에 뿌리를 두고 있다는 것을 아는 것이 질투심이 가득한 분노, 의심 혹은 복수를 정당화하지 않는다. 우리는 10만 년 전에 유용했지만 더 이상 기능적이지 않은 불안과 두려움 때문에 역기능적인 행동을 할 수 있다. 과거에 유용했던 것이 현재에서는 우리를 실패하게 만들 수 있다.

　　진화론적 관점은 왜 질투심의 열정이 그렇게 강력한지, 정서적으로 강렬한지 이해하는 것을 돕게 해 준다. 그렇지만 고소공포증, 물공포증, 개공포증, 폐쇄공포증, 광장공포증과 같이, 질투심으로 인한 두려움은 더 이상 유용하지 않다. 진화론적에 부합하는 환경은 21세기의 도시, 수도권 혹은 마을이 아니다. 진화론은 질투심을 정당화하지 않는다. 이는 왜 그것이 그렇게 보편적이고 강력한지 도와줄 뿐이다. 우리는 이런 두려움으로 진화한 뇌를 갖고 태어나는 것을 선택하지 않았다.

　　우리의 조상이 지속적으로 위협을 당하던 옛날 옛적에는 인생은 생존하는 것, 그리고 유전자가 생존하는 것이 가장 중요했다. 어떤 사람이 싸우다가 죽을 수도 있겠지만, 그의 유전자가 생존했다면, 그의 특질들이 다음 세대에 전해졌기 때문에 진화론적 적합성 시험을 통과한 것이었다. 진화론적 적합성에 필수적인 것은 두 가지다. 아이를 낳는 것과 그 자녀가 생존하는 것이었다. 많은 아이를 낳을 수 있지만, 그 아이들이 다 사망하면 유전자도 같이 죽는 것이었다. 아무도 아이들을 돌보지 않으면 유전자도 생존하지 않는다. 여기서 질투심이 역할을 하게 된다.

질투심의 진화

진화론은 질투심 뒤에 있는 열정과 열의를 이해할 수 있게 도와준다. 우리를 너무 빠르게 사로잡는 눈먼 분노로 인해 나중에 우리의 감정과 행동에 놀랄 수도 있고, 연인이 다른 사람과 성관계를 하는 것에 대한 끔찍한 두려움, 우리가 거짓말을 탐지하는 방법, 우리가 다른 사람에게 거짓말하는 것도 여기에 해당된다. 우리는 수천 년 동안 우리의 조상을 보호했던 본능적인 열정에 의해 움직인다. 그렇지만 이런 보호들이 현재 우리의 사리를 추구하는 것을 패배시킬 수 있다. 이것과 관련이 있는 부모 투자 이론과 한정된 자원에 대한 경쟁이라는 두 개의 진화론적 이론이 있다. 한번 살펴보자.

부모 투자 이론

이 이론은 우리가 다른 사람의 생존에 높은 유전적 투자를 했다면, 자원을 공유하고 어린아이를 돌보는 것에 더 전념한다고 제안한다.[4] 우리는 우리의 자녀, 형제자매, 가까운 친척과 같이 우리와 유전자를 공유하는 사람들을 보호하고 지지할 가능성이 높다. 우리가 생물학적으로 우리와 관련이 없는 사람들을 보호하고 지지할 가능성은 비교적 적다.

이런 맥락에서 질투심은 보호를 하기 위한 전략이다. 만약 어떤 남자가 배우자의 자녀가 친자임에 대한 확신이 없다면, 그는 자기의 유전자를 물려줄 가능성을 희생하고 타인의 유전자를 가진 사람을 돌보게 될 것이다. 여자는 아이가 본인의 유전자를 타고났는지 항상 알기 때문에, 그녀의 질투심은 친자 확인이나 성적 행동보다는 남성 파트너가 기여하는 보호나 자원에 대한 걱정으로 인해 더 영향을 받는다. 여자는 자녀들의 생존 확률을 높이기 때문에 남성 파트너에게 보호와 지지를 받기를 원할 것이다. 남성과 여성은 본인의 유전자 투자물(친자)이 위협당할 때 질투심을 느낀다.

　이 이론과 일관되게, 연구에 따르면 남성들은 친자 확인에 의문을 갖게 되기 때문에 지각된 성적 부정(不貞) 때문에 질투심을 느낄 가능성이 제일 높다. 여성들은 파트너가 다른 여성과 정서적 친밀감을 지각할 때 질투심을 경험할 확률이 더 높은데, 그 이유는 자원과 보호가 다른 사람에게 제공될 수 있기 때문이다. 여성과 남성은 둘 종류의 질투심을 경험할 수 있지만, 남성은 성적 질투심을 표현할 가능성이 높고, 여성은 애착관련 질투심을 경험할 가능성이 높다.[5]

　질투심이 진화론적 기반이 있다면, 다른 문화에서도 찾아볼 수 있을 것이다. 그리고 실제로 그렇다. 남성이 성적 부정을 더 걱정하고 여성은 정서적 부정을 더 걱정한다는 성별 차이는 미국, 독일, 네덜란드와 중국에서도 모두 보고되었다.[6] 동시에, 이런 진화론적 성향은 문화적 차이에 의해 영향을 받는다. 명예가 강조되는 문화에서는 남성의 질투심이 훨씬 강하다. 우리는 파키스탄이나 방글라데시와 같은 국가에서 일어나는 '명예 살인'에 대해 익히 들어 봤을 것이다. 또한 부정으로 인한 불명예로 여성이 자신을 겁탈한 가해자와 결혼을 하게 되거나 돌팔매질로 사망하는 경우도 있다.

한정된 자원에 대한 경쟁

질투심에 대한 두 번째 진화론적 이론은 자원에 대한 경쟁을 강조한다. 이것은 유아들이 경험하는 질투심이나 형제 간의 질투심에 대한 이해를 돕는다. 형제들끼리 음식이나 부모에게 받는 보호에 대해 경쟁을 해야 하기 때문에 질투심이 유발될 수 있다. 유아는 엄마가 다른 아이에게 관심을 주는 것에 대해 질투심을 경험할 수 있다. 6개월 유아들을 대상으로 한 연구에서 연구자들은 유아들이 엄마가 장난감을 갖고 놀 때와 비교해 다른 아이와 상호작용을 할 때 더 스트레스를 표현하고 엄마의 관심을 끌려고 하는 시도들을 더 많이 했음을 발견했다.[7] 실제 아기가 장난감보다 더 위협적이기 때문이다.

> 네 살 된 게리는 새로 생긴 여동생 필리스에 대해 흥분되면서도 걱정된다. 그렇지만 그녀가 자랄수록 그가 엄마와 아빠와 갖고 있는 특별한 관계에 대해 위협을 느꼈다. 그는 필리스와 놀거나 그녀가 갖고 있는 물건 뺏기를 번갈아 하며. 심지어 퇴행 행동까지 보이기도 했다.

형제들은 왜 서로 경쟁을 할까? 인류가 진화하는 대부분의 시간 동안 음식은 부족했다. 형제들은 음식, 관심과 보호를 위해 경쟁해야 했다. 어떤 종은 새끼를 너무 많이 낳아서 결과적으로 새끼가 굶어 죽을 수 있다. 이렇게 새끼를 많이 낳는 것은 몇 마리는 꼭 생존할 수 있게 하기 위한 전략이 될 수 있다. 그렇지만 그것은 형제 간의 경쟁으로 이어지며, 가끔은 죽을 수도 있다. 돼지들은 간혹 한

번 새끼를 낳을 때 젖꼭지보다 더 많은 새끼들을 낳을 때가 있다. 강하지 않고 경쟁을 하지 못하는 새끼 돼지는 죽게 된다. 진화론자들은 이렇게 새끼들을 과하게 낳는 것을 '창고화하다(warehousing)'라고 설명한다. 암울하게 들리겠지만 이것은 경쟁 사회에서 질투심의 근본적 성향을 강조한다.

형제 간 라이벌 의식을 느끼는 것도 이해할 수 있다. 유사하게, 부족한 사회에서는 친구와 아군으로부터 배제되는 것은 해로울 수 있다. 만약 선사시대의 나의 조상들이 한 부족 내에서 따돌림을 당했다면, 그들은 사냥해 온 먹이를 먹을 수 있는 가능성이 더 낮았을 것이다. 그리고 굶어 죽었을 것이다. 만약 그랬다면 나도 여기에 없었을 것이다.

질투심은 여러 종족에서도 흔하다. 애완동물의 주인들이 애완동물의 질투심을 묘사했을 때, 다음과 같은 순위를 제시하였다. 개(81%), 말(79%), 고양이(66%), 새(67%), 그리고 쥐(47%).[8] 개들은 다른 개들을 향해 질투심을 표현할 때 으르렁거리고, 집요하게 쫓아다니고, 주인과 다른 개 사이에 서 있는다. 내가 키우는 수컷 고양이 두 마리, 대니와 프랭키는 프랭키가 4주 됐을 때 처음 만났으며, 좋은 관계로 시작되었다. 서로 잘 놀고 같이 잤다. 서로 목욕도 시켜 줬다. 그렇지만 프랭키가 성묘가 되어 몸집이 커다란 알파 고양이로 성장하자, 그는 대니가 그 어떤 관심을 받을 때 공격적인 행동을 통해 꽤 질투심을 느꼈다. 인간이 질투심을 느끼는 것처럼, 애완동물들도 느낀다. 우리는 질투심 이면에 있는 유사한 진화론적 이슈를 공유하기 때문이다.

역사적 관점

질투심에 대한 이야기는 오래전부터 있었다. 「창세기」에서 아벨에 대한 카인의 질투심은 인류의 시작에 오점을 남긴다. 또한 그것은 기독교에서의 하나님과 백성들과의 관계에도 찾아볼 수 있는데, 「출애굽기」에서 선언한 10계명 중 첫 번째 계명인 "그 앞에 절하며 섬기지 못한다. 나 야훼 너희의 하나님은 질투하는 신이다".

질투심은 그리스 신화와 문학에서도 중심 역할을 했다. 여신인 헤라는 남편인 제우스의 관심을 받는 수많은 여성들을 질투했다. 제이슨이 아내인 메데아를 배신하자 그녀는 자신들의 자녀들을 복수하는 마음으로 죽였다. 헬렌이 남편인 메네라우스를 배신했기 때문에 트로이 전쟁이 생겼다.

중세 유럽에서는 질투심은 꼭 필요하다고 보는 관점이었으며, 심지어 긍정적이고 명예와 관련이 있다고 보았다. 12세기 안드레아스 카펠라누스는 『공손한 사랑의 예술』이라는 책에서 사랑과 질투심의 강도의 중요함에 대해 설명하였다. 그는 "질투심을 느끼지 못하는 사람에게는 사랑이 존재할 수 없다." 그리고 "사랑하는 사람에 대한 의심은 질투심을 유발하고 결과적으로 사랑을 더 강렬하게 만든다."라고 썼다.[10] 사랑을 찾고 있는 고귀한 기사가 질투심 때문에 자극받았을 경우, 그는 싸우지 않으면 불명예스러웠다. 셰익스피어의 『오델로』에서는 악한 이아고는 오델로로 하여금 자신의 아내의 정절에 대한 의심을 하게 함으로써 오델로가 질투심을 느끼도록 속인다. 오델로는 결국 그로 인해 정절을 지키던 자신의 아내를 살해하게 되며, 질투심을 '지혜롭게 사랑하는 것이 아니라 너무 많이 사랑해서 생기는'[11] 감정이라고 묘사하였다. 그의 행동은 끔찍했지만, 사랑과 명예를 위해 한 것이다. 그렇기 때문에 그는 연극에서 비극적인 영웅이며 악인이 아니다.

19세기에는 질투심은 점점 가정 내의 조화를 방해한다는 관점이 증가했다. 빅토리아 시대에는 가정 내 평화와 강렬한 감정을 통제해야 한다고 강조했다. 질투심은 빅토리아 시대의 가족의 평화를 깨뜨린다고 생각됐기 때문에 금지되었다.

요즘에 미국이나 서부 유럽에서는 질투심은 수치스럽고 숨겨야 한다는 기대가 있다. 설문지 조사에 따르면, 미국 사람들은 다른 서구 문화에 비해 질투심을 느끼면 뭔가 스스로 문제가 있다는 신호로 받아들인다는 결과가 보고되었다.[12] 어떤 면에서 질투심은 지하로 묻혔다. 더 이상 사랑과 명예의 휘장이 아니라, 질투심은 신뢰가 없고, 자기 조절을 못하고, 신경증적이며 수치스러운 상징이 되었다. 그렇지만 질투심은 대중문화나 우리의 인생에서는 사라지지 않았다. 〈I Heard It Through the Grapevine〉〈Every Breath you take〉〈Hey Jealousy〉 그리고 〈Jealous Guy〉와 같이 인기 있는 노래 등을 보면 우리만 이 감정을 느끼는 것이 아니라는 것을 알 수 있다. 그리고 요즘은 부정(불륜)을 저지르기 위한 장소, 낯선 사람을 접촉하기 위한 방법, 포르노를 다운로드하거나 온라인에서 비밀스러운 만남을 갖는 경우가 예전보다 많다. 이런 '기회'들은 우리를 더 불안정하게 만들고, 불확실성이 생성되어 우리를 압도할 수 있다. 새로운 밀레니엄에 우리는 우리의 몸매가 어때야 할지에 대한 끊임없는 메시지부터 성행동을 비현실적으로 보여 주는 우리의 열등감을 자극하는 매체로 둘러싸여 있다. 서로 염탐하는 것이 더 쉬워졌지만, 서로에 대해 진실이 무엇인지 알기는 더 어려워졌다. 우리의 질투심을 자극하고 싶으면 연료는 충분히 있다.

재혼 가족에서의 질투심

우리는 질투심이 대부분 친밀감 있는 연애 관계에 생긴다고 생각하는 경향이 있지만, 그 어떤 중요한 관계 내에서는 문제가 될 수 있다. 질투심은 '재혼 가족'에서 이슈가 될 수 있는데, 아이들은 이혼한 부모, 의붓 부모 그리고 의붓 형제자매와 경쟁을 한다. 미국에서는 현재 재혼 가족 구성원인 사람이 1억 명이며, 결혼한 커플들의 35%는 의붓 자녀들이 있다.[13] 영국에서는 의붓 부모 중에 자기의 의붓 자녀와 경쟁한다고 느끼거나 분개하는 웹사이트도 있다.[14] 부모가 이혼하고 엄마와 아빠에게 새로운 연인이 생기면, 아이들은 배신감, 분노, 불안, 적대감, 즉 질투심을 느낀다.

30대이며 결혼을 한 카라는 이혼하고 새로운 연인이 생긴 자신의 아버지가 자기를 만나고 싶어 한다는 것을 알게 되었다. 이혼한 부모를 둔 많은 성인 자녀들처럼 가정 역동이 새롭게 바뀌어 적대감을 유발했다. "아버지는 왜 내가 그녀를 만나길 원할 거라고 생각할 수 있죠? 아버지는 최근에 어머니를 버렸잖아요. 그들의 결혼생활에 대해 내게 거짓말했잖아요. 아버지를 어떻게 믿죠?" 그녀는 자신의 아버지의 새로운 연인에 대해 가족을 해체시킨 반갑지 않은 침입자 혹은 난입자로 보았다. 카라는 아버지와 느꼈던 특별한 관계는 끝났다는 생각이 들었으며, 아버지의 새로운 연인이 자신과 남동생을 대체할 것이라고 생각했으며, 어머니에 대한 의리를 지켜야 한다고 생각했다. 이 모든 것은 그녀가 아버지를 향한 적대감을 계속 유지해야 한다는 의미로 받아들였다.

직장에서의 질투심

직업의 안정성은 갖기 어렵기 때문에 계속 거론된다. 2012년에는 직장의 근속연수는 4.2년이었다.[15] 결과적으로, 질투심을 느낄 수 있는 수많은 기회가 있다. "제이크는 더 좋은 프로젝트를 배정받아." "도나가 승진됐는데, 나도 승진받을 자격이 있어!" "에릭은 항상 상사와 점심을 먹는데, 나는 한 번도 초대받은 적이 없어." "나를 제외한 모든 사람이 우수 사원상을 받는 것 같아." 직장에서의 역동에서 나의 지위는 상사가 누구를 더 선호하는지, 누가 포함되고 배제되는지에 따라 달라질 수 있다.

매리앤은 동료들이 자주 자기를 배제한다고 느꼈다. "나에게 뭐 하자고 이야기를 안 해요. 나를 빼놓고 만나요." 그녀는 철회하고, 상사가 자기를 승진시키지 않는다고 투덜거렸다. 이런 적대감과 질투심은 자기와 같이 일하는 모든 동료와의 사이를 갈라놓았다. 배제를 당한다고 느꼈기 때문에 스스로 배제시키기 시작했다. 그리고 모든 것들이 악화되기 시작했다.

질투심은 SNS로 인해 심해진다

SNS는 우리가 무시당했거나, 거절당했거나, 다른 사람들은 우리가 원했던 우정과 관계들을 즐기고 있는 것처럼 보여서 홀로 남겨졌다고 느낄 수 있는 모든 기회를 제공해 준다. 우리는 혼잣말을 한다. "왜 나는 저 자리에 초대되지 않았지?" "내가 태그 안 된 이유가 있나?" "그녀의 인생은 완벽한데, 내 인생은 부족한 게 너무 많아." "그처럼 여행할 수 있는 여유만 있다면."

폴은 론의 페이스북 게시물을 볼 때. 그는 론이 자기만 빼놓고 래리. 켄과 낸시와 같이 배를 타며 즐기고 있다는 것을 보았다. 그는 적대심에 마음이 타들어 갔으며. 공개적으로 무시당했다고 느꼈고. 다시 한번 배제됐다는 것을 상기시켰다.

요약 메시지

이 장에서는 당신이 혼자가 아니라는 것을 이해하기 위한 중요한 요점들이 있다. 이 메시지를 기억할 수 있게 다음과 같은 요약 메시지가 있다.

• 질투심은 불안, 분노, 무기력감, 절망감 그리고 슬픔을 포함하는 강력한 감정이다.

- 질투심을 '느끼는 것'은 실제로 '행동으로 옮기는 것'과는 차이가 있다.
- 당신은 혼자가 아니다. 누구나 도발되어 질투심을 느낄 수 있다.
- 진화론적으로 질투심은 인간 본성의 한 부분이다.
- 질투심은 부모의 투자(유전적 투자인 자녀를 보호하는 것), 그리고 자원에 대한 경쟁(형제들 간의 라이벌 의식)을 기반으로 한 보호 전략이다.
- 남성 질투심은 성적 위협에 더 집중되어 있고, 여성의 질투심은 정서적 친밀감에 더 집중되어 있다.
- 질투심은 고대시대부터 지금까지 긴 역사가 있다.
- 질투심은 유아, 아동, 동물 그리고 여러 문화권에서 찾아볼 수 있다.

이제 당신은 질투심이 인간 본성의 일부분이며, 질투심의 힘과 열정은 우리를 사로잡는 본능적 반응으로부터 온다는 것을 알 수 있게 되었다. 이것은 당신이 질투심으로 인해 고민하면서 고려해야 할 중요한 기반이다. 다음 장에는 당신의 질투심을 평가하고, 관계에 어떻게 영향을 미치는지 살펴볼 수 있을 것이다. 질투심과 질투심으로 인한 당신의 경험을 더 이해할수록, 당신의 감정에 더 잘 대처하기 쉬울 것이다.

제2장
질투심은 당신에게 문제인가

　　우리는 모두 질투심에 취약할 때가 있기 때문에 우리가 고려해야 할 질문은, "당신에게 질투심은 문제가 되었는가?"다. 당신은 감정을 느낄 자격이 있지만, 질투심이 일상생활에 얼마나 영향을 끼치는지 살펴볼 필요가 있다. 질투심이 당신의 친밀한 관계, 우정, 가족 관계 그리고 동료들과의 상호작용에 방해가 되고 있는지 평가해 볼 수 있다. 당신은…….

- 가족, 친구와 동료들에게 질투심 때문에 투덜거리고, 삐지고, 곱씹고, 적대심을 느끼고, 회피하는가?
- 질투심으로 인해 관계들이 갑자기 끝난 적이 있는가?
- 누구에게 분노를 느끼면 뒤끝이 오래 가는가?
- 동료들에게 투덜거리며, 이것으로 인해 직업이 위태로워진 적이 있는가?
- 당신의 질투심과 관련된 생각이나 감정을 쉽게 떨쳐 버리기

어려운가?
- 당신이 하는 행동에 선택권이 없다고 느낄 정도로 질투심에 사로잡히는가?
- 질투심으로 인해 우울함을 느끼는가?
- 현재의 관계뿐만 아니라 질투심에 압도되지 않고 관계를 맺을 수 있는 능력에 대해 때때로 절망감을 느끼는가?
- 질투심으로 인해 나중에 후회할 말을 한 적이 있는가?

질투심으로 인한 생각, 감정과 행동들을 질문지를 통해 솔직하게 평가해 볼 수 있다. 질문지는 질투심으로 인한 자극과 어떻게 반응하는지와 관련이 있는 30개의 문항들로 구성되어 있다.

질투심 척도

이 질문지는 가능한 반응과 질투심을 얼마나 자주 느끼는지 평가한다. 관계 내에서의 사건들에 대해 당신이 어떻게 경험하고 반응하는지에 초점이 맞춰져 있다. 당신의 대답이 당신이 특정한 감정, 생각 혹은 행동을 경험할 권한이 없다는 것은 아니다. 또한 당신의 파트너가 전적으로 무고하고 질투심을 느낄 이유가 없다는 것도 아니다. 이 척도는 친밀한 관계나 이성 커플들이 경험하는 질투심을 평가하기 위한 것이기 때문에 당신이 동성 커플이라면 파트너나 배우자를 연상하며 응답하면 된다. 당신이 만약 관계를 맺고 있지 않다면, 과거의 관계들을 생각하면 된다.

모든 질문을 최대한 솔직하게 응답하는 것이 중요하다. 이성적이거나, 합리적이거나, 잘 보이려고 하지 않는 것이 좋다. 모든 질문을 당신이 기분이 안 좋았거나 불편했을 때 어떻게 응답할지 생각하며 응답하면 된다. 옳고 그른 대답이란 없다. 우리는 당신이 관계 내에서 특정한 일이 일어날 때 어떻게 생각하고, 느끼고, 행동하고, 소통하는지에 관심이 있다.

질투심으로 인한 생각과 감정 때문에 다음과 같은 행동, 생각과 감정을 얼마나 경험했는지 평가해 보자. 종이에 다음과 같은 숫자 중 얼마나 자주 그 행동을 하는지 적도록 한다.

절대 안 한다	드물게 한다	가끔 한다	자주 한다	항상 한다
0	1	2	3	4

1. 나는 나의 파트너에게 그/그녀의 과거 관계에 대해 묻는다.	
2. 나는 그/그녀의 과거의 관계에 대해 이야기를 들으면 기분이 상한다.	
3. 나는 그/그녀의 과거의 연인들과 비교하며, 이것은 나를 불편하게 한다.	
4. 나는 파트너에게 무슨 일이 일어나고 있는지 추궁한다.	
5. 나는 파트너가 나 없이 외출하면 누구와 대화를 나눴고 누구 옆에 앉았는지 물어본다.	
6. 내 파트너가 다른 이성과 대화를 할 때 방해하려고 시도한다.	
7. 나는 파트너의 이메일이나 문자 메시지를 보려고 노력한다.	
8. 나는 파트너의 전화나 문자 메시지를 본다.	
9. 나는 파트너의 위치추적기를 확인해서 그/그녀가 어디에 있었는지 확인한다.	
10. 나는 파트너를 신뢰할 수 있게 안심시켜 달라고 요청한다.	
11. 나는 파트너가 의심되면 철회한다.	
12. 나는 파트너가 다른 사람에게 관심을 가진다고 비난한다.	
13. 나는 파트너에게 다른 이성에게 추파를 던지지 말아 달라고 애원한다.	

14. 나는 파트너를 비난하거나 그/그녀가 관심있어 할 만한 사람들에 대해 부정적인 말을 한다.	
15. 나는 파트너가 죄책감을 느끼게 하려고 노력한다.	
16. 나는 질투심을 느끼면 파트너에게 시비를 걸어 싸운다.	
17. 나는 질투심을 느낄 때 안심하거나 기분을 좋게 하기 위해 파트너를 유혹한다.	
18. 나는 파트너가 뭐하는지 알아보기 위해 몰래 따라다닌다.	
19. 나는 파트너에게 헤어지자고 하거나, 별거나 이혼하자고 위협한다.	
20. 나는 파트너를 폭력을 사용해 위협한다.	
21. 나는 질투심을 느낄 때 폭력을 사용한 적이 있다.	
22. 나는 파트너가 외출하거나 다른 일을 하는 것을 못하게 한다.	
23. 나는 파트너에게 스스로를 비난한다.	
24. 나는 다른 파트너들을 물색한다.	
25. 나는 파트너가 질투심을 느끼도록 다른 사람에게 추파를 던진다.	
26. 나는 파트너를 믿지 못한다.	
27. 나는 파트너가 바람을 필까 봐 걱정한다.	
28. 나는 파트너가 매력적으로 느낄만한 이성인 동료나 친구가 있는 것이 싫다.	
29. 나는 파트너가 다른 사람을 만지거나 키스하거나 같이 춤을 추면 기분이 상한다.	
30. 나는 다른 이성이 파트너에게 관심을 보이면 기분이 상한다.	
총점	

문항에 대한 당신의 응답을 살펴보자. 특정한 패턴이 드러나는가? 파트너가 다른 사람과 있다고 생각하면 불안해지고, 화가 나고, 속상해지는가? 응답 중 '가끔 한다.'를 4개 이상의 문항에서 답을 했다면, 현재 혹은 과거의 관계에서 질투심이 문제가 될 수도 있다. 총점이 12점 이상이라면, 때때로 질투심 때문에 당신은 상당한 스트레스를 경험할 가능성이 높다.

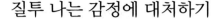
질투 나는 감정에 대처하기

다음으로 고려할 것은 당신이 어떻게 질투심에 대처하는지 알아보는 것이다. 실제로 어떤 행동을 하는가? 그것은 심문하기, 확인하기, 미행하기, 철회하기와 같은 행동도 포함한다.

- 파트너에게 그/그녀가 스스로 방어를 해야 한다고 느끼게끔 이야기하는가?
- 그/그녀를 신뢰할 수 없다고 암시하는가?
- 그/그녀의 SNS, 전화, 이메일, GPS를 확인하는가?
- 다른 사람들이 무엇을 알고 있는지 물어보는가?
- 삐지고, 철회하고, 스스로 벽을 세우고, 성관계를 거부하는가?

당신은 또한 당신이 위협을 느끼는 사람들을 파트너가 만나지 못하게 파트너의 행동을 제한하거나 조정하려는 시도를 할 수 있다.

- 당신의 질투심 때문에 당신은 파트너에게 특정 사람들과 상호작용하지 말라고 설득하는가?
- 파트너가 다른 사람과 만날 때 당신이 같이 가야 한다고 이야기하는가?
- 파트너가 당신 곁에 있지 않을 때 빈번하게 연락해야 한다고 파트너에게 요구하는가?
- 다른 사람에게 파트너에 대해 보고해 달라고 요청하는가?

질투심은 과거의 일을 곱씹게 만들거나, 현재 머릿속에 있는 생각에 빠지게 한다. 파트너가 없어진다면 어떻게 대처해야 할지, 미래에 대한 걱정을 하게 할 수 있다. 질투심을 느꼈을 때 과거에 동료, 친구, 가족 구성원과의 관계에 어떻게 영향을 미쳤는지 생각해 본다.

- 파트너의 과거 관계들에 대해 반추하는가?
- 파트너의 과거 연인과 자신을 빈번하게 비교하는가?
- 파트너의 과거 관계들을 생각하면 당신의 현재 관계에 대해 더 기분이 나빠지는가?
- 파트너가 다른 사람을 만나고 당신을 배신할 것이라고 생각하는가?

질투심은 스스로에 대한 의구심과도 관련이 있을 수 있다.

- 파트너가 다른 사람들을 흥미롭고 매력적이라고 느낀다면, 당신이 더 열등하다는 의미로 해석하는가?
- 친구가 다른 사람과 시간을 더 보낸다면, 당신은 지루하다고 결론을 내리는가?

질투심은 당신의 관계에 여러 측면으로 영향을 미칠 수 있다. 다음과 같은 진술들이 연인, 가족 구성원, 친구나 동료와의 관계에 해당되는지 생각해 보자.

- 더 자주 다투기
- 철회하기
- 매달리기
- 요구하기
- 싸우기
- 회피하기
- 관계 속에서 괴로워하기
- 성관계를 더 적게 하기
- 애정을 더 적게 느끼기

질투심에 대해 대처할 수 있는 방법들을 알아보면서, 켄의 경험을 생각해 보자. 켄은 루이즈와 7개월째 사귀고 있다. 켄을 만나기 전에 그녀는 성경험이 있었으며, 켄도 과거에 여자친구들이 몇 명 있었고 성경험이 있었다. 그렇지만 이제 켄은 루이즈를 신뢰하지 못할까 봐 걱정한다. 그는 질투심 척도에 응답을 했고, 대처에 대한 질문들에 대답한 결과 다음과 같은 것들을 발견했다.

- 루이즈가 친구라고 묘사하는 후안이라는 친구가 그녀에게 이성적이며 성적으로 관심 있다고 믿는다.
- 그는 루이즈가 후안을 친구 이상으로 좋아한다고 생각한다.
- 그는 루이즈가 직장에서 다른 젊은 남성들과 프로젝트를 같이하는 것이 매우 못마땅하다.
- 그는 루이즈가 후안이나 다른 남성들과 주고받는 문자 메시지에 대해 질문한다.

- 그는 루이즈의 페이스북 계정을 확인하여 그녀가 다른 남자들, 특히 후안과 찍은 사진들이 있는지 확인한다.
- 그는 루이즈가 전날밤에 뭐 했는지 물어본다.
- 그는 루이즈가 후안에게 관심 있다고 비난한다.
- 그는 루이즈의 이메일 계정을 해킹하려고 시도했다.
- 그는 루이즈를 미행하는 것에 대해 생각해 봤다.

루이즈가 부정을 저질렀다는 증거가 아직까지는 없지만, 그는 '확실하게 알아야' 그녀를 신뢰할 수 있다고 생각한다.

질투심이 없는 인생 상상해 보기

당신은 켄만큼 질투를 느끼지 않을 수 있고, 더 느낄 수 있다. 어느 쪽이든지 간에 앞의 질문들에 대한 당신의 응답은 질투심이 당신의 인생을 사로잡고 있는지에 대한 어느 정도의 해답을 주었을 것이다. 이제 모든 질문들에 응답했으니, 당신의 질투심이 해소된다면 어떻게 느낄지에 대해 생각해 보자.

- 당신의 관계는 개선이 될 것인가?
- 질투심으로 인해 덜 압도된다면 당신은 더 잘 소통할 수 있을 것인가?
- 당신이 말하고 행동하는 것에 대해 덜 불안하고, 덜 슬프고, 덜 후회가 될 것인가?

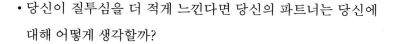

• 당신이 질투심을 더 적게 느낀다면 당신의 파트너는 당신에 대해 어떻게 생각할까?

이 모든 것은 당신이 현재 당신의 감정을 느낄 권한이 없다는 의미가 아니다. 이 장의 목적은 이런 감정이 어느 정도 당신을 압도하고 사로잡으며, 당신의 관계 안팎의 다양한 경험들에 어느 정도 방해하는지 알아보기 위한 것이다. 다음 장에서는 당신의 과거의 관계와 당신이 관계에 대해 갖고 있는 신념이 어떻게 질투심에 기여하는지 알아볼 것이다.

제3장
애착과 약속

　스티브가 어렸을 때 부모님은 자주 싸웠다. 아버지가 귀가하면 어머니는 화난 것처럼 보였고, 안절부절못하며 근심스러워 보였다. 어머니는 "도대체 어디에 있다가 왔어?"라고 소리를 지르곤 했다. 아버지가 몇 번 집을 나갔다. 한 번은 일주일 동안 집을 나갔고, 또 한 번은 두 달 동안 집을 나갔지만 항상 돌아왔다. 스티브는 아버지가 영영 돌아오지 않을까봐 걱정했다. 그리고 어머니가 집을 나가면 혼자 남겨져 자신을 아무도 돌보지 않을까 봐 걱정했다. 그는 방에 혼자 앉아 울면서, '그들은 나를 혼자 버려둘 거야.'라고 생각했다. 그는 엄마와 집에 함께 있기 위해 자주 아픈 척하며 학교에 가지 않았다. 그럴 때는 안전하다고 느꼈다. 집을 떠나 캠프를 간다는 생각도 견딜 수 없었다. 스티브가 열한 살이 됐을 때, 아버지가 외도를 여러 번 했다는 것을 알게 되었다. 어머니는 아버지에게 소리를 지르며, 그는 형편없는 인간이며, 그를 믿을 수 없다고 했다.

스티브처럼 당신의 가까운 관계들의 과거가 아직도 당신에게 영향을 끼치고 있을 수 있다. 어린 시절, 그리고 살면서 겪는 경험들이 불신, 배신에 대한 걱정, 사람들을 신뢰할 수 없다는 생각의 밑거름을 마련할 수 있다. 당신의 부모가 이혼하겠다고 서로 위협을 했거나, 가족 내 아픈 사람이 있거나 구성원 중에 누가 사망했다면 당신이 의존하는 사람들이 당신을 떠날 것이라는 신념이 생성됐을 수 있다. 당신이 질투심으로 인해 갖고 있는 두려움은 과거 당신의 정서적 상처들을 반영할 수 있다.

당신의 애착 양식

관계 내에서 얼마나 안정된 애착을 느끼는지는 사람에 따라 다르다. 애착 관계는 영유아 때부터 생성되기 시작한다. 유아들은 엄마나 아빠가 방을 떠나면 다음과 같이 네 가지 행동 중 한 가지를 보인다.

- 어떤 유아들은 다른 유아에 비해 더 불안이 높다. 유아는 울고, 항의하고, 물건을 세게 치고, 몹시 두려워 할 수 있다.
- 유아들 중에 엄마가 방에서 나갔을 때 항의를 하지만, 돌아올 때 화를 내거나 냉담해 보이면 '불안-양가적' 애착 관계일 수 있다.
- 어떤 유아들은 '회피적' 애착 관계를 보이며, 엄마에게 애착이 있는 듯하나 너무 가까워지는 것을 경계하는 것처럼 보인다.

• 다른 유아들은 안정적 애착 관계에 있다. 엄마가 방을 떠나는 것을 감내할 수 있고, 돌아오면 적극적으로 맞아 준다. 안정적 애착 관계에 있는 유아들은 혼자 있을 때 편안하며, 엄마가 돌아올 것을 확신하기 때문에 안정적 기지가 있다는 것을 믿고 환경을 탐색할 가능성이 높다.

애착 이론에 따르면, 유아들은 주 양육자에게 친밀함을 유지하려는 선천적인 경향이 있다. 그 대상은 주로 엄마이지만 항상 그렇지는 않다.[16] 유아의 애착은 주 양육자가 관계 내에서 얼마나 보호, 지지, 음식, 사회성을 기를 수 있는 기회 등을 제공하는지에 따라 달라진다.

유아가 엄마가 돌아오는 것이 예측 가능하다는 것을 인지하고—엄마가 돌아온다는 것을 신뢰할 수 있게 되고—유아는 엄마가 신뢰할 수 있고, 반응을 해 주고, 돌봐준다는 신념이 형성된다. 이것은 유아에게 안정감을 준다. 그것은 엄마를 떠나 주변 환경을 탐색할 수 있게 허용해 주고, 그녀가 없을 때에도 스스로 진정할 수 있게 도와준다. 대안적으로 유아는 보호자가 신뢰할 수 없고, 신경 쓰지 않고, 반응해 주지 않는다는 기대가 생길 수 있다.[17] 애착 이론가들은 이런 애착 양식들이 평생 동안 지속되고, 우리의 가까운 관계, 특히 친밀한 관계에서 어떻게 행동하는지에 영향을 미친다고 믿는다.

만약 당신이 친밀한 관계에서 상대방이 반응을 잘해 주지 않고, 신뢰할 수 없고, 헤어질 것을 위협하고, 신뢰할 수 없다는 기대를 가지고 있다면, 당신의 성인 관계는 위험에 빠질 수 있다.

당신의 초기 애착 관계

당신의 애착 관계를 돌아보고 어린 시절의 관계를 생각해 보자. 다음과 같은 공통된 시나리오를 고려하고 당신에게 해당되는지 생각해 보자.

- 부모 중 한 명, 혹은 두 분 다 당신을 떠나거나, 아파서 죽을지 모른다는 걱정을 했는가? 만약 그렇다면 당신은 성인이 돼서 갑작스러운 상실을 경험하거나 버림받는 것을 두려워할 수 있다.

- 부모가 별거나 이혼에 대한 위협이 있거나, 실제로 별거를 했거나 이혼을 했습니까? 당신은 가장 가까운 관계가 깨지는 것에 대해 두려워할 수 있다.

- 가족이 자주 이사를 했는가? 여러 학교를 다녔거나, 여러 지역에서 살았다면, 다른 또래 친구들과의 관계가 지속되기 어려웠을 수 있다. 다른 또래들이 당신을 놀리거나 의리가 없을 수 있다. 이런 경험은 홀로 있는 것이 사람들이 지지하지 않고 고립된 불친절한 환경에 남겨지는 것에 대한 두려움으로 이어질 수 있다.

- 과거에 연애한 사람 중에 당신을 실망시키거나 바람을 피운 적이 있었는가? 당신의 연애사로 인해 상대가 바람피우거나, 조정하거나, 갑작스럽게 헤어지자고 통보하는 것에 대해 두려워할 수 있고, 당신은 이런 잠재된 위협에 과하게 주의를 기울이고 있을 가능성이 있다.

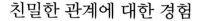

친밀한 관계에 대한 경험

당신이 친밀한 관계에서 어떤 경험들을 했는지 살펴보는 것이 친밀함이 생길 때 당신의 정서에 대한 통찰력을 제공할 수 있다. 다음 질문지를 활용해서 당신은 친밀한 관계에서 어떻게 느끼는지 평가할 수 있다. 당신은 친밀함을 느끼는 것이 편안한가? 당신은 친밀함이 불편하고, 당신을 압도하거나 부자연스럽다고 느낄 때가 있는가? 당신은 의존적이고 애정에 굶주려 있는가? 친밀한 관계에서 당신은 불안한가? 친밀한 관계를 위한 성인 애착 척도[18]에 응답을 하고, 당신의 반응에 대해 생각해 보자.

다음 질문들은 당신이 평소에 어떻게 느끼는지 평가하기 때문에, 당신에게 특별히 중요한 가족 구성원, 연인 혹은 친한 친구들을 포함한 과거와 현재의 관계에 대해 생각을 하고 응답을 해야 한다. 종이에 각 항목에 대해 1점에서 5점 척도 사이의 숫자로 응답한다. 1은 당신과 전혀 관련이 없다는 것을 의미하고, 5는 당신과 매우 관련이 있다는 것을 의미하며, 다른 숫자들은 그 중간에서 정도의 차이를 반영한다.

친밀한 관계를 위한 성인 애착 척도

1	2	3	4	5
전혀 관련 없다			매우 관련 있다	

1. 나는 사람들과 친밀해지는 것이 쉬운 편이다.	
2.* 나는 다른 사람에게 의존하는 것이 어렵다.	
3. 나는 자주 다른 사람들이 진짜 나를 사랑하지 않는다고 걱정한다.	
4. 나는 다른 사람들이 내가 원하는 만큼 나와 가까워지는 것을 주저하는 것이 보인다.	
5. 나는 다른 사람에게 의존하는 것이 편안하다.	
6. 나는 사람들이 나와 너무 가까워지는 것에 대해 걱정하지 않는다.	
7.* 나는 다른 사람들이 내가 필요할 때 도움을 주지 않는다고 느낀다.	
8.* 나는 다른 사람들과 가까워지는 것이 다소 불편하다.	
9. 나는 다른 사람들이 나와 함께 시간을 보내는 것을 원하지 않을까 봐 걱정이 된다.	
10. 나는 다른 사람에게 내 감정을 표현할 때, 나는 상대방이 나와 같은 마음이 아닐 수도 있다는 생각에 두렵다.	
11. 나는 다른 사람들이 진짜로 나를 좋아하는지 자주 걱정한다.	
12. 나는 다른 사람과 친밀한 관계를 형성하는 것이 편하다.	
13.* 나는 그 누구도 나와 너무 정서적으로 친밀해지면 불편하다.	
14. 나는 사람들이 내가 필요할 때 나를 도울 것이라고 믿는다.	
15. 나는 다른 사람들과 친밀해지고 싶지만, 상처받는 것이 두렵다.	
16.* 나는 다른 사람들을 완전히 믿는 것이 어렵다.	
17.* 사람들은 자주 내가 편한 정도 이상으로 나와 정서적으로 친밀해지기를 원한다.	
18. *나는 내가 필요할 때 다른 사람에게 의존할 수 있다는 확신이 없다.	
총점	

*역채점 문항으로 1 → 5, 2 → 4, 3 → 3, 4 → 2, 5 → 1으로 채점한다.

당신의 반응은 세 가지 항목인 친밀감, 의존성 그리고 불안으로 분류된다. 각 항목에 대한 당신의 응답을 합산하면, 어떤 유형인지에 대해 더 명확해질 수 있다. 별표가 있는 문항은 역채점을 해야 하는데, 이는 1이라고 응답을 했다면 5점으로 채점을 해야 함을 의미한다. 2로 응답을 했으면 4점으로 채점을 해야 하고, 4로 응답을 했으면 2점으로 채점을 해야 한다. 3점은 그대로 채점을 한다. 각 항목의 점수들을 합산한다.

친밀감 척도: 이 척도는 당신이 가까운 관계와 친밀감에 대해 편안해하는 정도를 반영한다. 문항 중 1, 6, 8,* 12, 13,* 17*번이 이 하위 척도에 해당된다. 높은 점수는 당신의 가까운 관계 내에서 친밀한 것에 대해 편안하다는 것을 반영하고, 낮은 점수는 당신이 다른 사람과 가까워지는 것에 대해 어려워하거나 다른 사람들이 가깝게 접근하는 것을 허용하는 것을 어렵게 느낀다는 것을 의미한다.

의존성 척도: 이 척도는 필요할 때 다른 사람에게 기댈 수 있다고 느끼는 정도를 측정한다. 문항 중 2,* 5, 7,* 14, 16,* 18*번이 이 하위 척도에 해당된다. 높은 점수는 다른 사람에게 기대고 신뢰할 수 있는 정도를 반영하고, 낮은 점수는 다른 사람에게 기대는 것이 어렵다는 것을 의미한다.

불안 척도: 이 척도는 거절당하거나 사랑받지 못하는 것에 대해 걱정하는 정도를 반영하며, 문항 중 3, 4, 9, 10, 11, 15번에 해당한다. 높은 점수는 가까운 관계에 있는 사람들에 대해서 불안하다고

느끼는 것을 의미하며, 낮은 점수는 이런 관계 내에서 특별히 불안하지 않게 느낀다는 것을 의미한다.

각 문항에 대해 당신의 반응들이 당신이 관계를 맺는 방식에 대해 의미하는 것이 무엇인지 고려할 때, 다음과 같은 질문들을 통해 좀 더 명료화할 수 있다.

- 관계 내에서 친밀함을 느끼는 것이 편안한가, 혹은 편안하지 않은가?
- 친밀한 관계에서 불편하다면, 친밀함의 어떤 부분이 불편한가?
- 친밀한 관계에서 스스로를 잃거나, 정체성이 위협당하거나, 자유를 제한한다고 느끼는가?
- 다른 사람에게 조종당할까 봐 걱정되는가?
- 다른 사람에게 기댈 수 있다고 느끼는가, 아니면 그들이 당신을 실망시키고, 상처를 주고, 도움을 주지 않을 것이라고 생각하는가?
- 다른 사람들이 당신을 실망시킨 예시를 생각해 볼 수 있는가?
- 현재 기댈 수 있는 사람을 떠오를 수 있는가?
- 친밀한 관계에서 자주 불안함을 느끼고, 사람들이 당신을 떠나거나, 혹은 원하거나 필요한 만큼 관심을 주지 않을 것에 대해 걱정하는가?
- 사람들이 당신을 떠나거나 충분히 관심을 주지 않는다는 것에 대해 예시를 들 수 있는가?
- 불안을 느끼지 않는 관계들도 있는가? 예시를 들 수 있는가?

애착 유형과 같이, 당신이 친밀함에 대해 편하게 느끼는 정도가 당신이 얼마나 질투심을 느끼는지와 관련이 있다. 만약 당신이 친밀한 관계가 편하지 않다면, 질투심을 더 적게 느낄 가능성이 크다. 그 이유는 당신이 행복을 느끼는 데 관계에 의존을 많이 하지 않기 때문이다. 그렇지만 친밀한 관계를 회피하는 것은 친밀한 관계로 발전시키는 것을 더 어렵게 만들 수 있다.[19] 파트너로부터 거리를 두거나 가깝지 않은 사람일수록 질투심을 더 적게 느낄 가능성이 높다. 안정 애착 유형을 가진 사람들은 가장 질투심을 적게 느낀다.[20]

애착이 불안정한 사람일수록 질투심을 느낄 가능성이 높다. 친밀한 관계에서 불안을 느끼는 경향이 있다면, 관계를 잃는 것에 대한 두려움 때문에 가까워지는 것을 주저할 수 있다. 그리고 가까워졌을 때에는 잃을 것이 더 많고 관계를 잃는 것에 대해 대처하지 못할 것이라는 두려움 때문에 불안전함이 증가한다.

사람마다 친밀함에 대한 욕망은 다르다. 어떤 사람은 관계에 대해 어떤 위협에 대해서도 불안해하고, 다른 사람들은 너무 친밀한 것을 두려워한다. 예를 들어, 질투를 당하는 사람은 질투를 하는 파트너로부터 본인이 조종당하고, 구속되고, 요구에 압도된다고 느낄 수 있다. 그래서 상대방은 질투심을 더 키우지 않기 위해 거리를 두고 가까워지는 것을 차단할 수 있다.

가까운 관계에서 우리는 자주 서로가 같은 것을 원한다고 가정하지만, 한 사람은 친밀함을 원하고 다른 한 사람은 친밀하지는 않지만 주변에 있기만 하는 사람을 원할 수도 있다. 당신의 파트너는 친밀함에 대해 어떻게 생각하는가?

당신의 과거 연애

당신의 어렸을 때부터 지금까지의 과거 관계들을 통해 질투심을 이해할 수 있다.

> 브라이언은 독실하게 교회를 다니는 사람으로 알고 있었던 자신의 아버지가 어머니가 아닌 다른 여러 명의 여성들과 관계를 맺었다는 것을 알게 되었다. 그렇지만 브라이언의 형은 그가 스무 살이 될 때까지 그 사실을 알려 주지 않았으며, 이는 브라이언에게 사람들이 자신에게 진실을 숨긴다는 생각을 확고하게 만들어 주었다. 일찍부터 생긴 불신은 자신의 아내를 의심하게 만드는 데 기여했다.

만약 당신의 어린 시절에 부모 중 한 명, 혹은 두 명 모두의 부정을 경험했다면 다른 사람에 대한 신뢰가 어려울 수 있다. 그것은 당신의 머릿속에 '사람들은 친밀한 관계에서 믿으면 안 된다.'라는 생각으로 이어질 수 있다.

당신의 부모가 당신이 필요한 것에 반응을 잘해 주지 않고, 신뢰할 수 있도록 필요한 것을 제공하지 않았다면 현재의 파트너가 필요할 때 신뢰할 수 없다고 믿을 수 있다. 만약 당신의 부모가 당신의 감정과 감각들을 타당화해 주지 않고 당신이 생각하고 느끼는 것들을 믿을 수 없게 가르쳤다면, 당신은 질투심을 느낄 가능성이 있다.

페니는 파트너를 믿지 않았다. 페니가 어렸을 때, 엄마는 친구들과 전화를 하고 있을 때 페니가 뭔가 요구를 하면 화를 냈다. 그녀의 엄마는 그녀가 필요로 할 때 항상 시간이 없었다. 결과적으로 페니는 파트너를 믿을 수 없고, 다른 사람을 자기 대신 우선시할 것이라고 믿었다.

다른 사람을 신뢰할 수 있는 능력은 과거의 문제되는 관계들로 인해 영향을 받았을 가능성이 있다. 만약 나르시시스(자기애적) 성향이 강하고 정직하지 못한 파트너를 선택했다면, 당신은 관계 내에서 사람들을 신뢰할 수 없다는 믿음을 가질 가능성이 높다.

조이는 정서적으로 냉담한 나쁜 남자들에게 끌렸다. 그녀는 그녀와의 관계에 전념할 수 없는 남자들을 줄곧 만났다. 처음에는 이런 남자들에게 끌린 이유가 그런 남자들을 가질 수 없다는 것은 그들이 매력이 있다는 것과 동일시했기 때문이다. 그리고 조이는 만났던 모든 남자들에게 자기가 찾는 영혼의 동반자라고 설득할 수 있다고 믿었다. 이것은 결국 항상 피할 수 없는 상처로 이어졌다. 그녀는 이유에 대한 몇 가지 신념이 있었다. 그녀는 자기에게 전념할 수 있는 남자를 만날 자격이 없고, 가질 수 없는 나쁜 남자는 더 매력적이었으며, 관계에 전념하는 남자는 지루하다는 생각을 했다. 조이가 이런 남자들에게 끌린 경험들은 남자들이 그녀를 배신할 것이라는 생각을 강화시켰으며, 그녀에게 의리를 지키는 남자를 그녀는 만날 자격이 없고 계속 거절당하거나 배신당할 수밖에 없는 운명에 놓여 있다고 믿었다. 정직하고 신뢰할 수 있으며 어쩌면 조금은 지루할 수도 있는 파트너를 선택하는 것이 모든 관계는 불운하지 않다는 생각에서 벗어날 수 있게 도와줄 수 있었다.

대부분의 경우에는 우리는 배신을 예측하는 것이 불가능하다. 그렇지만 배신을 당했으며, 그것으로 인한 후유증은 오래 남는다.

헬렌은 남편과의 관계를 전통적이라고 묘사했다. 교외에 집이 있고, 아이 세 명을 키우고 있었으며, 명절을 쇠고, 함께 교회를 다녔다. 그녀는 자신이 신뢰할 수 있는 평범한 중산층의 결혼생활을 하고 있다고 생각했다. 그렇지만 헬렌은 남편이 오랫동안 불륜 관계를 유지하고 있다는 깜짝 놀랄 소식을 듣게 됐다. 이혼을 하고 나서 그녀는 남편이 결혼 중에 여러 번 불륜을 저질렀다는 것을 알게 되었다. 이것은 미래에 다른 사람들을 믿는 것을 어렵게 만들었다.

당신의 관계에 대한 전념과 투자

질투심은 당신이 관계에서 전념하는 정도와 관계에 얼마나 투자를 했는지에 따라 달라질 수 있다. 관계의 초기에는 투자를 조금밖에 하지 않기 때문에 질투심이 적다. 만약 어떤 사람과 한 번만 데이트를 했다면, 잃을 것이 별로 없다. 그렇지만 관계가 깊어질수록, 당신은 투자한 것이 더 많기 때문에 잃을 것이 많다.

스티브는 레이첼과 처음에 사귀기 시작할 때, 그녀의 많은 것에 끌렸다. 그녀는 아름다웠으며, 유머 감각이 뛰어났고, 자유로운 영혼이었다. 전통적인 배경에서 자랐지만 여러 성적인 경험을 했고 혼자서 독립해서 산 경험도 있었다. 그는 그녀의 자유로운 영혼과 여러 성 경험을 했다는 것에 대해 관계 초기에 그녀에 대해 알게 되는 것이 흥분되었다. 그녀는 즉흥적이고, 새로운 경험에 수용적이었고, 정서적으로 강렬했으며, 그에게 정말 관심이 많았다. 그는 질투심을 별로 느끼지 않았다. 스티브는 레이첼과 함께 있는 것만으로도 흥분이 됐다. 그렇지만 몇 달이 지나고 그는 그녀와 사랑에 빠졌으며, 그는 질투심으로 인한 생각과 감정에 사로잡혔다. 그는 그녀가 과거에 성에 대해 다양한 경험을 한 것들에 대해 곱씹으며 그도 그냥 하나의 경험뿐일지도 모른다는 생각을 했다. 관계에 더 전념할수록, 불신은 더욱 커져갔다.

스티브는 왜 갑자기 질투심을 느끼게 됐을까? 그는 잃을 게 더 많아졌지만, 동시에 그와 레이첼은 안정적인 사귀는 관계를 맺고 있지 않았다. 관계의 중기에 도달하면 투자는 했지만 불확실성도 함께 있다. 관계가 지속될지 알기 어렵다. 관계가 끝날 수도 있다. 그렇기 때문에 관계에 서로 완전히 전념을 하기 전인 관계 중기에는 질투심을 느끼기가 더 쉽다.

관계가 수년 동안 지속될수록 질투심은 감소하지만, 누군가 부정을 저지른다면 이야기가 다르다. 서로에게 전념을 하는 장기간 맺은 관계는 불확실성이 더 적기 때문에 질투심을 더 적게 느낀다.[21] 100명의 대학생들을 대상으로 한 연구에서 안정적인 관계에 있는 여성들이 안정적인 관계에 있지 않는 여성보다 질투심을 적게 느낀다고 보고하였다.[22]

스티브의 질투심은 관계에 더 전념하고 더 많이 투자하는 것과 관련이 많다. 관계에 더 전념하게 되는 관계 중기에 질투심을 경험할 확률이 높은데, 이때 파트너의 전념 정도를 어떻게 해석하고 있는지를 보는 것이 중요하다. 어떤 사람들은 상대방의 충실도에 대한 약속을 받아들일 가능성이 높다. "다른 사람은 안 만날게요." 혹은 "다른 사람과 자지 않을게요." 이런 약속들은 그들에게 신뢰하기 충분하다. 다른 사람들은 전념을 표현하는 것에 대한 다른 기준들을 가지고 있다. 예를 들어, 파트너가 친구들이나 혼자서 보내는 시간이 많다면, 어떤 사람들은 그/그녀가 관계에 전념하고 있지 않다고 해석할 수 있다. 아니면 '일주일에 며칠만 나를 보고 싶은가봐. 별로 관계에 전념하고 있는 것 같지 않아.'라고 생각할 수 있다.

우리는 관계가 깊어지는 것을 각각 다른 방법으로 해석한다. 어떤 사람들은 인내심을 갖고 시간이 지나면서 서로 관계에 전념하는 것이 진화할 수 있게 둔다. 어떤 사람들은 흑백논리로 관계를 바라보는 사람들이 있다. 내가 관계에 대해 갖고 있는 생각들에 대한 통찰을 얻기 위해 관계에 대해 가지는 흔한 신념들이 반영된 다음 진술문들을 고려해 보자.

- 내 연인은 모든 자유 시간을 나와 함께 보내야 한다.
- 내 연인은 매일 나에게 연락을 해야 한다.
- 내 연인은 나를 사랑한다고 해야 한다.
- 내 연인은 내가 특별한 존재라는 것을 느낄 수 있게 나를 대해야 한다.
- 내 연인은 나와 함께 미래에 무엇을 할 것인지 계획해야 한다.
- 내 연인은 비밀이 하나도 없어야 한다.

앞의 문장들에 대해 가질 수 있는 다양한 생각은 관계 내에 있는 두 사람이 관계에 전념하는 것에 대해 다른 생각을 하고 있을 수 있다는 것을 시사한다. 그리고 특히 관계가 시작 단계에 있을 때 더욱 그런 다른 생각들이 두드러지게 나타날 수 있다. 한 사람은 더 많은 자유와 독립을 원할 수 있고, 관계에 대해 어떤 생각을 가지고 있는지 확신이 없을 수 있다. 다른 사람은 완전히 관계에 전념했을 수 있다. 이런 생각의 차이는 갈등을 유발할 수 있다. 관계에 전념하는 것은 주로 시간이 지나면서 생기는 것이기 때문에, 관계의 초기에는 보통 한 사람이 다른 사람에 비해 더 많이 관계에 몰입한다. 한 사람이 그러면 상대방이 자신이 원하는 수준으로 관계에 몰입하는지 시험해 볼 수 있다. 상대방을 시험하지 않기 위해서 관계에 대해 몰입하는 정도가 다르다는 것에 대해 협상하는 것이 중요할 수 있다.

> 린은 마크가 자기 없이 자주 친구들과 시간을 보내고, 술 마시고, 파티에 가기를 원해서 관계에 전념하고 있지 않다고 느꼈다. 처음에는 참았지만, 몇 달이 지난 후에는 그녀는 마크가 자기가 원하는 것만큼 깊은 관계에 관심이 없다고 생각하기 시작했다. 그에게 말하자, 마크는 드디어 "구속받고 싶지 않다."고 시인했으며, 하고 싶은 대로 살 수 있는 자유를 원한다고 했다. 그래서 그녀는 그에게 헤어지자고 했다.

린과 마크는 친밀하고 관계에 전념하는 것에 대한 다른 생각을 갖고 있었고, 서로 다른 것들을 원했다. 마크는 관계로 인해 다른 인생의 영역들이 영향을 받는 것을 원하지 않았고, 린은 잠재적으로 남편이 될 수 있는 사람을 찾기를 바라고 있었다. 린은 자기가 원하는 것을 그에게 강요하기보다는 다른 관계를 찾기로 결정한 것이다.

관계 초기에는 투자한 것이 많지 않기 때문에 잃을 것도 적고, 질투심도 느낄 확률이 적다. 관계가 깊어지고 서로 보내는 시간이 길어질수록 관계가 끝나면 잃을 것이 더 많기 때문에 질투심을 느낄 가능성도 높아진다. 그렇지만 단순히 시간을 같이 보내는 것만으로는 우리가 살펴본 것처럼 관계가 깊다고 판단할 수 없으며, 우리는 관계에 전념한다는 것이 어떤 의미인지 각기 다른 생각들을 갖고 있다. 어떤 사람들은 파트너가 다른 사람들과 시간을 보내는 것에 대해 편하게 느끼는 사람들이 있는 반면, 또 어떤 사람들은 관계에 전념하기를 원하는 사람들이 있다. 우리는 상대방의 관계에 진심으로 전념하고 있다고 느낄 때, 질투심을 느낄 가능성이 적어진다.

당신은 연인과 함께 관계에 전념하는 것을 어떻게 정의하는지에 대해 합의할 필요가 있다. 가장 중요한 질문은 다음과 같다. 서로 동일한 것을 원하는가? 상대방에게 본인이 원하는 것을 강요하게 되면, 더 큰 갈등으로 이어질 수 있다.

정서적 친밀감

당신의 질투감은 연인과 느끼는 정서적 친밀감에 따라 달라질 것이다. 친밀함을 더 크게 느낄수록, 그 친밀감을 잃는 것에 대한 두려움을 느끼는 것에 취약해진다. 우리는 피상적이거나 가벼운 관계에서는 질투심을 느끼는 경우가 거의 없다. 실제로 어떤 사람들은 일부러 피상적인 관계를 유지하여 배신을 당하거나 거절을 당하는 것으로부터 상처를 받을 위험성을 최소화하기를 원한다. 관계가 피상적으로 인지되면 질투심을 느낄 이유가 별로 없다. 투자한 것이 없으니, 얻은 것도 없는 것이다.

> 엘로이즈는 "저는 노는 여자가 되고 싶어요. 술집에서 속옷도 입지 않고 춤추는 그런 여자요. 저는 깊은 관계로 발전할 수 있는 착한 남자를 만나고 싶지 않아요. 그가 어차피 저에게 상처를 줄 것이라는 것을 알거든요. 그를 믿을 수 없다는 것 알아요. 이렇게 행동하면 어차피 그런 관계에 빠질 이유도 없고 상처받을 일도 없으니까요."라고 말했다.

생각보다 친밀한 관계를 피하는 일은 주변에 흔하다. 우리는 모든 사람이 깊고 친밀한 관계를 찾고 있다고 가정하지만, 엘로이즈는 몇 년 전에 연인에게 거절당하고, 이별로 인해 자살을 시도했다. 결과적으로 그녀는 친밀감과 신뢰를 압도적인 고통감과 동일하다고 생각하게 됐다. 그녀가 피상적인 성격을 유지하는 것은 깊은 관계에 관심 있는 사람들을 '루저'라고 거절할 수 있는 것을 더 쉽게 만들었다. 당신이 만약 친밀함을 피하는 사람과 관계를 맺고 있고 당신이 친밀함을 원한다면, 기대가 서로 다르기 때문에 질투심이 생길 수 있다.

친밀함과 관련된 이슈들이 있을 때, 어떤 사람들은 일부러 상대방이 질투심을 느낄 수 있게 자극할 수 있다. 그렇게 하는 이유는, 상대방이 질투심을 느끼는 행동들을 하면 관계에 전념하고 있다는 신호로 받아들이고 안심하기 때문이다. 그렇지만 질투심을 표현하는 행동들, 즉 심문하고, 철회하고, 안심해 줄 것을 요구하고, 위협하는 것은 관계 내에서의 불확실성을 증폭시킬 수 있다. 질투심을 느끼고 있는 사람은 뒷걸음질을 칠 수 있고, 역공격을 하거나 관계를 떠나겠다고 위협할 수 있으며, 이런 행동들은 배신을 당하거나 버림받을 것에 대한 불안이나 공포를 더 확대할 수 있다. 그렇지만 연구에 따르면 연인이 질투를 느끼고 있다고 지각하면 그는 관계를 떠나지 않을 것이라고 해석한다. 그래서 우리는 연인이 질투심을 느끼게 자극해서 시험하려는 결과를 낳는다.

연인에게 질투심을 의도적으로 자극하는 또 다른 이유는 그들이 저지른 일에 대해 처벌을 하기 위해서 그들이 다른 사람에게 추파를 던지고 있으면 경쟁을 하려고 하기 때문이다. 어떤 경우에는 사람들이 다른 사람을 유혹하여 혹시라도 현재 관계가 실패하면 대안을 만들기 위해 투자를 분산하기까지 한다. 다른 사람을 유혹하여 자존감을 높이고 스스로 매력적인 존재라는 것을 증명하고 싶어 할 수도 있다.

만약 연인이 질투심을 느끼게 하려는 동기들이 이 중에 있다면, 스스로에게 '나는 질투심을 유발하기 위해서 어떤 행동들을 할 수 있을까?'라고 스스로 묻고, 어떤 갈등이 결과적으로 생기는지 고려해 보자. 연인과 생기는 이 갈등이 과연 그럴 만한 가치가 있는가? 질투심 문제가 있기 위해서는 두 명이 필요하다. 질투심 게임을 통해서는 안정적인 관계를 만들 수 없다.

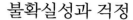

불확실성과 걱정

질투심과 불안에서의 주요 이슈는 불확실성이다. 관계에 대해 확실하지 않다면, 연인이 다른 사람에게 관심을 가질 수도 있다는 위협감을 느낄 수 있다. 관계에 대해 어느 정도 투자를 했다면 더욱 그렇게 느낄 수 있다. 연인이 새로운 친구를 만나거나 새로운 사람들과 상호작용할 수 있는 기회들은 불확실성을 증폭시키고 걱정하게 만들 수 있다.

걱정을 하는 데 있어 불확실성은 중요한 요소다. 걱정하는 사람들은 불확실성이 곧 나쁜 결과와 동일하게 생각하며, 불확실한 것은 용인할 수 없다고 본다.[23] 걱정을 하는 경향이 있다면, 걱정하는 것이 불확실성을 감소시키거나 제거해 준다고 믿을 수 있으며, 확인하고, 정보를 수집하고, 위안을 찾는 행동이 불확실성을 제거한다고 생각할 수 있다. 당신은, '그녀가 충실한지 확실히 알 수 없기 때문에, 꼭 알아야만 나는 마음이 편해질 수 있다.' 혹은 '불확실한 것을 지금 받아들일 수가 없어, 확실히 알아야겠어.' 혹은 '지금 당장 알아야겠어.'라고 생각할 수 있다.

불확실성과 알아야겠다는 욕구

당신은 걱정하는 것을 통해 확실해진다고 생각할 수 있겠지만, 증거를 찾지 못했다면 증거가 아직 발견되지 않았다는 불확실성을 안고 가야 한다. 당신은, '내가 모르는 것이 있을 수 있어.'와 '지금 당장 알아야겠어!'라고 생각할 수 있다. 걱정하는 경향과 관계에서의 지각된 혹은 실제의 불확실성의 조합은 당신의 질투심과 집착을 증폭시킬 것이다. 이것은 연구를 통해 관계에서 지각된 불확실성이 클수록 질투심을 더 많이 느낀다고 증명되었다.[24] 알지 못하는 것은 당신이 알지 못하는 것이 당신에게 상처를 줄 것이라는 믿음으로 변한다. 그렇지만 완벽한 확실성을 요구할수록, 충분한 정보를 얻으려는 시도는 결국 실패할 수밖에 없다. 왜냐하면 불확실성에는 완벽한 불확실성을 피할 수 없기 때문이다. 실제로 10년간 결혼생활을 해도 배우자를 믿어도 되는지 모를 수 있다.

> 브라이언은 샤론과 14년 전 결혼했고, 그녀가 출장이 잦아지면서 브라이언의 불확실성은 증가했다. 그는 "그녀가 무엇을 하는지 모르기 때문에 그녀가 바람을 필 가능성이 있다고 생각해요. 저는 뒤통수 맞고 싶지 않아요. 저는 그녀가 여기 있을 때 그녀를 미행하고, 그녀의 이메일을 몰래 읽어서 무슨 상황인지 파악할 수 있을 것 같았어요. 그렇지만 정말 미칠 것 같아요. 그러고 나서 그녀에게 추궁을 하기 시작했는데, 그 행동은 그녀를 정말 화나게 만들고, 저 때문에 미칠 것 같다고 해요. 그녀는 그러면 더 거리를 두고, 저는 더 기분이 나빠져요."라고 말했다.

브라이언은 질투심에 사로잡힌 많은 사람들과 비슷하다. 그에게는 불확실성은 참을 수 없는 상태이며 배신당할 것을 예측한다고 믿는다. 그는 뒤통수 맞는 것을 피하고 싶지만, 매일 질투심에 사로잡혀 고통스러워하며 산다. "도대체 어떻게 하면 확실히 알 수 있을까요?"라고 그는 물었고, 그의 목소리는 울음을 참느라 갈라지고 있었다.

불확실성과 지역적 거리

물리적으로 멀리 떨어져 있으면 불확실성이 커진다는 말이 맞다. 어떤 사람들은 연인과 수백 혹은 수천 킬로미터 떨어져 있지만 관계를 유지하려고 노력한다. 그리고 어떤 사람들은 성공한다. 그렇지만 물리적 거리는 서로를 보는 것을 어렵게 만들고, 불확실성을 증가시킬 수 있다. 나는 관계에 대한 개인적 과거에 대한 정보를 수집할 때, 많은 사람들은 수백 킬로미터 떨어진 대학교에 다니고 있는 고등학교 동창인 연인과 연애를 하고 있다고 말한다. 어쩔 때는 성공한다. 내 친구 중에는 미래의 아내를 열네 살 때 만난 사람도 있다. 그녀는 그와 먼 곳에 있는 대학교를 다녔지만, 대학교 4학년 때 결혼해서 지금까지도 잘 살고 있다. 즉, 성공할 수는 있지만, 항상 그렇지는 않다. 많은 사람은 물리적 거리와 불확실성 때문에 지친다.

줄리는 다른 곳으로 이사를 가 버린 남자와 관계를 계속 지속하려고 했다. 그들은 8년이나 연애를 했지만. 점점 서로 관계를 유지하기가 어려웠다. 세 달에 한 번씩 서로를 만났지만. 그는 그녀를 만나기 위해 노력을 열심히 하지 않았으며, 그가 무엇을 하고 있는지 그녀는 계속 궁금해했다.

불확실성과 이미 다른 관계 속에 있는 사람과 관계 형성하기

이미 다른 관계를 맺고 있는 사람과 관계를 형성하려고 하면, 당신은 불확실성을 경험할 수 있다.

> 캐서린은 고등학교 동창회에서 어떤 남자를 만났고, 그 주말에 뜨거운 밤을 보냈다. 그는 유부남이었고 자녀들도 있었으며, 수백 킬로미터 떨어진 곳에 살았다. 그녀는 계속 그 남자를 만났고, 그녀는 그가 아내를 버리고 자신에게 오기를 설득하거나, 관계에 선을 그을 수 있다고 생각했다. 그녀는 얻을 것이 없는 상황으로 점점 깊이 들어갔으며, 관계가 개선될 것이라는 희망과 불안과 분노에 대해 균형을 잡는 것을 힘겨워했다.

관계는 불확실성으로 가득 차 있었다. 단순한 것이 가장 좋을 수 있다. 삼각 관계 없이, 관계를 인생의 다른 영역과 선을 긋지 않고, 차선책을 선택하지 않는 것이다. 당신은 이런 상황을 감당할 수 있을 만큼 성숙하다고 생각할 수 있겠지만 나의 관찰에 따르면 인간의 본성은 관계 내에서 독점적인 애착 관계를 맺기를 원한다. 그렇기 때문에 이런 관계들을 수용하는 것은 스스로를 속이는 것이며, 부정적인 결과를 가져올 가능성이 높다. 실제로 이런 관계에 더 깊이 들어가면 갈수록, 빠져나오기 더 어려울 수 있다.

제**2**부

질투심이 문제가 될 때

제4장

질투심에 사로잡힐 때

질투심은 우리가 통제하기 어렵다. 우리는 질투심을 느낄 때, 모든 것이 엉망이 됐다고 느낄 수 있는 생각과 감정에 자주 사로잡히고, 모든 것이 무너지고 있으며, 무엇인가 당장 해야 한다는 압박감이 든다. 우리는 당장 답을 얻어야겠다고 생각하고, 우리의 감정을 당장 제거하지 않으면 감정이 걷잡을 수 없이 통제 불가능해지고, 당장 상황 제압을 하지 않으면 연인이 나를 배신할 것이라고 생각한다. 경고등이 울리고 있고, 우리는 미치기 직전이 된다. 우리는 질투심으로 가득 찬 생각과 감정에 사로잡히게 된 것이다.

우리의 모든 감정들은 우리의 욕구나 안녕감을 위협하는 것에 대한 정보를 줄 수 있게 진화하였다. 제1장에서 설명했듯이, 질투심은 진화된 복합적인 감정이며, 우리가 유전적으로 투자한 산물을 보호하고 싶은 욕구와 관련이 있으며 우리 자녀들이 가장 좋은 보호와 지지를 받을 수 있게 보장하기 위해 유지되었다. 그렇지만 우리의 생각과 감정이 강렬할 때, 이런 기능들을 반영하지 않고 사실도 제대로 보고 있지 못한다. 우리의 머릿속에 울리는 본능적이고 강렬한 경고 알람에 반응하는 것이다. 우리는 사로잡힌 것이다.

우리가 질투심을 느낄 때, 위협 감지 체계가 활성화된다. 연인이 다른 사람에게 관심이 생겼거나 다른 사람이 연인에게 관심을 가졌을 만한 그 어떤 증거를 찾는다. 다른 사람을 곧 닥쳐올 위협으로 바라보며, 연인의 생각과 감정은 배신에 대한 잠재적인 신호로 받아들인다. 우리의 머리는 작거나 감지하기 힘든 그 어떤 단서라도 찾으려는 결심에 가득 차 있다.

이 장에서는 우리가 질투심 모드에 들어갈 때 우리는 어떻게 작동하는지 탐색할 것이다. 질투심 모드는 종종 우리의 생각, 감정, 행동, 전략과 소통 방법들이 함께 작용하여 작동한다. 질투심 모드는 뭔가 수상한 일이 일어나고 있다고 판단될 때 위협 감지 체계로 인해 촉발된다. 우리는 질투심 모드에 사로잡혔을 때, 한발 물러서기 어렵다. 우리의 감정은 확대된다. 질투심 모드가 활성화되어 주인 노릇을 할 때, 모든 것을 개인적으로 받아들이고, 마음 읽기를 하며, 파국적인 예측을 하고, 우리의 관계에 불가능한 기준과 규칙을 적용하고, 불확실성에 대한 대처 방법으로 걱정을 하며, 우리 머리가 생각할 수 있는 모든 상상 혹은 실제의 부정적인 생각에 빠지는 극적인 효과를 낳는다. 결과적으로, 우리는 불안해지고, 동요되며, 화가 나고, 우울해진다. 이 장에서는 우리의 성향이 어떻게 질투심을 증폭시키고 유지하며 나중에 후회할 행동들을 하게 되는지 알아보고자 한다.

질투심으로 가득 찬 마음은 네 부분으로 구성되어 있다. 핵심 신념, 규칙, 편향된 생각 그리고 걱정과 반추이다.[25] 각 부분은 다른 부분을 강화시키며, 다음과 같은 체계에서 빠져나오지 못 하게 한다. 초기 위협 감지를 유지하고 구체화하며, 사건의 중요성을 확대시키며, 우리의 공포가 사실이라고 확인하게 만들며, 일어날 수 있는 일이나 어떤 일이 일어났는지 상상하게 하여 꼼짝도 못 하게 한다. 각 부분에 대해 자세하게 알아보자.

핵심 신념

우리는 질투심과 관련된 생각을 이끄는, 스스로 혹은 타인에 대한 핵심 신념을 갖고 있다. 핵심 신념은 우리가 어떻게 생각하는지에 대한 일반화된 결론이다. 핵심 신념은 우리가 자주 의식하지 않지만 습관적인 편향을 만들어 낸다. 예를 들어, 스스로에 대한 핵심 신념 중에 "나는 사랑받을 가치가 없어."가 있는데, 이것은 스스로 흥미롭지 않고, 매력적이지 않으며, 호감 가지 않고, 다른 사람의 사랑을 유지할 수 없다고 스스로 생각하는 것이다. 핵심 신념은 세상을 바라보는 색안경이지만, 우리는 색안경을 끼고 본다는 것을 거의 알아차리지 못한다. 실제보다 모든 것을 어둡고 침침하게 만드는 어두운 선글라스를 항상 쓰고 있다고 상상해 보자. 당신이 이 선글라스를 끼고 있다는 것을 알아차리지 못한다면, 세상은 항상 어둡다고 느낄 것이다. 그것이 핵심 신념의 역할이다. 세상을 편향된 방식으로 바라보게 만든다.

당신은 질투심 안경을 썼을 수도 있다. 그 안경으로 모든 것을 보면, 모든 것을 가볍고 긍정적으로 보기 매우 어려울 것이다. 당신의 생각에 빠지게 되는 것이다.

생각이 사실처럼 보일 때

우리는 우리의 신념과 생각이 사실이라고 잘못 받아들일 수 있다. 자주 일어나는 일이다. 어떻게 그런 일이 벌어지는지에 대해 다음 시나리오를 고려해 보자. 당신이 낯선 도시에 있고, 밤이 늦었다고 가정해 보자. 당신은 혼자서 호텔로 돌아가는 중이다. 길거리에 아무도 없다. 갑자기 뒤에 남자 두 명이 빠른 걸음걸이로 당신 뒤에서 걷고 있는 소리가 들린다. 당신은, '이 남자들이 내 물건을 훔쳐 가고 나를 죽일지도 몰라.'라고 생각한다. 당신이 위험에 빠졌다는 생각으로 인해 극도의 불안과 두려움을 느끼게 되며, 당신은 더 빨리 걷고, 호텔까지 못 갈 것만 같은 생각이 든다.

그렇지만 여기서 잠깐. 만약 이 시점에서 다른 생각을 했다면? 당신이, '저 남자들은 나랑 같은 행사에 있었나 보지. 나랑 같은 호텔에 묵나 보다.'라고 생각했다면, 당신은 불안해하지 않고, 안도감을 느낄 것이다. 더 여유롭게 호텔로 돌아갈 것이다.

두 상황 모두, 사실은 동일하다. 길거리에 있고, 밤은 늦었으며, 당신 뒤에 두 명의 낯선 사람이 빠르게 걷고 있다. 그렇지만 그 사실이 위험한지 혹은 위험하지 않은지에 대한 당신의 해석이 다르다. 우리의 해석은 사실일 수도 있고 거짓일 수도 있다.

우리는 불안하거나 화가 나거나 슬플 때, 우리의 생각이 사실인 것처럼 간주한다. 생각이 당신의 머리에 떠오르고 당신은 결론에 도달한다. 당신의 연인은 다른 사람에게 관심이 있거나, 당신을 배신하거나, 당신을 더 이상 사랑하거나 특별한 사람으로 생각하지 않는 것이다. 그렇지만 모든 생각은 사실이 아닐 수 있으며, 당신이 사실을 확인하기 전에는 알 수 없다.

핵심 신념은 사실인가

내가 당신에게 "나는 얼룩말인 것 같아."라고 했다고 상상해 보자. 당신은 나를 의아하게 쳐다보며 미쳤다고 생각할 것이다. 그러고 나서 내가 다음과 같이 주장했다고 치자. "나는 내가 얼룩말이라는 것을 100% 믿어." 내 자신감이 근거가 있는지 어떻게 알 수 있을까? 우리는 사실을 확인할 것이다. 나는 거울을 볼 것이고, 나에게 얼룩말 줄무늬가 없다는 것을 보고 놀랄 것이다. 나는 말처럼 생기지 않았다.

우리는 화가 나거나 불안할 때, 우리의 생각이 마치 사실인 것처럼 간주한다. 우리가 옳다는 자신감이 증거가 된다. 그렇지만 무엇을 믿는다고 해서 그것은 사실이 될 수 없으며, 우리의 자신감은 증거가 될 수 없다.

질투심에 기여하는 당신의 머릿속에 떠돌아다니는 핵심 신념을 찾아야 한다. 그런 다음이 사실과 논리를 살펴보고 사실을 결정해야 한다. 당신이 생각하는 것처럼 당신의 연인은 바람을 피울 계획을 세우고 있을 수 있지만, 틀릴 수도 있다.

질투심에 기여하는 핵심 신념은 우리가 완벽한 사실로 간주하는 부정적인 생각이다. 다음은 흔한 핵심 신념들이다.

- 당신이 사랑받을 가치가 없다는 핵심 신념이 있다면, 당신은 연인이 당신보다 더 흥미롭거나 매력적인 사람을 찾을까 봐 두려울 수 있다.
- 당신은 스스로 자신을 돌볼 수 없다고 믿을 수 있다. 다른 사람이 옆에 없으면 혼자서 행복할 수 없다고 생각할 수 있다. 이 핵심 신념은 당신을 돌보거나 동반자인 연인을 잃는 것에 대한 깊은 두려움으로 이어질 수 있다.
- 어떤 사람들은 당신이 특별하고 개성 있으며 다른 사람보다 우월하다는 핵심 신념이 있다. 이 신념을 가지고 있으면, 다른 사람을 위협으로 받아들이며, '내 파트너가 다른 사람에게 관심이 있다면, 내가 특별하지 않고 개성이 없다는 것을 의미해.'라고 생각할 수 있다.

다른 사람에 대한 핵심 신념

우리는 다른 사람에 대한 핵심 신념을 가질 수도 있다. 한 핵심 신념은 다른 사람들은 판단하고 평가를 한다는 것이다. 이런 핵심 신념으로 인해 당신의 연인이 갖고 있는 그 어떤 부정적 평가는 관계를 위협한다고 믿기 때문에 질투심으로 이어질 수 있다. 당신은 연인이 당신에 대해 모든 것을 다 좋아해 줘야 한다는 비현실적인 기준을 갖게 된다. 더불어 이 생각에 주의를 기울이게 되면 당신의 연인과 다른 사람들은 항상 당신을 열등하다고 생각한다고 믿게 될 수 있다. 다른 사람들이 냉혹하다는 핵심 신념 때문에 다른 사람이 당신에 대해 무엇인가 좋아하지 않으면 당신은 열등하거나 매력적이지 않다고 간주하기 때문에 자존감이 쉽게 무너진다. 당신의 자존감은 다른 사람들이 그 순간 당신을 어떻게 평가한다고 생각하는지에 따라 높아지거나 낮아진다.

사실보다는 확증을 찾기

핵심 신념의 결과는 확증 편향이다.[26] 이것은 우리가 사전에 갖고 있는 신념을 확증하기 위해 정보를 찾는 자동적인 경향이다. 우리는 이런 편향이 있다는 것을 의식하지 못하는 경우가 대부분이다. 우리는 자동조종장치 모드에 있는 것처럼 환경에서 우리의 생각을 뒷받침해 줄 증거를 찾게 된다.

그래서 당신이 스스로 지루하다는 핵심 신념을 가지고 있다면, 주변에 있는 그 누군가가 하품을 하면 그것에 대한 증거를 자동적으로 보게 될 것이다. 누군가 대화 중 주제를 바꾼다면, 당신이 대화에 의미 있는 기여를 하고 있지 않다는 것을 의미한다. 당신은 당신의 현재 신념과 일관된 정보만 보게 된다.

우리의 기억력도 우리의 핵심 신념을 확증하는 정보를 기억하게 된다. 사람들은 우울할 때 실패했거나 거절당했거나 실망했던 사건들을 선택적으로 기억한다. 사람들의 기억은 현재의 기분과 스스로에 대한 부정적 신념에 의해 영향을 받는다. 우리가 스스로에 대해 갖고 있는 핵심 신념도 같은 맥락이다. 우리는 스스로가 사랑받을 가치가 없거나 재미가 없거나 관계를 유지할 능력이 없다는 신념에 일관적인 정보를 기억한다. 그것은 우리가 고통을 받기를 원해서 생기는 일은 아니며, 우리의 머리는 자동적으로 그렇게 작동하기 때문에 생기는 일이다. 이 책의 뒷부분에서, 당신이 생각을 늦추고 덜 편향된 방식으로 모든 증거를 포괄적으로 검토하는 기술들을 소개할 계획이다.

다른 사람들을 생각할 때 같은 확증 편향이 작동된다. 예를 들어, 당신이 다른 사람들은 신뢰할 수 없다고 생각한다면, 다른 사람들이 거짓말하고, 바람피우고, 사람들을 조정하는 정보에 선택적으로 집중하고 기억할 것이다. 나는 남성과 여성 모두에게서 "남자는 믿을 수 없어." 혹은 "여자는 믿을 수 없어."라는 핵심 신념을 이야기하는 것을 들었다. 당연히 이 핵심 신념에 부합하는 남녀를 찾아 당신의 부정적 신념을 확증할 증거를 찾을 수 있겠지만, 반대로 확증하지 않는 예시도 많이 찾을 수 있을 것이다.

문제는 우리가 사전에 갖고 있는 신념들을 확증하는 정보에 집중하게 된다는 것이다. 핵심 신념은 일반적인 진술이며(남자는 믿을 수 없어), 경직되고(예외 없이 적용되며), 확증 편향에 의해 주도된다(신념에 일관적인 정보를 찾는다). 질투심에 대한 다음과 같은 단순한 확증 편향의 예시를 생각해 보자. 당신이 사람들은 믿을 수 없다는 핵심 신념을 갖고 있다고 가정하고, 당신의 머리는 이것을 확증하기 위해 지금 애쓰고 있다고 하자. 당신은 마음읽기를 할 수 있다('나의 아내는 지금 거짓말하고 있어.' '아내는 다른 사람에게 관심 있어.' 혹은 '아내는 내가 지루하다고 생각해.'). 당신은 일말의 가능성에 대한 작은 세부 사항에 선택적으로 주의를 기울이기 시작한다. 그녀의 요가 매트가 집에 있기 때문에 그녀는 거짓말하는 것이 분명하다. 그리고 그녀가 지금 직장 상사를 쳐다보고 있다면, 마음읽기를 계속해서, 아내는 직장 상사에게 관심 있고 그와 바람피우고 있다고 결론을 내릴 수 있다. 당신은 아무런 근거도 없이 미래를 예측하기 시작하고, 아내가 당신과의 관계에 충실하다는 근거들은 다른 사람을 믿을 수 없다는 당신의 핵심 신념과는 일관되지 않기 때문에 모두 평가절하한다.

질투심과 관련이 있는 확증 편향의 예시

핵심 신념	사람들을 믿을 수 없다.
단서를 찾기	'아내는 요가 갔다고 이야기했지만, 요가 매트가 집에 있잖아.'
관계에 대해 긍정적인 것은 모두 평가절하하기	'아내는 매일 밤 나에게 키스를 하는데, 나는 그 날 아내가 또 누구랑 키스했는지 궁금해.'
부정적인 것은 확대하기	'아내가 직장 상사를 쳐다보고 있는 장면이 머릿속에서 지워지지가 않아.'

당신의 핵심 신념과 상반되는 정보를 경험할 때 어떤 일이 벌어지는가? 예를 들어, 여성 의사를 신뢰하게 됐다고 가정하자. 그러면 새로운 증거를 평가절하하여 다음과 같이 생각할 것이다. '항상 법칙에 예외는 있지만, 모든 사람들은 여자를 믿어선 안 된다는 것을 알지.'

우리는 일화들에 의존하여 우리의 핵심 신념들을 유지한다. 일화들은 기억에 생생하게 남아 있어서 우리는 주의를 기울이고 기억한다. "수잔의 남편이 바람피운 거 기억 안 나?" 이런 일화들은 주로 꽤 생생하다. 머릿속에 그림을 그릴 수 있고, 그 사람을 알 가능성이 있으며, 줄거리는 처음, 중간과 끝이 있다. 그렇지만 하나의 일화가 세상 전부에 대한 증거를 제시하지 못하지 않는가?

우리의 머리는 비율이나 기저율―즉, 신뢰할 수 있고 믿을 수 있는 사람의 비율―에 대해 생각하도록 진화하지 않았다. 우리는 줄거리가 있고 그림을 그릴 수 있는 정보에 훨씬 많은 무게를 둔다. 그렇기 때문에 뉴스는 극적인 동영상이 담긴 정보를 제공하는 것을 좋아한다. 차가 벽에 충돌하는 것을 볼 수 있는데 누가 그래프를 보고 싶겠는가?

우리는 또한 기억에 생생하고 남아 있고, 줄거리가 있고, 우리에게 개인적으로 관련이 있는 편향된 정보에 의존한다. 마치 '사고'라는 단어를 검색엔진에 넣어서 418,000,000개의 결과를 찾는 것과 같다. 그래서 우리가 헬멧을 쓰고 의자에 스스로를 묶고 집 밖을 절대 나가지 않는 것과 마찬가지다. 우리는 '안전' 혹은 '사고가 날 확률'을 검색하지 않는다. 그래서 우리의 결론은 세상은 위험하다는 쪽으로 편견을 가지게 한다. 질투심을 느끼게 하는 우리의 핵심 신념도 마찬가지다. 우리는 계속 우리가 맞다고 증명을 하게 만든다.

이런 신념은 어디서부터 오는가

우리가 갖고 있는 스스로에 대한 핵심 신념들은 어린 시절에 만들어졌다. 질투심을 유발하는 흔한 핵심 신념들은 다음과 같다.

- 주변에 신뢰할 수 없고, 타당화해 주지 않고, 거짓말하는 사람들로 둘러싸여 있다면, 우리는 사람들을 신뢰할 수 없다는 핵심 신념이 생길 가능성이 높아진다.

- 보이는 것이 다라고 배웠다면, 우리는 연인에게 매력적으로 보이는 것이 관계를 유지시키는 유일한 요인이라는 핵심 신념이 생길 수 있다. 연인이 다른 사람을 매력적으로 느낀다면 우리는 연인에게 가장 매력적인 사람이어야 하고, 유일한 매력적인 사람이어야 한다고 믿기 때문에 질투심을 느끼게 된다.

- 부모가 관심을 충분히 주지 않았다면 우리는 흥미롭지 않은 사람이라는 핵심 신념으로 이어질 수 있다. 그것은 우리가 흥미롭지 않고 사랑받을 가치가 없다는 생각을 내면화하게 만들어, 관계를 맺고 있는 사람들을 불신하게 만드는 원인이 된다.

당신이 스스로 그리고 다른 사람에 대해 갖고 있는 핵심 신념들을 생각해 보자. 의미 있는 패턴이 보이는가? 당신의 어린 시절의 경험, 혹은 살면서 경험했던 것들이 당신이나 다른 사람에 대한 특정 믿음들을 강화시킨 기억이 있는가? 다음의 예시를 고려해 보자.

그웬의 아버지는 집에 있을 때에도 일하느라 바빴고, 그녀와 보낼 수 있는 시간이 적었다. 어린 시절에 그녀는 아버지가 진짜 그녀를 사랑했으며 그녀가 똑똑하고 창의적이라고 생각하는지 몰랐다. 아버지는 일에 대해 강박적이었고, 연구에 헌신적이었으며, 뒤처질까 봐 불안해했다. 결과적으로, 그녀는 손에 넣을 수 없고, 애정을 잘 주지 않고 비밀스러운 남성들의 인정을 받으려는 이 패턴을 반복하게 되었다.

당신의 핵심 신념들

자기 자신과 다른 사람에 대한 핵심 신념을 생각해 보는 것이 당신의 질투심을 때때로 불타게 만드는 요인들을 이해하는 데 도움이 될 수 있다. 당신의 어린 시절과 당신에게 유의미했던 성인 관계들에 대해 다음과 같은 질문들을 고려해 보자.

- 매력적인 외모를 갖거나, 권력이 있고, 돈이 많고, 성공하고, 재미있고, 흥미로워야 한다는 압력이 있었는가?
- 인정받기 위해 그 어떤 특정 방법이 되어야 하거나, 어떻게 행동해야 한다는 압력이 있었는가?
- 사람들이 당신을 있는 그대로 사랑할 수 있지 않다고 생각했는가?
- 사람들이 항상 당신이 필요로 할 때 있지 않았다고 느낀 적이 있는가?
- 부모님이 당신의 감정을 타당화해 주지 않았는가?
- 그들이 떠날까 봐 두려워했던 적이 있었는가?
- 그들이 당신에게 실망했다고 느낀 적이 있었는가?
- 당신을 버릴 것이라고 위협한 적이 있었는가? 암묵적인 위협이라도 있었는가?
- 당신과 부모님 사이의 관계가 문제가 있다고 생각한 적이 있었는가?

우리는 모두 취약한 부분이 있고, 완벽하지 않은 어린 시절이 있고, 완벽하지 않은 부모들이 있고, 완벽하지 않은 관계들을 맺는다. 그렇지만 어떤 사람들은 이런 부분에 대해 더 상처를 받고, 더 실망하고, 더 혼란스러워한다. 이런 아픈 경험들은 우리에게 깊은 인상을 남긴다. 질투심이 가득 찬 마음에 머물게 된다.

규칙

질투심으로 가득 찬 마음과 관련이 있는 두 번째 부분은 규칙을 갖고 있는 것이다. 규칙은 스스로나 다른 사람들에 대해 갖고 있는 규칙, 생각과 가정들이다. 다음과 같은 방식으로 보통 존재한다. '만약 실제로 그 사건이 일어나면, 그다음에는 이 사건이 일어나야 한다." 예를 들어, 나는 비가 오면 젖지 말아야겠다는 규칙을 갖고 있다. 그래서 만약 비올 가능성이 높다면, 그럼 나는 우산을 챙긴다.

규칙은 마치 생각하는 반사반응처럼 작동하며, 사실을 확인할 시간을 갖기도 전에 즉각적으로 무엇인가를 믿게 만든다. 규칙은 표면보다 더 깊은 곳에 있지만, 우리는 불안, 분노와 슬픔과 관련된 패턴들을 돌아보고 질투심에 기여하는 규칙들이 있는지 살펴볼 수 있다.

당신의 규칙들은 만약 특정 규칙을 따르면 미래에 생길 일을 예측하고 통제할 수 있다고 생각하게 만들 수 있다. 이 규칙은 당신을 보호할 수 있다고 생각할 수 있기 때문에 당신에게 중요해 보일 수 있다. 당신은 당신의 규칙들이 현실적이며, 당신이 속임수를 당하지 않게 보장해 주며, 앞으로 생길 수 있는 일을 예측하고 통제할 수 있게 해 주며, 너무 늦기 전에 그 상황에서 빠져나올 수 있게 해 준다고 생각할 수 있다. 그렇지만 당신의 규칙들은 당신이 과하게 반응하고, 성급하게 일반화하고, 스스로를 믿지 못하게 만들 수 있다.

이런 규칙들은 나 자신, 다른 사람과 우리의 관계에 적용된다. 우리는 다른 사람들이 어떻게 나와 관계를 맺어야 하는지, 생각해야 하는지, 그리고 느껴야 하는지에 대한 규칙을 갖고 있을 수 있다. 규칙들을 통해 우리가 무엇을 해야 하는지 생각하게 만들 수 있다. 그리고 그 규칙들은 질투심을 유발할 수 있다. 질투심으로 가득 찬 마음에 대한 암묵적인 규칙과 가정들에 대해 좀 더 자세하게 알아보자. 다음과 같은 흔한 규칙들을 고려해 보고, 자신에게 해당되는지 생각해 보자.

다른 사람에 대한 규칙

- 사람들은 나를 배신할 것이기 때문에 믿어서는 안 된다.
- 누군가 나를 실망시키면, 나는 절대 그 사람을 믿어서는 안 된다.
- 나는 연인을 신뢰하기 위해서는 그 사람에 대해 모든 것을 다 알아야 한다.
- 연인이 정말 나를 사랑한다면 절대 다른 사람들을 흥미롭거나 매력적으로 느껴서는 안 된다.
- 내가 필요할 때 다른 사람에게 기댈 수 없다.
- 남자나 여자는 항상 더 좋은 사람을 찾기 위해 물색한다.

자기 자신에 대한 규칙

- 나는 항상 가장 매력적인 사람이어야 한다.
- 내가 하는 거의 모든 것에 대해 나의 연인은 동의해야 한다.
- 다른 사람들을 재미있게 해 주지 않으면 그들은 나를 지루하다고 생각할 것이다.
- 나는 행복하기 위해서는 연인이 있어야 한다.
- 나는 그 누구도 실망시켜서는 안 된다.
- 나는 항상 행복하고 안정적이어야 한다.

관계에 대한 규칙

- 우리는 항상 강렬한 행복을 느껴야 한다.
- 연인은 나에게 항상 그/그녀가 생각하고 느끼는 모든 것을 이야기해 줘야 한다.
- 우리의 성생활은 항상 최고여야 한다. 즉, 항상 강렬하고 즉흥적이어야 한다.
- 우리는 절대 싸워서는 안 된다.
- 연인은 항상 내가 필요할 때 시간을 내야 한다.
- 나는 항상 연인이 어디 있는지, 무엇을 하고 있는지, 그리고 누구와 함께 있는지 알아야 한다.
- 우리는 절대 비밀이 있어서는 안 된다.
- 관계는 다 좋거나 다 나쁘다.

이런 규칙들의 결과는 무엇일까? 하나만 살펴보자. '연인이 정말 나를 사랑한다면 다른 사람들을 절대 흥미롭거나 매력적으로 느껴서는 안 된다.' 그 규칙이 얼마나 현실적인지 평가하기 위해 다음과 같은 질문들을 고려해 보자.

- 연인이 세상에서 유일하게 당신만 매력적으로 느낀다는 것이 현실적이라고 생각하는가?
- 당신은 다른 사람들을 매력적으로 느끼는가?
- 만약 그렇다면, 그것은 당신이 신뢰할 수 없는 사람이라는 것을 의미하는가?
- 당신은 다른 사람들을 흥미롭다고 느끼는가?
- 다른 사람이 흥미롭거나 매력적이라고 느끼는 것은 연인을 배신할 것이라는 것을 의미하는가?

그 누구도 이 규칙에 대한 기대에 부합하지 못할 것이다. 그래서 그 규칙을 가지고 있다면 당신은 실망하고, 자신감 없고, 질투심을 느낄 것을 보장한다. 다음과 같은 더 현실적이고 적응적인 다른 생각을 해 보면 어떨까? '매력적이고 흥미로운 사람이 많기는 하지만, 그것은 내 연인이 나를 사랑하지 않거나 배신할 것이라는 점을 의미하지 않는다.' 이 생각에 대한 이점을 한번 생각해 보자. 현실적인가?

다음과 같은 규칙을 고려해 보자. '나는 행복하기 위해서는 연인이 있어야 한다.' 이 규칙에 대한 결과는 무엇인가?

- 연인이 없다면 행복할 수 없다는 것을 가정하기 때문에, 불안과 질투심에 더 취약하게 만드는가?
- 당신이 지금의 관계를 잃을까 봐 더 두렵게 만드는가?
- 당신이 싱글이라면 불행할 것이 확실하다는 생각을 심어 주는가?
- 정말 사실인가? 현재 연인을 만나기 전에 잠시라도 행복했던 적이 있었는가?

우리가 연인을 사랑하고 연인과의 관계로 인해 큰 만족감을 얻는 것이 사실이지만, 지금의 관계를 맺는 것이 정말 필수적인가? 우리는 필수적이라고 느끼고 생각할 수 있지만, 이 관계 전에도 의미를 느끼고, 만족감을 느끼고, 행복했을 가능성이 매우 높다. 그렇기 때문에 이 관계가 지속되지 않아도, 당신은 다시 피어날 수 있을 것이다.

다른 규칙에 대한 결과도 고려해 보자. '나는 항상 연인이 어디 있는지, 무엇을 하고 있는지, 그리고 누구와 함께 있는지 알아야 한다.'

- 이 규칙은 당신의 불안, 질투심과 무기력감에 기여하는가?
- 당신은 연인이 정확하게 무엇을 하고 있는지 정말 알 수 있는가?
- 연인은 당신이 항상 무엇을 하고 있는지 아는가?
- 당신이 모른다고 가정한다면, 연인은 당신을 배신하고 있다고 가정하고 있는가?

- 연인은 당신이 오늘 어디 갔는지 모른다면, 당신이 그를 배신하고 있다는 것을 의미하는가?

또 하나의 규칙에 대해 물어야 할 질문들이 있다. '연인은 나에게 항상 그/그녀가 생각하고 느끼는 모든 것을 이야기해 줘야 한다.'

- 당신은 사적인 생각이나 감정은 위험하다고 가정하고 있는가?
- 생각이나 감정이 위험하다는 증거는 무엇인가?
- 당신도 공유하지 않는 특정 생각이나 감정, 기억 혹은 어떤 판타지가 있지 않는가?
- 그것들을 공유하지 않는다는 것이 아무도 당신을 믿지 못한다는 것을 의미하는가?
- 모든 것을 알려 달라고 요구하는 것은 당신을 덜 신뢰할 수 있게 만들고, 연인을 심문하게 만들며, 다툼을 시작하는가?
- 서로의 프라이버시를 어느 정도 수용한다면 어떤 위험성이 있겠는가?

당신의 규칙이 완벽함, 절대적 확신, 완벽한 행복과 만족을 항상 요구한다면, 당신은 결국 좌절하고, 괴롭고, 질투심을 느끼게 될 것이다. 당신의 질투심과 좌절감에 대한 패턴을 되돌아보자. 당신은 어떤 규칙들을 사용하고 있는지 스스로 물어보자. 당신은 더 수용적이고, 덜 완벽하고, 더 유연한 것이 도움이 되겠는가? 사람들 중 덜 요구적이고 침습적인 규칙을 갖고 있는 사람들을 아는가? 그들은 항상 괴로워하는가?

편향된 생각

우리의 생각하는 방식은 흔하게 편향되어 있기 때문에 생각의 왜곡으로 이어질 수 있다. 이런 생각은 자동적이고 즉흥적으로 떠오르는 생각들이며, 마치 불신과 질투심을 향해 편향된 반사 반응이 있는 것처럼 작동한다.

당신의 생각이 사실일 수도 있다. 연인은 다른 사람을 생각하고 있으며, 바람을 피울 가능성이 있을 수 있다. 그렇지만 여기서 초점을 두어야 할 것은 사실이 아닌데도 불구하고 이런 위협에 편향되어 있을 수 있다는 것을 인식하는 것이다. 다음은 질투심에 기여할 수 있는 사람들이 흔하게 하는 열두 가지의 흔한 왜곡된 사고방식이다. 한번 보고 익숙한 것이 있는지 살펴보자.

마음읽기(독심술): 당신은 충분한 근거도 없이 연인, 혹은 다른 사람들이 어떤 생각을 하는지 가정한다. '그는 그녀가 섹시하다고 생각해.' 혹은 '그녀는 내 남편을 빼앗아 가려고 해.'와 같은 생각들이다.

예언하기: 미래의 일을 부정적으로 예측한다. 상황이 더 악화될 것이고, 위험이 미래에 도사리고 있다고 생각한다. '그는 나를 버리고 다른 사람을 선택할 거야.' 혹은 '그녀는 바람을 피울 거야.'와 같은 생각들이다.

파국화하기: 당신은 이미 일어난 일이나, 일어날 수 있는 일이 너

무 끔찍하고 견딜 수 없어서 감당할 수 없을 것이라고 생각한다. '나는 배신당하면 무너지고 말 거야.' 혹은 '그는 다른 여자가 매력적이라고 생각하기 때문에 우리 사이는 끝난 거야.'와 같은 생각들이다.

명명하기(꼬리표 붙이기): 스스로에게 그리고 다른 사람에게 일반적이고 부정적인 라벨을 부여한다. '나는 지루한 사람이야.' 혹은 '그는 바람피우는 남자야.'와 같은 생각들이다.

긍정성 평가절하하기: 당신은 스스로에 대해 그리고 당신의 관계에 대한 긍정적인 측면을 축소한다. '그녀가 나를 사랑한다고 했다고 해서 배신을 하지 않을 것이라는 근거는 없다.' 혹은 '우리 관계에 좋은 점은 많지만, 난 그래도 그를 신뢰할 수 없어.'와 같은 생각들이다.

부정성 여과하기: 관계 내에서 부정적인 측면만 유독 주의를 기울여서 보고, 긍정적인 면은 관심을 잘 가지지 않는다. '우리는 몇 주 동안 성관계를 하지 않았어.' 혹은 '우리는 다퉜기 때문에 그건 지금 관계가 정말 나쁘다는 것을 의미하고, 그가 떠날지도 몰라.'와 같은 생각들이다.

과잉일반화하기: 하나의 사건만 가지고 일반적인 부정적인 패턴을 인지한다. '우리는 다른 사람들과 있을 때마다 그녀는 추파를 던진다.' 혹은 '어젯밤 대화가 별로 없었는데, 아무래도 그가 나에게

관심을 잃은 것 같다.'와 같은 생각들이다.

이분법적 사고(흑백논리): 사건이나 사람을 흑백논리로 바라보는 것이다. '우리 관계에서 제대로 되고 있는 것이 하나도 없어.' 혹은 '그녀는 애정 표현하는 데 전혀 관심이 없는 것 같아.' 혹은 '우리는 항상 싸워.'와 같은 생각들이다.

당위적 사고: 당신은 일이 어떻게 진행되어야 한다고 생각하는지를 기반으로 해석하고, 있는 그대로 받아들이지 못한다. '우리는 항상 서로를 만나면 신나고 흥분해야만 해.' 혹은 '나의 여자친구는 다른 사람을 절대 매력적이거나 흥미롭다고 생각하면 안 된다.'와 같은 생각들이다.

개인화하기: 관계 내에서 일어나는 일, 연인이나 다른 사람이 하는 행동이 스스로의 부정적인 측면을 반영한다고 생각하며 개인적으로 받아들이는 것이다. '그녀가 다른 남자를 흥미롭다고 생각한다면, 내가 지루하다는 것을 의미해.' 혹은 '그는 인터넷을 하는 데 몰입하는데, 아무래도 나에게 흥미를 잃은 것 같아.'와 같은 생각들이다.

비난하기: 상대방을 당신의 부정적인 생각의 원인이라고 생각하고, 스스로 변하는 것에 책임감을 느끼기를 거부한다. '내가 속상한 이유는 그녀는 내가 필요한 관심을 주지 않았기 때문이야.' 혹은 '그는 다른 여자와 대화를 해서 나를 질투나게 하려는 거야.'와 같

은 생각들이다.

　　감정적 추론하기: 당신의 감정이 현실을 해석하는 데 지표로 사용한다. '내가 불안하기 때문에, 연인은 분명히 뭔가 꿍꿍이가 있는 것이 분명해.' 혹은 '요즘 지루함을 느껴서, 내 연인은 더 흥미롭고 재미있는 사람을 찾고 있다는 것을 의미해.'와 같은 생각들이다. 이런 자동적·부정적 생각들은 당신의 규칙과 가정들을 촉진시킨다. '그녀는 다른 사람을 좋아한다면, 나를 배신한다는 것을 의미한다.' 이것은 핵심 신념을 강화시키게 된다. '나는 사랑받을 가치가 없어.'

　　다음과 같은 방식으로 작동한다. 다른 남자가 매력적이라는 당신 연인의 생각은 사실일 수도 있다. 당신은 '연인이 다른 사람을 매력적으로 느낀다면 나를 배신할 것이다.'라는 규칙을 가지고 있기 때문에, 당신은 불안하고 화가 나게 된다. 당신의 정확한 생각은 스스로 갖고 있는, 당신이 가치가 없고, 매력적이지 않으며, 지루하고, 어딘가 결함이 있다는 핵심 신념을 활성화시킬 수 있다. 당신은 우울해지고, 스스로 보호하고 싶게 만든다.

　　케빈은 여자친구인 스테이시와 파티에 갈 계획인데, 그녀의 옛 남자친구가 그 파티에 있을 것이다. 그는 다음과 같은 생각을 한다.

- '스테이시는 앨런을 정말 섹시하다고 생각할 거야.'(예언하기, 마음읽기)
- '그녀가 그를 섹시하다고 생각하면, 나는 열등하다고 생각한다는 의미일 거야.'(개인화하기, 마음읽기)
- '그녀가 다른 남자들을 섹시하다고 느끼는 것은 견딜 수가 없

어.'(파국화하기)

- '나는 스테이시가 앨런과 헤어졌다는 것을 알고 있고, 그녀가 나를 사랑한다고는 하지만, 그것을 믿을 수는 없어.'(긍정성 평가절하하기)

- "그녀가 나를 떠나면, 세상에서 가장 끔찍한 일일 것이다." (파국화하기)

케빈이 일련의 부정적인 생각을 하면서 그녀가 자기를 버리고 앨런에게 돌아갈 것이라는 결론에 도달했다는 것을 볼 수 있고, 만약 그렇게 된다면 인생이 살 만한 가치가 없다고 생각하게 되었다. 당신의 부정적이고 편향된 생각들이 당신의 질투심에 어떻게 기여하는지 자세하게 살펴보도록 하자.

걱정과 반추

질투심으로 가득 찬 마음에 대한 네 번째 부분은 미래에 대한 부정적인 예측에 의존하고(걱정), 과거나 현재에 부정적인 일에 머무르는 것이다(반추). 걱정과 반추는 유사한 과정을 통해 이루어지며, 부정적인 생각에서 빠져나오지 못하는 것과 관련이 있다.[27] 어떤 생각을 하게 되어 우리를 태우고 가는 것과 같이, 우리는 생각에 사로잡히게 되는 것이다.

당신은 '그는 다른 여자를 매력적이라고 느낀다.'라는 부정적인 생각을 할 수 있고, 그 생각은 중요하지 않다고 반응을 할 수 있거

나 우리는 모두 많은 사람들을 매력적으로 느낀다는 생각을 수용
할 수 있다. 이렇게 반응을 한다면 그 생각에 사로잡히지 않게 되
며, 놓아줄 수 있다. 그렇지만 걱정을 한다면, 마치 진흙에 빠진 바
퀴처럼 머리는 빙글빙글 돌면서, 어떤 일이 생길지 더 생각할수록
더 부정적인 생각에 빠지게 된다. 당신은 연인이 다른 사람에게 더
관심이 있을지에 대해 생각하기 시작하면서 더 불안하고 화가 나
게 되고, 머릿속에서 그 생각을 지울 수 없게 된다. 반추를 하게 되
면, 과거에 부정적인 사건을 기억하게 한다. '저번 달에 파티에 갔
을 때 그가 앤지랑 대화를 오래했던 것이 기억이 났어.' 그러고 나
서 그 생각에서 빠져나오지 못하고 계속 떠오르게 한다.

걱정을 하거나 반추를 할 때 일반적으로 훨씬 기분이 좋지 않기
마련인데도, 우리는 왜 하는 것일까? 우리는 도움이 된다고 생각해
서 걱정을 하게 된다.[28] 걱정은 주로 '이런 일이 일어나면 어떻게 하
지?'와 관련이 있고, 반추는 자주 '왜?'라는 질문과 관련이 있다. 우
리는 질투심을 느낄 때, '갑자기 놀라지 않기 위해 미래에 대해서
걱정해서 준비를 해야 한다.'라고 생각한다. 혹은 우리는 이유를 알
고 문제를 해결해야 한다고 생각해서 반추를 해야 한다고 믿을 수
있다. 이런 방식으로 걱정과 반추는 거절, 배신과 유기 불안에 대한
위협을 대처하기 위한 전략처럼 보인다. 질투심은 어떻게 보면 분
노하고 안절부절못하는 걱정으로 생각될 수도 있다.[29]

반복적인 걱정의 문제점은 더 많은 불안과 우울을 결국 야기한
다는 것이다. 마치 최악의 것들이 들어 있는 서류 서랍을 열고 몇
시간 동안 뒤지는 것과 같은 행위다. 부정적인 것과 파트너가 돼서
같은 편이 되는 것이다. 그것은 마치 당신의 기분, 생각과 현실이

모두 같다고 생각하는 것이다. 당신은 한발 뒤로 물러서고 생각은 그저 생각일 뿐이라며 기분은 결국 지나갈 것이라고 수용하는 것이 어렵다. 당신은 기분이 더 안 좋아질 뿐만 아니라, 현재 순간의 긍정적인 일도 놓치게 된다. 상상의 부정적인 사건에 초점을 맞추고 있으면 현재의 인생을 즐기기 어렵다.

또 다른 문제는 당신이 걱정을 하는 이유가 무엇이 정말 문제인지 명확하지 않은 채 불확실성을 받아들이기 어렵기 때문이다. 당신은 불확실성은 나쁜 일이 일어날 것이고 당신에게 무엇을 숨기고 있다는 징조로 받아들인다. 그리고 가장 중요하게는, 당신은 확실함을 도달할 수 있다고 생각한다는 것이다.[30] 당신은 계속 그것에 대해 생각을 하게 되면 확실함을 얻게 된다고 생각할 수 있다.

그렇지만 불확실한 세상에서 확실함이란 없다. 확실함을 찾겠다는 목표는 성과가 없고 불가능하며, 당신을 반복적이고 부정적인 악순환에 갇히게 한다. 당신은 '그를 믿을 수 있다고 생각한다.'라는 생각이 들 때, 당신은 다음과 같은 의문을 덧붙인다. '그렇지만 정말 확신하는가?' 그리고 그 어떤 긍정적인 대답을 거절하고 다시 걱정을 하게 된다. 이 책의 제6장, 제7장 그리고, 제8장에 여러 개의 강력한 기술들을 소개하고 있는데 이런 걱정들을 버리고 인생을 전진할 수 있게 도와줄 것이다.

반추는 부정적인 측면에서 빠져나오지 못하는 것이며 걱정과 유사하지만 과거의 일에 집중하여 '이 일이 왜 일어나고 있지?' 혹은 '나는 언제 기분이 괜찮아질까?'와 같이 답이 없는 질문들을 스스로 묻게 만든다. 반추를 하는 사람들은 우울해지기 쉽고 계속 우울할 가능성이 높다. 반추할 때 우리는 모든 것을 해결했고, 정보를 다 수집했고, 의미를 부여했으며, 큰 그림을 그렸다고 자주 믿게 된다.[31] 우리는 계속 빙글빙글 돌면서 스스로 혹은 연인에게 답이 없는 질문들을 묻고, 질문에 대한 대답들은 불완전하고, 만족스럽지 못하며 거짓말이라고 거부하게 된다. 반추는 우리의 인생에 참여를 하지 못하게 막는다. 우리는 우리 앞에 있는 것들을 즐길 수 없으며, 인생이 실제로 펼쳐지고 있을 때 우리는 현재에 머무르지 못하고 부정적이며 답이 없는 질문들을 계속 묻게 된다.[32]

질투심으로 가득 찬 마음 통합해 보기

이 장의 앞 부분에서 질투심 모드에 대해 설명했고, 질투심으로 가득 찬 마음은 그 모드의 한 부분이라고 했다. 이제 우리가 논의할 다른 부분들은 당신의 감정, 행동, 의사소통 방법 그리고 대처 전략들을 포함한다. 질투심으로 가득 찬 마음을 통합해서 당신이 생각하는 방법에 대해 이해해 보도록 하자.

우리는 모두 자기 자신 혹은 다른 사람에 대한 어떤 핵심 신념으로 시작한다. 나의 핵심 신념이 '나는 사랑받을 가치가 없고 다른 사람을 신뢰할 수 없는 것'이라고 하자. 이것은 규칙에서 '나는 사랑을 받으려면 완벽해야 해.'와 '연인은 나에 대해 모든 것을 다 좋아해야 해.'와 같은 생각들로 합쳐진다. 이 생각은 만약 내가 완벽하기 위해 노력한다면, 그래서 내가 기본적으로 사랑받을 수 없다는 것을 의미하며 결국 거절당할 것으로 이어진다. 규칙에서 다른 사람에 대해서는 '다른 사람은 내 관계를 위협해.' 혹은 '연인이 다른 사람

을 매력적이거나 흥미롭다고 생각하면 나를 배신할 것이다.'와 같
은 것이 담겨 있다. 나는 단서를 찾기 시작하고, 연인에 대해 긍정
성에 대한 가치를 떨어뜨리고, 미래에 대해 걱정을 하게 된다.

　나는 '사랑을 받기에 나는 충분하지 않아.'라는 핵심 신념으로 시
작하기 때문에, 뒤따르는 가정은 '연인이 나와 계속 관계를 유지하
려면 나는 완벽해야 해.'다. 그래서 나는 선택적으로 나의 결점에
초점을 맞추며, 그 결점의 중요성을 과장하고, 이것이 관계가 위기
에 있다고 가정한다. 그러고 나서 마음읽기('연인은 내가 지루하다고
생각한다.'), 개인화하기('그녀는 나에게 흥미를 잃었기 때문에 하품을
한 것이다.'), 그리고 예언하기('그녀는 다른 사람을 찾을 것이다.')를 한
다. 질투심 모드는 나의 질투심을 증폭시키는 악순환에 빠지게 하
고, 연인을 시험하고, 스스로를 의심하며, 불안과 분노를 증가시킨
다. 마치 가스 페달을 밟으면서 낭떠러지에서 떨어지는 것을 놀라
워하는 것과 같다.

　질투심으로 가득 찬 마음을 바라보는 또 다른 방법은 부정적이
고 편향된 생각인 자동적 사고에서 시작해서 핵심 가정들에 대한
더 깊은 작업을 해 보는 것이다. 이번에는 연인이 지금 나를 지루
해한다고 생각한다고 상상해 보자. 이것이 왜 나를 불편하게 할까?
(솔직히 우리는 모두 어쩔 때는 조금씩 지루하다) 그것이 나를 불편하
게 하는 이유는 그것이 나의 규칙 중에서 '나는 파트너의 관심을 계
속 끌려면 완벽해야 한다.'라는 생각을 활성화시켰기 때문이다. 규
칙과 그 가정은 '나는 지루한 사람이다.'라는 부정적인 생각을 더
강렬하고 중요하게 만든다. 만약 그 규칙이 없었다면, 어쩔 땐 지루
해도 된다는 것을 수용할 수 있었을지도 모른다.

만약 연인이 나를 떠나고 다른 사람에게 간다는 것이 왜 그렇게 속상한 일인지 생각해 보는 것도 도움이 된다. 나는 스스로 지루하고 매력적이지 않기 때문에 사랑받을 가치가 없다고 생각하기 때문에, 그녀가 떠나는 것은 그 생각들을 검증하게 해 주는 것이다. 만약 내가 스스로 흥미롭고 매력적으로 느낀다면, '그녀가 나를 배신하는 것은 매우 불쾌한 일이지만, 다른 여성들이 원하는 다른 장점들을 갖고 있기 때문에 나는 다른 연인을 찾을 수 있게 될 것이다.'라고 대신 생각할 것이다.

자기 자신과 다른 사람에 대한 핵심 신념이 활성화됐다면, 나의 규칙도 활성화된다. 이것은 스스로 위협 감지를 하게끔 만든다. 단서를 찾고('그녀는 실제로 친정에 가지 않았어.'), 마음읽기를 하고('그녀는 지금 누구 생각을 하고 있을까?'), 개인화를 하게 만든다('그녀가 침묵하는 이유는 나를 지루하게 생각하기 때문이다.'). 나는 그러면 우리가 곧 논의하게 될 걱정하기, 반추하기, 심문하기, 시험하기, 자극하기, 철회하기와 같은 대처 전략들을 사용해서 현재 무슨 일이 일어나고 있는지 파악하려고 할 것이다. 연인은 점점 나와 거리를 두고, 나에게 화가 나고, 그것은 관계가 깨지고 있다는 생각을 더 확고하게 만들게 될 것이다. 내가 갖고 있는 생각, 규칙과 신념들은 상황을 더 악화시키는 대처 전략으로 이어진다. 질투심 모드는 모든 것을 지배하고 나는 관계를 망칠 위기에 처하게 된다.

핵심 신념 ➜	규칙 ➜	편향된 생각
나 자신: '나는 사랑받을 가치가 없다.'	'나는 사랑받으려면 완벽해야 한다.' '연인은 나에 대해 모든 것을 좋아해야 한다.'	부정적인 면만 보게 된다. 긍정적인 부분에 대한 가치를 떨어뜨린다.
타인: '나는 친밀한 관계에서 다른 사람을 믿을 수 없다.'	'다른 사람들은 관계를 위협한다.' '연인이 다른 사람을 매력적이거나 흥미롭다고 느끼면, 그녀는 나를 배신할 것이다.'	마음읽기: '연인은 그를 매력적이라고 느낀다.' 개인화하기: '나는 매력을 잃어가고 있다.' 점치기: '그녀는 나를 배신할 것이다.'

감정에 사로잡히기

사라처럼 다음과 같이 느낀 적이 있는가? 질투심은 가끔 그녀를 압도한다.

"켄트가 출장을 가면, 너무 외롭고 절망스러워서 견딜 수가 없어요. 계속 그가 다른 여자를 유혹하는 상상을 하고, 불안에 압도되고 미칠 것만 같아요. 어떻게 해야 할지 모르겠어요. 마치 어떤 생각이 나를 덮쳐서 마음이 가라앉고 어떻게 떨쳐 버려야 할지 모르겠어요. 이 감정을 어떻게 설명해야 할지 모르겠어요. 마치 테러를 당하는 것 같아요. 심장은 너무 빨리 뛰고 있고, 울고 싶어요. 어쩔 때 실제로 울기도 해요. 통제력을 완전히 잃어버리는 것 같아요."

사라의 경험은 드물지 않다. 그녀는 감정에 압도되고, 복합적인 감정이 있다는 것을 알아차렸다. 그녀는 그 감정이 너무 강렬해서 미칠 것만 같다. 그녀는 이 감정들을 없애지 않으면 더 악화될 것이라고 생각하고, 통제력을 잃는 것에 대해 두려워한다. 그녀는 어리둥절하고, 무기력하고, 압도당할 것처럼 느낀다.

질투심은 특정 생각이나 가정들에 괴로워하는 것만 관련이 있지 않다. 실제로 '연인은 다른 사람에게 관심이 있다.'라는 당신의 생각은 당신의 머릿속에 일어나고 있는 힘겨운 투쟁의 일부분일 가능성이 있다. 아마도 생각과 함께 동반되는 다음과 같은 모든 감정 때문에 불편할 가능성이 높다.

- 지금 일어나고 있는 일에 대한 불확실성에서 오는 불안감과 상실이나 배신당할 것에 대한 두려움
- 당신이 조정당하고, 창피당하고, 상대방이 당신을 공평하게 대해 주지 않은 것에 대한 분노
- 무슨 일이 일어나고 있는지에 대한 혼란감
- 사랑하는 사람이 상처를 줄 수 있다고 인지하기 때문에 관계에 대한 양가적 감정

이런 감정들은 파도처럼 하나씩 몰려올 수 있으며, 어쩔 땐 괜찮았다가 다시 몰려오고, 때로는 무감각하게 만들기도 한다. 당신은 때때로 이런 감정들이 너무 강렬하고, 즉각적이며 자동적이기 때문에 스스로 통제할 수 없다고 생각할 수 있다. 이런 감정들이 일시적이며 몇 시간만 지나도 감정이 달라질 수 있다고 상상하기 힘들

수 있다.

　질투심 모드에 있을 때, 이런 감정들에게 지배당한다고 느낄 수 있다. 할 수 있는 것이 아무것도 없고 그 감정에 끌려가고 꼼짝 못하며, 항복해야 한다고 느낄 수 있다. 마치 지금 순간의 감정이 당신을 지배하는 것 같다. 당신은 공격할 수도 있고, 철회하거나 위협을 하거나, 나중에 후회할 말을 할 수도 있다. 당신은 이런 감정들 때문에 나중에 후회할 말이나 행동들을 한다고 생각한다.

　이 경험은 감정적으로 사로잡히는 것이며, 당신은 감정에 압도되는 것의 피해자가 되었다고 느끼기 때문에 두려움을 느끼게 된다. 어쩔 때는 당신의 감정이 말이 안 되는 것 같고, 질투심 때문에 분노가 폭발한 것은 나중에 알고 보니 별일이 아니게 느낄 수 있다. 가끔은 당신이 왜 감정이 그렇게 강렬한지 이해를 못하는 것 때문에 할 수 있는 게 없다고 해석할 수 있다. '내가 이해할 수 없는 것은 통제할 수 없다.' 또한 이런 감정을 경험할 때, 마치 영원히 지속될 것 같고, 증폭되어 감정들에 압도될 것 같다. 당신은 스스로에게 '이런 감정들을 견딜 수 없다.'라고 반응을 하게 되며, 즉각적으로 이런 감정들을 제거해야 한다고 생각한다. 이렇게 당신의 머리와 마음에 대해 감정적으로 사로잡히게 되면 상대방을 심문하고, 공격하고, 거리를 두게 하고, 위협하게 만든다. 다음과 같은 감정에 대한 생각이 낯익은지 살펴보자.

- 이 감정들을 견딜 수 없다.
- 감정들 때문에 미칠 것 같다.
- 아무도 나를 이해하지 못한다.

- 이런 감정을 느끼면 안 된다.
- 다른 사람들은 나와 같은 감정을 느끼지 않는다.
- 강렬한 감정은 위험하다.
- 내가 이렇게 느끼는 것은 나에게 뭔가 문제가 있기 때문이다.
- 나는 이런 감정들이 수치스럽다.
- 이런 감정들을 즉각적으로 없애지 않으면, 더 증폭될 것이다.
- 이런 감정들은 지속될 것이다.
- 이런 감정들을 제거하기 위해서 지금 무엇인가 해야 한다.
- 이런 감정들을 수용할 수 없다.

이런 진술들을 읽으면서 어떻게 생각하는지 최대한 솔직해져 보자. 이 진술들은 감정에 대해 문제가 되는 신념들의 넓은 범위를 반영하며, (분노, 불안, 우울과 무기력감과 같은) 감정들에 대한 통제력을 잃었고, 그 감정들은 기약 없이 지속될 것이며, 다른 사람들의 감정과 다르고, 말이 안 되며, 즉각적으로 없애야 한다는 신념들을 포함한다.

당신의 감정들은 마치 재난을 예고하는 화재경보기처럼 울리고 있는 것이다. 그렇지만 감정들은 당신의 내면에서 일어나고 있는 경험들이다. 화재경보기가 울린다고 해서 꼭 불이 난 것이 아니다. 감정들은 무엇인가 말을 해 주고 있다. 곧 당신은 당신이 경험하는 모든 감정을 인정할 수 있게 될 것이며, 당신이 그 어떤 감정을 느낄 권리를 타당하게 주며, 그 순간에 그 감정을 수용하며, 당신의 생각, 감정, 관계와 일어나고 있는 사건들이나 일어나고 있다고 믿고 있는 사건들에서 한발 물러서서 당신이 선택할 수 있는 옵션들을 검토하게 될 수 있을 것이다.

　대부분의 사람들에게는 감정에 사로잡히는 것보다 더 끔찍한 일은 없다. 당신의 마음과 머리가 감정에 조정당하고 일상생활을 지배당한다고 느끼기 싫다. 그렇지만 감정을 제거할 수 없고, 감정 없이는 살 수 없다. 감수하고 살아야 하는 부분이다. 사랑이 있는 곳에는 항상 질투심을 느낄 가능성이 있다.

　지금까지 질투심이 얼마나 진화가 됐는지, 얼마나 보편적인지, 그리고 아동과 동물에서도 찾아볼 수 있다는 것을 알아보았다. 당신은 혼자가 아니다. 이런 감정들은 강렬하지만, 모든 감정처럼 시간이 지나면서 시들해진다. 감정에 사로잡혀 있을 때는 그렇게 느끼지 못할 수 있다. 그렇지만 만약에 당신이 지금 순간에 느끼고 있는 것을 나중에는 느끼지 않는다는 것을 안다면? 당신의 질투심을 현재 자극하는 것들이 미래에는 대수롭지 않게 여기게 될 것이라는 사실을 안다면? 감정적으로 사로잡혀 있을 때 과거의 경험을 되돌아보기란 쉽지 않지만, 몇 년 전에 당신을 힘들게 했던 일들을 잠깐 기억해 보자. 당시 느꼈던 감정의 강렬함은 좀 줄어들었는가?

　제3부에서는 강렬하게 감정에 사로잡혔을 때 대처할 수 있게 도와주는 여러 개의 가치 있고 강력한 기술들을 검토할 것이다. 당신을 자극하는 요인들을 알아차릴 수 있고, 거리를 두고, 현재 순간의 감정들을 인정할 수 있게 계획을 세울 것이다. 그 다음에는 강렬한 감정에 뒤엉켜 있는 자신을 풀어 줄 수 있는 옵션들을 고려해 보고 감정에 기반이 되지 않는 스스로에게 유리한 행동을 할 수 있게 도와줄 것이다.

　첫 단계로 당신의 질투심을 타당화하는 것부터 시작해 보자. 질투심은 고통스럽고, 압도되고, 힘든 감정이다. 당신은 혼자가 아니다. 이 책은 당신이 이런 감정은 인간이기 때문에 느낀다는 것을 이해할 수 있도록 돕기 위해, 그리고 감정에 반사적으로 반응하는 것이 아니라 여러 선택지가 있다는 것을 염두에 둘 수 있도록 하기 위해, 그리고 우리는 인간이기 때문에 감정으로부터 거리를 둘 수 있다는 것을 알려 주기 위해 쓰여졌다. 당신을 위한 책이다.

질투심에 사로잡혀 있을 때, 당신은 롤러코스터를 탄 것처럼 감정의 깊은 골로 떨어지면서 공포에 질려 소리지르는 것처럼 느껴질 수 있다. 당신은 이것이 영원한 추락이라고 느낄 수 있다. 마치 파국적인 결말이 당신 앞에서 폭발하고 있다고 느끼게 될 것이다. 그렇지만 롤러코스터를 탈 수 있는 방법은 세 가지가 있다. 끝까지 타거나, 속도를 줄이거나, 내리는 것이다. 당신은 선택지가 있다.

다음 장에서는 우리의 생각이나 감정이 질투심으로 가득 찼을 때 하는 문제되는 말이나 행동을 살펴볼 것이다. 질투심에 대한 그 반응들이 당신을 도울 것이라고 스스로 믿기 때문에, 혹은 너무 압도돼서 선택 사항이 없다고 생각하기 때문에 나는 그 말과 행동들을 '전략'이라고 부른다. 제6장에는 우리가 어떻게 한발 물러서서 거리를 두고, 현재에 머무르며 감정을 수용하고, 예전에는 당신을 사로잡고 지배했던 감정과 생각과 나란히 살 수 있는 방법들을 알아볼 것이다.

그 감정과 생각들은 지나갈 것이다. 그렇지만 당신은 여전히 이 자리에 있을 것이다.

제5장
파트너의 마음을 멀어지게 하는 질투 전략들

"나는 그가 아마도 출장 중에 릴리를 유혹했을 거라고 생각해요. 나와 비교하면서 말이죠. 나는 그에 대해 너무 실망스러워 참을 수 없는 지경에 이르렀죠. 그가 집에 도착하자마자 그를 뒤따라 갔죠. 너무 화가 났고, 그가 나를 버릴지도 모른다는 생각에 두렵기도 했어요. 하지만 나는 그가 바람을 피웠고, 거짓말하는 나쁜 놈이라며 소리치고 비난하기 시작했어요. 그는 놀라며 당황하는 듯 보였죠. 그가 말하기 시작했어요. '샤론, 릴리는 그 장소에 있지도 않았어요. 릴리는 아이가 아파 출장을 취소했어요.' 그 순간 나는 미칠 것만 같았어요. 그리고 죄책감을 느낄만한 많은 일들을 한 것에 대해 자백해야만 했죠. 나는 그가 어디를 다녔는지 차 GPS를 일일이 체크했는데, 몇 시간 동안 그가 집을 떠나 있는 동안 릴리를 보러 갔을까 궁금했던 거죠. 나는 심지어 헬스클럽에 가는 그를 미행하기도 했어요. 릴리도 그 헬스클럽의 회원이거든요. 어떤 것도 확실하지는 않았지만, 나는 질투심을 느꼈고, 무엇이라도 해야 할 것 같다고 생각했어요. 무엇이라도 찾을 필요가 있었어요. 미쳤음에 틀림없어요."

샤론처럼 당신도 질투심, 불안, 화나는 감정을 받아들이기 힘들었던 때가 있었을지도 모른다. 왜냐하면 그런 감정들이 오랫동안 지속되고 점점 더 심해져 결국에는 그 감정들에 압도당할 거라고 믿기 때문이다. 당신은 아마 이런 감정들이 올라올까 봐 두려워서, 뭔가를 해야 한다고 생각했을 수 있다. 마치 물에 빠질지도 모른다는 두려움에 미친 듯이 팔을 휘저어 대지만 결국 당신의 몸은 점점 가라앉기 시작하는 것과 같다.

이 장에서 우리는 당신이 사용하고 있는 전략들 중 문제가 되는 것들을 광범위하게 살펴보려고 한다. '전략'이라는 단어를 사용하고 있지만, 당신의 행동이 의도적이라고 생각하는 것은 아니라는 것을 전달하고 싶다. 아마도 당신의 행동은 자동적이었을 것이다. 사실, 그 문제에 있어 당신이 선택할 수 있는 건 아무것도 없다고 생각했을 것이다. 당신은 '당연히 그렇게 했고, 그렇게 말했고, 그렇게 질투했다." 하지만 당신이 어떤 강렬한 감정을 느끼고 있다는 것을 알아차릴 수도 있었을 것이다. 당신이 느끼는 감정을 알아차릴 수 있다면 그 감정으로부터 한발 물러설 수 있게 되고, 몇 분 동안 생각해 볼 수 있는 여유를 가지게 되고, 당신이 하고자 했던 것에 대해 생각해 볼 수 있다. 감정은 행동과 다른 것이기 때문이다.

앞으로 무슨 일이 일어날지 미리 예상하고, 가능한 모든 불륜을 예측하고, 내 손에서 벗어나기 전에 뭔가 통제하기 위해 사용하는 걱정과 반추전략을 살펴보았다. 이 장에서는 당신이 사용할 수 있는 좀 더 광범위한 기술들과 적응적인 전략들을 살펴보려고 한다. 그 전에 지금 사용하고 있을 수도 있는 몇몇 문제 전략들을 살펴볼 것이다.

지금부터 전략을 하나씩 설명할 텐데, 그것을 사용할 때의 장점과 단점이 무엇인지 물어볼 것이다. 이 전략들을 절대 사용하지 말아야 한다고 말하는 것은 아니다. 단지 이 전략을 사용할 때 그것과 맞바꾸는 것이 무엇인지, 그리고 위험이나 대안들은 뭐가 있는지 같이 살펴보자는 것이다.

각 반응이나 전략들은 하나의 선택사항임을 명심하라. 그러면 가능한 결과에 대해, 그리고 앞으로 벌어질 일에 대해, 또한 각 선택에 대한 대안들에 대해 생각해 보고 싶어질 것이다.[33]

심문하기

첫 번째 전략은 당신의 파트너를 심문하는 것이다. 무슨 일이 일어났는지 매우 상세하게 질문하는 것을 말한다. 당신은 모든 사실을 알고 싶고, 파트너로부터 더 많은 정보를 얻을수록 당신에게 더 좋을 것이라 생각한다. 당신은 무슨 일이 일어난 것인지 정확히 알고 싶고, 당신의 파트너가 비밀리에 뭔가 숨기고 있을 거라 생각한다.

당신의 질문은 다소 전략적일 텐데, 그래서 당신은 파트너가 그 질문에 어떻게 반응할지를 볼 수 있다. "그래서 그 파티에서 사람들과 좋은 시간 보냈어요? 누가 거기 있었나요?" 또는 더 직접적으로 질문을 하기도 한다. "릴리도 그곳에 있었어요? 그녀와 얘기도 나누었나요?" 또는 "당신 옆에는 누가 있었어요?" 때로 당신의 질문은 재판에서 기소하는 장면에서 듣는 것과 유사하게 들리기도 한다. "누군가와 만나고 있죠?" 당신은 더 세부적인 정보를 얻기 위해 같은 내용의, 그렇지만 다른 단어들을 섞어 가면서 계속 질문을 이어 나가기도 한다. 마치 변호사처럼 말이다.

당신이 질문을 하면 할수록 파트너는 더 방어적으로 당신에게 말할 것이다. "난 잘못한 게 없는데." 당신은 파트너의 방어적인 태도가 뭔가 숨기고 있는 증거라고 간주한다. 당신은 계속 질문에 질문을 이어 나간다. 검사와 변호사 게임에서처럼 당신은 검사와 재판관이 되는 것이다. 당신의 파트너가 무슨 말을 하건, 당신은 파트너가 유죄라고 생각한다.

이런 접근 방식에서 당신이 얻는 이익과 대가는 무엇일까? 대가는 당신의 파트너가 점점 더 방어적이게 된다는 것, 둘 사이에 언쟁이 더 심해진다는 것, 그리고 둘 사이에 불신감이 형성된다는 것이다. 파트너는 점점 공격당했다고 느낄 것이고, 당신은 무시당하고 심지어는 이용당하고 있다고 느끼게 된다. 파트너를 향한 계속되는 심문은 언쟁을 더 불러일으키거나, 의사소통에서 의도적으로 철수하거나 회피하는 비협조적인 태도, 또는 둘 다를 불러일으켜 파트너가 당신과 어떤 것도 공유하고 싶지 않은 결정에 이르게 할 수도 있다. 어떤 경우에는 심문이 너무 불쾌감을 유발한 나머지 관계가 깨져 해체되는 되는 경우로 갈 수도 있다. 배우자의 부정 때문이 아니라 계속되는 질문으로 인한 끊임없는 언쟁으로 인해 관계가 끝나게 되는 것이다.

당신은 많은 질문을 함으로써 얻게 되는 이점을 생각해 볼 수도 있다. 아마도 당신의 파트너는 진실을 말하지 않고 뭔가 숨기려 할 수도 있다. 당신의 파트너가 의사소통하는 상황에서 철수하여 더 이상 당신과 이야기하는 것을 거부한다면 당신을 지키려고 노력하

는 것일 수도 있다. 가령, 한 여성은 파트너가 밤에 사라졌는데 그
가 어디에 있었는지 말해 주지 않았다고 나에게 말했다. 그녀는 결
국 그와 헤어졌다.

단서 찾기

제4장에서 논의했듯이, 질투의 마음은 당신에게 뭔가 숨기는 게
있고 당신의 파트너가 유혹이나 비밀스러운 만남 또는 다른 사람과
부정을 하고 있다는 믿음에 의해 시작된다. 하지만 이 단계에서 당
신은 아무것도 아는 게 없다. 그래서 당신의 파트너가 충실하지 못
하다거나 다른 것에 관심을 쏟고 있다는 작은 단서라도 찾기 시작한
다. 우리는 샤론이 어떻게 파트너를 심문하고 단서를 찾았는지, 그
리고 남편의 GPS를 체크했는지 살펴보았다. 또 다른 예들이 있다.

- 당신은 파트너의 외모를 본다. 요즘 그가 옷을 더 차려 입는
  지, 성적이거나 도발적인 외모를 위해 더 신경 쓰고 있지는 않
  은지 살펴본다.
- 당신은 파트너가 왜 과거에는 당신을 위해 그렇게 하지 않았는
  지 궁금해한다.
- 당신은 향수나 담배 냄새가 나는지 파트너의 옷 냄새를 맡는다.
- 당신의 파트너가 페이스북에서 누구와 관계를 맺고 있는지 알
  아내기 위해 SNS를 들여다본다.
- 파트너가 한 시간 정도 늦을 때, 누군가와 같이 있느라 그런 건

아닌지 궁금해한다.

- 파트너가 최근 섹스에 관심이 없어졌을 때, 그가 다른 누군가를 찾은 증거가 아닌지 궁금해한다.
- 파트너가 최근 당신에게 친절하게 대할 때 뭔가 벌어지고 있는 일을 숨기기 위한 책략이 아닐지 궁금해한다.

계속해서 단서를 찾게 되는 것의 단점은 배우자의 부정을 가정하기 시작한다는 것이다. 그 다음엔 당신의 생각이 옳음을 입증하려고 할 것이다. 파트너의 완벽하지 않은 점이 증거라 여긴다. 당신은 작은 것들, 중요하지 않은 것들에 선택적으로 집중함으로써 중대한 일처럼 확대시켜 나갈 수 있다. 당신은 파트너가 무슨 생각을 하고 있는가에 대해 충분한 증거 없이 파트너의 마음을 읽는 독심술을 사용할 수도 있다. 어떤 것도 단서로 간주될 수 있기 때문에, 파트너의 긍정적인 행동에 대해서는 무조건 평가절하하거나 무시하게 된다. 단서를 찾으면 찾을수록, 친밀감이나 이완 그리고 즐거움과는 거리가 멀어지게 되고, 결국 파트너로부터 당신을 멀어지게 한다.

물론, 단서를 찾는 데 몇몇 이점이 있을 수도 있다. 아마도 진실이 드러날 만한 어떤 것을 알게 되거나 파트너가 바람을 피우고 있다는 것을 확신하게 만들 수도 있다. 그렇지만 역설적이게도, 파트너가 충실하다는 진실을 알 방법은 없어지게 된다. 왜냐하면 단서를 찾고자 하는 당신의 편향된 시각 때문에 파트너의 긍정 행동은 중요하지 않은 것으로 무시되거나 심지어 진실을 감추는 책략이라고 간주하기 때문이다. 단서를 찾는 것에 빠져 선입견을 가지게 된다면 긍정적인 결과를 얻을 수 있는 방법은 없다. 정말 이렇게 하는 것이 당신이 하고자 하는 일을 돕는 것인지, 아니면 갈등이나 불신, 질투심을 더 불러일으키게 되는 것일지 스스로에게 물어볼 필요가 있다.

다른 사람들이 파트너에게 관심 있다는 사인 찾기

당신은 다른 누군가가 당신의 파트너를 유혹하는 데 관심이 있는지 알아보기 위해 사회적 환경을 세밀하게 살피게 된다. 단서를 찾는 것인데, 다른 사람들의 행동에서 단서들을 찾는 것이다. 당신은 다른 사람들을 경쟁자로 여기기 시작하고, 또는 심지어 용의자로 생각하기 시작한다. '저 여자가 내 남편을 보고 있지 않아? 둘 사이에 뭐가 있는 거 같지 않아?' '저 남자가 내 아내에게 웃고 있는 건 내가 모르는 뭔가를 알고 있기 때문이지 않을까?' 파트너가 그냥 혼자 웃으며 즐기고 있는 걸 다른 사람과 대화하고 있다고 의심하는 자신을 발견하게 된다. 당신은 다른 사람이 당신의 파트너와 접촉하는 순간 분노를 느낀다. 왜냐하면 그건 당신이 정당하게 당신 것이라고 느끼는 것에 무단침입하는 것이 틀림없는데 다른 사람이 그렇게 하고 있기 때문이다. 당신이 파티에 가 있을 때 당신의 파트너가 다른 누군가와 춤이라도 추게 되면 당신은 정말 화가 날게 될 수도 있다. "당연히 나랑 춤을 춰야 했던 거 아니야? 어쨌든 나와 함께 여기에 왔잖아!"

이 전략은 샤론이 남편과 사람들 앞에 있었을 때 꽤 자주 사용했던 것이었다. 레스토랑에 있을 때 그녀는 여자 점원이 남편에게 말을 거는지를 살펴보았다. '그녀가 그에게 웃고 있었잖아? 그녀가 나보다 그와 더 많은 이야기를 하고 있었잖아? 레스토랑에서 그를 바라보는 다른 사람들이 있었잖아?'

이 전략의 단점은 사회적 모임에서 당신과 다른 사람이 점점 경쟁을 하게 될 수 있다는 점이다. 종종 모르는 사람들과도 말이다. 당신은 다른 곳에서 위협이 되는 신호를 계속 찾게 될 것이기 때문에 남편과 즐기는 시간이 점점 줄어들게 될 것이다. 어떤 경우에는 당신과 파트너 둘 다 다른 사람들과 어울리는 것을 막을 수도 있다.

당신은 이런 전략이 어떤 이점을 줄 수도 있다고 믿는다. 당신은 비밀스러운 연애나 관계에 위협을 주는 사람을 찾아낼 수도 있을 것이라고 생각하고, 그런 다음 상황이 악화되는 것을 방지하기 위해 이 정보를 가지고 파트너와 맞서기도 한다. 물론 문제는 당신이 너무나 많은 허위 경보를 가지고 있다는 것이고, 역설적이게도 결국 이것이 당신과 파트너가 갈라서게 될 갈등을 증폭시킬 것이라는 것이다.

토라지기와 철수하기

이 전략으로 당신과 파트너와의 상호작용은 조용하고 미묘하게 줄어들게 된다. 당신은 스스로에게 이렇게 말할지도 모른다. '무슨 일이 일어나는지 그가 해결하게 놔둬 보자.' 당신은 어떤 애정도 보이지 않고, 말도 많이 하지 않으며, 전혀 웃지도 않는다. 당신은 철수한다. 때로 당신은 그 주변에 머물지 않고 전화나 문자도 받지 않는다. 당신은 파트너가 당신을 얼마나 그리워하고 있는지를 느끼기를, 그리고 그/그녀가 처벌받기를 바라지만 당신이 의도한 것이라고 인정하고 싶지는 않다. 파트너가 당신에게 무슨 문제가 있냐고 묻게 된다면 당신은 전혀 문제될 게 없다고 부인한다. 결국, 그/그녀가 진심으로 나를 사랑한다면, '그/그녀는 뭐가 잘못된 것인지 알거야.' 하지만 파트너는 그것을 모른다. 당신은 파트너가 좋지 않은 기분을 느끼게끔 하고―아마도 당신은 그/그녀에게 죄책감을 느끼게 하고 싶어 한다―그리고 당신은 그/그녀가 진심으로 당신을 생각하고 있는지 시험하기 시작한다. 그리고 파트너는 그 시험에 통과하지 못한다.

이것이 바로 샤론이 그녀의 남편에게 화를 내는 방식이다. 샤론이 수동–공격적으로 적대감을 표현할 수 있도록 해 주면서 동시에 자신에게 적대감이 있다는 것을 겉으로 인정할 필요는 없게 만든다. 남편이 그녀에게 뭐가 문제냐고 묻는다면 그녀는 문제가 없다고 부인할 것이며, 결국 이것은 남편을 혼란스럽게 하고 철수하게 만들 것이다.

토라지기와 철수하기의 단점은 이 전략으로 당신의 관계가 어떻게 좋아지고 있는지를 보기는 어렵다는 것이다. 당신이 만약 파트너가 관심을 잃어 가는 것에 대해 두려움을 가지고 있다면, 토라지기와 철수는 그를 더 멀어지게 할 수 있다. 파트너가 당신을 정말 아끼는지를 보기 위해 시험을 하고 싶다면 파트너는 그 행동을 비합리적인 것으로 보기 때문에 역효과를 낼 것이다.

반면, 당신은 파트너로부터 뒤로 철수하는 것이 그/그녀가 정말 당신을 아끼고 있다는 것을 아는 데 도움이 될 것이라고 믿는다. 물론 파트너가 당신에게 접촉하고 더 가까워지게 할 수도 있다. 그러나 긍정적인 것들을 같이 하자고 제안하며 긍정적인 행동으로 관계를 형성하는 게 현실적으로 더 도움이 된다. 당신은 관계에서 철수하고 토라지고, 상대방의 대화를 무시하는 것이 관계를 형성하는 데 더 도움이 된다고 생각하는가?

비난하기

당신은 파트너가 무분별하다고 또는 불성실하다고 바로 비난한다. "그녀를 계속 만나고 있는 거지?" 또는 "그와 섹스했지?" 당신은 무슨 일이 일어나는지 확실히 알 수는 없지만 당신이 의심하고 있는 것에 대해 공개적으로 밝힐 필요가 있다고 생각한다. 파트너가 어떤 잘못을 부인할 때, 부인하는 자체를 당신은 거짓말로 간주한다. '그는 거짓말하고 있고, 책임을 회피하려고 하고 있어.' 심지어 당신은 근거도 없이 비난할 것들을 만들어 내기도 한다. 당신은 파트너가 어떤 반응을 보일지 알고 싶다. '그가 죄책감을 보일까? 자기도 모르게 어떤 사실을 실토할까?' 당신은 마음속에서 일어나는 화나는 생각들을 멈출 수 없다고 믿기 때문에 말로 꼭 뱉어 내야만 한다고 생각한다. "내가 무슨 생각을 하고 있는지 당신에게 꼭 말할 게 있어." 당신은 파트너에게 거짓말쟁이, 사기꾼, 진실을 말하지 못하는 겁쟁이라고 비난하며 그가 당신과 같이 지낼 자격이 없다고 선언한다. 비난이 시작되면, 당신은 뒤로 물러서지 않을 것이다. 당신은 당신이 옳다는 것을 증명해야만 한다. 파트너가 뭐라고 말하든, 당신은 계속 할 것이다.

샤론은 남편이 다른 사람에게 관심을 보이고, 유혹적이고, 불성실한 태도를 보였다며 비난했다. 물론 확실한 증거는 없었다고, 그리고 남편이 정직한 사람인 거 같다고 나에게 말하긴 했지만 그 당시에는 감정에 압도되었다고 말했다. "보세요, 너무 화가 나서 어떻게 해야 할지 모르겠더라고요. 마음속에 있는 말을 했어야 했다고요." 그녀는 '감정에 사로잡혀 이성적 사고가 마비되는' 경험을 하고 있었고 생각과 감정에 완전히 압도되어 있었다. 그래서 그녀는 모든 비난을 쏟아 부었다. 나중에 감정이 조금 가라앉았을 때 남편에게 했던 말을 다시 생각해 보았다. "너무 당황스러웠어요. 이런 비난을 받을 만큼 그는 잘못한 게 없었어요. 제가 완전 자제력을 잃었던 거죠."

비난 전략의 단점은 파트너를 더 멀어지게 할 수 있다는 것이다. 그리고 당신도 더 멀리 가게 만든다. 비난이 이어지면 이어질수록, 당신은 점점 더 화가 나고 불안해지고 질투심을 느끼게 된다. 물론 상대방을 의심할 만한 확실한 증거가 있는 경우 이러한 사실을 파트너와 이야기하지 않아야 된다는 것은 아니다. 그러나 당신이 가혹할 정도로 비난을 하게 된다면 그다음에는 둘 다 한동안 그것에 대해 기억할 것이고, 그 일은 결국 둘의 관계를 회복하기 어렵게 만들 수 있다.

당신은 상대를 비난하는 행동 전략에 어떤 이점이 있다고 생각할 수도 있다. 아마도 파트너가 자백할 거고 진실을 알게 될 수도 있다. 그렇지 않으면 파트너가 자신이 정말 성실한 사람임을 증명할 수도 있다. 하지만 비난 전략의 긍정적인 측면을 얼마나 자주 경험했는가? 비난으로 관계가 좋아졌던 적이 있었는가?

경쟁자 비하하기

당신이 경쟁자라고 생각하는 상대를 비하할 때는 파트너가 상대와 있는 것보다 당신과 있는 게 더 낫다는 것을 보여 주고 싶어 하는 마음이다. 당신은 상대가 당신만큼 그리 매력적이지도 똑똑하지도 성공하지도 못했다고 주장하고 싶다. 상대는 재미도 없고, 신뢰롭거나 정직하지도 않으며, 심지어 역겨운 사람이라고 말하고 싶어 한다. 가령, 당신은 이렇게 말할 것이다. "바보 같은 여자잖아. 알고 있지? 그녀가 관심 있어 하는 건 오직 자기 경력에서 성공하는 것뿐이라고." "그는 자기 아내를 완전 엿먹이고 있는 거야. 당신이 신뢰할 만한 사람이 아니지." "당신이 그녀한테 어떻게 관심이 생기게 된 건지 도저히 믿을 수가 없네. 정말 재미없는 사람이잖아." "그는 직장에서 계속해서 해고당하고 있잖아." 만약 다른 사람이 열등하다는 걸 파트너에게 확신시킬 수 있다면 그가 더 이상 상대에게 관심을 가지지 않을 것이라는 게 당신의 논리다. 그리고 당신은 파트너가 상대방을 변호할지 궁금하다. 당신은 파트너가 그렇게 한다면 그가 정말 상대에게 관심이 있다는 사인으로 해석을 하게 될 것이다. 당신이 다른 사람을 비하하면 할수록, 파트너는 당신에게 동의하지 않을 거고, 결국 당신의 의심을 더 증폭하게 된다. 당신이 상대에 대해 공격할 때 상대방을 옹호한다거나 기꺼이 같

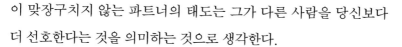

이 맞장구치지 않는 파트너의 태도는 그가 다른 사람을 당신보다 더 선호한다는 것을 의미하는 것으로 생각한다.

이 전략의 단점은 당신의 파트너가 당신을 비합리적이고 적대적이며, 불공정하고 옹졸한 사람으로 본다는 것이다. 결국 서로를 더 멀어지게 만들 것이다. 이 전략은 두 사람 사이에 강하고 긍정적인 유대를 만들지 못하게 한다. 파트너가 상대가 바람직하지 않은 사람인 것에 동의하게 된다고 할지라도 상대에 대한 당신의 비하는 결국 당신을 사람들에 대해 공격이나 해대는 판단적인 사람으로 만들 수 있다. 이것은 관계에 도움이 되지 않을 것이다.

당신은 파트너가 불빛을 볼 수 있기를, 상대가 바람직하지 않은 대상임을 인식할 수 있기를, 그리고 당신과 있는 게 더 낫다는 것을 알게 되기를 바란다. 하지만 당신의 파트너가 당신이 좋아하는 순수한 우정이나 존경하는 또는 동료 관계로 있는 누군가를 비하하게 된다면 당신의 기분은 어떨지 스스로에게 물어보라.

파트너 비하하기

파트너를 비하하기로 결심하게 되면 파트너가 다른 사람의 관심을 끌 만한 가치가 전혀 없으며, 당신과 함께 있는 게 운이 좋다고 느낄 수밖에 없는 그의 결점 또는 열등한 점들을 확실하게 보여 주고 싶어 한다. 당신이 바라는 건 파트너가 당신 외에 다른 대안은 없다는 걸 보여 주고 싶은 것이다. 파트너가 거짓말쟁이에 사기꾼에 바보 같고 추한 사람이라 지적해 댄다. 성적인 능력도 감퇴되었고 예전보다 그다지 매력적이지 않다고 말한다. 샤론은 남편을 쫓아가 그의 결점을 지적하고 외모가 예전 같지 않을 뿐 아니라 다른 사람과 어울리기 힘들고 정말 비열하며 그와 섹스하는 게 그다지 좋지 않다고 말한 적이 있다고 했다. 이것의 핵심은 '왜 다른 사람이 그를 원하겠어?'다.

파트너를 비하하는 다른 방법은 그들에게 당신과 헤어지게 되면 끔찍한 일이 벌어지게 될 것이라고 말하는 것이다. "당신은 무일푼이 될 거야." "아이들 만나는 걸 절대 용납 안 할 거야." "앞으로 평생 혼자 있을 거야." 당신은 파트너에게 어떤 다른 선택지도 가질 수 없는 실패자임을 확신하며 모든 가능한 대안들을 잘라낸다.

파트너를 비하하는 것은 다른 사람에게 관심을 가진 것에 대한 처벌일 수 있다. 파트너를 바람직하지 않은 사람으로 분류함으로써, 당신의 질투심을 유발하는 짓을 그가 하게 된다면 그다음에 반드시 대가가 있을 것이라는 교훈을 전달하고 싶은 것이다.

이 접근 방식의 단점은 무엇일까? 당신과 파트너를 더 갈라놓고 서로 복수하게 하거나 최소한 방어 태세를 갖추도록 할 것이다. 결국엔 당신과 관계하는 것이 바람직한 대안이라고 생각하게 만들지는 못할 것 같다. 만약 파트너가 당신을 처벌적이고 적대적인 사람으로 보게 된다면, 다른 사람으로 인한 위협 때문이 아니라 당신의 적대감 때문에 둘 사이를 헤어지게 만들 수도 있다. 따뜻하고, 친밀하고 신뢰하는 관계로 돌아가기가 힘들어진다. 당신의 적대감은 관계에 긍정적으로 작용하기보다는 파트너에게 문제가 있는 것으로 전달될 수 있다.

파트너를 비하하는 것이 어떤 메시지를 분명하게 전달하는 것이라고 생각할 수 있다. 어느 누구도 나를 하찮게 생각해서는 안 된다 거나 어느 누구도 잘못한 것을 처벌받지 않고 그냥 넘어갈 수는 없 다는 메시지 같은 것이다. 권력과 통제력을 행사함으로써 파트너 를 지킬 수 있다고 생각하지만, 결국 적대감으로 인해 파트너가 떠 나는 역효과를 낼 수 있다.

관계를 끝내고자 위협하기

당신의 의심이 점점 심해지면, 당신은 파트너에게 그/그녀의 행 동이 변화하지 않을 경우 관계를 끝내겠다고 위협하며 파트너를 시험한다. 당신은 떠나겠다며, 그를 쫓아내겠다며, 그리고 그녀를 다시 볼 생각이 없다며 위협한다. 당신은 집 밖으로 걸어 나가 그와 의 연락을 끊어 버린다. 파트너가 걱정하도록, 당신이 그랬던 것처 럼 파트너도 마음 졸이고 고통을 받게 내버려 둔다. "한 번만 더 하 면, 난 정말 떠날 거고 다시 못 보게 될 거야."라는 최후통첩을 전달 한다. 어떤 경우에는 모든 것을 끝내 버릴 수 있다는 생각으로 파트 너를 위협하기 위해 집을 나가 버릴 수도 있다.

당신이 만약 실제 파트너의 부정(불륜)을 발견하게 될 경우 집에 서 나가고 관계를 끝내겠다고 위협한 게 충분한 이유가 있는 것처럼 보이게 될 것이다. 하지만 많은 사람들이 파트너의 부정을 알게 된 후 관계를 새롭게 다질 수도 있다. 쉽지는 않지만 둘 다 마음만 먹으 면 가능한 일이다. 전적으로 당신의 결정에 따라 달라질 수 있다.

관계를 끝내겠다고 위협하는 것의 몇 가지 단점이 있다. 위협만

하고 실제 행동으로 옮기지는 않는다면, 파트너는 당신이 경고한 것들을 공허한 위협으로 간주하며 진지하게 받아들이지 않을 것이다. 신뢰감을 잃게 될 수도 있다. 당신은 심지어 당신이 경고한 것을 파트너가 믿게 하기 위해서 갈등을 더욱 크게 조장할 필요성을 느끼게 될 수도 있다. 당신이 파트너를 위협하게 되면 결국 파트너도 같이 위협하게 만들 것이고, 당신이 집을 나가 버리는 것은 결국 파트너 역시 떠나게 하는 것으로 끝날 수도 있다. 이것은 서로에게 부정적인 반응을 이끌어 내게 되고, 둘 사이에 부정적인 상호작용을 부추기게 될 것이다. 관계를 떠나겠다고 위협하는 것이 결국 마지막 조치라고 생각해 보라. 이 책 후반부에 설명하겠지만, 우리는 적응적이면서도 덜 위험한 많은 전략을 고려해 볼 수 있다.

당신은 관계를 끝내겠다고 위협하는 것이 이점도 있을 것이라고 생각해 볼 수 있다. 대가를 더욱 크게 치르게 함으로써 파트너가 당신이 우려하는 것을 진지하게 받아들이게 만들 가능성도 있을 수 있다. 당신은 더 평온한 상태에서 매우 여러 번 당신이 우려하고 있는 점을 표현할 수도 있겠지만, 당신의 파트너는 그것을 모른 척 계속 무시할 수도 있다. 더 이상 파트너의 행동을 참지 못하겠다고 생각하게 되면, 관계를 끝내는 게 더 나은 일이고 덜 고통스러운 일이라 믿게 된다. 당신의 분노감과 불안감의 강도를 조절하는 유일한 방법은 떠나겠다고 위협하는 것인데, 이 방법은 일시적으로는 안도감을 주게 될 것이다. 당신에게 관계를 끝내야 한다고 또는 끝내지 말아야 한다고 말할 수 있는 사람은 아무도 없다. 물론, 이게 바로 이 책에서 말하고자 하는 것이지만, 다른 대안들을 고려하고 시도해 본 적은 있었는지 물어보라.

파트너가 치러야 하는 대가 높이기

당신의 파트너가 누리고 있는 행동의 자유를 줄이기 위해 위협이나 처벌을 사용할 수도 있다. 그/그녀가 당신을 떠나게 된다면, 당신은 모든 돈과 자녀들을 독점할 것이고, 상대의 명성에 흠을 내거나 또는 당신과 파트너가 둘 다 알고 있는 사람과 섹스를 하며 자유를 과시할 것이라고 파트너에게 위협할 수 있을 것이다. 그/그녀가 지금의 행동을 계속 하게 된다면 당신은 갈등을 고조시키고 가족들에게 말하고, 섹스를 하지 않으며, 그들을 더 이상 보지 않는 방식으로 위협을 할 수도 있다. 당신은 파트너의 행동이 파경을 이끌 수 있다고 예측할 것이다. 이런 통제를 통해 당신은 위협 수준을 더 올렸다. 어떤 경우에는 당신의 파트너를 향해 폭력을 가하거나, 당신 스스로를 자해하거나, 아니면 둘 다에게 폭력을 휘두르겠다고 위협하는 지경에 이를 수도 있다. 당신은 대가를 높이는 게 그/그녀가 당신에게 더 붙어 있을 것이라고—너무 두려워서 떠나지 못할 것이라고—생각할지도 모르겠다.

통제 전략의 단점은 무엇일까? 당신의 정서가 더 강렬하고 불편할수록 다른 사람을 위협하고 통제하는 것은 결국 관계를 유지하는 데 유리한 전략이 되기는 어렵다. 한 여성은 남편의 질투가 너무 두려워 사람들을 만나려면 몰래 돌아다녀야 하고 남편의 위협에서 벗어나기 위해 다른 지역으로 이사할 계획이었다고 말하기도 했다. 사람들을 오랜 시간 통제하는 것은 가능한 일이 아니다. 이 전략으로 당신은 원하는 것을 곧 얻을 것이라고 생각하지만, 결국 파트너가 더 멀리 가 버리게 한다. 당신 파트너는 다른 사람 때문이 아니라 당신에게 통제당하고 위협당하지 않기 위해 당신과 헤어질 수도 있다. 이 전략은 당신이 통제할 수 없는 것들—다른 사람이 무슨 생각을 하고, 어떻게 느끼고 어떻게 행동하는지—에 대해 통제하려고 하기 때문에 당신을 항상 예민하고 불안하게 만들 수 있다.

당신은 이 방법이 이점이 있다고 생각할 수도 있는데, (파트너에게) 일어나는 일들을 알 수 있다는 점, 관계가 느슨해지는 것을 막는다는 점, 그리고 어느 누구도 당신을 이렇게 대할 수 없다는 것을 파트너가 알게끔 한다는 것이다. 어느 정도는 효과가 있는 것 같지만, 결국 위협이나 처벌로 타인을 통제하려고 하는 것은 어떤 이점도 주지 않을 것이다. 파트너는 점점 더 비밀스럽게 행동하고 철수하며, 반격 태세를 갖추거나 결국 떠나게 될 것이다. 당신이 이루고 싶은 궁극적인 목표는 상대를 약화시키는 것이다. 그러나 당신이 다른 누군가의 자유를 통제할 수는 없는 것이며, 당신이 그런 종류의 통제에 기반한 관계를 원할 것 같지도 않다. 더 나은 방법이 있을 것이다.

파트너가 질투하게 만들기

당신이 누군가에게 유혹적으로 행동하거나 관심을 보일 때 파트너가 질투심을 느끼는지 아닌지 알아봄으로써 파트너가 얼마나 당신에게 몰입하고 있는지를 확인하려고 한다. 당신이 파트너가 보는 앞에서 대놓고 다른 사람을 유혹하기도 하고, 다른 사람을 만나러 간다고 말하거나, 옛 애인들 중 한 명을 생각하고 있다는 것을 알게끔 할 수도 있다. 당신이 점점 비밀스러운 사람이 되려고 하는 이면에는 왜 당신이 주변에 없는지 그리고 연락이 되지 않는지를 궁금해 하며 질투심을 유발하려는 마음이다. 우리는 만약 파트너가 질투심을 느낀다고 생각되면 그가 관계에 몰입되어 있고 진실되게 이 관계를 생각하고 있다고 결론을 내리는 경향이 있다. 그렇지만 이건 매우 높은 위험을 감수하게 하는 전략이고, 역효과를 불러일으킬 수도 있다. 파트너는 당신도 똑같은 짓을 하고 있다고 말하며 자신의 행동을 변호할 수 있다. 당신이 다른 사람에게 유혹적인 행동을 하거나 다른 사람을 만나고 있는데 파트너에게 불만을 표현하는 게 말이 될까? 다른 가능성은, 당신의 파트너가 당신을 더 이상 신뢰하기 어렵고 당신에게서 거리를 두기 시작해야겠다고 또는 헤어져야 되겠다고 결론을 내리게 되는 것이다. 파트너는 당신의 행동이 대놓고 조정하고 모욕감을 주는 것이라고 간주하며 당신에게 거리를 둘 것이며, 그리고 마침내는 당신이 가장 두려워하는 것, 즉 관계를 끝낼 수도 있다.

당신은 이 전략이 당신의 파트너가 당신과 어떤 종류의 관계를 맺고 싶어 하는지 알아내는 시험이 될 수 있다고 생각하며 당신에게 이점을 제공한다고 생각할 수 있다. 파트너가 질투심을 전혀 보이지 않는다면 당신은 그/그녀가 전혀 관계에 몰입할 생각이 없다고 생각한다. 그다음엔 당신도 당신의 관계에 대한 몰입을 재고해 볼 것이다. 내 생각에 이 전략은 매우 위험도가 높은 전략이다. 왜냐하면 도발 상황에 놓이게 될 때 사람들은 종종 의도하지 않게 파괴적인 형태로 행동할 수 있기 때문이다.

양다리 걸치기

파트너 대신 다른 사람을 찾는다는 점에서 덜 직접적인 전략이긴 하다. 한 여성은 만날 시간적 여유가 거의 없는 남자친구를 더이상 신뢰하기 힘들다는 느낌을 받았고, 유부남과 만나기 시작했다. 그녀는 유부남을 통해 섹스나 대화에 대한 욕구를 충족시켜 나갔기 때문에 남자친구의 필요성을 덜 느끼게 되었다. 결과적으로, 그녀는 남자친구에게 질투심을 그다지 표현하지 않게 되었고, 매력 없는 두 사람―철수되어 있는 남자친구, 그리고 그녀와 진지한 관계로 몰입할 수 없는 유부남―사이에서 림보 상태에 빠진 듯한 느낌이 들었다. 그녀의 자존감은 점점 가라앉기 시작했다. 때로 사람들은 질투심을 느끼면서 예전 애인을 찾기 시작한다. 그들은 생각한다. '만약 현재 관계가 잘 안 되면, 예전 애인을 다시 만날 수도 있어.' 이게 바로 몇 가지 가능성을 동시에 선택하게 되는 보험 전략이다.

이 전략의 문제점은 다른 어떤 관계와도 좋아질 가능성이 없다는 점이다. 당신은 점점 철수되어 비밀스럽게 행동할 것이기 때문에 현재 파트너와의 친밀감은 점점 줄어들게 된다. 당신은 스스로 구획을 나누고 당신의 비밀스러운 생활을 감추는 데 많은 에너지를 소비하게 된다. 다른 단점은 당신이 곤란한 상황에 빠지게 될 수 있다는 것이다. 질투심을 표현하려던 것인데, 속임수를 쓰거나 뭔가를 숨기는 사람으로 드러난다면 어떻게 될까?

이 전략은 이별이 발생했을 때 상실로 인한 위협을 덜 느끼도록 만들 수 있다. 다른 누군가가 당신에게 관심을 가지고 있다는 것을 알면서 당분간 당신의 자존감을 높이는 데 도움이 될 수 있다. 보험 정책을 가지고 있는 것처럼 말이다. 물론 이해할 만한 우려이고, 한동안은 당신이 더 많은 것을 통제하고 있는 것처럼 느낄 수도 있다. 그렇지만, "양다리 걸치기를 하면서 파트너와 더 돈독한 관계를 쌓았습니다."라고 말하는 사람을 본 적이 있는가? 아마 없을 것이다.

당신의 전략이 잘 작동하고 있는가

질투심을 느낄 때 흔히 사용하고 있는 일반적인 전략들 몇 가지를 살펴보았다. 아마도 당신은 하나 이상의 전략들을 사용할 것이고, 이 장에서 다루지 못한 전략도 있을 것이다. 전략을 통해 당신이 종국에 성취하고자 하는 것이 무엇인지 스스로에게 물어보라. 그리고 그것이 장기적인 측면에서 당신에게 이익이 될 수 있을지를 생각해 보라.

당신에게 선택권이 없다고 생각할지 모르지만, 당신은 선택권을 가지고 있다. 각각의 전략들을 살펴보고, 그것이 관계에서 존경과 신뢰 그리고 사랑을 구축해 가는 데 가장 최선의 방법이기는 커녕 유일한 방법인지 생각해 보라. 각각의 전략들은 타당한 이유를 가지고 있고, 어떤 경우에는 도움이 될 수도 있다. 우리는 항상 우리의 부정적인 행동(예: 파트너 비하하기, 관계를 끝내겠다고 위협하는 것)을 통해 긍정적인 결과를 가져올 수 있다고 믿는다. 하지만 각각의 전략들은 잠재적인 단점을 지니고 있기 때문에 위험에 대해서도 생각해 볼 필요가 있다.

당신만 질투 전략을 사용하고 있는 건 아니다. 많은 사람들이 이러한 전략을 사용하고 있다. 다음 장에서 배울 것이지만, 당신에게 더 도움이 될 수 있는 다른 기법과 전략도 있다. 그것들은 단점이 적을 수 있다. 어쨌든, 관계를 유지하는 데 사용하려고 했던 전략으로 관계를 끝내고 싶은 사람이 누가 있을까?

제**3**부

질투심 돌리기

제6장
관찰과 수용으로 한발 물러서기

어떻게 질투심이 당신을 압도하는 정서로 작동하게 되는지, 그리고 질투심에 대처하기 위해 당신이 심문하기, 안심 추구하기, 그리고 단서 찾기를 사용하게 된다는 걸 알았기 때문에 지금부터는 더 새롭고 강력하며 도움이 되는 삶의 방법을 탐색해 볼 준비를 해보겠다. 한발 물러서서 감정에 사로잡히지 않고 질투심을 관찰해 보라. 사고와 감정 그리고 행동의 차이를 지각해 보라. 그 순간 사실로 보이는 부정적이고 압도되는 생각에 대해 이야기해 보라. 질투심에 사로잡히지 않고 그곳에 여유를 둘 수 있다. 우리 모두 단점이 있고 완벽하지 않으며 어려움을 겪는 존재임을 수용하는 것이 도움이 된다. 수용을 통해 우리는 현실 세계에서 살아갈 수 있는 것이다.

어떻게 해야 이런 느낌을 멈출 수 있을까

질투심 모드에서는 우리의 생각과 감정에 폭풍우가 휘몰아친다. 토네이도를 만난 것처럼 두려움, 분노, 혼란 그리고 슬픔에 둘러싸인 듯한 느낌이다. 생각들이 우리에게 뛰어들어 우리를 점령하게 된다. 자제력을 잃게 되고 폭풍우에서 벗어날 길이 없다고 느낀다. 요란한 생각과 끔찍한 감정이 우리를 빨아들여 거기서 벗어날 기회가 없을 것이라고 종종 느낀다. "통제할 수 없는 어떤 힘에 사로잡힌 거 같아요."라고 카렌이 말했다. "그가 파티에서 전 여자친구와 마주쳤고, 저는 상상할 수도 없는 온갖 끔찍한 감정에 압도당했어요. 비명을 지르고 싶었어요. 도대체 뭐가 잘못된 거죠?"

우리는 우리의 삶이 질투심, 분노, 불안, 슬픔 그리고 원한으로부터 자유로워야 한다고, 그리고 항상 행복해야 한다고 생각한다. 하지만 우리의 삶은 때로 좌절과 실망으로 가득 차 있기도 하다. 삶이 항상 우리가 원하는 방식으로 가지는 않는다. 때로 우리는 만족스러움, 평화로움, 행복 그리고 안정과 같은 정서적 완벽을 원하지만, 삶은 우리 뜻대로 움직이지 않는다.[34] 어느 누구도 자기 뜻대로 움직이는 삶을 사는 사람은 없다. 고통스러운 감정이 느껴질 때, 그것이 우리가 가지는 유일한 감정인 것처럼 그것에 휩싸이게 된다. 우리의 정서적 완벽주의는 일이 이렇게 되어서는 안 된다고 말한다.

어딘가에 사로잡혀 있기 때문에, 우리는 이러한 감정과 생각들을 다 제거해 버리고 우리의 마음을 깨끗하게 만들어야 한다고 생각한다. 우리는 평화로움과 명확함 그리고 확실함을 원한다. 평온함이 없으면 우리는 길을 잃었다고 느낀다. 우리 안에 이런 경험을 없애려고 하면 할수록 우리는 더 무기력감과 혼란스러움을 느끼게 된다. 어디서 방향을 틀게 될지 우리는 모른다. 폭풍우가 우리의 머리와 질투심을 계속 휘젓는다. 혼자서 당황한 듯, '이걸 어떻게 멈출 수 있겠어?'라고 묻는다. 이런 생각과 감정으로 살아가는 것 외에 달리 방법이 없다고 생각한다. 이 폭풍우를 잠재우기 위해서는 심지어 관계를 끝낼 필요가 있다고 생각할지도 모른다. 하지만 당신은 파트너를 사랑하고 있고 그를 잃고 싶지 않다. 결국 애초에 질투심을 느꼈던 것은 파트너를 지키기 위한 것이 아니었던가?

이 장에서, 우리는 거기에 사로잡히지 않으면서 어떻게 당신이 좋아하지도 않는 생각과 감정을 가지고 살아갈 수 있는지에 대해 살펴볼 것이다. 당신은 그것을 견디며, 바라보고 그렇지만 그곳에 관여하지 않게 된다. 알아채고, 관찰하고 수용함으로써 당신이 가치 있게 생각하는 관계를 위태롭게 하지 않으면서 배경 소음으로만 처리하면서 살아갈 수 있다.[35]

질투심에 대해 여유를 주기

질투심을 없애야 한다고 가정할 필요는 없다. 그냥 내버려 두어라. 두 사람이 잠시 동안 받아들일 수 있는 것을 그냥 허용하라. 모든 것을 다 끌어안으려고 하지 말고 당신을 괴롭히고 귀찮게 하고 상처를 입힐지라도 그냥 내버려 두어라. 질투심을 그냥 경고가 울리는 정도로만 생각하라. 대부분은 오경보일 가능성이 높다. 당분간은 질투심이 여기 있고, 알람이 울리고 있고, 당신과 파트너 둘 다 그것을 수용하게 될 것임을 인지하게 될 것이다.

당신은 이전에도 그 소리를 들은 적이 있을 것이다. 질투심은 거리에서 울려 오는 메아리나 도로에서 울려 대는 경적 소리 그리고 골목에서 나오는 외침 같은 것이다. 그것은 당신을 깨어나게 하는 어떤 것이 될지도 모르겠다. 그것에 사로잡히지는 않으면서 그것을 그냥 내버려 두라. 소방차가 지나가는 사이렌 소리가 들린다고 쫓아갈 필요는 없다.

당신의 관계가 충분히 크고 윤택하다고 상상해 보라. 질투심의 목소리는 배경 소리로 처리할 수 있다. 둘 다 여기에 같이 있고, 경보음이 울린다는 것을 받아들일 수 있다면 그다음엔 같이 뭔가 조취를 취할 수 있을 것이다. 그것은 둘이서 같이 살아가는 법을 배우게 되는 것이다.

당신은 다음과 같이 말한다. "하지만 사랑하는 사람에 대한 분노감과 불안한 감정을 어떻게 견딜 수 있을까요? 이 감정들을 도저히 견딜 수가 없어요. 대상에 대해 상반된 감정을 느끼면 안 되지 않나요?" 월트 휘트먼은 그의 시 〈나 자신의 노래〉에 그가 어떻게 노인과 젊은이, 아름다운 사람과 추한 사람, 부자와 가난한 사람을 둘 다 사랑하는지 표현해 놓았다. 그는 모든 생명과 모든 인류애를 포용한다.

> 내가 모순되는가? 그래. 좋다. 그럼. 나는 나 자신이 모순되게 하리라
> (나는 크기에. 내 안에 여러 많은 부분을 품고 있기에)".[36]

(우리는 모두 내 안에 나를 많이 담고 있다. 나는 하나의 나만 존재하는 것이 아니라. 무수히 많은 모순된 내가 존재한다.)

당신의 질투심이 관계에서 온갖 감정을 다 가지고 있는 수많은 측면을 포함하고 있는 것이라고 생각해 보라. 그것은 사랑과 미움, 평화와 갈등, 두려움과 고요함을 포함한다. 그곳에는 모든 것, 모든 경험의 모든 부분들이 있다. 우리가 한 가지 방식으로만 느껴야 한다고 생각하는 게 바로 모순된 생각이다 . 당신의 질투심은 크고, 완전한 인간의 유대를 형성하는 수많은 경험들, 감정들 그리고 관계하는 여러 방식 중 하나일 뿐이다.

나도 당신도 괜찮지 않지만, 그래도 괜찮다

당신이 파트너의 질투의 대상이 된다면, 당신은 아마도 그 질투가 멀리 사라지길 바랄 것이다. 당신은 파트너와 평화롭고 행복하게 지내길 바란다. 관계가 차분하고 편안하기를 바란다.

토마스 해리스는 1967년 『아임 오케이 유어 오케이: 성격의 비밀, 교류분석이 풀다(I'm OK-You're OK)』로 베스트셀러 작가가 되었다(1967/2020). 그는 낙관주의론자였던 것 같다. 우리는 우리가 모두 괜찮다고 믿는가? 우리는 서로 괴롭히거나 실망시키지 않으며 우리 자신과 주변에 있는 사람들을 판단하지 않는다고 믿는가? 나는 이 책이 현실적이지 않다고 생각한다.

나는 관계에 대해 다른 생각을 가지고 있다. 이게 당신 경험과 맞아 떨어지는지 보라. 나는 괜찮지 않고, 당신도 괜찮지 않다. 그렇지만 괜찮다. 우리 모두 약간은 비합리적이고 약간은 미쳤고, 약간은 불공평하지 않은가? 이것에 대해 괜찮다고 생각한다면, 당신은 불완전한 사람들과 타락한 천사들의 세상에서 살 수 있고, 삶의 기복을 헤쳐 나갈 수 있다. 우리는 종종 완벽한 조화가 가능한 유토피아에서 살고 싶어 한다. 하지만 '유토피아'라는 단어는 그리스어로 '장소가 없는'이라는 어원에서 비롯되었다. 당신은 여기에서 그곳에 도달할 수 없다. 그것이 존재하지 않기 때문이다. 여기에 우리가 살고 있는 세상을 바라보는 당신의 관계를 도울 수 있는 몇 가지 방법이 있다.

동굴에서 함께

다음의 방법으로 질투심을 생각해 보라. 질투심에 압도되어 있는 당신의 파트너는 외롭고, 두렵고, 무기력하고 혼란스러움을 느끼고 있다고 말이다. 그/그녀가 캄캄한 동굴 속에 있다고 상상해 보라. 이 동굴에는 다른 통로가 있다. 당신은 그곳에 그/그녀와 함께 있고, 작고 희미한 촛불을 들고 있다. 당신은 함께 탈출구를 찾아내려고 한다. 둘 다 두렵고 길을 잃은 듯한 느낌이다. 당신은 촛불이 완전히 꺼질까 봐, 그래서 어둠에 갇히게 될까 봐 두렵다. 하지만 당신 둘이서 이 촛불을 함께 들고, 불길에 자애를 불어넣는다면 그곳에 더 많은 빛이 있다는 것을 알게 된다. 어떤 통로가 나가는 출구일지 당신은 모를 수도 있다. 하지만 당신 둘이서 함께 걸을 수 있음을 알게 된다.

사랑은 어둠 속에서 함께 걷는 것을 의미한다

친밀한 관계에서 질투심에 대해 어느 정도는 여유가 필요하듯이, 우리는 직장이나 가족 그리고 친구들과의 관계에서도 어느 정도의 여유가 필요하다. 고통스럽고 힘든 감정은 중요한 어떤 관계에서도 생길 수 있는 감정이다. 당신의 동료들과 함께 당신은 어떻게 일이 진행되어야 한다고 하는 이상적인 견해를 가질 수 있다. 모든 사람이 항상 공정해야 한다고 가정해 보자. 우리가 만약 그런 세상에 살고 있다면 그러한 생각은 완전히 훌륭할 것이다. 하지만 우리는 그런 세상에 살고 있지 않다. 그래서 어떤 다른 사람이 우리보다 더 주목받을 수 있다는 것을 인지하는 것이 우리가 준비해야 할 현실이다. 우리는 다른 세상에서만 일어난다고 믿었던 일이 나한테 벌어질 때, 계속해서 다음과 같이 말할 수는 없다. "이런 일이 나한테 일어나다니 도저히 믿을 수가 없어!" 어떤 일이 공정하지 않다는 것이 당신이 그 게임에서 졌다는 것을 의미하지는 않는다. 우리는 불공평함이 있는 세상에서 효과적으로 살아갈 수 있는 방법을 배워야 한다. 성공한 사람들은 불공평함에 잘 적응하는 방법을 아는 사람들이다. 그 사람들은 그것을 개인적으로 받아들이지 않고 성공을 위한 전략을 세운다.

모든 감정을 수용하기

질투심에 여지를 둔다는 것은 우리의 관계가 복잡하고 그래서 광범위한 정서를—전적으로 긍정적이고 유쾌한 정서만이 아니라

―수용할 필요가 있음을 인지하고 있다는 것을 의미한다. 우리는 여전히 파트너나 친구를 사랑할 수도, 미움이나 질투심 또는 원한 그리고 심지어는 복수심에 차 있을 수도 있다. 이것이 우리가 이 모든 감정에 맞게 행동을 취할 필요가 있다는 것을 의미하지는 않는다. 이것은 사람들이 우리를 좌절시키기도 하고 실망시키기도 하며 짜증나게 할 수도 있으며 완전히 기대를 저버리게 할 수도 있다는 것을 의미한다.

우리의 삶에서 사람들을 향한 순수하고 멋진 감정을 가져야 한다는 비현실적인 기대는 내가 '순수한 마음'이라는 부르는 것이다.[37] 말하자면, 일종의 정서적 완벽주의라 부를 수 있는데, '사람들에 대해 나는 항상 좋은 감정만 가져야 돼.' 혹은 '사람들이 모두 나에게 좋은 감정을 가져야만 하는데.'라는 식의 생각을 가지고 있는 것이다. 불행히도, 그런 생각들은 현실에서 가능하지 않다. 우리의 현실은 기쁨과 의미 그리고 사랑과 함께 실망으로 채워져 있다. 우리 모두 한순간 서로에게 실망을 시키기도 한다. 문제는 '우리가 스스로 피해를 복구할 수 있는지' '다른 사람이 기대하는 방식으로 연결이나 지지, 그리고 보살핌을 받지 못하는 공감적 실패에서 살아남을 수 있는지'에 관한 것이다. 실망이 없는 삶을 산다는 것은 불가능하다. 나 자신을 포함해 우리 모두 인생에서 실패하는 순간이 있다.

우리는 모두 타락한 천사다

실망이나 환멸을 느낄 때 어떻게 하는가? 우리 중 일부는 비관적이 되거나 그들 스스로 주변에 벽을 쌓고 세상을 향해 공격하며 저항하기도 하고, 어떤 이들은 삶이나 관계에서 좀 더 현실적이고 복잡한 관점을 가지게 될 수도 있다. 나는 후자를 선택한다.

성자가 되려고 노력하는 것은 한 가지 결과가 있다는 것을 배우게 되었다. 지상의 지옥에서 사는 것이다. 진실은 우리가 모두 타락한 천사라는 것이다. 어느 누구도 그리 좋은 사람은 없다는 것을 명심하라. 질투심이나 원한, 시기심, 지루함, 분노 또는 실망감에서 자유로운 사람은 없다. 누구나 다 밝은 면과 함께 어두운 면을 가지고 있다. 밝음이 완전히 현실 세계를 뒤덮고 있다는 우리의 소망에도 불구하고 말이다. 관계에서 항상 좋은 감정만 느낄 수는 없다. 관계에 어려움이 생기거나 때로 거의 불가능에 이를 때도 있다. 누군가를 사랑하고 사랑받는 일이 그리 쉽지만은 않다. 친구, 형제자매 그리고 동료와 잘 지내는 게 그리 쉽지만은 않다. 우리는 서로를 어려워할 수 있다.

관계는 모든 것을 느낄 수 있는 능력에 관한 것이다. 정서적 완벽주의 대신 정서적 복잡성과 정서적 풍부함을 제안하고 싶다.

고군분투하기보다는 관찰하기

생각이나 감정을 지우려고 하면 그 생각이나 감정이 더 강력해질 수 있다. '제발 이런 식으로 생각하는 것을 멈추라고!'라며 나 자신에게 소리 지르거나, '또 그걸 하고 있어. 이 패배자야, 질투심을 느끼고 있다고.'라며 당신이 느끼고 있는 감정에 대해 꾸짖고 싶기도 하다. 하지만 당신이 그렇게 하면 할수록 그 생각과 감정은 더 강렬해진다. 마치 우리가 무기로 쏠수록 더 강해지는 1950년대 원자폭탄 괴물들 중 하나인 거 같다. 점점 더 커져 화력을 가지게 된다. 우리의 생각과 감정을 없애려고 바쁠 때 우리의 투쟁은 그들에게 힘을 공급한다. 그렇다면 우리가 이런 감정을 느낄 때 어떻게 할 수 있을까?

도움이 될 만한 방법 중 하나는 바로 '마음챙김'을 하는 것이다.[38] 마음챙김은 판단하거나 어떤 것을 통제하려고 하지 않고 그저 현재 상태에 주의를 집중하는 것이다. 마음챙김은 우리가, 미래로 또는 과거로 가지 않고 바로 여기에, 이 순간에 머물게 한다. 마음챙김은 우리가 애쓰고 있는 것, 과거와 미래에 대한 생각들을 버리고 현재 상태를 그저 바라보고 관찰할 수 있게 한다. 우리가 질투심을 느끼게 되면 과거를 다시 재현하며 일어나지도 않을 미래를 생각하는 데 너무 많은 주의를 집중하게 된다. 마음챙김은 현재 순간에서 이완될 수 있는 안전한 공간을 찾게 해 준다. 우리는 먼저 호흡에 주의를 기울여 그 공간에 갈 수 있다. 지금 바로 시작해 보자.

잠시 당신의 호흡에 집중해 보라. 호흡이 순환되는 곳에 주목해 보라. 들이쉬고, 내쉬고 있는가? 당신의 호흡에 더 집중해 보라. 조절하려고도 판단하려고도 하지 말고 그저 주목해 보라. 이 순간 당신의 호흡을 관찰해 보라. 호흡이 어떻게 변해 가는지, 어떻게 흐르는지, 어떻게 당신이 숨을 들이쉬고 내쉬는지에 집중해 보라. 당신의 마음에 다른 생각들과 소리들이 들린다. 당신의 주의를 당신의 호흡으로 가져 보라. 숨을 들이쉬고 내쉬며 호흡이 순환되는 곳에 주목해 보라.

우리의 생각과 감정도 이것을 적용해 볼 수 있다면 어떨까? 다음과 같은 생각을 가지고 있다고 상상해 보라. '내 애인이 누군가와 바람을 피우고 있을지도 모르겠어.' 이 생각이 들이쉬고 내쉬는 호흡이라고 상상해 보라. 일련의 단어들이 하늘에 떠다니는 것처럼 그 생각을 그냥 바라보는 상상을 해 보라. 산들바람에 움직이는 그 생각들을 바라본다고 상상해 보라. 바람과 함께 움직이는 것을 상상해 보라. 당신이 있는 곳에 서서 그 생각을 바라보라. 아무것도 하지 말고 그냥 관찰하라. 여기에서 당신은 그것을 관찰하고 있다. 아무 일도 일어나지 않고 그 생각들은 하늘을 떠다니고 당신은 그 생각들을 바라보고 있고, 현재 이 순간에서 그 생각들을 관찰하며 있는 그대로 왔다 갔다 하도록 내버려 둔다. 당신이 여전히 여기, 이 순간에 있다는 것을 느껴 보라. 당신은 질투심을 관찰하며 아무것도 하지 않고 그냥 그것을 바라만 본다. 또 다른 방법은 영화 스크린에서 당신의 생각을 보는 것이다. 의자에 앉아 편안히 그것이 상영되는 것을 본다. 단지 영화일 뿐이고, 한 장면이 나타나고 그 장면은 곧 사라질 것이다. 당신은 여기에 있지만 당신의 생각은 저 너머로 가 버린다.

당신은 그 생각이 아니고 그 생각도 당신이 아니다. 당신은 질투심을 그 자체로 내버려 둘 수 있다. 생각들은 떠돌아다니지만 당신은 안전하게 의자에 앉아 있다. 생각과 감정들이 지나치는 것을 알아차리며 왔다 갔다 하는 것을 그저 바라본다. 당신은 이동 중에 있다. 그 생각들을 붙잡지 않는다면 당신으로부터 멀리 멀어져 간다.

물론 그 생각과 감정이 뒤로 표류할 수도 있다. 그것을 그냥 바라보며 왔다 가도록 내버려 두라. 당신이 호흡할 때처럼, 해변에 파도처럼, 부드럽게 그냥 왔다 갔다 하도록 내버려 두라. 당신은 여기에서 그저 바라보고 있다. 여유를 가지고 있는 그대로 보고 있다.

호흡법의 마음챙김: 편안히 앉아 당신의 호흡을 관찰한다. 당신이 하고 있는 것에 대해 판단도, 통제도 하지 않는다. 단지 관찰하고 숨을 들이마셨다 내쉰다. 목표는 현재 순간을 관찰하며 다음의 여섯 가지 지시 사항을 따르고 연습하는 것이다.

1. 편안하고 조용한 장소를 찾아 등을 곧게 펴고 앉습니다.
2. 호흡에 주의를 집중하고 내쉬고 들이쉬는 것을 알아차립니다.
3. 부드럽게 들이쉬고 내쉬며 호흡을 관찰합니다.
4. 당신의 마음이 다른 곳, 당신의 생각, 기억, 소리에 가 있는 것을 알아차립니다.
5. 부드럽게 당신의 주의를 호흡으로 가져옵니다.
6. 마음에서 알아차린 것은 무엇인가요?

  • 다른 생각이나 소리에 마음이 가 있나요?
  • 많은 것들로 마음이 바쁜가요?
  • 현재 순간에 머물기보다는 당신의 마음을 쫓고 있나요?
  • 당신이 하고 있는 것을 판단하고 있나요?

당신의 질투심에 장악되어 이런 생각과 감정이 튀어나올 때면 자제력을 잃게 되는 당신을 발견하게 될 수 있다. 마음챙김 훈련을 통해 당신은 질투의 생각과 감정을 단순히 외부에 들리는 소리로 상상할 수 있다. 그저 떠오르는 생각과 감정을 관찰하고 주의를 호흡이나 현재 순간으로 가져가 볼 수 있다. 질투의 생각을 관찰하고, 그런 다음 그 생각들이 흘러가도록 내버려 둘 수 있다.

질투심 타당화하기

아마도 다른 관계에서도 종종 이런 생각과 감정을 비밀리에 가지게 되었을 때 질투심으로 힘들었을 것이다. 당신은 혼란스러웠을 것이고, 부끄럽기도 하고, 당신이 뭔가 잘못된 것 같다는 생각이 들었을 것이다. 질투심은 언제든 솟아오를 수 있다. 파트너가 멀리 떨어져 있을 때, 둘 다 각자 다른 사람과 관계를 할 수 있고, 당신은 혼자 있고 파트너의 옛 연인에 대해 생각할 수도 있다. 질투심은 어느 때나 찾아올 수 있는 것 같다.

질투심은 당신을 힘들게 한다. 질투심은 당신이 원했던 것도, 계획했던 것도 아니다. 종종 그 감정이 당신에게 얼마나 힘든지를 아는 사람이 없다는 생각이 든다. 당신은 가장 가까운 한 사람, 즉 질투의 대상이 되는 당신의 파트너에게도 솔직하게 털어놓고 말할 수가 없다. 당신이 감정을 털어놓을 때마다 역효과를 내는 것 같다. 파트너가 다음과 같이 말할 수 있다.

- 그럼 나랑 헤어져.
- 당신 문제라고.
- 나는 잘못된 일을 한 적이 없어.
- 당신은 불안정한 사람인 거 같아.
- 너무 예민한 것 아니야?

이런 상황은 점점 당신을 안 좋게 만들기 때문에 질투심을 대하는 다른 방식을 제안하고 싶다. 당신이 느끼는 모든 감정에 당연한 권리가 있다고 생각해 보라. 우리는 타인의 두통에 대해 "그냥 없애버려."라고 말할 수 없다. 소화불량을 느끼는 누군가에게 "소화불량을 느낄 만한 이유가 없잖아."라고 말할 수 없다. 이건 당신의 감정이다. 당신의 불안, 당신의 슬픔, 당신의 분노, 당신의 질투심이다. 이 감정들은 그 순간 바로 당신 것이다.

이제, 뒤로 물러서서 현재 순간에 당신 경험의 일부인 그 감정들을 존중해 보라. 힘들지만 바로 당신의 경험이다. 그 감정을 느끼는 당신을 있는 그대로 받아들이라.

무슨 일이 일어나고 있는지에 대한 당신의 생각이 사실에 근거해 있다는 것을 의미하는 것은 아니다. 그럴 수도 있고, 아닐 수도 있다. 하지만 사실은 감정과는 다르다. 내가 영원히 혼자 있을 것이라고 믿게 되면 당신은 슬픔을 느낄 수 있다. 그러나 슬픔은 단순히 내가 그 감정을 느꼈다는 것만으로도 나에게 사실일 수 있다. 그렇지만 미래에 대해서, 그리고 영원히 혼자가 될 것이라는 것은 잘못 생각하는 것일 수 있다. 사실이 판명될 때까지는 우리는 아무 것도 알지 못한다. 하지만 우리의 감정은 분명하다. 때로 그 감정을 느끼는 순간 힘들기도 하다. 그래서 우리는 우리의 감정을 타당화할 필요가 있다. 타당화는 진실을 알아차리는 것이다. 진실은 당신이 질투심을 가지고 있다는 것이고, 그 감정은 바로 당신의 것이고 고통스럽다는 것이다.

타당화 연습하기: 당신에게 다음과 같이 말하면서 당신의 질투심을 타당화할 수 있다.

- 지금 내가 느끼는 감정이고 내가 느끼는 감정을 느낄 권리가 있어.
- 나에게 견디기 힘든 감정이고 힘들다는 것을 받아들일 필요가 있어.
- 좋아하는 사람에게 이런 감정을 가지게 되는 것은 누구에게나 힘든 거야. 그러니 나에게도 힘든 거지.
- 때로 혼자라고 느끼고 이런 감정을 표현할 수가 없어서 힘들어.
- 나는 혼자가 아니야. 질투심은 인간 존재의 일부야.

우리는 질투가 문제의 신호라고 생각한다. 하지만 관계가 아무런 의미가 없다면 질투심을 느끼지도 않을 것이다. 질투심은 당신이 상대방에 대해 긍정적인 가치를 가지고 있다는 것이며, 상대방과의 관계에 몰입하고 있다는 것에서 오는 것일 수 있다. 질투는 상대가 당신에게 중요하다는 것을 인식하고 있다는 것이고, 상대와의 몰입, 정직, 깊이, 사랑이 당신에게 많은 것을 의미한다는 것을 인식하고 있다는 것이다. 질투심이 상대방과의 사랑과 관계에 대한 몰입에 대해 고통스러운 신호인지 스스로에게 물어보라. 사랑, 친밀감, 로맨스 그리고 신의에 대해 가치를 두는 당신 스스로를 존중해 보라. 결국, 질투는 당신이 어떻게 다른 사람과 연결되어 있는지, 그리고 그러한 연결을 잃을 것에 대해 얼마나 많이 두려워하고 있는지를 말해 준다. 질투심으로 힘들어하는 내담자와 나눈 대화를 살펴보라.

밥(상담사): 질투는 때로 일부일처제, 헌신, 솔직함, 친밀감과 같은 긍정 가치
와 관련되어 있습니다. 당신이 가지고 있는 가치가 이런 것들인가요?

캐롤: 예, 맞아요.

밥: 질투심을 보는 한 가지 방법은 이런 것들이 당신에게 중요하다는 겁니다.
관계에 있어서 당신은 전혀 피상적인 사람이 아닙니다. 당신은 모든 걸
진지하게 고려하는 사람이에요.

캐롤: 예, 그렇죠.

밥: 파트너가 당신에게 "나는 모든 사람이 자신이 하고 싶어 하는 것에 있어
서 자유로워야 한다고 생각해. 그래서 당신이 다른 사람과 데이트하고 싶
다면, 그리고 섹스도 하고 싶다면 난 그럴 수 있다고 생각해."라고 말한
다면 어떨 것 같나요?

캐롤: 그가 다른 사람들과 관계를 하고 싶어 한다고 생각하고 그를 신뢰할 수
없을 거 같아요.

밥: 당신은 파트너가 질투할 수 있기를 원할 겁니다. 왜냐하면 그것은 관계에
대한 헌신을 보여 주고 당신을 중요하게 생각한다는 신호일 수 있기 때
문이죠.

캐롤: 네. 파트너가 만약 질투심을 느끼지 못한다면 나는 그를 신뢰하기 힘들
어질 거예요. 내가 정말로 파트너에게 중요하지 않구나 하고 생각하게 되
고요.

밥: 다른 정서와 마찬가지로 질투도 긍정적이고 부정적인 요소를 모두 가지
고 있습니다. 질투심은 이해가 되는 감정일 뿐 아니라, 관계에 헌신하고
신뢰할 수 있는 능력이기도 함을 인식하는 것이 중요합니다.

캐롤: 그 말을 듣고 보니 내 자신에 대해 기분이 훨씬 좋아지네요.

질투심을 타당화하는 첫 단계는 이것이 당신에게 고통스럽고 힘든 감정이라는 것을 알아차리는 것이다. 다음 단계는 당신의 걱정과 분노 그리고 불안이 누군가가 당신에게 정말 중요하다는 사실에서 비롯된 것임을 아는 것이다. 누군가가 당신에게 가치 있고, 당신이 가치를 두고 있는 관계가 위협을 받고 있을지도 모르기 때문에 질투가 생기는 것이다. 사랑과 관계의 몰입에 대한 중요성, 친밀감과 정직의 가치, 깊이와 의미에 대한 열망에 확신을 가지는 것이 필요하다. 그러나 안타깝게도, 때로 질투심으로 인한 분노와 불안이 결말이 되기도 한다. 그것이 정말 당신에게 중요하기 때문에 그것을 느끼고 있는 것이다.

그래서 당신은 상대를 사랑하지만 두렵기도 한 딜레마에 갇히게 된 것이다. 얼마나 힘들까. 어려움, 딜레마 그리고 당신 내부에 있는 갈등을 타당화해 보라. 당신 마음에서 벌어지고 있는 것들에 대해 여유를 주어라. 당신의 마음이 많은 것들로 가득 차 있다.

당신의 질투를 타당화하는 다른 방법은 질투라는 정서가 많은 사람들이 느끼는 보편적인 것인지를 인식하는 것이다. 제1장에서 이미 이야기했듯이, 질투는 문화나 역사의 다양성을 넘어서 전 세계에서 보편적으로 나타나는 정서다. 우리는 아동 심지어는 유아들도 질투를 보인다는 것을 알게 되었다. 동물이나 벌레도 그러한 질투를 가지고 있다. 따라서 당신의 감정이 다른 사람들도 경험할 수 있는 보편적인 것임을 이해하게 된다면 혼자라는 외로움도 화나는 감정도 덜해질 것이다. 우리가 느끼는 감정이나 욕구가 보편적인 것임을 인식하게 될 때, 우리는 그것을 받아들이기 더 쉽다. 잠시 동안 그 경험을 있는 그대로 받아들일 수 있다.

당신이 세상을 바라보는 방식을 고려해 보자. 당신의 파트너가 당신을 배신하고 있다고 믿게 되면 그 믿음에서 질투라는 감정이 생기기 시작한다. 많은 사람들이 파트너가 배신을 하고 있다고 믿게 되면 질투를 느끼게 된다는 것을 알 수 있다. 때로 당신이 힘든 시기를 보내고 있고 당신의 파트너가 당신을 배신해서 모욕감이 느껴진다는 생각이 들면 당신의 그러한 정서가 얼마나 강한지 충분히 이해된다. 자신의 지각이 옳고 그르다는 것을 알게 되든, 불분명한 상태로 있든, 이것은 현재 당신이 인식하고 있는 것이며 그것으로 인해 고통스러운 감정에 압도될 수도 있다. 당신의 감정을 타당화한다는 것은 당신의 생각과 지각이 이러한 감정과 연결되어 있다는 것을 인식하는 것이기도 하다.

당신이 과거에 배신을 당한 경험을 가지고 있다면 당신이 현재 느끼는 질투가 더 잘 이해될 수 있다. 이러한 과거 경험은 질투라는 감정에 당신을 더 취약하게 만들고, 현재 경험에서 배신당할지도 모른다는 가능성을 더 잘 볼 수 있게끔 한다. 당신의 부모 둘 다 또는 한 분이 충실한 관계를 하지 못해 집을 떠났거나 또는 그들이 부재했던 경험을 가지고 있다면 당신이 느끼는 불안이 더 잘 이해될 수 있다. 이것은 신뢰에 대한 어려움의 기반이 되어 당신을 좀 더 예민하게 만들 수 있기 때문이다. 지금 현재 당신이 경험하고 있는 것은 과거 경험을 그 일부로 포함하고 있다는 것임을 이해하라.

당신의 파트너가 완전히 신뢰할 만하지 않다는 것도 가능한 일임을 타당화할 필요가 있다. 의심의 여지가 있을 수도, 파트너가 완전히 투명하지 않을 수도, 당신이 바라는 만큼 신뢰할 수 없는 파트너일 수도 있다. 때로 뭔가 의심할 만한 일이 일어나고 있다고 하는 당신이 옳을 수도 있다. 타당한 것으로 보이는 의심에 반응할 수 있다. 그러나 당신의 생각과 감정이 합리적이라 하더라도, 의심할 만한 일이 진행되고 있다 하더라도 당신이 잘 대처할 수 있도록 우리가 도울 수 있는 것들이 여전히 많다.

당신의 감정을 존중하고 당신이 경험하는 감정을 타당화하는 것이 중요하다. 그 감정들을 당신의 것으로 소유하고, 때로 그 감정들이 고통스러울 수 있음을 인정하고, 누군가를 사랑하는 것이 고통스러울 수도 상처를 받을 수도 그리고 당신을 실망시키는 사람들이 있을 수 있음을 인정하라. 그 모든 것을 인지하고, 타당화하고 어떻게 느끼고 왜 아픈지 이해해 보라. 우리가 느끼는 감정을 수용하고 타당화할 때에도 더 잘 대처할 수 있다는 것이 가능하다는 것을 알게 된다.

질투에서 한발 물러서기

감정을 타당화하는 것이 감정에 완전히 압도당해야 한다는 것을 의미하는 것은 아니다. 현재 이 순간에 경험하는 불안과 분노를 당신은 인식할 수 있고, 당신이 느끼는 질투심을 향해 다음과 같이 말할 수 있다. '내가 다시 그런 느낌을 받고 있다는 것을 알 거 같아.' 하지만 뒤로 물러서서 잠시 거리를 두고 잠시 생각할 시간을 가져 보라. 잠시 동안 그 감정에서 벗어나 다음 질문을 던져 보라.

- 정말로 이런 생각과 감정에 압도당하길 원하는 걸까?
- 질투로 채우길 원하는 걸까? 아니면 질투에서 한발 물러서고

싶은 걸까?

• 만약 질투를 느끼며 계속 가게 되면 무슨 일이 일어날까?

• 질투에 대해 어떤 행동을 취하게 된다면 무슨 일이 일어날까?

• 내가 오해할 수도 있을까?

• 이 순간에 내가 더 잘 대처할 만한 방법은 뭐가 있을까?

이렇게 뒤로 물러나면 편견, 생각, 행동, 반응을 보다 명확하게 볼 수 있다. 고통을 타당화하는 동안, 우리는 고통에 기여하는 생각, 질투에 대해 어떻게 행동할 수 있는지, 감정에 어떻게 반응하는지를 검토할 수 있다. 그러한 감정을 갖는 것은 때때로 충분히 어렵지만, 심문하고, 꾸짖고, 벌하고, 위협하고, 따르고, 반추하고, 걱정하는 것은 우리의 고통을 더할 뿐이다. 생각과 감정이 우리가 하는 일이나 말하는 것을 지배할 필요는 없다. 다른 대처 방법, 더 나은 방법을 찾을 수 있다. 우리는 우리 마음의 노예가 아니다. 우리가 결정한다. 우리는 한발 물러서서 생각하고 선택 사항을 고려한다.

당신이 느끼는 방식에 대처하는 다른 방법이 있는지 알아보라. 예를 들어, 현재 느끼는 방식이 압도적이고 영원히 지속되며 통제 불가능한 것으로 보일 수 있지만, 현재 감정은 일시적이고 반드시 파괴적인 것은 아니며 통제할 필요가 없다는 것을 알게 될 것이다. 뒤로 물러서서, 수용하고, 관찰하고, 문제를 해결하고, 더 큰 삶을 구축하고, 의미롭게 참여하고, 파트너와의 의사소통을 개선하고, 당신의 삶이 자신을 제외하고 어느 한 사람에게 의존하지 않는다는 것을 배우는 데 도움이 되는 관점을 생각해 보라.

자신을 위한 자비심 가져보기

질투가 얼마나 힘든지는 아무도 모른다. 아무리 이해하고, 공감하고, 친구나 파트너가 나를 신경 쓰고 돌보고 있다 할지라도 당신이 경험하는 것처럼 지금 당장 그런 경험을 하는 사람은 없다. 당신의 질투는 사랑하는 사람에게 배신당하거나 버려지는 것에 대한 두려움에서 시작된 것이다. 질투는 당신에게 가장 힘든 감정일 수 있다. 질투를 느끼는 당신에게 화가 날 때가, 당신이 느끼는 감정을 느끼고는 당황스러울 때가, 그리고 세상이 당신 앞에서 무너지는 것을 두려워할 때가 있다.

지금은 압도적인 감정의 경험에서 한발 물러서서 자신을 아끼고 존경하고 사랑하는 사람으로 생각하는 시간이다. 우리는 이것을 자기 자비라고 부른다. 당신이 겪고 있는 힘듦과 고통을 끝내고 싶기 때문에 자신을 돌보며 수용하는 사랑을 원한다. 당신은 자신을 포용하고 싶어 한다. 당신의 질투심과 함께 당신의 팔로 자신을 감싸고, 항상 당신 편이 되려고 노력할 것이라고 확신하는 상상을 해 보라. 이것은 당신이 내면의 상처 난 마음을 39초 안에 돌보고 달래는 방법이다.[39]

당신은 항상 당신과 함께 있다. 당신은 항상 당신을 사랑할 수 있다. 당신은 사랑이 필요하다. 그러니 당신 자신에게 그것을 주어야 하지 않겠는가? 항상 당신 편이 되어 주어야 하지 않겠는가?

어린 시절 친구 중 가장 자비롭고 따뜻하고 사랑스러운 사람이 당신에게 다음과 같이 말한다고 상상해 보라. "너를 사랑해. 온통 너에게 마음이 가 있어. 너의 있는 그대로를 인정해." 이 사람이 당신을 팔로 감싸고 부드럽고 사랑스럽게 당신을 안으며 이 순간 완전히 여기에 같이 있다고 상상해 보라.

당신에게 당신이 사랑받고 있다고 상상해 보라. 그리고 당신이 항상 당신 자신과 함께 있고, 항상 마음속에 자신을 잡고 있다고 상상해 보라. 사랑을 잃을까 봐 두려워질 때, 당신은 항상 당신을 사랑하기 위해 여기에 있다는 것을 기억하라. 그러면 그 순간 당신을 감싸는 평온함으로 순간의 평화를 느낄 수 있다. 폭풍 속에서도 사랑스러운 포옹으로 인해 당신은 차분해질 수 있다.

이제 한발 물러나 관찰하고, 들으며, 질투가 바로 그 자리에 있도록 허용하면서 당신의 생각을 살펴보기 시작하라.

제7장
당신의 생각과 함께 살아가기

질투심이 생겼을 때 스스로에게 '멈춰! 이제 됐어!'라고 말하며 빠져나가려고 한 적이 있는가? 이렇게 했을 때 효과가 있었는가? 심리학에서는 이것을 생각 중지 기법이라고 한다. 심리학자들은 사람들에게 손목에 걸 수 있는 고무줄을 주고, 원치 않는 생각을 할 때마다 그 생각으로부터 '벗어나기 위해' 손목에 있는 고무 줄을 세게 당겼다 놓으라고 한다. 생각 중지는 중지해야 하는 생각들이 두렵기 때문에 그것을 피할 필요가 있다는 것을 의미한다. 문제는 원치 않는 생각들이 자꾸 되살아나 되돌아온다는 것이다. 어느 누구도 하루 종일 그리고 밤새 재채기를 할 수는 없다. 사람들에게 원하지 않는 생각을 하면서 살아갈 수는 없다고, 그들을 제거해야 한다고 설득한다.

질투 생각과 비슷한 어떤 생각을 하고 있다면, 그것을 억제하기 위해 그러한 생각들에 오히려 주의를 기울일 필요가 있다는 것을 점차 알게 될 것이다. 당신은 질투 생각을 더 찾게 되고 발견하게 될 것이다. 하지만 만약 당신이 완전히 다른 어떤 것을 찾고 있었다면 어떨까? 만약 하늘 위의 구름, 지붕 위의 빗소리, 당신 주위에 있는 책의 색깔들을 찾거나, 또는 숨을 들이쉬고 내쉬는 것을 알아차리고 있었다면 어떨까? 질투에 대한 생각을 인정하고 받아들일 수 있지만, 당신의 주의를 당신 외부의 어떤 것에 돌릴 수도 있다. 당신이 현재 몰입하고 있는 것이 무엇인지, 더 중요하고 더 이완되는 더 편안한 어떤 다른 것들이 있는지 스스로에게 물어보자.

이 장에서는 우리의 마음에 몰아치는 배경 소음에 개의치 않고 원하지 않은 생각을 가지고도 살아가는 방법에 대해, 그래서 결국 우리가 가치있는 행동을 할 수 있게 하는 방법을 살펴볼 것이다.[40] 우리는 길거리에서 들리는 구급차를 쫓아갈 필요도, 옆 테이블에서 들리는 대화를 들을 필요도, 그리고 우리에게 걸려 오는 텔레마케팅 전화를 매번 받을 필요도 없다.

마찬가지로, 어떤 생각이 들 때 자신에게 덤벼들기보다는 다양하고 강력한 기술을 사용하여 소음과 함께 생활할 수 있다. 당신의 마음속에 어떤 생각이 나타난다고 해서 하루 종일 그것과 함께 지낼 필요는 없다. 당신에게는 선택의 여지가 있다. 당신은 단지 그것을 인정하고, 스스로에게 '저기 그 생각이 보이네.'라고 말하고, 다른 것들을 할 수 있다. 마치 차를 몰고 지나가며 길가에 있는 작은 우체통이 눈에 들어오는 것과 같은 것이다. 거기에 머물며 뒤적거릴 필요가 없다. 질투 생각에도 동일한 방식이 적용된다. 그저 그것을 알아차리고, 마음속으로 '저기에 또 그 생각이 있네.'라고 말하고, 당신이 하던 일을 계속 할 수 있다. 그들의 존재를 그저 단순히 허용만 함으로써 그들의 지배를 받지 않으면서 당신은 그들과 같이 살게 되는 것이다.

중립적 생각이 주요 생활 사건이 되는 방식

어느 날, 당신은 수천 가지의 생각과 이미지를 떠올린다. 하지만 결국, 거의 모든 것을 잊어버리게 된다. 잠시 읽고 있던 책을 놓고 눈을 감고 여러분이 어디에 앉아 있는지, 주위에 뭐가 있는지를 떠올려 보라.

나는 서재에 앉아 있다. 내 눈을 감은 채 내 오른쪽에는 모니터, 내 앞 창문으로 보이는 흐린 하늘, 바닥에 있는 바구니에 쌓여 있는 파일 더미, 책을 쌓아 놓은 의자, 그리고 내가 글 쓰는 것을 도와줬으면 하는 고양이 한 마리를 마음속에서 상상하고 있다. 하지만 솔직히, 고양이를 제외하고는 내가 이 장을 처음 쓰기 시작했을 때, 다른 것들은 전혀 알아차리지 못했다. 머릿속에 떠오른 생각들, 컴퓨터 화면에 보이는 단어들 그리고 이메일을 확인하고 싶은 충동에 몰입하고 있었다. 다시 말해서, 우리의 일시적인 인식 안팎에는 많은 생각과 이미지 그리고 감각들이 떠다니고 있지만 우리가 정말로 주의를 기울이기 위해 멈추지 않는다면 우리는 그들에 대해 모두 잊게 된다.

어떤 종류의 생각들은 우리가 다른 사람들보다 더 주의를 기울이고 있다는 것을 즉각적으로 인식하게 될 때 나타나게 된다. 가령, 오늘 저녁 친구 부부와 함께 이야기를 나누는 생각을 하면서 즐거움을 느낄 수도 있다. 하지만 질투심과 같은 다른 생각이 끼어들기도 한다. 만약 당신이 질투하기 쉬운 특성을 가지고 있다면 다음과 같은 종류의 불편한 생각들을 많이 하게 될 것이다. 파트너의 옛 애 인에 대한 생각, 파트너가 누군가와 시시덕거리는 생각, 혹은 파트 너가 당신을 속이고 바람을 피우는 생각 등등. 이러한 생각들을 알 아차리게 될 때 당신은 금방 걱정을 하게 된다. 마치 여러분 마음이 '다른 것은 다 제쳐두고 이 생각들에만 집중해야지.'라고 말하는 것처 럼 말이다.

　이 생각을 **침습적 사고**라고 하는데, 이것은 당신이 원하지 않는 부정적인 생각이 자꾸 마음속에 떠오르는 것을 말한다. 질투 생각 에 대한 당신만의 전략을 활성화시킨다. 그 전략은 무엇일까? 그것 은 중립적인 생각을 주요한 삶의 사건으로 바꾸는 일련의 과정이 다. 다음은 침습적 사고에 대해 당신이 생각하는 것들이다.

　1. '그 생각은 중요하다.'
　2. '그런 생각에 주의를 기울여야 한다.'
　3. '그 생각이 특히 눈에 띄는데, 이건 무슨 일이 일어나고 있다 는 의미다.'
　4. '이런 생각이 든다는 것은 파트너를 믿을 수 없다는 의미다.'
　5. '그 생각은 내가 무슨 일이 일어날지 예측하는 데 도움이 될 수 있다.'
　6. '그 생각은 내가 놀라지 않도록 도와줄 수 있다.'
　7. '나는 스스로에 대해 책임이 있으며, 상황을 확인하고 실제 무 슨 일이 일어나고 있는지 알아낼 책임이 있다.'

　　순서대로 하나씩 살펴보자. 하루 종일 당신이 가지고 있는 수천 가지 생각과 이미지들을 시작으로 갑자기 특정 생각을 다른 생각보다 더 중요하게 다루게 된다. 질투 생각이 중요해지기 시작하는데, 단순히 떠오른 그 생각이 당신에게는 매우 중요하다. 당신은 그 생각을 옆으로 치우지 않는다. 다른 생각처럼 '어리석은 짓이야.' 혹은 '그건 단지 생각일 뿐이야.'라고 말하지 않는다. 대신 '그건 중요해.'라고 말한다. 그것이 중요하기 때문에 당신은 이런 생각에 주의를 기울일 필요가 있다고 느낀다. 그래서 당신은 질투 생각에 집중하기 시작하고, 물론 당신이 찾고 있던 것을 결국 찾게 된다.

　　질투 생각을 하는 이유는 스스로에게 '내가 질투에 대해 생각하고 있는 것인가?'라고 묻고 있기 때문이다. 이에 대한 질문을 하는 당신은 질투 생각을 가지고 있음에 틀림없다는 것을 의미한다. 그래서 당신의 마음은 당신이 계속해서 발견하게 되는 질투 생각을 찾기 시작한다. 다른 생각은 간과되고 버려지고 무시된다. 당신은 불안한 마음으로 수색을 하고 있다. 그럴수록 더 많은 질투를 찾고 있다는 것을 알게 된다.

　　이제 당신은 당신의 마음에서 질투하는 생각을 찾고 있고 그것을 계속해서 찾아내고 있기 때문에 당신은 그 생각의 발생이 진짜 일이 진행되고 있다는 것을 의미한다고 결론을 내린다. 그 생각은 무심코 떠오른 생각이 아니다. 그것은 단지 머릿속에 소음이 아니다. 당신은 그것을 경고 신호, 즉 당신에게 뭔가를 말해 주려는 경보로 보는 것이다. 이 시점에서, 어떤 생각을 한다는 것은 당신의 파트너를 더 이상 신뢰할 수 없다는 것을 의미한다고 생각하기 시작한다. '내 파트너가 주위를 두리번거릴 가능성이 있지. 그리고 그녀도 아마 그럴 수 있을 것이고. 난 그녀를 신뢰하기 힘들어.' 당신은 이러한 생각을 **불신의 증거**로 생각한다. 그것은 마치 범죄 혐의로 기소되는 것과 같다. 그리고 검사는 "누군가는 당신이 범죄자라고 생각했습니다. 그게 바로 증거입니다."라고 말한다. 판사는 판사석에 놓인 판사봉을 두드리며 "혐의대로 유죄입니다."라고 우렁차게 판결을 내린다.

따라서 당신은 이러한 생각을 자기 보호라고 생각하기 시작한다. 그것은 당신을 돕고, 배신 가능성을 경고하고, 의심하고 있던 실마리가 풀릴 가능성을 경고한다. 이것은 조기 경보 시스템처럼 작동한다. 그 생각은 미사일이 공격하기 전에 발사되는 것을 볼 수 있도록 도와준다. 이러한 생각은 당신의 보호책이다. 당신은 놀라지도, 상처를 입지도, 굴욕을 당하지도 않을 것이다. 따라서 경계를 늦추고 싶지는 않고 경보 시스템을 끄고 싶지도 않다.

이 모든 경고 생각이 들리고 이제 실제로 무슨 일이 일어나고 있는지 알아내야 한다. 미사일이 발사되었는가? 파트너가 거짓말을 하고 있는가? 무슨 일이 일어나고 있는가? "오, 그건 단지 생각일 뿐이고 나는 그 생각을 무시할 수 있습니다."라고 말하지 않는다. 이 시점에서 당신은 "내가 뭔가 해야 할 일이 있다는 생각입니다."라고 말한다. 따라서 증거를 찾기 시작한다. 그런데 이것은 편향된 방법이다. 당신은 생각을 확인하기 위한 단서를 찾고 있다. 당신의 파트너가 흥미를 잃고 있다는 작은 징후들, 그녀가 사람들에게 유혹하는 듯한 행동을 하고 있다는 것, 다른 사람들이 그녀에게 관심을 가지고 있다는 것을 확인할 수 있는 단서를 찾고 있다. 당신은 증거를 찾기 위해 당신이 **상상**하고 있는 것을 들여다본다. "내가 그것을 상상할 수 있다면 그것은 사실일 것입니다." 따라서 파트너가 누군가에게 말하고, 유혹하고, 스킨쉽을 하는 상상이나 이미지가 떠오르는 것은 바로 파트너가 유죄라는 증거라고 생각하게 된다.

침습적 사고 평가하기

당신은 당신의 침습적 질투 생각을 평가했고, 그 생각이 중요하고 개인적으로 관련이 있으며 일어날 일에 대한 예측 지표임을 알아냈다. 하지만 잠시 멈춰서 생각해 보자. 당신의 생각에 대해 생각해 보자. 평가가 오해의 소지가 있을 수 있다. 이러한 생각을 보는 다른 방법이 있을 수 있다. 그들에게 빠져서, 그들이 당신을 오해하게 하고, 질투의 토끼 굴로 데려갈 필요는 없을 수도 있다.

질투심에 대한 평가를 평가해 보자. 그것들을 다시 본 다음 사물을 보는 다른 방법과 비교해 보라. 당신은 단순히 발생하는 질투 생각을 중요한 사건으로 취급하고 있다. 생각이 단순히 **생각**이라면 어떨까?

'그 생각이 중요하다.'

반드시 그런 것은 아니다. 아마도 그 생각은 단순히 당신의 뇌에서 무작위로 발사되는 것이다. 아마도 오래된 사고 습관일 수 있다. 단순히 생각을 하는 것만으로 그 생각이 중요하다는 것은 아니다. 단지 생각일 뿐이다.

'그런 생각에 주의를 기울여야 한다.'

단순히 생각이 난다고 해서 많은 주의를 기울일 필요는 없다. 당신은 단순히 그것을 알아차리고 그런 다음 그냥 흘러가도록 내버려 둘 수 있다. 그것에 대해 생각할 필요가 없다. 당신은 매일 생각하지 않는 수천 개의 생각을 가지고 있다. 특정 생각을 버리면 삶을 살아가는 데 도움이 될 수 있다.

'그 생각이 특히 눈에 띄는데, 이건 무슨 일이 일어나고 있다는 의미다.'

당신은 이러한 질투에 대한 생각을 셀 수 없이 많이 해 왔고 그들 중 많은 것들은 거짓 경보였다. 생각은 지표가 아니다. 온도계가 아니다. 그저 생각일 뿐이다. 생각이 항상 무슨 일이 일어나고 있는지와 연결되어 있는 것은 아니다.

'이런 생각이 든다는 것은 파트너를 믿을 수 없다는 의미다.'

당신의 파트너가 부정 행위를 하든 아니든, 그것은 당신의 생각이 아니라 그의 행동에 기반을 두어야 한다. 나중에 증거를 검토해 볼 수 있지만 단순히 생각만으로 누군가를 신뢰할 수 없다고 결론을 내리는 것은 의미가 없다. 법정을 상상해 보라. 의심스러운 생각을 하는 것만으로 충분한 증거가 될 수 있는가?

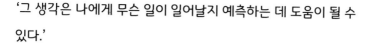
'그 생각은 나에게 무슨 일이 일어날지 예측하는 데 도움이 될 수 있다.'

몇 번이나 의심하고 질투에 대한 생각을 했었는지, 그리고 그것이 몇 번이나 틀렸는지 스스로에게 물어볼 수 있다. 현실을 예측하는 것은 생각에 기반하지 않고 사실을 확인해 보는 것이다. 과거에 당신의 예측이 틀렸던 증거를 찾아 보라.

'그 생각은 내가 놀라지 않도록 도와줄 수 있다.'

당신의 파트너가 당신을 배신하게 되더라도 배신 당할 것에 대해 계속 예측하는 것은 당신에게 도움이 되지 않는다. 질투심에 집중하는 것은 당신을 화나고 슬프고 불안하게 만들 뿐이고 비참한 기분에 계속 빠져들게 만든다. 실제로 배신을 당하게 된다면 이러한 생각을 했든 안했든 속상할 것이다.

'나는 상황을 확인하고 실제로 무슨 일이 일어나고 있는지 알아낼 책임이 있다.'

뭔가 나쁜 일이 일어나고 있다는 압도적인 증거가 있다면 당신은 그것을 확인해야 한다. 하지만 단순히 부정적인 생각을 한다는 것만으로 당신이 형사가 될 필요는 없다. 그것은 당신을 더 불행하게 만들고 당신의 관계에서 더 많은 갈등을 초래할 것이다.

다음 표는 문제가 되거나 도움이 되는 질투 생각을 대조하여 보여 준다. 참고하길 바란다.

문제가 되는 생각: "파트너가 바람을 필 수 있어."	도움이 되는 생각 "파트너가 바람을 필 수 있어"
'이 생각에 집중해야만 해.'	'이 생각을 받아들이고 내 삶과 같이 가야지.'
'이 생각은 나에게 매우 중요해.'	'이 생각은 단지 배경 소음일 뿐이야.'
'지금 뭔가 해야 해.'	'행동을 취할 필요는 없어.'
'답을 찾아야만 해.'	'그 생각은 그저 텔레마케팅 전화 같은 거지. 전혀 신경 쓸 이유가 없어.'
'내가 이런 생각을 하는 이유가 있을 거야.'	'단지 생각일 뿐이야.'
'내가 이런 생각을 한다면 뭔가 일어나고 있다는 거지.'	'다른 많은 것도 같이 생각해 볼 여지가 있어.'

질투 생각을 해야 하는가

우리는 매일 떠오르는 수천 개의 생각과 이미지를 가지고 있다. 대부분은 바람처럼 지나가는 덧없는 이미지와 아이디어이기 때문에 알아차리지 못한 채 흘려보내고 있다. 그러나 '내 파트너가 나에 대한 흥미를 잃고 그녀와 어울릴 수 있어.' 또는 '전 남자친구를 나보다 더 섹시하다고 생각하는지 궁금해.'와 같은 질투 생각에 우리는 집착한다. 우리는 많은 시간을 이러한 생각과 함께 보내고, 관여하고, 얽혀, 그 생각에 갇혀 있다고 느낄 수도 있다.

다니엘은 질투가 자신의 마음을 사로잡았다고 느꼈다. 그는 이러한 생각에서 벗어날 수 없었고. 마치 누군가와 비행기 안에서 대화를 나누고 있는 것처럼 어딘가에 갇혀 있는 느낌을 받았다. 그는 그 자리를 박차고 일어나 나가지 못했고, 비행기 안의 대화는 몇 시간 동안 계속되었다.

자, 이제 이러한 생각에 많은 시간을 할애하여 몰입하고 걱정하고 반추하는 것에 대해 어떻게 대처할 수 있는지 살펴보겠다.

생산적인 생각 vs. 비생산적인 생각

나는 생산적인 걱정과 비생산적인 걱정을 구별하고 있다. 예를 들어, 생산적인 걱정은 내가 오늘 어떤 조치를 취할 수 있는 것이다. 그것은 할 일 목록에 있다. 이 문제에 대한 해결책으로 실질적인 발전이 가능한 일을 오늘 할 수 있다면 그것은 생산적인 걱정이다. 예를 들어, 생산적인 걱정은 '여행을 가려고 하는데 항공 예약이 모두 찼을까?'일 수 있다. 5분 안에 확인과 답변이 가능한 것이다. 예약좌석이 남아 있다면 오늘 그 예약을 할 수 있다. 그건 내 오늘의 할 일 목록이 되는 것이다. 할 일이 있기 때문에 생산적이다.

비생산적인 걱정은 '내가 연설을 할 때 사람들이 지루하다고 생각할까?'와 같은 것이다. 그 문제를 해결하기 위해 오늘 내가 할 수 있는 일은 많지 않다. 아무리 준비를 해도 사람들이 내 이야기를 흥미롭게 느낄 것이라고 장담할 수 없다. 그런 생각은 비생산적이다.

질투 생각이 생산적인지 비생산적인지 스스로에게 물어보라. 당신의 파트너가 직장에서 누군가를 유혹하고 있다고 생각한다면, 그 문제를 해결하기 위해 오늘 할 수 있는 일이 정말로 있는가? 그렇지 않다면 비생산적이다.

비생산적인 방식으로 질투하며 걱정하는 것의 문제는 무엇일까? 파트너에 대해 끝없는 걱정을 할 때 어떤 기분이 드는지 스스로에게 물어보라. 불안하고, 슬프고, 화나고, 무기력하다는 느낌을 받았는가? 이것이 바로 이 일에 많은 시간을 보내는 비용이다. 그것은 당신을 비참하게 만든다. 이러한 생각에 머무르는 것이 생산적인 행동으로 이어지지는 않기 때문에 시간을 낭비하고 비참하게 만드는 일을 하고 있다. 이것을 깨달았다면 당신은 이제 무엇을 할 수 있는가? 그러한 생각을 받아들이는 것으로 시작할 수 있다. 하지만 어떻게 그걸 할 수 있는가?

질투 생각 수용하기

질투에 관한 생각이 들기 시작하면 증거를 쫓고, 질문하고, 단서를 찾는다는 것을 알아차렸을 것이다. 마치 질투에 관한 생각이 반갑지 않은 손님으로 나타나 당신에게 주문을 해대는 것과 같다. '가서 한번 알아내 봐!' '정말 무슨 일이 일어나고 있는 걸까?' '누구와 이야기를 나누고 있잖아.' '여전히 나에게 관심도 있고 매력을 느낄까?' 당신은 그 생각을 받아들이고 있는 그대로 놔두는 것이 아니다. 당신이 그것에 관여하고, 알아내려고 하고, 그 생각에 굴복하고 있는 것이다.

이 문제를 해결할 수 있는 한 가지 방법은 질투 생각을 한 사람의 방문자라고 생각하는 것이다. 휴일에 저녁식사를 하고 있다고 상상해 보자. 휴일 저녁식사 때마다 괴짜 이모나 삼촌이 나타나고 있는 것이다. 정치에 대한 그들의 견해가 약간 극단적으로 들리기도 하고, 해변 여행에 대해 너무 오랫동안 이야기할 수도 있다. 그리고 당신이 똑똑하다면 그들과 논쟁하는 것은 무의미하다는 것을 배웠기 때문에 그저 지루할 뿐이다. 이제 여러 번의 휴일 저녁식사 시간을 가지며 구분하여 생각하는 법을 배웠다. "음, 제이 삼촌이 다시 시작하는군. 여기 앉아서 들어보자구." 제이 삼촌의 관찰자로 있으면서 그를 지켜보며 있는 그대로를 수용해 보라. 그의 농담은 당신과 관련이 없으며, 그가 말하는 것은 중요하지 않다. 결국 그것은 단지 말일 뿐이다.

그러니 질투심이 찾아오면 그저 손님으로 생각해 보라. 손님이 나타나 많은 말을 하지만 그들이 말하는 것은 중요하지 않다. 그저 잠시 동안 그 생각을 받아들여라. 그들에게 말하게 하라. 그들이 무해하다는 것을 인식하라. 뒤로 물러 앉아서 관찰하고, 그냥 그대로 내버려 둬 보라.

> 켄은 파티에 있었고, 그의 여자친구는 매우 친절해 보이는 잘생긴 청년과 이야기하고 있었다. 켄은 자신이 질투심을 느끼고 있다는 것을 알게 되었다. '그녀는 그가 매력적이라고 생각할지도 모르지.' '그가 그녀를 유혹하고 있는 것 같아.' 그는 뒤로 물러나 이러한 생각을 받아들이기로 결정했다. 그의 매력적인 여자친구가 누군가와 이야기할 때면 이러한 생각이 자연스럽게 떠올랐다는 것을 깨달았다. 그는 이 생각들을 받아들였고 아무것도 하지 않기로 결정했다. 그는 그녀와 이야기를 하러 가지 않았고, 그녀의 대화를 중단하지 않았다. 그는 '지금 질투심이 생기는 것 같다.'고 생각하며 질투심을 받아들였다. 그런 다음 그는 질투심을 마

음 언저리에 그대로 놔둔 채 친구들에게 가서 이야기를 시작했고. 그들의 이야기를 들었다. 그리고 그는 아무것도 하지 않기로 결정했다. 그 결과. 그는 결국 불안감을 덜 느꼈다.

질투심이 단지 생각이라면 어떨까

질투는 그 자체의 마음을 가지고 있다고 말한 적이 있다. 말하자면, 타인과 우리 스스로에 대한 핵심 신념의 패턴, 다른 사람이 우리와 관계하면서 어떻게 행동하고 느끼는지에 대한 규칙 책자, 그리고 분노, 불안, 절망의 어두운 길로 우리를 이끄는 사고 편향(마음 읽기, 개인화하기, 예언하기 등)이 바로 그것이다. 그러나 그러한 생각이 떠올랐다고 해서 반드시 우리가 거기에 사로잡힐 필요는 없다. 결국 생각은 생각이지 않는가? 생각이 현실인가? 우리가 생각하고 있다는 것은 사실이다. 그러나 생각은 우리 머리 밖의 현실을 반영하지 않을 수 있다. 생각의 본질을 인식하는 데 도움이 되는 세 가지 방법이 여기에 있다.

생각이 정말 진짜일까

눈을 감으라. 개의 얼굴을 상상해 보라. 골든 리트리버이든 푸들이든 어떤 개든 떠오르는 대로 상상해 보라. 그 강아지의 얼굴을 선명하게 그려 보라. 주의깊게 보라. 당신의 마음속에 형상이 생생하게 떠오르면 2분 동안 그대로 유지하라.

이제 눈을 떠라. 눈을 감았을 때 기분이 어땠는가? 개의 얼굴이 당신에게 어떤 것을 생각나게 했는가? 어떤 느낌이 들었나? 당신이 아는 개였는가? 방금 이 작업을 했을 때 나는 우리 집에 있는 제인의 이미지가 있었다. 제인은 멋진 개였다. 3년 전 제인이 죽었을 때 슬펐다. 우리는 제인을 사랑했다. 내 감정은 진짜였다. 그래도 내가 눈을 떴을 때 제인은 여기에 없었다.

단순히 생각이나 이미지를 떠올리는 것만으로도 그것이 실제처럼 느껴져서 우리는 불안하고 슬프고 행복하고 편안한 감정을 느끼게 된다. 그러나 그것이 항상 실재 존재하는, 우리 머리 밖에서 일어나는 일을 말해 주는 것은 아니다. 질투심이 생길 때도 마찬가지다. '아마도 그가 누군가를 유혹하고 있을지도 모른다.'는 생각이 우리 마음속에 떠오르고, 우리는 그 생각을 무언가가 일어나고 있거나 일어날 것임을 말해 주는 것이고, 그래서 그것이 중요하다고 생각한다. 마치 생각과 현실이 하나인 것처럼 말이다. 생각이 있으면 거기에 현실도 분명 존재한다고 생각한다. 이것은 **생각과 행동의 융합**이다.

그러나 그것들은 하나가 아니며 동일한 것이 아니다. 내가 눈을 떴을 때 제인은 여기 앉아 있지 않았다. 그렇다면 생각은 무엇일까?

생각은 텔레마케팅과 같다

나처럼 당신도 안타깝게, 수화기를 들고 설문 조사나 무언가를 팔려고 하는 사람의 목소리만 들었는가? 전화기에서 들려오는 사람은 당신이 아는 사람이 아니다. 들어 본 적도 없는 회사다. 그저 텔레마케팅 전화일 뿐이다.[41] 이 전화는 성가시지만 계속 올 것이다.

텔레마케터가 전화하면 뭐라고 하는가? 그들과 이야기할 의무가 있다고 느끼는가? 아주 예의 바르면 그럴 수도 있지만, 시간도 없고 관심이 없을 수도 있다. 나는 "전화 목록에서 내 이름을 빼 주세요."라고 말하고는 끊는다.

당신의 침습적인 질투에 대한 생각을 텔레마케팅 전화로 볼 수 있다. '오, 질투에 대한 텔레마케팅 전화네. 그냥 받지 말아야지. 대답할 필요가 없어. 전화한 사람이 결국 포기하겠지 뭐. 더 중요한 일이나 해야지.' 머릿속에서 무언가 울린다고 반드시 그것을 집어야 한다는 의미는 아니다. 그냥 벨이 울리도록 놔두라.

생각은 기차역의 기차와 같다

생각에 대해 고려해 보는 또 다른 도움이 되는 방법은 그 생각을 기차역에서 오고 가는 기차로 상상하는 것이다.[42] 당신은 피스타운으로 향하는 기차를 찾고 있다. 그 순간에 볼 수 있는 다른 모든 기차는 불안 마을, 불신감 읍, 분노 도시 등 다른 곳으로 가는 기차다. 그것들은 평화마을로 가는 기차처럼 보이지만 다른 곳으로 향해 가는 기차다. 잘못된 기차를 타게 되면 길을 잃고 다시 돌아오려고 하는 시간이 엄청 많이 들게 된다. 그러니 조심스럽게 봐야 한다. 질투 생각에 뛰어 드는 것은 잘못된 기차를 타는 것과 같을 수 있기 때문이다. 그것을 관찰하고, 보고, 그것에 올라타지 않도록 잘 선택해야 한다.

나는 기차가 지나가는 모습을 보는 것이 매력적이라고 생각한다.

나는 그 기차들이 어디로 가고 있는지, 그 여정은 어떨지, 그리고 승객이 시골길을 지나갈 때 무엇을 보고 있는지를 상상하는 것을 좋아한다. 당신의 질투심은 기차가 지나갈 때 그 기차 안에 있을 수 있다. 그들이 어디로 가는지 누가 알겠는가? 기차는 긴 여정을 향해 가고 있다. 당신은 그 기차를 타지 않기로 결정했다. 호루라기 소리가 들리고 그것은 지평선 너머로 사라진다. 당신은 이 특별한 기차가 당신 없이 계속 운행될 수 있다고 단순히 결정했을 뿐이다.

질투심으로 보내는 시간은 한편에 제쳐 두기

당신은 질투심에 대해 여러 가지의 느낌을 가질 수 있다.[43] 당신은 한편으로 이러한 생각들이 도움이 될 것이라고 믿는다. 당신은 무슨 일이 일어나고 있는지 알아내어 경고를 할 수도 있고, 스스로를 보호할 수도 있다. 하지만 이러한 질투심은 통제할 수 없는 것이고 다른 것에 집중할 수 없게 만들며 완전히 없애 버려야 한다고 생각할 수도 있다. 따라서 당신은 질투에 대한 긍정적인 견해와 부정적인 견해를 모두 가지게 된다. '질투심은 나를 보호하기 위해 필요한 것이고, 그렇지만 그것들은 없어져야 한다.' 그것들을 없애려고 노력하며 스스로에게 이렇게 말할 것이다. '그만 생각해.' 하지만 생각은 다시 튀어 나오고 때로 더 강력해진다. '질투심을 의식상에서 완전히 억제할 수 없다면 나는 그들을 당해 낼 수 없을 거야.'라는 생각 때문에 당신은 또 걱정하게 될 것이다.

질투에 대처하는 한 가지 기술은 질투 시간을 따로 정해 놓는 것이다. 매일 특정 시간에 질투와 약속을 잡을 수 있다. 달력에 메모해 놓는 약속이다. 아침, 오후, 저녁, 심지어 한밤중에도 질투심으로 많은 시간을 보내는 대신 매일 20분씩 질투심에 시간을 할애할 수 있다. 예를 들어, 오후 3시에 매일 질투 생각을 처리하는 데 시간을 할애하는 것이다. 그리고 언제든 생각이 떠오르면 '오후 3시까지 미루자.'라고 스스로에게 말할 수 있다. 종이에 쓰거나 스마트폰에 저장할 수 있다. 그렇게 하면 이러한 생각을 잊지 않을 것이다. 오후 3시에 질투심에 대한 생각을 하게 될 것이다. 많은 사람들은 질투심에 대한 생각을 늦출 수 없을 것이라고 생각한다. "나는 통제할 수 없어요."라고 그들은 말한다. 그러나 대부분의 경우 우리는 나중까지 그것을 연기할 수 있다. 질투심에 대한 시간을 따로 떼어 놓으면 어떻게 되는가?

- 질투심에 순종하여 그것에 즉각 반응할 필요가 없다는 것을 알게 된다. 당신은 한동안 자유롭다.
- 질투의 시간이 다가오면 당신은 같은 생각을 계속 반복하고 있다는 것을 깨닫게 될 것이다. 따라서 앞으로는 계속해서 반복할 이유가 없다. 지금 막 질투심에 대한 생각이 났고, 좋다. 이제 새로운 다른 생각으로 넘어갈 수 있다.
- 질투의 시간이 다가오면 생각이 그다지 괴롭지 않다는 것을 알게 될 것이고 이걸 깨닫는 게 중요한데, 왜냐하면 생각의 힘이 저절로 소멸될 때 그 생각을 하게 되면 그 생각이 그다지 중요할 필요가 없다는 것을 알 수 있기 때문이다. 생각과 감정은 시간이 지남에 따라 변한다. 종종 매우 짧은 시간 안에 변한다.

그렇다면 질투심을 느끼는 동안 무엇을 할 수 있을까? 다음은 반복되는 질투심에 시달릴 때 사용할 수 있는 간단한 책략이다. 언제든지 사용할 수 있지만 특히 할당된 질투 시간에 사용하는 것이 유용하다.

당신의 생각에 점점 지루해진다

한때 당신을 괴롭혔던 것들에 결국 흥미를 잃는다는 것을 알아차렸는가? 전직 상사가 당신에게 불쾌한 말을 했거나 누군가가 당신을 저녁 파티에 초대하지 않았다는 사실에 흥미를 잃거나 잊게 되었을 수 있다. 한때 당신은 정말 화가 났다. 화가 났고, 분출했고, 세상의 끝이 가까워졌다고 생각했다. 그러나 이제 그 주제는 당신에게 지루할 뿐이다. 당신은 이제 그 주제에 **무관심한** 상태에 도달했다. 더 이상 신경 쓰지 않게 되었다.

우리가 좋아하는 영화를 500번 상영해 주었다고 상상해 보라. 아마도 두 번째 또는 세 번째 상영까지는 즐겼을 것이다. 두 번 모두 새로운 것을 보았을 수도 있다. 하지만 잠시 후에는 지루해지기 시작했다. 주의를 집중할 수 없었고 영화를 다시 본다는 생각만 해도 당신을 불안하게 만든다. 다시 앉아 있기는 힘들 거라고 생각하고 지루해지고, 심지어 잠에 **빠져** 든다. 대화가 점점 공허해진다. 당신의 관심을 끄는 것은 이제 없다. 팝콘조차도 맛이 없어진다.

나는 수년 동안 **지루함 기법**[44]이라고 부르는 것을 사용해 왔는데, 매우 간단하다.

1. 당신의 질투심 중 하나를 취하라. 다음의 생각을 말해 보라. "내 아내는 결국 나를 속일 수 있다."

2. 약 15분 동안 그 생각을 아주 천천히 500번 반복하라. 처음 25번을 자신에게 말하다 보면 불안감이 이전보다 더 높아질 수 있다. 그 불안감과 함께 그대로 있으라.

3. 다른 곳에 주의를 돌리지 말고 단어에만 집중하라.

4. 생각을 아주 아주 천천히 반복하라. 마치 수면제를 먹은 좀비처럼, "내 아내는 결국 나를 속일 수 있다."

5. '내 아내' '내 남편' 또는 '속일 수 있다'라는 각 단어에 집중하라. 모든 글자에 감정을 섞지 않고 낮고 진지한 어조로 읊조리듯 말해 보라.

6. 원한다면 조용히 할 수 있다.

7. 당신이 나의 거의 모든 내담자와 같다면 결국 그 생각이 지루해지는 것을 알게 될 것이다. 당신은 그것에 더 이상 마음을 쏟을 수 없다. 이것이 내가 **지루함의 돌파구**라고 부르는 것이다.

이것은 **습관화**라는 심리학의 매우 기본적인 원리에 기반한 간단한 기술이다. 습관화는 단순히 당신이 하고 있는 질투심에 대한 생각처럼 같은 자극에 반복적으로 노출될 경우 반응을 이끌어 내는 정도가 줄어든다는 의미다. 두려운 자극에 당신을 집중적으로 노출하기 때문에 이를 **홍수법**이라고도 한다. 엘리베이터를 타는 것이 두렵다면 나와 함께 엘리베이터를 25번 타 보자고 제안할 것이다. 처음 몇 번은 당연히 매우 두렵게 느낄 수 있다. 심지어 겁이 날 수도 있다. 10번 후에는 당신의 두려움이 사라질 것이다. 20번이 지나면 당신은 지루해할 것이다. 지금 당장 두려움이 가라앉지는 않더라도 앞으로는 두려움이 점점 줄어들 것이다. 당신의 두려움에 기꺼이 직면하는 것, 하기 힘들다고 느끼는 일을 계속해서 기꺼이 해 보는 것은 미래에 느낄 두려움을 점점 감소시키게 될 것이다.

질투심에서는 어떻게 작용할까? 질투 생각을 할 때마다 무슨 일이 일어나고 있는지 알아내고, 절대적인 확신을 가질 때까지 미래에 대해 걱정하거나, 확신을 얻기 위해 뭔가를 해야 한다고 생각했다. 이제 당신은 지루함 기술을 가지게 되었고, 더 이상 그것에 대해 어떤 것을 하려고 하기보다는 두려운 생각을 의도적으로 하면서 연습을 해 나가면 된다. 정보를 얻어 그 생각을 무력화하는 것도 아니고 그것을 통제하려고 하는 것도 아니다. 지루해질 때까지 생각을 반갑게 받아들이고, 연습하고, 반복해 보자는 것이다.

켄은 매일 아침에 한 번. 밤에 한 번. 15분 동안 지루함 기법을 연습했다. 처음 몇 분 동안 그 생각을 되풀이하자 그는 더 불안했지만 잠시 후 불안감이 줄어들었다. 이 책에 있는 많은 기술을 두 달간 사용한 후에 나는 그에게 어떤 것이 가장 도움이 되는지 물어보았다. 그는 이렇게 말했다. "지루함 기술이었어요. 나는 할 수 있다는 것을 알고 있고. 그 생각이 나를 덜 괴롭힐 것이라는 것을 알고 있으며. 그 생각을 두려워할 필요가 없다는 것을 알고 있습니다. 정말 아무것도 할 필요가 없어요. 단어를 반복하는 것 외에는요."

생각을 배경 소음으로 처리하여 듣기

우리 모두는 배경 소음을 자동으로 무시할 수 있는 능력이 있다. 모든 세세한 자극에 다 주의를 기울이게 되면 우리는 제 기능을 발휘할 수가 없다. 파트너와 함께 식당에 있을 때 식당의 모든 소리가 동시에 들린다면, 가령 웨이터가 접시를 두드리는 소리, 바닥을 가로 지르는 사람들의 발자국 소리, 배경 음악, 주변에 있는 20명 정도의 사람들 사이에서 오가는 대화 내용, 테이블 위에 놓인 포크 소리, 그리고 당신이 먹는 소리까지 다 들린다면, 당신은 아마 미칠 것 같다고 느낄 것이다. 그래서 우리의 마음은 관련 없는 소음을 걸러 내고 우리가 집중하고 싶은 것에 집중하도록 하는 게이팅(개폐) **시스템**을 가지고 있다. 이 시스템은 우리가 산만해지는 것을 방지한다.

어떤 사람들은 외부의 소리, 광경 및 냄새가 다 그들의 주의를 끌기 때문에 주의가 산만해지는 어려움을 겪는다. 당신은 질투에 대한 생각이 매우 중요하다고 결정했기 때문에 그 생각으로 주의가 산만해질 수 있다. 당신은 질투심에 주의를 기울일 필요가 있다고 판단했고, 그들은 위험에 대해 경고했고, 만약 당신이 그것을 무시하면 결국 당황하거나 배신당하고 망연자실하게 될 일이 생길 것이다. 그러나 대부분의 시간 동안은, 특히 잠을 잘 때는 이러한 생각을 하지 않는다. 경계를 늦추고, 질투심에 집중하지 않으며, 잠시 동안 일을 하며 시간을 보내고 있다. 왜 그동안에는 세상이 무너지지 않았을까?

또 다른 질투심을 느낄 때 스스로에게 이렇게 말하는 것이 도움이 될 것이다. '그것은 배경 소음이다. 신경 쓸 일이 아니다.' 그리고 그대로 놔두라. 배경 소음에 대해 더 알고 싶다면 이 실험을 시도해 보라.

1. 잠시 멈추고 눈을 감으라.
2. 주변에 뭐가 있는지 들어 보라.
3. 무슨 소리가 들리는가? 아마도 에어컨이나 공기가 순환되는 소리일 것이다. 당신의 숨소리, 바깥에서 나는 차 소리, 다른 방에서 나는 발자국 소리 등.
4. 평상시 알아차리기 힘든 소리를 알아차리려고 노력해 보라. 이 소리는 항상 존재하지만 배경 소음으로 처리했던 것이다.
5. 그 소리를 받아들이고, 그냥 내버려 두고, 그것에 갇히지 않는다. 당신은 그것이 오가도록 그냥 내버려 둔다. 몇 미터 떨어진 지점에서 속삭이는 소리든, 경찰 사이렌 소리든, 그 소리는 알아차리지 못할 정도로 그냥 지나간다.

질투심을 배경 소음으로 취급한다면 어떨까? 그저 또 다른 소리, 또 다른 바람, 그리고 한순간에 왔다 사라지는 순간들. 또 다른 하찮고 중요하지 않은 순간. 또 다른 잊을 수 있는 경험. 당신은 질투심을 없애려는 것이 아니다. 당신은 그것들을 막으려는 것이 아니다. 당신은 단지 그것들을 배경에 두고 있는 것이다.

여러분은 긍정적인 목표에 집중할 수 있으며, 질투심을 배경으로 둘 수 있다. 긍정적인 목표에 집중하는 것이 중요하므로 매일 자신을 위한 긍정적인 목표를 설정하라. 이것은 운동하기, 건강에 좋은 음식 먹기, 파트너에게 보상 주기와 지지하기, 자녀와 함께 놀기, 제 시간에 작업 프로젝트 완료하기 등이 포함될 수 있다. 긍정적인 목표는 자신의 가치를 나타내고 원하는 삶으로 발전시킬 수 있다.

질투 생각을 위한 공간 만들기

당신은 질투 생각에 시달리며 결코 벗어날 수 없다고 느낀다. 그것은 당신의 마음을 침범하고 당신의 의식을 차지하고 당신이 일상을 바라보는 카메라 렌즈처럼 느껴진다. 당신은 이러한 생각을 그만두라고 스스로에게 말하려고 노력했고, 이것을 극복해야 한다고 스스로에게 말했지만 아무런 효과도 없는 것 같다. 그것들은 아직 거기에 있다. 당신은 친구, 당신이 신뢰하고 존경하는 사람에게 이렇게 말한다. "이런 생각을 어떻게 멈출 수 있겠어?" 친구는 당신을 위로하려고 "그냥 그만하라고 말해."라고 한다. 수백 번 시도했지만 몇 분 이상은 효과가 없는 것 같아 더 우울하고 불안해진다.

다른 것을 시도해 보라. 당신의 질투 생각을 위한 공간을 만들어 보자. 당신의 마음이 거대한 방이라고 상상해 보라. 당신이 무엇에 집중하고 무엇을 하느냐에 따라 하루가 다르게 변화하여 점점 커지거나 작아지는 방이다. 이제 당신의 질투 생각이 이 넓은 방에 있다고 상상해 보라. 여러분은 이 생각들을 위한 공간을 만들어 나갈 것이다.

이러한 생각을 병에 넣을 수 있다고 생각해 보라. 그 병을 선반에 올려놓아라. 가끔은 그것을 내려놓고, 돌려 보고, 열어 보고, 맛보고, 몇 분 동안 생각한 다음, 그러고 나서 그 병을 선반에 올려놓아라. 병은 항상 거기에 있다. 당신은 병을 보관하고 있다. 그러나 방에는 많은 것들이 있고 방 밖에도 많은 것들이 있다. 질투심의 병은 단 하나다. 지금은 일단 거기에 있어 보라.

유통기한을 가지고 수년 동안 음식 저장고에 있는 캔과 병처럼 질투심의 병 또한 유통기한이 있다. 유효 기간이 얼마인지는 모르지만 어느 순간에는 신경 쓰지 않을 것이라고 말할 수 있다. 언젠가는 '내가 이걸 버릴 수 있을 것 같아.'라고 생각할 것이다. 그리고 언젠가는 저절로 사라질지도 모른다.

상황 역전시키기: 파트너가 당신을 질투한다면

강력한 기법으로 파트너가 당신을 질투한다고 상상하는 것이 있다. **상황 역전시키기** 기술은 파트너가 의심스러운 눈으로 당신의 모든 행동을 보고 있다면 어떨지 상상해 보는 것이다.

제이콥은 아내가 누군가와 바람을 피우고 있을지도 모른다는 생각에 질투가 났다. 그는 그녀가 상사와 열애 중일까 봐 걱정했다. 그는 그녀가 직장에 있을 때 그가 알지 못하는 그녀의 행동에 집중했다. 그는 아내 역시 같은 이유로 자신에게 질투할 수 있다는 가능성에 대해 상상을 했다. 우리는 역할극을 시도했는데, 나는 그의 아내인 척하면서 그가 다른 여성과의 관계를 원하고 있고 유혹적인 행동을 하며 과거에 그가 가졌던 성관계에 대해 비난을 했다. 이것으로 제이콥은 누구나 사건을 만들 수 있음을 깨달았다. 그리고 그는 질투에 웃게 되었다.

당신의 파트너가 당신에 대해 질투심을 느낄 만한 사건을 만들 수 있고 당신이 그것에 대해 아무것도 할 수 없다는 것을 알게 된다면, 그 누구도 질투의 대상이 될 수 있다는 것을 깨닫는 데 도움이 될 것이다. 누구나 의심을 받을 수 있으며 우리는 무슨 일이 일어나고 있는지 확실히 알기 어렵다.

단순히 질투심을 느끼거나 화를 내고 불안해한다고 해서 정말로 어떤 일이 일어나고 있다는 것은 아니라는 것을 명심하라. 우리는 우리의 생각을 알아차리고, 물러서서, 관찰하고, 배경 소음으로 처리하고, 거리의 소음처럼 그들이 오고 갈 것이라는 것을 인식하며, 앞으로 진행할 생산적인 행동에 집중할 수 있다. 우리는 종종 우리의 생각에 대한 답을 필요로 하고, 우리의 생각을 그대로 따라야 하고, 지금 현재 우리가 가지고 있는 생각에 대한 그럴듯한 이유가 있어야 한다는 생각에 사로잡히게 된다. 그러나 우리는 매일 수천 개의 생각과 이미지에 노출되어 있다. 따라서 무엇이 우리의 삶을 더 좋게 만들 것인지 아는 것이 중요하다. 그 생각에 사로잡혀 있는 것은 답이 아니다. 답은 우리의 부정적인 생각에 대한 걱정 어린 물음에 대답하지 않는 것이다.

제8장
질투심에 반박하기

모든 생각마다 다르게 생각할 수 있는 방법이 있다. 제1부에서 살펴보았듯이, 인지행동치료의 핵심 요소는 우리의 사고 습관과 사고의 내용을 파악하여 편향이나 특정 성향이 있는지 확인한 후 다른 방식으로 생각할 수 있는 대안적 방법을 고려해 보는 것이다.[45] 질투로 인해 복잡한 동기가 개입될 수 있다. 질투를 덜 느끼고 싶지만 다른 방식으로 바라보기가 쉽지 않다.

제4장에서 우리는 일련의 편향된 생각이 질투심을 증폭시킬 수 있다는 것을 살펴보았다. 의심이나 질투심을 확인하는 방식으로 사건을 바라보게 되면 그렇게 될 수 있다. 이 장에서는 사건을 보다 현실적으로 바라보게 하는 많은 강력한 기법을 소개해 보려고 한다. 내가 '편향'이라고 하는 것은 당신의 지각이 항상 틀렸다고 말하는 의미가 아니다. 당신의 질투심이 옳을 수도 있다. 당신의 파트너가 거짓말을 하거나 신뢰할 만하지 않은 계획을 가지고 있을 수도 있다. 하지만 잠시 동안만 당신이 확실히 알지 못한다고 가정

해 보자. 당신이 아는 것은 당신이 자주 질투하는 생각을 하고 있고, 속상해하며, 과거에 당신의 생각이 잘못된 결론으로 빠진 경우가 있었을 수도 있다는 점이다.

이 장에서는 자동적인 부정적인 사고와 기타 편향이 어떻게 감정에 사로잡히는 상황을 유발할 수 있는지 살펴볼 것이다. 여기에는 다음의 내용이 포함된다.

- 마음읽기: '그녀는 그에게 관심이 있다.'
- 예언하기: '그는 나를 속일 것이다.'
- 개인화하기: '내가 재미없는 사람이라 하품을 한다.'
- 명명하기: '그는 바람둥이다.'
- 긍정성 평가절하하기: '나에 대한 그녀의 애정은 별 의미가 없다.'

이 장에서는 사실과 논리를 사용하여 각각의 생각들을 검토해 볼 것이다. 우리는 또한 당신의 규칙과 가정이 당신에게 이로운지 아니면 해가 되는지를 살펴볼 것이다. 다음에 제시된 생각을 살펴보자.

- '누군가가 바람을 피우면 절대 믿을 수 없다.'
- '우리는 항상 최고의 섹스를 해야 한다. 왜냐하면 그것 없이는 내 파트너가 다른 곳을 볼 것이기 때문이다.'
- '무슨 일이 일어나고 있는지 확실히 알지 못한다면 내 관계가 위험하다는 뜻이다.'

이와 같은 진술이 당신에게 상처를 주는 것으로 판명되면, 우리는 당신의 삶을 더 쉽게 살 수 있는 지침을 모색해 본다. 또한 다음과 같은 신념을 포함하여 자신과 타인에 대한 핵심 신념을 깊이 탐색해 본다.

- '나는 사랑스럽지 않다.'
- '나는 파트너 없이는 무력하다.'
- '나는 기본적으로 결함이 있다.'
- '남자는 믿을 수 없다.'
- '다른 사람들은 나를 거절할 것이다.'
- '다른 사람들은 나에게 완벽을 요구할 것이다.'

우리는 더 현실적이고 덜 부정적이며 더 자기 확신을 갖기 위해 이러한 핵심 신념 중 많은 것을 바꾸기 위한 방법을 검토할 것이다. 당신은 그것들을 물리치기 위해 여러 가지 간단하고 강력한 기법들을 사용해 볼 수 있다. 이 장에서 당신의 질투에 대한 확실한 예방책을 찾게 될 것이다.

자동적 사고에 반박하기

자동적인 사고부터 시작해 보자. 많은 자동적인 사고에 대해 우리는 사건을 다른 방식으로 바라볼 수 있도록 하는 일련의 질문을 해 볼 수 있다. 당신은 새로운 사고 습관을 발전시켜 볼 수 있다.

즉, 사건을 바라보는 또 다른 방법이 있다. 이제 '내 파트너가 유혹하고 있다.'라는 생각을 가지고 이러한 기법 중 일부를 적용해 보자.

우리는 이 생각에 대해 의심의 여지가 있다고 가정하겠다. 물론 때로 의심의 여지가 없을 때도 있다. 하지만 연습을 하는 동안 내가 확실하지 않을 수도 있다고 가정해보자. '내 파트너가 유혹하고 있다.'라는 생각은 다른 사람의 마음에 있는 것이 무엇인지 알고 있다고 생각하는 마음읽기의 한 예다. 즉, 그 사람의 의도나 욕망이 무엇인지 알고 있다고 생각한다. 다음은 일련의 질문과 가능한 답변이다.

이런 식으로 생각하는 데 치러야 하는 대가는 무엇인가?

파트너가 누군가를 유혹한다고 생각하는 대가는 이것이 나를 불안하고 화나게 만들며 질투심을 가중시키고, 나중에 후회할 일 혹은 후회할 말을 하게 할 수 있다는 것이다.

내 파트너가 추파를 던지고 있다는 생각에는 어떤 이점이 있는가?

일이 완전히 잘못되기 전에 뭔가를 바로잡을 수 있을지도 모른다. 또한 실제로 존재하는 위험을 탐지해서 위험으로부터 자신을 보호할 수 있을지도 모른다.

질투심에 대한 생각이 주는 이익과 손실을 검토할 때 당신의 생각이 거짓이라고 시사하는 것은 없다. 당신은 이런 식으로 생각하는 것의 결과만을 보고 있다. 자동적 사고에 대해 이렇게 질문을 해 보라. '내가 이런 생각을 덜 했다면 내 기분은 어땠을까? 나와 파트너의 관계는 어땠을까?' 이것을 훨씬 덜 자주 그리고 덜 강렬하게 생각한다면 장기적으로 더 잘 살아갈 수 있을 것 같은지 생각해 보라.

이러한 생각을 지지하는 증거는 무엇인가?

내 파트너는 웃으며 다른 사람과 이야기하고 있다. 나는 이것이 그녀가 다른 사람과 바람피우고 있다는 증거라고 해석한다.

그녀가 추파를 던지고 있다는 증거가 있는가?

내 파트너는 친절하고 잘 웃고, 동성이나 성적으로 끌리지 않는 사람들을 포함하여 다른 사람들과 이야기하는 것을 좋아하는 사람이다.

이 증거를 보면서 스스로에게 다음과 같이 물어볼 수 있다. '증거가 얼마나 신빙성이 있는가? 이 증거로 다른 해석이 가능한가? 예를 들어, 파트너는 단순히 친절한 사람일 수 있는가?'

다른 사람이라면 이것을 어떻게 해석할까?

다른 사람이 내 파트너가 웃으며 다른 사람과 이야기하는 것을 본다면, 그들은 그녀가 바람을 피우고 있다고 즉시 결론을 내리지 못할 수도 있다. 내 파트너와 감정적으로 관여되지 않은 다른 사람은 내 파트너의 행동에 대해 매우 다른 해석을 할 수도 있다. 그들은 그녀가 친절하고 예의 바르며 매력적이라고 생각할지도 모른다.

내 파트너가 다른 사람에게 추파를 던지고 있다는 것이 사실이라면 그 것은 나에게 무엇을 의미할까?

'내 파트너가 다른 사람에게 추파를 던지고 있다는 것은 나를 존중하지 않는다는 의미다.' ' 그를 신뢰할 수 없다.' ' 그녀는 바람을 피울 것이다.'라는 일련의 생각들이 들 수도 있다. 나의 생각이 내포하는 의미를 살펴보는 것은 중요하다. 왜냐하면 이러한 의미는 배신당할 것에 대한 두려움, 버려질 것에 대한 두려움, 또는 파트너 없이는 행복할 수 없다는 두려움과 같은 근본적이고 기본적인 두려움과 관련이 있을 수 있기 때문이다.

자동적 사고에 대한 대안 고려하기

질투심을 불러일으킬 수 있는 전형적이고 부정적인 자동적 사고 몇 가지를 살펴보고 다른 방법으로 그 사건을 볼 수 있는지 살펴보자. 사건을 바라보는 또 다른 방법이 있는지 확인하기 위해 당신의 생각을 검토해 보려고 한다. 이것은 당신의 생각이나 감정을 아무 것도 아닌 것으로 돌리기 위한 것이 아니다. 그러나 당신의 생각이 타당하지 않고 당신을 화나게 한다면, 그 사건을 바라보는 또 다른 방법이 있을 가능성을 검토하고 싶어질 것이다.

마음읽기(독심술)

마음읽기는 '내 파트너가 다른 사람에게 관심이 있다.'는 생각과 마찬가지로 다른 사람의 생각, 느낌 또는 의도를 해석하는 것이다. 사실, 다른 사람들의 생각은 매우 개인적인 것이기 때문에 그들이 무슨 생각을 하는지 우리는 알지 못한다. 파트너가 늘 당신이 생각하는 것을 다 알고 있다고 생각하는가? 그렇지 않다. 독심술을 사용하게 되면 타당할 수도 있고 아닐 수도 있는 생각들로 인해 질투심이 유발될 수 있다. 당신과 당신의 관계에 대한 대가를 고려해 보라. 독심술은 아마도 당신을 더 불안하고 화나게 만들고, 당신의 파트너와 상호작용하는 다른 사람들에게 초점을 맞추게 되어 당신을 더 고통스럽게 만든다. 이것은 파트너와 논쟁할 수 있는 가능성을 증가시킬 수 있다. 독심술에 대한 몇 가지 대안은 다음과 같다.

- 독심술은 종종 나를 화나게 하는데, 덜 사용하면 기분이 나아질 수 있다.
- 파트너가 무슨 생각을 하는지 모르겠다.
- 내 파트너는 아마도 일, 뉴스 등에 대해 완전히 다른 것을 생각하고 있을 수도 있다.
- 내 파트너는 나를 늘 일관적으로 대하고 있고, 내가 다른 사람에게 관심이 있는지 궁금해할 수도 있다.

예언하기

충분한 정보 없이 미래에 일어날 일을 예측하는 당신의 경향을 말한다. 예를 들어, 당신의 파트너가 당신에게 성실하지 않거나 당신을 떠나거나 다른 사람과의 만남을 계획하고 있다고 예측할 수 있다. 예언하는 것은 걱정을 가중시키고, 현재의 순간을 살기 어렵게 만들며, 당신의 삶에서 가질 수 있는 긍정적인 것들을 무시하게 만들고, 파트너와 더 많은 갈등을 일으킬 수 있다. 예언에 대응할 수 있는 대안들에 대한 다음 질문을 고려해 보라.

- 이런 식으로 생각하는 데 치르는 대가는 어느 정도인가? 그것은 당신을 초조하고 화나고 질투하게 만들고 있지는 않은가?
- 정기적으로 이것을 사용하게 되면 어떤 이점이 있는가?
- 예언이 정말로 당신을 더 안전하게 만드는가? 아니면 덜 안전하다고 느끼게 하는가?
- 당신이 파트너를 심문하고 통제하도록 유도하는가?
- 당신이 미래에 대해 생각하는 것이 옳을 수도 있고 그렇지 않을 수도 있다. 하지만 계속해서 부정적인 예언을 하는 것이 당신의 일상생활에 스트레스만 가중시킨다는 것을 느낄 수 있는가?
- 과거에 몇 번이나 일어날 것이라고 생각했던 일에 대해 틀렸는가?
- 당신의 파트너가 이런 식으로 행동할 것이라는 증거는 무엇인가?

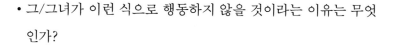

- 그/그녀가 이런 식으로 행동하지 않을 것이라는 이유는 무엇인가?

개인화하기

파트너의 행동이 당신을 향한 것이거나 당신에 대해 무언가를 반영하는 것이라고 믿기 때문에 매우 개인적인 것으로 받아들이는 경우다. 예를 들어, 당신의 파트너는 오늘 밤 친밀함에 관심이 덜한 것 같다. 결과적으로, 당신은 파트너가 더 이상 당신에게 매력을 느끼지 못하고 다른 사람에게 관심이 있다고 결론을 내린다. 어떤 것이든 개인적으로 받아들이는 것은 쉽다. 어떤 사람들은 엘레베이터가 느리거나 교통 체증이 있을 때 그것을 개인적인 것으로 해석한다는 것을 알게 되었다. 관계에서 개인화를 사용하게 될 때의 문제는 당신이 매일 위협을 느끼게 된다는 것이다. 무슨 일이 일어나고 있는 것인지에 대한 대안적인 해석이 가능한지 고려해 보라. 예를 들어, 당신의 파트너가 친밀함에 덜 관심이 있는 것처럼 보인다면, 그/그녀가 피곤하거나, 다른 것을 생각하고 있거나, 새로운 과제나 문제들로 주의가 산만해져 있거나, 좀 전에 했었던 서로의 논쟁 때문에 관계에 대한 욕구가 덜 느껴질 가능성을 고려할 수 있다. 다음은 사건을 개인적으로 받아들이는 경향에 대응하는 몇 가지 방법이다.

- 계속해서 개인적으로 받아들이는 것의 이점은 없다.
- 개인화 해석은 불안, 분노, 질투를 가중시킬 뿐이다. 파트너가

하는 모든 일이 당신에 대한 감정이나 생각과 관련이 있는 것은 아니다.

- 당신이 하는 모든 것이 파트너와 관련이 있는 것은 아니다.
- 파트너는 다른 것을 생각하고 있을 수도 있다.
- 파트너가 다른 사람과 친하게 지내는 것은 단지 친근함일 뿐이며 그 이상은 없을 것이다.
- 당신의 파트너는 당신에 대해 긍정적인 감정을 가지고 있기 때문에 당신과 함께 있다. 그렇지 않으면 그/그녀가 당신과 함께 하지 않을 것이다.

긍정성 평가절하하기

때때로 우리는 삶에서 일어나는 긍정적인 것들을 평가절하하거나 무시하고, 부정적인 것에 집중한다. 예를 들어, 당신은 파트너가 밤새도록 당신에게 주었던 많은 애정 표현은 무시하면서 당신의 파트너가 매력적인 사람과 이야기하고 있다는 사실에 집중할 수 있다. 관계의 긍정적인 점을 무시하면 두 사람을 하나로 묶어 주는 강한 유대감을 놓칠 수 있다. 파트너의 긍정적 행동에 대한 보상을 주지 않게 되어 파트너로 하여금 상대가 자신의 긍정적 행동을 너무 당연시 여긴다고 느끼게 만들 수 있다. 파트너는 사기를 잃고 자신이 한 긍정적인 행동을 하는 것이 아무 의미가 없다고 결론을 내릴 수 있다. 또 다른 결과는, 당신 스스로가 사기를 잃게 되고 편향된 지각에서 비롯된 부정적인 것에 집중하게 된다는 것이다.

긍정성을 평가절하하거나 무시하는 대신 부정성에서 긍정성으로 다시 초점을 맞추는 방법이 있다. 파트너에게 긍정적인 점을 경험할 때 "내 일에 시간을 내줘서 고마워요." 또는 "집안일을 도와주어서 감사해요."라고 말하는 것이다. 2주 동안 파트너가 **긍정적인 행동을 하는 것**에 주의해서 찾아보라. 여기에는 당신과 대화하거나, 당신의 빈 부분을 보완하고, 돕고, 함께 시간을 보내는 등의 매우 단순한 행동일 수 있다. 파트너가 하는 긍정적인 점을 매일 기록하라. 이렇게 하면 관계에 긍정적인 요소가 있음을 알아차리게 되고 당신의 편향은 상쇄될 수 있다.

당신은 이의를 제기하며 다음처럼 말할 수도 있다. "왜 이러한 긍정적인 점에 집중해야 합니까? 어쨌든 내 파트너는 그런 일을 해야 하지 않나요?" 그렇다. 파트너가 관계에서 긍정적인 행동을 하는 것을 기대하는 것은 당연한 사실일 수 있다. 그러나 당신이 이것을 사실이라고 가정한다고 하더라도 그것을 알아차리는 것은 매우 도움이 될 것이다. 왜냐하면 그것이 관계에 필요한 것이기 때문이다. 어려움을 겪고 있는 커플들로부터 자주 듣는 불평은 자신이 인정받지 못하고 대수롭지 않게 취급된다고 믿는다는 것이다.

내가 하는 것이 대수롭지 않다고 느껴질 때가 있는가? 당신의 파트너가 당신의 긍정적인 점을 알아차리고 매일 당신을 칭찬한다면 어떻게 느끼겠는가? 2주 동안 이것에 대해 실험해 보는 것이 좋다. 파트너의 좋은 점을 보고 당신의 기분이 나아지는지 확인해보라. 타인의 긍정적인 행동을 인지하고 칭찬하며 강화를 할 때, 긍정적인 행동의 빈도는 증가한다. 우리가 다른 사람에게 보상을 하게 되면 그 행동은 더 자주 발생하는 경향이 있다. 다음은 긍정적인 요소를 무시하려는 경향에 대해 해 볼 수 있는 몇 가지 과제다.

- 관계에서 긍정적인 점을 무시하는 데 드는 비용은 어느 정도 인가? 당신이 파트너가 하는 좋은 일들을 당연시 여기면 파트너는 감사하다고 느끼지 않을 수 있다.
- 부정적인 것에 집중하면 두 사람이 공유하는 긍정적인 유대감을 강화할 수 있겠는가? 아마 아닐 것이다.
- 당신의 파트너가 과거에 당신을 위해 했던 긍정적인 일들의 목록을 만들어 보라.
- 파트너의 긍정적인 행동을 추적하고 확인하기 위해 매일 목록을 작성하라.

명명하기(꼬리표 붙이기)

파트너나 특정 유형의 사람에 대해 일반적인 기술을 할 때 스스로에 대해 그리고 타인에 대해 다양성이나 회색지대가 있다는 것을 인식하지 못하는 것이다. 예를 들어, 파트너를 '신경증적' '조정하는' '한심한' 또는 '거짓말쟁이'로 명명할 수 있다. 마치 당신의 파트너의 일부 측면이 아닌 전체가 그런 것처럼 일반적인 진술을 하게 된다. 명명하기의 일반적인 문제는 몇 가지 부정적인 행동에 집중하면서 긍정적인 행동은 무시하게 된다는 것이다.

누군가 당신에게 명명하기를 할 때 당신의 기분이 어떤지 스스로에게 물어보라. 마치 당신의 존재 전체가 이 명명에 국한된 것처럼 느낄 수도 있다. 당신은 축소되었고, 매도되었으며, 변화에 대한 여지도 가질 수 없다. 파트너에게 명명하기를 하게 되면 상대방이 방어적이 되어 논쟁으로 이어질 가능성이 있다.

명명하기의 대안은 파트너가 변화되었으면 하는 한 가지 행동에 대해 당신이 관찰한 점을 설명하는 것이다. 그런 다음 당신이 파트너가 바뀌었으면 하는 행동이 어떤 것인지 설명하라. 예를 들어, 파트너에게 '거짓말쟁이'라고 말하는 대신, "그 회의에서 누구와 이야기를 나눴는지 솔직히 말해 주면 내 기분이 나아질 것 같아."라고 말할 수 있다. 파트너에게 명명을 하지 않도록 돕기 위해 부정적인 명명과 일치하지 않는 모든 행동을 고려할 수 있다. 파트너를 '조정하는'이라고 명명한다면 조정하지 않는 모든 행동을 고려할 수 있다. 사람은 복잡하다. 그들의 행동은 다양한 상황과 사람에 따라 다르다. 이러한 복잡성과 가변성을 인식하면 질투에 대처하는 보다 현실적이고 적응력 있는 방법을 얻을 수 있다. 명명하기를 하는 당신의 경향성을 보면서 고려해야 할 몇 가지 질문이 있다.

- 명명하기의 대가는 어느 정도인가? 그것은 당신을 화나게 하고, 불안하고, 질투하고, 절망적으로 만드는가?
- 누군가 당신에게 명명하기를 하면 기분이 어떤가?
- 파트너에게 명명하기를 할 때 일부 정보를 놓치고 있지는 않는가?
- 파트너가 이 명명과 일치하지 않는 행동을 한다는 증거는 무엇인가?
- 주어진 상황에서 파트너의 행동을 설명할 수 있는 다른 요인이 있는가? 예를 들어, 파트너는 옛 애인을 우연히 만났는데 정말 반가워한다. 한때 좋아했던 사람을 만나서 반가워할 수 있는가?

- 파트너에게 명명하는 대신 파트너에게 특정한 방식으로 행동하도록 유도할 수 있는 몇 가지 구체적인 생각, 경험 또는 상황 요인들을 확인할 수 있는가?
- 파트너와 당신 둘 다 즐길 수 있는 긍정적인 행동에 파트너가 함께 참여하도록 격려할 수 있는 방법은 무엇인가?

자동적 사고에 대한 합리적 반응 탐색해 보기

일반적인 자동적 사고 편향의 더 많은 예와 함께 각각에 대한 대안적인 사고방식을 살펴보자. 이 중 어떤 것이 도움이 될 수 있는지 확인해 보라.

'그녀는 우리의 관계가 끝났다고 생각하고, 그래서 그녀는 그녀의 상사에게 빠져들고 있다.'

마음읽기(독심술): 당신은 충분한 증거도 없이 당신의 파트너와 다른 사람들이 무슨 생각을 하고 있는지 당신이 알고 있다고 가정한다.

합리적인 반응: '그녀는 아마도 우리가 더 행복해질 수 있는 방법에 대해 이야기하고 있기 때문에 내 생각이 아마도 사실이 아닐 수도 있다. 그녀는 함께 휴가를 보내고 싶어 한다. 그녀는 나를 사랑하기 때문에 내가 그녀에게 하는 말이 그녀를 너무 아프게 한다.'

'그는 다른 사람과 함께 달아날 것이다. 우리는 헤어지고 이혼하게 될 것이다.'

예언하기: 미래를 부정적으로 예측하면 상황이 더 악화되거나 위험이 닥칠 수 있다.

합리적 반응: '이렇게 생각할 이유가 없다. 우리는 전에 말다툼을 한 적이 있고 잘 극복했다. 우리는 여러 해 동안 함께 지냈고, 논쟁하지 않을 때는 즐거운 시간을 보내 왔다. 우리는 서로를 사랑한다.'

'우리가 이런 논쟁을 하는 것은 끔찍하다. 만약 그녀가 나를 배신한다면 상황은 이보다 더욱 나빠질 것이다.'

파국화하기: 여러분은 일어난 일 혹은 일어날 수 있는 일이 너무 끔찍하고 참을 수가 없어서 견딜 수 없을 것이라고 믿는다.

합리적인 반응: '논쟁은 불쾌하지만, 한발 뒤로 물러서서 그것들을 바라보면, 우리는 우리가 가진 모든 좋은 것들을 깨닫게 된다. 우리는 우리의 관계를 하나의 큰 논쟁으로 정의할 필요는 없다.'

'그가 심한 거짓말쟁이라서 우리가 이렇게 끔찍한 관계를 하고 있는 것이다.'

명명하기(꼬리표 붙이기): 당신은 자신, 다른 사람들 그리고 관계에 전반적이고 부정적인 특성을 부여한다 .

합리적 반응: '우리가 맺고 있는 인간관계는 좋은 점도 있고 나쁜

점도 있다. 좋은 점은 우리가 서로를 존중하고 사랑한다는 것이고, 어려운 시기에는 서로 힘이 되어 주려고 노력한다는 것이다. 우리는 함께 즐길 수 있고 앞으로도 계속 그럴 것이다.'

'그녀가 나를 사랑한다고 말한다고 해서 바람을 피우지 않을 거라는 것을 의미하지는 않는다.'

긍정성 평가절하하기: 당신은 당신이나 당신 관계에 대한 긍정적인 것들은 부정적인 것들에 비해 사소한 것이라고 주장한다.

합리적인 반응: '우리는 많은 좋은 것들을 함께 공유하고 있다. 우리는 서로에게 흥미를 가지고, 좋은 시간을 함께 보내고 있고, 같은 활동을 하며 즐기고 있으며, 서로 대화하며 즐거워한다.'

'우리 관계의 모든 부정적인 면을 보라. 언쟁, 우울, 분노, 불안. 이렇게 나쁜 것 투성이인데, 그 사람은 아마 다른 사람을 찾고 있을 것이다.'

정신적 여과: 당신은 관계의 부정적인 면에만 거의 집중하고 있어서, 긍정적인 면은 거의 알아차리지 못한다.

합리적인 반응: '몇 가지 부정적인 면도 있지만, 나는 많은 긍정적인 면도 볼 수 있다. 부정적인 면만 보는 것은 우울하고 비현실적일 수 있다. 긍정적인 면을 계속 찾아보자.'

'또 싸웠어. 이런 말싸움이 계속되고 있다.'

과잉일반화하기: 당신은 하나의 사건에 근거하여 부정적인 것의 전반적인 패턴을 지각하고 있다.

합리적 반응: '그것은 사실이 아니다. 우리는 언쟁 없이 일주일 동안, 때로는 더 오래갈 때도 있다. 언쟁을 할 때 우리가 하는 방식을 바꿀 필요가 있다. 우리는 서로의 말을 듣고, 서로 다른 관점이 있다는 것을 받아들이고, 함께 문제를 해결하려고 노력하곤 했다. 우리 관계에 특정 패턴이 있다면 함께 머물며 순조롭게 풀어 나간다.'

'우리는 그녀가 항상 다른 남자들과 시시덕거리기 때문에 끊임없이 다투고 있다.'

이분법적 사고(흑백논리): 당신은 사건이나 사람을 전부 혹은 전무의 관점에서 본다. 즉, 그것은 완전히 좋거나 완전히 나쁘거나 이런 식이다.

합리적 반응: '아니다, 우리는 일주일에 한두 번 언쟁을 벌이고 상황이 심각해질 때가 있다. 그러나 우리는 대부분 함께 즐거운 시간을 보낸다. 나는 우리의 관계를 이것 아니면 저것으로 보기보다는 좋은 것과 문제가 되는 것이 무엇 때문인지 다양한 이유를 살펴볼 필요가 있다.'

'우리는 그렇게 많은 언쟁을 해서는 안 된다. 우리는 항상 서로에게 흥분을 느껴야 하고 온 마음이 서로에게만 몰입해야 한다. 그러면 나는 더 안전하다고 느낄 것이기 때문이다.'

당위적 사고: 당신은 단순히 어떤 것에 초점을 맞추기보다는, 그 것이 어떻게 되어야 한다는 관점에 초점을 두고 사건을 해석한다.

합리적 반응: '글쎄, 우리가 완벽하다면 좋을 텐데, 우리는 그렇지 않다. 그래서 우리는 언쟁을 줄이기 위해 노력해 갈 수 있다. 그리고 관계가 항상 완벽할 수는 없기 때문에 나는 친밀감을 느끼지만, 내 파트너는 가끔 그런 기분이 아니라는 것도 이해할 수 있을 것 같다."

'그녀가 다른 남자를 흥미롭게 생각한다면 내가 지루하다는 뜻이다.'

개인화하기: 파트너나 다른 사람들이 하는 행동이 마치 당신에 대한 반응인 것처럼 생각하면서 관계에서 벌어지는 일을 개인적으로 받아들인다.

합리적인 반응: '때때로 흥미로운 많은 사람들이 있고 내가 항상 흥미로울 필요는 없다. 그녀가 대화하고 싶은 흥미로운 사람을 찾 았다는 것이 그녀가 나에 대해 어떻게 느끼고 있는지에 대한 것을 의미하는 것은 전혀 아닐 수 있다.'

'내가 질투하는 것은 모두 그의 잘못이다. 그는 그녀와 이야기하며 나의 질투심을 유발하고 있다.'

비난하기: 당신은 부정적인 감정의 근원으로 상대방에게 초점을 맞추고, 자기 자신이 변화에 대한 책임이 있다는 것을 부인한다.

합리적 반응: '아니, 우리 둘 다 책임을 공유하고 있고, 우리 둘 다 우리가 대응하는 방식을 바꿀 수 있다. 나는 그가 다른 여자와 대화

하는 것에 대한 나의 반응이 나에게 달려 있다는 것을 알고 있다.'

'불안하다. 이건 내 파트너가 뭔가를 하고 있다는 뜻이다.'

감정적 추론하기: 당신은 정서가 현실에 대한 해석을 하도록 내버려 둔다.

합리적인 반응: '내가 불안감을 느낀다고 해서 그가 다른 사람을 만나는 것은 아니다. 오늘이 나에게 힘든 날이었다는 것을 의미한다. 오늘 저녁이 되면 상황이 나아질 수 있을 것이고, 대체로 좋아지곤 했다.'

규칙의 기본 가정 검토하기

우리는 불안, 분노 그리고 질투에 기여하는 당신의 자동적 사고를 방금 살펴보았다. 당신이 가지고 있는 이러한 부정적이고 자동적인 생각은 근본적인 신념에 의해 촉진될 수 있다. 제4장에서 설명했듯이, 이러한 기본 가정을 규칙(중간신념)이라고 한다. 종종 '만약……, 그렇다면……'이라는 문장으로 이러한 규칙을 알아챌 수 있다. 예를 들면, '만약 내 파트너가 다른 사람이 매력적이라고 생각하게 된다면, 그렇다면 나를 원하지 않는다는 것이고 그를 신뢰하기는 어렵다.'라는 생각은 규칙을 내포하고 있다. 중간 신념을 가지고 있지 않다면 다음과 같이 다르게 생각할 것이다. '다른 사람들이 매력적이기 때문에 우리 모두는 다른 사람들을 매력적이라고 생각한다. 이것이 나를 향한 그의 욕망과 관련된 것이라거나 내가 배신당할 것이라는 것을 의미하지는 않는다.'

규칙은 반영(성찰) 혹은 깊은 생각 없이 자동으로 생긴다. 여기에는 '……해야 한다.'는, 즉 '내 파트너는 나에게만 주의를 기울여야 한다.' 또는 '파트너는 자신이 생각하고 느끼는 모든 것을 내게 말해 줘야 한다.'와 같은 방식의 믿음이 포함된다. 우리는 부정적인 자동적 사고에 대해 하는 것과 마찬가지로 우리의 규칙에 대해서도 동일한 질문을 해 볼 수 있다.

규칙의 대가와 이점 살펴보기

'내 파트너가 시시덕거리는 거라면 그녀를 믿을 수는 없다.'고 믿는 데 따른 대가와 이점을 살펴보겠다. 그 대가는 질투, 분노, 사건을 개인적으로 받아들이게 되거나 심지어 파트너나 다른 사람에 대한 보복하는 일일 수도 있다. 이 규칙(중간 신념)의 이점도 생각해 볼 수 있다. 파트너를 비판하거나, 죄책감을 느끼게 하거나, 관계를 떠나겠다고 위협함으로써 다른 사람과 친해지는 것을 막을 수도 있다.

규칙이 현실적인지 물어보라

규칙(중간 신념)을 평가하는 한 가지 방법은 실제 현실에 부합하는 것인지 묻는 것이다.

- 파트너가 다른 사람을 매력적으로 보지 못할 것이라고 생각하는 것이 현실적인가?
- 당신의 파트너가 당신 이외의 다른 사람에게 결코 친근하게 대하지 않을 것이라는 것이 현실적인가?
- 파트너가 섹스를 즐겼던 유일한 사람이 당신뿐이라고 생각하는 것이 현실적인가?

파트너가 다른 사람을 매력적으로 보지 못한다면 자신의 삶이 더 나아질 것이라고 생각할지도 모른다. 그러나 세상은 당신의 이상적인 기준을 모두 충족하도록 설정되어 있지 않을 수도 있다. 따라서 현실 세계에 살면서 계속해서 좌절에 빠질 수밖에 없을 수도 있다.

스스로에게 규칙 적용해 보기

가정을 검토해 보는 또 다른 방법은 이 규칙을 자신에게 적용할 수 있는지 묻는 것이다. 예를 들면, 다음과 같다. 매력적인 다른 사람을 절대 발견해서는 안 되는 것이 사실인가? 당신은 파트너만큼 누구와도 섹스를 즐긴 적이 없다는 게 사실인가? 당신은 파트너가 아닌 다른 사람과 시시덕거리거나 친하게 행동한 적이 없는가? 그리고 만약 당신이 누군가와 시시덕거렸다면 당신이 더 이상 신뢰할 만한 사람이 아니라는 것이 사실인가? 이 기준을 자신에게 적용하기가 어려울 때 이중 기준을 가질 수 있다. 당신은 이런 질문에 잘 통과할 것 같은가?

규칙이 어떻게 다르게 지각되는지 알아보기

좀 더 유연하거나 현실적인 기준을 갖는 것이 도움이 될 수 있다. '내 파트너가 다른 사람과 시시덕거리고 있다.'는 생각은 그가 나를 존중하지 않는다는 결론으로 도달하게 함으로써 나를 괴롭힐 수 있다. 하지만 그 믿음에 대해 살펴보자. 파트너가 누군가와 시시덕거리고 있다는 것이 나를 존중하지 않는다는 것을 의미하는가? 아니면 다르게 해석해 볼 수도 있는가? 누군가가 내 파트너에게 추파를 던졌기 때문에 내 파트너도 같이 반응한 것일 수도 있다. 어쩌면 그녀의 반응은 반사적인 것일 수도 있다. 즉, 나를 무시해서 의도적으로 상처를 주기 위해서 한 것이 아닐 수 있다는 것이다.

그녀가 누군가와 시시덕거리는 또 다른 이유는 우리가 관계를 시작하기 전에 생긴 그녀의 습관 때문일 수도 있다. 그녀는 단순히 들떠 있고 매력적으로 보일 수 있다. 이것이 내가 첫 만남에서 그녀가 매력적으로 보인 이유 중 하나였다. 그녀는 자존감을 높이기 위해 시시덕거리는 것일 수도 있다. 이는 다른 사람들로부터 긍정적 지지를 얻기 위한 습관적인 행동과 같은 것일 수 있다. 그녀가 나를 존중하지 않는다는 믿음을 극복하기 위해 그녀가 나를 존중한다는 다른 증거를 찾을 수 있다. 아마도 그녀는 나와 함께 시간을 보내는 것을 그녀의 삶에서 최우선시함으로써 나에 대한 관심을 표현하고 있을 수도 있다.

질투심과 관련 있는 신념이 스스로에 대한 부정적인 측면을 어떻게 반영하는지 검토해 보기

어떤 경우에 우리는 파트너의 행동이 스스로에 대한 문제점을 반영한다고 해석할 때가 있다. 파트너가 바람을 피우고 있다는 생각을 가지고 있는 사람의 예를 들어 보자. 내담자 중 상당수가 파트너가 바람을 피우는 것에 대해 걱정을 할 뿐만 아니라 바람을 피우는 것이 본인에 대해 어떤 의미가 있지는 않은지 꽤나 걱정을 한다. 예를 들어, 월터는 '아내가 바람을 피게 되면, 나는 병신이라는 증거고, 다른 남성에 비해 열등하다는 것을 의미하며, 나는 패배자이기 때문에 다른 여성들도 나를 거절할 것이라는 것을 의미한다.'라고 믿었다.

월터의 생각인 '배우자가 바람을 피우면 나는 병신이다.'라는 믿음이 말이 되는지에 대해 검토해 보자. 만약 당신 등 뒤에서 누가 당신의 물건을 훔쳤다면, 이것은 당신이 병신이라는 것을 의미할까, 아니면 그 사람이 도둑이라는 것을 의미할까? 같은 맥락에서, 배우자가 바람을 핀다면, 당신의 인격보다는 파트너의 인격을 더 반영하는 행동이라고 생각하는 것이 맞지 않은가? 만약 파트너가 거짓말을 하거나 바람을 핀다면, 그것이 당신에게 문제가 있다는 것을 의미하지는 않는다. 오히려 파트너가 스스로 한 약속을 지키는 데 실패했다는 것을 의미한다. 스스로에게 물어보라. 어떤 부인이 바람을 폈다면, 그 남편에 대해 어떻게 생각할 것인가? 대부분의 경우에 그 부인이 남편에게 충실하겠다는 약속을 지키지 않은 것이라고 생각할 것이다. 바람을 피운 아내에 대해 예전보다 더 좋지 않은 평가를 할 가능성이 높을 것이다. 월터와 나눈 대화를 한번 살펴보자.

상담자(밥): 부인이 바람을 피우면 당신이 다른 남성에 비해 어떻게 열등해지나요?

월터: 그녀의 흥미를 유지하지 못했다는 것을 의미할 것입니다. 그녀에게 충분히 좋은 남자가 아니라는 뜻이에요.

상담자: 그녀가 바람을 피우게 된다면, 어떻게 그녀에게 충분히 좋은 남자가 아닌 것이 되는 건가요?

월터: 제가 그녀에게 충분히 매력적이지 않은가 봐요.

상담자: 그렇지만 당신은 지금 결혼한 지 11년이 됐어요. 당신은 현재 부부 생활도 좋고, 부인은 당신과 부부관계를 하고 싶어 해요. 이게 그녀가 당신을 매력적이지 않다고 생각한다는 것과 일관되는 정보인가요?

월터: 맞아요. 그녀는 저랑 항상 부부관계를 하고 싶어 해요. 알아요. 그렇지만 그녀가 바람을 피게 된다면, 나에게 흥미가 떨어졌다는 것을 의미해요.

상담자: 우리가 지금까지 아는 것을 한번 정리해 봅시다. 당신의 부인이 바람을 피우고 있다는 증거는 하나도 없어요. 우리는 그녀가 당신과 부부관계를 하고 싶어 하고, 결혼 생활도 11년 동안이나 유지를 했어요. 그녀가 바람을 피우게 된다면, 당신이 실패를 했다기보다는 그녀만의 개인적인 이유가 있다는 것을 반영하는 건 아닐까요?

월터: 그녀가 자존감이 낮기는 해요. 연애할 때부터 알고 있었어요. 잘 모르겠어요. 그녀가 바람을 핀다면 그 이유 때문일 수도 있겠네요. 그래서 그녀가 가끔 다른 사람에게 추파를 던지는 것 같기도 해요.

상담자: 그러면 '그녀가 바람을 핀다면, 월터는 실패자야.'라는 생각은 사실이나 논리에는 어긋난다는 거군요. 바람을 피울 것에 대한 두려움은 아주 근본적인 두려움이고 만약 상대가 바람을 피게 된다면 그 누구도 괴로워할 만한 일이에요. 그렇지만 우리는 여기서 당신이 다른 남성에 비해 열등해질 것이라고 하는 생각을 살펴보고 있어요.

월터: 네 알아요, 논리적이지는 않죠. 그렇지만 저는 만약 우리가 헤어지게 된다면, 다른 사람을 찾지 못할까 봐 걱정이 되어요.

상담자: 당신은 친밀한 관계에 전념하는 것을 가치 있게 생각하는 사람이기 때문에 그런 생각이 들면 얼마나 괴로울지 충분히 이해가 되어요. 제가 질문 한 가지만 할게요. 당신의 가장 친한 친구는 당신의 가장 큰 장점이 무엇이라고 이야기할 것 같아요?

월터: 저의 가장 친한 친구는 멜브에요. 그를 고등학교 때부터 알았고, 우린 정말 가까워요. 그는 저에게 충실한 친구이며, 관대하고, 사려 깊고, 지적이라고 이야기할 것 같아요. 그리고 그는 제가 유머 감각이 있고 같이 어울리면 재밌다고 할 것 같아요. 그는 제가 아들에게 좋은 아빠이며 좋은 남편이라고 생각할 거예요. 제가 완벽하지 않다는 것은 알지만요. 네, 그는 저를 좋아해요.

상담자: 당신을 이렇게 긍정적으로 평가할 다른 사람들도 있나요?

월터: 네, 저랑 같이 일하는 거의 모든 사람들이 저를 정말 좋아해요. 그리고 전 정말 오래된 친구들이 많아요. 대부분 사람들은 저를 좋아해요.

상담자: 방금 묘사한 사람이 다른 여성들이 이성적으로 관심 있어 할 만한 사람인 것 같나요?

월터: 그런 것 같긴 하네요. 그렇지만 전 오래 전에 결혼을 해서, 바람 피울 생각을 한 적이 한 번도 없어요.

상담자: 그렇다면 오랫동안 결혼 생활을 유지했다는 것은 장기적으로 관계를 유지할 능력이 있다는 것을 의미한다고 생각할 수 있을까요? 만약이라도 당신이 혹시 싱글이 된다면, 다른 여성들이 그것을 매력 있다고 할 만한 특성이라고 생각하세요?

월터: 저는 완벽한 남편은 아니에요.

상담자: 당신이 완벽한 남편이 아니라고 인지할 수 있다는 것 자체가 당신의 강점이 될 수 있다고 생각해요. 당신은 너무 자만하지 않잖아요. 그것도 다른 사람들이 매력적으로 느낄 수 있을까요? 어떻게 생각하세요?

당신도 월터처럼 기저에 있는 당신의 두려움에 대해 살펴볼 수 있다. 월터의 경우 스스로에 대한 부정적인 신념에 부인이 바람 피울 것에 대한 개인적인 의미를 부여하기 때문에 그녀가 다른 남자에게 추파를 던진다고 생각할 때마다 매우 걱정하기 시작했다. 그것은 그녀가 바람을 피우고 있다는 신호라고 생각했고, 그것은 그가 실패자이며, 매력이 없고 아무도 그를 사랑하지 않는 사람이 되는 것이라는 것을 의미했다.

누군가 나를 배신할 것이라는 생각은 그 누구도 속상해 할 수 있는 생각이라고 보아야 한다. 그렇지만 파트너에게 배신당하는 것은 개인마다 암시하고 있는 의미에 차이가 있다. 따라서 그 암시하고 있는 의미가 무엇인지 살펴보아야 한다. 그것 때문에 당신은 공포에 질리고, 불신하며 질투를 느낄 수 있다. 배신당하는 것이 무엇을 암시하는지 그 의미에 대한 가능성을 몇 가지 고려해 보자. 다음 목록을 읽어 보고, 당신에게 와닿는 것이 있는지 스스로 물어보자. 파트너가 나를 배신한다면······.

- 나는 멍청합니다.
- 나는 매력적이지 않습니다.
- 나는 성적 기술이 별로입니다.
- 다른 사람들이 나를 실패자라고 생각할 것입니다.
- 내가 관계를 유지할 수 없다는 증거가 됩니다.
- 나는 실패했습니다.
- 나는 절대 다시 다른 파트너를 찾을 수 없을 것입니다.
- 나의 미래 관계들이 모두 실패할 것입니다.
- 나는 혼자서 행복할 수 없습니다.
- 나는 스스로 생존할 수 없습니다.

가끔은 깊은 핵심에 있는 두려움에 너무 압도되어서 현재 순간의 질투심을 바로 이끌어 내기도 한다. 당신이 현재 관여하고 있는 파트너와의 관계가 당신의 행복과 웰빙에 완전히 중요하지는 않을 가능성을 고려해 보자. 당신의 현재 관계가 의미가 없거나 관계가 끝날 것이라는 것을 말하는 것이 아니다. 단지 관계가 끝이 나더라도 당신은 생존할 수 있고, 혹시나 더 발전할 가능성도 있다는 것을 고려하라고 말하는 것이다.

제가 배신당하면 어떻게 하죠

당신이 배신을 당하면 인생은 어떻게 될까? 당신의 질투심 이면에는 이것에 대한 근본적인 공포가 있을 수 있다. 많은 경우 사람들은 현재 관계에 대한 대안이 없다고 믿을 때 질투심을 느낄 확률이 더 높다.[46] 다시 말해, 당신이 관계를 통해 느낄 수 있는 만족감이 오직 현재의 관계에서만 얻을 수 있다고 생각한다면, 그 관계를 잃을까 봐 훨씬 더 불안할 것이다. 그렇지만 당신이 미래에 다른 대안들이 있다고 믿는다면, 현재의 관계에서 질투심을 덜 느낄 수 있게 된다. 당신이 현재 관계에서 질투심을 더 적게 느끼고, 덜 조급하다면, 더 좋은 관계로 이어질 수 있다. 그래서 당신이 이 관계 밖에서도 행복을 찾을 수 있다는 생각을 해 보시기 바란다. 다른 곳에서 의미와 만족감을 찾을 수 있다고 생각해 보자.

캐시는 남편이 바람을 피게 되면 영원히 괴로울 것이라고 생각하며 두려워했다. 그녀는 결혼한 지 8년이 됐고, 남편과 슬하에 아들도 있었다. 그녀는 남편이 바람을 피우게 되면, 다시는 행복을 찾을 수 없다고 두려워했다. 다음은 그녀와 나눈 대화다.

> **상담사(밥):** 남편이 바람 피운다는 증거는 하나도 없다는 것을 염두에 두기 바라요. 그렇지만 그 어떤 일도 일어날 수 있기 때문에 우리는 현실적일 필요가 있습니다. 그래서 당신이 두려워하는 것을 따라가 보고, 다르게 생각할 수 있는 방법은 없는지 살펴보도록 할게요. 당신은 남편과 헤어지게 되면 다시는 행복하지 못할 것이라고 생각한다고 했습니다. 당신은 남편을 만나기 전에 어떤 것들을 하는 것을 좋아했어요?
>
> **캐시:** 일도 재밌었고, 친구도 많았고, 학교, 스포츠, 여행, 독서, 그냥 인생 자체를 즐겼어요.
>
> **상담자:** 남편을 만나기 전에 즐기는 것이 참 많았던 것처럼 들리네요.
>
> **캐시:** 맞는 말인 것 같아요.

상담자: 그러면 지난 8년간, 남편과 상관없는 것 중 즐겨 했던 것이 있었나요?

캐시: 방금 이야기한 모든 것들은 남편 없이 즐겁게 했어요. 저는 친구들 만나는 것을 좋아하는데, 남편은 제 친구들을 좋아하지 않았어요. 하지만 그건 이해해요. 그래서 혼자서 친구들을 만날 때가 많아요. 그리고 요가 수업도 듣는데, 그냥 편안하게 스트레칭 할 수 있어서 너무 좋아요. 그 수업 통해서도 친구들을 좀 만났어요. 그리고 전 일하는 것을 즐겨요. 현재 직장에서 꽤 좋은 성과를 내고 있고, 직장에 있는 사람들이 저를 존중해요.

상담자: 그러니까 남편을 만나기 전에 많은 것들을 즐겼고, 지금도 그가 없어도 그 활동들을 여전히 즐기고 있다는 것이네요. 그러면 당신의 관계가 끝나더라도 당신이 어떤 활동들은 여전히 즐길 것이라고 한다면 그것이 사실일까요?

캐시: 사실인 것 같아요. 현재 인생에 긍정적인 것이 많아요.

상담자: 만약 헤어진다면, 물론 그렇게 될 것이라는 것은 아니지만, 당신에게 새로운 기회가 오고 새로운 것들을 시도할 수 있다고 봐도 될까요?

캐시: 네, 맞는 말인 것 같아요. 우선 다른 남자들과 데이트를 하겠지요. 결혼한 지 8년이나 돼서 상상하기는 힘들지만요. 학교로 돌아가서 석사 학위를 딸 수도 있어요. 항상 그러고 싶었거든요. 생각해 보니 남편이 가기 싫어했지만 여행하고 싶은 곳도 있네요. 그런 곳들도 여행해 보고 싶어요. 새롭게 할 수 있는 것들도 있고, 새로운 사람들도 있겠네요. 확신할 수는 없지만, 저를 위한 인생은 있겠네요.

상담자: 헤어지면 영원히 비탄에 빠지게 될 것이라고 생각하는 것은 자연스러운 것입니다. 그렇지만 과거에도 파트너와 헤어진 적이 있는지 궁금하네요.

캐시: 네, 대학교 다닐 때 헤어져 본 적이 있어요. 남편을 만나기 3년 전에, 사

권지 2년 된 남자친구랑 헤어졌어요. 예전에 경험해 본 적 있어요.

상담자: 그리고 이별 과정에서, 다시는 행복할 수 없을 것이라고 생각했나요?

캐시: 네. 다시 되돌아 생각해 보니, 이별 후에 한번은 영원히 불행할 것 같다는 생각이 들어서 죽고 싶다는 생각도 했어요.

상담자: 당신의 말을 들어 보니 이별하는 것이 당신에게 무척이나 무서운 것이라는 것을 알 수 있었어요. 당신이 영원히 혼자가 되고 영원히 우울할 것이라는 생각을 자극시키네요. 그렇지만 당신의 과거를 살펴보니, 이별 후 초반만 잘 넘기면, 결국 괜찮아지기는 했네요. 결국 모든 것이 괜찮아지네요. 우리는 그것을 기억해야겠어요.

캐시: 과거를 되돌아보니 사실인 것 같아요. 그렇지만 지금 이 순간에는 사실이 아닌 것처럼 느껴져요.

상담자: 그렇긴 하지만, 우리는 당신이 예전에도 영원히 불행할 것이라고 생각했지만 사실이 아닌 것으로 드러났다는 점을 기억해야 할 것 같아요. 당신이 그 당시 연인 간의 관계가 없어도 결국 행복해진다는 것을 알았다면, 이별 후에 그렇게 괴로워했을까요?

캐시: 아니요. 만약 그렇다고 믿었다면, 혹은 다시 행복해질 것이라는 것을 알았다면, 그렇게 괴로워하지 않았을 것 같아요.

상담자: 그러면 그 과거의 관계들은 미래에 행복해지는 데 꼭 필요하지는 않았다는 이야기네요?

캐시: 네, 필수적이지는 않았어요.

누구를 믿어도 될까요

당신은 파트너에게 배신을 당하면, 다시는 누구를 믿을 수 없게 될 것이라는 두려움이 생길 수 있다. 배신을 당했을 때 가장 흔히 내리는 결론에 대해 생각해 보자. 다시 이야기하지만, 이것은 파트너가 믿음직스럽지 않다는 것으로 결론 내리는 것이 아니라는 것을 말하고 싶다. 그렇지만 파트너가 당신을 배신했다고 상상해 보자. 이것은 타인에 대한 신뢰에 어떤 의미를 가지게 되는 걸까?

배신을 당하고 이별을 한 후에, 배신당한 사람이 "이제는 관계에서 그 누구도 믿지 않을 거예요."라고 이야기하는 것은 흔하다. 이런 즉각적인 반응은 배신을 당한 직후에 다시 상처받는 것으로부터 보호하기 위한 전략일 수 있다. 특히 관계에서 회복 중이면 더욱 그렇다. 만약 이별을 하게 된다면, 그 후에는 새로운 관계를 좀 더 천천히 시작하는 것이 좋을 수 있겠다.

논리적으로 따져 보자. 당신이 어떤 사람에게 배신을 당했다면, 당신은 다른 사람을 다시는 신뢰하지 못하게 된다. 그 예가 세상의 모든 사람에게 일반화될 수 있을까? 이것이 현실적일까? 그것은 마치 누가 나에게 물건을 훔쳤기 때문에 세상 모든 사람들이 도둑이라고 결론을 내리는 것과 같다. 논리적이지도 않고 별로 도움도 되지 않는다. 이별 후에 당신이 다시 데이트를 하고 있다고 상상해 보자. 당신은 정말 좋아하는 사람을 만났고, 그녀가 당신에게 자신이 파트너에게 배신을 당했기 때문에 당신을 믿을 수 없다고 이야기한다. 그녀는 절대 그 누구도 믿을 수 없다는 결론을 내렸다고 한다. 이게 말이 될까?

그 누구도 믿지 않고 산다는 것은 매우 힘든 삶의 방식이 될 것이다. 당신은 이별을 하거나, 배신을 당하고 다시는 그 누구도 믿지 않게 된 사람을 알게 될 수 있다. 이런 과잉보호 전략은 새로운 관계, 새로운 행복, 새로운 의미를 찾을 때 걸림돌로 작용한다.

당신은 또한 배신을 당했지만 새로운 사람과 좋은 관계를 형성한 사람들을 알게 될 수 있다. 이 사람들은 배신당하는 것이 배신한 사람의 문제를 반영한다고 해석했으며, 모든 사람들에게 일반화하지 않은 사람들이다. 신뢰는 있다가도 없어지는 것이기 때문에, 신뢰감이 완전히 제거됐다고 느껴질 수는 있다. 그렇지만 나중에 되돌아올 수 있다. 실제로 다른 이별을 하는 과정에서 당신은 이미 이것을 경험했을 수 있다. 인생은 계속된다.

생존자 찾기

당신의 가장 끔찍한 두려움을 바라보는 다른 방법은 배신을 당하고 생존한 사람들을 찾는 것이다. 당신 주변에 파트너에게 배신을 당했지만 그래도 행복한 인생을 사는 사람들이 있는가? 대부분의 사람들이 배신을 당하고 이별을 한 사람을 알고 있다. 당신은 어떤가? 당신이 생각하는 사람이 어쩌면 현재 새로운 관계를 맺지 못했을 수도 있지만, 그것이 그/그녀가 매 순간 괴로움에 빠져 있다는 것을 의미하는가? 아마도 아닐 것이다. 그들이 새로운 관계를 맺고 있지 않아도, 인생은 행복한 순간과 힘든 순간 사이를 오가며 인생의 기복을 경험할 가능성이 높을 것이다.

　사람들은 회복탄력성이 높기 때문에, 배신과 같은 상실을 경험해도 회복하게 된다. 사람들은 당신이 가장 두려워하는, 배신을 당한 사람들일 수 있다. 그렇지만 그들은 그들의 인생을 계속 살았고, 어떤 경우에는 그 후에 더 좋은 관계들을 찾은 사람들도 있다. 이것은 배신을 당해도 생존하는 것이 가능하다는 믿음을 줄 수 있다. 왜냐하면 당신이 가장 두려워하는 경험을 생존한 사람들의 인생처럼 행복할 수 있다고 믿게 된다면, 당신은 현재 관계 내에서 덜 걱정하고, 덜 질투심을 느낄 수 있게 될 것이다.

제9장

상황 속에서 질투를 이해하기

제7장에서는 우리의 마음이 커다란 방이라고 생각하고 그 안에 여러 다른 사람들과 기억들이 가득 차 있다고 생각해 볼 것을 제안했다. 이 장에서는 여러분의 관계가 넓은 방이라고 상상해 보기를 권한다. 그 안에 질투와 같은 하나의 감정만 있는 것이 아니다. 관계의 방 안에 있는 다양한 종류의 그림, 많은 질감, 복잡함과 풍요로움을 상상해 보라. 이러한 모든 것이 관계를 이룬다.

관계의 방

관계의 방은 하나의 정신적인 공간이고, 이 안에는 변화무쌍한 기억, 느낌, 생각, 경험, 실망, 희망 그리고 감각이 있다. 마치 당신이 앉아 있는 방을 둘러보는 것처럼 바라보라. 자신이 서재에 있다면, 사방에 책들이 쌓여 있고, 전등, 종이와 펜들, 한두 개의 의자들이 있을 것이다. 책들 중 하나를 들여다보면, 그 안에 예전의 기억, 생각, 아이디어, 느낌들이 되살아난다. 내가 읽고 싶었지만, 아직 읽어 보지는 못했던 책을 바라본다. 이 방은 여러 물건들, 이미지들, 기억들 그리고 가능성들로 가득하다. 이 안에 있는 감정, 경험, 순간들은 단순히 하나가 아니다. 이러한 모든 것은 과거에서 미래로 이어져 있다. 관계의 방은 여러분이 다른 사람들과 나눈 많은 경험도 간직하고 있다. 어떤 것은 예상치 못한 순간에 기억 위로 떠오를 때까지는 잊혀진 채로 있거나 기억의 저편에 머물러 있다. 당신의 질투나 파트너(배우자)의 질투를 포함해서 이 관계의 방에서 경험하는 것은 모두 오직 하나의 순간, 경험 혹은 가능성이다.

당신의 파트너와의 관계를 하나의 방이라고 상상해 보자. 아마도 내 서재처럼 잘 정돈되어 있지 않을 것이다. 그 관계의 방은 과거로부터의 이미지들, 기억들로 가득할 것이다. 지난 몇 달 혹은 몇 년간 경험한 여러 감정으로 가득 차 있을 것이다. 아마도 많은 시간을 질투, 화, 불안, 슬픔의 감정을 지니고 살았을 수 있다. 그런 감정들이 이 안에 있고, 당신을 힘들게 해 왔다. 하지만 이 방은 꽤나 넓다. 이 방에는 과거만 있는 것이 아니라, 현재와 미래도 담겨 있다. 이 방은 시간을 거슬러 과거와 미래를 자유로이 움직인다.

이처럼 커다랗고 복잡하고 변화무쌍한 방을 잠시 바라보라. 그 안에는 이제까지 당신이 잊고 있었던 많은 것들이 있다. 두 사람이 처음 만났을 때, 첫 데이트 그리고 그때 입었던 옷을 기억해 보라. 그때 어떤 감정을 느꼈는가? 함께 했던 산책, 웃음, 서로에게 원했던 답을 듣기 위해 했던 질문들을 기억해 보라. 처음 당신의 파트너와 사랑을 나눌 때를 기억해 보라. 어떤 느낌이었는가? 그 이후에는 어땠는가? 이 커다란 방에는 숨겨져 있는 것들이 많다. 그 안에서 당신의 파트너와 아주 가깝고, 아주 편안하고, 아주 행복하게 느껴졌던 때의 느낌들을 찾아보라. 그런 기억이 영원히 사라진 것처럼 생각할 수도 있지만, 그 기억들은 당신의 방 안, 지금 당신의 앞에, 당신의 마음속에, 이 순간 당신의 느낌 속에 있다.

관계의 방을 돌아보면서, 과거에 있었던 재미있고, 웃고 함께 즐겼던 기억을 떠올려 보라. 서로 보고 싶어 어쩔 줄 모르던 때, 떨어져 있어 그리워하던 때, 상대방을 곁에 두고 싶고, 상대의 곁에 있고 싶었던 때를 기억하라. 특별한 것을 함께 했을 때의 느낌도 기억해 보라. 예를 들면, 서로 좋아했던 식당에서 먹은 저녁식사, 함께 걸었던 산책, 다른 사람들에게는 평범해 보이는 것이지만 둘이 함께여서 특별했던 일들. 지금 이런 기억을 떠올려 볼 때, 마음이 따뜻해지는 것을 느껴 보라. 당신은 이런 사랑을 잃을까 봐 두렵고 슬픈 마음이 들 수 있다. 이 사랑은 둘이 있을 때에만 가능했던 것이니까 말이다.

당신의 파트너가 당신에게 감동을 주었을 때 어땠는가? 아마 그때의 감정을 말로 표현하기 어려울 수 있다. 말의 이면에 다양한 감정, 심상, 기억이 있을 것이다. 서로가 다르고 하나의 감정, 심상, 기억은 또 다른 것으로 바뀌고, 모순되고, 하나가 지나가면 또 다른 것이 마음에 들어올 수 있다. 이 관계의 방에 있는 모든 것은 계속 변화하기도 하고 그 자리에 계속 있기도 하다. 인생이 모순되는 면이 있는 것처럼 이 관계의 방에도 모순된 것들로 가득하다. 희망과 사랑이 있는 반면, 슬픔과 분노도 있다. 인생의 파도를 맞아, 두 사람은 같이 넘어질 수도 있지만, 다시 일어서려고 안간힘을 써 보며,

어려운 시기를 견뎌 내기도 한다. 만약 당신이 상대에게 손을 내밀 거나 상대가 내민 손을 잡는다는 것을 상상해 본다면, 실망감에서 스스로를 일으켜 세울 수도 있다. 아직 두 사람이 상실해 넘어져 있는 상태라면 희망을 가질 수 있을지 잘 모를 수도 있다.

관계의 렌즈를 돌려 보기

질투는 당신이 관계를 객관적으로 바라볼 수 있는 시야를 어둡게 하는 렌즈와 유사하다. 질투의 렌즈를 쓰고 파트너와 자신을 바라보면, 마치 덫에 빠진 것 같고, 희망이 없고, 사랑도 없고, 사랑을 받지 못하는 것으로만 느껴질 수 있다. 이렇게 하나의 어둡고 흐린 렌즈를 통해서 당신의 파트너를 바라볼 수 있다. 이렇게 되면 분노, 불안, 슬픔 말고는 아무것도 없고 아무것도 할 수 없는 것처럼 느낄 수 있다. 이런 덫에서 빠져나갈 방법도 없어 보인다.

내가 어렸을 때, 만화경을 처음 봤던 때가 생각난다. 마치 새로운 세상에 들어온 것처럼 느껴졌다. 렌즈를 돌리면 서로 대칭되는 패턴들이 계속 변했다. 나는 종종 우리 관계가 이런 만화경과 유사하다고 생각한다. 내가 렌즈를 돌려서 보면 새로운 패턴이 나타나니까 말이다. 내가 화가 났을 때는 아주 어두운 패턴들이 나타나 모든 것이 어두워 보이고, 나를 괴롭힌다. 이런 어둡고 실망스러운 패턴에 갇힌 것 같고 막다른 골목에 다다른 것 같다. 이때 만화경을 잠시 돌려 보았을 때 다른 패턴을 볼 수 있다면 어떨까? 나는 어떤 것을 보게 되고, 어떤 감정을 느낄 수 있을까?

　관계의 렌즈를 한번 돌려 보도록 하자. 다른 각도의 렌즈로 관계를 보면 어떤 다른 느낌과 감정들이 마음에 드는지 살펴보도록 하자. 이전보다 더 중립적이고 객관적인 관계가 보일 수도 있다. 한번 시도해 보자.

자비의 렌즈

　자비의 감정을 활용해 보자. 어렸을 때 기억을 더듬어, 당신에게 사랑과 친절을 베풀고 자비심을 가졌던 사람을 떠올려 보라. 내게는 그런 사람이 할머니였다. 안아 주기도 하고, 내가 얼마나 사랑스러운지 부드러운 목소리로 미소를 띠며 말씀하시기도 했다. 이런 사람을 떠올려 보고 마치 현재에 있는 것처럼 상상해 보라. 눈을 감고, 그 사람이 안아 주고, 위로해 주던 것을 떠올려 보라. 당신을 감싸는 친절함과 자비의 감정을 느껴 보라. 이런 사랑의 감정 속에 있으면서 당신은 안정감을 느낀다.

　이제 당신의 파트너를 향해 사랑과 친절함을 느껴 보라. 스스로나 파트너에게 말을 하면서 동시에 마음에 떠오르는 감정을 느껴 보라. "당신의 친절함과 부드러움을 사랑해요. 당신을 사랑해요." 당신의 마음에서 파트너의 마음으로 사랑이 넘쳐흐르는 것을 느낀다. 이제 두 사람의 마음이 하나가 된다.

즐거움의 렌즈

　이번에는 다른 감정을 떠올려 보자. 어떤 놀이를 하거나 웃음이 났던 때를 떠올려 보라. 나는 강아지를 데리고 숲 속을 산책을 하던 기억이 떠오른다. 내 강아지가 달리고 킁킁대는 것을 바라보고 있었다. 내가 기억을 떠올리자, 강아지가 현재의 내 마음속에서 뛰놀고 있다. 나도 강아지와 같이 놀이를 한다. 조그만 공을 던지면 강아지가 공을 따라 뛰는 모습이 그려진다. 강아지가 꼬리를 흔들면서 공을 향해 달리며 입을 벌리고 숨을 헐떡이고 있다. 강아지가 공을 물어 내게 가져오는 것을 본다. 이런 기억을 떠올리면 행복감과 즐거움이 마음속에 가득 차오른다.

다양한 감정의 렌즈

할머니와 강아지를 떠올려 좋았던 때를 생각하면, 그들이 더 이상 내 곁에 없다는 생각에 슬픈 감정이 든다. 하지만 자비와 즐거움의 감정들이 어땠는지 알 수 있고, 때로 그런 감정들을 느낄 수 있다. 그 감정들이 완전히 사라지지는 않는다. 자비와 즐거움의 감정을 슬픈 감정이 드는 지금도 다시 떠올릴 수 있다. 다양한 감정들이 함께 느껴진다. 그들이 더 이상 내 삶에는 없기에 슬프지만, 나를 안아 주었던 기억, 강아지가 내게 달려오는 모습을 떠올리면 행복하다.

이런 것이 바로 관계의 방에 있는 느낌, 감정, 기억의 속성들이다. 서로 모순되어 보이는 감정이 공존하기도 한다. 슬픔과 행복이 같이 있을 수 있다. 어떻게 그럴 수 있을까? 어떻게 같은 기억에서 서로 모순된 감정을 동시에 느낄 수 있을까? 서로 모순된 감정이 서로를 상쇄하지 않는가? 모순된 감정이 서로를 상쇄하면 우리는 더 이상 아무런 감정도 느끼지 않게 될까?

전혀 그렇지 않다. 서로 모순된 감정들이라도 각각은 모두 정당한 실제의 감정이다. 그런 감정을 느끼는 것이 이해도 된다. 같은 기억에서 긍정적인 감정과 부정적인 감정을 모두 느낄 수 있다. 당신의 파트너에게 긍정 감정과 부정 감정을 모두 느낄 수 있는 것과 유사하다. 당신은 같은 사람에게 질투를 느낄 수 있으며, 동시에 사랑하는 감정도 가질 수 있다. 파트너에게 화가 많이 나 있을 수 있지만 여전히 파트너를 원할 수 있다. 이러한 감정은 현실이 혼란스럽기 때문에 발생하는 것이 아니라, 그만큼 우리의 감정이 다양하고 풍부하기 때문에 나타난다. 세상에 하나의 감정만을 느낄 만큼 단순한 것은 없다. 만화경 안에 많은 색깔과 모양이 가득해서, 렌즈를 돌리면 다양한 모양이 연출되는 것과 유사하다. 관계에서도 바로 다음 순간에 많은 것이 변화한다.

파트너를 자비의 렌즈로 바라보기

당신과 파트너가 함께 느끼는 감정들에 고통스러운 것 말고 또 어떤 것이 있는가? 둘 사이에 단지 질투와 분노만 있는가? 그렇지 않을 것이다. 만약 그렇다면 질투를 느낄 만큼 파트너를 소중히 생각하지 않을 테니 말이다. 두 사람은 많은 다른 감정들을 함께 느껴 왔을 것이다. 지금은 자비, 사랑, 친절, 안아 주고 부드럽게 어루만지고 위로받았을 때의 감정, 인간으로서의 불안전함을 모두 받아 주던 때의 감정에 대해 생각해 보자. 당신의 파트너에게 그런 감정을 느꼈던 때를 기억해 보라.

　지금은 고통스러운 감정에 휩싸여 있어, 그런 감정들을 생각하고 받아들이기가 쉽지 않을 것이다. 하지만 잠시만 그때의 감정을 되새겨 보자. 경청하고 느끼고 기억해 보고, 마치 지금 일어나는 것처럼 생각해 보라. 지금 상처를 많이 입었지만, 지금도 서로 사랑할 수 있다는 것을 인지해 보라.

　사실, 상처를 받는다는 것은 사랑하기 때문이다. 때로 사랑은 상처를 준다. 때로 우리가 슬픈 이유는 소중한 무언가를 잃었거나 그리워하기 때문이다. 지금 상처를 받았다 할지라도, 다른 여러 감정을 받아들여 보라. 따뜻하고 사랑하는 감정들이 있기 때문에 고통도 있다는 것을 인식해 보라. 어려운 감정들을 떠나보내기 위해서 당신의 파트너를 멀리하고 싶어 할 수 있지만, 당신은 질투를 느낄 만큼 그 사람을 여전히 중요하게 생각하고 아끼고 사랑하는 것일 수 있다. 고통은 관계의 방에 있는 여러 감정 중 하나에 불과하다. 이 방은 더 많은 다양한 감정으로 가득하다.

　관계의 방은 당신이 파트너와 함께 만든 공간이다. 사랑의 감정을 떠올리기에 마음이 너무 아프다면, 바로 이때가 관계의 방에 있는 다른 감정을 살펴볼 가장 중요한 시기다. 특히 질투와 화가 난 때에는 사랑을 떠올리기가 쉽지 않다. 그래서 방구석 한편에 놓여 있는 의자 위에 질투의 감정을 올려놓을 필요가 있다. 이렇게 잠시 질투를 놓아둔 뒤에, 이전에 파트너와 주고받았던 사랑의 감정을 떠올려 보라.

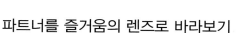

파트너를 즐거움의 렌즈로 바라보기

의자에 질투를 놓아둔 상태에서, 이전에 파트너와 함께 경험했던 즐거운 기억을 떠올려 보라. 서로 약간 바보 같은 짓을 하면서 웃었던 기억도 떠올려 보라. 시간을 조금만 뒤로 돌려보면 이런 기억들을 찾을 수 있을 것이다. 관계의 방에 있는 다른 감정들과 다른 기억들을 떠올려 보는 동안, 질투의 감정은 방구석 한편의 의자 위에 놓여 있다.

함께 해결했던 문제들을 살펴보기

관계의 방에 또 다른 것이 있는지 살펴보기를 원한다. 바로 함께 해결해 왔던 문제들이다. 이제까지 서로 노력해서 해결했던 문제들을 생각해 보자. 어쩌면 최근에 의견 차이와 논쟁, 실망스러웠던 일들이 있을 수 있다. 하지만 이제까지 문제를 함께 해결해 오지 않았다면, 질투를 할 만큼 서로를 아낄 정도의 현재에 이르지 못했을 것이다.

또 무엇이 있을까? 이전에 어려운 시기에 서로를 도우며, 실망감을 극복하고, 직장에서의 문제를 해결하고, 가족의 갈등을 해결하고, 친구 사이의 어려움에 대해 극복했을 수 있다. 그런 시기에 서로를 위해 함께 했었다. 혼자 한 것이 아니고 함께 거기에 있었다. 함께 자녀들을 키웠을 수 있다. 아이가 태어났을 때 감동하며 눈물 흘렸을 수 있다. 아이들 이야기를 하면서 웃고, 아이들이 성장하는 것을 함께 지켜봐 왔고, 아이들 때문에 한밤중에 잠들지 못하고 깨어 서로 번갈아 가며 잠을 청해야 했을 때도 있었을 수 있다. 함께 여러 계획을 세웠을 수 있다. 방학 계획, 취미 활동, 내 집 마련 계획 등, 두 사람이 함께 했던 일들을 떠올려 보라. 이런 기억들이 모두 이 관계의 방 안에 여전히 있다.

당신은 질투심으로만 한정 지을 수 없는 사람이다

당신이 질투를 느낄 때, 이제까지의 관계가 모두 질투와 불신으로 보일 수 있다. 스스로를 '질투심 많은 사람'으로 스스로 생각할 수도 있다. 이런 생각이 관계 안에 있는 풍부하고 다양한 감정을 볼 수 없게 만들거나, 질투심보다 더 많은 것이 가득한 자신을 들여다보지 못하게 할 수 있다.

스스로 질투심 많은 사람이라고 생각하며, 당신의 모든 성격과 성장과정을 질투가 특징 짓는 것으로 생각할 수 있어, 스스로에게 실망할 수 있다. 당신을 질투로 한정 짓고, 자신을 부정하기 시작하는 것이다. 당신을 진단명으로 한계 짓는 것이다. 이렇게 되면 당신이 다양한 감정과, 이전의 관계, 현재의 관계들로 가득한 아주 특별하고 독특한 사람임을 부정하게 된다. 자신을 조그만 상자에 넣고 뚜껑을 닫아 찬장에 가두거나 밖에 버리는 것과 같다.

사실, 어떤 순간에도 당신의 관계와 감정은 질투보다 더 다양하고 풍부하다. 그동안 파트너와 함께 경험한 감정과 기억은 상당히 풍부하다. 기쁨, 행복, 호기심, 친밀함, 문제를 함께 해결하던 기억들, 함께한 의미 있는 기억들, 미래를 위한 계획들, 즐거웠던 순간들. 질투를 더 커다란 맥락에 놓고 잠시 질투를 그대로 놓아둔다면, 파트너와의 관계에 있는 다른 의미들을 생각해 볼 수 있고, 여러 감정과 경험이 그 안에 있음을 알게 된다. 당신은 '질투하는 사람'이 아니고, 다양한 감정과 경험, 가능성을 지닌 사람이다.

당신이 느끼는 질투심과 관계를 지금 이 순간보다 더 넓은 삶의 맥락에서 생각해 보자. 질투와는 무관한 당신이 삶에서 만들어 온 많은 의미 있는 일을 생각해 볼 수 있다. 우정, 직장에서의 관계, 전문가로서의 성취, 의미 있는 일들, 삶에서의 가치, 중요한 목표, 우선순위들과 같은 말들이 있을 것이다. 질투의 감정은 커다란 삶을 구성하는 하나의 측면에 불과하다. 삶은 계속해서 변화하고 시간에 따라 흐르고 새로운 기회들을 만들어 낸다. 당신의 삶이 질투심보다 더 커서, 질투심에서 한 걸음 떨어져 생각해 볼 수 있다면, 당신은 삶을 다양한 가능성으로 가득 채울 수 있다.

모든 것을 위한 공간 만들기

당신이 느끼는 질투심이나 파트너가 느끼는 질투심을 없애려고 하기보다, 질투와 함께 다른 것들을 담아내기에 충분할 만큼 커다란 공간으로 삶을 생각해 보라. 그 공간에는 우리가 관계에서 경험하는 사랑, 재미, 자비의 감정도 있다. 우리가 공간을 만들 때, 더 이상 질투심에 대항하거나, 질투를 떠나보내려 하거나, 질투심이 느껴질 때 화내고 분노할 필요는 없다. 대신 질투심이 날 때, 화

를 내지 않고도 '지금 질투의 감정이 느껴지는구나.'라고 받아들일
수 있는 공간을 만들 수 있다. "지금 내가 이 감정을 받아들일 수 있
어."라고 말하면 질투하는 생각과 감정에 못 이겨 하는 행동을 하
지 않을 수 있다. 다음과 같이 말할 수 있다. "이 감정을 느끼면서도
살 수 있어. 내 삶에는 다른 감정, 기억, 가능성들도 또한 많이 있
어." 질투가 방에 나타나면 다른 모든 것을 비워야 하는 것이 아니
다. 질투가 방 한편에 서서 고통 속에 울부짖을 때, 우리가 그 질투
의 고통도 듣고 커다란 방 안에 있는 다른 것들에도 신경을 기울일
수 있다. 우리가 느끼는 감정들에 대한 커다란 공간을 만드는 것이
특정 감정과 전쟁을 벌이는 것보다 낫다.

제10장
함께 해결하기

질투를 경험한다는 것은 지금 현재 어떤 관계를 맺고 있다는 것이다. 질투는 거의 한 사람만의 문제가 아니다. 문제는 두 사람 모두의 행동 때문에 발생하는 경우가 잦다. 만약 당신이 질투를 느끼고 있다면, 문제를 악화시키는 당신만의 생각, 행동, 의사소통 방식 등이 있을 수 있다. 예를 들면, 당신의 파트너가 생각하는 것을 추측하거나, 앙심을 품고 파트너와 연락을 끊거나, 혹은 상대가 사악하고 정직하지 않다고 꼬리표를 붙이는 것 등이다. 당신의 파트너가 의식하지 못한 채 이런 생각이나 행동을 부추겼을 수도 있고, 그런 파트너의 행동도 문제 중 하나가 될 수도 있다. 당신이 질투의 대상이 되었다면, 파트너가 신경증적이라고 생각할 수 있고, 더 이상 논쟁을 하기 싫어 스스로를 방어하고 진실을 감추려 할 수도 있다. 두 사람 모두 서로가 옳다고 주장하고 싸움에서 이기려고 하지만, 결국 두 사람 모두 싸움에서 지는 결과를 맞게 된다.

이 장에서는 두 사람이 질투에 대해 이야기하고, 이런 감정들을 다루는 전략을 세우고, 관계를 진전시키는 방안과 원리를 소개할 것이다. 이 과정에서 두 사람이 동의하는 부분은 무엇인지, 서로 시도해 볼 점은 무엇인지 생각해야 할 것이다. 때때로 관계는 규정하지 않은 이해에서 출발할 때가 있어 오해를 불러일으키기도 한다. 때로 관계는 발전할 수도 있고, 그렇지 못할 수도 있다. 두 사람에게 가장 잘 적용되는 것이 무엇인지를 결정하는 것은 결국 두 사람에게 달려 있다.

함께 작업하기 위한 일반적 지침

나의 경험에 비추어 보면, 두 사람 모두는 변화를 위해 노력해야 한다. 한 사람만 변화하려고 하고, 다른 사람은 곁에서 어떻게 되나 지켜보아서는 안 된다. 질투는 두 사람의 문제이고, 그래서 두 사람 모두 해결의 실마리가 된다. 두 사람이 상호 이해를 증진시킬 수 있는 좋은 기회이자, 더 높은 신뢰를 쌓기 위한 지침이 될 것이다. 비난을 멈추는 것에 그치기보다, 해결책을 함께 찾아갈 수 있다. 몇 가지 고려해 볼 만한 일반적 지침을 소개한다.

현실적인 기대를 하라

우리가 느끼는 질투에 대해 현실적이 될 필요가 있다. 이전 장에서 여러 번 이야기한 대로, 질투는 보편적인 감정이고, 어느 정도 의무가 요구되는 관계에서 나타난다. 이런 관계에 있을 때, 질투심은 일어날 수밖에 없는 감정임을 인정하는 것이 중요하다. 질투심을 없애려 하지 말고, 대신 무엇이 나의 질투심을 유발하는지, 혹은 무엇이 내 파트너의 질투심에 대한 내 반응을 이끌어 내는지를 이해하는 것이 필요하다. 이 장에서는, 질투심에 대처할 수 있는 강력한 방법들을 소개할 것이다. 하지만 문제에 대처할 방법을 배운다고 해서, 문제를 경험하지 않을 것이라고 생각해서는 안 된다. 단지 문제가 나타났을 때 악화시키지 않는 법을 배운다고 생각하면 좋겠다. 그리고 이런 대처 방법은 당신의 관계를 더 굳건하게 할 기회를 제공할 것이다.

문제는 문제가 있다는 데 있지 않고, 문제에 대처하는 법을 모를 때 나타나는 것이다. 때로 관계에서의 문제가 나타나 낙심하고, 해결이 불가능한 것처럼 생각될 때가 있다. 하지만 이런 관계일수록 함께 작업할 만한 가치가 있다. 더 나은 관계를 만들기 어렵다고 느끼는 일들에 대해 한번 생각해 볼 만한 가치가 있다.

우리 모두는 짐을 지고 있다

우리는 종종, "다른 사람의 짐을 떠안고 싶지 않다."라는 말을 하곤 한다. 하지만 우리 모두는 불완전하고, 완성된 존재가 아니므로 각자 자신의 짐을 지고 있다. 어떤 짐은 다소 가볍지만, 어떤 것은 꽤나 무겁다. 짐의 영역도 신뢰와 친밀감의 문제, 오해, 비현실적인 기대, 실망 등 조금씩 다르다. 오랫동안 아무 문제 없는 커플은 없다. 관계를 지속하기 위해서는 많은 노력이 필요하다. 질투를 함께 해결하는 과정은 질책과 혼돈이 있을 수 있지만, 제대로 해결한다면 더 가까운 관계를 만들어 갈 수 있다.

당신이 관계를 맺는다면, 문제에서 자유로울 수 없다. 핵심은 서로가 지고 있는 짐을 어느 정도 서로 도와가며 짊어질 의지를 갖는 것이다. 제6장에서 소개했던, "나도 당신도 괜찮지 않아—그게 괜찮아."라는 말을 기억해 보기 바란다. 이 말은 오랜 관계에도 잘 적용이 된다. 당신이나 파트너가 지닌 짐은 상황에 따라 다를 수 있다. 직장, 출생, 가족, 돈, 건강 등 많은 종류의 짐을 지게 될 것이다. 당신의 파트너가 질투를 느낀다면, 당신이 더 도덕적으로 낫거나 더 건강한 사람이라고 생각하지 않기를 바란다. 당신이 질투를 느낀다면, 당신만이 관계에서 어려움을 느낀다고 생각하지 않기를 바란다. 우리 모두는 타락한 천사다. 하지만 우리는 서로 다시 날 수 있도록 도울 수 있고, 함께 인생의 길을 갈 수 있도록 도울 수 있다.

'옳다, 그르다'의 문제를 넘어서라

언제나 옳기 위해 노력해야 한다고 너무 애쓰지 않기를 바란다. '옳아야 한다'는 생각은 관계에서 나타나는 가장 일반적인 문제들 중 하나다. 이런 생각이 당신과 파트너를 검사와 피고인의 역할로 몰아넣거나, 혹은 두 명 모두 판사의 역할을 하게끔 한다. 하지만 이런 전략은 항상 실패로 끝난다. 서로 공격하게 되고, 자신이 옳다는 주장으로 변호하며, 관련 없는 일들에 대해 불평하게 되고, 과거에 오해했던 일들을 끄집어내게 된다. 당신이 옳다고 하더라도, 이런 전략은 긍정적인 관계를 맺는 데에는 잘못된 전략이다. 굳건한 관계는 상호의 보상, 이해, 공감, 자비, 즐거움에 기반해서만 세워질 수 있다. 더 가까워지는 것, 서로에게 자비심을 갖는 것, 자신의 취약함을 인식하는 것 등이 당신의 관계를 더 건강하게 만들 수 있다. 옳아야 한다고 생각하는 것은 인간이 지닌 결함과 불완전함을 위한 공간을 마련하는 데 어려움을 만든다.

가장 중요한 것에 집중하라

질투에 대해 함께 작업하기 전에 기억해야 할 것은 무엇이 논쟁하고 집중할 만한 가치가 있는지를 결정하는 것이다. 당신이 경험한 모든 종류의 실망감이나 좌절감을 꺼내 논의해야 한다고 생각하지 않기 바란다. 심리학자들은 이런 전략을 '상처 모음'이라고 하는데, 이런 전략은 결국 아주 사소한 것들에 대해서도 상대를 공격하게 만든다. 많은 사람이 자신이 부당하게 대우받았던 것을 찾게 되거나, 상대가 의도하지 않았거나 실제로는 없었던 일들에 과도하게 집중하기도 한다. 스스로에게 질문해 보자. 집을 정리할 때, 아주 오랜 시간 동안 청소해야 할 모든 사소한 목록들을 작성하는 것이 도움이 될까? 이러한 전략은 관계에서도 더 많은 논쟁만을 불러오게 된다. 가장 중요한 일들에 집중하도록 노력하기 바란다. 그간 받았던 모든 상처 목록을 잠시 치워 두고, 지금 살고 있는 삶이라는 커다란 방을 잠시 바라보자.

논의를 위한 목표를 설정하라

논의를 시작하기 전에, 논의를 통해서 달성하고 싶은 것에 대해 솔직하게 적어 보기 바란다. 당신의 목표는 무엇인가? 몇 가지 목표와 결과의 예시를 표로 제시해 보았다.

내가 원하는 것	가능한 결과
"내 감정을 다 표출하고 싶어요."	
"내가 옳다는 것을 증명하고 싶어요."	
"내 파트너도 나처럼 기분이 상했으면 좋겠어요."	
"상대방에게 벌을 주어서 다시는 이런 일이 발생하지 않도록 하고 싶어요."	당신의 파트너는 방어적이 되거나, 물러서거나 당신을 공격할 수 있다.
"논쟁에서 이기고 싶어요."	
"내가 더 도덕적이라는 것을 고수하고 싶어요."	
"상대방이 사과하고 자신의 잘못을 인정하게 하고 싶어요."	

이 표에 제시된 예를 보면 어느 정도의 그림이 그려질 것으로 생각한다. 당신의 목표가 단순히 감정을 표출하거나, 자신이 옳음을 증명하거나, 논쟁에서 이기거나 상대를 벌하는 것이라면, 그 결과로 많은 반발을 살 것이다. 우리가 관계에서 고통을 겪게 되면 이 표와 같은 목표를 가질 수 있다. 하지만 이런 목표는 결국 상황을 더 악화시킬 뿐이다. 우리가 위협을 느끼고, 상처받고, 부당하게 대우받는다면, 첫 반응은 복수하고 화를 내는 것이다. 하지만 이런 반응은 우리가 신뢰를 회복하고, 관계를 다지고 자비심을 갖는 목

표에 이르지 못하게 한다.

모두 패자가 되는 논의와 더불어, 모두 승자가 되는(윈윈) 논의도 생각해 보자. 어떤 사람도 자신이 얻고자 하는 모든 것을 얻을 수는 없겠지만, 가치 있는 무언가를 얻을 수는 있다. 당신이 원하는 어떤 것을 얻지만, 다른 것은 잃을 수 있다. 당신의 파트너에게도 마찬가지다. 승리를 쟁취하기 위해 노력하기보다, 관계를 다져 나갈 수 있도록 균형을 맞출 목표를 생각해 보자. 다음에 제시한 목표들을 고려해 보기 바란다.

- 우리 사이에 긴장을 줄이고 싶다.
- 신뢰를 쌓고 싶다.
- 내 파트너가 나를 존중하길 바란다.
- 사랑받기를 원한다.
- 내 파트너를 사랑하길 원한다.
- 우리가 서로를 이해할 수 있길 바란다.

어려운 논의를 시작하기 전에, 어떻게 일을 진행해 갈지 명확히 해 보자. 당신은 파트너에 대해 다음처럼 생각할 수 있다. '내게 이런 감정을 느끼게 만들다니 그녀는 정말 끔찍하다고 말해야 한다.' 혹은 '내 감정을 모두 표출해야 한다.' '나는 내 감정들에 대한 권리가 있다.' 감정을 표출하는 것, 공격하는 것 혹은 승리하는 것은 논쟁을 가열시키기만 할 수 있고, 또 두 사람 모두에게 상처를 줄 수도 있다. 당신에게 도움이 될 수 있도록 다음 질문을 스스로에게 해 보기 바란다. "이 문제를 어떻게 진행해 가기를 원하는가?" "어떤

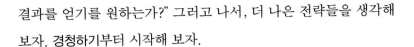

결과를 얻기를 원하는가?" 그러고 나서, 더 나은 전략들을 생각해
보자. 경청하기부터 시작해 보자.

논의 시작하기

논쟁에서 이기고 싶은 생각을 잠시 뒤로하고, 대신 관계에서 더
중요한 것이 무엇인지를 생각해 보라. 누가 옳은지 밝히는 것과 함
께 더 행복하게 되는 것 중에 무엇이 더 중요한가? 질투에 대해 논
의할 때, 사실과 논리, 공정함을 포함할 수 있지만, 동시에 서로의
의견이 경청될 때, 존중받을 때, 가치 있다고 느낄 때에 대해서도
이야기할 수 있다. 각자 과거의 경험을 가지고 관계를 맺는다. 예
를 들면, 둘 중 하나는 배신당했던 경험이 있을 수 있고, 관계에 대
한 책임을 지지 않았던 경험이 있을 수도 있다. 당신 모두 각자 관
계에 대한 생각이 다를 수 있고, 당신이 특정 방식으로 대우를 받아
야 한다고 생각하거나 느낄 수 있다. 하지만 관계에 대한 논의는 법
정 재판이 아니고 논쟁도 아니다. 여기에는 승자도 패자도 없다는
것을 기억하라. "내가 옳고, 당신은 틀렸다."라는 논쟁은 없다. 왜
냐하면 이런 식의 논쟁은 서로를 불행하게 만들 것이 분명하기 때
문이다. 논의는 상호 이해, 상호 존중, 상호 협력에 집중해야 한다.
서로 경청하고 나누는 것에 대한 것이지, 압도하거나 통제하는 것
이 아니다. 두 사람이 지녔을 수 있는 그 어떤 취약함을 개방하여
서로 더 가까워지는 시도를 하는 것이다. "내가 이겼고, 그 사람은
졌다."는 것을 위한 것이 아니고, "나도 경청했고, 그 사람도 내 말

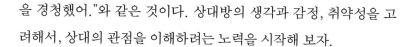

을 경청했어."와 같은 것이다. 상대방의 생각과 감정, 취약성을 고려해서, 상대의 관점을 이해하려는 노력을 시작해 보자.

파트너의 관점에서 생각하라

몇 가지 시도해 볼 만한 간단한 연습이 있다. 관계에서의 문제를 당신의 파트너는 어떻게 생각하고 있는지 적어 보라. 파트너는 그 문제들에 대해 어떻게 이야기할 것이라고 생각하는가? 당신의 분노와 불안을 내려놓기 전에, 이런 연습을 하게 되면 두 가지 가능성에 대해 생각하게 된다. 첫째, 내 파트너가 어떻게 문제를 바라보는지 전혀 모르고 있다는 것을 알게 될 수 있다. 둘째, 내 파트너가 나와는 정말 다른 방식으로 문제를 바라보고 있다는 것을 인식하게 된다.

당신이 경청하고 있다는 것을 보이라

다음으로 잠시 논쟁에서 이기는 것을 뒤로하고, 당신의 파트너의 입장에서 생각해 보라. 당신의 파트너가 말하는 것을 반복해서 다시 말해 보라. 이는 상대가 당신이 듣고 있었다는 것을 알 수 있도록 해 준다.

당신이 이해하고 있다는 것을 알리라

"내가 나를 유혹하는 여자들에게 둘러쌓여 있을 때, 당신이 질투심을 느낄 수도 있다는 것을 이해했어요." 혹은 "내가 질투를 느끼면, 당신은 불공평한 공격을 받는다고 느낄 수도 있다는 것을 이해했어요."와 같이 상대가 이야기했다면 그 말 안에서 몇 가지 진실들을 찾으려 노력해 보라.

왜 한발 떨어져 상대방의 관점을 이해하고 존중을 표현하는 것이 중요할까? 이기려는 생각에서 벗어나, 노력해 보려는 것이 왜 중요할까? 몇 가지 측면에서 생각해 보면 간단하다. 질투는 애착에 대한 위협(두 사람 사이의 관계에 위협)을 느낄 때 나타난다. 그래서 논의를 할 때, 서로의 이야기를 경청하려고 한다면 두 사람의 관계가 강화될 수 있다. 질투는 일종의 도움을 요청하지만 이야기가 전달되지 않을 때 느껴진다. 서로 상호적 이해를 높여서 애착을 강화할 때, 서로의 입장을 이해하고 존중하면서 자비심을 높일 때, 두 사람 모두 안정감을 느끼게 되고 질투를 덜 느끼게 된다. 상대가 당신의 말을 경청하도록 하고 싶다면, 먼저 상대의 말에 경청할 필요가 있다.

중요한 부분은 서로 감정을 공유할 수 있는 안전한 공간을 마련하는 것이다. 질투심에는 관계가 안전하지 못하다는 두려움이 반영되어 있다. 어두운 동굴 안에서 갈림길에 두 사람이 서 있지만, 밖으로 어떻게 나갈지 모른다고 상상해 보라. 동굴은 어둡고 두 사람은 모두 외로움을 느낀다. 당신이 양초를 들고 있는데 상대방에게는 이 양초가 없다면, 양초 하나로 길을 밝히며 함께 나갈 길을 찾을 수 있다. 그리고 이 양초가 바로 질투심이고, 서로 도와 이 양초를 붙들고 길을 찾으며 걸어가야 한다. 길을 찾기 위해서는 바로 이 양초를 함께 들고 서로를 도와야 한다. 두 사람이 하는 질투에 대한

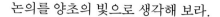

논의를 양초의 빛으로 생각해 보라.

질투에 대한 나만의 신념이 무엇인지 생각하라

당신이 우연히 지니게 된 믿음이나 가정이 문제 행동과 연관되는 것이 있는지 살펴보기 바란다. 제4장에서 논의했던 핵심 신념과 규칙들이나 때로 생산적인 논의를 방해하고, 질투를 위한 안전한 공간을 마련하거나 관계를 향상하는 작업을 방해하기도 한다. 이러한 핵심 신념과 규칙들에는, '누구도 나에게 무엇을 할지 말하면 안 된다.' '나는 이 문제를 꺼내놓지 않았어야만 했다.' '절대 바뀌지 않을 것이다.' 등이 있다.

때로 당신의 파트너를 판단하게 하는 질투심에 대한 믿음이 있는지도 살펴보라. 예를 들면, '내 파트너는 질투를 느끼지 않아야만 한다.' '불안정한 사람들만이 질투를 느낀다.' '그녀는 나를 신뢰해야만 한다.' 스스로에게 이러한 믿음이 관계를 돈독히 하는 데 도움이 되는지 물어보라. 그렇지 않을 것이다.

우리는 스스로 좋은 의도를 지니고 있는 좋은 사람이라고 생각하고 싶어 한다. 그래서 자신이 행한 일들에 의문이 제기되면 싫어한다. 아마도 당신은 좋은 의도를 지니고 있을지도 모른다. 하지만 그래서 당신이 무슨 행동을 하든 당신의 파트너가 반드시 당신을 '신뢰해야만 한다.'고 생각하는 것은 무리다. 많은 사람들이 자기 스스로의 계획대로 일을 해 나가기 원하고, 두 사람이 문제를 함께 만들었음에도 그러한 자신의 문제는 부정한다. 파트너가 느끼는 질투심의 감정을 그/그녀가 효과적으로 다룰 수 있도록 도우면서, 나 스스로는 파트너의 질투심을 수용할 수 있는 보다 균형 잡히고 현실적인 믿음이나 신념에는 어떤 것이 있을지 생각해 보자. 질투심을 다루는 데는 두 사람의 도움이 필요하다. 도움이 되는 신념 몇 가지를 다음에 제시했다.

- 많은 사람들이 관계에서 질투심을 느낀다.
- 질투심은 정상적인 감정이며, 질투를 느낄 때에도 서로에게 자비심을 가질 수 있다.
- 관계를 위해 어느 정도 타협과 균형이 필요하다. 누구도 자신이 원하는 방식으로 모든 것을 얻거나 진행할 수는 없다.
- 질투심에 대해 서로 이야기하는 방식에 따라 질투심에 더 잘 대처할 수 있다.

논의를 위한 원칙

논의를 하는 시간을 시간이 정해져 있는 **콘퍼런스 시간**이라고 생각해 보자. 질투에 대해 이야기할 때, 두 사람 모두 화를 내지 않는 중립적인 시간을 찾아보는 것이 중요하다. 예를 들면, 다음과 같이 이야기를 시작해 볼 수 있다. "우리 관계에서 질투에 대처하는 방법에 대해 논의하면서 20분 이내로 앉아 이야기하는 것으로 해 봅시다. 우리가 서로 어떻게 느낄지를 이해하는 데 초점을 맞추어 진행을 하죠."

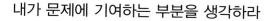

내가 문제에 기여하는 부분을 생각하라

논의하는 시간을 상대를 고발하거나 판단하는 기회로 생각하지 않기 바란다. 문제는 모두에게 일종의 책임이 있는 것으로 생각해야 한다. "이건 우리의 문제이지, 당신만의 문제가 아니에요." 이런 생각이 서로 협력할 수 있도록 돕는다. 다음과 같이 이야기할 수도 있다. "나도 이 문제에 어느 정도 책임이 있다고 생각해요. 그러니 나도 몇 가지 해결책을 함께 찾아갈 수 있도록 함께 하고 싶어요." 더 많은 신뢰를 쌓고, 상대를 도울 방안에 대해 이야기하기 위해 상호적 문제해결 방식을 생각하는 것이다.

질투를 함께 해결해야 할 문제로 표현해 보기 바란다. 예를 들면, 당신이 질투심을 느끼고 있다면, 다음과 같이 논의를 시작할 수 있다. "내가 질투심 때문에 화난 것만큼, 내 질투가 당신을 화나게 할 것이라는 걸 알아요. 질투는 우리의 문제 중 하나라는 것을 알아요. 그래서 당신이 내 질투심에 대해 어떻게 느끼는지 이해하고 싶고, 나도 내가 어떻게 느끼는지 이야기하고 싶어요." 만약 당신이 질투심의 대상이라면 다음과 같이 이야기를 시작할 수 있다. "내가 의도한 것이 아닌 방식으로 내가 말했거나 행동을 한 것이 있을 거라 생각해요. 하지만 이런 나의 언행이 당신을 화나게 했을 수 있을 것 같아요. 나의 행동에 대해 어떻게 느꼈는지 듣고 싶어요. 그리고 내가 어떻게 느끼는지에 대해서도 당신이 더 잘 알도록 돕고 싶어요. 하지만 이런 일이 우리 둘 모두에게 어려운 일이라는 것을 이해해요."

관계 속에 있는 두 사람 모두는 종종 일종의 질투의 문제를 갖고 있음을 관찰했다. 때로는 순수한 의도나 좋은 의도로 했던 행동이 파트너에게 질투심을 유발하는 경우가 있다. 예를 들면, 옛 연인과 커피를 마셨거나, 한때 알고 지냈던 사람에게 SNS로 안부 문자를 남겼을 수 있다. 당신의 의도는 친밀한 관계를 유지하는 것이겠지만, 파트너가 이런 행동을 어떻게 느꼈는지에 대해서는 생각하지 못했을 수 있다. 그래서 다음처럼 이야기할 수 있다. "도대체 너는 뭐가 문제니? 나는 아무 짓도 하지 않았어." 혹은 때로 당신의 파트너가 당신의 질투심에 화를 내거나 조롱하여 문제를 더 악화시킬 수도 있다. 이런 감정은 우리의 관계 안에서 이루어지는 것이기 때문에 우리의 문제라는 점을 받아들인다면, 서로의 이야기에 경청하면서 서로를 존중하며 해결책을 찾을 수 있다. 바로 두 사람이 '우리의' 문제를 해결하는 것이다.

상대에게 꼬리표를 붙이지 말라

논의하면서 상대방에게 '신경증적, 이기적, 자기애적, 자기도취적'과 같은 꼬리표를 붙이는 것은 좋은 결과를 가져오지 못한다. 이러한 경멸적이고 일반화하는 말은 피해야 한다. 대신 다음과 같이 말할 수 있다. "우리가 이 문제를 어떻게 생각하고 있는지 먼저 이해하도록 노력해 봅시다." 우리가 누군가에게 꼬리표를 붙이면, 그 사람은 굴욕감을 느끼거나 하찮은 사람 같은 기분을 느껴 어떤 변화도 생각하지 않게 될 가능성이 높다. 꼬리표가 붙게 되면, 오히려 공격을 하거나 도망가고 싶기도 한다. 질투심에 대한 문제를 해결하는 방식은 서로가 더 가깝게 되어야만 하지, 누군가를 비난해

서는 안 된다. 어떤 사람도 '불안정적이다' 혹은 '신경증적이다'라는 말을 들으면, 그 말을 한 사람과 가까워질 수 없다.

서로에게 끼어들지 말고 이야기할 시간을 주라

어떤 사람도 논의 중에 강연을 듣거나 특정 방향으로 이끌리게 된다고 느끼면 논의에서 제외되는 느낌을 받는다. 각자 5분 정도 서로의 감정과 생각을 표현할 시간을 주는 것이 필요하다. 당신의 파트너가 5분간 이야기할 때, 동의하는 주장이 아니더라도 상대의 주된 요점을 적어 보는 것이 좋다. 예를 들어, 당신의 여성 파트너가 다음과 같이 이야기할 수 있다. "당신이 매력 있어 보이는 다른 여자들과 있을 때면 정말 불안해져요. 당신이 마치 그녀들과의 시간을 즐기는 것 같고, 서로 추파를 던지는 것 같거든요." 당신이 동의하든 그렇지 않든, 당신이 들은 것을 메모하기를 바란다. 5분이 마칠 때쯤, 다음처럼 말할 수 있다. "내가 당신의 요점을 잘 이해했는지 들어 봐요. 내가 다른 여자들과 함께 있으면, 당신은 불편해지고, 내가 그 사람들과 추파를 던지는 것처럼 생각하는군요. 내가 당신의 요점을 잘 이해했나요?" 이런 방식의 대화는 상대에게 비난받는 느낌을 주지 않고 서로 논쟁을 피하면서 자신의 의견을 표현할 수 있도록 돕는다. 당신의 파트너가 말한 것을 듣는 것이 당신이 동의한다는 것을 의미하지 않는다. 단지 경청함으로써 더 많은 정보를 얻을 수 있고, 두 사람 간의 관계가 강화될 수 있다. 동굴 속에서 두 사람이 들고 있는 양초의 불빛이 더 강해지는 것이다.

상대에게 어느 정도의 자비의 마음을 보이라

두 사람 모두 고통스럽고 어려운 감정을 공유하는 시간이므로, 서로 한발 떨어져 상대에게 자비심과 친절함을 갖는 것이 좋다. 그리고 서로 자신의 감정을 표현하고 경청하는 것에 감사하는 마음을 갖는 것도 좋다. 비록 불안하고 화가 났을지라도, 자비심을 마음에 허락하면 한결 침착해질 수 있다. 결국, 두 사람 모두 더 나은 결과를 원하므로 이러한 논의를 하는 것이다. 자비심을 비추기 위해 다음과 같이 말할 수 있다. "우리 두 사람 모두에게 어려운 일인데 이 문제에 대해 나와 이야기를 하려고 노력해 주어 고마워요. 이런 일이 당신에게도 어려운 것을 알아요. 나는 당신을 소중히 생각하기 때문에 당신 기분이 한결 나아지기를 원해요. 이 모든 문제가 상당히 어려운 것이기 때문에, 어느 정도 평안함과 신뢰가 우리 관계 속에 스며들기를 원해요." 당신이 자비심을 표현하고 자비의 마음을 가질 때, 관계의 방에는 따스함과 안전한 느낌이 들게 된다.

당신이 파트너에게 원하는 점을 파악하라

서로 경청할 수 있는 충분한 시간을 할애했다면, 당신의 파트너가 다르게 행동했으면 하는 점을 생각해 보라. 예를 들면, 당신의 파트너가 절대로 다른 남자(혹은 여자)와 말을 섞지 않기 원한다고 할 것인가? 이런 요청이 현실적일까? 파트너가 바꾸기를 바라는 행동이 있는가? 당신이 파트너에게서 원하는 변화를 찾기 어려울 수도 있다. 지금은 파트너에게 화가 많이 나 있다 할지라도, 작은 변

화들이 관계를 진전시키고 더 높은 신뢰를 쌓아 가는 데 매우 중요
하기 때문이다.

당신이 동의하는 부분을 파악하라

논의를 하다 보면 많은 경우 의견이 다른 부분에 시간을 할애하
게 된다. 하지만 질투에 대해 논의할 때는, 관계에서 긍정적인 부분
들로 논의를 확대하는 것이 좋다. 앞선 장에서 소개했던 관계의 방
에 대해 생각해 보라. 두 사람이 공유했던 모든 좋았던 것을 생각
해 보라. 두 사람이 관계에 있어 동의하는 좋았던 것에 대해 이야기
하는 것으로 시작하는 것이 좋다. 예를 들면, 데이브는 로라와 남자
동료들에 대해 여러 질투의 감정을 느꼈다. 그래서 나는 데이브에
게 그가 로라에게 좋다고 생각하는 것에 대해 이야기해 볼 것을 권
했다.

> "나는 당신이 우리 아이들에게 정말로 좋은 엄마라는 것을 알아요. 아
> 이들의 학교생활에 관심을 갖고. 아이들을 이해하려고 많은 노력을 기
> 울이고. 아이들이 문제가 있을 때면 많은 이야기를 하는 것도 알아요. 당
> 신이 아이들을 정말 사랑하고. 아이들도 당신을 사랑하는 걸 알 수 있어
> 요. 그리고 직장에서도 당신이 얼마나 열심히 하는지 알고 있어요. 좋은
> 엄마로, 직장 여성으로 살아가기 위해 많은 일들을 최대한 효율적으로
> 다루고 있다는 것을 알아요."

데이브는 두 사람이 동의하는 것에 대해 계속해서 이야기했다.

"때로 내가 질투를 많이 느낀다는 것에 동의해요. 그리고 내 질투로 인해 하는 질문들과 내 불안감이 당신을 어렵게 한다는 것도 이해해요. 이 문제에 대해서는 우리 둘 다 동의하는 것 같고. 여기에는 큰 이견이 없는 것 같아요. 그리고 때로 내가 당신을 불공평하게 대하는 것도 알아요."

로라는 데이브의 긍정적인 면에 대해 이야기할 수 있었다.

"나도 당신이 아이들을 키우는 데 많은 일을 하고. 직장에서도 열심히 일한다는 것을 알아요. 당신은 아이들을 사랑하고 나를 사랑하는 것을 압니다. 내가 직장 일로 출장을 갈 때면. 당신에게 쉽지 않은 일인데도. 더 많은 책임을 지고 일을 한다는 점에 고마워하고 있어요."

그리고 로라도 두 사람이 동의하는 부분에 대해 이야기했다.

"나도 당신의 질투심이 우리 둘 모두에게 문제를 일으킨다는 점에 동의하고. 질투심이 당신을 지치고 힘들게 한다는 점을 알아요. 당신은 질투심 때문에 때로 불안해하고, 화를 내고, 이성을 잃는 것처럼 보이기도 해요. 이것이 우리 사이의 관계를 어렵게 하고 있어서 함께 해결해야 한다는 점에 동의해요. 솔직히 내가 당신을 불편하게 만드는 일을 하는 때가 있다는 것을 알아요. 지난 번 회사 파티에서 테드가 나를 안았을 때. 당신이 보면 화를 낼 수 있다는 걸 알면서도 피하지 않았죠. 그런 면에서 당신의 질투심에 내가 일정 부분 기여한 점도 있다고 생각해요. 나도 비난에서 완전히 벗어날 수 없다는 점에 동의해요."

나의 질투심에 대해 파트너와 이야기하는 방법

만약 당신이 질투를 느끼고 있다면, 논의를 진행하기 위해 할 수 있는 여섯 가지 방안이 있다. 당신의 감정을 전달할 수 있는 몇 가지 간단한 방법으로 활용해 보라.

1. 당신에게 질투심의 문제가 있다는 점을 인정하라.
2. 당신의 질투심이 파트너에게도 부정적인 영향을 미친다는 점을 인정하라.
3. 비난을 받고 있는 파트너에게 자비의 감정을 전달하라.
4. 파트너에게 의견을 구하라. "내가 질투심을 느낄 때, 당신을 비난하는 느낌을 주지 않으려면 어떻게 이야기하면 좋을까요?"
5. 당신의 파트너가 당신을 이해하고 위로해 주는지 살펴보라.
6. 질투심을 느끼더라도 굳이 어떤 행동을 하지 않아도 된다는 점에 동의하라.

나의 행동에 대해 스스로 정직하라

사람들은 때로 의도적으로 파트너에게 질투심을 유발하려고 하는 경우가 있다. 이런 의도에는 여러 가지 목적이 있을 수 있다. 다음에 몇 가지 이유를 제시해 보겠다.

- 파트너를 시험하는 방안
- 어떤 사안에 대해 파트너를 벌하는 방안
- 파트너가 누군가에게 추파를 던질 때, 일종의 경쟁심
- 현재 관계가 끝날 때를 대비해 양다리를 걸치는 방안
- 자신이 여전히 매력적임을 증명하고 자존감을 높이기 위해
- 어떤 사람도 자신에게 이래라저래라 할 수 없음을 증명하기 위한 방안

스스로에게 질문해 볼 수 있다. '내 파트너에게 질투심을 유발해서 내가 얻을 수 있는 것이 무엇일까?' 그리고 나서, 이런 갈등이 당신의 행동을 지지해 주는지 스스로에게 물어볼 수 있다. 이전에도 이야기했듯이, 두 사람 모두가 질투심의 문제를 지니고 있을 수 있다.

당신이 변화하고자 하는 부분을 생각하라

우리는 거의 대부분 변화해야 할 사람은 내가 아니라 파트너이기를 원한다. 하지만 우리 스스로가 변화하고자 할 때, 문제가 훨씬 더 잘 해결된다. 논의를 시작하기 전에 이 점을 먼저 생각하기 바란다. 먼저 당신의 파트너가 당신이 변화하기를 원할 것 같은 부분들을 생각해 보고, 그 부분들을 변화시키기 위해 노력할 만한 가치가 있는지 살펴보자. 그리고 논의를 시작하고 나서, 당신의 예상이 어느 정도 맞았는지 검토해 볼 수 있다. 얼마나 정확하게 파트너의 생각을 예상할 수 있었는가?

당신의 파트너가 불만을 토로하는 부분들을 경청하고, 이 부분들을 변화를 위한 일종의 메뉴로 삼을 수 있다. 예를 들어, 당신이 끊임없이 질문하는 것에 대해 당신의 파트너가 불평을 한다면, 질문을 하지 않는 것이 하나의 변화할 선택지가 될 것이다. 만약 당신이 비난하는 것에 대해 당신의 파트너가 불만을 이야기한다면, 검사와 같은 역할을 그만두는 것을 생각해 볼 수 있다. 만약 당신이 질투의 대상이라면, 당신이 변화하고자 하는 부분이 어떤 것일지 생각해 보라. 질투를 느끼는 파트너에게 당신이 솔직하기 어려운 이유 중 하나는, 당신이 비난받게 될 것에 대한 두려움일 것이다. 그래서 다른 사람과의 관계를 숨기고 싶어 하고, 비난을 피하고 싶을 것이다. 물론 이런 비밀이 드러나게 되면, 상황은 크게 악화된다. 당신이 신뢰를 쌓기 원한다면, 당분간은 불편할지라도 투명함과 정직성을 갖추기 위해 노력해야 한다.

닉은 다른 여성들과 여러 번 술을 마셨고 그것을 비밀로 했다. 닉의 부인인 캐롤이 남편의 핸드폰 문자 메시지에서 이 사실을 발견했다. 캐롤은 불신이 커졌고, 닉이 다른 또 무언가를 숨기고 있는지 궁금해졌다. 처음에 닉은 이 부분에 대해 몇 가지 이유로 설명하고자 했다. 먼저 닉은 이런 만남이 순수했고, 사업과 관련된 것이었으며(몇몇 관계는 사업과는 무관했다), 아내가 너무 일이 바빠 누군가와 편한 시간을 갖는 것이 필요했다고 설명했다.

하지만 이러한 어떤 설명도 도움이 되지 못했고, 오히려 불신의 깊이만 더욱 깊어졌다. 나는 닉과 이런 '만남들'이 갖는 장점과 단점에 대해 이야기했다. 다른 여성들과의 만남을 통해 몇 분 정도는 마음이 편해지고 자신감도 커졌지만, 아내인 캐롤과의 관계에 비추어보면 훨씬 가치가 없는 것임을 깨달았다. 물론 아내인 캐롤이 직장 업무로 너무 바쁜 것에 대해 불평할 몇 가지 이유들이 있을 것이다. 하지만 이 문제는 조금 다른 문제로 따로 다루는 것이 필요하기에, 먼저 아내와의 신뢰를 다시 쌓는 일에 집중할 필요가 있었다. 닉은 다시 신뢰를 쌓는 것은 어느 정도 노력이 필요하다는 것을 깨닫고는, 몇 가지 지침들에 대해서 캐롤과 합의했다.

"좋아요. 술 한두 잔 마시면서 다른 여자들을 만나는 것이 당신을 화나게 한다는 것을 이해했어요. 그래서 이런 방법은 어떨까 해요. 내가 사업적으로 저녁식사나 술을 마셔야 할 일이 생기면, 먼저 당신에게 말할게요. 그럼 당신도 내가 무언가를 숨기고 있다는 느낌을 받지 않을 수 있을 것 같아요."

닉은 사업상 다른 사람들과 만나야 하는 일들이 있기 때문에 캐롤에게 정직하게 말할 필요가 있었다. 또한 닉은 캐롤에게 사실을 말하는 것이 때로 논쟁을 불러올 수 있음을 알기 때문에 이런 갈등을 피하고 싶어 했다. 닉은 그래서 비밀스럽게 만날 수 있는 방법을 찾고 싶은 충동이 일었다. 하지만 그때 이런 방식으로는 캐롤과 신뢰를 쌓을 수 없다는 것을 깨달았다. 나는 닉에게 다음과 같이 이야기했다. "많은 사람은 스스로 여러 관계를 맺으며 각각의 관계를 개별적으로 나누어 맺고 관리할 수 있다고 믿습니다. 그리고 때로 다른 여성들과 사적 만남을 갖는 것이 다소 재미있고 흥미로운 일이기도 할 것입니다. 하지만 여러 사람을 상담하면서 더 절실히 깨달은 것은, 삶을 최대한 간소하게 하는 것이 스트레스를 줄인다는 것입니다. 스스로에게 한번 질문해 보세요. '이런 일이 일어나는 것을 캐롤이 알게 되면 어떨까?' 캐롤이 매우 화가 날 거라는 답이 생각난다면, 이런 비밀스러운 만남이 과연 당신에게 가치가 있는지 다시 생각해 볼 필요가 있습니다."

나에게 어떤 자유가 있는지 찾아보라

우리 대부분은 누군가가 우리에게 무엇을 해야 할지 말하는 것에 대해 좋아하지 않는다. 우리는 있는 그대로 존중받고 신뢰할 수 있어야 한다고 생각한다. 이런 방식으로 다른 사람을 대할 수도 있다. 하지만 이런 완전한 자유를 존중하는 일은 당신이 어떤 관계 속에 있지 않거나, 단순히 한 번 만나는 정도로 책임을 지지 않아

할 때에만 가능하다. 당신이 맺는 관계의 본질이 어떨지를 결정할 필요가 있다. 어떤 책임감을 키워 갈 것인지, 혹은 단순히 하고 싶은 일만 할 것인지에 대해서 말이다. 이 선택을 하는 사람이 당신이라는 점을 인식할 필요가 있다. 당신이 어떤 책임감을 갖는 관계를 맺고 있다면, 이 관계를 유지하기 위해 어떤 것을 포기할 수 있을지 스스로에게 질문해야 한다.

커플마다 자신들이 받아들이고 싶은 자유가 다르다. 여기에는 어떤 규칙이 없다. 어떤 부분을 변화하고, 어떤 부분을 받아들일지를 결정하기 위해서 열린 논의가 있어야 한다. 파트너가 당신이 요청한 모든 것을 받아들여야 한다는 것도 아니다. 다만 서로 협상할 수 있는 합리적인 부분들이 있을 것이다. 결혼한 지 몇 년이 지난 커플이 있었다. 아내는 밖에서 댄스를 하는 것을 좋아했고, 남편은 전혀 관심이 없었다. 남편은 아내를 믿었고, 그래서 다른 남자들과 춤을 추는 것을 걱정하지 않았다. 혼외 관계나 주요한 갈등 없이 몇 년간 잘 지내 왔다. 하지만 많은 커플이 이런 경우 어려움을 겪기도 한다. 어떤 확실한 규칙이 없기 때문이다.

이런 방식으로 자유를 한번 생각해 보라. 가볍고 피상적인 관계를 맺을 자유가 있다면, 당신이 맺는 관계는 가볍고 피상적일 것이다. 만약 조금 더 신뢰를 쌓고 오래 지속되는 관계를 맺을 수 있다면, 깊이 있고, 책임감 있고, 서로의 개인사와 미래를 공유하는 관계를 맺을 자유가 있다. 어떤 자유를 원하는지는 당신의 가치에 달려 있다. 가벼운 관계를 맺는 자유가 중요하다면, 피상적이고 일시적인 관계를 맺는 목적을 이룰 수 있다. 당신의 목표가 깊이 있고 지속적인 관계를 맺는 것이라면, 자유에는 그만큼의 책임이 따른다. 신뢰와 책임 있는 관계를 맺을 자유를 누리고 싶다면, 신뢰와 책임을 지는 노력이 필요하다. 어떤 것도 그냥 달성할 수는 없다.

어느 날 닉이 상담실 소파에 앉고는 강렬하게 울음을 터뜨렸다. "저는 제 아내와 아이들을 잃고 싶지 않아요. 제가 정말 바보 같은 짓을 했다는 게 믿기지 않아요." 닉이 다른 여자에게 추파를 던지는 문자 메시지를 닉의 아내가 발견했기 때문에, 그는 절망감에 휩싸였다. 닉은 자신의 결혼이 위기에 처했다고 생각했고, 캐롤과 신뢰하는 관계를 쌓고 아내와 자녀들과 평온하게 살고 싶은 자유를 누리기 위해서는 다른 부분에서의 자유를 다시 점검해야 한다는 점을 깨달았다. 다른 자유에는 다른 여성들과 술을 마신다거나 비밀스러운 관계를 하고 싶은 자유 등이 포함된다. 즉, 자유에는 대가가 따른다.

몇몇 사람은 자신들이 원하는 것은 무엇이든 해야 한다고 생각하고, 자신의 파트너도 그것을 받아들여야 한다고 생각한다. 그 결과는 신뢰가 녹슨 무너진 관계다. 이런 생각은 다른 관계로 이어져 신뢰가 녹슬게 된다. 론 화이트라는 한 코미디언이, 다음과 같은 말을 했다. "바람을 피우지 않을 때 가장 좋은 점은 절대 잡히지 않는다는 것이다."[48] 의미 있는 삶을 위해 가장 중요한 것은 단순함일 때가 많다.

관계에는 결정이 필요하다. 두 사람이 받아들일 수 있는 일종의 거래에 대해 생각할 필요가 있다. 삶에서 경험하는 것처럼, 절대 공짜 점심은 없다. 관계에서 당신이 질투는 느끼고 있는 사람이라면, 질투심을 유발하는 행동 목록들을 만들고, 당신이 절대 받아들일 수 없는 행동, 다소 불편하지만 받아들일 수 있는 행동 그리고 쉽게 받아들일 수 있는 행동으로 나누어 볼 수 있다.

관계에서 당신이 질투심의 대상이라면, 당신이 맺고 있는 관계에서 책임감에 대해 어떻게 생각하는지 다시 생각할 필요가 있다. 당신이 받아들이거나 바꾸기 어려운 행동에 대해서는, 그렇게 생각하는 이유들을 적어 보라. 당신의 관계를 가치 있는 것, 유연함이 필요한 것, 그리고 노력할 의지가 있는 것으로 생각해 보라.

질투하는 파트너에게 대응하는 방법들

질투 자체가 문제라기보다, 질투에 대해 두 사람이 어떻게 대화하는지가 중요하다. 누군가 비난을 받는다고 느끼면 자연스럽게 자신을 방어하거나, 공격하거나, 결백을 주장하거나, 관계에서 더욱 물러서게 된다. 나 자신만 힘든 것 같고 내 파트너가 불공평하고 심지어 공격적이라 느끼지만, 파트너 역시 고통스럽고 외로움 속에 있다. 그 파트너는, 당신을 사랑하고 당신을 잃을까 봐 두려워하는, 당신이 사랑하는 사람이다.

당신의 파트너가 질투심에 휩싸여 있을 때, 당신이 결백한지 여부는 크게 중요하지 않다. 당신의 파트너가 자신이 사랑하는 사람을 잃을까 봐 두려워 강렬한 감정을 느끼고 있고, 이에 대처하는 것을 어려워하고 있다는 것이 중요하다. 당신의 파트너가 질투심을 느낀다면, 이때 이해와 자비 그리고 존경심을 가지고 파트너를 대하는 것이 좋다. 당신이 파트너의 질투심에 어떻게 반응하는지, 어떻게 두 사람이 서로 대하는지가 서로를 더 멀어지게 할지, 아니면 공동 작업을 통해 더 가까워지고, 신뢰를 쌓는 관계로 발전할지를 결정할 것이다.

당신이 모든 것을 내던지고 포기하기 전에, 이 시기가 일종의 전환점이 되어 서로 경청하고 이해받고, 함께 문제를 해결하고, 자비의 감정을 공유할 수 있을지 생각해 보라. 이런 시도를 해서 잃을 것이 무엇일까?

다음과 같이 생각해 보자. 당신의 파트너가 불안감, 분노에 휩싸여 있고, 당신이 더 이상 자신에게 관심이 없을까 봐 두려워하고 있다. 당신의 파트너가 당신을 몰아세우는 이유는 이 방법이 유일하게 자신이 할 수 있는 것이라 믿기 때문일 것이다. 한발 물러서서 상황을 바라보고 수용해 보라. 당신의 파트너가 전전긍긍하는 모습이 보일 것이다. 이런 상황에서 당신이 할 수 있는 몇 가지 방안을 소개한다.

- 당신의 파트너가 당분간 질투를 느낄 것임을 인지하고, 이것을 지금 받아들이라.
- 파트너의 감정에 관심을 보이라.
- 파트너가 느끼는 고통을 염려한다는 것을 자비심을 가지고 표현하라.
- 당신이 들은 것을 반복해 보라. 이때 들은 내용에 정확히 동의할 필요는 없다.
- 타당한 측면을 찾아보라. 예를 들어, 왜 파트너가 신뢰를 잃었는지 이해할 수 있는 것과 같은 부분이다.
- 문제에 당신이 기여한 부분을 인정하라.

- 다른 사람들도 이와 유사하거나 같은 감정들을 느낀다는 것을 생각해 보라(감정의 정상화).
- 현재 파트너가 느끼는 감정들도 시간이 흐르면서 지나갈 것임을 생각하라.
- 두 사람이 이제까지 공유한 긍정적 감정들과 경험들을 떠올려 보라.
- 파트너가 다르게 느껴야 한다고 이야기하지 말고, 현재 그/그녀의 느낌은 파트너가 어떤 상태인지를 알려 주는 일종의 표현이라고 받아들이라.
- 파트너가 지금 당신에게 매우 화가 나 있을지라도, 그/그녀를 위해 당신이 파트너의 옆에 있다는 확신을 주라.

몇몇 사람은 솔직히 자신이 어떤 배반도 하지 않았다고 생각하기 때문에, 자신의 행동을 바꾸려 하지 않는다. 그리고 이런 점이 이해가 됩니다. 하지만, 관계 안에서는 상대방의 감정과 필요를 존중하려는 의지가 필요하다는 점도 생각해야 한다. 계속해서 이 부분에 대해 이야기를 해 보겠다.

계속 작업해 나가기

질투심은 사라질 것이라고 가정하지 않길 바란다. 그것은 사라지지 않아야 한다. 관계의 방을 다시 떠올려 보라. 관계의 방 안에는 과거, 현재 그리고 미래에 있는 많은 기억, 생각, 느낌 그리고 경

힘들이 있다. 그리고 이러한 요소들은 계속해서 자라고 변화한다. 관계의 방에 질투심을 위한 공간도 마련해 두기 바란다. 그 안에서 질투심이 들어왔다 나갔다 할 수 있음을 받아들여 보라.

여러분은 함께 작업하면서, 질투심은 잠시 한편에 놓아두고, 계속해서 계획을 세우고 일을 해 나갈 수 있다. 때로 질투심과 같은 고통스러운 감정은 우리의 마음을 붙잡아 두고 계속 반추하도록 한다. 하지만 이런 감정도 한편에 있다고 받아들이고(반추하거나 생각하지 않으려고 억압하는 대신, 그리고 이런 일이 하루에도 몇 번씩 일어날 수 있다는 것을 받아들이며), 여전히 함께 계획을 세우고 작업을 해 나갈 수 있다.

데이브와 로라는 데이브의 질투심에 너무 집중한 나머지, 서로 어떤 긍정적인 일들도 할 수 없었다. 데이브는 비록 질투심이 강했지만, 여전히 로라와 좋은 관계를 만들기 원했다. 하지만 마음속에는 다음과 같은 생각이 들었다. '로라가 나를 이렇게 힘들게 하는데, 어떻게 그녀와 무슨 일을 할 수 있겠어?' 나는 데이브가 자신의 질투심에 합당한 이유가 있다는 점을 받아들일 것과, 하지만 그 밖에도 로라에게 느끼는 다른 감정들도 있음을 이야기했다. 예를 들면, 사랑, 성욕, 함께 있는 시간에 느끼는 재미와 같은 감정들이 있다. 질투심을 느낄 만한 이유가 있다는 것이 그녀와 관계를 맺는 것을 포기해야 하는 것을 의미하지는 않는다. 나는 '반대 행동'을 제안했다. 이 경우 반대 행동은, 불신과 분노를 표현하는 대신, 반대로 사랑과 애정을 표현해 보는 것이다. 데이브는 자신이 로라에게 화와 불신을 느낄 충분한 이유가 있다고 믿었기 때문에, 이런 반대 행동을 하는 것을 어려워했다. 하지만 데이브에게는 관계를 더 좋게 개선하고 다른 감정들을 보살필 이유가 충분했다. 그래서 데이브와 로라는 서로 외식. 쇼핑. 집에서 함께 식사하고 좋아하는 TV 프로그램을 함께 보는 계획을 세웠다. 두 사람 사이에 긍정적인 관계가 강해지면서 질투심의 강도가 줄어들었다.

당신이 상처를 입고, 질투를 느낄 합당한 이유가 있다는 것이 관계를 포기해야 한다는 것을 의미하지는 않는다. 관계가 악화된 이후에도 상황을 좋게 바꾸어 갈 수 있다.

질투심이 관계의 종말이 될 필요는 없다. 오히려 이 감정을 서로 경청하고, 소통하고, 지지하고, 수용하고, 자비심을 표현할 기회로 삼는다면, 당신이 맺는 관계가 새로운 국면으로 접어들 수 있다. 두 사람을 멀어지게 하기보다, 당신의 질투심을 이해하면서 두 사람이 잘못된 방향으로 가고 있음을 알려 주는 분노와 두려움을 치유하는 계기가 될 수 있다. 질투심은 인간의 일부분이고, 친밀함의 한 부분이고, 당신이 관계에서 서로의 책임과 정직함을 소중하게 생각한다는 것을 뜻한다. 두 사람이 어두운 동굴에서 양초를 함께 들고 걷는다면, 두 사람의 관계는 더 강해질 것이다. 이 작업은 많은 노력이 필요하고 결코 쉽지만은 않다. 하지만 두 사람이 함께 노력한다면, 서로가 짊어지고 있는 짐이 그리 무겁지만은 않을 것이다. 양초의 불빛은 더 따뜻하고 더 밝게 서로를 비춰 줄 것이다.

제11장
과거사의 질투심을 극복하기 위해 과거는 과거에 두기

조쉬는 몰리의 전 남자친구인 에몬이 참석할 것 같은 파티에 가는 것이 불안하다. 이런 상황은 걱정도 되고 화가 나며, 자신이 이런 감정들을 어떻게 다룰지도 모른다. 자신이 생각할 수 있는 모든 것은, 몰리가 에몬과 잠자리를 했었다는 것이고, 이런 생각은 질투심에 휩싸여 분노를 이끌어 낸다. 몰리는 에몬이 자신은 너무 통제하려고 하고 비판적이라는 점 때문에 헤어졌다. 몰리는 조쉬에게 자신은 다시 에몬과 사귈 생각은 전혀 없다고 이야기했다. 하지만 이러한 말은 조쉬에게 충분하지 않다. "내가 에몬을 보게 된다면, 그 녀석의 면상을 때릴 것을 알아." 조쉬는 이런 행동이 옳지 않다는 것을 알고, 몰리와 에몬이 헤어진 지 6개월이 지났다는 것을 알지만, 여전히 질투심과 분노가 매우 강렬하다.

과거에 로맨스나 누군가와 정신적 · 육체적으로 친밀한 관계를 맺지 않았던 사람은 없을 것이다. 우리는 순결의 시대에 살고 있지 않다. 하지만 많은 사람이 자신의 현재 파트너가 가졌던 이전 사랑에 대한 생각이나 이미지로 괴로워한다. 많은 사람이 자신의 파트너가 이전에 성적으로 친밀한 관계를 맺었던 것에 대해 화를 낸다.

당신이 이런 경험이 있다면, 아마도 당신 자신을 당신은 만나지도 않은 그 사람과 비교할 것이다. 다음과 같이 생각할 것이다. '내 파트너가 밤에 잠자리에서 얼마나 즐겼을지 궁금해.' '그 사람이 나보다 내 파트너를 더 사랑했을 거야.' '내 파트너는 아직도 그 사람을 생각하며, 나와 그 사람을 비교할 거야.' 이런 비교를 하면서, 당신의 파트너가 아직도 그 사람을 사랑하고 있고, 그와 함께 하고 싶고, 그에 대한 환상을 지니고 있을 것이라고 생각할 수 있다.

이 장에서는 과거의 관계에 대한 질투심에 고착되어 있는 것이 당신을 얼마나 힘들게 하는지, 그리고 현재의 관계를 즐기지 못하게 하는지에 대해 다룰 것이다. 이러한 과거의 질투심의 예를 살펴보고, 순결에 대한 환상 및 완벽주의와 어떤 관련이 있는지 평가해 볼 것이다. 그리고 이러한 과거를 과거로 인정하고 현재의 순간을 살 수 있는 강력한 방법들을 사용하는 방안에 대해 살펴볼 것이다. 이 순간 당신 파트너의 유일한 사랑이 되기 위해서, 그 사람의 평생 사랑하는 단 한 사람이어야만 하지는 않다. 다음 진술문을 보고 당신에게도 적용되는지 살펴보기 바란다.

- 내 현재 파트너가 과거에 사랑하는 사람이 있었다는 사실에 대해 종종 생각한다.
- 앞의 경우를 생각할 때, 나는 걱정도 되고 불안해진다.
- 내 현재 파트너가 과거에 사랑했던 사람과 더 좋은 관계를 맺

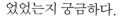

었었는지 궁금하다.

- 나는 내 파트너에게 좋아하고 열정이 있었던 유일한 사람이
되고 싶다.

앞의 진술들이 당신에게 사실이라면, 과거의 **질투심**에 사로잡혔
다고 생각할 수 있다. 당신의 현재의 관계가 잘 진행되고 있다고 할
지라도, 자신을 과거 속 사람들과 비교하고, 불안감과 분노를 느끼
며, 파트너의 과거 관계 속에 머물고 있다고 볼 수 있다. 이 장에서
는 이런 반추, 불안, 분노가 어떻게 당신의 질투하는 마음에 드는지
살펴볼 것이다. 그리고 이러한 과거 관계 속에서 벗어날 수 있는 강
력한 방안들을 소개할 것이다. 결국, 현재의 관계를 충분히 즐기기
위해, 당신의 뒤에 있는 과거에서 떠나야 할 필요가 있다.

나는 당신의 유일한 사람이고 싶어요

당신의 파트너가 당신만을 바라고, 당신과만 만족스러운 섹스를
할 수 있다고 믿는 것은 당연할 수 있다. 이러한 낭만적인 생각은
우리가 특별하고, 특히 우리의 파트너에게는 유일하게 특별한 존재
라는 믿음에서 나올 것이다. 때로 우리의 파트너가 나와 관계에 있
는 한 다른 매력적인 사람을 만나지 않아야 한다고 믿는다. 과거에
질투심을 갖는 경우, 어떤 사람도 내 파트너에게 매력적이지 않았
어야 한다고 믿기도 한다. 이런 생각을 낭만적인 완벽주의라 한다.
즉, 현재의 관계만이 특별하고 모든 과거의 관계는 마음속에 존재

하지 않아야 한다는 생각이다. 마치 우리의 현재 관계가 과거의 행동으로 오염되는 것으로 생각하여, 순결에 집착하는 것이다. 하지만 이러한 신념은 우리를 불행하게 만들 뿐이다. 다음의 질문을 생각해 보면서 낭만적 완벽주의에 기저하는 논리를 확인해 보라.

- 왜 당신의 파트너는 과거에 누군가와 만족스러운 섹스를 하지 않았어야 하는가?
- 당신의 파트너가 당신에게만 매력적일 거라 기대하기 때문인가?
- 당신만이 파트너를 흥분시킬 수 있다고 생각하는가? 왜 그런가?
- 왜 당신만이 세상에서 유일한 섹시한 사람이어야 하는가?
- 당신의 파트너가 당신이 유일하게 매력을 느낀 사람이고, 섹스를 즐길 수 있는 사람인가?
- 앞의 질문에 그렇지 않다는 답을 한다면, 그것이 당신은 신뢰할 수 없는 사람이라는 의미인가? 이런 생각이 현실적인가?
- 성적으로 성숙한 사람이 다른 사람과 섹스를 즐길 수 있다는 것이 이해가 되는가?
- 결국 당신도 다른 사람과의 섹스를 즐길 수 있을 것이다. 이런 사실로 당신의 파트너가 위협을 느껴야만 하는가?

당신이 파트너가 원하는 전 세계의 유일한 사람이어야 한다고 믿는다면 한번 상상해 보라. 전 세계 60억의 사람들 가운데, 당신의 파트너는 당신에게만 만족을 느낄 수 있어야 할 것이다. 당신의 파트너는 20년이나 30년 혹은 그 이상 인생을 살았을 텐데, 그/그녀에게 매력적인 사람은 한 사람도 없었다. 그리고 당신을 만나서 모든 것이 바뀌었다.

앞의 이야기에는 욕구 완벽주의가 담겨 있다. 당신의 파트너는 당신만을 원해야 한다는 것이다. 우리가 파트너의 과거 경험에 대해 생각할 때, 이런 욕구 완벽주의를 사용하고는 한다. 이 욕구 완벽주의는 순결 환상에 기반한다. 순결 환상은 진정한 사랑은 순결과 금욕을 요구한다는 생각이다. 오늘날을 사는 성인은 과거 여성들을 살해하기도 했던 과거의 종교적 · 문화적 금기들에서 자유롭기 때문에, 이러한 생각은 환상이다. 우리는 21세기를 살고 있다.

자신의 질투심을 바라보는 새로운 방법들

앞의 이야기에 기반하는 논리에 대해 조금 더 생각해 보자. 당신과 당신의 미래 파트너가 모두 서른 살이라고 해 보자. 당신과 그 사람은 서로 방금 만났다. 방금 만난 사람이 당신에게 말한다. "나는 서른 살이에요. 나는 이제까지 살면서 세상에서 누구에게도 성적으로 매력을 느껴 본 적이 없어요. 나는 다른 사람들과 데이트를 많이 해 봤지만, 누구에게도 매력을 느끼지 못했어요. 하지만 당신을 만나고 당신에게 매력을 느끼고 있다는 걸 깨달았어요."

어떻게 생각하는가? 첫 반응으로, 이 사람이 아마도 자신의 과거에 대해 거짓말을 하고 있다고 생각할 수 있다. 혹은 누구에게도 성적인 흥분을 느끼지 못했거나 매력을 느끼지 못했다면 이 사람에게 무언가 큰 문제가 있다고 생각할 수 있다. 이런 궁금증을 가질 수 있다. 이 사람이 심하게 우울한가? 자신의 성적 지향에 확신이 없나? 신체에 문제가 있나? 만약 앞의 이유들로 이전 성적 욕구가 결함이 되었다면, 앞으로는 어떨 것이라고 생각하는가? 당신에게 매력을 느낀다는 말을 신뢰할 수 있는가? 이런 생각들을 해 보면 욕구 완벽주의와 순결 환상은 비현실적이라는 것을 알 수 있지만, 당신이 갖고 있는 과거에 대한 질투심이 생각하는 방식이기도 하다.

자신의 경험에 비추어 보라

자신의 경험을 한번 살펴보라. 현재 당신의 파트너를 만나기 전에, 당신이 매력을 느꼈던 사람들이 있는가? 성적으로 만족감을 느꼈던 사람이 있는가? 이 점에 대해 죄책감을 느껴야만 하는가? 아마도 이것은 당신이 다른 사람들과 건강하고 정상적인 경험을 했다는 것을 의미할 뿐일 것이다. 당신의 현재 파트너가 이 사실로 당신을 불신해야만 하는가?

당신의 과거와 경험을 떠올려 보라. 과거의 관계가 즐겁지 않았는가? 과거의 관계에서 충분히 즐거웠다면, 이것이 현재 당신의 파트너를 사랑할 수 없고, 깊은 관계를 맺을 수 없다는 것을 의미하는가? 과거에 이전 파트너와 즐거운 시간을 보냈다는 것이 현재 자신을 통제할 수 없다는 것을 의미하는가? 당신이 과거의 파트너에게 계속해서 돌아가 그들과 섹스를 하는가? 왜 그렇지 않은가? 왜냐하면 과거는 과거이기 때문일 것이다.

조쉬는 이전에 사귀었던 여럿의 사람이 있었으나. 파티에 나타날 수도 있는 몰리의 과거 남자친구에 대해서 걱정을 한다. 내가 조쉬에게 그의 과거 관계들에 대해 몰리가 걱정을 해야만 하는지 묻자. 방어적이 되었다. "왜 그녀가 그걸 걱정해야 하죠? 저는 그녀를 사랑해요. 그리고 이전의 관계는 모두 끝났어요." 나는 조쉬의 이야기가 몰리에게도 해당되지 않는지 물었다. 그녀의 과거 관계는 과거에 이미 끝난 것이다. 조쉬는 잠시 멈추었다가 말했다. "선생님 생각을 알겠어요. 걱정할 부분들에 있어서는 몰리나 저나 비슷하다는 말씀이죠."

두 사람 중 한 사람 혹은 두 사람 모두가 관계에 가치가 없다고 생각한다면, 결국 모든 관계는 끝나게 되어 있다. 당신의 과거 관계가 끝났다면, 새로운 현재의 관계의 가능성이 열리는 것이다.

과거사의 질투심에 감추어진 규칙들

우리가 파트너의 과거에 대해 어느 정도 질투심을 느끼는 것이 드문 것은 아니지만, 어떤 사람들은 과거 때문에 매우 혼란스러워하고 걱정에 휩싸인다. 이처럼 과거 속 인물에 대한 질투심 뒤에 감추어진 생각들을 살펴보면, 수많은 규칙을 발견할 수 있다. 당신을 화나게 만든 것은 파트너의 과거의 관계가 아니라, 당신이 가지고 있는 규칙들이라는 점을 생각해 보기 바란다. 다음 규칙들의 몇 가지 예를 열거했다.

- 나는 내 파트너가 원하는 유일한 사람이어야만 한다.
- 내 파트너가 과거에 다른 누군가와 섹스를 즐겼다면, 그/그녀는 다시 그 사람에게로 돌아갈 것이다.
- 내 파트너가 과거에 누군가와 섹스를 즐겼다면, 그/그녀는 언젠가 나를 떠나 다른 사람에게 갈 것이다.
- 내 파트너가 과거의 파트너에 대해 소중한 기억을 가지고 있다면, 그 사실은 내 현재 관계에 위험이 된다.

앞에 열거한 규칙들을 자신이 믿고 있다고 상상해 보라. 어떤 일이 일어날까? (현실적이지도 않고 불가능하지만) 여러 시나리오가 생각나 실망감과 패배감에 사로잡힐 것이다. 당신은 파트너가 이전 파트너에게 돌아가거나 미래의 다른 파트너를 위해 당신을 떠날 것이라고 걱정하게 될 것이다. 과거에 위협을 느끼기 때문에, 당신의 파트너를 시험하고, 심문하고, 행동을 제한시키려고 노력할 것이다. 과거는 절대 지울 수 없기 때문에, 당신은 당신이 절대 바꿀 수 없는 무언가에 고착될 것이다.

진화의 렌즈

과거의 욕구와 관계를 바라보는 다른 방법은 진화의 관점으로 보는 것이다. 욕구는 종들에게 적응적인 방식으로 진화했다. 많은 다른 사람들에게 욕구를 갖는 것은 아이를 낳고 번식하려는 측면에서 허용되었고 적응적이었다. 만약 한 사람이 한 사람에게만 욕구를 갖는다면, 번식의 측면에서는 적응적이지 않을 것이다. 진화의 맥락에서 보면, 당신이 당신의 파트너에게 유일하게 만족을 느끼게 하고 매력적인 사람이 되어야 한다는 생각은 터무니없는 것이다.

당신 파트너의 과거의(혹은 현재의) 욕구가 반드시 행동으로 이어질 것이라고 믿을 수도 있다. 조쉬가 내게 물었다. "만약 몰리가 에몬을 원한다면, 그녀가 에몬에게 가거나 다른 누군가에게 가는 것을 어떻게 막을 수 있을까요?" 이 질문에서 조쉬가 몰리의 욕구, 기억, 심지어 환상들 모두가 위험하다고 생각한다는 것을 발견했다. 조쉬는 몰리가 욕구가 지나쳐 스스로 통제하지 못할 것이라고 믿었다. 이전 장에서 **생각-행동 융합**이라고 설명한 것과 같다. '만약 몰리가 욕구를 가지고 있다면, 그녀는 욕구대로 행동할 것이다.' 이 가정을 한번 점검해 보기로 했다.

밥(상담사): 당신은 얼마나 자주 여자들을 보고 매력을 느끼나요?

조쉬: (웃으며) 매일이요.

밥: 몰리와 관계를 시작하고 나서, 얼마나 많이 부정을 범한 관계를 맺었나요?

조쉬: 한 번도 그러지 않았어요.

밥: 그렇다면 이 점이 우리가 욕구나 성적 환상을 갖는다는 것과 그것을 행동에 옮기는 것은 서로 동떨어진 문제라는 것을 의미하나요?

조쉬: 그렇죠.

밥: 왜 당신은 당신의 욕구나 환상대로 행동하지 않았나요?

조쉬: 다른 여자가 때로 매력적이고, 심지어 성적 환상도 갖곤 했지만, 저는 몰리를 정말 사랑하거든요. 이런 생각대로 행동하면 모든 것이 망가질 수도

있잖아요. 제 인생을 복잡하게 만들고 싶지 않아요. 그럴 가치도 없고요.

밥: 같은 생각과 선택의 과정이 몰리에게도 적용되지 않을까요? 그녀가 에몬과의 섹스를 기억하고 그 때의 좋았던 감정을 느낀다고 해도, 다시 에몬과 관계하는 것은 가치가 없다고 결정할 수도 있습니다. 생각이나 감정을 느끼는 것과 이를 행동으로 옮기는 것 사이에는 큰 차이가 있을 가능성이 있나요? 당신이 매일의 삶에서 경험하고 있는 것은 아닌가요?

네이든은 행복한 기혼남이다. 그는 카페에서 젊은 여성에게 매력을 느낀 것을 알고는 자신의 결혼과 자신에 대해 걱정을 했다. 늦봄이었고, 많은 여성들이 어느 정도 노출이 있는 의상을 입고 있었다. 그는 주변 여성들이 섹시하다고 생각했지만, 또 걱정이 되었다. '내가 이 여자들이 섹시하다고 생각하는 걸 보면, 내 결혼에 무언가 문제가 있음이 틀림없어.' 나는 네이든에게 무슨 일이 일어날 것 같은지 물었다.

네이든: 저는 이성을 잃고 이 사람들 중 한 명과 바람을 피우면 어쩌나 걱정이 돼요.

밥: 한번 그런 일이 생겼다고 가정하고 하나씩 생각해 보죠. 당신이 매력적인 여자를 보았고, 그녀와 이야기를 시작합니다. 그리고 당신은 그녀에게 빠진 걸 알고 몰래 그녀를 만나기 시작합니다. 아내에게는 이 사실을 숨기고 세컨드 폰을 만들어 가지고 다닙니다. 하나는 당신의 사업을 위해, 다른 하나는 당신의 새로운 애인을 위해. 당신은 호텔 방에서 새 애인을 만납니다. 이 관계는 몇 달이나 지속이 됩니다.

네이든: 절대 이런 일은 일어나지 않을 거예요.

밥: 왜 그렇죠? 방금 당신이 주변 여자들에게 매력을 느꼈다고 하지 않았나요?

네이든: (더 강렬하게) 저는 제 인생을 이렇게 복잡하게 만들고 싶은 생각이 전혀 없어요. 절대 제 아내와 아이들에게 상처를 주지 않을 겁니다.

이 일화는 우리가 어떤 환상과 욕구를 가질 수 있고, 더 중요한 것(앞의 경우에는 결혼)을 위해서 환상이나 욕구와는 반대로 결정한다는 것을 보여 준다.

현실적인 지침 만들기

앞에서는 비현실적인 규칙들을 살펴보았으니, 이들을 관계를 파괴하지 않는 좀 더 현실적인 지침으로 바꾸어 보자. 몇 가지 예가 있다.

- 나는 내 파트너가 원해 왔던 유일한 사람은 아니다.
- 내 파트너가 과거 누군가와 섹스를 즐겼다 할지라도, 이것이 그 사람에게 다시 돌아갈 가능성에 대해서는 아무것도 의미하지 않는다.
- 내 파트너가 과거 누군가와 섹스를 즐겼다면, 나와도 그렇게 할 수 있을 것이다.
- 내 파트너가 과거의 파트너와 좋은 기억을 가지고 있다고 해도, 내 현재의 관계에 위험하지 않다. 우리 모두에게 과거에 경험한 긍정적인 기억을 되새기는 것은 자연스럽다. 기억은

그런 속성이 있다.

내 파트너가 그를 원했었다면, 어떻게 나를 원할 수 있을까

당신의 이분법적이고 흑백논리의 사고를 살펴볼 필요가 있다. '만약 내 파트너가 누군가에 대한 욕구가 있다면 (과거든 현재든), 그에게는 나에 대한 욕구가 없다는 것을 뜻한다.' 이 생각도 욕구 완벽주의의 한 형태다. 당신은 오직 하나의 욕구만 가질 수 있고, 이 욕구는 모든 다른 욕구를 상쇄할 수 있다는 것이다.

이런 논리는 음식에 대해 이야기하면서 살펴볼 수 있다. 당신이 랍스터와 토마토 소스를 곁들인 특정 파스타를 정말 좋아한다고 하자. 하지만 레스토랑에서 마지막 랍스터가 다 팔렸다. 웨이터가 와서 인기 많은 가지볶음 요리와 함께 메뉴에 있는 30여 가지 음식을 권했다. 이때 당신은 랍스터와 토마토 소스를 곁들인 파스타 이외에 어떻게 다른 메뉴를 나에게 제안할 수 있냐고 묻고 식당을 나올 것인가?

당신의 파트너는 과거에 다른 누군가에게 매력을 느꼈을 수 있지만, 그 관계는 끝이 났다. 두 사람은 더 이상 서로를 참을 수 없다고 결정했을 수도 있다. 하지만 동시에 당신의 파트너가 이전에 그 사람과 가졌었던 몇 가지 좋았던 기억은 선택적으로 간직하고 있을 수 있다. 이것이 그녀가 갖고 있던 과거의 욕구와 환상이 현재 당신과 맺는 관계와 욕구를 방해할 것임을 의미하는가? 욕구나 환상은 이분법적이지 않는다. 서로 상쇄하지도 않다. 당신도 다른 사람과의 환상을 가지고 있지만, 여전히 현재의 파트너와 친밀한 관계를 맺고 있을 것이다. 두 가지는 공존할 수 있다.

아마도 나보다는 다른 사람이 내 파트너에게 더 좋은 상대였을 거야

당신의 파트너에게 옛 애인이 현재의 나보다 더 만족스러운 사람이었을 것이라는 당신의 두려움에 대해 살펴보자. 만약 이런 두려움이 사실이라면 어떨까? 조쉬도 이런 두려움을 가지고 있었다.

조쉬: 몰리가 에몬과 어땠었는지 잘 모르겠어요. 하지만 몰리가 에몬이 더 나은 사람이었다고 생각할까 봐 걱정이 됩니다.

밥: 그게 사실이라면 무엇을 의미할까요? 몰리가 당신에게는 만족하지 못한다는 것을 의미하나요? 만족스럽기 위해서는 항상 가장 최고의 경험을 해야 한다는 것을 뜻하나요?

조쉬: (잠시 생각하며) 몰리와의 성적 관계는 정말 좋아요. 하지만 몰리가 때로 너무 피곤해하거나 관심이 없을 때가 있어요. 이런 경우, 몰리가 내게 흥미를 잃었나 걱정하게 되고, 에몬과는 어땠을까 생각하며 비교하게 돼요.

조쉬는 **감각 완벽주의**로 고통받고 있다. 감각 완벽주의는 오직 최고의 감각적 경험만이 만족스러울 수 있다는 믿음이다. 이런 믿음에서, 몰리가 과거에 누군가와 완벽한 경험을 했다면, 그녀는 이런 정도의 완벽한 경험으로만 행복해질 수 있다는 생각이다.

이 부분을 조금 다른 예의 비유로 생각해 보자. 5년 전에 당신이 세상에서 최고의 음식점에 갔다고 생각해 보라. 그곳에서 인생 최고의 음식을 맛보았다. 이것이 당신은 앞으로 절대 어떤 음식도 즐길 수 없다는 것을 뜻하는가? 아마도 이후에 당신은 더 많은 음식을 먹고 즐겼을 것이며, 앞으로도 더 많은 음식을 즐길 것이다. '최고'의 감각적 경험이 다른 **모든 감각적 경험**의 적이 되는 것이 아니다.

당신이 만족스러워하는 유일한 경험이 당신의 전체 삶에서의 가질 수 있는 가장 최고의 경험이라고 말해 보자. 당신의 최고의 섹스 경험이 5년 전에 있었다고 상상해 보자. 이런 완벽주의의 논리로는 그 이후에 당신은 절대 만족스러운 섹스를 할 수 없었을 것이다. 그 외의 경험들은 불만족스럽고, 당신을 불행하게 만들 것이다. 이런 논리가 이해가 되는가? 절대적으로 최고의 경험은 아닐지라도 만족스럽고 보상이 되는 많은 경험이 있을 수 있다. 서로 사랑하는 사이이면서, 방금 섹스를 한 두 사람 사이의 대화를 생각해 보자.

남자: 정말 좋았어요. 당신은 어땠어요?

여자: 정말 괜찮았어요. 저도 즐겼어요.

남자: 당신 삶에서 최고의 섹스였나요?

여자: 그렇게 말할 순 없어도 정말 좋았어요.

남자: 뭐라고요? 그럼 다른 사람과 더 좋은 섹스를 했다는 거예요?

여자: 기억이 나지는 않지만, 아마도 그랬을 거예요.

남자: 음. 저는 절대 참을 수 없어요. 나와의 섹스가 당신이 이제까지 했던 것 중에 항상 가장 최고여야만 해요. 그리고 항상 현재가 이전 것보다 더 좋

아야 하고요.

여자: 비현실적이지 않아요?

남자: 뭐라고요? 나를 사랑하지 않나요?

여자: 물론 사랑해요. 하지만 방금 말은 정말 이상해요.

이 대화에서 여자는 중요한 부분을 지적했다. 완벽주의와 최상을 요구하는 것은 정말 터무니없고 어리석은 기준이다. 즐거움의 경험은 정말 다양할 수 있다. 만약 당신이 자주 즐거운 경험을 한다면, 5년 전에 일어났던 것과 차이를 만들 수 없다. 섹스는 현재의 순간에 느끼는 즐거움에 대한 것이지, 수년간 깨지지 않을 신기록을 세우는 것은 아니다.

나는 이 생각을 떨쳐낼 수 없어

과거에 대한 질투심으로 고통받는 사람들은 현재 파트너의 과거 행동에 대한 상상 속에서 사는 것 같다. 과거의 애인이 얼마나 재미있고 의미 있는 사람이었을지 계속 생각하고, 과거의 관계가 현재의 관계를 방해한다고 결론을 내린다. 다음 진술문들을 살펴보고 당신에게도 해당되는지 생각해 보라.

- 내 파트너가 나를 만나기 전에 섹스를 즐겼다는 사람에 대해 종종 생각한다.
- 이런 생각을 내 마음에서 지울 수가 없다.

- 그/그녀가 즐겼던 과거에 대해 생각할 때, 매우 화가 난다.
- 그/그녀가 과거의 경험을 생각할 수 있다는 가능성을 계속 생각한다.
- 내 파트너가 과거의 경험에 대해 생각한다면, 현재의 관계는 결함이 있는 것이고 파멸을 면치 못할 것이다.

이 진술들 중에서 어쩌면 몇 가지 혹은 모두 다 당신에게 해당될 수 있다. 이런 생각에 사로잡혀, 당신은 파트너의 과거에 대해 어떤 이미지를 갖고 있을 수 있다. 당신이 이런 생각을 하기 때문에 무언가 아주 나쁜 일이 생길 것이라고 생각할 수도 있다. 어떤 면에서 당신의 현재 관계는 과거 때문에 얼룩이 진 것이다. 당신은 다음과 같이 생각할 수도 있다. 내 파트너에게 이런 경험들이 있기 때문에, 나는 파트너에게 두 번째다. 위안을 주는 생각이지만 이를 받아들일 수는 없다. 당신은 이런 침습적인 생각을 견딜 수 없다. 현재 당신의 관계를 즐기기 위해서는 이런 생각들을 없애야만 한다. 그래서 이런 생각들을 마음속에서 밀쳐 내 보지만, 계속해서 당신을 괴롭힌다. 어디를 가도 이런 생각들이 따라다닌다.

당신이 이런 생각들과 이미지를 갖고 있다는 것을 받아들이면 어떤 일이 일어날까? 이런 생각이 정말 자연스러운 호기심 때문일 수 있다고 생각하는 것이다. 당신의 관계에 대한 기억들의 일부에 지나지 않는다고 생각하는 것이다. 당신이 이런 생각을 하듯이, 당신의 파트너도 당신의 과거에 대해 이런 생각과 이미지를 갖는다고 보는 것이다. 이런 현상이 단순히 관계의 자연스러운 부분일 수 있다고 생각하고, 과거는 우리가 현재 함께 하고 있는 사람에 대한 호기심의 일부일 수 있다고 생각하는 것이다. 당신이 이런 생각들을 받아들이면, 분리 마음챙김을 사용할 수 있게 된다. 마음에 떠오르는 생각과 이미지들을 바라보고 다음과 같이 이야기해 보라.

> '아. 여기 내 파트너의 과거에 대한 또 다른 생각이 있구나. 내 마음이 그 생각을 흘려보냈는데. 여기 또 있는 것을 발견했네. 내 마음이 작동하고 생각들과 이미지들을 내보내는 것이 흥미롭네. 나는 이런 생각들을 받아들일 수 있고. 이런 생각들은 자연스러운 것이고. 모두가 가지고 있는 것이지. 그리고 이런 생각들을 바라보며 생각들은 단순한 **생각**일 뿐임을 깨달았어. 내 주의를 현재의 순간으로 다시 가져올 수 있어. 내 호흡이 들어오고 나가는 것을 관찰할 수 있어. 생각을 하면서 호흡을 계속할 수 있어. '그 사람에게는 과거에 애인이 있었어' 그리고 호흡을 내뱉으며. 이 생각은 흘려보내자. 이것은 순간의 생각이고 나의 뇌에서 일어나는 일들일 뿐이야. 이런 것을 제거해 버릴 필요는 없어. 이런 생각들과 함께 그냥 지낼 수 있어.'

분리 마음챙김을 연습해 보기 바란다. 한 발 물러서서 관찰하고, 받아들이고, 생각들을 통제하려고 하지 말고, 판단하려 하지 않는다. 이렇게 훈련하면, 당신이 고통스럽지 않으면서도 생각들이 더 유연해지고, 마음 속에 왔다 갔다 하는 것을 발견할 것이다. 이런 생각들이 나타나는 세상 속에서도 살아갈 수 있다는 것을 발견하게 된다. 이런 생각들을 제거할 필요가 없고, 이들을 생각하느라 많은 시간을 낭비할 필요도 없다. 그것들은 그저 생각들일 뿐이다.

스스로에게 당신의 현재 관계가 현재 순간에 일어나고 있다는 점을 상기시키기 바란다. 과거에 대한 생각과 이미지가 마음속에 떠오를 때에도, 당신은 파트너에게 따뜻함, 사랑, 자비를 건넬 수 있다.

현재의 순간에 도달하기

만약 당신이 과거를 급진적으로 수용한다면 어떨 것 같은가? 당신의 파트너가 과거에 다른 사람들에게 매력을 느꼈고 그들과의 섹스를 즐겼다는 것이 사실일 수 있다. 우리가 무언가를 급진적으로 수용할 때는 그것을 판단하거나 통제하지 않는다. 있는 그대로 받아들이고 함께 살아가려고 노력한다. 현재 있는 것은 현재고, 과거에 있었던 것은 과거이다. 지금은 현재이다.

과거는 다음의 질문으로 수용할 수 있는 것이다. '과거를 받아들이고, 현재 내 파트너와 내가 여전히 할 수 있는 것은 무엇인가?' 당신은 여전히 보상적이고, 친밀하고 의미 있는 관계를 맺을 수 있다. 당신은 파트너와 함께 순간을 특별한 것으로 만들 수 있다. 지금은 파트너와의 순간이다. 지금이 당신과 함께 하는 그 사람의 순간이다. 지금이 인생에서 유일한 순간은 아니지만, 당신에게 보상이 되는 순간이다. 다음으로 현재의 순간에 도달하는 몇 가지 방안을 제시했다.

당신의 주의를 현재로 옮기라

지금 당신의 주변을 둘러보기 바란다. 지금 이 순간에 당신 주변에 무엇이 보이는가? 하나를 찾아 집중하고 스스로에게 그것을 기술해 보라. 나는 지금 추상화를 보고 있다. 회색의 모양과 베이지색이 보이고, 밑에는 어두운 곳이 있다. 이 그림은 창문에 대한 소회(所懷)를 그린 것 같다. 지금이 현재의 순간이다. 당신의 주의를 현재로 돌리는 것은 당신이 과거 속에 사는 것 만큼이나 단순하다.

과거를 흘려보내라

잠시 과거 때문에 힘들어했다면, 이제 다음과 같이 생각해 보라. '나는 내 파트너의 과거를 생각하는 걸 포기하려고 노력할 거야. 나는 현재에 살려고 노력할 거야.' 하지만 파트너의 과거에 대한 생각이 다시 당신을 괴롭히는 것을 발견할 것이다.

이런 과거에 관한 생각들이 커다란 풍선 속에 들어 있다고 상상해 보라. 바람이 풍선을 들어 올리고 당신은 풍선의 끈을 쥐고 있다. 파트너의 과거 연인에 대한 질투심으로 가득한 풍선이 당신을 땅 위로 끌어올린다. 하지만 당신은 공기 속에서 흔들리며 이리저리 끌려 다니고 싶지 않다.

당신은 땅에서 들어 올려지고, 쥐고 있는 끈을 놓는다. 질투의 생각을 가득 담은 풍선이 공기 속으로 날아가 바람에 휘날리다가 당신에게서 멀어져 간다. 이 풍선이 날아가는 것을 보면서 자유로움을 느낀다. 과거는 날아가고, 당신은 여기에 있다. 현재의 순간에 당신의 발은 땅을 강하게 딛고 있다. 흘려보내는 것은 당신을 다음 단계로 이끈다. 풍선을 흘러 날아가게 두라.

당신은 오늘의 관계만을 맺을 수 있다

당신과 파트너는 얼마나 자주 과거에 대해 논쟁하는가? 그/그녀가 만나기 전에 있었던 관계임에도, 당신은 그때를 꺼내 상대를 추궁하거나 죄책감을 갖도록 할 수 있다. 당신은 과거에 있었던 모든 종류의 행동, 상처, 의심을 꺼낼 수 있다. 그리고 그들 속에 살면서 파트너와 논쟁하고, 그것들이 의미하는 것에 대해 걱정하며, 현재의 순간을 살 수 있는 기회를 잃고 있다는 점을 깨닫지 못할 수 있다. 마치 당신이 좋아하는 레스토랑을 예약하고 가서 2년 전에 당신이 좋아하지 않았던 음식에 대해 불평하는 데 시간을 보내고, 오늘 먹을 음식을 주문하지 않는 것과 같다. 그리고는 밖으로 나와 왜 내가 계속 배가 고픈지 의아해한다.

당신과의 관계가 시작되기 전에 어떤 일이 있었는지는 단순한 정보에 불과하다. 현재 서로를 어떻게 대해야 하는지와는 아무런 관련이 없는 정보다. 어떤 사람도 다음과 같이 말하지는 않을 것이다. "내가 당신을 만나기 전에 당신이 했던 일들에 내가 얼마나 화가 났는지에 대해 많은 시간을 이야기하기 때문에 우리는 참 좋은 관계를 맺고 있는 게 틀림없어요." 좋은 관계는 얼마나 서로에게 보상이 되고, 서로를 신뢰하며, 현재 우리의 모습을 수용하는지에 달려 있다. 관계는 현재다.

과거는 항상 우리와 함께 있지만, 현재의 순간 속에서만 당신은 당신의 파트너를 사랑하고 사랑받고 있음을 느낄 수 있다. 오직 지금 이 순간을 살면서만 삶을 즐길 수 있다. 왜냐하면 모든 순간은 왔다가 사라지기 때문이다.

제12장
복합적인 작업:
과거 부정을 극복하기

때로 질투심은 완전히 정당화될 수 있다. 질투심은 신뢰를 저버린 것에 대한 건강하고 자기 확증적인 반응이다. 이 장에서는 당신의 파트너가 부정한 관계를 맺었을 때 당신이 고려해 볼 수 있는 선택 사항들을 살펴볼 것이다. 당신의 관계를 생각해 보고, 다음 단계가 무엇일지 생각해 볼 수 있을 것이다.

당신의 파트너를 신뢰할 수 있는지 혹은 그/그녀가 부정(불륜)을 범했는지와 별개로 당신은 여전히 당신의 삶의 살아야 한다는 것을 명심하기 바란다. 질투심에 사로 잡혀서 반추하고, 감정에 매몰되고, 일어난 일에 분노하고, 창피함과 실패감, 무망감을 느끼는 것은 당신의 삶에 도움이 되지는 않는다. 일종의 배반을 경험한 이후에도, 두 사람이 함께 노력해서 관계를 회복할 의지가 있다면, 당신은 이런 상황에 더 잘 대처할 수 있는 방안을 배울 수 있다. 바로 선택 사항이 있고, 당신이 결정할 수 있다. 남편의 행동에 대해 질투심을 느꼈던 여성의 일화를 함께 보기 바란다.

앨리스는 남편인 폴과 사무실 직원인 린다의 관계를 의심했다. 앨리스는 그 둘의 관계가 직장 관계 이상이라고 생각했다. 내가 폴을 만났을 때. 앨리스가 하는 의심은 근거가 없고. 린다를 친구처럼 생각한다고 말했다. 린다는 이제는 그 회사를 떠났고 다른 곳에서 일을 하고 있다. 하지만 폴이 나를 더 신뢰하게 되면서. 자신이 린다와 몇 번 성관계를 했다는 것을 인정했다. 폴은 앨리스와의 관계가 점점 더 멀어졌고. 더 이상 둘 사이에 공통점이 거의 남아 있지 않은 것 같다고 이야기했다. 아이들이 성장해서 독립한 이후에. 폴은 앨리스와의 대화와 친밀감이 악화되는 것을 알았고. 린다에게서 그런 부분들을 찾았다고 했다. 앨리스는 폴을 계속 추궁했고. 마침내 스마트폰에서 문자 메시지를 발견했다. 폴은 자신의 불륜을 고백했다. 앨리스는 너무 화가 났고 우울해했다. 앨리스는 이제 두 사람이 어떻게 더 함께 살아갈 수 있을지 모르겠다고 했다.

이 상황은 정말로 어려웠지만, 결혼의 마지막이 되지는 않았다. 두 사람이 부부상담과 개인상담에 참여하여 함께 노력했고, 두 사람이 동의하는 몇 가지 규칙들을 세우기로 했다. 첫째, 폴이 더 이상 린다를 만나거나 연락하지 않는다는 것에 동의했다. 여기에는 전화 메시지나 통화, 회의도 포함된다. 둘째, 폴이 린다에게 이 관계는 끝이 났으며, 자신은 결혼에 더 관여할 것이라고 말해야 하는 것에 동의했다. 셋째, 두 사람이 앞으로 맺고 싶은 관계의 종류를 확인해 보기로 했다. 여기에는 두 사람이 원하는 대화 방식, 함께 하는 활동들, 서로에게 보상이 되고 존중을 표현하는 방식이 포함되었다. 넷째, 두 사람이 앞으로 함께 문제를 해결하는 데 협력할 방안에 대해 계획을 세우기로 했다. 더 이상 비난하지 않기, 상대에게 담을 치거나 도망가지 않기 그리고 상대의 생각을 묵살하지 않기 등이다.

이 장에서는 불륜이 드러난 후에 어떤 일이 발생할지에 대해 논의한다. 우리가 배신을 당할 때 질투심은 더 강해진다. 신뢰가 깨졌을 때, 우리 자신, 타인 그리고 미래의 관계에 대해 다양한 생각이 들어온다. 우리는 그런 생각들과 감정들이 무엇인지 살펴보고, 이런 반응에 어떻게 대처할지에 대해 생각해 볼 것이다. 위기가 전환점이 될 가능성이 있기 때문에, 두 사람의 결정에 따라, 이 시기에 관계를 마무리 지을지, 아니면 더 좋은 관계를 만들기 위해 어떤 새로운 문을 열 수 있을지 살펴볼 것이다.

당신도 알다시피, 한 번 깨어진 신뢰는 다시 회복하기 어렵다. 하지만 불가능한 것은 아니다. 당신과 파트너는 신뢰를 회복하는 일을 하는 데 복합적인 감정을 느낄 수 있다. 하지만 불신이 마음 한구석에 자리 잡고 있는 상태에서도, 여전히 관계를 진전시켜 나갈 수 있다. 신뢰가 깨어졌을 때, 우리가 고려해 볼 수 있는 선택 사항들을 살펴보자.

위기는 전환점일 수 있다

이혼을 이끄는 가장 큰 이유 중 하나가 불륜이 드러나는 것이다. 신뢰를 회복하는 것은 어렵고, 때로 불가능해 보이기도 한다. 많은 커플들이 불륜은 낙타의 등짐으로 올려져 낙타를 넘어뜨리는 마지막 하나의 지푸라기(참을 수 없게 되는 마지막 인내의 한도)라고도 한다. 이렇게 말하는 이유는 커플의 관계가 악화되고, 의사소통이 멀어지고, 서로 공유하는 활동이 없어지고, 관계에 대한 가치가 한 사람 혹은 두 사람 모두에게 감소할 때 불륜이 발생하기 때문이다. 그렇다고 불륜을 정당화하거나, 배신감을 느끼는 사람을 비난하는 것은 아니다. 관계의 관여는 중요하고, 두 사람이 관여하며 사는 것은 핵심이다. 하지만 사람들은 불완전하고, 문제가 있고, 실수투성이다. 좋아 보이는 사람조차도 잘못된 길로 가고, 우리를 힘들게 하며, 우리를 사랑하는 사람들도 여전히 우리에게 깊은 상처를 주기도 한다.

나는 불륜 이후에 관계를 끝내는 경우도 보았고, 오히려 더 강한 관계를 만드는 커플도 보았다. 단순한 방향은 없다. 어떤 일이 일어날지, 어떤 의미인지, 두 사람이 어떤 일을 할지를 알아보는 것은 당신 둘에게 달려 있다.

불륜이 드러난 경우 전환점으로 생각해 볼 수 있다. 이 사건이 당신이 관계를 끝낼 만큼의 동기를 부여해 주는가? 이 사건이 지난 몇 년간 시간을 함께 했던 두 사람이 마침내 서로 헤어져야 함을 의미하는가? 그럴 수도 있지만, 반드시 그런 것은 아니다. 이 사건은 두 사람이 위기 속에 있어, 두 사람이 인생을 함께 걸어가는 길이 위태롭다는 것을 의미할 수 있다. 이런 모든 실망감과 배신감 이후에, 두 사람은 마침내 관계를 다시 재건해 볼 동기를 갖게 될 수도 있다.

불륜은 두 가지 관계 사이에 있는 하나의 점일 수 있다. 하나의 관계는 불륜으로 가기까지의 관계이고, 또 다른 관계는 불륜 이후에 새롭게 만들어지는 관계다. 첫 번째 관계로 다시 돌아가기를 원하지는 않을 것이다. 당신의 파트너와 새로운 관계를 시작할 기회일 수 있다. 관계가 불륜으로 이어졌다면, 그 관계에서 놓친 부분들이 무엇인지 생각해야 한다. 자신이나 다른 사람을 비난하지 않고 말이다. 무언가 잘못된 부분이 있다면 어떻게 바꿀 수 있을지, 그것이 가능한지 생각해 볼 수 있다.

서로의 관여 정도를 명확히 하라

때로 서로의 관계에 어느 정도 관여하는지 명확하지 않을 수 있다.

> 웬디는 래리와 몇 달 간 데이트를 했고, 성적으로도 친밀한 관계에 있었다. 웬디는 일부일처제에 대해 서로 동의한다고 생각했지만, 두 사람이 이 부분에 대해 명백히 이야기하지는 않았다. 웬디는 래리가 다른 여자들을 만난다는 것을 알았을 때, 매우 화가 났고 배신감을 느꼈다. 성적 친밀감을 나눈 사이에는 어느 정도 서로 관계에 깊은 책임감과 관여를 해야 한다고 생각하기 때문에, 웬디의 감정이 이해가 되었다. 하지만 이러한 가정과 생각을 모두가 공유하는 것은 아니다.

명확하게 해야 할 첫 번째 문제는 두 사람이 둘 이외의 다른 관계들을 어떻게 생각하는지다. 어떤 사람들은 성적 파트너를 단순히 서로 '즐기는 친구' 정도로 생각하고, 서로에게 충실해야 한다는 생각 없이 관계를 맺는다. 만약 당신이 이런 생각을 하고 있다면, 이런 방식으로 자신이 관계를 맺고 구분할 수 있는지 스스로에게 정직해야 한다. 어떤 사람들은 '열린 관계'에 동의하지만, 나는 이런 관계가 오래 가는 경우를 좀처럼 보지 못했다. 만약 이런 관계 속에서 솔직히 질투를 느낀다면, 당신은 생각보다 이런 관계에 맞지 않을 수 있다.

관여에 대해 이야기할 때, 상대방이 이야기하는 것을 경청해야 한다. 당신의 현재 파트너가 관계에 관여할 준비가 되지 않았다고 이야기하면, 경청하고, 내가 준비되었다는 이유로 상대에게 그런 관여를 기대하지는 않아야 한다.

서로에게 명확해야 한다. 관여가 서로에게 어떤 의미인지 직접적으로 이야기해야 한다. '관여가 다른 사람과 데이트를 하지 않는 것을 의미하는가? 다른 사람과 섹스를 하지 않는 것을 의미하는가? 서로 자주 만나야 하는 것을 의미하는가?' 등에 대해서 말이다. 어떤 사람들은 관여에 대해 이야기하려고 하면, 깜짝 놀라 뒤로 물러나며, "나를 몰아붙이지 말아요."라고 이야기한다. 만약 상대방이 이런 반응을 보인다면, 이 관계에 충실한 관여는 없다고 결론을 내릴 수 있을 것이다. 그리고 당신의 선택 사항들을 살펴볼 수 있다. 이러한 일방향의 관여가 있는 관계를 지속할 것인지 결정할 필요가 있다. 상대에게 약속받을 수 없는 것을 당연한 것으로 생각할 수는 없다.

당신이 파트너에게 죄책감을 주려는 시도를 하거나 상대를 위협하는 것은 그다지 큰 효과가 없을 것이다. 관계에 관여하도록 상대방을 종용하거나 몰아붙이면 일시적으로 동의할지는 몰라도, 상대는 이를 지키지 않을 수 있다. 아마도 상대방은 관여하기까지 조금 더 시간이 필요할 수도 있기 때문에 당신은 기다릴지를 결정해야 한다. 또한 관계를 지속하는 것이 당신의 사기를 저하시킨다는 사실을 받아들이고, 다음과 같이 말할 수도 있다. "우리는 관계에서 다른 것을 원하는 것 같아요." 관계를 지속할지 떠날지 결정하는 것은 당신의 선택이다.

파트너의 부정에 대한 반응

두 사람이 충실한 관계를 맺는 것에 동의했다고 가정하겠다. 만약 당신이 데이트를 하고 있지만 오랜 기간 관여가 없다면, 당신의 파트너가 신뢰를 쌓고자 하는지 살펴야 한다. 한 가지 방법은 상대의 부정한 행동이 드러났을 때, 그/그녀가 어떻게 반응하는지 살피는 것이다.

- 상대가 당신을 비난하는가? "당신은 섹스에는 관심도 없어 보였고, 나와 보내는 시간에도 관심이 없어 보였어요."
- 다른 관계를 최소화하는가? "그 사람은 나한테 아무것도 아니에요. 그냥 하룻밤을 보낸 것뿐이라고요."
- 상대가 당신을 신경증적이거나 불안정하다고 하는가? "당신은 질투심 많고 불안정한 사람이군요. 그냥 잊어요."
- 자신이 원하는 것은 무엇이든 해도 된다는 식으로 행동하는가? "내가 무엇을 할 수 있고 내가 누구를 만날 수 있는지에 대해 당신은 아무 말도 할 수 없어요."
- 자신이 너무 많이 취했거나 스트레스를 받았다고 자신의 행동

을 정당화하는가? "아무 의미도 없어요. 난 단지 너무 취했었
어요." 혹은 "난 너무 힘든 시기를 보내고 있었어요."

• 당신에게 담을 쌓고 아무것도 이야기하지 않으려 하는가? "이
것에 대해 이야기하고 싶지 않아요. 이야기하면 싸움만 할 뿐
이에요."

상대를 무시하는 이와 같은 발언들은 당신에게 불신과 소외감을
더한다. 누군가 우리에게 상처를 주는 일을 했을 때, 우리가 정말
싫어하는 것은 그 사람들이 한 문제 행동에 대해 내가 비난받고, 이
해받지 못하고 수치심을 느끼는 것이다. 한 예를 소개해 보겠다.

더렉이 몇 년 전 상담에 와서, 자신의 아내가 자신이 이전에 했던
부정한 행동에 대해 끊임없이 불평한다고 이야기했다. "제 아내에
게 그때의 관계는 아무것도 아니라고 이야기했어요. 저는 취해 있
었고요. 그런데 제 아내는 그걸 극복하지 못하네요." 더렉은 자신
의 아내가 이 사건을 극복할 수 있도록 어떤 말을 해야 할지 물었
다. 나는 더렉에게 술이 취했었다고 이야기하면서 아내의 감정을
무시하고 자신의 행동을 정당화하는 것은 아내의 감정을 더 악화
시킬 뿐이라고 이야기했다. 그리고 이런 방식으로는 두 사람 사이
의 신뢰를 쌓지 못한다고 이야기했다. 더렉의 언행은 상대를 이해
하지 않고 자기 중심적인 방식이었다. 더렉과의 대화다.

밥(상담사): 아내에게 당신이 정말 바보같이 행동했다고 말하고, 아내가 충분
히 화낼 만하며, 혹시라도 당신을 용서해 줄 수 있을지 이야기해 보는 것
은 어때요? 사실 용서를 바랄 자격이 없다는 것을 알고, 용서를 할지는

순전히 아내에게 달려 있다는 것을 안다고 이야기하면 어떨까요?

더렉: (웃으며) 선생님이 맞아요. 그게 바로 제가 진짜 해야 할 말입니다.

밥: 당신의 아내가 부정한 관계를 맺었다면 어떻겠어요? 그런데 아내가 단지 취해서 그랬을 뿐이라고 변명한다면 어떤 느낌일까요?

더렉: 참을 수 없죠. 아내를 용서하는 건 생각할 수도 없어요.

밥: 음. 여기에 당신의 딜레마가 있네요. 당신은 아내와 관계를 유지하고 싶다는 걸 알아요. 아내를 진짜 사랑한다는 것도요. 하지만 변명을 하거나 아내가 극복하기를 바란다고 말해서는 이 문제를 해결할 수 없을 것이라는 걸 압니다. 당신이 당연히 용서받을 만하다는 식으로 행동해서는 안 됩니다. 용서는 아내의 선택입니다.

파트너의 불륜이 드러난 이후, 파트너가 할 수 있는 도움이 되는 방식들이 몇 가지 있다. 다음에 몇 가지 예를 제시한다.

- 그/그녀가 한 행동이 잘못되었다는 사실을 인정한다.
- 이러한 행동을 해서 정말 유감이고 미안하다는 것을 진실하게 인정한다.
- 배우자가 더 나은 대우를 받을 자격이 있다고 이야기한다.
- 자신이 한 일에 대해 죄책감과 수치심을 느낀다고 표현한다.
- 상대방의 감정에 대해 관심을 가지고 대화한다.
- 관계에서 신뢰를 쌓기 위한 일을 하겠다고 약속한다.
- 두 사람을 위해 더 좋은 관계를 만드는 데 노력하겠다는 의지를 보인다.

파트너의 부정이 당신에게 무엇을 의미하는가

누군가 당신을 배신했을 때, 당신 자신과 앞으로의 관계에 대해 의심을 하는 것은 자연스럽다. 다음의 진술문들 중 당신에게 해당하는 것이 있는지 살펴보기 바란다. 그러고 나서 하나씩 구체적으로 살펴보자.

- 내 파트너가 다른 누군가를 원했던 것은 내가 더 이상 매력적이지 않기 때문이다.
- 다른 사람은 내가 갖지 못한 무언가를 가졌을 것이 틀림없다.
- 내가 바보 같아 보이고, 사람들은 내가 실패자라고 경멸할 것이다.
- 나는 결코 이것을 극복할 수 없다.
- 나는 다시는 내 파트너를 신뢰할 수 없다.
- 내 모든 관계는 시간 낭비이고 거짓이라는 것을 뜻한다.
- 다시는 다른 사람을 신뢰할 수 없을 것이다.

내 파트너가 다른 누군가를 원했던 것은 내가 더 이상 매력적이지 않기 때문이다

누군가 부정한 행동을 하는 데에는 많은 이유가 있다. 하지만 이와 같이 이야기한 이유일 가능성은 매우 적다. 많은 불륜은 다음의 이유로 일어난다.

- 두 사람 사이의 분노와 갈등
- 무언가 새롭고 숨겨진 것을 할 때의 흥분감
- 탈출구를 찾을 수 있다는 믿음
- 지루함
- 다양성에 대한 욕구
- 다양한 관계를 잘 분리해서 유지할 수 있다는 믿음
- 자신의 자아를 높이려는 시도
- 결과가 어떨지에 대해 이해하지 못하는 경우

한 예를 들어 보겠다. 자신의 아내와 자녀들을 사랑했던 한 남성이 사무실에서 오후가 되면 지루해진다고 불평을 했다. 그는 지루한 마음을 달래고 '쉽고 단순한 섹스'를 하기 위해 마사지 방에 갔다. 그는 편안해졌다고 느꼈다. 그의 아내가 이 사실을 알게 됐고, 결혼생활에 커다란 갈등이 생겼다. 우리는 그가 더 나은 방식으로 자신의 지루함을 달랠 수 있는 방법들을 찾고, 발생 가능한 위험 행동은 마음속에만 두는 방안을 찾아 노력했다.

또 다른 남성은 자신은 원하는 방식대로 할 수 있는 자격이 있고 아내와의 갈등도 큰 문제가 아니라는 생각으로 불륜을 하기 원했다. 그의 아내가 성적으로 얼마나 매력적인지와는 관련이 없었다. 그의 수동-공격적 패턴의 일부였고, 자신은 절대 들키지 않을 것이라는 잘못된 신념도 있었다. 놀랍게도 그의 내연녀가 결국에는 그의 아내에게 전화를 했고, 가족에게 모든 것이 드러났다.

다른 사람은 내가 갖지 못한 무언가를 가졌을 것이 틀림 없다

다른 사람에게는 있고 자신에게 없는 것이 무엇이 있을까? 아마도 새로움, 은밀함, 흥분, 다양성 등일 것이다. 당신의 파트너가 매력을 느꼈다면, 아마도 책임을 덜 느껴도 되고, 가족이 아닌 다른 사람과 이야기를 할 수 있는 정도일 것이다. 다른 여성과 오랫동안 불륜관계를 가진 한 남성이 이야기했다. "절대 아내를 버리고 애인에게 갈 생각은 없어요. 이 관계는 그저 부가적인 것일 뿐입니다."

때로는 아내를 떠나 애인에게 가는 경우가 있다. 하지만 그러한 불륜관계가 결혼으로 이어지는 경우는 매우 드물었다. 불륜은 흥분감, 새로움, 양다리를 걸치는 것에 더 가깝다. 한 남성이 다음과 같이 이야기했다. "애인이 있으면, 아내에게 너무 많이 의존하지 않아도 됩니다." 물론 이 남자는 애인이 아내에게 연락했을 때, 자신의 생각을 바꾸었다.

내가 바보 같아 보이고, 사람들은 내가 실패자라고 경멸할 것이다

잠시만 함께 다음의 예를 생각해 보기 바란다. 어떤 사람이 당신에게 거짓말을 하고 속였다. 그러자 당신은 이 일이 자신의 바보 같음을 의미한다고 생각했다. 내 경험을 비추어 보면, 주변 사람들은 배신을 한 사람을 판단할 가능성이 높고, 배신을 당한 사람에게는 오히려 자비의 마음을 갖거나 변호하기까지 했다. 당신을 배신한 사람은 신뢰를 깬 사람이다. 당신의 파트너가 당신을 속였기 때문에 주변 사람들이 당신을 가혹하게 판단하거나 경멸할까 봐 걱정이 된다면, 당신의 친구에게 이런 일이 일어나면 어떨지 생각해 보기 바란다. 당신의 친구가 배신을 당했을 때, 그 친구를 가혹하게 경멸할지 생각해 보라. 배신을 당한 사람에게 어떤 감정을 느낄 것 같은가? 그 사람들에게 화가 날까, 혹은 자비심이 생길까? 그들을 위로하려 할까, 혹은 비판할까?

나는 결코 이것을 극복할 수 없다

불륜 사실을 알게 되면 극도로 화가 나고, 우울해지고, 혼란스럽고 무망감에 휩싸인다. 이런 감정들은 매우 강렬해서, 이 감정의 렌즈로 미래를 보게 될 수 있다. 하지만 우리가 느끼는 모든 감정처럼, 이런 감정들은 결국에는 강도가 줄어들게 되어 있다. 우리는 현재 느끼는 감정이 미래에도 계속될 것이라고 생각하고는 한다.

과거에 당신이 경험했던 강렬하고 부정적인 감정들을 떠올려 보라. 누군가 가까운 사람의 죽음, 실직과 같은 실망, 친구나 옛 애인에게 당한 배신 등 당신의 삶에서 큰 상실감을 경험했을 수 있다. 그때의 경험과 지금 현재를 비교해 보면, 감정에서 얼마나 많은 변화가 생겼는지 알 수 있다. 강렬한 부정적 감정들은 수그러든다. 사실 그 사건들과 현재 사이에 있었던 즐거웠던 감정과 경험들을 기억해 낼 수도 있을 것이다. 불륜 사건을 절대 극복하지 못할 것이라고 생각하는 것은 자연스러울 수 있지만(그리고 이런 생각이 얼마나 고통스러운지 이해하는 것이 중요하다), 우리는 우리가 생각하는 것보다 훨씬 더 잘 회복할 수 있는 탄력성이 있다. 위기가 닥쳤을 때, 그 순간에는 잘 모르지만 우리는 훨씬 더 강하다.

나는 다시는 내 파트너를 신뢰할 수 없다

이런 생각은 당신에게 매우 자연스러운 반응이고, 배신을 경험한 이후에는 누구나 가질 수 있는 생각이다. 하지만 이 불륜을 당신이 맺는 친밀한 관계라는 더 커다란 맥락에서 바라보는 것이 가능하다. 예를 들면, 한 남성이 상담에서 부부 사이가 상당히 어려웠던 시기에, 자신의 아내가 다른 남자와 친밀한 관계를 맺었다고 말했다. 하지만 두 사람이 관계를 위해 노력하고, 자녀를 양육하기 위해 서로 돕고, 일상을 살아가면서, 아내의 배신은 점차 덜 중요해졌다. 나는 당신이 무관심해져야 한다거나, 단순히 극복해야 한다고 말하는 것이 아니다. 대신 당신의 전체 관계(과거, 현재 그리고 가능한 미래)의 맥락에서 바라보기를 제안하는 것이다.

불륜 사실을 알고 신뢰를 회복하는 것은 쉽지 않을 것이다. 약속을 하거나, 사과를 하거나, 단순히 몇 가지 변화를 바란다고 이루어지는 것이 아닐 것이다. 두 사람은 신뢰를 회복하는 것에 대해 복합적인 생각과 동기를 가지고 있을 것이다. 예를 들면, 다시 상처받을 것에 대한 두려움, 행동에 통제를 받는 것에 대한 저항 등, 신뢰를 회복하기 위해 계획을 세울 것을 제안한다. 계획과 점차적인 노력 없이 신뢰의 회복이 스스로 일어나지는 않는다.

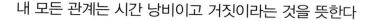

내 모든 관계는 시간 낭비이고 거짓이라는 것을 뜻한다

우리가 화가 나거나 불안할 때면 이러한 흑백논리의 생각이 든다. 그리고 이런 생각은 당신에게 창피하고 의존적인 느낌을 갖게 한다. 과거의 관계에서 있었던 좋은 것들도 모두 거짓이라는 생각을 하게 한다. 하지만 이런 생각이 합리적이거나 정확하지는 않다. 아마도 책에서 이 문장을 읽으면서도 과거에 있었던 긍정적 경험을 떠올릴 수 있을 것이다. 하지만 또 다음과 같이 이야기할 수 있다. "그런 좋았던 기억을 떠올리는 것이 오히려 나를 더 힘들게 합니다." 맞다. 사실 스스로에게 이전의 관계가 의미 없었고, 나는 이 관계를 떠나도 잃을 것이 없다고 생각하고 싶을 것이다. 하지만 한 걸음 뒤로 물러나 관계에서 있었던 다른 긍정적인 것들을 살펴볼 수 있게 되면, 이러한 긍정적인 부분들이 앞으로의 관계에서 더 강화되거나 다시 경험할 수 있는 것인지 생각해 보기 바란다. 그런 방식으로, 배반과 불륜이 관계의 맥락 속에서 복합적으로 이해되고, 당신에게 남겨진 상처 이후에도 관계가 더 자라날 수 있다.

다시는 다른 사람을 신뢰할 수 없을 것이다

한 여성이 남편이 사무실 동료와 불륜을 했던 사실을 알고는 절망감과 굴욕감을 느꼈다. 그녀는 다음과 같이 이야기했다. "나는 다시는 사람을 믿을 수 없을 것 같아요." 그녀는 이혼과 자녀 양육권의 어려운 문제를 해결해 가면서, 한 사람으로서 자신이 많은 것을 지니고 있음을 깨달았다. 그리고 이혼한 남편과는 같지 않은, 다

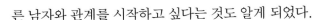

른 남자와 관계를 시작하고 싶다는 것도 알게 되었다.

불륜 이후에 첫 반응으로 다른 사람을 신뢰할 수 없을 것 같다고 했던 생각은 자기 보호적인 반응이었다. 자신을 미래에 발생할 수 있는 배신에서 보호하고 싶었던 것이다. 하지만 새로운 교제를 하고, 삶을 나누고, 과거의 관계에서 배워 더 나은 관계를 맺고자 하는 욕구가 상처를 입을까 봐 두려운 마음보다 더 중요했다. 나는 그녀에게 "다른 사람과 관계를 맺지 않는다면, 오히려 상처를 입을 것입니다. 만약 누군가와 관계를 시작해도 상처를 입을 수는 있습니다. 우리는 살면서 나쁜 일이 일어나지 않을 것을 기대하면서 삶을 살아갈 수는 없습니다. 스스로에게 할 질문은 '가치가 있는가?'입니다."라고 말해 주었다.

3년 후에 그 여성이 아들에 대해 의논하기 위해 방문했다. 이전 결혼을 끝낼 수 있어서 다행이라고 안도했다. 작년에는 자신과 더욱 대등한 파트너인 한 남자와 관계를 맺기 시작했다고 했다. 남편의 불륜이 이혼으로 이어졌지만, 이후 새로운 삶의 문이 열린 것을 알게 되었다. 새로운 관계에서 더 큰 개인적인 성장을 이루었다. 더 믿음직하고 많은 관심과 가치를 공유하는 남자와 관계를 맺으면서 다시 사람을 신뢰할 수 있게 된 것 같다고 했다. 당신이 다시는 누군가를 사랑하거나 신뢰하지 못할 것 같다고 하는 반응은 배반에 대한 첫 반응이라는 것을 기억하기 바란다. 당신의 첫 반응은 미래에도 지속되지 않을 수 있다. 당신의 삶에서 어떤 일이 일어나는지 살펴봐야 한다.

변화를 위한 동기 키우기

불륜을 알게 된 후에, 두 사람은 신뢰를 회복하기 위한 계획을 세우기 원할 수 있다. 당신이 원한다고 신뢰가 다시 생기는 것은 아니다. 확언이나 약속, 사과에만 의존할 수 없다. 신뢰는 근육과 같아서 시간이 지나면서 약해지고 위축될 수 있다. 다시 키우기 위해서는 많은 노력이 필요하고, 그러한 노력이 반드시 신뢰를 회복할 것이라고 장담은 할 수 없다. 그리고 한 사람만의 노력으로는 불가능하다. 반드시 함께 노력해야 할 부분이다.

당신에게는 불필요해 보이는 질문으로 시작하겠다. "신뢰를 회복하는 것의 장점과 단점은 무엇인가?" 두 사람은 서로 장점과 단점에 대해 이야기해 볼 수 있다.

신뢰를 다시 쌓는 것의 장점

- 덜 불안하다.
- 서로 더 가깝게 느낀다.
- 앞으로 무슨 일이 일어날지에 대해 덜 걱정하면서 미래를 계획할 수 있다.

신뢰를 회복하는 것이 좋게 느껴질 수 있지만 그렇게 단순하지만은 않다. 배신과 불륜이 행복한 일이 아니기 때문이다. 배신은 모두에게 너무나도 중요한 사건이라는 것을 배웠다. 관계에서 어떻게 신뢰가 다시 회복되는지 우리는 잘 알지 못한다. 당신은 기다림과 살핌의 자세를 가져야 할 필요가 있다. 그리고 기다리는 과정은 상당히 고통스럽다.

신뢰를 다시 쌓는 것의 단점

'만약 내가 배반을 당한다면, 그 사람과 다시 신뢰를 쌓는 것은 바보일 거야.'라고 생각할 수 있다. 이런 반응은 그럴듯한 것이며, 이런 생각을 해 볼 필요도 있다. 당신이 배반을 당했다면 다시는 그런 사람이나 위치에 자신을 놓아 취약하게 하고 싶지 않을 것이다. 하지만 이런 생각과 함께 관계를 지속하거나 심지어 관계를 향상시키고 싶은 마음 사이에 균형을 맞출 수 있을 것이다.

만약 당신이 부정한 관계를 맺었다면, 신뢰를 회복하기 위해 어떤 변화와 절충을 할지 생각해 봐야 한다. 단순히 배우자에게 "내가 한 일을 미안하게 생각해요. 그러니 다시 나를 믿어 줘요."라고 할 수 없다. 당신이 하는 말이 진실하게 하는 것일 수 있지만, 확신을 주지는 못할 것이다. 신뢰는 행동으로 다시 얻어질 수 있는 것 같다. 따라서 당신이 할 것 같지 않았던 변화를 보여야 할 수도 있다. 신뢰를 회복하기 위해서 두 사람은 함께 노력해야 하고, 노력하는 과정에서 나타나는 복합적인 감정들에 대해서 솔직해야 한다.

어떤 사람들은 다음과 같이 말한다. "내가 파트너를 신뢰하지 못하는데 관계의 회복을 위해 어떻게 노력할 수 있나요?" 이런 생각은 합리적이기도 하고 자연스러운 것이기도 하다. 하지만 두 가지가 상호 배타적인 것은 아니다. 두 사람 사이에 신뢰가 완전하지 않다는 것을 인정하면서도, 더 나은 의사소통 방식에 대해 노력할 수 있고, 두 사람 모두에게 보상이 되는 경험을 더 가질 수 있도록 노력할 수 있으며, 함께 문제를 해결하고 긍정적인 목표를 세우는 등의 노력을 할 수 있다. 지금은 당신이 불신하고 있다는 것을 인정하고 그 부분은 곁에 두고, 당신의 관계에 긍정적인 부분을 재건할 수 있도록 노력할 수 있다.

기본 규칙 세우기

당신이 신뢰를 회복하고 싶다고 결정한 것으로 가정하고 이야기하겠다. 이러한 당신의 결정은 두 사람이 서로 공유할 수 있는 기본 규칙을 세우고 그것을 서로에게 설명할 수 있어야 함을 의미한다. 예를 들어, 한 남성이 자신의 파트너에게는 이야기하지 않고, 은밀하게 전 여자친구와 만나고, 점심식사와 저녁식사를 하고 술을 마신다고 하자. 그는 전 여자친구가 단순히 친구일 뿐이라고 주장하고, 이런 만남이 현재 자신의 관계에는 아무런 의미가 없다고 이야기한다. 하지만 이 남자의 현재 파트너는 그와 결혼을 하고 싶고 아이를 낳고 싶어 하는데, 이러한 비밀스러운 만남을 알고는 배신감을 느꼈다.

이 두 사람은 기본 규칙, 즉 앞으로는 절대 비밀스러운 만남을 하지 않는다라고 규칙을 세웠다. 그는 전 여자친구나 친구와 만날 계획이 있으면 이야기하며, 만남에 대한 전반적인 일을 여자친구에게 이야기하기로 했다. 처음에 이 남자는 이런 계획이 꺼림직했다.

이유는 자신에게 선택권이 더 많기를 바랐고, 장난삼아 하는 연애를 즐겼고, 자신을 독립적인 사람이라고 보았기 때문이다. 그는 누군가에게 대답을 해야 한다는 생각을 좋아하지 않았다. 나는 상담에서 이 남성에게 커플의 한 사람이 되고자 한다면 단순하게 완전히 자유로운 개인으로 자신을 생각할 수는 없다고 이야기했다. 그는 신뢰의 측면에서, 자신의 행동이 어떻게 비칠지에 대해 생각할 필요가 있었다. 만약 그가 파트너에게 만남을 숨겼다면, 비밀스러운 만남이 되고, 비밀스러운 만남은 신뢰를 약화시킨다. 상담을 하면서 지켜본 바를 이야기하면, 많은 사람들이 자신의 삶을 여러 개로 나눌 수 있고, 다른 사람과 비밀스러운 만남을 할 수 있고, 이러한 비밀스러운 만남을 현재의 관계와 분리할 수 있다고 믿는다. 하지만 이러한 행동은 결과적으로 엄청난 스트레스를 유발하고, 이런 부가적인 모험이 파트너에게 발각되면 커다란 위기에 봉착하게 된다.

나의 제안은 간단하다. **일을 단순하게 만들자.** 이러한 장난삼아 하는 연애가 한 시간 정도는 만족감이나 즐거움을 줄 수 있고, 어느 정도 자아를 북돋울 수도 있지만, 장기적으로 그 대가는 훨씬 오래 지속되며 심각하다. 이 남자는 잠시 장난삼아하는 연애의 즐거움에 더 비중을 두고, 현재 파트너에게 상처를 주고 관계를 위험하게 할 위험을 감수할 수도 있다. 하지만 나는 묻고 싶다. "그 정도의 가치가 있나요?"

신뢰는 시간과 노력이 필요하다. 신뢰는 천천히 만들어지는 것이다. 의사소통, 긍정적 경험, 함께 공유하는 활동들을 통해 신뢰를 쌓는다. 하지만 신뢰는 하룻밤 만에 만들어지지는 않는다.

그리고 신뢰는 보호되어야만 한다. 나는 사람들에게 묻는다. "당신의 파트너와 함께 지켜온 신뢰를 보호하기 위해서, 당신은 오늘 어떤 일을 할 예정인가요?" 관계를 내가 이 순간에 원하는 것으로 보지 않고, '우리의 것'으로 볼 때, 신뢰가 쌓인다. 내가 원하는 것이나 나에게 좋은 것에 기초해서 의사결정을 내리기보다, 관계에 좋은 것이 무엇인지에 따라 의사결정을 내리기 때문에, 신뢰와 관계를 세울 수 있다. 내가 지키고 싶고 가치 있게 여기는 것을 관계라고 생각한다면, 그것이 관계를 유지하는 최선의 방법일 것이다. 신뢰를 쌓을 때, 다음과 같이 생각할 수 있다. '내 행동과 판단이 내 파트너의 감정이나 그/그녀의 신뢰에 어떤 영향을 미칠까?' 신뢰는 목표이지, 당신이 세워지기 바란다고 해서 우연히 세워지는 것이 아니다. 신뢰는 그냥 생기지 않는다.

당신의 파트너에게 경청하기

당신의 파트너가 당신에게 자신이 무엇을 하고 계획할 것인지 이야기하기 원한다면, 이야기에 어떻게 반응하는 것이 좋을지 생각해 볼 필요가 있다. 예를 들어, 당신의 파트너가 사무실에서 동료들과 어떻게 지내는지, 사회 모임은 어떤지 이야기하기 원한다면, 상대를 공격하지 않고 들을 필요가 있다.

로저는 샌드라의 사업 동료들에게 질투했고, 샌드라가 그들과 하는 일에 관하여 물었다. 샌드라는 당연히 방어적이 되었고, 심문받고 싶지

제12장 복합적인 작업: 과거 부정을 극복하기

않았다. 몇 달 동안의 논쟁 속에서. 샌드라가 자신이 사업과 관련하여 출장을 갔을 때. 술에 취했고 사업 동료 중 한 명과 잠자리를 한 사실을 털어 놓았다. 이 일은 로저를 분노하게 했고 이성을 잃게 했다. 로저는 상담에서 자신이 완전히 옳았고 질투할 만했다는 것을 증명한다고 이야기했다.

당연히 샌드라의 고백 이후. 로저는 더 질투가 강해졌고 불안해졌다. 하지만 이 사건이 관계에 있어서는 전환점이 되었다. 샌드라는 자신이 중년의 위기를 겪고 있다고 이야기했다. 자신이 점점 덜 매력적이라고 느꼈고. 최근에 자존감이 떨어졌다고 이야기했다. 작년에 로저와 논쟁을 하면서, 로저에게서 더 멀어졌다. 자신이 한 일이 잘못되었고, 매우 죄책감을 느끼고, 로저를 힘들게 한 것이 너무 마음이 아프다고 했다. 왜냐하면 샌드라 생각에는 로저는 더 나은 대우를 받을 만한 사람이었다고 했다. 두 사람은 헤어지는 대신. 이 사건을 전환점으로 삼았다. 위기가 새로운 문을 열었다. 두 사람은 관계를 위해 노력하기로 했고, 자신들이 함께 만들어 왔던 양질의 관계를 다시 만들어 보기로 했다. 그들은 자녀들을 사랑했고. 함께 하는 일들을 즐겼고. 자신들의 성관계를 새롭게 하고 회복할 필요가 있었다.

로저가 샌드라와 함께 신뢰를 회복하고자 하는지에 대해 논의했고, 그렇다면 로저는 샌드라가 사업 동료들과의 만남을 이야기할 때 다른 방식으로 반응할 필요가 있다고 이야기했다. 샌드라는 어쨌든 사업하는 세계에 있고, 사업상 출장을 다니고 많은 남자 동료들을 만나야 한다. 만약 로저가 샌드라가 솔직하게 남자 동료가 자신에게 추파를 던졌다거나 남자 동료와 회의를 한 것 등을 이야기하기 원한다면, 이러한 이야기를 할 때 그녀를 공격하거나 화를 내지 않는 것이 현명하다. 그리고 나는 로저가 샌드라가 매력적이라고 생각하는 만큼, 다른 남자들도 비슷할 것이라는 점을 알렸다. 다른 주변 남자들이 샌드라에게 추파를 던질 것을 예상하는 것은 자연스러울 수 있지만, 이런 예상이 반드시 샌드라가 불륜관계를 맺는다는 것을 의미하지는 않는다. 샌드라는 로저가 자신을 신뢰해주고 자신의 만남을 솔직히 이야기하기 원하기 때문에, 로저는 샌드라의 말을 조금 더 인내를 가지고 경청할 필요가 있다. 로저는 샌드라가 자신에게 말하기 원한다면 경청해야만 한다.

파트너를 공손하게 경청한다는 것이 당신이 질투를 느끼지 않는다는 것을 뜻하지는 않는다. 감정을 느끼되, 상대를 공격하거나 심문하지 않을 수 있다(즉, 감정을 반드시 행동으로 옮길 필요는 없고, 행동으로 옮길 때에도 고려할 다양한 행동의 선택 사항이 있다). 당신의 감정은 당신 안에서 일어나는 경험이다. 또한 당신의 파트너에게 다음처럼 말하며 동감하는 지점을 찾을 수 있다. "당신이 나에게 이런 것을 이야기할 때, 질투가 나네요." 이때 상대의 행동을 비난하거나 심문하지 않는 것이 중요하다. 두 사람은 서로에게 어떤 행동이 용납될 수 있는지 결정할 수 있다. 단, 당신의 파트너가 이런 부분을 이야기하기 원한다면, 먼저 정중하게 경청해야만 한다. 말하는 사람에게도 경청하는 사람에게도 신뢰가 필요하다.

공동의 목표에 집중하기

신뢰를 세우는 한 가지 방안은 공동의 목표에 집중하는 것이다. 갈등이나 불륜에 초점을 두기보다(이 부분들은 초점을 두지 않아도 생각이 날 것이므로), 두 사람이 공유하는 가치와 목표에 집중할 수 있다. 공동의 목표에는 자녀들에게 좋은 부모 되기, 함께 계획을 세우기, 함께 활동하기 등이 포함된다. 자신을 개인으로 생각하기보다, **두 사람으로 이루어진 팀**이라고 생각하기 바란다.

내가 기억하는 한 커플은 두 사람이 동의하지 않는 것에 초점을 두고, 서로 논쟁하고 스스로가 옳다고 변호했다. 나는 두 사람이 공동의 목표(간단한 활동부터 시작해서)를 찾을 것을 권했다. 남편과 부인이 각각, 함께 하고 싶은 활동을 적으면서 목록을 만들어 볼 것을 요청했다. 각자가 활동 목록을 적은 후에, 내가 화이트보드에 하나씩 적었다. 물론 서로 공유하지 않는 활동도 있었지만(예: TV에서 풋볼 시청하기 등), 함께 하고 싶은 활동들도 있었다. 그래서 **공통점**에 대해 이야기했다. 두 사람은 공동의 목표를 실행할 계획을 세웠고, 어떻게 진행되는지 살펴보기로 했다. 의외로 두 사람이 동의하는 공동의 목표가 많이 있었다.

또 다른 커플은 불륜의 위기를 지나고 있었는데, 두 사람 모두 자녀들의 복지를 공동의 목표로 공유하는 것을 깨달았다. 그래서 나는 두 사람이 아이들의 삶을 더 낫게 하기 위해 두 사람이 동의하는 일들을 생각해 볼 것을 제안했다. 아이들의 훈육, 보상, 공부 시간, 친구들과 놀이하는 날에 대해 의견을 나누고 논의했다. 그들은 아이들의 여름 방학 동안 할 수 있는 과외 활동(미국에서는 캠프라고 함–역자 주)에 대해 이야기하면서 딸에게 어떤 활동이 가장 좋을지 논의했다. 두 사람은 딸이 여름 캠프 활동에서 얻기 원하는 가치들(예: 열정, 친절, 자기 통제, 진실함, 협력)에 초점을 두었다. 그리고 자신들이 아이들에게 이런 가치를 가르칠 때 어떻게 좋은 모델이 될 수 있을지 논의했다. 두 사람이 공동의 목표를 향해 노력하면서, 서로에 대한 신뢰를 쌓을 수 있었고, 더 좋은 부모가 되기 위해서 두 사람이 모두 필요하다는 점을 깨달았다. 가치와 목표를 공유하면서, 과거의 실망과 분노를 넘어 나아갈 수 있었다.

이 마지막 장의 내용만으로도 한 권의 책을 저술할 수 있을 정도로 방대하지만, 이 책의 주제인 **질투**의 범위 내에서만 다루었다. 내가 책에서 전달하고자 하는 메시지는 질투는 때로 합당하고 건강한 반응이며, 신뢰가 깨졌을 때 적응적인 첫 반응일 수 있다는 점이다. 또한 질투는 당신의 관계를 변화할 동기를 만들고, 신뢰를 쌓기 위한 기본 규칙을 만들고, 더 잘 경청하는 사람이 되는 기술을 습득하고, 관계를 나의 방식이 아니라 우리의 방식으로 바라보며, 공동의 목표와 가치를 통해 결속을 강화하는 기나긴 과정의 첫 번째 단계로 생각할 수 있다. 이 과정이 쉽지는 않지만, 불가능한 것은 아니다. 오직 당신과 당신의 파트너만이 두 사람에게 가능한 것이 무엇인지 결정할 수 있다. 이 과정은 많은 인내가 필요하며, 실현하기 위해서는 고된 작업과 노력이 필요하다.

마치는 말

이 책을 읽으면서 당신은 질투심의 감정적 계곡으로 들어가는 긴 여정으로 느껴질 수 있다. 질투심을 낮은 자존감이나 비현실적인 요구와 같은 단순한 개념으로 바라보기보다는, 나는 신생아, 동물, 그리고 역사를 통해 질투심의 보편성에 대해 탐색을 같이 하기를 선택했으며, 질투심의 진화론적인 적응 가치에 대해 설명했다. 질투심은 '부모의 투자'와 관련이 있으며, 우리의 유전자를 전수하는 것에 대한 보호 행동과 관련이 있다. 그것은 우리의 가족, 친구와 동료들과의 관계를 보호하고 싶은 자연스러운 경향이다. 성 아우구스티누스가 관찰했듯이, "질투심을 느끼지 못한 사람은 사랑한 적이 없다." 질투심은 당신을 괴롭히고, 친구들과 멀어지게 만들며, 가족을 해체할 수 있는 감정이다. 노래의 소재가 되고, 대서사, 비극 그리고 시의 대주제가 되기도 한다.

질투심은 강력하고 어쩔 때 위험하며, 사려 깊은 존중을 받아야 하는 감정이다. 나의 바람은 질투심을 느끼는 당신이 혼자가 아니라는 것을 깨닫는 것이다. 또한 질투심을 경험하는 것의 어려움을 타당화해 주는 것이 중요한데, 그 이유는 질투심은 사랑에 대한 고통스럽고 혼란스러운 감정, 공포심 그리고 심지어 당신의 인생에서 가장 중요한 사람에 대한 증오를 반영하기 때문이다. 타당화하는 것의 일부는 질투심의 폭풍을 경험하면서 스스로를 향한 자비로움을 느끼고, 가능하다면 연인에 대한 자비로움도 느끼는 것이다. 이것은 당연히 어렵고 때로는 불가능하게 느껴질 수 있다는 것을 알지만, 당신이 생각하고, 목표 삼고, 포용할 수 있는 노력을 하면 좋을 것 같다.

당신은 질투심 기저에 있는 생각들 ('나의 연인은 그녀에게 관심 있어.')와 이런 생각의 결과로 느끼는 감정들(분노, 불안, 원망)의 차이를 알게 되었다. 그리고 당신은 질투심으로 인한 생각과 감정을 가지고 있지만, 당신의 행동을 선택할 수 있다는 것도 알게 되었다. 어쩔 때에는 어떤 기분을 들지만, 선택권이 있다는 사실을 깨닫는 것이 우리를 해방시킬 수 있다. 다른 방향으로 당신을 끌어당기는 밧줄을 굳이 잡고 있을 필요가 없다.

우리는 마음과 머리가 질투심으로 사로잡혔을 때, 당신은 감정에 압도되고 당신의 고통이 끝나기를 바라는 마음으로 행동하게끔 한다는 것을 알게 되었다. 그렇지만 우리가 질투심을 느낄 때 하는 행동들은 우리가 경험하는 감정들보다 우리에게 더 해로울 수 있다. 전략이라고 보이는 이런 행동들은 현재 일어나고 있는 일을 통제하고 현재의 고통을 끝낼 수 있는 다양한 범위의 행동을 포함한다. 심문하기, 확인하기, 단서 찾아보기, 안심 구하기, 스파이하기, 스토킹하기, 연인의 자신감을 깎아내리기, 관계를 끝내자고 위협하기 그리고 철회하는 행동들을 포함한다. 강렬한 감정을 느낄 때 이런 전략들이 말이 된다고 생각할지는 모르겠지만, 각자 행동들은 우리가 가장 두려워하는, 관계가 끝나는 것을 현실로 만들 위험이 있다. 어쩌면 더 좋은 방법이 있을지도 모른다.

우리는 당연히 우리의 감정을 느낄 권리가 있고, 질투심은 만연하기 때문에 당신은 혼자가 아니라는 것을 깨닫게 될 것이다. 질투심에 사로잡히면 반추, 걱정, 우울증과 강렬한 관계 갈등으로 이어지지 않게 하는 방법을 찾는 것이 중요하다. 이런 감정으로 인한 결과를 어떻게 조절할 것인지와 더 관련이 있다. 우리는 어렵지만 질투심으로 인한 생각과 감정에 거리를 두면서 이런 경험을 하고 있다는 것을 수용하는 것이 도움이 된다는 것을 볼 수 있었다. 한발물러서는 것이 감정을 느낄 수 있는 여유를 만들어 주고, 우리가 생각하고 느끼는 것과 동행하면서 그 경험으로 인해 조정당하지 않게 하는 것을 가능하게 해 준다. 이렇게 마음챙김을 하며 거리를 두고 수용하는 것은 연인이 우리가 의심하는 행위를 한다는 것을 받아들이는 것을 괜찮아 한다는 것을 의미하지 않는다. 반대로 우리는 우리의 생각과 감정을 인정하고, 우리에게 이롭지 않은 방향으로 행동하지 않는다는 것을 의미한다.

우리는 한 발 물러서면 잠시 우리가 생각하는 것이 얼마나 합리적이고 이성적인지 생각해 볼 수 있다. 우리는 연인이 무엇을 원하는지 마음읽기를 하거나 파국적인 결과에 대한 점치기로 인해 자주 사로잡히기 때문에 우리는 증거가 정말 우리 생각을 지지하는지 평가해 볼 수 있다. 어떤 경우에는 우리는 편향되어 있고 특정한 방법으로 생각하는 데 집중되어 있고, 어떤 경우에는 우리의 생각은 맞을 수도 있다. 그렇지만 우리 감정이 강렬하다는 것은 우리 생각이 타당하다는 것을 의미하지 않는다. 한발 물러서서 평가를 해

볼만한 가치가 있다. 우리는 자주 사실이 무엇인지 모른다.

우리는 또한 질투심을 확대시키는 규칙이나 가정들이 있을 수 있다는 것을 살펴보았고, 많은 경우에는 사랑, 전념과 관계에 대한 완벽주의적인 생각에 기인한다는 것을 알 수 있었다. 어떤 것들은 연인이 절대 다른 사람을 매력적으로 생각해서는 안 된다거나, 연인의 과거가 현재를 위협한다는 것을 반영했다. 이런 완벽주의적인 신념들 때문에 우리는 필요 이상으로 고통받는다. 현실은 순수하거나 완벽하지 않다. 우리는 모두 타락한 천사들이며, 개선이 필요하고, 모두 이해와 필요하다면 용서가 필요하다. 당신을 포함해서 모든 사람들은 과거가 있지만, 현재와 미래가 가장 중요하다.

우리는 질투심에 대해 파트너와 이야기할 때, 서로가 존중받고 싶어 하고 신뢰받고 있다는 것을 느끼고 싶다는 것을 염두에 두어야 한다. 분노, 욕설과 비난으로 공격하고 싶은 것은 자연스러운 반응일 수 있으며, 실제로 연인이 당신의 기대에 못 미쳤거나 무엇을 숨기고 있거나 당신의 신뢰를 배신했을 수 있다. 그렇지만 현재 일어나고 있는 일에 대해 상반되는 관점에 대한 서로를 존중하는 대화를 하는 것이 미래에 신뢰를 쌓는 것에 대한 지침을 명확하게 해줄 수도 있다.

이 책을 다 읽고 깨달았겠지만, 당신의 질투심으로 인한 생각, 감정과 행동을 바라볼 수 있는 다양한 방법이 있다. 당신이 사용할 수 있는 많은 은유와 반응들이 있다. 당신과 당신의 관계는 독특하며 항상 변화하고 있기 때문에, 질투심을 다룰 때 획일적인 프로그램은 없다. 우리는 자주 새로운 관계를 시작할 때 완벽하기를 바라고, 장애물, 우회로나 충돌이 없길 바라면, 인생을 충만하게 산다는 것은 실망도 경험한다는 것을 의미한다. 우리는 모두 때때로 타락한 천사들이다.

우리 중에 결점이 없는 사람은 없으며, 모두 성장이 필요하다. 모든 관계는 해결되지 않은 과제들이 있다. 나는 관계의 공간에 대한 은유를 좋아하는데, 두 파트너가 복잡한 방에 살며, 그 안에는 기억과 계속 바뀌는 풍경으로 채워져 있다. 그곳은 당신들이 함께하는 공간이다. 질투심을 위한 공간을 만드는 것이 서로가 함께 살아갈 수 있도록 도와줄 것이다. 항상 문을 닫고 나갈 필요는 없다.

미주

1. D. M. Buss, *Dangerous Passion* (New York: Free Press, 2000).

2. R. L. Leahy, *Emotional Schema Therapy* (New York: Guilford Press, 2015).

3. C. Darwin, *The Descent of Man and Selection in Relation to Sex* (London: John Murray, 1871).

4. R. L. Trivers, "Parental Investment and Sexual Selection," in *Sexual Selection and the Descent of Man, 1871–1971* (Chicago: Aldine, 1972), 136–79.

5. D. C. Geary, M. Rumsey, C. Bow-Thomas, and M. K. Hoard, "Sexual Jealousy as a Facultative Trait: Evidence from the Pattern of Sex Differences in Adults from China and the United States," *Ethology and Sociobiology* 16, no. 5 (1995): 355–83.

6. Ibid.; B. P. Buunk, A. Angleitner, V. Oubaid, and D. M. Buss, "Sex Differences in Jealousy in Evolutionary and Cultural Perspective: Tests from the Netherlands, Germany, and the United States," *Psychological Science* 7, no. 6 (1996): 359–63.

7. S. Hart and H. Carrington, "Jealousy in 6-Month-Old Infants," *Infancy* 3, no. 3 (2002): 395–402; S. Hart, T. Field, C. Del Valle, and M. Letourneau, "Infants Protest Their Mothers' Attending to an

Infant-Size Doll," *Social Development* 7, no. 1 (1998): 54-61.

8. P. H. Morris, C. D. Doe, and E. Godsell, "Secondary Emotions in Non-Primate Species? Behavioral Reports and Subjective Claims by Animal Owners," *Cognition and Emotion* 22, no. 1 (2008): 3-20.

9. Exodus 20:5 (King James).

10. C. Andreas and J. J. Parry, *The Art of Courtly Love* (New York: Columbia University Press, 1990), 1186.

11. W. Shakespeare, *Othello*, 5.2.

12. P. N. Stearns, *American Cool: Constructing a Twentieth-Century Emotional Style* (New York: NYU Press, 1994).

13. B. R. Karney, C. Wilson, and M. S. Thomas, *Family Formation in Florida: 2003 Baseline Survey of Attitudes, Beliefs, and Demographics Relating to Marriage and Family Formation* (Gainesville, FL: University of Florida, 2003).

14. See http://www.childlessstepmums.co.uk.

15. Q. Fottrell, "Typical U.S. Worker Has Been 4.2 Years in Their Current Job," *Market Watch,* January 12, 2014. http://www.marketwatch.com/story/americans-less-likely-to-change-jobs-now-than-in-1980s-2014-01-10.

16. J. Bowlby, *Attachment and Loss,* vol. 1 *Attachment* (London: Hogarth, 1968).

17. M. Mikulincer and P. R. Shaver, "Attachment Theory and Intergroup Bias: Evidence That Priming the Secure Base Schema Attenuates Negative Reactions to Out-Groups," *Journal of Personality and Social Psychology* 81, no. 1 (2001): 97-115.

18. N. L. Collins, "Working Models of Attachment: Implications for Explanation, Emotion, and Behavior," *Journal of Personality and Social Psychology* 71, no. 4 (1996): 810.

19. B. P. Buunk, "Personality, Birth Order, and Attachment Styles as Related to Various Types of Jealousy," *Personality and Individual Differences* 23, no. 6 (1997): 997-1006; A. Holtzworth-Munroe, G. L. Stuart, and G. Hutchinson, "Violent Versus Nonviolent Husbands: Differences in Attachment Patterns, Dependency, and Jealousy," *Journal of Family Psychology* 11, no. 3 (1997): 314.

20. B. P. Buunk, "Personality, Birth Order, and Attachment Styles."

21. G. L. White, "Inducing Jealousy: A Power Perspective," *Personality and Social Psychology Bulletin* 6 (1980): 222-7; G. L. White, "A Model of Romantic Jealousy," *Motivation and Emotion* 5 (1981): 295-310; G. L. White and P. E. Mullen, *Jealousy: Theory, Research, and Clinical Strategies* (New York: Guilford Press, 1989).

22. L. Khanchandani and T. W. Durham, "Jealousy During Dating Among Female College Students," *College Student Journal* 43, no. 4 (2009): 1272.

23. M. J. Dugas, K. Buhr, and R. Ladouceur, "The Role of Intolerance of Uncertainty in the Etiology and Maintenance of Generalized Anxiety Disorder," in *Generalized Anxiety Disorder: Advances in Research and Practice* (New York: Guilford Press, 2004): 143-63.

24. J. L. Bevan and K. D. Tidgewell, "Relational Uncertainty as a Consequence of Partner Jealousy Expressions," *Communication Studies* 60, no. 3 (2009): 305-23.

25. Leahy, *Emotional Schema Therapy*.

26. R. L. Leahy, *Cognitive Therapy Techniques*, Second Edition (New York: Guilford Press, 2017).

27. R. L. Leahy, *The Worry Cure* (New York: Harmony Books, 2005).

28. A. Wells, *Metacognitive Therapy for Anxiety and Depression* (New York: Guilford Press, 2009).

29. R. L. Leahy and D. Tirch, "Cognitive Behavioral Therapy for Jealousy," *International Journal of Cognitive Therapy* 1 (2008): 18–32.

30. M. J. Dugas, et al., "Role of Intolerance of Uncertainty."

31. A. Wells, "A Cognitive Model of GAD: Metacognitions and Pathological Worry," in *Generalized Anxiety Disorder* (New York: Guilford Press, 2004), 164–86.

32. R. L. Leahy, *Beat the Blues Before They Beat You* (New York: Hay House, 2010).

33. Leahy, *Emotional Schema Therapy*.

34. Ibid.

35. S. C. Hayes, K. D. Strosahl, and K. G. Wilson, *Acceptance and Commitment Therapy* (New York: Guilford Press, 2011); E. Roemer and S. M. Orsillo, *Mindfulness and Acceptance– Based Behavior Therapies in Practice* (New York: Guilford Press, 2009); Leahy, *Emotional Schema Therapy*.

36. W. Whitman, "Song of Myself," *Leaves of Grass* (1892).

37. Leahy, *Emotional Schema Therapy*.

38. J. D. Teasdale and Z. V. Segal, *The Mindful Way Through Depression* (New York: Guilford Press, 2007).

39. P. Gilbert, *The Compassionate Mind* (London: Constable, 2009); D. Tirch, *The Compassionate Mind Guide to Overcoming Anxiety* (Oakland, CA: New Harbinger, 2012).

40. Leahy, *The Worry Cure*; Wells, "A Cognitive Model of GAD."

41. Wells, *Metacognitive Therapy for Anxiety and Depression*

찾아보기

저자 소개

Robert L. Leahy 박사는『The Worry Cure』를 포함하여 26권의 책을 집필 혹은 편집하였다. 그는 미국 전역 그리고 지역의 인지행동치료 기관에서 활발하게 활동을 하며 지도자 역할을 했다. 그는 정기적으로 Psychology Today에 블로그를 운영하며,『The Huffington Post』에 기고를 하기도 했다. Leahy 박사는 전세계적으로 학회에서 국제적 강연을 개최하였으며,『New York Times』,『The Wall Street Journal』,『The Times of London』,『The Washington Post, 20/20』,『The Early Show』등 다양한 인쇄물을 출간하였고, 라디오와 텔레비전 매체에 출연하였다.

서문을 작성한 Paul Gilbert 교수는 우울, 수치심, 자기비난에 대한 연구로 전 세계적으로 알려졌으며, 자비 중심 치료의 개발자이다. 그는 Derby 대학교의 정신건강 연구기관의 소장이며,『The Compassionate Mind』,『Mindful Compassion, Overcoming Depression』을 포함하여 여러 학술 논문과 책의 저자 혹은 공저자이다.

역자 소개

서수연(Sooyeon Suh)
오하이오 주립대학교 임상심리대학원 박사
현 성신여자대학교 심리학과 교수

〈주요 저 · 역서〉
사례를 통해 배우는 불면증을 위한 인지행동치료(저, 시그마프레스, 2017)
불면증을 위한 마음챙김 기반치료: 행동수면의학 전문가가 제시하는 불면
증 치료 가이드(역, 학지사, 2020)
엄마의 잠 걱정을 잠재우는 책(저, 아몬드, 2021)

이종선(Jong-sun Lee)
King's College London, Institute of Psychiatry 박사
현 강원대학교 심리학과 교수

〈주요 저 · 역서〉
심상을 활용한 인지치료(공역, 시그마프레스, 2017)
재난정신건강: 이론과 실제(공역, 피앤씨미디어, 2018)
밤의 심리학(공저, 책사람집, 2021)

최기홍(Kee-Hong Choi)
네브라스카 주립대학교 임상심리대학원 박사
현 고려대학교 심리학부 교수

〈주요 저 · 역서〉
정서도식치료 매뉴얼: 심리치료에서의 정서조절(공역, 박영story, 2019)
아파도 아프다 하지 못하면: 감정 마주하기 수업(저, 사회평론, 2018)

질투, 나는 왜 그를 믿지 못할까
신뢰를 되찾고 소유욕을 극복하며 관계를 회복하는 방법
THE JEALOUSY CURE: Learn to Trust, Overcome
Possessiveness, and Save Your Relationship

2022년 1월 20일 1판 1쇄 인쇄
2022년 1월 25일 1판 1쇄 발행

지은이 • Robert L. Leahy
옮긴이 • 서수연 · 이종선 · 최기홍
펴낸이 • 김진환
펴낸곳 • ㈜ **학지사**

　　　　 04031 서울특별시 마포구 양화로 15길 20 마인드월드빌딩
대표전화 • 02-330-5114　　팩스 • 02-324-2345
등록번호 • 제313-2006-000265호

홈페이지 • http://www.hakjisa.co.kr
페이스북 • https://www.facebook.com/hakjisabook

ISBN 978-89-997-2550-0　93180

정가 15,000원

출판 · 교육 · 미디어기업 **학지사**
간호보건의학출판 **학지사메디컬** www.hakjisamd.co.kr
심리검사연구소 **인싸이트** www.inpsyt.co.kr
학술논문서비스 **뉴논문** www.newnonmun.com
교육연수원 **카운피아** www.counpia.com

분단을 넘어서

북아일랜드 통합학교 기행

일러두기

이 책의 인명·지명은 원칙적으로 국립국어원 어문 규정의 외래어 표기법에 의거하였으나 일부 아일랜드
식 인명·지명은 현지 발음을 따라 표기하였음을 밝힙니다.

· 이 저서는 2015년 정부(교육부)의 재원으로 한국연구재단의 지원을 받아 수행된 연구임(NRF-2015S1A6A4A0101
  3220). This work was supported by the National Research Foundation of Korea Grant funded by the Korean
  Government(NRF-2015S1A6A4A01013220).
· 이 도서의 국립중앙도서관 출판예정도서목록(CIP)은 서지정보유통지원시스템 홈페이지(http://seoji.nl.go.kr)와 국
  가자료공동목록시스템(http://www.nl.go.kr/kolisnet)에서 이용하실 수 있습니다. (CIP제어번호 : CIP2017031169)

분단을 넘어서

북아일랜드
통합학교 기행

A Journey
to the Integrated Schools
in Northern Ireland:
Beyond Division

강순원 지음

감사의 글

　북아일랜드를 오가며 글을 쓰기 시작한 지 20년이 되면서 이제는 뭔가를 정리해내야겠다고 마음을 먹었을 때 공교롭게도 여기저기서 북아일랜드 이야기를 해달라는 요청이 일었다. 그래서 책을 써야겠다고 결심을 했고, 마침 연구재단에서 저술 출판 지원도 받게 되었다. 이 모든 게 우연이고 필연이다.

　평화교육을 이야기하면서 분단극복 평화교육은 내게 중점 주제로 자리 잡았다. 사람들이 모여 사는 세상에서 분단사회 아닌 곳이 없겠지만, 내게 처음으로 분단사회 평화교육을 같이 고민하자고 제안한 캐럴 리트너 수녀님에 의하면 남북한, 이스라엘-팔레스타인, 동서독, 남아프리카공화국 그리고 북아일랜드가 당시 분단사회의 상징이었다. 이 같은 논의를 했던 곳이 북아일랜드였고, 이후 집단적으로는 시도하지 못했지만 개인적으로는 언급한 모든 분단사회를 다니면서 관련 자료를 모으고 분단된 틈을 교육으로 극복하려는 나름의 노력들을 알리려고 했었다. 2000년에 출판된 『평화·인권·교육』은 그런 고민의 첫 흔적이다.

　그 후 역사적 과제로서 한국과 일본 관계를 끊임없이 긴장시키고 후퇴시키는 역사적 분단 문제를 극복하기 위한 한일 평화교육 활동에 집중하

4

는 가운데도 북아일랜드는 내게 지속적으로 영감을 주며 평화교육의 살아 있는 증언을 해주어 틈날 때마다 핑계를 만들어 그곳으로 연구출장을 다녔다. 이 책은 그 방랑의 결과물이다.

20년 넘게 북아일랜드의 끈을 놓지 않도록 내게 자극을 준 남편의 애정과 격려가 없었다면 이 책은 불가능했다. 벨파스트에 내 방을 만들어준 굴드 부부(June and David Gould), 북아일랜드통합교육협회(NICIE)의 폴라 매킬레인(Paula McIlwaine)과 클리아나 스코트윌스(Cliodhna Scott-Wills), 1995년부터 거의 모든 북아일랜드 일정을 잘 챙겨준 오랜 지인 데릭 윌슨(Derick Wilson) 교수, 나의 평화교육 동료 클레어 맥글라인(Claire McGlyne) 교수와 앨런 스미스(Alan Smith) 교수, 표지에 들어간 상상의 오크그로브 통합초등학교를 그래픽디자인한 팀 웹스터(Tim Webster), 그리고 통합교육 연표를 부록으로 첨부할 수 있게 해준 조녀선 바든(Jonathan Bardon)에게 특별히 감사한다. 1983년 이래 나의 학문적 성과가 지속적으로 표출될 수 있도록 출판 기회를 제공해준 한울 출판사 김종수 사장님께도 특별한 감사의 마음을 전한다.

차례

프롤로그

왜 북아일랜드인가?

내가 처음으로 북아일랜드를 찾은 것은 1994년 가을이었다. 당시 잉글랜드 버밍엄대학교 연구교수로 있던 내가 북아일랜드에 간다니까 아는 사람들은 왜 그렇게 위험한 곳을 가려고 하느냐며 만류했다. 그럼에도 상호 방문이 금지된 분단국에 사는 사람으로서 상호 방문이 가능한 분단국의 현실이 너무나 궁금했고, 그 국경선을 한번 넘어가 보고도 싶었다. 분단국의 긴장감을 잘 안다고 생각한 데다 1994년 8월 31일에 영국 존 메이저(John Major) 총리와 북아일랜드 IRA(아일랜드공화군)를 대표하여 신페인당(Sinn Féin黨)의 제리 애덤스(Gerry Adams)가 공동으로 휴전을 선언했으니 괜찮겠거니 하는 생각에 열한 살짜리 어린 딸과 함께 아일랜드로 여행을 떠났다.

그런데 장난이 아니었다. 아일랜드 더블린에서 시작하여 예이츠의 고향 슬라이고를 거쳐 도네갈을 넘어서 북아일랜드 (런던)데리로 가려고 국경선 검문소를 지날 때, 군인들이 버스에 올라와 일일이 검문을 하는 것이었다. 다들 긴장한 얼굴이었다. 1970~1980년대 한국의 암울했던 정치적 환경을 거치면서 검문에는 이골이 났다고 생각하던 나였지만 딸이 무서워하자 걱정이 되었다. 버스를 타고 넘어오면서 본 자연환경은 너무나 평화로웠지만, 민간인이 탄 버스를 검문하는 환경에 공포가 엄습하는 순간이었다. 그래서 수도인 벨파스트에 도착해서는 무조건 제일 좋아 보이는, 버스터미널에 인접한 유로파 호텔에 묵기로 결정했다. 그런데 로비에 아무것도 없는 것이었다. 벨파스트에서 가장 좋다는 호텔의 로비가 왜 텅 비어 있는지 의아했지만, '좋은 호텔이니까 별일 없겠지' 하며 방으로 올라갔다. 호텔 창밖을 통해 길가를 내려다보는데 그때 아이가 "엄마 큰일났어" 그러는 것이 아닌가. 군인들이 호텔을 향해 돌진해오는 느낌이었다. 저벅저벅, 한 무리가 총을 들고 호텔 앞을 지나가는데 정말 기가 막혔다. '나의 무모함이 자칫 아이를 위험에 빠뜨릴 수도 있겠구나' 하고 후회했지만 어쩌랴. 밤새 마음 졸이다가 다음 날 바로 잉글랜드 버밍엄으로 돌아왔다.

당시 북아일랜드의 무력적 상호 대치는 군인이나 민병대뿐만 아니라 어른, 아이 할 것 없이 모두 공격의 대상으로 만들었다. 폭력적 테러는 공공장소, 길거리, 가정집을 가리지 않고 언제든 어디서든 일어났다. 이로 인한 사회적 피해는 북아일랜드를 '죽음의 도시'로 불리게 할 정도였다. 유럽의 제3세계로 불리던 북아일랜드를 탈출하고 싶은 이들의 무력감이 사회 분위기를 지배했다. 그러한 가운데 이에 저항하여 새로운 평화 공동체를 만들어보고자 하는 사람들의 노력도 이어졌다. 이렇게 폭력을 종식하고자 하는 노력의 하나로 1995년 봄에 북아일랜드와 이스라엘의 활동가들이 참여한 평화공존 프로그램이 2주에 걸쳐 진행되었는데, 이때 필자는 분단국 참관인으로 초대받아 북아일랜드의 분단과 갈등 그리고 이를 극복하기 위한 평화운동의 전 현장을 차분히 바라볼 수 있었다. 폭력적 극단주의가 지배하는 와중에도 다양한 형태의 평화 구축 노력을 가시화하려는 평화교육 프로그램을 구체적으로 보고 들었고, 특히 종파분리주의를 넘어서려는 통합교육운동에 매료되었다. 이와 같은 시민들의 평화체제에 대한 바람과 노력에 힘입어 미국 클린턴 대통령의 중재로 영국·아일랜드·북아일랜드 삼자가 합의한 성금요일협정(Good Friday Agreement)이 1998년 벨파스트에서 체결되었고, 남과 북에서 따로 치러진 국민투표에서 압도적인 지지로 통과되었다. 엄청난 피의 희생을 치러낸 북아일랜드는 이제 폭력의 문화에서 평화의 문화로 전환해 나아갈 수 있게 되었다. 필자가 1999년 한국 평화교육자 13명과 함께 다시 이곳을 찾았을 때는 양 진영 민병대가 무장해제를 이행한 후라서 폭력적 대치도 줄었고, 이른바 '갈등 후(post-conflict) 평화체제'로 전환하는 사회적 노력이 한창 진행되고 있었다. 물론 그것에 반대하는 북아일랜드공화군(PIRA: Provisional Irish Republican Army)의 강경파 RIRA(Real Irish Republican Army)와 얼스터민병대원들의 반발성 폭탄테러가 이어지긴 했다.

이런 가운데 평화교육 현장연구를 위해 2002년과 2008년에 다시 찾았을 때에는 평화체제의 효과로 유럽연합과 미국으로부터 엄청난 재원이 투자되면서 새 건물들이 세워지고 신형 자동차들이 즐비하고 쇼핑가에 인파가 넘쳐났다. 사람들의 얼굴에 자신감이 넘치는 표정이 역력했다. "다시는 과거로 돌아가고 싶지 않다"라던 택시기사의 이야기는 이들이 안정된 평화체제를 얼마나 희구했는지 보여주었다. 2013년 2월에 다시 방문했을 때에는 폭력은 과거의 일로 관광자원화된, 기억의 한 저편이었다. 북아일랜드 의회에서 영국 국기 게양일수를 연 28일로 제한한다는 결의에 반대하는 유니어니스트(unionist, 북아일랜드와 영국의 연합을 지지하는 사람) 진영의 시위가 매주 토요일 오후 2시에 시청 앞에서 열리고 있었는데, 그 저항의 강도가 전혀 폭력적으로 느껴지지 않았다.

통합교육 연구차 다시 찾은 2016년 1월, 시청 앞 시위는 이미 종결되어 있었다. 이전에 무뚝뚝했던 택시기사들도 아주 상냥해져 이런저런 이야기를 들려준다. 성 패트릭 축제는 개신교나 가톨릭 모두가 즐기는 청년축제가 되어가고, 국기 등에 정치적 집단의미를 부여해 앞세우는 '심볼리즘'도 많이 완화되고 있다며 한 택시기사가 활짝 웃었다. 그러면서 이제 벨파스트는 유럽에서 가장 안전한 도시라고 자랑했다. 실제로 2016년 벨파스트에서 느낀 7월 12일 오렌지 행진(Orange march)의 분위기도 그랬다. 1690년 개신교도인 오렌지공 윌리엄이 가톨릭교도인 제임스 2세에게 거둔 승리를 기념하는 이 행진은 여전히 종파분리주의의 상징적 행사이지만, 이제는 그다지 공포스럽게 비치지 않았고 참가 인원도 확실히 줄었다. 전날 있던 본파이어(bonfire, 거대한 모닥불을 피우는 전야제 행사)도 과시적 축제라기보다는 오히려 "아직도 이런 짓 하나" 정도의 느낌을 줄 뿐이었다. 일상에는 여전히 강도 높은 종파분리주의적 결속이 남아 있다고 하지만, 정치적 심볼리즘에 물든 이전의 흔적이 평화체제로의 전환에 따라 역사 속으로 사라져갈 수 있겠다는 희망을 보았다. 2015년 평화 모니터링 보고서에서도 북아일랜드의 폭력은 확실히 의미 있게 줄었고 이제는 사회적 평등을 실현하는 길만이 남았다고 한다.

이렇듯 폭력으로부터의 해방은 사회를 웃게 만드는 평화지수의 고양으로 나타난다. 이러한 변화가 표면적인 변화인지, 평화를 향한 근본적인 체제 변화인지는 평가를 유보할 수밖에 없지만, '평화 유지(peace keeping)'의 수준에서만 본다면 북아일랜드는 확실히 평화를 이뤘다. 하지만 과거의 골을 근본적으로 메우는 '평화 구축(peace building)'은 여전히 갈 길이 멀다. 특히 북아일랜드인 다수는 반대했지만 잉글랜드 주도로 결정된 영국 유럽연합 탈퇴(브렉시트)의 충격을 어떻게 흡수하여 평화체제를 유지할 것인지가 이들에게 닥친 가장 큰 현실적 고민이다. 북아일랜드의 운명을 그 안에서만 결정할 수 없다는 현실, 평화협정 이후 철거한 국경검문소를 다시 세워야 하는가 하는 문제 등이 뜨거운 정치적, 사회적 이슈로 등장한다.

분단사회, 그 해법은 어디에 있는가? 교육으로 분단극복이 가능한가? 어린아이들을 교육해 평화체제를 만든다는 발상 자체가 낭만적이고 비현실적인 것이 아닌가? 이런 등등의 문제를 끌어안고 북아일랜드 사회의 분단극복을 위해 노력해온 통합학교 탐방에 나선다.

식민지 역사에 이어서 분단의 구렁으로

지구상의 분단국가 중에서도 우리나라와 유사하게 식민지 해방 과정에서 나라가 둘로 쪼개지는 아픔을 겪고 내전에 휘말리면서 오늘까지도 분단체제로 살아가는 사회가 북아일랜드이다. 아일랜드는 나라 전체가 300년 이상 영국의 식민지로 수탈당한 긴 고통의 역사를 가지고 있다. 식민지하에서 독립운동을 함께 했던 항영 진영이 영국과의 관계 설정을 놓고 분열하면서 북아일랜드의 비극은 시작한다.

아일랜드는 400년경 성 패트릭(St. Patrick)이 기독교를 정착시킨 이래 켈트 기독교가 발전해왔다. 섬나라인 아일랜드는 바이킹 문화와 해상강국인 영국, 스페인의 영향을 받아왔지만 전반적으로 가톨릭 문화에 지배되어 있었다고 볼 수 있다. 하지만 영국 왕 헨리 8세와 엘리자베스 1세가 성공회를 중심으로 종교 지형을 재편하는 과정에서 이에 대항하는 9년 전쟁(1594~1603)이 일어났고, 스페인의 지원을 받은 아일랜드가 패전함으로써 역사상 처음으로 아일랜드 전역이 강력한 영국 정부의 식민통치를 받게 되었다. 엘리자베스 1세의 뒤를 이은 제임스 1세는 잉글랜드와 스코틀랜드 사람들을 아일랜드로 이주시키는 '플랜테이션(the Plantation)'이라고 불리는 식민정책을 시행했는데, 특히 아일랜드 북부(North of Ireland, 얼스터 지역)는 스코틀랜드 남서부에서 이주해 온 장로교인들에게 경작지 소유권을 불하하며 그동안 방치되어 있던 북부 지역에 대한 식민사업을 적극적으로 추진했다. 1717~1775년 사이에는 무려 25만 명의 스코틀랜드 사람이 이주했는데, 이 과정에서 신·구교 간의 종교적 문화충돌은 불가피했다. 게다가 잉글랜드와 스코틀랜드 사람만이 경작지 소유권을 가질 수 있도록 제한한 불평등한 '페날법(Penal Law)'이 가톨릭교도인 대다수 아일랜드인들을 소작인으로 전락시켰다. 이로써 오늘날까지 이어져 온 북아일랜드 분쟁의 씨앗이 뿌려진 것이다.

이러한 식민화 과정을 통해 아일랜드의 전통적인 가톨릭 지배체제가 와해되고 영국성공회와 장로교 등 개신교를 중심으로 한 새로운 지배세력이 형성되었다. 이후 계속되는 박해 속에서 미국 독립과 프랑스혁명에 고무되어 1798년 항쟁이 일어났지만 실패하고 저항운동은 잠복기에 들어간다. 그러다가 영국이 제1차 세계대전에 참전하기로 결정하자 비밀결사인 아일랜드공화주의형제단(IRB: Irish Republican Brothers)이 주축이 되어 독립을 선언하고 1916년 부활절봉기에 돌입한다. 이 역시 영국 군대에 의해 6일 만에 진압되고 말았지만, 이 사건으로 무장투쟁 전통의 아일랜드공화군(IRA: Irish Republican Army)이 전면으로 부각되었고, 마침내 아일랜드독립전쟁(1919~1921)이 벌어지게 된다. 이 전쟁의 결과로 1922년 1월 영국-아일랜드조약이 체결되었다.

제1차 세계대전 이후 윌슨의 민족자결 원칙에도 불구하고 승전국인 영국은 식민지를 대부분 그대로 보유한 채 캐나다와 아일랜드에 대해서만 영국 왕에게 충성서약을 하고 영연방 자치국가로 남을 수 있게 했다.

아일랜드에 완전독립이 아닌 이러한 자치를 허용하는 수준의 영국-아일랜드조약은 아일랜드 독립을 둘러싼 온건파와 강경파 사이의 분쟁인 아일랜드내전(1922~1923)을 초래했지만, 결국 얼스터 지역의 6개 카운티는 북아일랜드로서 영국의 일부로 남고 아일랜드 자유국가(Irish Free State)에는 자치를 허용하는 것으로 결정되었다. 32개 아일랜드 카운티 중 북아일랜드를 제외한 26개 카운티를 중심으로 남쪽의 아일랜드는 자치국가로 독립했고, 6개 북아일랜드 카운티는 영국의 일부인 북아일랜드(Northern Ireland)로 온존되었다. 당시 아일랜드 인구 350만 명 중 96%가 가톨릭이었던 데 비해, 북아일랜드 120만 중에는 40%가 채 안 되는 수만이 가톨릭이었다.

1922년 6월 영국 왕 조지 5세는 북아일랜드 의회에서 다음과 같이 연설한다. "모든 아일랜드 사람들은 전쟁을 멈추고 용서와 화해의 대열을 향해 앞으로 나아가라. 용서하고 잊자. 모두가 이 땅을 평화와 만족, 그리고 선한 의지의 새 시대를 사랑할 곳으로 만드는 대업에 참여하자." 분단 현실을 수용하라는 이러한 억압적인 회유 속에서도 북아일랜드 IRA 대원의 70% 이상이 완전독립을 위한 재무장을 결의하면서, 이후 북아일랜드는 내전에 가까운 혹독한 시련의 시기를 겪게 된다. 이것은 300여 년간의 식민정책이 낳은 비극적인 결말이다.

마침내 1949년, 북아일랜드를 제외한 남쪽의 아일랜드공화국은 영연방에서 탈퇴하여 완전독립하고, 영국의 일부로 남은 북아일랜드에서는 아일랜드공화국으로 통일하기를 갈구하는 가톨릭 기반 내셔널리스트와 조상이 일군 땅에서 영국의 일부로 남아 살기를 희망하는 개신교 기반 유니어니스트 양측의 갈등이 일상의 삶을 위협하는, 이른바 '분쟁기(the Troubles)'(1969~1998)가 시작된다.

분단 이후 정치적 권리가 제한된 상태에서 완전독립의 상징인 '아일랜드공화국으로의 통일'을 꿈꾸는 가톨릭 내셔널리스트 진영은 1967년 북아일랜드민권협회(NICRA: Northern Ireland Civil Rights Association)를 결성했다. 1968년 10월 5일 (런던)데리에서 NICRA가 주관한 평화적 시민집회에 대한 영국군의 무력진압이 전 세계로 폭로되면서 북아일랜드는 세계인의 주목을 받는 분쟁지가 되었다. 1969년 7월 벨파스트에서는 양측이 서로 공격하여 10명이 사망하고 300여 명이 부상당했으며 1800가구가 불타버렸다. 이후 벨파스트의 가톨릭 주 거주지인 폴스 로드(Falls Road)와 개신교 주 거주지인 샨킬 로드(Shankill Road)는 양측 피해가 집중되는 대표적인 피해지역이 되었다. 연일 시위가 확산되면서 영국 경찰이 가톨릭 내셔널리스트들을 마구잡이로 유치장에 억류하자 (런던)데리에서 1972년 1월 30일 반(反)구금 시위를 벌였는데, 이때 영국 경찰의 과잉진압으로 14명이 사망한 '피의 일요일(Bloody Sunday)' 사건이 발생했다. 사건 이후 1972년 한 해 동안만 영국 경찰과 군대뿐 아니라 양측 민병대의 공격으로 총 480명이 사망했다. 피해 대상은 민병대와 군경에 그치지 않고 무고한 민간인들로 확대되었으며 여성과 어린이도 상당수 포함되었다. 벨파스트만이 아니라 모든 지역에서 서로를 겨냥한 폭탄테러가 연일 이어졌다. 테러 장소도 시장, 주택가, 교회, 심지어 공원 등 예측할 수 없는 상황이었다. 언제 폭탄이 터질지 모르는 예측 불가능 속에서 북아일랜드는 어둠과 불안, 죽음이 지배하는 마의 공간이 되었다.

영국 대처 정부가 피의 일요일 사건 이후 교도소에 수감된 2000여 명이 넘는 가톨릭 내셔널리스트들을 특별관리(special category status) 대상자로 집단화하여 가혹하게 탄압하면서, 오히려 이들의 집단적 반발을 사서 수형 기간을 자신들의 투쟁 의지를 강화하는 학습 기회로 삼게 했다. 이들은 교도소에서 미래 정치운동의 방향을 세우며 자신들을 괴롭히는 교도소 간수들을 공격 목표로 삼아 투쟁 의지를 불태웠다. 대다수가 개신

분쟁기 연도별 사망자 수(1969~1998년)   (단위: 명)

연도	사망자 수	연도	사망자 수	연도	사망자 수
1969	16	1979	121	1989	76
1970	26	1980	80	1990	81
1971	171	1981	114	1991	97
1972*	480	1982	111	1992	88
1973	255	1983	84	1993	88
1974	294	1984	69	1994**	64
1975	260	1985	57	1995	9
1976	297	1986	61	1996	18
1977	110	1987	98	1997	22
1978	82	1988	104	1998***	55

* 피의 일요일 사건이 일어남.
** 북아일랜드 휴전협정이 체결됨.
*** 벨파스트평화협정이 체결됨.

교 유니어니스트인 교도소 간수들과 그 가족들까지 공격당함에 따라 그 보복으로 일반 가톨릭교인들에 대한 공격도 강화되었다. 그런 중에 감옥 내 수형 조건이 악화되어 이들 특별관리 대상자들에게 죄수복을 입히고 강제노역을 시키며 공동학습 기회를 봉쇄하자 이러한 탄압에 항의하는 옥중 단식투쟁이 메이즈 교도소(Prison Maze)에서 시작되었다. 당시 메이즈 교도소에 수감되어 있던 보비 샌즈(Bobby Sands)가 신페인당 후보로 출마하여 옥중 당선되었으나 결국 단식 시작 66일 후인 1981년 5월 5일 사망했다. 샌즈 의원 장례식에 10만 명 이상의 군중이 몰리면서 이 힘은 대안정당으로 정치투쟁을 모색하는 노력으로 이어졌다. 10명이 사망한 1981년 옥중 단식투쟁은 자연스럽게 친아일랜드 내셔널리스트 정당인 신페인의 입지를 넓혀주는 계기로 작용하게 되었다. 그동안 개신교계 정당인 민주연합당(UDP: Unionist Democratic Party)이 독주하던 정치 환경에서 가톨릭계 정당인 신페인과 사회민주노동당(SDLP: Social Democratic and Labour Party)의 입지가 확대되는 등 정치권의 지각변동을 가져온 것이다.

양 진영 민병대원을 중심으로 한 공격과 보복으로 인한 민간인 피해가 줄지 않고, 심지어 북아일랜드를 벗어나 더블린이나 맨체스터 및 런던 등으로 IRA의 폭탄테러가 확대되자, 정치적 문제해결을 위해 회담을 해야 한다는 요구가 북아일랜드 내외에서 강하게 제기되었다. 1973년 일차 제안되었던 권력분점(power sharing)안이 부결된 이후 엄청난 사회적 손실과 희생을 치르고서 드디어 1994년 8월 31일 북아일랜드 휴전협정이 영국 존 메이저 총리와 북아일랜드 신페인의 제리 애덤스 대표 간에 체결되었다. 모든 민병대원의 무기 반환을 전제하는 휴전협정에 IRA와 얼스터의용군(UVF: Ulster Volunteer Force) 등 대표적인 양 진영 민병대가 찬성했음에도 불구하고, IRA 내의 강경파들은 '우리만이 북아일랜드 독립을 포기하지 않는 진짜(Real) IRA'라고 표방하며 'RIRA'로 분리해 나갔다. 비타협적인 유니어니스트 민병대원들도 별도로 잔존하여 항전 의지를 포기하지 않았다.

이렇게 휴전협상이 진전되었음에도 1996년 잉글랜드 맨체스터 폭탄테러에 이어 아마(Amagh) 폭탄테러가 일어나는 등 민간인을 겨냥한 정치적 폭력이 줄어들지 않자, 미국 클린턴 대통령이 중재자로 나섰다. 클린턴은 미국의 북아일랜드 투자 확대를 약속했고, 영국·아일랜드·북아일랜드가 모두 참여하는 다자간 벨파스트평화협정이 1998년 4월 10일 성금요일에 체결되었다. '성금요일협정'으로 불리는 벨파스트평화협정은 '북아일랜드 독립정부는 양 종파 진영을 망라하는 4개 정당이 참여하는 권력분점, 즉 공동정부를 전제로 하며 북아일랜드의 모든 정책 결정은 북아일랜드 주민의 의사에 따른다'는 원칙을 천명했다. 이러한 정치 환경 변화로 북아일랜드의 모든 사회적 이슈를 조정하고 결정하는 데 가톨릭계 목소리가 커지게 되었다. 다른 한편으로 이는 개신교 유니어니스트들의 불만을 야기하는 협상이기도 했으나, 오늘날 폭력에서 평화로 나아가는, 결코 과거의 분쟁기로 되돌릴 수 없는 가장 중요한 성문법적 토대를 구축한 것으로 평가된다.

분리주의적 폭력에서 평화와 화해로

폭발과 죽음, 아우성과 공포로 가득 찼던 분쟁기의 피해 규모를 살펴보면 사상자만도 15만 명을 넘는다. 1969년부터 1998년까지 공식적으로 집계된 사망자가 3488명, 그중 10세 미만 어린이가 37명이고 18세 미만은 274명이며 여성도 321명에 이른다. 총격은 일단 시작되면 어린이를 비롯한 민간인을 피해 가지 않았다. 분쟁기의 최대 희생자가 민간인이라는 사실은 평화에 대한 사회적 경각심을 크게 일으켰다고 본다. 1969년 이래 2007년까지 영국군과 경찰은 총 30만 명이 주둔했었으며, 영국 치안 담당자들이 가장 많은 피해를 입어 1114명이나 사망했고 3만여 명 이상이 부상당했다. 당시 북아일랜드 인구가 150여만 명이라는 점을 감안하면 10명 중 1명이 분쟁의 피해를 입고 살았다고 볼 수 있다. 누가 가해자이고 누가 피해자인지 알 수 없게 뒤엉킨 혼란 속에서 민병대 간의 전투와 영국군에 의한 폭력은 지역사회를 황폐하게 만들었다. 북아일랜드는 사람 살기에 적합하지 않은 유럽의 오지로 평가될 정도였다.

이러한 절망적 상황에서 평화를 외치는 시민의 목소리에 힘입어 폭력 종식을 위한 정치적 협상이 시도되기는 했지만, 1998년에 와서야 역사적으로 의미 있는 결실을 이루었다. 이 과정에서 분단사회 피해자들의 목소리에 귀 기울이며 양 종파를 대화의 길로 끌어들이는 중립적인 시민사회의 역할을 한 것이 코리밀라(Corrymeela, 북아일랜드 평화와 화해를 위한 기독교 공동체로서 1965년 시민의 힘으로 설립됨)였다. 극단적인 증오로부터 북아일랜드 분쟁 관련 사망자와 피해자 수(1969~2002년)   (단위: 명)

사망자 신분	사망자 수	피해 원인	피해자 수
민간인	1,841	상해	47,541
영국 군인 및 경찰	1,114	총기 사고	36,923
아일랜드 경찰	11	무장강도	22,539
IRA 민병대	396	민병대 피해	19,605
로열리스트 민병대	170	폭탄공격 및 방화	18,434
합계	3,532	합계	145,042

상호 이해의 길로 유도하는 코리밀라의 대화 노력은 종교계와 정치권에
도 영향을 미쳤고, 평화 없이는 모두가 죽는다는 인식에 이르도록 끊임
없이 설득해갔다. 많은 정치가와 종교 지도자가 코리밀라에 와서 함께
머리를 맞대고 미래를 고민하며 방향을 세우는 데 시간을 보냈다. 코리
밀라는 모든 협의를 비폭력적 대화로 진행했으며 양 진영의 갈등 당사자
들을 한자리에 앉도록 했고, 특히 분쟁 피해 가족들이 쉬면서 스스로 회
복할 수 있도록 도와주었다. 그러면서 청소년 평화교육에 특히 주목하
여, 코리밀라는 종파분리주의적 증오에서 벗어날 수 있도록 지역사회 교
육자들과 학교 교사들이 함께 평화교육적 노력을 기울이는 공간이 되었
다. 이곳에서 지역사회교류(cross-community) 프로그램이 세워졌고, 상호
이해교육(EMU: Education for Mutual Understanding)이 논의되어 1980년대
정부 평화교육안으로 발전되고 교육정책화되었으며, 또한 통합교육 발
전을 위한 대부분의 협의도 이루어졌다. 그런 점에서 코리밀라로 대표되
는 시민사회의 목소리가 없었다면 오늘날 북아일랜드의 건강한 평화 과
정이 진행되기 어려웠을 것이라는 주장은 일리가 있다.

　　주지하듯이 영국 웨스트민스터 의회가 1972년 북아일랜드 스토먼트
(Stormont) 의회를 독립시킨 후 1973년 권력분점안을 제시했지만 결렬되
었고, 폭력적 극단주의의 대결 속에서 마침내 조인된 1994년 1차 휴전협

정은 1998년 4월 성금요일 벨파스트평화협정으로 이어진다. 벨파스트 평화협정안은 국민투표로 국민적 합의를 이루어냈지만, 이후 무기 반환을 비롯해 평화 정착 과정에서 몇 번의 고비는 있었다. 특히 협정을 맺은 그해 8월 오마(Omagh)에서 RIRA에 의한 폭탄테러가 발생해 관광객을 포함한 민간인 29명이 현장에서 사망하고 200여 명이 다치는 끔찍한 극단적 폭력행위가 있었지만, 그 이후엔 분쟁과 연관된 살상은 크게 줄어들었다. 2009년 아마 카운티 크래가몬(Craigamon)에서 경찰에 대한 공격이 발생하여 폭력적 테러가 재개되는 듯한 징후가 나타나긴 했지만 지금까지 종파분리주의에 기반을 둔 테러는 거의 눈에 띄지 않는다. 이런 점에서만 보면 북아일랜드는 평화를 이루었다고 할 수 있을 것이다.

평화협정 이후 정치적 안정이 가져온 효과는 괄목할 만하다. 권력분점은 시간이 지남에 따라 확실히 자리 잡아 유니어니스트 주도의 정치권력은 가톨릭 정당과 공유하는 구조로 바뀌었으며, 가톨릭에 대한 사회적 차별은 법으로 금지되었다. 2017년 선거 결과 제1당의 지위를 처음으로 가톨릭정당인 신페인이 차지할 정도로 정치 지형이 크게 바뀌었다. 사회적 차별 철폐를 위해 벨파스트평화협정에 규정한 바대로 인권위원회, 평등위원회, 희생자위원회, 경찰위원회 등 4대 위원회를 중심으로 과거의 상황을 조사하고 보상하는 사회적 합의 과정을 진척시켰다. 이 모든 과정에 시민사회의 참여는 필수이고 특히 피해자 가족의 목소리는 경청되었다. 고용은 증대되었고 실업률은 현격하게 줄었다. 미국이 약속한 대로 북아일랜드에 대한 투자가 늘었으며, 유럽연합의 평화정책 지원에 의해 국경검문소가 철폐되고 분단 관련 혐오시설들은 점차 사회서비스시설로 개조되어갔다.

그런 가운데 1998년 토니 블레어 영국 총리가 1972년 (런던)데리에서 일어났던 피의 일요일 사건에 대한 재조사를 지시했다. 2010년에 나온

새빌(Saville) 보고서에서 캐머런 총리는 "과도한 총격을 가할 어떠한 이유도 없었고 이것은 어떠한 방법으로도 정당화될 수 없다. 그것은 잘못이었다(It was wrong)"라며 영국의 책임으로 결론지었다. 그리고 2015년 5월 19일 영국 찰스 왕세자는 벨파스트에서 신페인의 제리 애덤스를 만나 집단적 화해를 상징하는 악수를 나누었다.

1979년 IRA가 설치한 폭탄에 의해 왕세자의 외조부 마운트배튼 경이 사망했을 때, 당시 신페인 당수였던 제리 애덤스는 다음과 같은 말로 IRA의 폭탄테러를 정당화했었다. "IRA가 그를 처형한 데는 분명한 이유가 있다. IRA가 마운트배튼에게 한 일은 그가 다른 이들에게 한 일을 되돌려준 것이다. … IRA는 목적을 달성했다. 이제 북아일랜드에서 무슨 일이 벌어지고 있는지 사람들이 주목하게 되었다." 분쟁기에 이러한 보복적 폭력의 정당화는 상당한 정치적 성과를 거둔 동시에 너무나 많은 살상과 고통 그리고 피해를 낳았다. 하지만 벨파스트평화협정 이후 종파분리주의 기반 정치권을 포함하여 모두가 이제는 증오와 폭력을 넘어 평화와 화해의 길로 나아가지 않으면 자멸한다는 것을 인식하고 이를 위해 평화적 행동으로 나아갈 것을 다짐했다.

혼란과 고통, 어둠과 비관을 떨치고 내일의 희망을 찾는 평화 노력의 공로로 북아일랜드 관련 인사에게 지금까지 두 차례 노벨평화상이 수여되었다. 1976년에 응보를 넘어선 '피스피플(Peace People, 평화를 만드는 사람들)' 활동을 통해 지역 평화운동의 물꼬를 튼 공로로 베티 윌리엄스(Betty Williams)와 메어리드 코리건[결혼 후 메어리드 코리건 매과이어(Mairead Corrigan Maguire)]이 수상했고, 1998년에는 성금요일 벨파스트평화협정 체결의 공로로 친아일랜드계 가톨릭 기반의 사회민주노동당 당수인 존 흄(John Hume)과 친영국계 얼스터민주당(UDP: Ulster Democratic Party) 당수인 데이비드 트림블(David Trimble)이 공동수상했다. 1976년 노벨평화상이 지역 평화운동 활성화에 기여한 공로로 전혀 알려지지 않았던 민간인에게 주어졌다면, 1998년에는 정치적 차원의 평화협정 성과에 주어진 것이라는 점에서 둘 다 북아일랜드 평화 정착에 의미 있는 계기로 작용했다고 이해된다.

극단적 증오가 낳은 살상의 고통을 이제 더는 이어가고 싶지 않다는 화해의 메시지를 우리는 북아일랜드 여기저기에서 본다. 용서가 있는 화해, 진실 규명이 있는 용서, 시민 참여가 있는 정의로운 평화 정착이 북아일랜드를 웃게 할 것이다. 이제 북아일랜드는 더 이상 예전처럼 두 종파의 극단적 대치가 폭력을 유발하는 환경은 아니다. 이미 인구의 15% 이상이 개신교도 아니고 가톨릭도 아닌 '기타'에 속한 종파이다. 경제적 안정성도 평화의 대가로 확실하게 확보했다. 국민은 하나 이상의 시민적 소속을 자유롭게 택할 수 있다. 여전히 개신교 중 80% 이상이 영국 시민권을 선호하고 가톨릭의 60% 정도가 아일랜드를 소속 시민권으로 취하지만 북아일랜드 시민권으로 자신의 정체성을 표기하는 비율이 늘고 있다. 2011년 인구총조사에 의하면 39.89%가 영국 시민권을, 25.26%가 아일랜드 시민권을, 그리고 20.94%가 북아일랜드 시민권을 각각 취득하고 있다. 기타 시민권 소유자가 거의 15%에 육박한다. 브렉시트 이후 변화는 어떻게 될지 아무도 예측할 수 없다. 이러한 정치적, 문화적 환경의 변화가 반드시 평화의 문화를 향한 노력이라고 말할 수는 없겠지만, 지표상으로는 이미 평화를 말하지 않으면 안 되는 다양성의 사회로 전환되고 있다.

2013년 평화 모니터링에서는 1998년 평화협정을 체결한 지 15년이 지난 상황에서 북아일랜드의 평화 정착을 기정사실화하며 성공적인 사례로 보는 경향이 있으나 크고 작은 종파분리주의 책동에 의한 갈등은 여전히 현재적 주제로 등장한다고 보고하고 있다. 종파분리주의에 근거를 둔 정치적 심볼리즘은 여전히 사회 일상사에 그대로 반영되어 있고, 분리를 넘어선 섞임의 주거, 교육 및 결혼은 쉽지 않다.

종파분리주의를 넘어서기 위한 통합교육운동

오늘날에도 북아일랜드에 가면 영국이나 아일랜드보다 상대적으로 더 많은 국기가 공공기관이 아닌 일반 주택지역에 걸려 있는 것을 볼 수 있다. 이곳에서 자기 집에 내건 국기는 자신의 민족적 정체성 혹은 사회적 소속감의 표현이다. 국기로 표시되는 단절로 인한 상호 무지는 사회적 폭력의 대상을 특정하는 적대자상(敵對者像)을 쉽게 조장한다. 그러다 보니 안전한 생활 기반을 유지하기 위해 거주지 구획이 자연스럽게 나뉘어 있다. 벨파스트의 경우, 이스트벨파스트는 주로 개신교 거주지이고, 웨스트벨파스트는 가톨릭 거주지이며, 사우스벨파스트는 혼합 거주지이지만 중산층 개신교도가 압도적으로 많고, 노스벨파스트는 혼합 거주지이면서도 가난한 지역이다. 이러한 거주지 간 단절은 학교의 단절을 낳고 문화적, 사회적, 경제적 이질감을 조성한다. 북아일랜드에 함께 살지만 서로 다른 문화적 코드를 사용하기에 폭력 조장에 쉽게 굴복하게 된다. 자기 집단에서 수용하기 어려운 문제는 전부 상대방 짓이 된다. '적대자상'에 의해 유발된 폭력은 곧바로 응징을 낳고 이것은 또 보복을 낳아, 그 피해가 간혹 길가의 어린이나 쇼핑하던 시민의 사망으로까지 이르게 만들었다. 이렇듯 민간 피해가 커지면서 북아일랜드 문제를 평화적으로 해결하라는 목소리에 힘이 실리게 되었다.

폭력이 응징을 낳고 응징이 또 다른 응징을 낳자 끝이 보이지 않는 폭력의 악순환을 어디서 끊어야 하는지를 놓고 북아일랜드 사회는 깊은 고 우리는 이러한 평화운동으로 세계에 단순한 메시지를 전달한다.

우리는 정의롭고 평화로운 사회 건설을 희망하며 그렇게 살고 싶다.

우리는 우리 자신뿐만 아니라 우리 아이들을 위하여 가정과 일터 그리고 놀이터에서 기쁘고 평화로운 삶을 누리기를 원한다.

우리는 그러한 일이 엄청난 헌신과 노력 그리고 용기를 필요로 함을 인지하고 있다.

우리는 또한 우리 사회에 갈등과 폭력의 원인이 되는 문제점이 많다는 것을 알고 있다.

우리는 매일 반복되는 폭탄공격과 방화가 그러한 일을 더 어렵게 만들고 있다는 사실도 인지하고 있다.

우리는 폭탄공격과 방화를 비롯한 모든 폭력의 사용을 거부한다.

우리는 우리 사회에 빚어지는 이와 같은 비극이 나쁜 기억으로 남고 계속 불안을 느끼게 하는 상황 속에서 평화로운 사회를 건설하기 위하여 우리의 이웃과 매일매일 할 수 있는 일을 통해 자신을 헌신한다.

민에 빠졌다. 급기야 1976년 8월 10일 벨파스트 시내 개신교도 주거지에서 무기 수송 중 영국 군대에 의해 총상을 입은 IRA 대원이 몰고 인도로 돌진한 차에 앤 매과이어의 세 자녀가 치여 그 자리에서 사망하는 사건이 벌어지자, 현장에서 이 사건을 목격한 가족과 친지들이 평화집회를 열자고 호소했다. 베티 윌리엄스와 메어리드 코리건 맥과이어가 중심이 된 여성들이 죽음의 고리를 끊자고 호소하는 '피스피플' 집회를 열고 우리 아이들이 더 이상 죽음으로 내몰리지 않는 세상을 만들자고 호소했다. 희생된 아이들의 장례식에 개신교와 가톨릭 등 종파를 초월하여 1만 명이 넘는 여성이 참여했고, 연일 3만 5000명이 넘는 시민의 비폭력·평화 청원 시위가 이어졌다. 이들의 호소는 노벨평화상으로 이어지면서 세계인의 주목을 받게 되었으며 이러한 폭력 종식의 호소는 이후 여성들이 중심이 되는 평화운동의 한 축으로 작용하게 되었다. 평화를 향한 여성운동은 점차 지역사회 시민활동으로, 그리고 '평화에 의한 평화(peace by peace)'를 이루자는 재교육운동으로 이어져 갔다. 이러한 과정에서 분리주의를 극복하고 통합으로 나아가자는 학부모들이 중심이 된 교육운동이 대중 속으로 확산되기 시작한 것이다.

이와 같이 북아일랜드 사태에 마주하여 응보적 관점이 아닌 평화적 관점으로 대중의 관심 방향을 전환시킨 직접적 계기가 바로 1976년 피스피플의 움직임이었다. 분쟁 피해자 가족들이 직접 나서서 무고한 사람들의 희생을 낳는 폭력을 종식시키자고 호소하며 평화로 가는 지름길을 찾자는 의미의 화해(reconciliation)는 이런 고통스러운 북아일랜드의 역사를 담고 있다. 평화와 화해를 위한 통합교육운동은 이러한 종파분리주의적 고통이 수반한 역사적 교훈 속에서 탄생한 것이었다. 당시 가톨릭계와 개신교계가 분리된 학교교육을 제공하던 적대적인 종파분리주의 교육 환경에서 "모든 어린이가 다 함께(ACT: All Children Together)"를 슬로건으로 내세운 가톨릭 학부모들이 개신교 학부모들과 함께 통합교육을 논의하고, 구체적 대안으로 통합일요학교를 1974년부터 실천하고 있었다. 하지만 종파분리주의 기반의 기존 학교와 교회들은 이러한 통합교육에 거세게 저항했다. 심지어 데니스 폴 신부는 통합교육이 '영국의 더러운 정치적 술수'라며 가톨릭계의 단결을 호소했고, 개신교 측 역시 종교교육을 포기한 처사라고 강력히 반발했다. 이에 학부모들은 "교육이 달라져야 아이들의 미래가 있다. 언제까지 아이들이 서로 등 돌리고 살게 할 것인가. 세계가 달라졌다. 이웃 국가들을 보고 우리도 따라 바꾸자"라고 정계에 호소하고 청원하며 설득했다.

당시 영국 정부는 이미 중등선발고사(이른바 '11세 시험') 폐지를 근간으로 한 종합교육(comprehensive education)으로의 개혁에 진입한 상태였기 때문에, '모든 어린이가 다 함께'라는 모토하에 중등선발고사 폐지에 호응하고 또한 종파분리주의적인 학교를 통합학교로 전환시키려는 통합교육을 환영했다. 그러나 북아일랜드 의회는 입장이 달랐다. 정치권은 철저히 종파분리주의 이해집단과 정치적 운명을 같이했다. 당시 아일랜드에서도 영국 식민주의의 산물인 정부재정지원 가톨릭학교 교육의 문제점을 타파하고자 학부모 중심의 '다 함께 교육(Educate Together)' 운동이 시작되었던 터였다. 1970년대 주변 국가들의 이러한 교육 환경 변화에도 불구하고 교육을 둘러싼 북아일랜드의 정치 환경은 훨씬 더 수구적인 입장으로 고착되었다. 종파분리주의 테러와 방화 및 일상의 공격은 학교교육 자체를 더욱더 기존 질서에 편입하게 만들고 있었다. 당시의 분위기에서는 학교교육을 바꾸자는 것이 곧 적의 편에 편입한다는 것을 의미할 정도로 교육이 정치화되어 있었던 것이다.

이처럼 복잡한 정치적 환경 속에서 1978년 북아일랜드에서 일반학교가 통합학교로 전환할 수 있게 하는 최초의 입법이 있었다. 종교적 배경이 다른 어린이들이 전환된 통합학교에서 함께 공부한다는 이른바 '던리스(Dunleath) 법안'이 웨스트민스터 영국 의회에서 가결된 것이다. 그러나 그해 스토먼트 북아일랜드 의회는 이를 받아들이지 않았다. 종파별로 분리운영되던 기존 지역 학교들을 전환하여 하나의 지역 통합학교에서 모두 함께 교육하도록 개혁한다는 ACT의 교육철학은 종파분리주의를 기본으로 하는 양 종파학교의 비타협주의와 정치권의 비협조로 인해 불가능해졌다. 그래서 ACT 회원들을 중심으로 통합학교를 만들자는 운동이 시작되었다. 통합교육으로 전환해야 북아일랜드에 평화가 있다고 주장한 북아일랜드연합당(Alliance Party of Northern Ireland) 대표 던리스 의원을 비롯하여 북아일랜드 교육부 장관인 매카이버(Basil McIver) 의원 등이 통합학교 설립 운동에 참여했다. 그리하여 1981년 사우스벨파스트의 작은

북아일랜드의 유형별 학교 현황

학교 유형	비율	학교 단위
일반공립학교 (Controlled school)	39%	학령 전, 초등학교, 세컨더리스쿨, 그래머스쿨, 특수학교
가톨릭 정부재정지원 자율학교 (Catholic maintained school)	36%	학령 전, 초등학교, 세컨더리스쿨, 특수학교
민간 자율학교 (Voluntary non-maintained school)	15%	그래머스쿨(사립)
정부재정지원 자율통합학교 (Grant-maintained integrated school)	5%	학령 전, 초등학교, 세컨더리스쿨
기타 정부재정지원 자율학교 (Other maintained school)	1%	대부분 아이리시-미디엄 스쿨 (아일랜드어로 교육하는 학교)

주: 중등에서 그래머와 세컨더리의 차이는 선발고사 유무에 달려 있다. 통합칼리지는 그런 의미에서 세컨더리로 분류되기도 한다.
자료: DENI, *Briefing Paper*(Department of Education Northern Ireland, 2017), p. 10.

폐교에서 최초의 통합중등학교인 라간 칼리지(Lagan College)가 비인가 대안학교의 형태로 문을 열었다. '다양한 능력을 지닌 어린이들이 다 함께 공부하는 통합교육(an integrated, all-ability education)' 학교가 28명의 학생과 함께 첫발을 내디딘 순간이었다.

북아일랜드 교육부의 통합교육에 대한 몰이해와 종파학교의 반발로 인해 4년 동안 더 이상의 통합학교 설립이 이루어지지 않다가 1984년 벨파스트통합교육트러스트(BELTIE: Belfast Learning Trust of Integrated Education)가 세워지면서 1985년 노스벨파스트에 헤이즐우드 초등학교와 칼리지가, 남동 지역에 포지 초등학교가 설립되었다. 이후 3개의 통합학교가 더 신설되면서 통합학교 학부모들의 요청으로 북아일랜드교육부는 통합학교 신설을 지원하고 학교 운영을 조정할 협의기관으로 북아일랜드통합교육협회(NICIE: Northern Ireland Council of Integrated Education)를 정부 지원하에 1987년 세웠다. 이로써 가톨릭 정부재정지원 자율학교(catholic maintained school), 개신교가 운영하는 일반공립학교(controlled school), 민간 자율학교(voluntary non-maintained school) 그리고 기타 정부재정지원 자율학교(other maintained school) 등과 함께 정부재정지원 자율통합학교 (grant-maintained integrated school)는 북아일랜드 학교 편제를 구성하는 주요 학교 유형(school sector)의 하나로 공식화되었다. 1989년 북아일랜드 교육개혁조례(Education Reform Order)를 통해 "교육부는 개신교와 가톨릭 학생들을 다 함께 교육하는 통합교육을 장려하고 촉진할 의무가 있다"라고 성문화함으로써 통합교육 진흥은 국가적 책무로 인지되었다. 그리고 그 결과 1998년 벨파스트평화협정에는 "무엇보다 통합교육을 장려하고 촉진하는 데 주력함으로써 사회 구석구석에 관용의 문화를 신장시키는 것이 화해 과정에 가장 본질적인 것이다"라는 문구가 들어가게 되었다.

북아일랜드 아이들은 대부분 자기 종교에 따라 각기 다른 종파학교에 다니고 있다. 가톨릭 자녀들은 지역의 가톨릭 종파학교에 다니고, 개신교 자녀들은 개신교 종파학교인 일반공립학교에 다닌다. 영국 식민지하에서부터 북아일랜드는 영국의 학제를 그대로 따랐기 때문에 11세에 치르는 중등선발고사를 기준으로 인문계인 그래머스쿨(grammar school)과 실업계인 세컨더리스쿨(secondary school) 또는 모던스쿨(modern school)로 나뉘어 진학하는 조기선발 체제를 유지하고 있었다. 여기에 북아일랜드에서는 가톨릭교회와 개신교교회가 따로 운영하는 학교교육 체제를 유지해왔기 때문에 학업능력 선별에다가 종파 선별, 그리고 남녀 선별 등에 의한 차별화된 교육이 사회적 통합에 부정적으로 작용한다는 많은 문제제기가 있었다. 또한 자녀의 학교를 선택할 때 가까운 학교보다 종파 친화적 학교를 선택하는 관계로 지역사회 안에서 종파를 초월한 아동 간의 교류가 제약을 받았고 이는 종파적 대치 국면에서 부정적 사회화에 영향을 미쳤다. 또한 작은 지역사회에서 종파별로 각기 학교를 세우다 보니 너무 많은 학교가 난립하는 문제도 있어 그 결과 소규모 학교 폐쇄 문제가 동시에 발생하게 되었다.

북아일랜드 의무교육 기간학제

단계(stage)	연령	학년
학령 전(pre-school, 의무교육 아님)	3~4세	1학년 시작 전 어린이교육(보육)
기초단계(Foundation Stage)	4~6세	Year 1+2
키스테이지1(Key Stage 1)	6~8세	Year 3+4
키스테이지2(Key Stage 2)	8~11세	Year 5, 6, 7
키스테이지3(Key Stage 3)	11~14세	Year 8, 9, 10
키스테이지4(Key Stage 4)	14~16세	Year 11, 12

주: 12학년 이후 GCSE(General Certificate of Secondary Education, 중등교육자격검정시험)를 보고 여섯 번째 단계인 6폼(6th form), A레벨(A level) 과정으로 진학한다. 여기 2년 과정(Year 13+14)에서 직업진로 과정을 중심으로 하기도 하고, 대학수학능력고사인 GCE(General Certificate of Education, 교육자격검정시험)를 준비하기도 한다. 학년 표기로 초등은 Year 대신 Primary의 약어인 P1~P7으로 표기하기도 한다.

북아일랜드 분쟁기 동안의 평화를 향한 교육적 노력은 상호이해교육(EMU)과 통합교육운동으로 모인다. 1980년대 비록 서로 다른 종파학교에 다니더라도 한 지역사회에서 종파학교의 벽을 넘어 아이들을 서로 만나게 하면 미래사회의 같은 시민으로서 편견을 극복하고 평화를 이룰 수 있게 된다는 EMU와 함께, 통합교육운동은 사회적 폭력의 근원인 종파분리주의를 근본적으로 종식하기 위해 모든 아이를 한 학교에서 함께 배우게 하여 분열의 씨앗을 애초에 만들지 않는다는 비폭력적 평화교육을 지향한다. 그래서 벨파스트평화협정에서는 "화해와 상호 이해를 증진할 수 있도록 … 적극적 지원을 아끼지 않으며 … 화해 과정의 본질은 … 통합교육이나 혼합거주(mixed housing) 등을 촉진하는 조치를 포함하여 관용의 문화를 증진하는 것이다"라고 하여 EMU와 통합교육의 평화문화적 가치를 인정하고 있다.

그래서 교육제도 안에서 종파분리주의를 넘어서고자 할 때 반드시 선결되어야 하는 문제가 바로 같은 지역사회에서는 같은 학교에 다니면서 서로 다른 종파 아이들이 함께 어울려 친구가 되게 하는 조기 접촉의 필요성이었다. 이것이 EMU의 지역사회교류 프로그램이었고, 동시에 '모든 어린이가 다 함께'라는 통합교육개혁운동의 목표였다. 북아일랜드 교육부가 수용하여 1983년 실무팀을 만들어 운영하던 EMU는, 기존의 종파학교체제를 개혁하지 않은 채 운영하는 지역사회교류(cross-community contact) 활동으로서 키스테이지3(key stage 3) 교육과정 중 하나인 '인성발달과 상호이해(PDMU: Personal Development and Mutual Understanding)'에서 중요한 주제이기는 하나, 개념의 모호성, 운영 주체의 모호성 및 교사의 몰이해 등의 문제점으로 인해 오늘날 거의 사용하지 않는 낡은 개념이 되었다. 그럼에도 이것은 2011년 정부 주도의 'CRED', 즉 지역사회관계(Community Relations), 평등(Equality), 다양성(Diversity) 지향 활동과 공유교육(Shared Education)으로 이어지고 있다고 볼 수 있다.

반면 통합교육은 종파분리주의 기반의 학교교육제도 개혁을 전제로 한 것으로 교육개혁운동으로 비치는 측면이 있다. 종파를 초월하여 모든 능력의 아이들이 함께 어울려 공부한다는 이념(all ability together)을 지향하는 통합교육은 종파적 분리교육과 능력별 분리교육에 반대하는 진보적 교육이념을 전제로 한다. 그러다 보니 그래머스쿨 위주의 진학이 선호되는 지역사회 환경에서 통합학교는 중등선발고사를 보지 않는 뒤처진 아이들이 가는 학교, 진보적 중산층 부모들이 선호하는 학교라는 부정적 이미지로 정치화되는 경향이 있었다. 이렇듯 북아일랜드 학교는 지역사회 분단의 상징으로 거주지를 기준으로 한 종교적, 정치적, 사회적 분단이 일상화된 교육적 폭력으로 귀결되는 교육적 경계였던 것이다. 그런 의미에서 북아일랜드의 교육은 근본적으로 두 종교집단 사이의 분리가 그대로 반영된 사회적 시스템이자 개인적 경험의 장이다. 교육을 통해 두 집단의 아이들은 서로의 다름에 대한 불관용을 학습하고, 상대방에 대한 부정적인 고정관념을 주입받는다. 아이들은 사회적 관습과 역사에 의해서 학교를 선택해볼 기회도 갖지 못하고 반강제적으로 분리되어 교육받아왔으며, 게다가 이것이 사회통념상 문제시되지도 않았다.

그렇기 때문에 교육의 분단화가 극복된다는 것은 곧 사회의 분단화를 극복할 수 있는 기폭제이자 시작점이라 해도 과언이 아니다. 이런 맥락에서 북아일랜드 통합교육운동의 의미를 찾을 수 있으며, 그 과정에서 나타난 다양한 한계와 성과들이 갈등과 분단의 사회에서 화해와 통합의 사회로 나아가는 방향을 제시해준다고 볼 수 있다. 이것은 북아일랜드통합교육협회의 '통합교육 원칙'으로 천명되고 있다. 중산층 거주지인 사우스벨파스트에서 일기 시작한 통합학교 설립 운동은 노동계층 거주지인 노스벨파스트로, 그리고 벨파스트를 넘어서 지방도시로 확산되면서 지역의 고민을 끌어안으며 지역화된 틀로 자리 잡게 된다. 이 모든 통합학교의 설립과 운영의 중심에 북아일랜드통합교육협회가 제시한 통합교육 원칙이 살아 있다.

통합학교는 가톨릭 배경과 개신교 배경을 가진 아이들과 청소년들, 이에 더하여 다른 신앙이나 무신론 배경의 아이들과 청소년들이 서로에게서 서로에 관해 함께 배울 수 있는 학습 환경을 마련해준다. 평등과 친선관계를 주창하는 것은 종교적, 문화적, 사회적 배경과 상관없이 학교의 모든 사람에게 그리고 그들의 가족에게까지 미친다. 통합교육은 가치 주도적이고 아동 중심적이다. 그것은 아이와 청소년의 잠재력을 모든 면에서 개발하는 데 역점을 두는 총체적 접근을 통해 이루어진다.

배경

북아일랜드의 역사는 편견과 불관용으로 특징지어진다. 북아일랜드는 정치적, 종교적, 문화적, 경제적으로 분단된 사회이며, 자기와 다른 사람들에 대한 무지가 종파 간 폭력과 분쟁으로 이어졌다. 진행 중인 평화 과정은 우리에게 대화와 협상을 통한 변화가 가능함을 상기시켜준다. 이와 동시에 세계의 다른 지역으로부터 유입되는 새 이주민들은 민족적 다양성 증대라는 도전을 수반하고 있으며, 북아일랜드가 언제까지나 고립되고 지난 시대에 갇혀 있을 수 없음을 입증하고 있다. 21세기는 그래서, 과거 유산의 무거운 짐을 지고 있음에도, 미래에 대한 희망을 가져다준다. 이제 공동체들은 자기들이 이행기에 놓여 있음을 알게 되었으며, 평등과 공유를 향해 조심스럽게 발을 내딛고 있지만 여전히 낡은 충성심과 믿음으로 인해 곤란을 겪고 있다. 그 이행 과정의 핵심은 불신보다는 이해 속에서 모두가 더불어 살고, 배우고, 성장하는 기회를 갖는 공유된 공간을 만들어내는 것이다.

지난 25년여 동안 통합학교는 사회의 변화에 영향을 미치고 학부모의 선택권을 더 크게 하려고 시도해왔다. 수많은 청소년이 통합교육이라는 독특한 경험을 서로 나누었지만, 많은 아이들이 다른 신앙과 전통을 가진 누군가와 만나거나 친해질 기회를 전혀 갖지 못했다. 이 원칙 서약서가 처음 작성된 1991년에 북아일랜드는 오늘날과는 전혀 다른 곳이었다. 물론 종파주의라는 공통된 가닥이 그러한 과거와 이러한 현재를 잇고 있긴 하다. 현실에 맞게 새롭게 수정된 통합교육 원칙 서약서는, 민족적 다양성이 더욱 증대되고 사람들이 점점 더 자신을 특정 종교의 배경을 가진 사람으로 분류하기를 주저하긴 하지만 여전한 내적 분열과 씨름하는 통합운동을 반영하고 있다. 이런 맥락에서 원칙 서약서가 통합교육의 의미를 재확인하고 통합정신을 분명히 밝힌 것이다.

통합교육 정의

더 나은 공유된 미래를 열어가는 정신으로, 북아일랜드통합교육협회(NICIE)의 후원자와 지지자들은 북아일랜드 상황에서의 통합교육을 다음과 같이 정의한다.

> '주로 개신교 전통과 가톨릭 전통의 아이들과 청소년들을 한 학교에서 함께 교육하며, 이들 두 전통을 인정하고 그에 대한 표현을 장려하는 탁월한 교육을 실시하려는 목표를 가진다. 통합학교는 성격상 본질적으로 기독교적이지만, 다른 신앙과 무신론도 기꺼이 받아들이며, 학생, 학부모, 교직원, 학교운영위원 그리고 지역사회에 학교가 있음으로써 영향 받는 모든 사람이 자신의 가치와 자존감을 고양하도록 힘쓴다. 핵심 목표는 아이들과 청소년들에게 수준 높고 배려하는 교육 경험을 갖게 함으로써 그들로 하여금 공유된 사회의 긍정적 변화에 기여하는 능력을 갖춘 개인으로 자라게 하는 것이다.'

우리의 다짐

1. 유럽인권보호조약(인권법, 1998)과 유엔아동권리협약에 제시된 바에 따라, 학부모들은 자녀와 함께 아이들 개개인이 받을 교육의 종류를 결정하는 권리를 갖는다.
2. 모든 종교적, 사회적, 문화적 배경의 아이들과 청소년들은 능력, 인종, 성별, 성적 지향과 상관없이 각자의 정체성을 존중받고 표현할 수 있으며 아울러 그들이 살고 있는 세계의 다양성을 탐구할 기회를 제공하는 교육을 받을 권리를 갖는다.
3. 태생적으로 분리되고 경합하는 사회에서, 아이들과 청소년들은 자기와 다른 사람과 의미 있고 지속적인 관계를 가질 기회가 허용될 때 더 효과적으로 다름(difference)을 존중하는 법을 배울 수 있다.

4. 청소년들이 자기보다 불운한 사람, 억압받는 사람, 부당함의 피해자들을 외면하지 않도록 용기를 북돋워야 한다.

통합교육의 핵심 원칙

통합교육의 4대 핵심 원칙은 통합 강령의 초석에 해당한다. 통합학교는 이 원칙들에 대한 서약을 통해 그 변별성과 비전을 담보한다.

(1) 평등
통합학교는 학교 공동체를 구성하는 다양한 집단 간 그리고 집단 내에서 평등한 공유를 권장한다. 이는 학교의 공개 및 비공개 교육과정 내에서 문화적으로뿐만 아니라, 학생, 교직원, 학교운영위원 사이의 모든 국면에서 구조적으로도 일어난다. 이 목적을 달성하기 위해 통합학교는 다음과 같이 하기를 염원한다.

(a) 매 학년 입학생은 가톨릭 배경 학생으로 최소 40% 그리고 개신교 배경 학생으로 최소 40%를 선발하고,
(b) 학교운영위원회는 가톨릭 배경 최소 40% 그리고 개신교 배경 최소 40%로 위원을 선정하며,
(c) 교사들의 문화적 배경 또는 전통의 배경이 기존 학생 또는 장래 학생의 배경과 조응되게 능동적으로 채용 활동을 한다.

이에 더하여, 통합학교는 다음과 활동에 찬동한다.

(d) 능력차별 하지 않는(all-ability) 체제 안에서 높은 학업 수준과 취업 수준을 유지하고, 모든 학생이 교육과정에 평등하게 접근할 수 있게 해주는 것
(e) 개별 학생의 통합된 학습 경험 향상을 특히 강조하면서, 모든 교직원의 개인적, 직업적 발전을 성원하는 것
(f) 학교에서 개발한 모든 정책이 학교 공동체 내의 다양성을 반드시 반영하고 존중하도록 하는 것

(g) 학생, 교직원, 학부모, 학교운영위원 사이의 모든 관계에 대해 민주적인 접근 방식을 취하는 것

(2) 신앙과 가치
통합학교는 세속적 접근보다는 기독교 기반의 접근을 한다. 그리고 다른 신앙인과 무신론자도 학교 공동체의 소중한 구성원으로서 존중하고, 인정하고, 받아들이는 환경을 창출하기를 열망한다. 이런 맥락에서,

(a) 학생들이 함께 배울 수 있다고 합리적으로 기대되는 모든 것을 함께 배우게 한다.
(b) 학부모가 자기 자녀로 하여금 학교에서 성사(聖事) 준비를 받기 원한다면 필요한 아동을 위해 특별 규정을 실시하도록 한다. 아울러 다른 신앙을 표상하는 중요한 종교적, 문화적 축제를 인정하는 방안도 모색할 것이다.
(c) 학교는 종교 지도자와 지역사회 지도자들이 학교를 방문하고 학교 활동에 참가할 것을 권장한다.
(d) 학생들이, 북아일랜드 교육과정에 의거해 연령과 능력에 적합한 방식으로, 세계의 주요 종교와 인본주의 철학들의 사상, 믿음, 관례에 대해 접하게 한다.
(e) 어떠한 종교적 활동이나 수업에도 참가하는 것을 학부모가 원하지 않는 학생을 위해 대체 수업을 마련할 것이다.

(3) 학부모 참여
학부모의 지원과 헌신이 통합교육의 근본적인 요소이며, 역사적으로 학부모가 통합학교의 발전에 중심이 되었다.
그래서 통합학교는 학부모들이 학교의 생활과 일에 효과적으로 참여하게 권장하고 지속시키기 위해 다음과 같이 노력한다.

(a) 학교운영위원회에서 학부모 대표권을 의미 있는 수준으로 유지한다(즉, 법률 요건과 구조에 따라서).
(b) 학부모의 학교 지원을 배양하는 그리고 이에 초점을 맞춘 학부모 포럼을 창설한다.

(c) 학부모들과 교장, 교사, 학교운영위원회 간의 개별적, 집단적 커뮤니케이션을 위한 적절한 방식과 절차를 확립한다.

(d) 학부모가 학교의 통합정신을 반드시 완전하게 알 수 있도록 한다.

(4) 사회적 책임

통합학교는 학생들 모두를 능력차별 하지 않고 포용하는 기반에서 교육과정을 가르친다. 그리고 모든 학생의 유일한 존재성을 존중하고, 개인의 잠재력을 발현하기 위해 인성적, 사회적, 지적, 영적으로 성장할 자격이 학생들에게 있음을 인정한다. 이러한 철학이 단언하는 바대로 학생들이 다음과 같이 하도록 격려해야 한다.

(a) 비폭력 수단을 이용한 갈등 해결을 이해하고 참여한다.

(b) 타자에 대한 상호 존중과 이해를 보여주고 나와 다른 사람에 대한 관용과 신뢰를 키운다.

(c) 자신감과 자존심을 함양한다.

(d) 인간이 서식하는 자연환경과 사회 사이의 상호 의존성을 제대로 인식한다.

이에 더하여 통합학교는,

(e) 통합학교의 특별한 정신을 반영하는 방식으로 교육과정을 가르친다. 할 수만 있으면, 제안된 주제와 활동들 그리고 보충 교재들이 학교별 학생 구성의 다양성을 반영해야 한다.

(f) 학교들, 교육 파트너, 교회 및 지역기관과의 관계에서 개방적이어야 할 의무를 갖는다.

(g) 공유하는 시민공간으로서 학교를 더 넓은 지역사회에 내어주어야 한다.

1부

·

평화를 염원하는 통합교육의 바람

사우스벨파스트, 1981년

라간 칼리지

포지 통합초등학교

로흐뷰 통합초등학교

사우스벨파스트 South Belfast

타이타닉호가 건조된 도시로 알려져 있는 벨파스트는 북아일랜드의 수도로서 아일랜드 전체에서 더블린에 이어 두 번째로 큰 도시이다. 라간강이 흐르는 해변 도시인 벨파스트는 산업혁명기에 조선과 방위산업이 발흥했던 계획도시로 많은 인구가 유입되었다. 이러한 산업적 특성으로 제2차 세계대전 기간에 독일의 집중적인 공격을 받아 도시가 피폐화되었고, 전후 복구가 완료되기도 전에 또다시 1968년부터 30여 년간의 '분쟁기'가 이어져 폭력적 대립 속에 도시 전체가 처참하게 파괴되었다. 1998년 평화협정이 체결된 뒤로는 유럽연합과 미국의 개발 비용이 집중적으로 투자되어 오늘날 벨파스트는 세계 어느 곳보다도 안전하고 활기가 넘치는 아름다운 도시로 자리 잡아가고 있다.

1921년 북아일랜드가 아일랜드로부터 분리된 새로운 조건하에서 수도가 되면서 벨파스트는 종파분리주의로 인한 갈등의 중심지가 되었고 실제로 이로 인한 피해가 가장 컸던 도시이기도 하다. 전체적으로 종파 혹은 시민권에 따라 거주지가 분할되어 웨스트벨파스트 주민의 90% 이상이 가톨릭인 데 반해 사우스벨파스트는 80% 정도가 개신교이다. 이스트와 노스는 혼합지역으로 거리를 두고 한쪽은 개신교, 다른 쪽은 가톨릭이 거주하여 지역 내 크고 작은 충돌이 특히 이러한 혼합지역에서 일어났다.

퀸스 대학교를 중심으로 라간 강변을 따라 조성된 사우스벨파스트는 중산층 개신교 거주지로 일부 가톨릭 중산층도 함께 사는 지역이라고 볼 수 있다. 메소디스트 칼리지를 비롯해 사회적 평판이 좋은 그래머스쿨이 몰려 있기도 하다. '모든 어린이가 다 함께(ACT)' 운동의 주역들이 중심이 되어 사우스벨파스트에 위치한 라간 칼리지에서 처음으로 1981년에 통합학교를 시작했다. 1985년에 포지 통합초등학교가, 1993년 로흐뷰 통합초등학교가 각기 라간과 연계 구조를 지닌 초등학교로 설립되었다.

01
통합교육의 새싹,
라간 칼리지에서 움트다

Lagan College
www.lagancollege.com

분단사회 북아일랜드에서 평화와 화해를 위한 통합교육운동의 결실인 라간 칼리지가 1981년 문을 열었으니 35년을 훌쩍 넘긴 셈이다. 2016년 9월 35주년 기념식에 모인 역사적 주인공과 현재의 주역들은 그간의 과정을 회상하면서 '우리는 당시 증오를 키우는 교육 대신 평화와 화해를 향한 마음을 우선 내 아이들에게 심어주기 위해 통합교육을 시작했고 그것은 옳았다'라는 확신을 쏟아내었다. 과연 그럴까?

라간을 접하다

2016년 1월 둘째 토요일에 라간 칼리지 오픈데이(open day)가 있다고 해서 가보기로 했다. 라간에 가본 지가 10년도 넘었으니 그 길을 자세히 기억할 수는 없었으나 도회지로부터 멀리 떨어진 벨파스트 외곽 지역이라는 기억을 가지고 택시를 탔다. 벨파스트 남동부 외곽의 중산층 거주 지역 끝에 자리 잡은 라간은 한겨울임에도 초록빛 자연 속에 파묻혀 있다. 그런데 오픈데이 방문객이 하도 많아 학교로 들어가는 길은 이미 차로 꽉 막혀 있었다. 이전에 방문했던 라간과는 분위기도 엄청 달라졌고 규모의 성장 속도에 압도될 정도로 뭔가 세련되고 아주 잘 나가는 학교에 온 듯한 느낌을 주었다. 오픈데이에 참석한 학부모들의 분위기도 잔뜩 기대에 찬 듯 남달라 보였다.

교장을 만나러 강당으로 향하는 길에 교목실을 지나게 되었다. 그런데 그곳에서 안내하는 사람이 바로 2002년에 인터뷰한 적이 있는 개신교 교목 헬렌 킬릭(Helen Killick)이 아닌가? 반갑게 인사하며 근황을 물었다. 함께 인터뷰했던 앤 킬로이(Anne Kiloy) 수녀는 퇴임하고, 지금은 제러드 소니(Gerard Sowney)와 함께 교목실에서 일한다며 소개해주었다. 즉석에서 다음 만남을 정하고, 강당으로 가서 어맨다 맥너미(Amanda McNamee) 교장에게 인사를 건넸다. 학부모들에게 인사하고 있던 교장은 친절하게도 손수 내 자리를 만들어주었다.

2002년에 방문했을 때에는 학교 규모도 작고 시설도 평범했는데 오늘의 라간은 전반적으로 교육적 품위가 배어 있다. 뭔가 제대로 자리 잡고 있다는 역동적인 느낌이 들었다. 학교가 워낙 크고 사람들이 많이 와서 안내자는 학교 지도와 라간 안내 책자(prospectus)를 나눠주면서 단체로 움직이든 개인별로 돌아보든 학교를 찬찬히 보라고 권한다. 참석자들은 이러한 학교 설명회를 듣고 자녀를 9월부터 이 학교에 등록시킬지를 결정하는 것이다. 초등학교 졸업생과 학부모에게 7월에 결정해야 할 중등학교 선택에 관한 일반자료를 주기 위해 거의 모든 칼리지가 1월에 이와 같은 입학 설명회를 연다. 학교 선택권이 보장된 만큼 개별 칼리지들은 자료 공개와 홍보를 통해 학부모와 학생들이 자기 학교를 선택하도록 오픈데이에 최선의 홍보 시간을 갖는다. 그래서 많은 사람이 관심을 갖고 일단은 와봐야 한다. 벨파스트의 명문 그래머스쿨인 메소디스트 칼리지 오픈데이에 가보니 '우리는 좋은 대학에 잘 보내는 것이 중요한 목표다. 그리고 영국의 명문 러셀그룹 대학에 작년엔 73%를 보냈다'고 확실히 말한다. 한편 통합학교지만 이주가정 아동들이 많이 가는 말론 칼리지의 경우엔 백인이 아닌 비백인 참석자가 많고, 그들의 관심에 맞춰 오픈데이 행사도 학업보다는 문화적 다양성을 강조하는 문화적 통합교육과 직업교육에 초점을 맞추고 있다.

어찌 보면 일종의 교육 시장화 전략으로 보이기도 하지만, 개별 칼리지는 교육 소비자가 입맛에 맞는 교육적 향기를 택할 수 있도록 홍보에 최선을 다한다. 그래서 오픈데이에 와보면 학교풍토를 예상할 수 있다. 학력을 중시하는지, 전인교육을 강조하는지, 취업과 진로를 중시하는지, 국제교류를 통한 세계시민을 지향하는지 등등의 교육 지향점이 잘 나타나도록 학교마다 오픈데이에 무척 신경을 쓴다.

9시에 학교 설명회가 시작되었는데, 여기서 라간의 역사에서부터 오늘의 학교 상황 그리고 학생대표의 자부심 어린 환영사가 이어졌다. 어맨다 맥너미 교장은 준비된 인사말을 통해 1981년 학생 28명(가톨릭 14명, 개신교 14명)으로 시작한 학교가 2016년 오늘 1272명이 다니는 학교로 성장하면서 통합교육의 틀을 유지해온 과정을 잘 보여주었다. 최초의 통합학교로서 라간은 가톨릭과 개신교의 균형을 학생, 교사, 학교운영위나 학교 행정직원까지 모든 단위에서 동등하게 유지하고 있고, 이것은 제일 중요한 원칙이라고 한다. 2013년 본건물이 완성되었지만 여전히 공간이 부족하여 또 다른 건물을 지을 계획인데, 다행히 비용이 마련되어 2018년에 시공 예정이라는 소식도 전했다. 언어의 다양성을 강조하고, 중등교육자격검정시험(GCSE: General Certificate of Secondary Education)에서 높은 성과를 내고 있다는 것, 특별활동을 40개 이상 운영하며 그 성과가 대단하다는 것, 환경 동아리가 북아일랜드 '에코 대사'로 선정되었다는 것, 그리고 북아일랜드 최초의 국제 바칼로레아(International Baccalaureate) 학교로 인증되어 국제적 위상이 높아졌다는 학교 특성 등에 대한 설명이 이어졌다.

라간은 통합교육의 선구자적 학교임에도 불구하고 비선발 원칙을 수정하여 이른바 11세 시험, 즉 개신교선발시험(AQE)이나 가톨릭선발시험(GL) 점수를 기준으로 우수 집단을 묶어 별도로 선발한다. 그렇지만 11세 선발고사를 통해서는 일부, 즉 200명 중 70명(35%)만을 선발하고 나머지 130명(65%)은 비선발 전형을 하므로 벨파스트 내 통합초등학교 출신이라면 1차 무시험전형으로 거의 다 들어온다고 한다. 이에 대해 교장은 이러한 통합교육 수정은 사우스벨파스트라는 지역 특성상 불가피한 조치였다고 설명했다. 바로 이 점에서 라간의 정책을 통합교육철학과 원칙에 반한다고 비판하는 흐름이 있고 이것이 실제로 통합교육을 주도하는 NICIE와 묘하게 갈등하는 부분임에는 틀림없다. 그럼에도 그래머스쿨 대신 라간을 선택하는 우수 자녀 학부모들은 라간에서도 학업 수월성을 보장받을 수 있어서 안심한다며, 우수한 아이들도 통합교육을 받을 권리가 있다고 주장한다.

이러한 맥락으로 인사말을 이어가던 교장이 갑자기, 세계의 다른 나라에서도 이 학교를 주목하고 있다고 말하면서 한국에서 내가 와 있다고 알리는 것이 아닌가? 갑작스러운 지목에 당황했지만, 옆에 있는 학부모들이 내게 자연스럽게 인사를 하여 그들에게 내가 통합학교 탐방을 하고 있다고 설명할 수 있어서 좋았다. 솔직히 우리나라에서는 지나친 교육열로 비판적이지만 낯선 이들에게 한국은 아이들을 열심히 잘 교육하는 나라로 알려져 있다. 탐방 중에 만나는 여러 교장이 나한테 한국의 STEM

(Science, Technology, Engineering, Mathematics, 과학·기술·공학·수학) 교육의 현황과 성과에 대해 알고 싶다고 묻는다. 우리나라는 STEM이란 용어 대신에 자연계 교과에 인문·예술적 소양을 융합한 STEAM(Science, Technology, Engineering, Art, Mathematics, 과학·기술·공학·예술·수학 융합)으로 사용하고 있다고 하면 신기하다는 반응을 보이곤 한다.

교장 인사말에 이어 남녀 학생대표도 왜 이 학교가 특별한지에 관해 통합교육과 라간 관련 몇 가지 질문을 곁들이며 참여를 유도하는 안내를 했다. 특히 오늘날 북아일랜드 교육정책에서 중요한 화두인 통합교육과 공유교육을 비교하면서, "진정한 상호 이해를 원한다면 공유교육은 잘못된 것이다"라고 결론을 암팡지게 맺는다. 학생대표들이 아주 자연스럽게 인사를 하니 분위기가 많이 부드러워졌다. 학교 설명회를 4회로 나눠서 하는데도 첫 번째 설명회부터 강당이 꽉 차서 들어설 공간이 없을 정도이다. 안내 행사가 끝나고 자유롭게 학교를 둘러보는 시간에는 쿠키와 함께 차를 식당에 준비해두고 편하게 마시라고 주문한다. 학부모회에서 이런 자원봉사활동을 주도한다. 교장의 안내 덕에 여기서도 다른 학부모들이 자연스럽게 내게 인사를 한다. 오픈데이라 편안하고 자유롭게 돌아볼 수 있어 좋다.

한 그룹을 따라 들어간 종교교육 교과교실에는 세계종교에 관한 설명이 많았는데 특히 유대교와 힌두교에 대한 전시가 인상적이었다. 과학실에서도 실험을 하며 아이들의 참여를 유도한다. 무엇보다 테크놀로지 교과교실은 웬만한 컴퓨터 회사나 목공실을 옮겨다 놓은 듯하며 아이들도 환호한다. 요리 교실은 최고 인기다. 스콘을 굽고 파이를 만들어 시식할 수 있도록 준비해놓았다. 다이어트 관련 홍보도 하고 있다. 미디어 교과교실에서는 'BBC 라간'을 독자적으로 운영할 정도로 실제로 이후 미디어 관련 직업을 선호하는 친구들에게 구체적인 진로교육도 병행하고 있었다. 다문화가정 학생들은 자기 언어로 방송을 진행하는 시간도 별도로 가진다. 그 외 역사, 정치, 영어, 수학 등 총 28개 교과가 모두 담당교사의 이름이 새겨져 있는 교실에서, 한국에서 이른바 '교과교실제'로 부르는 방식으로 운영한다. 담당교사의 취향과 교육 내용 및 목표에 따라 공간을 자유롭게 배치하고 분위기도 다르게 구성되어 있어 아주 효율적으로 비친다. 여러 개의 영어 교실도 교사별로 특색 있게 배치되어 있었다.

음악과 미술 교과는 통합교육에서 아주 중요하다. 기능적이기보다는 시대적인 관련 주제를 예술 교과에 연결한다. 유럽의 최대 현안인 난민 문제에 관해 미술 교과에서 걸개그림 형태로 상상력을 발동시키는 식이다(난민 관련 주제를 전 교과에서 다루고 있었다). 음악에서는 고전과 현대 월드뮤직까지, 아일랜드 음악뿐 아니라 아프리카와 남미의 음악 등을 다룬다. 아이들은 이러한 예술 교과를 아주 좋아한다. 입시 교과도 중요하지만 이러한 자기개발 교과를 중시하는 통합교육과정은 모든 아이들이 흥미를 가지고 적극적으로 참여하는 핵심 활동이다.

라간의 도서관도 남다르다. 도서관은 아이들이 모여 토론할 수 있는 일종의 라운지이다. 참고자료만 남겨두고 도서실의 책을 대부분 치웠는데, 대신 모든 자료를 디지털화하여 학생들이 자유롭게 태블릿피시로 검색해 자기 정보로 사용할 수 있게 했다. 충분한 수의 태블릿이 충전된 상태로 비치되어 있어 학생들은 언제고 손쉽게 자료를 탐색할 수 있다. ICT(Information and Communications Technology, 정보통신기술) 수업이 테크놀로지 교과에서만 아니라 영어, 수학, 과학, 음악 등 모든 교과에 실용적으로 연계된 듯이 보인다.

학교 곳곳에 라간 칼리지의 건학 이념인 통합교육을 강조하는 문구가 걸려 있다. 통합교육은 '종파분리주의 극복을 위한 모두를 위한 아동중심교육'을 가장 중요한 원칙으로 삼고, 동등한 기회보장, (잉글랜드 종합교육과 마찬가지로 11세 시험 폐지에 근거한) 비선발 원칙 그리고 남녀공학 및 다양성 존중을 기본적으로 지향한다. 북아일랜드 일반학교들이 종파분리주의에 토대를 두고 학업성취도를 평가하는 중등선발고사 및 남녀 간의 성별 분리주의에 근거한 엄격한 분리(배제)교육을 강조한다는 점을 고려하면, 통합교육은 평등, 지역적·종교 간 통합, 다양성을 교육 원칙으로 지향하는 진보적 포용교육(inclusive education)임을 알 수 있다. 특히 중등교육과정이 성적 정체성 형성 과정에서 아주 혼란스러운 발달 시기이기 때문에 양성평등교육과 성소수자교육을 아주 중시하고 있음을 자연스럽게 알린다. 게이나 레즈비언 이슈를 상대적으로 많이 다루고 있다고 하며, 일부 학생들은 그 때문에 이 학교를 택했다고도 한다.

오픈데이를 둘러보니 역시 라간을 보지 않고는 통합교육을 이야기하지 못할 듯하다. 그래서 라간의 설립학부모위원이었던 '모든 어린이가 다 함께(ACT: All Children Together)'의 창설자 세실 리너헌(Cecil Linehane)을 만나보기로 했다. 연락을 받고 기꺼이 나와준 리너헌 여사는 만나자마자 ACT의 모든 이야기가 여기에 있다며 조너선 바든(Jonathan Bardon)의 책을 주면서 이야기를 쏟아냈다. 그런데 첫 이야기가 라간은 '우리가 만든 것이긴 하지만 처음부터 학교 설립을 하려던 것은 아니었다'는 것이다. 이게 무슨 이야기인가?

라간의 탄생과 발전

북아일랜드가 영국 식민지에서 해방되면서 북아일랜드는 '아일랜드의 북부 지역(North of Ireland)'이 아니라 영국의 일부인 '북아일랜드(Northern Ireland)'로 남게 되었다. 이것이 북아일랜드 내 갈등의 근본 원인으로 작용하면서 북아일랜드 독립을 둘러싼 사회적 갈등과 대립이 특히 1968년 이후, 세계적으로도 민주화에 대한 갈망이 고조되었던 시점에 폭발했다. 1968년 이후 북아일랜드 민권협회가 가톨릭 내셔널리스트에 대한 탄압을 중지하라고 요구하며 시위를 벌이자 영국 군대는 가혹하게 탄압했다. 이후 1998년 성금요일 벨파스트평화협정이 체결될 때까지 북아일랜드에는 보복과 응징을 향한 폭탄테러와 이에 따른 민간인 피해로 절망적 한탄과 울음소리가 가득했다. 당시 종교적 분리에 계층적, 정파적 분리가 중복되면서 가톨릭 기반의 아일랜드 내셔널리즘은 아일랜드공화국으로의 통일을 지향했고, 개신교 기반의 유니어니스트는 북아일랜드의 영국 연합체제 온존을 지향했는데, 서로 양보할 수 없는 두 진영이 극한의 대결 구조를 구축하면서 양 진영 민병대를 중심으로 한 전투는 전쟁을 방불케 했다. 이런 시대적 상황에서 북아일랜드는 모든 사회가 가톨릭 대 개신교라는 종파분리주의로 투영된 이념에 근거하여 움직이는 듯했다고 해도 과언이 아니었다.

특히 정치가 개신교 대 가톨릭 기반의 양대 정당 구조로 편제되어 있었고 거주지도 자연히 양 종파별로 분단되어 있던 상황에서 역사적으로 가톨릭학교 대 개신교학교로 나뉘어 있던 교육제도는 이러한 종파주의를 유지하는 이데올로기적 도구였다고 볼 수 있다. 이러한 종파분리주의적 지역사회와 학교 구조가 종파분리주의에 근거한 폭력을 정당화한다고 보면서 우리 아이들 세계에서는 더 이상 이러한 비극이 일어나지 않기를 희망하는 학부모들이 모였다. 북아일랜드 평화와 화해를 위한 교육적 결단으로서 종파분리주의에 근간을 둔 학교가 아닌 모두를 아우르는, 즉 양 종파의 아이들이 한 학교에서 다 함께 공부한다는 통합교육이 1970년대 초 가톨릭 학부모들 사이에서 제안되었다. 지역적으로 노스다운(North Down)에 살고 있던 가톨릭 학부모들이 종파분리주의 교육의 문제점을 깨닫고 자녀를 가톨릭학교가 아닌 일반공립학교에 보내자 가톨릭교회는 일반학교에 다니는 가톨릭 아이들에게는 성체성사나 견진성사를 줄 수 없다는 교칙을 내세웠다. 이에 가톨릭 부모들이 방고르(Bangor) 지역에 일요학교를 개설하고 성직자가 아닌 평신도들이 가톨릭 종교교육을 실시하며 이를 인허해줄 것을 요구했다. 그러나 북아일랜드 가톨릭교회에서 받아들이지 않자 이를 바티칸 교황청에 문의하는 상황으로 번졌고 결국 교리상 문제가 없음을 받아내는 과정에서 '통합교육' 혹은 '미래를 함께하는 공유교육'이라는 용어가 정립·확산되었다고 한다. 1974년에는 세실 리너헌과 베티 벤튼(Bettie Benton)이 주도하여 초교파(inter-denominational) 기구로서 '모든 어린이가 다 함께(ACT)'를 공식화했다. 이들은 지역공청회를 통해 미래를 함께하는 공유사회에서의 통합교육이념과 그 역사적 필요성을 적극적으로 홍보하고 청원하며 사회적 관심을 유도했다.

1970년대 초는 종파분리주의에 기초한 극단주의적 폭력에 의한 사회적 피해가 눈덩이처럼 불어나던 때였다. 1972년 한 해 사망자만도 480명에 이르게 되자 1973년 영국 정부는 북아일랜드 스토먼트 의회에 권력분점 행정부를 구축하게 했는데, 이때 통합교육 옹호자인 배질 매카이버(Basil McIver) 의원이 교육부 장관을 역임하게 되면서 통합교육이념을 구체화한 공유학교계획안(Shared Schools Plan)이 발표되었다. 하지만 이후 총선에서 보수당이 집권하면서 권력분점 행정부는 막을 내리고 공유학교계획안도 폐기되었다. 이미 잉글랜드에서는 11세 시험 폐지를 골자로 한 민주적 학제인 종합중등교육(comprehensive secondary education)이 1960년대 후반부터 확장되어가고 있던 터라 이와 유사한 구조와 의미를 지닌 통합교육안에 대해 웨스트민스터 의회는 호의적이었다. 1977년 11세 시험 폐지를 골간으로 한 교육조례(Education Bill) 초안이 ACT에서 발의되어 "북아일랜드 학교를 통합 지위로 전환한다(NI schools to transform to integrated status)"는 내용이 북아일랜드연합당 던리스 경에게 전달되었고, 이를 토대로 한 교육법(Education Act)이 1978년 의회에서 통과되었으나, 북아일랜드 의회에서 이 안이 부결됨에 따라 종파분리주의에 기반을 둔 일반공립학교를 통합학교로로 전환하는 것이 불가능해졌다. 종파분리주의를 폐기하고 모든 아이를 하나의 지역사회학교에서 함께 교육한다는 통합교육이념은 11세 시험 폐기와 무관하게 결국 불가능하게 되었다. ACT는 '그렇다면 우리가 직접 통합학교를 만들어 차별화된 실례를 보여주어야 하지 않겠는가?'라고 통합교육운동의 방향을 돌려 학교 설립을 위한 노력으로 운동의 박차를 가하게 되었다. 베티 벤튼은 다음과 같은 비장한 말로 통합학교 설립의 당위성에 대해 말한다.

"우리의 통합교육에 대한 호소는 좌절되었고, 교회는 전혀 움직이지 않았습니다. 던리스 법안도 교회를 움직이는 데 실패했습니다. 우리는 순진하게도 최소한 혼합지역에서만이라도 지역사회의 화해를 위해 통합학교로의 전환이 가능하기를 바랐으나, 실망했습니다. 우리가 너무나 순진했던 것이죠! 환상을 가졌던 겁니다. 우리가 결코 교회 안으로 들어가 권력을 행사하고자 했던 것이 아니었지만 이제는 평신도가 무언가 실력 행사를 벌이는 것이 필요할 듯합니다."

이 같은 실력 행사의 일환으로 ACT는 벨파스트의 라간 강가를 따라 남쪽에서 학교 부지를 찾는다는 야심하에 학교명부터 라간 칼리지로 정해놓고 학교 설립을 추진했다. ACT는 곧장 라간 칼리지 설립에 필요한 재원을 모으고자 ACT재단법인을 1979년 설립하고 공유교육과정(shared curriculum)의 틀을 만들었으며, 이어 통합학교종합계획안을 마련했다.

이렇듯 재단을 중심으로 기금 모금에 전력을 다했으나 ACT는 1981년 9월 1일 라간 칼리지 설립 때까지 교사 급여를 비롯한 운영비에 대한 그림을 그릴 수 없는 형편이었다. ACT 회원들과 학부모들은 집을 은행에 저당잡히고 자신들이 가지고 있던 돈을 내놓으면서 학교 운영 자금을 마련했다. 다행히 라간 개교 직전에 잉글랜드의 퀘이커 재단인 론트리 자선재단(Joseph Rowntree Charitable Trust)에서 3년여의 교사 급여를 약속해 주어 희망적으로 시작할 수 있었다.

일단 처음엔 민간 자율학교(independent voluntary non-maintained school)의 형태로 학생 28명과 교장인 실라 그린필드(Sheila Greefield), 1명의 정규직 교사와 5명의 시간제 교사들과 함께 인근 아드나밸리(Ardnavally) 스카우트 건물을 임대하여 낮 동안 학교로 사용했다. 거의 사용하지 않던 이 건물은 교육의 장으로 활성화되어 크리스마스 시즌에는 노숙인을 위한 쉼터로도 활용되는 등 이후 역동적인 지역사회센터가 되었다. 라간도 개교하자마자 학생 수가 폭증하여 다음 해에 120명이 등록하고 그다음 해는 164명이 등록하는 등, 임시 스카우트 건물로는 늘어나는 학생 수를 감당할 수가 없었다. 이에 사우스벨파스트교육청(South Belfast Education and Library Authority)은 폐교된 캐슬리어(Castlereagh) 특수초등학교를 사용할 수 있게 허락했다. 그리고 라간은 교육부로부터 1983년에 정부재정지원 자율학교(grant-maintained college) 지위를 획득하여 1984년부터 학교 운영 자금을 지원받게 되었다.

민간 자율학교 지위일 때는 학생들이 수업료를 전적으로 부담해야 했기 때문에 학비를 감당할 수 있는 학생만 다닐 수 있다는 의미에서 '중산층교육운동'이라는 사회적 비난을 감수해야 했다. 하지만 당시 그래머스쿨들의 높은 수업료에 비해서는 라간의 교육비가 높은 편이 아니었고, 또한 교육비 수준을 자율적으로 결정해 내던 분위기였기 때문에 가정형편에 따라 25파운드에서 600파운드까지 학부모들이 자기 능력에 맞게 자발적으로 등록금을 책정하여 부담했다. 1984년 이후 100% 정부 지원이 이루어지면서 이후 학비 문제는 해결되었다.

첫 교장이었던 실라 그린필드는 영국 종합교육 신봉자로 잉글랜드 셰필드에서 오랫동안 교직에 있다가 남편이 벨파스트 퀸스 대학교 교수로 옮겨 오면서 라간과 합류하게 되었다. 국제적인 교육운동의 흐름에 밝으며 셰필드에서 이주노동자 가족 자녀들의 교육문제와 인권 신장에 관심을 갖고 기여한 적이 있던 실라 그린필드 교장은 최초의 통합학교인 라간 칼리지를 아주 균형 있는 지점에 잘 안착시켰다. 남녀공학을 원칙으로 무시험 선발 원칙, 기회균등, 학력 신장을 균형 있게 추진함으로써 라간이 지역에서 대표적인 중등교육기관으로 자리 잡는 데 혁혁한 공을 세웠다. 세실 리너헌은 실라 그린필드 교장을 라간의 초대 교장으로 모실 수 있었던 것이 라간에게 축복이었다고 회상한다.

1985년에 학생 수가 400명을 넘어서자 교실이 두 칸뿐인 작은 특수초등학교 폐교 건물로는 감당이 어려워졌다. 근처 얼스터 교통박물관을 비롯하여 인근 빈 건물들을 임대하기는 했지만 학교가 급격히 팽창하면서 더 넓은 부지를 탐색하지 않을 수 없었다. 다행히 학교는 내셔널트러스트가 소유하고 있던 리스너브리니(Lisnabreeny)를 1987년 구입하여 그곳 저택과 캐슬리어 특수초등학교를 돌아가며 사용하다가, 1991년 이후에는 그곳에 신축한 건물에서 다 함께 교육을 하게 되었다. 그동안 세 번의 개축공사를 거쳐 2015년 현재 1272명의 학생과 150여 명의 교직원이 생활하는 북아일랜드 최상의 중등교육시설로 발전했다. 신입생의 구성을 보면, 벨파스트 주변에 있는 60여 곳 초등학교 출신 학생이 입학하고 있다고 한다. 의무교육 종료 시점인 16세 Y12까지가 학년당 8학급, 학급당 25명으로 1000명가량이고, GCSE 이후 6폼(6th form), A레벨(A level)

과정인 Y13과 Y14 학년이 각 5학급씩으로 구성되어, 라간 칼리지 전체는 총정원 1250명 내외의 학생이 재학하고 있다.

평화와 화해를 위한 학부모 주도의 학교

오늘날 라간은 북아일랜드 통합학교의 상징으로 매년 경쟁률이 치열하다. 이런 것 자체가 통합교육의 이념에 맞지 않는다고 생각하지만, 현실적으로 라간에 대한 교육적 수요는 대단하다. 일부가 학생 모집에 어려움을 겪는 경우가 있기는 하나 대부분의 통합학교는 늘 대기자가 넘친다. 특히 초등의 경우엔 더 심하다. 그중에서도 특히 라간이 왜 이렇게 주목받는가? 처음부터 지금까지 라간은 통합교육이념을 견지해왔는가? 후발 통합학교들에게 어떠한 도움을 주고 있으며 교육부나 인근 학교들과는 협력하고 있는가? 선두주자답게 통합교육에서 이론적으로나 실천적으로 대표성을 띨 만한가? 어맨다 맥너미 교장을 비롯한 교사와 학생들을 만나 이야기를 나누면서 라간이 발전할 수밖에 없는 이유를 알게 되었다.

라간은 설립 초기부터 '가톨릭과 개신교 및 기타 종교를 가진 아이들이 모두 다 능력과 무관하게 함께 교육받는 통합교육'을 학교 비전으로 밝혀왔다. 그리고 이러한 비전에 따라 세 가지 학교 특성을 공표한다. 첫째, 라간은 기독교 정신(Christian ethos)을 전제한다. 둘째, 남녀공학이다. 셋째, 다양한 능력을 가진 모든 아이가 한 학교에서 함께 교육받는다. 기독교 전통이 강한 북아일랜드에서 종파별로 교육받는 것이 아니라 한 학교에서 종파에 무관하게 함께 교육받는 것을 지향한다는 원칙은 종파분리주의에 의한 사회적 폭력을 감소하고 예방할 수 있다는 평화와 화해를 위한 교육적 노력으로 비칠 수 있다. '따로가 아닌 같이'를 지향하는 통합교육은 자연스럽게 북아일랜드의 성별분리교육을 넘어선 남녀공학을 지향한다. 그뿐 아니라 11세 시험에 의한 능력별 선발고사로 차별화되는 우수 능력자와 그렇지 못한 학생들을 분리하는 학력별 분리교육이 아닌 다양한 능력의 모든 아이가 한 학교에서 비선발 원칙 위에서 함께 교육한다는 방향으로 나아갔다.

아이들은 이러한 다양한 문화적, 종교적, 사회적 환경 속에서 인간 공동체의 다양성을 생활 속에서 자연스럽게 학습할 수 있다. 이러한 통합교육을 통해 고질적인 북아일랜드의 종파적, 성별, 학력 차별화를 극복할 수 있는 사회적 역량을 기를 수 있게 된다. 사람들은 저마다 각기 타고난 능력과 소질을 겸비하고 있는데, 학력만을 중심으로 선발하는 분리주의적 교육제도하에서는 다른 능력의 소유자를 만나지 못하게 되고 그 결과 동종 사람들의 문화에 갇히게 되면서 자문화 중심주의의 병폐에 빠져든다. 나의 문화가 아닌 '다른' 문화도 존중받아야 한다는 공감대가 형성되기보다는 '틀린' 것으로 용납될 수 없는 이질적인 것이 된다. 그래서 타문화에 대한 편견을 갖게 되고 이는 또 다시 자기중심적 역사와 문화 속에서 정당화되면서 사회적 폭력을 잉태한다. 북아일랜드의 폭력성은 이러한 교육적 분리주의의 결과이기도 하고 사회적 폭력성이 교육적 분리주의를 낳았다고도 볼 수 있다. 이제는 이러한 분리주의를 극복하고 한 학교에서 이질적인 것들을 만나게 하여 내 것과 상대방의 것이 어떻게 다르며 서로의 것이 상호 존중되어야 하는지 학습해야 한다는 운동이 '공유된 미래를 향한(for the shared future)' 통합교육운동이다. 이렇게 되면 내 것도 소중하고 남의 것도 소중하며 이 둘은 모두 공동체에 유익한 구성요소라는 사회적 인식에 도달할 수 있게 된다.

북아일랜드 교육정책을 통합교육으로 전환하자는 노력이 좌절하면서

'우리만이라도 그러한 교육을 실천하자'고 하여 만든 최초의 학교가 라간 칼리지이다. 그렇기 때문에 라간의 설립 이념은 실천적 선구자들이 공론 화하여 만든 통합교육이념을 학교의 철학적 이념으로 정착시킨 것이다. 이를 위해 누구보다도 학부모와 초기 통합교육 설립 주체들이 선도적으로 활약했다. 라간은 북아일랜드 정부가 세운 학교도 아니고, 가톨릭이나 개신교 혹은 다른 민간 교육법인이 만든 학교도 아니고, 학부모와 지역시민이 함께 만든 학교라는 점에서 첫 번째 차별성이 있다. 라간은 당시 일반 학부모들이 분열을 넘어 평화와 화해의 길로 가는 교육을 우리 아이들한테 하자는 목적으로 함께 공부하면서 창안한 통합교육이념을 지향하는 집단운동의 성과물이다. 그래서 론트리 재단도 교사 급여를 기부하기로 결정한 이유로 '분단사회의 화해와 갈등 해소를 위한 평화 구축 과정을 위한 노력'을 들었던 것이다. 이렇듯 라간은 평화와 화해를 위한 학부모 주도의 학교 설립이라는 역사를 만들어냈고, 이후 학교 운영 과정에서도 학부모 참여와 협력을 가장 중요한 철학으로 삼고 있다.

분쟁기 가운데도 가장 참혹했던 1972년 이후에 더욱 활발해진 평화와 화해를 위한 지역운동의 일환으로 ACT를 중심으로 노스다운 지역의 학부모들이 모였는데, 처음엔 분명 가톨릭 학부모들이 중심이었지만 차차 섞여서 구체적으로 누가 개신교였고 누가 가톨릭이었는지는 기억나지 않는다고 세실 리너헌은 이야기한다.

"기억을 해보자면 가정주부보다는 주로 교사, 의사, 변호사 등 워킹맘이 많았던 것 같아요. 대부분이 나름대로 자기 전문성을 가지고 일하던 중산층이었고 그중 현직 교사가 아주 많았어요. 그래서 중산층운동이라고 비판하겠지만 처음엔 그럴 수밖에 없지 않겠어요? 일하면서 자연히 세계를 넓게 보게 되고 또 자기 돈을 내면서 해야 하는데, 시간과 돈을 내면서 참여할 수 있는 계층이 주도할 수밖에 없는 시대적 상황이었죠. 당시 북아일랜드의 가톨릭은 아주 가난했고 사회적으로나 정치적으로 아주 소외되어 있었어요. 중산층 여성들이 주도했다는 점에서 정치적 압박을 덜 받은 점도 있을 거예요.

1970년대 양 진영 간의 분쟁은 아주 심했고 그 피해도 너무나 커서 이를 극복하자는 노력이 다양하게 일어났어요. 그런 점에서 통합교육운동은 학부모들의 자기 자녀들을 위한 평화교육적 선택입니다. 일부에서는 정치운동이 아닌 중산층운동이라고 비판하지만 우리는 그 부분도 인정합니다. 우리는 일체의 정치적 색깔을 배제했어요. 북아일랜드연합당에 협력한 것은 개인적 차원이지 집단적 차원이 아닙니다. 연합당은 아주 소수 정당이었고 당의 방향 자체가 신·구교 간의 갈등을 버리고 제3의 길로서 평화와 연대를 추구한다는 것이어서 우리 운동의 방향과 같았습니다. 특히 통합교육을 중심으로 한 1978년 교육법을 발의한 던리스 의원 같은 분은 연합당 최고대표의원으로 정말 훌륭한 분이었어요. 귀족이지만 우리 사회의 분단 문제를 심각하게 고민한 분입니다."

세실 리너헌을 비롯하여 ACT 회원들은 자기 자녀를 거의 다 라간에 보내며 설립학부모로서도 적극적으로 참여했다. 그렇게 시작한 라간은 교장 초빙에서부터 교사 채용, 그리고 학교 운영 계획 등에 설립학부모들의 관여가 지배적이었다. 학교운영위원회 구성은 물론이고 이후 법적으로도 설립위원이 16명의 학교운영위원 중 6명을 차지할 수 있도록 했는데, 이것은 정부재정지원 자율학교의 일반 원칙이었다. 학교운영위와는 별도로 학부모회(parents council)가 학교발전위원회의 성격을 지니면서 학교 당국과 아주 긴밀한 협조관계를 가진다. 물론 법적으로 책임을 지는 것은 학교운영위이고 학부모회는 자발적인 임의기구이지만 여기서 논의하거나 제안하는 사항은 100% 공론화되고 학교에서 결정한 사항도

100% 학부모회로 이송되어 협의하도록 하고 있다. 특히 북아일랜드 종파분리주의는 모든 문제에서 갈등을 유발할 가능성이 농후하기 때문에, 이러한 민주적 절차가 생략되면 학교 공동체 내 갈등으로 비화될 가능성이 다분하다. 하지만 교육과정 운영에 관한 한 학부모회는 전적으로 교사회(teachers council)의 결정을 따르고 신뢰한다. 학생회(pupils council)도 있어서 이 삼자 간의 조율과 협치는 라간을 비롯한 대부분의 통합학교 원칙이다. 따라서 학부모 주도 학교라는 자부심은 결국 학부모들의 무한 책임으로 귀결되기도 한다. 개교 당시부터 학부모들은 부지 선정, 교사 채용, 설비 마련 및 운영 자금 충당 등 모든 것을 주도적으로 진행하면서 정부의 지원 결정을 받아내었기에 설립학부모들에게 이 학교는 '내 자식이자 내 학교(my baby, my school)'인 것이다. 그래서 자녀가 학교를 졸업했어도 일부는 설립위원으로서 학교운영위원으로 남아 초기 이념이 변질되지 않도록 환기시키고 있으며, 대부분도 학교에서 뭔가 필요하다면 여전히 두 팔 걷고 달려와 학교 일에 매진하게 된다고 한다.

학부모들의 열의는 초기엔 장점이 되기도 하지만 이후엔 학교 운영상의 갈등으로 비화하기도 한다. 예를 들어 라간이 11세 시험에 의한 일부 선발을 논의하고 결정하는 과정에서도 상당한 갈등과 논쟁이 있었다. 하지만 전체적인 합의로 35%에 한해 선발시험에 의한 입학을 허용한다는 결정을 내리자 일단 반대했던 설립학부모들도 변화된 환경의 결과로 수용하고 다른 65%의 통합교육선발 원칙을 유지하는 선에서 논쟁을 마쳤다고 한다. 이러한 성숙한 논의 과정은 학부모들의 관여가 자칫 학교 측의 교육운영을 방해하는 결과로 이어지는 경우를 막기 위한 노력과 설득의 예이다. 어맨다 맥너미 교장에 의하면 라간에서 학부모의 협력과 참여가 없는 학교 운영은 상상할 수 없다고 할 정도로 학부모 협치는 통합교육 원칙의 본질이다.

초교파적 기독교 정신을 장려하는 라간

라간은 처음부터 초교파적 기독교 정신을 바탕으로 한 기독교 교육조직이라는 점을 명확히 했다. 기본적으로 영국의 학교제도는 기독교라는 국교를 근간으로 한 교육이념을 바탕으로 삼고 있다. 하지만 북아일랜드의 경우 식민지화 과정에서 아일랜드의 가톨릭이 주류 종파로 자리 잡았고 이것이 개신교가 다수인 북아일랜드에도 상당한 영향을 미쳐 가톨릭 대 개신교라는 종파분리주의가 종교뿐만 아니라 정치적, 사회적 분리주의의 근저로 작용한다고 볼 수 있다. 또한 식민지정부가 종파적 학교 운영을 용인하는 정책을 오랫동안 추진한 결과 세속화된 공립혼합학교 설립이 주류 종파학교의 이해에 따라 저지되었다. 몇 차례 세속화된 혼합교육의 틀을 시도하려던 정부안은 수용되지 않았고, 결국 학교제도는 양 종파 간 교리를 전제로 한 종파학교로 자리 잡게 되었다. 약 90%의 가톨릭 학생이 정부지원 가톨릭 자율학교에 다니고, 마찬가지로 약 93%의 개신교 학생이 개신교가 운영하는 일반공립학교에 다니는 종파분리주의적 교육 환경 속에서, 사회적 분리주의가 교육적 분리주의를 낳았고 분리주의적 학교교육이 사회적 분리주의를 강화하고 재생산한다는 비판에 직면하게 된 것이다. 특히 양쪽 진영의 민병대를 주축으로 한 폭력적 분쟁 상황에서 학교가 보편적 인간 양성보다는 종파적 이해를 대변하는 투사를 양성하고 정당화한다는 비판에 직면하면서 우리 아이들을 더 이상 폭력의 희생물이 아닌 평화와 화해의 미래를 여는 일꾼으로 양성하자는 통합교육운동이 일게 되었던 것이다. 이런 점에서 통합교육은 북아일랜드의 폭력적인 상황이 잉태한 평화교육적 대안으로, 북아일랜드에서 기독교적 정서를 부정한다기보다는 양 종파를 아우르는 범기독교 교회일치(ecumenism) 정신을 토대로 한다고 볼 수 있다.

- 어린이의 종교적, 도덕적 양육을 위해, 가정과 학교, 교회가 파트너십을 협력적으로 유지한다.
- 모든 어린이를 각기 고유한 존귀한 가치를 지닌 존재로 인정한다.
- 학생과 교직원의 종교적, 정치적, 민족적 정체성을 상호 존중하고 이해하는 분위기를 조성한다.
- 기독교 이외의 다른 관점을 용인하면서 학부모와 교직원의 권리를 존중한다.
- 핵심 교육과정으로 종교교육을 유지한다.
- 양 종파 간 교목을 두며 교목실을 학생들을 위한 교리 학습과 일반 상담 장소로 활용한다.
- 도저히 함께 할 수 없는 경우에 한해서만 분리해서 운영한다.
- 기독교 축제일을 다 함께 누리고 학교에서 행하는 종교적 공동집회를 신중하게 고려한다.
- 학교 공동체 간에서뿐만 아니라 지역사회와의 관계에서 진리, 정의, 평화 구축의 추구를 지향하는 행동을 실행한다.

세실 리너헌은 그런 점에서 다음과 같이 말한다.

"개신교 공립이든 가톨릭학교이든 지금이나 그때나 기독교는 우리 삶의 일부입니다. 한 번도 이것을 부정한 적은 없어요. 무신론도 존중하지만 우리 대부분은 교회일치 혹은 종교 간의 상호 이해를 원칙으로 신부나 목사들을 만났습니다. 그래서 이 부분에 관한 한 의심의 여지는 없고, 처음부터 그래서 견진성사나 성체성사를 거부하는 신부들과의 타협이 필요했던 것이죠. 우리가 신앙을 거부했으면 그냥 안 나가면 되지만 우리는 정말로 가톨릭 신자로서 우리 아이들이 포용적으로 자라나길 희망했어요. 이 부분이 나중에 세속화 문제랑 부딪히긴 하지만 의심의 여지가 없습니다. 가톨릭과 개신교 간의 평화로운 공존, 이것이 종파분리주의에 종지부를 찍는 일이라고 생각했어요. 가톨릭과 개신교 중 분명 가톨릭의 거부감이 더 심했지만, 북아일랜드 상황에서 가톨릭의 부정적이고 비타협적인 정서를 이해해야 합니다. 소수파로서 정말 힘들었어요. 그래서 더욱 고집스럽게 가톨릭적일 것을 요구했고 나름대로 의미 있는 성과를 얻어냈다고 생각합니다."

종교교육 목적으로도 명시했듯이, 라간은 가톨릭과 개신교 양측에서 온 교목을 두고 공동 교목실을 운영한다. 라간의 개신교 측 교목인 헬렌 킬릭은 라간 종교교육의 목적이 포용과 화해의 실현이라고 말한다. 요한복음 17장 11절 "그들도 하나가 되게 하옵소서"라는 구절의 일치정신에 따라 교회일치운동(ecumenical movement)을 실천한다. 포용과 사랑 그리고 용서와 화해, 평화 이 모든 정신은 종파와 무관하게 모든 기독교교회의 기본 정신이라고 보면서 그럼에도 양 종파의 이해에 따라 부딪힐 수밖에 없는 쟁점들을 민주적으로 접근하고 있다고 한다.

예를 들어 2005년 4월 2일 가톨릭의 수장인 요한 바오로 2세 교황이 서거했을 때, 장례일 당일은 휴교하고 추모하자는 가톨릭 측의 의견에 대해 3일간 집중적인 논의를 하다가 학교는 정상대로 수업하되 장례미사에 모든 학생이 참여하여 추모하는 것으로 결정했다. 반대도 있었지만 종파 간 의례 이해는 문화적 다양성과 관련되는 아주 중요한 항목이기 때문에 그렇게 하기로 하고, 그래도 원치 않는 개신교 학생은 오지 않아도 된다는 조건하에서 진행을 했는데 결과는 아주 좋았다. 가톨릭 미사에 대해 개신교 학생이 이해하는 기회이자 기독교의 사회적 기여와 북아일랜드 문제에 대해 또 다른 각도에서 생각해보는 계기가 되었다.

이러한 의례의 공유 경험은 지속되는 여러 가지 프로그램에서도 드러나는데, 특히 수감 생활을 한 민병대원들을 초청한 강연에 대한 반응에서 극명하게 나타난다. 30여 년 분쟁기 동안 약 2만 5000명의 정치범이 투옥되었는데, Y13(16~17세) 대상 외부 강연 시간에 가톨릭과 개신교 민병대원을 초청하여 교목실 주관으로 대화를 나누게 한다. 특히 그들이 민병대에 가담하여 살인이나 저격 활동을 했던 시기가 18~30세 청년 시절이라는 점을 고려하면서, 학생들과 비슷한 나이대에 그들이 무슨 고민속에서 이러한 행동을 했는지, 그 피해가 어떠했는지, 피해자에게 용서를 빌고 화해했는지, 이후 삶은 어떻게 되었는지, 옥중 생활은 어떠했는지 그리고 젊은이들에게 말하고 싶은 것은 없는지 등을 중심으로 한 스토리텔링 수업을 진행한다. 학생들은 양 진영의 목소리를 듣고 적대적이미지를 수정하는 성찰의 시간, 시대적 고민을 함께 나누는 성숙한 시간을 갖게 된다. 학생들이 일상에서 부딪히는 신앙이나 자기 문제도 다루지만, 또한 역사적 행위가 종교적 태도에 미치는 영향, 특히 이들의 트라우마 극복을 중심으로 이야기하다 보면 학생들도 문제의식을 느끼면서 타 진영에 대한 혐오감을 줄일 수 있게 된다고 한다. 이후 비공식적동의 과정에서 도저히 용서가 안 되는 측면도 있을 것이고 또한 좌절과분노를 이기지 못하는 경우 교목실에서는 그런 학생들에 대한 심층면담을 진행하고 있다고 한다.

궁극적으로 비폭력과 상호 이해라는 기본적 가치를 포용할 수 있게 하는 것이 라간 기독교 정신의 핵심이다. 그런 점에서 라간의 교목실은 사람들의 마음속에, 가슴 속에, 정신 속에 개방성을 불어넣어 주는 시공적차원에서의 공간이라는 말은 기독교 사학에서 일하는 필자에게도 아주 감동적으로 다가왔다.

교장의 리더십

창발적인 아이디어와 혁신적 사고에 기초한 학교에서 교장의 일관된 포용적 리더십은 무엇보다도 중요하다. 1981년 실라 그린필드 교장이 6년간 재직한 이래 다섯 번째 교장인 어맨다 맥너미가 2009년부터 오늘날까지 라간을 책임지고 있다. ◆

실라 그린필드는 교장 부임 당시 43세의 잉글랜드 출신 교사로, 잉글랜드에서 종합교육철학을 지니고 역사와 영어 교과를 가르쳤으며, 카리브와 아시아에서 이주한 학생들의 통합을 지원하며 이들을 가르친 적도 있는 잉글랜드 종합교육의 실천가이면서 이론적 격식 또한 갖추었다. 잉글랜드 셰필드에 있을 때에는 전국 아동출생 트러스트(National Childbirth Trust)의 자문위원으로 BBC 방송에 출연했고 북아일랜드에서는 BBC아동자문위원회의 위원으로 활동하는, 아동인권 기반의 통합학교 초대 교장으로는 최상의 능력을 갖춘 적임자이다. 실라 그린필드 교장은 부임 당시의 소감을 다음과 같이 표명했다.

이 자리는 세 가지 면에서 나를 매료시켰다. 첫째, 벨파스트라는 분리된 환경에서 모든 아이가 종파적 배경과 무관하게, 삶을 함께하는 교육을 한 학교에서 함께 받는다는 것은 논리적으로도 옳기 때문이다. … 둘째, 중등과정(칼리지)에서 모든 능력의 아이가 선발시험 없이 동등한 기회를 차별 없이 받아야 한다는 것이 나의 신념이기 때문이다. 다양한 아이들이 다양한 능력을 맘껏 신장시킬 수 있도록 환경을 조성하는 혼합학교가 최고의 교육 조건이다.

◆ 테런스 플래너건(Terrence Flanagan, 남) 교장이 1987~1993년 6년간, 브라이언 램킨(Brian Lambkin, 남) 교장이 1993~1997년 4년간, 헬렌 맥휴(Helen McHugh, 여) 교장이 1998~2009년 11년간 재직했다.

… 셋째, 라간이 학부모들의 참여로 설립되었다는 아주 특별한 점이다. 자녀 교육에서 학교와 가정의 파트너십은 아주 중요하다.

북아일랜드의 통합학교는 잉글랜드의 종합학교와는 다른 정부재정지원 자율학교 지위를 가지는 비종파적, 비선발 남녀공학 학교이다. 그래서 학교가 자율적으로 교육이념을 확립하고 일관성 있게 운영하는 조건을 만들어나가야 하며 그 책임도 학교가 진다. 이런 까닭에 법적 책임기구로서 학교운영위원회는 학교 이념을 유지하면서 학교를 잘 안착시킬 수 있는 교장과 교사들을 채용하는 데 무엇보다도 신경을 썼다고 하며, 초대 실라 그린필드 교장에 대한 자부심을 가지고 충분한 지원을 하려고 노력했다고 한다. 교장 자신이 설립학부모들과 확립한 통합교육 원칙인 균형 원칙, 비선발 원칙과 모든 능력의 어린이 수용 원칙, 능력별 반편성 및 학업능력차별에 의한 낙인 없는 비차별 원칙을 홍보하고 또한 북아일랜드 상황에 적합하면서도 경쟁력 있는 교육모델로 안착시키기 위해 엄청난 노력을 쏟아부었다. 실제로 이 기간 라간은 법적 지위 확보에서부터 학교 발전에 이르기까지 질적으로나 양적으로 엄청난 성공을 거두었다. 초대 교장의 정신을 이은 차기 교장들도 이러한 통합교육 발전 원칙을 변화된 상황에 맞게 수용하여 체계적으로 안착시키는 데 공헌한 결과, 오늘날 라간 칼리지는 북아일랜드 학생들이 가장 가고 싶어 하는 학교로 선정될 정도로 엄청난 발전을 이루었다.

현재 책임을 맡고 있는 어맨다 맥너미 교장도 라간을 시대적 변화에 맞춰 통합교육이념을 유지하며 재생하는 데 얼마나 공을 들이고 있는지, 이를 위해 학부모를 비롯한 설립위원들 그리고 특히 ACT 구성원들과 어떻게 협력하고 있는지를 기회 있을 때마다 말한다. 이들은 친구이자 동료이며 항상 어깨를 두드려주는 든든한 후원자라는 것이다.

이전부터 여러 차례 다른 통합교육 모임에서 본 적이 있던 어맨다 맥너미 교장은 종교적으로는 현재 아무 종파에도 속하지 않는다. 하지만 원래 혼합혼의 형태인 가톨릭 어머니와 개신교 아버지 사이에 태어나 어린 시절 가톨릭이 지배적인 (런던)데리에서 살다가 학창시절엔 잉글랜드에서 학교를 다녔고 다시 북아일랜드로 돌아와 퀸스 대학교를 졸업하고 스트라반에 있는 가톨릭학교에서 교사생활을 하다가 오마 드럼라 통합 칼리지 교사로 갔다고 한다. 결혼 후 벨파스트로 이사하면서 이른바 명문 그래머스쿨 메소디스트 칼리지로 옮기게 되었는데, 거기는 양쪽 종파 우수 학생들이 상당수 섞인 혼합학교였기 때문에 통합이념을 적용하는 데 큰 어려움은 없는 것처럼 보였단다. 하지만 원칙적으로 개신교 전통에 따라야 했기 때문에 가톨릭 학생들은 상대적으로 소외될 수밖에 없는 교육 환경이었다고 말한다. 메소디스트 칼리지에 있을 때 교장 연수를 받았는데 2009년 라간에서 교장을 초빙한다기에 연습 삼아 냈다가 덜컥 되어 지금까지 8년 넘게 교장을 하는데 힘은 엄청 들지만 아주 보람을 느낀다고 한다. 취임 이후 2011년에 30주년 기념행사를 했고 지난 2013년에 현재 건물이 완공되었지만 다시 2018년까지 음악동을 비롯한 또 다른 건물을 시공하기로 되어 있다고 한다. 초기부터 있던 리스너브리니 영주저택을 여전히 역사적 건물로 유지하면서도 학생 활동 공간으로 활용하고 있다. 오늘날의 학교 건물이 완성되는 과정에서 설계부터 구성에 이르기까지 학교 구성원 모두가 축제에 참여하듯이 의견을 내어 건물을 완성했다고 한다. 그래서 학교를 둘러보면 구석구석에서 누가 이러한 아이디어를 냈는지 알 수 있다고 한다.

맥너미 교장은 통합학교교장단협의회(APTIS: Association of Principals in Integrated Schools) 회장을 맡아 학기당 한 번씩 공개회의를 하고 1년에 한 번 통합학교 운영에 관련한 회의를 개최하고 있다. 실제로 통합학교 가운데 3분의 2 이상이 정부재정지원 자율학교이기 때문에 그만큼 운영 책임이 크며, 특히 신설·전환 공식인증에 최대 3년이 걸리는 과정에서 학교 운영 계획서 작성이나 재정 확보 계획 등에 관해 기존 통합학교가 전수할 필요가 있다. 이를 위해 APTIS가 구성된 것이다. APTIS의 목적은 다음과 같다.

1. 북아일랜드 학교 현장에 통합학교의 결집된 목소리를 분명히 전달한다.
2. 학교장들이 부딪히는 쟁점들에 대한 공론화의 필요성을 밝히는 포럼을 제공한다.
3. 신규 교장들이 부닥치는 어려움에 공동으로 대처함으로써 연대감을 보여준다.
4. 리더십 역량을 높인다.
5. 성공 사례를 통해 서로의 경험으로부터 배운다.
6. 통합교육 비전을 강화하고 지속 가능한 정책으로 만들기 위한 결속을 다진다.

실제로 통합학교장들은 APTIS를 통해 북아일랜드 교육정책을 통합교육적 관점에서 집단적으로 재조명하기도 하고, 해외 사례를 비판적으로 청취하여 개별 학교에 적용해보기도 하며, 지역사회와의 협력 방안에 관한 협의도 이러한 연대조직을 통해 발전시켜 나가고 있다. 이러한 통합학교 결속 과정에 선도 학교로서 라간이 늘 중심에 있고, 맥너미 교장도 이를 방관하지 않는다. 교육 수월성에 관한 논의도 교장단회의의 중심 주제라고 한다. 다만 학교가 처한 지역사회 환경이나 설립학부모운영위원들 그리고 학교장의 의지에 따라 정책 방향이 달라질 수밖에 없다. 라간의 35% 선발고사에 의한 전형 결정은 이미 다른 통합학교에도 영향을 미쳐서 일부 통합칼리지에서 11세 시험 점수에 따라 선발하고 있는데, 이것이 통합교육 원칙에 합당한가를 둘러싸고 여전히 심한 논쟁이 진행되고 있다.

교육과정의 차별성

라간에서는 신입생 중 35%를 11세 시험 성적에 의거하여 우수한 학생들을 따로 선발하나 입학 후에는 이들을 위한 별도 학급을 편성하는 것은 아니다. 맥너미 교장은 이 점을 분명히 하고 있다.

"제가 부임하기 전의 일이라, 제가 왔을 때는 이미 그렇게 진행하고 있었고 교육부와 학부모도 이미 모두 인정하는 것이었기 때문에 당시 갈등 상황은 잘 모르겠습니다. 단지 저는 통합교육이념에 배치되지 않게 하려고 노력하고 있으며 이 부분은 앞으로도 잘 운영될 수 있으리라 기대합니다. 그래머스쿨을 갈 만한 아이들이 여기를 선택하여 공부하고 싶어 하고, 여기서도 그러한 우수한 아이들도 교육해야 한다는 기대가 있습니다. 차별적 선발은 11세 이후 단계인 키스테이지3(Key Stage 3)에만 해당하고, A레벨 과정은 선발이나 교육과정 운영에서 비선발 원칙을 따릅니다. 또 교과가 모두 선택교과로 운영되기 때문에 능력별 반편성은 없습니다."

비선발 원칙의 수정을 결정하던 당시 재직한 개신교 교목 헬렌 킬릭도 덧붙인다.

"선발고사에 의한 학생 모집은 아마도 아주 고통스러운 선택이었을 것입니다. 당시 선발고사를 하지 않는다(non-selection)는 것은 통합교육의 상징적인 원칙이었는데 이를 포기하기란 보통 문제가 아니었을 거예요."

킬릭 교목과 학교를 둘러보면서 18년째 라간에 재직하고 있는 버치(Burch) 선생을 미술 교과교실에서 만났다. 버치는 '능력별 선발에 대해 엄청난 논쟁이 있었고 정말 홍역을 치렀지만 중산층 거주지인 사우스벨파스트라는 지역적 특성상 선발고사는 불가피했다'고 토로했다. 주변의 쟁쟁한 그래머스쿨과 견주어 학부모들의 요구가 엄청났고 모든 능력의 어린이들이 다 함께 한 학교에서 배운다는 원칙에 우수한 어린이를 배제할 필요가 없다는 논지였다. 그런데 결국 차별화된 양식의 선발 유형을 허용한다는 결정은 이후 슬레미시 칼리지를 비롯하여 일부 통합칼리지들이 "라간도 하는데…"라는 지역 학부모들의 요구에 봉착하게 하는 결과를 낳았다고 한다.

혼합교육과정과 관련하여 대부분의 통합학교에서, 능력별 반편성이 오히려 학생들의 다양성을 신장시킨다는 의미에서 일부 교과에서 실시하고 있다. 초기의 혼합학급(unstreamed class) 원칙은 상당히 많은 학교에서 수정되어 라간에서도 영어, 수학, 과학 등 인지교과에 대해서는 교사와 학생들도 능력별 반편성을 원한다고 한다. 단지 학교 방침상 최소화한다. 실제로 학생마다 소질이 다양하기 때문에 "비록 나는 수학은 못해도 음악은 잘해"라고 생각한다면 자존감에 크게 문제가 되지 않는다고 한다. 내가 만난 아이들도 전혀 상관없다는 투다. 수준별 반편성을 개인차를 존중하는 다양한 수업 운영으로 자연스럽게 받아들이는 것 같다.

수준별 반편성과 관련하여, 버치 선생의 미술 교과 수업 진행에서는 전혀 문제가 되지 않는다고 한다. 일부 영어나 수학 같은 교과는 정말 학생들 간의 이해 편차가 커서 도저히 한 학급에서 학생들을 다루기가 어렵고 학생들도 초등학교 때부터 수준별 수업에 익숙하기 때문에 자신의 능력에 따라 교실을 이동하는 것이 자연스럽다고 한다. 미술 교과에 대해서도 어떤 아이는 정말 잘하고 어떤 아이는 관심조차 없다고 한다. 아이들의 흥미가 이처럼 다르기 때문에 일부 인지교과에서 수준별 학급편성은 학생을 돕기 위한 노력으로 봐야 한다는 이야기이다. 교사휴게실에서 만난 다른 교사들도 수준별 반편성은 전혀 문제가 안 된다고 이야기했다. 하지만 '모든 능력의 어린이들을 다 함께(all ability together)'라는 원칙이 수정되는 것을 우려하는 목소리는 여전히 존재한다.

교실을 돌던 중 킬릭 선생이 한 아이를 내게 인사시킨다. 셋째 아들이란다. 자신의 아이라도 아이가 통합학교를 원치 않으면 보낼 수가 없다고 한다. 셋째는 초등도 통합학교를 다녔고 통합칼리지로 진학하겠다는 결심이 확고하여 11세 시험을 보지 않고 라간에 들어올 수 있었다고 한다. 11세 시험을 치르고 1차 35% 전형에 떨어진 학생들은 누구든 상관없이 다 떨어진다는 것이다. 라간은 거의 100%가 1차 지망자로 채워지는데, 이때 자신의 선택 의지가 분명해야만 입학 가능하고 대부분의 통합초등학교 출신들이 1차 지망을 할 경우엔 거의 다 입학 가능하단다. 어맨다 맥너미 교장의 경우엔 자녀들이 그래머스쿨을 원하여 큰아이는 그래머에 들어갔는데, 둘째는 그래머에서 떨어지면 라간으로 오겠다고 했지만 결국 선발되지 못했다며 웃는다. 교장 자녀라도 엄격한 입학 사정에서 봐주는 것이 없다. 11세 시험을 치르지 않았다고 하면 되지 않느냐고 웃으며 물었더니, 그런 아이들은 없을뿐더러 입학 관련 자료를 제출하므로 속이기도 어렵다고 했다.

이후 라간을 한 번 더 방문하여 어맨다 맥너미 교장의 안내로 학교를 돌아보면서 수업을 참관했다. 실제 수업을 보니 교육과정 운영에서 통합교육의 특성이 더욱 분명히 드러났다. 모든 교장이 그렇듯이 맥너미 교장도 나를 안내하면서 연신 바닥에 떨어진 쓰레기를 줍는다. 이런 모습은 어디 가나 똑같다. 건물 사이를 이동할 때마다 문을 계속 열어주어 건물이 연결된 것이 아니냐니까 그것이 아니라 원래 있던 두 동의 건물에 새 건물을 붙여 다리로 연결한 것이란다. 감쪽같이 새것 같았는데…. 그리고 교육부가 철재로 지어주었는데 아이들 정서에 좋지 않을 것 같아 오크로 교체하고 바닥도 카펫을 깔았다면서 좀 더 안정감 있지 않으냐고 묻는다. 그런데 자신이 이러한 의견을 내어도 최종결정은 학부모들의 동의를 받아 학교운영위원회에서 결정되어야 한다고 한다. 일단 안이 수용되어 예산을 별도로 추가해야 하면, 이를 위한 학부모회의 기금 마련 활동이 이어진다고 한다. 학교발전기금은 이렇듯 학교의 환경을 개선하고 학생들의 해외학습여행 등의 추가 경비가 필요할 때 학부모회에서는 자기 자녀가 참가하느냐 안 하느냐와 무관하게 학교행사에 대한 지원 차원에서 특별기금 후원 활동을 기획하고 실행한다. 그리고 이 모든 것은 자발적으로 이루어진다고 한다.

아래층에 내려가 수업을 막 끝낸 역사 교실을 방문했다. 자료를 검토하고 있던 교사가 내게 칠판에 남아 있는 지도를 보여주며, 한국을 비롯한 분단국가를 다루고 있다고 얘기해준다. 깜짝 놀랐다. 분단국가인 우리는 북아일랜드를 다루지 않는데, 여기서는 냉전을 다루면서 한국의 분단, 쿠바 등을 다루고 있다는 것이 아닌가? 북아일랜드의 분단은 냉전과 무관하지 않냐고 물으니까 분단의 성격은 다르지만 종전 이후 냉전체제의 영향을 받았던 것 같다고 한다. 내가 동의하자 역사 교수냐면서, 분단의 성격에 대해 나중에 한 번 더 이야기하자고 한다. 통일문제와 관련하여 평화교육적 접근을 하고 있다는 내게 가능하다면 특강을 해주면 고맙겠다고도 한다. 오늘은 일정상 불가능했지만 나중엔 학생들과 대화도 할 겸 분단 상황에 대한 이야기를 나누어보는 것이 필요할 듯하다. 이처럼 방문자 중 수업과 관련 있는 사람은 수시로 특강에 초대하는 개방적 구조로 운영하고 있다. 10여 년 전 호주 애들레이드의 한 종합고등학교 역사 시간에 특강을 했는데 "한국이 왜 분단되었는가", "남한도 민주국가라고 하고 북한도 민주국가라고 하는데 그렇다고 생각하는가"는 등, 학생들의 수준 높은 질문에 무척 기뻤던 기억이 난다. 열린 통합교육 속의 아이들은 정말로 질문을 참 잘한다.

과학실에서는 학생들이 하얀 가운을 입고 실험하고 있고, 테크놀로지 시간에는 나무를 전기톱으로 자르고 못을 박고 난리다. 아이들이 얼마나 집중하는지 옆에 가도 보지도 못한다. 방문자에 대한 인식조차 없는 듯 자기가 하는 일에 엄청 몰입하고 있다. 그래서 그런지 교장은 나를 데리고 어떤 수업이든 쉽게 접근하고, 혹시 교사가 눈을 맞추면 나를 소개한다. 이미 한국은 많이 알려져 있어서 학생들도 관심을 가지는 것 같다. 특히 과학 교사는 한국의 STEM 교과에 대해 질문을 해 왔다. 사실 한국에서 이렇듯 자기 주도적인 실험 위주의 수업으로 과학 및 수학 교육을 하고 있다는 생각은 안 들지만, 이야기해달라니 어쩔 수가 없어 '한국 학생들은 굉장히 열심히 공부하고 그 결과로 좋은 대학에 가고 싶어 한다'고 하니까 자기들도 그렇단다. 공부를 열심히 하는 정도에 편차는 있지만 어느 나라고 간에 학창시절엔 공부를 잘해야 한다는 압박은 다 있지 않을까?

2층으로 올라가니 학교 벽이 온통 근사한 예술작품으로 채워져 있다. 교장 이야기로는 모두 학생들 작품으로 학교 벽을 갤러리로 사용하고 있다는 것이다. 개인 소품을 비롯하여 대형 작품도 전시되어 있다. 전시는 학생들 작품이 나올 때마다 수시로 바뀐다고 하며 학생들은 자기 작품이 걸려 있는 것에 대단한 자부심을 느끼고 있단다. 한국의 민중 걸개그림 같은 대형 연작도 걸려 있다. 미술 교과에서는 현대사 주제와 연결해 상상력을 가지고 공동작업을 하곤 하는데, 최근 유럽을 강타하는 난민문제를 토의하게 하고 이를 토대로 집단 걸개그림 작업을 한 것이란다. 난민의 이주 과정에서 오는 어려움과 공동체성을 승화한 그림은 보기만 해도 가슴이 뭉클했다. 난민문제를 미술 교과에서만이 아니라 종교, 역사, 미디어 등 전체 교과에서 주제학습으로 진행하기 때문에 꼭 미술 교과의 성과라고만 할 수 없다는 설명에서 '홀리스틱 페다고지(holistic pedagogy)'의 진수를 보는 듯했다.

라간에서는 특히 청소년기의 성적 정체성에 관련해 많은 노력을 하고 있다고 한다. 특히 트랜스젠더로 고민하는 학생들을 위한 상담도 하고 다양한 강연회 등도 기획해 제공하고 있다. 방문한 날도 트랜스젠더로 자기 경험을 책으로 쓴 저자가 학생들과 고민을 나누고 대화하는 자리가 도서관 라운지에서 열렸다. 학생 20여 명이 모여 진지하게 이야기를 주고받고 있었다. 이런 것은 일반학교에서는 상상할 수 없는 일이라고 한다. 대부분의 종파학교에서 동성애는 불경스러운 일로 치부되며, 그러한 성적 자기 정체성을 지닌 청소년이 드러내놓고 자기 문제를 토로할 수 없다. 여기서는 자연스럽게 대화할 수 있다고 하니 진정한 자유학교이다. 수업 시간이 끝나가는데도 학력 결손으로 특별지도를 받는 학생들(SEN: Special Education Needs)이 소규모 특별교실에서 개인지도를 받고 있다. 방과 후 지도이다. 이러한 활동을 위해 보조교사를 지원받는데, 라간에도 많은 수는 아니지만 특별교육 지원이 필요한 학생들이 있어서 상당히 유용하게 활용하고 있다고 한다.

라간이 정부재정지원 자율통합학교이지만 교육과정은 국가교육과정을 전적으로 따르고 있다. 교사들은 말할 것도 없이 모두가 국가인정 교사 자격증 소지자이다. 교육과정만 보면 일반학교와 차별성이 전혀 없다. 단지 학교풍토와 철학이 다를 뿐이다. 그래서 교사 채용 시 가장 중

점을 두는 부분이 교과교사로서의 능력과 통합학교 교사로서의 기본 이해라고 한다. "왜 이 학교에서 교사를 하려고 하는가?" 이것이 가장 중요한 질문이다. 통합학교 교사로서 자기 정당성이 확실해야 한다. 북아일랜드에서는 통합학교이든 아니든 모든 학교가 학교운영위원회에서 교장과 교사를 면접하여 학교별로 채용한다. 이때 학교의 역사를 이해하면서 기여하고자 하는 의지를 보여주어야만 선택된다. 이들을 잘 뽑아야만 학교 철학이 제대로 세워질 수 있다는 생각으로 교사 채용에 굉장히 신경을 쓴다고 한다. 일단 채용된 교사도 자기와 학교 철학이 맞지 않으면 자리에 더 이상 남아 있을 수가 없다고 한다. 이것이 학교 자율성이고, 학교 선택이다. 이러한 교육과정과 학교 운영을 통해 똑같이 표준화된 국가교육과정을 실시하면서도 학교 차이가 드러나는 것이다.

어맨다 맥너미 교장은 신규 교사뿐 아니라 일반 교사들의 지속적인 재교육을 위해 끊임없이 연수를 한다고 했다. 통합교육 일반연수를 NICIE에서 주관하기도 하지만, 학교 자체적으로 다양한 형태의 교사 연수를 통해 라간인(人)으로 만들어나간다고 한다. 일명 '라간화(Laganization)'하고 있다며, 이러한 용어가 말이 되냐고 묻는다. 학부모도 마찬가지이다. 라간의 학부모로서 통합교육을 존중하고 실천해야 하기 때문에 학부모 연수나 교사 연수를 통해 라간인으로서의 자세와 철학을 확고히 한다는 말에 전율이 일 정도이다. 특히 라간 초기엔 학교가 안정되지 않은 상황에서 주로 통합교육에 열의 있는 교사를 채용했는데, 요즘은 안정된 직장의 일환으로 능력 있는 교사를 신규로 채용하기에 교사 연수가 아주 중요하다고 한다. 그래서 신학기가 시작하기 전 한 주 동안엔 방문객을 일절 받지 않고 교사들만 참여하는 집중연수를 통해 '라간화'한다고 한다. 간혹은 코리밀라에 가서 2박 3일 동안 그룹 활동을 하기도 한단다. 이러한 집중연수 과정을 통해 '내가 왜 라간에서 교사로 있는지'를 스스로 확인하고 학생들의 미래를 공유하는 라간 공동체로서의 자세도 확신하면서 교사로서의 수업 역량도 강화하게 된다.

학생지도

라간에서는 특별히 학생회와 동창회가 긴밀하게 잘 연결되어 있는 것 같다. 현재 시민사회에서 정치 활동가로 일하고 있는 애덤 맥기번은 자신의 정치 활동이 학창시절 수업과 클럽 활동에서 이미 준비된 것이었다고 한다. 라간에서의 수업이 자신에게 엄청 자극을 주었고 교우들과의 관계나 이후 생활에서도 라간 없는 삶은 생각할 수조차 없다고 한다. 특히 북아일랜드인으로서의 역사적 시민성에 대한 강조는 자신의 정치적 지향을 자연스럽게 결정지었다고 한다. 1999~2006년 학창시절 자기가 경험했던 또래조정(학교 내 또래 친구 간의 갈등을 동료 학생이 조정자가 되어 해결하도록 하는 프로그램) 활동은 시민사회에서 왜 갈등 조정이 평화적으로 이루어져야 하는지에 대한 실천적 기준을 제공했다고 한다. 필자가 2002년 라간을 방문했을 때 라간의 또래조정 활동은 아주 적극적이었다. 학생들의 평화적 갈등 조정 역량을 키워 북아일랜드가 처한 문제 상황에 대한 비폭력적 대안을 일상의 삶에서 시도하도록 한 평화교육 프로그램이었다. 그런데 이전에 또래조정 연수를 해주던 활동가가 전직하는 바람에 지금은 얼터너티브스(Alternatives)라는 시민단체에 조정자 프로그램을 맡기고 있다. 그리고 무엇보다 또래조정은 초등 중심으로 하고 중등에서는 거의 다 회복적 정의나 기타 사회적 갈등 해소를 위한 조정자 과정을 이수하는 경향이기 때문에 라간도 조정자 자격증(mediator qualification)을 주는 과정으로 발전시켰다고 한다. 올해도 마지막 학년 학생 중

조정자 과정을 모두 성공적으로 이수한 학생들이 12명이나 되고 이 가운데 상당수가 평화 관련 활동을 하고 싶어 한다고 한다.

학생회를 비롯한 다양한 학생클럽 활동이 40여 개나 되는데, 특히 헬렌과 소니 선생이 공동으로 주관하는 교목실 프로그램은 거의 전부 학생들의 참여로 이루어지고 있다고 한다. 2013년 신축한 건물에 새로 만든 채플실도 교목실 프로그램의 결과로 나왔다. 작지만 아주 우아한 이 공간을 설계하고 완성하는 모든 과정에 학생들과 교사가 참여했다. 함께 설계한 스테인드글라스의 밑그림을 전문가에게 맡겨 완성한 것이다. 학생 참여가 없는 학교 운영은 불가능하다고 말한다. 교목실은 학생들의 자율공간으로 보인다. 이른 아침 수업 전이나 점심시간 그리고 수업 후 언제든지 아이들이 와서 기도하거나 자기들끼리 대화도 나누고, 필요에 따라 상담을 구하며 교목들을 기다리고 있다고 한다. 기도나 예배는 강요하는 것이 아니고 누구든 뭔가 힘이 드는 친구가 있다면 그들에게 언제나 도움을 주는 공간으로 교목실이 작용하고 있다는 자부심을 가진다고 헬렌이 말한다. 재미있는 것은 헬렌도 음악 교사로서 스코틀랜드장로교회에서 교회일치운동 활동을 하다가 라간 교목으로 채용되었고, 소니도 가톨릭신학교를 나오긴 했지만 신부는 아니고 종교 교사이다. 다른 학교에서는 교목이 반드시 안수를 받아야 하지만 라간에서는 교목의 역할이 종교적 의례를 행하는 것이 아니라 서로 다른 종교에 대한 이해를 도우며 목회상담을 원활하게 할 수 있도록 하는 것이라고 한다.

그러면서 헬렌은 자신이 속한 음악실에서 하는 클럽 활동이 몇 개 정도 될 것 같으냐고 물어 왔다. 무려 11개나 있다고 한다.◆ 라간에서는

◆ Orchestra, Brass Group, String Group, Theory Group, Junior Choir, Woodwind Group, Traditional Group, Aural Group, Senior Choir, African·Samba Drum Group, Guitar Group 등.

- 우리는 항상 타인의 안전과 느낌을 고려하는 방식으로 행동한다.
- 우리는 뭔가가 잘못되어가고 있을 때 그것을 옳게 하려고 노력한다.
  교직원은 회복적 실천 정책(restorative practice policy)에 따라 적용한다.
- 회복적 질문
  ◦ 뭔가를 잘못 했을 때 다음과 같은 질문을 한다.
  "무슨 일이야?"
  "그때 무슨 생각 했어?"
  "네가 한 일 때문에 누가 상처를 받았니?"
  "어떤 방식으로…?"
  "일을 제대로 되게 하려면 네가 어떻게 해야 한다고 생각하니?"
  ◦ 누군가가 네게 해를 입혔을 때 다음과 같은 질문을 해본다.
  "무슨 일이 생겼다고 알아챘을 때 너는 무슨 생각을 하니?"
  "이 사건이 너나 다른 사람에게 어떤 영향을 준다고 보니?"
  "너한테 가장 힘들었던 일은 무엇이니?"
  "문제를 제대로 해결하기 위해선 무엇이 필요하다고 생각하니?"
- 해결이 이루어지지 않았을 때 징계에 착수한다.

스코틀랜드 음악에서부터 아일랜드 음악 등을 다 시도한다. 북아일랜드
에서는 일반적으로 개신교학교는 스코틀랜드나 잉글랜드 음악을, 가톨
릭학교는 아일랜드 음악을 가르친다고 한다. 자신은 스코틀랜드 출신이
면서도 아일랜드 음악을 전공한 사람이어서 라간에서 채용한 것이 아니
겠느냐며 웃는다. 음악뿐 아니라 미술, 체육, 과학, 심지어 영어나 수학
교과도 다양한 틀로 이렇듯 짜임새 있는 클럽 활동을 제공한다. 이러한
클럽 활동은 이후의 삶에도 영향을 주어 이를 통해 다양한 소질이 조화
롭게 융합되어 자기를 완성하며 또한 오늘의 라간 문화를 만들어내는 것
이다.

이러한 다양성과 자유 속에서도 학생훈육은 상대적으로 엄격하다. 단

지 잘못된 행동을 다룸에 있어 엄벌주의가 아닌 회복적 치유 방식을 적용한다는 것이 라간만의 장점이다. 또한 교내 스마트폰의 사용은 통신정책(telecommunication policy)에 따라 엄격히 제한한다. 개인적으로 스마트폰을 포함한 다양한 전자통신 기구를 사용하는 것은 자유이지만, 학교일과 시간 안에는 불허한다. 교사나 학생은 전자통신에 의한 방해 없이 안전하고 자유롭게 교육하고 받을 권리가 있다는 규정에 따라 9시에서 3시 반까지 학교에서의 전자통신 기기 사용은 일절 금지된다. 위반 시 학교는 기기를 회수하며 학생 부모가 반환을 요청할 경우에 한하여 돌려준다. 라간의 자유는 철저한 쌍방 간 인권 보장의 근거 위에서 허용된다. 교장의 말대로 라간에서도 학생 간의 따돌림이나 폭력, 마약 및 성폭력등도 간혹 일어나긴 하지만, 이러한 일종의 불량행동이 발생했을 때 학교는 엄격한 원칙을 지키되 모두가 이러한 불행으로부터 새로운 학습이 가능하다는 전제로 다 같이 배울 기회를 갖는다고 한다. 그래서 학생들이 학교 징계에 억울해하지 않는다.

라간을 다녀와서

라간을 보면 북아일랜드의 통합학교가 보인다고 한다. 라간은 첫 학교이기 때문에 만드는 과정에서 주목도 많이 받았고 그만큼 고난을 이겨낸흔적도 지니고 있다. 라간이 승리할 것 같이 보이자 여기저기서 질시하는 그룹도 생겨났다. 기존 종파학교의 반발은 말할 것도 없다. 정치적 논쟁은 이미 교육적 논쟁을 넘어서 일부 신부들은 영국의 사주를 받은 세력에 의한 가톨릭학교 압살음모라고 비판하기도 했다. 아마도 라간의 초기 주도자들이 잉글랜드 출신 인사가 많았고 일부 인사들은 잉글랜드의 종합교육과 같은 의미로 통합교육을 보기도 했다. 그렇게 말도 많고 탈도 많았던 시점에서 시작한 라간은 골리앗과 다윗의 싸움에 비견되는 엄청난 고투에서 한 발짝 한 발짝 뛰면서 오늘날 거대 통합학교로 자리 잡았다.

혹자는 라간이 사우스벨파스트라는 중산층 지역에서 시작한 영리한 구석이 있다고 비판하면서 통합교육은 중산층교육운동이라고 매도한다. 하지만 라간은 노동계층 자녀들이 들어오지 못하도록 담을 쌓지 않았다. 오히려 처음부터 학비도 선을 그어놓고 낼 수 있는 만큼만 내도록 했고 실제로 능력에 맞게 차등한 방식으로 학비를 내었다. 또한 누구나 통합교육을 받을 수 있도록 국가가 학비를 지원해야 한다는 교육권 투쟁을 전개하여 결국 국가가 재정지원 자율학교로 인가하게 만들어 이후 개교한 학교들은 그러한 유형의 학교 틀에 들어올 수 있게 했다. 그런 점에서 볼 째 라간은 분명 통합교육의 선구자이고, 학부모 주도의 학교 설립이라는 선례를 만든 교육 영웅적 지위를 부여받을 수 있다. 이러한 부분에 대해 자부심을 느끼기에 충분하다고 본다.

하지만 이후 포지 초등학교의 설립 과정과 라간 이외 다른 통합학교 설립에 대한 태도 표명은 지나치게 라간 중심의 배타적 행동으로 비친 감도 없잖아 있다. 그래서 라간이 통합학교의 전부가 아니라고 항변하는 사람도 있다. 노스벨파스트라는 아주 낙후한 우범지대에 통합학교를 설립하여 종파분리주의의 폐해가 이들에게 가지 않도록 하자는 운동에 소극적인 정도를 넘어서 오히려 반발하는 모습은 그리 예뻐 보이지는 않았지만 당시 라간이 처한 상황을 고려하면 충분히 이해는 간다. 무엇보다 BELTIE의 설립으로 북아일랜드 통합교육 지원 기부금이 분산되면서 겪게 되는 재정적 어려움이 주된 이유였겠지만 결과적으로는 오늘날 라간도 성공했고 이후 설립된 포지 초등학교도 엄청난 어려움을 딛고 잘 안착했으며 북쪽의 헤이즐우드도 순착했다. 이 모든 것을 ACT와 라간의 업적으로 돌릴 수는 없으나 북아일랜드 통합학교 설립 운동에 기여한 바가 크다는 점은 분명 인정해야 할 것이다.

지난해 35주년을 맞이하여 조성한 '라간 역사의 길'을 따라 걷다 보니 이들의 지난날의 고투와 오늘의 성취를 함께 느낀다. 어려움을 겪었다고 다 성공하는 것은 아니다. 성공했다고 다 찬양을 받는 것은 아니다. 라간은 어려움을 이겨냈고, 성공했고, 통합학교로서 통합교육을 지킨다고 찬양받는다. 라간에서 이야기하는 분단을 넘어선 21세기 교육적 통합 향기가 느껴진다.

02

ACT의 힘겨운 노력이 모인
포지 통합초등학교

Forge Integrated Primary School
www.forgeips.co.uk

포지 통합초등학교는 라간 칼리지 설립의 주도세력 '모든 어린이가 다함께(ACT: All Children Together)'가 통합초등학교 설립의 필요성에서 강력하게 지원하며 만든 사우스벨파스트에 소재한 학교이다. ACT의 역사를 정리한 조너선 바든(Jonathan Bardon)은 "포지의 수난"이라는 제목하에 ACT가 포지 설립 과정에서 엄청난 재정적 어려움을 겪고 이후 통합교육 운동 영역에서 다소 비판받게 되는 과정을 서술하고 있다. 무슨 일이 있었던 걸까?

라간 칼리지를 중심으로 사우스벨파스트 지역 인근에 몇 개 통합초등학교가 있다. 포지, 로호뷰, 밀레니엄 등 그리고 더 멀리 오크우드, 크랜모어 등이 있지만 라간과 역사를 함께하며 ACT의 주역들이 만든 통합초등학교가 바로 포지이다. NICIE의 폴라 국장이 꼭 가봐야 한다며 처음에 나를 데려간 학교 두 곳이 포지와 헤이즐우드 초등학교였다. 1985년 포지가 중산층 거주지이자 라간의 코밑인 사우스벨파스트에 세워졌고,

같은 해에 헤이즐우드가 가난한 노동계층 거주지이자 우범지대인 노스벨파스트에서 세워졌다. 다른 두 주체에 의해 세워진 이 두 학교의 설립 과정은 매우 다르며, 이후 지역에 안착해간 과정 또한 무척 다르다. 어떤 면에서 그런지, 어째서 그런지 살펴보자.

포지에 대한 설레임

'아니, 여기가 그 유명한 포지라고?' 월요일 아침 9시에 폴라 국장이 데려간 포지 학교는 중산층 거주지인 사우스벨파스트에 있다고는 하지만 웰링턴 그래머스쿨 안쪽에 꽉 처박혀 있는 듯한 느낌의 조그만 컨테이너 학교였다. 주차장에 차를 세우고 창살로 된 현관문 앞에서 벨을 누르니 방문객을 확인한 후 문을 열어준다. 쉬는 시간이라 아이들 떠드는 소리로 학교가 소란하다. 네빌 왓슨(Neville Watson) 교장은 간단하게 학교 설명과 자기소개를 하고는 두 번의 수업 참관을 할 수 있도록 계획을 세워놓았다고 전한다. 그 사이에 교장과 한 시간가량 집중인터뷰를 하며 학교 관련 자료도 받을 수 있었다. 그의 따뜻한 배려에 감사를 느끼며 학교를 둘러보니, 시설이 무척 협소한데도 아이들의 표정은 아주 밝다. 사우스벨파스트라는 중산층 거주지에 위치한 통합초등학교의 시설이 이렇게 초라한 이유가 있을 것 같아 우선 이것부터 질문했다.

원래 포지 초등학교는 1984년 밸모럴 애비뉴 4번가에 있던 개신교계 말론 초등학교가 학생 수 감소로 폐교됨에 따라 학부모들이 바로 말론 초등학교학부모협의회(Malone Primary School Parents' Association)를 구성하고(1984년 11월 6일) 일반공립학교를 통합초등학교로 전환해줄 것을 교육부와 벨파스트교육청(BELB: Belfast Education and Library Board)에 요청하는 과정에서 탄생한 학교이다. 당시 학교 전환에 대한 학부모의 학교 선택권이 1978년 교육법에 의해 보장되었음에도 교육부가 이를 수용하지 않았기 때문에 이들은 ACT에 도움을 요청했고, 라간 인근 지역에 통합초등학교의 설립 필요성을 느꼈던 ACT가 적극적으로 결합했다. ACT는 라간 설립 과정과 유사하게 정부가 통합학교로의 전환을 거부하자 자신 있게 민간 자율학교(voluntary non-maintained school)로 시작하겠다고 선언해 버렸다.

당시 포지 설립을 추진한 주체들은 말론 공립초등학교의 초등통합학교로의 전환을 쉽게 생각하고 포지 학교법인(Forge Company Limited)을 1985년 설립하여 학교 전환 노력을 시작했다. 그러나 처음부터 통합학교로의 전환 불가라는 암초에 부딪혀 실패하고 ACT의 권고에 따라 민간 자율통합학교 형태로 일단 시작해서 1987년 정부재정지원 자율학교 지위를 획득했다. 그럼에도 교육부가 차일피일 미루며 ACT가 너필드 재단에서 차용한 빚을 포함하여 심지어는 이후 건물 매각 요청까지도 승인해 주지 않자 갈등은 최고조에 달했고 이로 인한 ACT의 역할에 큰 타격을 입혔다. 이것은 또한 ACT 내 노스벨파스트 노동계층 지역에 통합학교를 설립하려는 세력과의 갈등을 예고하는 것이기도 했다.

1985년 당시 35명의 학생과 4명의 교사로 시작한 학교는 2년도 채 지나지 않아 학생 수가 200명을 넘게 되었다. ACT가 너필드 재단으로부터 11만 파운드를 차입하여 매입해서 사용 중인, 교실이 두 칸인 말론 초등학교로는 수용하기 불가능한 수였다. 이렇듯 말론 초등학교가 좁고 또 부동산 가격이 올라 32만 5000파운드에 매각할 수 있게 되자 1990년에 말론 초등학교를 매각하고 좀 더 넓은 인근 학교를 새로 매입하여 빚도 청산하고 이전할 계획을 세웠으나, 교육부가 이를 승인하지 않아 결국 ACT는 엄청난 이자 부담의 고통을 안고 나갔다. 1989년 교육개혁법에 기존의 공립이나 재정지원 자율학교라도 학부모 동의가 있으면 공립통합학교로 전환할 수 있다는 규정이 만들어지자, 곤경에 빠진 포지는 정부재정지원 자율통합학교(grant-maintained integrated primary school) 지위를 포기하고 1991년 3월에 공립통합초등학교(controlled integrated primary school)로의 전환을 결정했다. 이것은 학교의 상급기관이 교육부에서 벨파스트교육청으로 바뀌는 것을 의미하며 학교운영위원회 구성도 이에 따라 달라짐을 예고하는 것이었다. 포지 학교운영위원회는 벨파스트교육청이 교육부를 대신하여 포지의 경제적 어려움을 일시에 해결해줄 것이라고 기대했고 당시 뉴캐슬에서 시작한 올칠드런스 통합초등학교와 함께 이러한 결정을 단행했다. 이에 따라 1992년 4월 1일 포지는 공립통합초등학교 지위로 변화되었는데, 그럼에도 벨파스트교육청은 전혀 호의적이지 않았다. 교직원 인건비를 포함하여 시설비 및 운영비, 버스 운영비, 이자 등으로 채무액이 날로 늘어가는데도 벨파스트교육청은 책임을 전가하며 문제해결의 의지를 보여주지 않았다. 그런 가운데 관련 기관 간의 갈등도 깊어졌다. 학교 부지 매각을 통해 차액으로 새 부지를 마련하고 그동안의 채무액을 갚으려던 계획에 이처럼 차질이 생긴 상황이었지만, 학생 수 증가로 인한 새 학교로의 이전을 더 이상 미룰 수는 없었다. 그래서 1993년 웰링턴 칼리지 안쪽 라간 강가 부지를 매입하고 컨테이너 임시교실을 연 것이 오늘까지 이어진 것이다. 이후 4년이 더 걸려 1997년 벨파스트교육청이 관련 비용을 갚아주었지만 그동안의 앙금이 너무나 깊어 포지는 엄청난 상처를 안고 지금까지 왔다고 볼 수 있다.

이러한 가슴 아픈 역사 속에서도 오늘의 포지는 매년 대기자가 밀려 있다. 학부모들이 시설에 불만을 품을 만도 한데 시설보다는 통합교육정신과 교육과정을 가치 있게 생각하여 문제를 제기하지 않는다는 점이 묘하게 내 마음을 움직였다. 아이들은 좁은 공간에서도 너무나 활발하게 뛰놀고 통합의 가치를 모든 교과와 학교생활에 잘 적용하며 행복을 누리고 있는 듯 보였다. 처음에 학생 35명으로 시작한 포지는 현재 300명이 넘는 알찬 학교의 면모를 갖추고 있다. 컨테이너 건물인 옹색한 교실 환경에도 불구하고 여전히 대기자가 많아서 지금도 학급당 25명인 입학 정원을 초과해 30명의 학생이 반을 이루며 공부하고 있다.

포지의 학부모

저널리스트로서 『공유하는 아동생활(A Shared Childhood)』(2002)의 저자이자 포지 학교 설립 과정에 참여하고 두 자녀를 모두 포지에 보낸 학부모이기도 한 피눌라 오코너(Fionnuala O'Connor)는 포지 설립 과정에서 통합교육의 '친구'와 '적'을 뚜렷하게 구별할 수 있었다고 한다. 가톨릭과 개신교를 막론하고 기존 종파학교는 통합학교를 불순세력으로 간주하여 엄청난 방해공작을 했다. 또한 초기 ACT 구성원들이 해외파였기 때문에 '북아일랜드를 잘 모르는 사람들이 외국에서 좋은 것을 본뜨 한번 해보는 것' 정도로 인식하기도 했다. 정치적으로도 해빙 무드에는 통합교육에 우호적인 교육부 장관을 임명하다가도 보수적인 정권이 들어서면 기존의 종파분리주의에 따라 통합교육을 배척했다. 포지 초창기인 1985년부터 1997년까지는 정치적, 사회적으로 비교적 통합교육에 우호적인 환경이었는데도 포지가 이렇게 어렵게 학교 설립을 이루었고 내부적 갈등을 극심하게 겪은 이유는 ACT로 대표되는 지도급 인사들의 밀어붙이기식의 학교 설립이 교육청의 반발을 부른 면도 있었음을 부인하지 못한다고 지적한다. 그럼에도 오코너 부부는 과정이 힘들었기 때문에 오히려 학부모들과 ACT가 더 견고하게 학교 설립을 위해 뭉쳤다고 한다. 그래서 오늘도 포지가 소중한 '우리의 학교'로 남아 있는 것이 아닐까 싶다.

1992년 학교 지위가 정부재정지원 자율학교에서 공립통합학교로 바뀌었기 때문에 학교운영위 구성이 달라지면서 설립학부모의 입김이 줄어들 수밖에 없는 구조였으나 여전히 학부모들의 관심과 영향력 그리고 협조와 참여는 변함이 없다고 한다. 설립학부모로서 학교운영위원장을 오랫동안 했던 메리 코널리(Mary Connolly) 여사는 다른 ACT 회원들과 유사하게 잉글랜드에서 교직 생활을 하다가 이사한 경우라 종합교육 개념과 유사한 통합교육이 생소하지 않았다고 한다. 따라서 신설이 아닌 기존 학교의 전환이 당연하다고 생각하여 피눌라를 비롯한 말론 초등학교 학부모들이 저녁마다 회의를 가지며 통합학교로의 전환을 시도했던 것이다. 당시 학부모들은 '우리 학교가 북아일랜드 최초의 전환통합학교가 될 것'이라는 기대에 가득 차 있었다고 한다. 이것은 같은 해 설립된 헤이즐우드 통합초등학교가 신설을 이야기하는 것과는 다른 차원에서의 시도였다. 당시 ACT를 비롯한 이해 당사자 간의 갈등이 학부모들을 피곤하게 만들었고 교장 급여를 비롯한 재정 문제가 불거지면서 구체적 묘안이 없던 상태에서도 학교 추진은 적극적으로 진행되었다.

초대 밀드러드 케네디(Mildred Kennedy) 교장은 정말 열정적이었다. 이미 2명밖에 없는 소규모 학교에서 혼합교육을 성공적으로 실시한 경험이 있었고, 호주에서도 종합학교 교사로 일한 경험이 있었기에 통합교육의 가치를 어떻게 적용해야 할지 잘 알고 있었다고 한다. 케네디 교장은 1985년 4월에 위촉되어 학교 운영에 필요한 책상과 기자재 등을 준비하며 아이들의 통학 문제를 비롯하여 통합교육이념 기반의 제도 구축, 신규 교사 채용 등, 이 모든 것들을 학부모들과 상의를 거쳐 알차게 추진해나갔다고 한다. 학교의 방향과 이념을 설정하는 데 의견이 부딪힐 때마다 학부모들과 함께 새벽 1시가 넘어서까지 격렬하게 토의해가며 모두가 합의한 교육이념과 방향 위에서 학교가 설립·유지되도록 노력했다고 한다.

가끔은 종교를 놓고도 갈등했다. 기독교 정신을 전제로 한다는 통합교육 토대부터 근본적으로 문제를 제기하는 학부모들도 있었다. 신앙은 개인사이고 가정과 교회가 담당할 일이지 왜 학교에서 이것을 전제로 깔고 시작해야 하는가, 그렇다면 기존 학교와 무엇이 다른가라는 문제제기에 당면하여 회의가 끝나질 않았다. 또 학교명 자체에 대한 문제제기도 있었다. 이 학교는 원래 폐교된 말론 초등학교가 통합초등학교로 전환된 것이었지만, 말론 초등학교가 말론 로드와 뉴포지 로드가 만나는 연결지점에 있었기 때문에 새 학교의 이름은 지역적으로 두 도로가 만난다는 의미와 또한 성취해 나아갈 어떤 것을 구축한다는 의미를 모두 담을 수 있는 근사한 학교명인 '포지(forge)' 통합초등학교로 제안되었는데, 이것마저 쉽게 합의되지 않았다. 결국 최종적으로 포지 통합초등학교로 결정하는 데까지는 상당한 시간이 걸렸다. 평등의 주제, 남녀공학 문제, 다양성의 개념 등등 수많은 사안이 막상 구체적인 논의에 들어가면 아주 다양한 반응에 부딪히곤 했다. 이렇게 시간은 흘렀다.

한편 말론 초등학교 건물을 사용하는 데 따른 문제는 한층 더 복잡한 반응을 일으켰다. 이론적으로 말론 초등학교가 폐교 상황에 봉착하여 교육 기회가 박탈된 학생들이 교육청의 허가를 받아 계속 거기서 공부할 수 있다는 법적 근거가 있었다. 하지만 벨파스트교육청은 처음부터 통합학교로의 전환에 협조적이지 않았기 때문에 ACT는 학생의 권리를 내세워 임의로 그 건물을 사용하기로 결정했다. 학부모들도 가세하여 교육청에 통합초등학교 전환을 승인해달라는 청원편지를 썼고 필요하다면 교육용 시설로서 임대료도 내겠다고 했다. 하지만 벨파스트교육청은 모든 것을 받아들이지 않았다. 이유는 통합학교로의 전환이 불법이고 전례가 없다는 것이었다. 특히 지역 교회의 반대는 아주 심했다. 이들이 ACT와 부딪혔고, 이 과정에서 벨파스트교육청은 주춤할 뿐만 아니라 이들과의 관계가 적대적으로까지 변했다. 이럴수록 학부모들의 태도는 더욱더 완강해졌고 관계는 최악의 상태로 치달았다. 개교를 앞두고서도 문제가 해결될 기미가 좀체 보이지 않자 결국 ACT는 너필드 재단으로부터 돈을 차용하여 학교 건물을 사기로 했다. 학교는 라간 설립 과정과 유사하게 민간 자율학교라는 사립의 형태로 일단 시작하고, 차후 교육청이나 교육부와 관계를 발전시키는 방식으로 가자고 결정했다.

그렇게 포지 통합초등학교는 1985년 9월 민간 자율학교의 형태로 개교했다. 이후 1987년 정부재정지원 자율학교 지위로 정부 승인이 났고 1992년에는 정부통제 통합학교(state controlled integrated school)인 공립통합초등학교 지위로 바뀌었다. 이러한 변화가 일어날 때마다 학교 설립 주체들은 웃고 울었다. 예측할 수 없는 미래 상황 속에서도 통합교육에 대한 확신이 분명했기 때문에 과정상의 어려움은 다 극복될 것이라고 믿었다. 하지만 쉽지는 않았다. 무엇보다 차용한 빚의 문제가 모두를 어렵게 만들었다. 정부 부문과의 소통의 어려움은 이루 말할 수 없었다. 교육부가 어려워 교육청을 택했으나 벨파스트교육청은 요지부동이었다. 이렇게 포지 학교 설립 주체들의 애를 먹이다가 개교 12년이 지난 1997년에야 학교 운영 경비를 포함한 모든 것을 갚아주었다. 이로 인해 ACT는 상당한 재정적 부채를 안게 되었고 또한 통합교육의 기수라는 이미지를 계속 유지하기 어렵게 되었다. 12년에 걸친 경제적 곤욕은 통합교육운동의 방향을 놓고 내부 갈등을 야기했고 이후 벨파스트를 넘어선 통합학교 설립 과정에 ACT는 적극적으로 관여하지 못하게 됨으로써 결국 통합학교 지원기관으로서의 역량이 제한되는 내외적 손실을 입게 되었다. 그 결과 통합학교 설립 운동은 자연히 1987년 설립된 NICIE와 1984년 헤이즐우드 학교 설립을 성공적으로 지원한 BELTIE가 주도권을 쥐게 되었고 또한 1991년 설립된 통합교육기금(IEF)이 통합학교에 대한 재정 지원을 합법적으로 조정하는 재단법인의 틀을 갖추면서 ACT는 이후 통합학교 설립 과정에서는 적극적인 역할을 하지 못하게 되었다.

이와 같은 포지의 설립 과정을 두고 관련 조직과 주도적 인사들의 갈등으로 폄하하는 사람들도 있지만, 포지가 학부모 주도의 통합학교 설립으로 이어졌다는 일반 평가는 부정해서는 안 된다. 또한 ACT의 책임 있는 역할과 지원에 대해서도 인정해야 한다. 개교 후 12년에 걸친 재정적 고난의 시기에 포지 학부모들은 더욱 단결했고 학교를 견고히 하려는 노력은 해마다 학생 수가 급증하는 결과로 나타났다. 다른 통합초등학교와 마찬가지로 포지도 종파를 뛰어넘는 우정을 아동 초기부터 일상생활에서 자유롭게 나누고 있으며, 초등과정을 마친 후 라간이나 말론 통합칼리지로 진학하는 학생의 비율이 상대적으로 낮지만 그럼에도 포지는 벨파스트 통합학교의 선두 학교라는 자부심을 가진다. 비록 공립통합학교 지위라 하더라도 설립학부모대표가 학교법인의 대표 자격으로 학교운영위원회에 참여하며, 학부모 참여와 적극적 자원활동은 여전히 포지를 특별한 위상에 올려놓는다.

남동부교육청(SEELB: South East Education and Library Board)에서 근무한 경험이 있는 메리 코널리는 벨파스트교육청과 남동부교육청이 통합학교 설립 지원을 놓고 보이는 심한 태도 차이에도 분노하고 있다. 1991년 뉴캐슬의 올칠드런스 통합초등학교와 포지는 ACT의 지원으로 동시에 학교 지위를 정부재정지원 자율학교에서 공립통합초등학교로 변경했다. 남동부교육청은 적극적으로 학교 지위 전환을 지원한 데 반해 벨파스트교육청은 너무나 오랫동안 포지를 괴롭혔다. 그럼에도 포지 학부모 대부분은 자녀들이 라간 칼리지에 거의 다 진학했기 때문에 칼리지 과정에서도 늘 만나 통합교육의 이념을 지역에 뿌리내리기 위한 노력을 함께하고 있다고 한다. 그런 의미에서 라간의 피더스쿨(feeder school, 특정 상급학교로 학생을 진학시키는 학교를 지칭함. 어미새가 아기새의 먹이를 물어다 먹여주는 듯한 관계)로서 포지의 학부모들은 지역에서 종파분리주의 극복을 위한 평생교육운동가로도 활약한다고 자부한다.

끊임없는 협치를 이끄는 교장의 리더십

케네디 교장 이후 3명의 교장을 거쳐 현재는 네빌 왓슨 교장이 9년째 책임을 맡고 있다. 개신교 가정 출신으로 초등부터 칼리지에 이르기까지 개신교 배경의 학교교육을 받았던 왓슨 교장은 일반공립학교 교사도 하고 오마 통합초등학교에서 5년간 교사도 하다가 2008년에 포지 통합초등학교 교장으로 부임했다. 북아일랜드 초등학교 교사 대부분이 가톨릭은 세인트메리 대학(St. Mary College)에서 교직과정을 밟고 개신교는 스트랜밀리스 대학(Stranmillis College)에서 교직을 이수하는데, 왓슨 교장은 일반대학 출신이다. 교직에 들어오기 전에는 건축회사 엔지니어로 일하다가 교사 자격을 얻는 PGCE(Postgraduate Certificate in Education) 과정을 밟아 교직에 진출했다고 한다. 엔지니어 출신으로서 지금도 테크놀로지 교육 관련 활동을 아이들과 함께 상당히 많이 하고 있으며, 주말엔 먼산(Mourne山)에서 오리엔티어링을 지도한다. 이렇게 아이들과 지내는 생활이 천직이라고 믿고 있다. 종파분리주의에 기초하여 운영되는 일반공립학교 교육이 꼭 잘못되었다고 생각하는 것은 아니고 학교 유형 간의 차이에 대해서도 크게 문제 된다고 생각하지는 않으나 개인적인 배경상 통합학교가 의미 있는 대안이라고 생각한다고 했다.

"어디든 학교들은 다 달라요. 통합학교 간에도 차이가 있고 일반학교도 다 다르지요. 단지 개인적으로 처는 가톨릭이고 나는 개신교인 일종의 혼합결혼인 셈이라 통합이 아니면 불편했어요. 어느 학교를 택할 것인가를 두고 늘 갈등해야 했거든요. 이런 점에서 통합은 생각할 필요를 없애지요. 실제로 개신교 기반의 일반공립학교는 지역 목사가 학교운영위원회에 들어오고 학교의 모든 것을 그런 문화로 맞추기 때문에 개신교 주류 문화권에 들어가 있지 않으면 불편해요. 반대로 가톨릭학교에서는 가톨릭교회가 또 그렇게 하고 있고요. 자꾸 하나의 종파로 일원화하려는 것이 다른 종파의 사람들을 불편하게 하고 결국엔 떠나게 하거든요.

또 하나, 통합학교의 큰 차이는 학부모입니다. 학부모가 선택하여 이곳에 왔기에 지역 분위기에 젖어 종파학교에 들어간 경우와는 크게 차이가 나지요. 여기서 학부모는 자기 선택에 대한 책임이 있습니다."

포지의 역사적 형성 과정 자체가 논쟁이 많은 데다가 학교의 지위가 세 번이나 바뀌었기 때문에 어려움이 있을 것 같았으나 통합교육에 입각한 운영 철학에 관한 한 이견이나 타협은 없다. 북아일랜드의 모든 통합학교는 주류 종파학교들에 비해 여전히 일종의 실험학교(pilot school)로 정부가 모니터링해서 타당하다고 생각하면 학교 설립을 인준하고 그에 따라 재정 지원 여부가 결정되는 구조이다. 1989년 교육조례에 따라 통합교육 진흥이 정부의 의무사항이 되었고 모든 통합학교가 성문법적 근거를 갖추게 되었다. 정부재정지원 자율학교이든 일반공립통합학교이든 통합학교는 학교운영위의 구성도 그렇고 교육청의 이해 면에서 다른 일반공립학교에 비해 자율성이 크다고 봐야 한다. 이를 위해 교장은 끊임없이 교육청을 설득하고 학부모들과의 협치를 잘해나가야 하는 부담이 있다. 하지만 학교 부지 마련 과정에서부터 오늘날 오머 로드에 정착하기까지 엄청난 시련이 있었고 이견이 노출되면서 지금까지도 충분한 시설을 갖추지 못한 채 컨테이너 교실을 사용하는 상태이다. 그럼에도 학부모나 학생 누구 하나 불만을 갖지 않은 채 '우리 포지를 어떻게 할 것인가'에만 관심을 쏟는 독특한 구조라며 웃는다.

포지가 위치한 라간 강변은 도심과 가깝고 쾌적해서 이주민이 선호하는 지역으로 1990년대 이후 이주민 밀집도가 아주 높다. 그래서 학교는 나름의 다양성 신장이나 상호 이해를 위한 평화교육 프로그램을 발전시키고 있었다. 이런 면은 포지만의 지역사회 특성을 보여주는 교육과정으로, 지역사회의 책임인사들이 정기적으로 포지에 모여 지역사회 통합을 위한 교육적 노력으로 지역사회포럼을 개최한다. 마침 다음 주에 '지역사회와의 대화(community in dialogue)' 행사가 있는데, 인근 통합학교 관계자들은 물론이고 지역 정치가나 경찰, 지역 유지도 모두 참여하여 지역교육문제나 자기들 문제를 내놓고 대화하는 시간이다. 특히 이주민들로 하여금 자기 문제를 드러내게 하여 모두가 교류하는 자리로서 통합학교의 변화된 환경을 볼 수 있는 기회라며 꼭 와보라고 권했다.

지역사회에 기반을 둔 교육과정

수요일 오전에 있는 지역사회 대화 행사에 시간 맞춰 도착했는데 바깥이 조용하다. '취소되었나 보다' 생각하며, 혹시나 하고 아이들이 급식을 먹거나 단체행사가 있을 때 사용하는 큰 교실로 들어갔더니 사람들로 꽉 찼다. 안내판 하나 없고 안내하는 사람도 하나 없지만 행사는 아주 효율적으로 착착 진행되는 느낌이다. NICIE의 폴라 국장이 반가워하며 나를 여러 사람에게 소개했다. 왓슨 교장도 다시 찾아온 이방인을 따뜻하게 맞이해준다. 6명씩 한 조가 되어 문제를 진단하며 해결책을 제시하는 틀로 진행하는데, 내가 앉은 조에 유명인사가 다 있다. 지역 경찰서장도 있고, 폴란드 이주가정 부모회 회장도 있고, 로흐뷰 통합초등학교 교장도 있고, 물론 칼리지 교장도 함께 앉았다. 여기서 가까운 말론 칼리지 오픈데이에 갔을 때 느꼈던 다문화적 환경을 생각하니 왜 이런 포럼이 필요한지 이해가 되었다. 홀에서 안내하는 아이들, 합창하는 아이들을 보면 정말 다양한 인종의 아이들이 섞여 있다. 지역 학생들이 다양한 배경을 갖고서 자기 이야기를 한다. 나이지리아, 중국, 짐바브웨, 튀니지, 에티오피아, 폴란드, 헝가리, 인도 등 다양한 국가에서 온 아동·청소년들이 길에서 겪는 일, 직장에서 부딪히는 일, 학교에서 차별받은 일, 친구가 도와준 일 등을 토로한다. 이러한 문제에 대하여 지역사회에서 어떻게 대응할 것인가, 특히 학교는 이들에게 어떻게 할 것인가에 대한 토론을 아주 작은 컨테이너 학교 건물에서 스스럼없이 주고받는 것이다. 지역의 원이라는 젊은 여성은 당차게 '우리 지역의 무지개 같은 다양성을 발전시키겠다'는 포부를 밝힌다.

나와 함께 앉은 폴란드 이주가정 부모회 회장이 자기네가 여는 토요학교에도 한번 와보라고 권했다. 바로 찾아가 본 이 학교는 토요일마다 여는 폴란드인 학교로서 약 200여 명의 폴란드 이주 아동들이 모이는 곳이었다. 아이들은 대체로 북아일랜드 가톨릭 정부재정지원 자율학교에 다니는데, 토요학교는 폴란드 교과서로 자국어 학습을 하며, 자국 음식을 먹고 자국 말로 소통하는 일종의 자문화교육 생활학습공간이다. 폴란드 이주민들이 북아일랜드 사회에서 부딪히는 일들에 관해 얘기를 나누며 대안도 함께 만들고 있다고 한다. 이주가정 학부모의 관점에서 북아일랜드의 일반학교와 통합학교를 비교한 이야기도 들을 수 있었다. 폴란드 학생들은 대체로 가톨릭이어서 여기서도 통합학교보다는 가톨릭 정부재정지원 자율학교에 주로 다니는데, 아일랜드가톨릭 색채가 너무 강해서 폴란드 아이들의 가톨릭 문화를 수용하지 않는다는 것이다. 아일랜드가 톨릭의 배타성으로 폴란드 문화가 존중받지 못하기 때문에 그래서 일부 아이들이 최근에는 통합학교를 선호하고 있는데 대체로 그 성과가 아주 좋단다. 일부 통합칼리지에서는 폴란드 학생들이 있으면 제2외국어에 폴란드어도 넣어주어 아이들이 모국어를 잊지 않고 지속적으로 사용할 수 있도록 배려해준다면서 통합교육의 의의를 강조했다.

이러한 지역사회 교육 활동과 함께 학교 안에서도 포지는 자기 존중을 위한 상호 이해 수업과 또래조정 프로그램을 진행하고 있다. 특히 아이들은 또래조정 활동을 통해 일상에서의 평화적인 갈등 해결 기법을 체득한다. 이러한 평화교육의 총체적인 형태로 초등학생 전 학년에 걸쳐 적용될 수 있는 'PATHS(Promoting Alternative Thinking Strategies)' 프로그램을 실시한다. 이것은 자기 통제, 정서적 인식과 대인적 문제해결 기법을 발달시켜 사회적 역량을 강화해주기 위한 교사 교육 프로그램이다. 특히 다문화적 맥락에서 "내가 그랬다면…" 혹은 "왜냐하면…" 등의 서술로 자신과 타인이 느끼는 감정이나 문제의 간극이 크다는 것을 느끼고 이해하게 함으로써 자신의 행동이 남에게 어떻게 영향을 미칠 수 있는지를 이해하도록 하는 평화적 문제해결교육이다. 그럼으로써 타인에 대한 정서적 이해, 자기 통제, 사회적 문제해결 및 또래관계 회복 그리고 자아 존중심을 기를 수 있다고 본다. 이를 통해 성찰적 자아상을 확립하고 비판적 사고 역량을 기르며 정확한 정보에 기초하여 사회문제 해결에 자신감을 갖게 하고, 대안적 문제해결 방안을 창출하여 사회적 동의에 기초한 상황을 만들어나갈 수 있도록 한다는 것이다. 이러한 기법은 아동의 긍정적인 사회적 상호작용을 자극해 다양한 학습 경험을 할 수 있도록 돕기 때문에 궁극적으로 학력 저하 문제에도 적용할 수 있다고 한다. 학생의 부정적 행동을 진단해서 긍정적 행동으로 유도함으로써 교사의 태도와 학급 문화가 바뀌고, 학교 구성원들의 좌절감을 극복하게 만든다. 비용이 드는 프로그램이긴 하지만 이를 통해 학교의 복잡다단한 행동 충돌이 감소했기 때문에 아이들과 교사들이 모두 좋아한다고 한다. 이같이 학교 밖에서 개발된 프로그램이라도 통합교육적 가치에 도움이 된다면 문호를 열고 기꺼이 수용하고 있다고 네빌 왓슨 교장은 힘주어 말한다.

다문화적 환경에 적응하는 통합교육과정

포지의 학생 정원은 총 250명이나 지역사회에서의 요구가 너무나 많아 현재 334명이 등록해 있다. 여기에 대기자도 많다. 그래서 원래는 한 반에 25명이어야 하나 30명이 넘는 반도 있다. 지역주민들이 정부에 입학 정원을 늘려 달라고 요청하는데 번번이 거부되고 있다. 불허 이유는 이 학교의 정원을 늘려주면 다른 학교 학생이 그만큼 적어지므로 허락할 수 없다는 논리인데, 이것은 사실 종파분리주의 학교들의 압력 때문이다. 통합학교는 대체로 정부로부터 학교 설립을 인가받고 이에 따라 학교 건축과 기본 운영에 필요한 재원을 지원받지만, 그 후의 성장 과정은 학교별로 아주 다르다. 설립 직후부터 급격히 성장하는 학교가 있는가 하면 어렵게 만들고도 지역에서 호응을 받지 못해 퇴보하는 학교도 있다. 이같이 학교 정원 문제를 둘러싼 지역사회 논의가 간단치 않아, 지역 학부모의 요구는 크지만 현재는 입학 정원은 늘리지 않고 학급당 인원수만 재량 안에서 늘리는 상황이다. 무엇보다도 정원을 늘리려면 교육 공간이 모자라 교실을 더 지어야 하는데 임시건물로 유지하는 현 상황에서는 엄두도 낼 수 없다. 학교는 이미 포화 상태이다. 그럼에도 학생들은 빠져나가지 않고 오히려 지역의 유입 인구가 늘면서 이곳에 입학하겠다는 요구는 학교 시설과 무관하게 높아만 가고 있다.

학교가 얼마나 활력 있게 돌아가는지 직접 보라며 수업 참관을 안내해 주었다. 학교종이 울리고 내가 들어간 교실에서는 P4 산수 수업이 진행되었다. 담임은 내 소개를 하며 한국이 어디에 있는지 찾아보라고 한다. 아이들은 연신 나를 훔쳐보며 열심히 지구본을 돌리다가 마침내 찾아내고는 의기양양한 자신감으로 나를 환영하는 손짓을 보여준다. 멀리서 온 손님에 대한 관심과 예우를 감동적으로 보여주었다. 이 반은 현재 26명인데 다른 학년은 30명도 넘는다면서 그나마 다행이라고 한다. 여기서는 모든 교실에서 전자칠판을 사용한다. 10단위의 더하기와 5단위의 더하기를 가르칠 때 아이들의 적극적 참여를 유도하며 진행했다. 아이들도 아주 활발하다. 이해하는 사람은 엄지를 올리고, 이해가 어려운 사람은 엄지를 내린다. 다 이해되었으면 엄지를 흔든다. 아이들이 오늘의 연습문제를 각기 풀고 검사를 맡게 하는데 그 과정에서 보조교사가 도와준다. 다 끝난 아이들은 선생님께 나가 검사를 받는다. 이 반에는 청각장애 학생이 있어 그 아이를 보조하는 교사가 1명 추가로 투입되었다. 짐바브웨를 비롯하여 다른 나라에서 온 아이들도 6명이다.

다음으론 단순계산에서 응용으로 넘어가는 수업과정으로, 실제 생활에 적용하는 문제(real life problem)를 가지고 이야기를 만든다. "버스에 올라가니 차 안에 5명이 타고 있었다. 다음 정거장에서 3명이 탔고, 그다음 정거장에서 2명이 더 탔다. 넷째 정류장에서 1명이 내렸다. 지금 버스 안에 남은 사람은 몇 명일까?" 이렇게 쉽고 재미있게 계산하게 하는 방식을 통해서 산수가 어렵고 까다롭다는 생각을 버리고 재미있는 생활퀴즈처럼 풀게 한다. 교사는 중간중간 계속 "어렵나요?"라고 묻는다. 학교에 전학 온 지 얼마 안 되는 짐바브웨 아이가 잘 모르겠다는 시늉을 한다.

교사가 그 아이 옆으로 가서 천천히 개별지도를 한다. 그러는 사이 다른 아이들은 또 다른 문제를 풀고 있다.

초등학교 교실에서는 전 교과를 다루니까 모든 교과 참고자료가 벽에 잔뜩 붙어 있다. 초등과정에서 다루기 어려운 주제인 제2차 세계대전에 관한 자료도 있었다. 포지에서는 세계문제를 아이들의 수준에 맞춰 다룬다고 한다. 일반학교는 중학교에나 가야 다루는 주제이지만, 여기서는 전쟁과 관련하여 난민문제를 다루려고 전쟁의 위험성과 디아스포라를 이야기했단다. 수업 시간에 참여하는 아이들의 문제 하나하나를 모든 아동이 다 같이 보고 느끼게 한다. 그런데 수업 중에 나가는 학생이 3명 있다. 음악 레슨을 받으러 간다고 한다. 희망하는 아이들은 20분에 1파운드씩을 내고 학교에서 레슨을 받는데, 오늘은 바이올린 교사가 오는 날이다. 아이들은 '재미로 악기를 한다'고 그런다.

아이들 가정환경에 대해 물으니 다른 반하고 비슷하다며, 이 반에는 무상급식을 받는 아이가 8명(30.7%)이 있고 장애 아동은 학습장애 및 청각장애를 비롯하여 3명이 있다. 점심은 집에서 준비해오는 아이도 있고 학교에서 급식을 사 먹는 아이도 있다. 원칙적으로 모든 아이는 반드시 2.50파운드 식비를 내고 먹는데, 경제적 어려움으로 낼 수 없는 아이에 한해 지원을 한다. 아이들이 거의 다 문제풀이를 끝내고 점심시간이 다가오자 담임은 어수선해진 아이들을 안정시키며 책상 정리를 부탁한다. 쓰던 색연필이나 자기 필통 등을 정리하고 종이 울리자 아이들은 모두 식당으로 갔다. 정말로 자율적으로 일을 잘 처리하는 아이들이었다.

점심시간에 당연히 내가 손님이니 교장이 학교 급식을 가져다줄 줄 알았더니, 급식은 아이들 것이라 방문객이 사 먹을 수가 없다고 한다. 대충 때우고 지나가려니 너무나 내 점심을 염려한다. 결국 보조선생님과 함께 나가서 샌드위치를 사다 휴게실에서 다른 교사들과 함께 먹고 나서야 교

포지 통합초등학교 학생들의 종교적 배경(2016년)　　　　　　　　　　　　　(단위: 명)

종교	인원	
여호와의증인	2	
기타 기독교	18	
성공회	15	
감리교	2	106
오순절	1	
장로교	8	
기타 개신교	60	
가톨릭	110	110
힌두	2	
모슬렘	5	114
무종교	107	
합계	330	

장과 이야기를 더 나눌 수 있었다. 이렇게 교사들은 자기 도시락을 싸 와서 휴게실에서 다 같이 먹는다. 급식 보조교사의 지도하에 모든 아이가 식당에서 차례로 점심을 먹는다. 급식 지도는 담임 몫이 아니니 편하게 휴게실에서 교사들끼리 자유로운 한담과 함께 여유 시간을 즐긴다.

포지 학교에는 지역 특성의 변화로 인해 특별한 지도가 필요한 학생들이 많다. 지역 환경의 변화로 이주 아동이 많아지면서 무상급식 비율이 갈수록 늘고 있다(99명, 29.6%). 이에 따라 언어 지도나 사회적 행동수정을 필요로 하는 특수교육 대상자도 늘고 있다(75명, 22.45%). 신체적 혹은 정신적 중증장애 아동보다는 사회적 행동장애가 있는 아동들로, 경미한 수준의 부적응 대상자 모두를 학교에서는 특수교육 대상자로 보는 편이다. 지역 구성의 변화로 다른 지역과 달리 학생들의 종교 배경은 전체적으로 3분의 1이 가톨릭이고, 3분의 1이 개신교, 3분의 1이 그 외라고 보면 된다.

초등학교의 종교교육은 특히 논란이 이는데 P4와 P7에서의 성체성사와 견진성사 실행 때문이다. 가톨릭에서는 교리문답과 견신례 이후 성체성사를 진행해야 하는데 이것이 바로 P4 때 실행된다. 가톨릭 가정 자녀들은 이 시기 종교교육이 아주 중요해서 종파별로 분리해서 진행할 수밖에 없다. 그래서 대부분의 통합초등학교에서는 가톨릭과 비가톨릭 종교수업으로 나누어 진행한다. 개신교는 대체로 교회에서 이러한 종교교육을 실시하기 때문에 학교에서는 일반적인 종교 이해를 목적으로 한 종교교육을 제공하는 반면, 가톨릭 종교교육은 가톨릭 아이들만을 대상으로 가톨릭 성사를 다루게 된다. 사랑이나 관계 맺기 등 일반 주제와 예수님의 말씀을 결합하는 가톨릭 종교교육의 본질은 성사와 의례를 재확인하고 연습시키는 것이다.

이같이 북아일랜드 종교교육은 통합교육과 일반 종파학교를 구분 짓는 가장 큰 특징이다. 포지에서는 이주 아동 증가로 이슬람 아이들이 많아지자 공간이 협소함에도 불구하고 이 아이들이 자유롭게 기도할 수 있도록 이슬람 기도 공간을 허용하고 있다고 한다. 이것은 다른 종파학교에서는 상상할 수 없는 종교적 다원성을 보여주는 학교풍토이다.

포지의 여운

북아일랜드의 수도 벨파스트에 8개의 통합학교가 있는데, 같은 사우스벨파스트라 해도 라간강을 건너 동서로 나뉘어 있기 때문에 뭔가를 함께하기가 쉽지 않다고 한다. 노스벨파스트의 헤이즐우드는 너무 멀리 떨어져 있고, 오크우드나 크랜모어도 다 서쪽에 있어 강 건너 사우스에 있는 포지와 공동행사를 하기는 어렵다. 하지만 남동쪽에 비교적 가까이 있는 로흐뷰와 밀레니엄 통합초등학교와는 특히 아이들이 중등과정인 칼리지에 진학할 때 많이 협력한다. 현재 포지의 P7 아이들이 중학교로 진학하는 비율을 보면 3분의 1이 통합칼리지로 진학하는데, 대부분 라간으로 가고 일부는 말론 칼리지로 진학하기도 한다. 또한 3분의 1이 바로 앞의 개신교 그래머스쿨인 웰링턴 칼리지로 진학하며, 나머지 3분의 1이 메소디스트 칼리지를 비롯한 그래머스쿨로 진학하고 있다. 다른 통합초등학교에 비해 통합중등으로 진학하는 비율이 적다고 볼 수 있는데, 이것은 학부모들의 자주적인 결정이니 학교가 관여할 일이 결코 아니라고 한다. 학교는 비선발 원칙을 존중한다는 통합교육철학에 따라 P7 때 일체의 중등선발고사 준비를 제공하지 않고 있다. 그래머스쿨을 가느냐 안 가느냐의 결정은 전적으로 사적인 것으로 학교는 전혀 관여하지 않으며 따라서 시험 준비도 각자 알아서 한다. 통합칼리지 진학률이 다소 낮지만 학교는 철저히 통합교육철학을 교육과정에 잘 반영하고 있다고 확신하는 것 같다.

대부분의 서구 학교와 달리 포지는 특이하게 모든 학생이 실내화를 신고 다닌다. 늘 비가 내려 미끄럽고 물기가 많은 환경에서 청결을 유지하고 아이들을 안전하게 보호하기 위한 조치로 학교운영위 의결을 거쳐 실외화와 구별하여 교실에서는 실내화를 신도록 했는데 아주 반응이 좋다고 한다. 포지의 사례를 보고 일부 학교에서도 실내화 사용을 권장하고 있다. 왓슨 교장은 학교는 무엇보다 학생 안전을 최우선해야 한다는 교육철학을 이야기했다. 일본이나 한국 등 여러 아시아 국가에서 실내화를 신는다고 하니까 그건 몰랐다면서 국경을 넘어선 문화적 공통성을 느낀다고 화답한다.

이번에 포지를 방문하기 전까지 필자는 사우스벨파스트에 있는 라간의 피더스쿨인 포지 통합초등학교는 중산층가정 아이들로 꽉 찬 학교라고 생각했다. 그런데 벨파스트 남동쪽에 위치한 이곳의 지역 환경이 완전히 바뀌어 지금은 이주자들이 상당히 많이 집중되고 있다. 따라서 오늘날 포지 통합초등학교를 찾는 이유는 가톨릭과 개신교의 종파성을 뛰어넘는 통합성 때문이라기보다는, 차별이 없어서, 이주민가정의 아이들도 마음 편하게 종교적 자유를 누릴 수 있어서, 흑인도 괜찮아서 그리고 장애가 있어도 잘 보살펴주어서 등의 이유로 오는 아이들이 훨씬 많다고 한다. 포지는 종파분리주의를 넘어선 통합학교의 의미를 뛰어넘어, 진정한 포용적 통합교육이 살아 움직이는 학교로 이제는 새롭게 평가받는다. 그래서 이제는 1980년대 정치적 색깔로 이미지화된 포지는 더 이상 존재하지 않는다. 포지를 통해서 본 북아일랜드 통합학교는 초기의 '중산층 학부모들이 주도하는 교육운동'이라는 낙인으로부터 아주 멀리 떨어져 거의 '민중적 포용교육의 공간'이 된 듯하다. 네빌 왓슨 교장의 마지막 인사도 여운이 길게 남는다.

"아이들은 다 똑같아요. 다들 안아주면 좋아하고 관심을 보여주면 웃어요. 그런데 여기 아이들은 거리에서 그런 따뜻한 반응을 못 받는 아이들이어서 여기서는 더 많이 주려고 해요. 선생님들의 생각도 다 똑같아요. 수요일에 지역사회 대화 행사 때 와보세요. 우리 아이들이 어떤 아이들인지 그리고 학교가 있는 이쪽 벨파스트 남동부 지역에 어떤 사람들이 주로 사는지 아실 수 있을 겁니다."

포지는 소외된 이주민들을 사람과 사람으로 이어주는 포용적 통합교육으로 승화시켰다. 단순히 가톨릭과 개신교라는 종파분리주의 장벽을 넘어서 모든 사회적 약자를 아우르는 통합교육을 지역과 함께 실행하고 있다. 이렇게 포지의 통합교육은 장벽을 넘어 사람과 사람을 이어준다. 2016년부터 영국 정부의 '새 출발 기금(Fresh Start Agreement Fund)'으로 공유교육캠퍼스와 통합학교 시설 지원이 이루어지는데, 2017년 사업 대상 학교에 포지도 포함되었다. 아마도 다음에 방문할 때는 포지에 컨테이너 교실 대신 근사한 새 건물이 세워져 있을 것이다. 새로운 기대 속에서 어떤 학교를 만들 것인가를 둘러싸고 학교 구성원들 간의 다양한 참여가 활발하게 진행될 것이다. 새 교실이 기대된다.

03

라간의 옛 터전에서 새롭게 시작한
로흐뷰 통합초등학교

Lough View Integrated Primary School
www.loughviewintegrated.co.uk

포지가 북아일랜드 교육부 및 벨파스트교육청과의 갈등 속에서 아주 힘겹게 한 발씩 전진할 때, 근처 캐슬리어의 학부모들이 통합학교를 만들자고 1992년부터 뭉쳤다. 당시 벨파스트 사우스엔 포지가, 노스에 헤이즐우드가 1985년 신설되어 폭발적인 기대 속에서 운영되고 있었기에 통합교육에 대한 학부모들의 욕구가 한층 강해지면서 여기저기서 통합학교 설립 움직임이 일고 있었다. 라간 칼리지 근처인 캐슬리어에서도 라간 학부모들을 중심으로 통합초등학교 설립준비위원회가 구성되어 학교 부지를 물색하던 중, 마침 라간 칼리지가 사용하던 캐슬리어 초등학교를 매각하고 떠난다는 소식을 들었다. 초등학교의 최소 기준인 3에이커(1만 2000제곱미터, 3600평가량)의 부지를 찾기가 아주 어려웠던 상황에서 이는 기적 같은 복음이었다. 무엇보다도 라간의 옛 터전인 공간적 역사성 위에서 초등을 이어간다는 의미도 있어, 캐슬리어 폐교에서 라간 칼리지를 거쳐 새로운 통합초등학교를 설립하는 일은 급속도로 추진되어

준비한 지 1년도 채 안 되어 1993년에 개교하게 되었다. 라간의 출발지였던 학교가 로흐뷰 통합초등학교로 거듭나는 순간이었다. 처음엔 24명의 아이들이 등록하고 2명의 교사가 책임을 맡았다. 이같이 시작한 작은 통합학교는 놀라운 속도로 발전하고 성과를 내어, 지금은 라간의 가장 큰 피더스쿨로 정원 420명에, 14학급과 26명의 어린이집 아동으로 구성된 비교적 규모가 큰 초등학교로 성장했다. 오마 통합초등학교 초대 교장으로 있던 모린 버틀러(Maurine Butler) 선생이 초대 교장으로 옮겨 와서 2009년 은퇴할 때까지 몬테소리 자유주의교육에 입각한 아동중심교육을 구체적으로 실천하여 학교를 안정감 있게 자리 잡아놓았다. 북아일랜드의 인권존중학교(RRS: Rights Respecting School)로 등록된 로흐뷰는 거주지의 성격 자체가 워낙 중산층 지역이라 오늘의 포지와는 상당히 다른 인상을 준다.

아동인권 기반의 통합교육으로 방향 짓다

포지에서 열린 지역사회와의 대화 포럼에서 한자리에 앉게 된 마이클 맥나이트(Michael McKnight) 교장에게 연구목적을 이야기하고 방문하고 싶다고 하니 기꺼이 오란다. 특히 한국 아이가 있다며 소개하고 싶다는 것이다. 바로 다음날 약속을 잡고 학교를 방문하니 마이클 맥나이트 교장이 학부형과 면담 중이지만 나를 한국 아이가 있는 P6로 안내해주라고 부탁해놓았다. 일정을 조정하고 있을 때 아이 둘이 나를 데리러 왔다. 그런데 이 아이들이 멋있게 뽐내는 파티풍의 복장을 하고 있는 게 아닌가? 오늘이 하프텀(half-term, 학기 중간) 방학 전날이라 무대 시연이 있어서 아이들이 각자 배우처럼 최고로 뽐내고 왔다. 교실에 가니 예쁜 젊은 교사가 아이들과 열심히 무대 리허설을 인도하다 준비를 마친 후 강당으로 가서 P6의 다른 한 반 아이들과 교대로 모델처럼 걸음걸이를 연습하며 음악에 맞춰 자기표현을 마음껏 하라고 독려한다. 아이들이 신나게 연습하느라 와자지껄하다. 이렇게 아이들이 준비하는 동안 나는 아이들 도움을 받아 P5 수업을 잠시 참관했는데 선생님이 오늘의 활동을 설명한다. 역사·지리·사회생활 등 교과 주제가 결합된 통합교과인 '우리 주변의 세계(World Around Us)' 수업인데, 오늘은 학교가 위치한 곳을 둘러보는 지역조사다. 아이들이 두 마을을 잇는 돌다리와 캐슬(castle)을 그리면서 나름대로 지역의 역사를 살펴보는 것이다. 캐슬의 주인은 누구이고 그들이 언제부터 여기에 살았는지, 그리고 여기서 그들이 잘한 일과 잘못한 일을 비교하며 설명하고 이후 지역은 어떻게 변했는지 등을 다루었다. 향토사공부이자 문화공부이고 자연공부이며 산수공부이다. 이러한 주제학습의 시작은 자기에 대한 이해이다. 내가 누구고, 우리 부모의 뿌리가 어떻고 여기부터 시작하여 마을을 이해하고, 국가를 이해하고, 유럽을 이해하고 세계를 이해하는 것이다. 포맷이 아주 좋아 보인다.

재미있게 수업을 참관하고 있는데 마이클 맥나이트 교장이 데리러 왔다. 교장실로 가다 보니 이 학교가 유니세프가 인증한 인권존중학교(RRS)이다. 언제부터 그리고 왜 RRS 학교가 되었는지에 대해 먼저 질문을 했다. 통합교육이 지향하는 아동중심교육의 핵심은 아동인권 존중인데 절차상 복잡함이 있고 통합교육 개념으로도 충분하다는 생각에 다른 통합초등학교는 유니세프 인증 활동에 적극적이지 않다. 반면 로흐뷰는 초대 모린 버틀러 교장부터 보편적 아동인권 기반 교육을 통합교육에 적극적으로 접목시키고자 했기에 RRS를 신청했다는 말에 더 이상 관련 질문은 하지 않았다. 사실 아동인권이란 아동을 세계의 중심에 두는 것으로 통합교육의 원칙과 크게 다르지 않다는 생각에도 동의하기 때문에 이런 논의가 이뤄지는 사실 자체에 기뻤다.

　오랫동안 북아일랜드 교육과정은 기본적으로 역사, 지리, 과학, 수학, 언어 등이 분리된 교과 단위로 수업이 진행되었다. 하지만 2009년 개정 교육과정에서는 교과목별로 공통되는 주제를 중심으로 통합해서 가르치도록 하고 있다. 이것은 대부분의 통합학교가 지향했던 것과 일치하는 것이라 로흐뷰의 경우에는 아주 자연스럽게 이를 수용하고 있다. 하지만 다른 일반학교에서는 아주 어려워한다고 한다. 사실 교과에서 다루는 주제가 상당히 겹친다. 화산을 예로 들면, 자연에서도 다루고 역사에서도 다룬다. 폼페이나 자이언트 코즈웨이(고대 화산활동으로 형성된 북아일랜드 주상절리) 등의 화산활동 주제들을 북아일랜드 지역연구와 세계사, 그리고 자연환경 등을 합쳐 가르치면 아이들의 흥미를 유발하면서 통합적 사고로 진척시킬 수 있다. 실제로 아이들이 아주 재미있어한다. 교사도 공부를 많이 하게 되고 주제를 통합해서 가르치면 시간도 절약된다. 환경은 주제 중심으로 접근하는 것이 아주 좋다. 아이들도 분리교과보다 주제별 학습을 좋아한다. 이렇게 통합주제학습을 할 경우 단순주제보다 훨씬 더 확대된 개념을 가질 수 있다. 초등에서의 이러한 종합사고력 신장은 이후 추상적 사고 발달에도 큰 도움이 될 거라고 확신한다.

　로흐뷰에서는 매 학기당 한 주제를 공통으로 잡아 실행하는데, 예를 들어 '집과 가정'을 주제로 잡으면 문해(literacy)나 수리(numeracy) 등 모든 교과를 이 주제에 맞추는 연계학습(connected learning)을 장려한다. 집의 구조와 크기의 변화를 역사적으로 살피고 수리에서도 비교하며, 가족 구성원의 변화와 가정의 성격 변화를 도시화와 관련해서 종합적으로 다룬다. 또 다른 예로 바이킹에 관한 수업을 할 경우, 얼마나 멀리 갔는지를 상상하며 항해한 총 길이를 재보며 수리 공부를 시작하고, 또한 이들이 왜 바이킹이 되었고 어떻게 생활하고 역사를 이끌어왔는지에 대해 역사나 지리 등에 관한 생활지식으로 연결한다. 이같이 주제 기반 접근(topic based approach)을 장려하는 북아일랜드 국가교육과정은 모든 통합학교 교육과정에서도 그대로 따른다.

지금은 국가 관장의 제도로는 폐지되었다고는 하지만 여전히 민간 차원에서 이루어지고 있는 11세 선발고사에서도 주제학습을 권장하며 이것을 토대로 평가한다고 한다. 인간의 신체 구조뿐만 아니라 사회적 관계와 마찬가지로 사실 모든 학습은 연결되어 있다. 그래서 다양한 교수학습방법을 통해 이렇게 상호 연계된 상이한 상황을 적절히 조정하여 모든 학습으로 연결시킬 수 있는 교수 역량이 필요하다. 하지만 일반학교 환경이 시험에 지나치게 밀착되어 수업하고 시험을 통과하는 것만 강조하고 그 결과만을 바람직하다고 생각하게 하기 때문에 통합적 사고가 제약받는 것이다. 특히 교육대학에 진학하는 예비 교사들의 사고가 그렇고 교육과정도 마찬가지이다. 종파분리주의에 기반을 둔 교육대학에서 그렇게 일면적으로 훈련시키게 되면 아이들의 미래를 위해 결코 바람직하지 않다. 따라서 맥나이트 교장은 전 사회적으로 평가에 대한 지나친 강조가 문제라고 본다. 그러다 보니 학생들이 시험 준비만 하게 만들고, 그렇게 암기해서 얻은 교육 결과만을 놓고 평가하게 되고, 또한 모두가 교육 책무성을 성과 중심이라는 면에서 해석하여 학습 결과만 강조하기 때문에, 아이들의 인성 발달이나 사회성 발달 등의 면은 보지 않는 경향이 있다. 바로 이것이 문제인 것이다. 그래서 로흐뷰에서는 교장뿐만 아니라 교사들도 이런 식으로 교육해서는 안 된다는 것에 다 공감하고 아동 중심의, 다양성을 존중하는 교육에 몰입하는 것이다. 이러한 교장의 철학에 감탄하면서 개인적 성장 배경을 조심스레 물어보았다.

오케스트라 하모니를 자아내는 교장 리더십

모린 버틀러 교장이 학교 설립 때부터 16년 동안 교장으로 있다가 퇴직하면서 학교의 방향을 아동중심교육으로 분명히 자리 잡아놓았다. 이후도 그런 교육철학은 지속되었고 마이클 맥나이트 교장 역시 이를 이어 2013년 교장으로 취임한 이래 아동중심 통합교육으로 학교 운영을 자연스럽게 실천해왔다.

맥나이트 교장은 일반공립학교에서 14년간 평교사도 하고 교감을 하면서도 이렇게 분열된 학교에서의 교육이 아이들에게 바람직하지 않다고 생각했기에 체다 통합초등학교로 옮겨 공모교장으로 9년 동안 열심히 했다. 가정에서도 마찬가지였다. 자신은 개신교이고 아내는 가톨릭이기 때문에 어느 쪽의 학교를 보내야 할지가 문제였다. 아들만 셋인데 아이마다 특성이 달라 이러한 자기 특성에 맞는 학교를 선택하여 가는 것이 중요하다고 생각했는데 다행히 자녀들도 다 통합학교를 원했다. 현재 큰아이는 20세로 말론 통합칼리지를 졸업하고 카센터 일을 찾고 있는데 처음부터 학업에 큰 관심이 없었다고 한다. 둘째는 18세로 라간 칼리지 마지막 학년이고 막내도 라간에 다닌다. 큰아들은 처음부터 머리 쓰는 공부보다는 몸을 쓰는 일에 더 관심 있어 해서 문화적 다양성 특화학교인 말론 통합칼리지에 진학했는데 아주 만족해했다고 한다. 말론에 진학한 큰아들은 거기서 다양한 배경의 친구들을 만나 오히려 아주 긍정적 경험을 하면서 자신감을 갖게 되었다고 한다. 둘째 아이는 음악을 아주 좋아하고 사회적 관계 맺기를 아주 좋아하는 성격이라 처음부터 라간을 갈 거라고 생각했고 통합초등학교 출신이라 라간 진학에 어려움이 없었다. 반면 셋째는 공부를 아주 잘해 그래머스쿨을 가고 싶어 하면서도 결국엔 라간을 선택했다. 식구들이 모두 고민했는데 최종적으로 아이가 스스로 잘 선택했다고 한다. 라간에서도 공부에 흥미가 있는 친구들은 열심히 하여 케임브리지를 비롯해 자신이 원하는 러셀그룹 대학에 많이 합격한다.

사실 모든 능력을 가진 아이들을 다 함께 가르친다는 통합교육적 맥락 적용을 실제 교육현장에서는 많이 힘들어하는데, 초등에서는 그래도 어느 정도는 가능하다. 하지만 우수한 아이들과 그렇지 못한 아이들을 함께 가르친다는 것이 중등에서는 어려울 수 있다. 맥나이트 교장의 경우만 해도 큰아이는 공부를 안 하고, 둘째는 보통이고, 셋째는 아주 우수해서 사실 셋째를 그래머로 보내야 할지 아니면 라간에 보내야 할지 고민했다고 한다. "제가 통합학교에 있으면서 아이들을 일반학교에 보낸다는 것이 어불성설 같아요. 우리 집의 경우엔 아이들이 통합칼리지를 원했기 때문에 별다른 고민을 안 했는데 아이들이 그래머스쿨을 원할 경우엔 아무리 통합교육의 주창자라 하더라도 다들 고민을 하게 되지요."

현재 둘째는 아주 적극적으로 사고하며 인권이나 국제 이슈 등에 관심이 많아 라간에서 선발되어 미국에 교환학생으로 가 있다고 한다. 아이들의 성장 과정은 아무도 모른다. 어떤 사람은 일찍 깨이는가 하면 그렇지 못한 아이도 있다. 공부를 잘해서 성공한 아이가 많지만 모두가 다 그런 것은 아니다. 공부를 못하면 실패할 확률이 높아 보이지만 누구나 다 그런 것도 아니다. 성공과 실패의 기준을 어른의 잣대로 막 그으면 안 될 것이다. 로흐뷰에서는 아이들에게 자신감을 열어주는 것이 가장 중요하다고 믿으며, 교장으로서도 이 점을 가장 강조한다고 한다.

자녀교육을 놓고 하는 고민은 누구나 비슷하다. 한국에서도 사교육을 비판하는 사람들도 정작 자기 자녀를 위해서는 사교육을 수용하는 경향이 있다. 아니면 조기유학을 보내 국내 교육의 질곡에서 벗어나게 한다. 북아일랜드에서는 전통적으로 11세 중등입시가 워낙 강력하여 현재 국가정책적으로는 불허했는데도 학부모 선택권이란 이름하에 민간기업이 운영하는 종파별 11세 시험 결과를 그래머스쿨들이 선별기준으로 삼고 있는 형편이다. 그래서 좋은 그래머스쿨을 가기 위해선 P7 때 11세 시험을 준비하기 위한 이른바 과외를 받아야 하는 것이다. 통합학교조차도 그래서 P7 고학년이 되면 학급 분위기가 싱숭생숭하단다. 선발고사를 준비하는 친구들이 학교 교육과정을 부담스러워 하며 적극적으로 참여하지 않기 때문이다. 로흐뷰의 경우는 약 70%가 라간으로 진학하기 때문에 큰 부담을 느끼지 않는 편이지만, 그래도 나머지 30%가 미치는 여파는 때론 부정적이다. 이런 점에서 북아일랜드의 경우 통합학교는 중등 선발 체제를 평준화하는 진보적인 학제 개혁인 동시에 종파 간 통합을 지향하는 교회일치운동이기도 한 것이다.

북아일랜드는 종교적 분단과 학력차별이 극심한 사회이다. 학교는 이 둘이 긴밀하게 엉켜 있는 조직이다. 최근 이주인구 증가로 가톨릭은 증가하는 반면 개신교 인구는 감소하는 듯 보이지만, 여권 소지율을 보면 영국 여권 소지자 비율이 늘고 있다. 브렉시트 이후 상황을 짐작하긴 어렵지만 앞으로는 아마도 유럽연합 시민권을 가지는 사람들이 늘면서 아일랜드 여권 소지자 비율이 높아지리라 예상한다. 개신교 주류의 북아일랜드 사회에서 그동안 가톨릭 사람들에게는 교육이나 취업 등에서 기회가 제한되는 진입장벽이 있었다. 그런데 1998년 벨파스트평화협정 이후 이것이 해소되어 가톨릭 사람들에게도 나름의 기회가 열리면서 기회를 잡기 위한 교육이 아주 중요해졌다. 그래서 지금은 가톨릭 사람들의 학업성취가 개신교보다 월등히 높게 나타난다. 교사의 사회적 배경 면에서는 개신교 교사는 중산층 출신이 많은 데 비해 가톨릭 교사는 노동계급 출신이 많은 편이다. 그래서 가톨릭 노동계급 학생들에게는 가톨릭 그래머스쿨로의 진학이 아주 중요하다. 그래머스쿨에서 대학과 관료(공직자)

로 이어지는 길을 최고의 길로 여기는 것이다. 그러니 공부 잘하는 가톨릭 아이들은 그래머스쿨로 가야 한다는 믿음이 있다.

마이클 맥나이트 교장은 부인 이야기를 하며 가톨릭 아이들의 정서를 설명했다.

"사실 여기서 가톨릭학교 자체가 노동계급 거주지역에 위치해 있기 때문에 교사들도 노동계급 출신이 많지요. 이등 시민인 가톨릭 시민들이 출세하기 위해선 열심히 공부해서 공직에 진출해야 합니다. 제 처가 의사인데 가톨릭 가정에서 처음으로 의사로 출세한 셈이지요. 가톨릭 지역의 경우 교육이 아주 중요하다고 생각하게 만들기 때문에 열심히 공부하자는 가톨릭 가정 문화가 형성되고, 부모에게 순종적인 문화여서 일단 모두가 다 열심히 공부하지요. 북아일랜드 교사 양성 기관도 종파별로 나뉘어 있어 세인트메리 대학의 분위기도 거의 비슷합니다. 통합학교에 다니다가 더 나은 다른 학교에서 공부하고 싶다고 느낄 때면 반드시 11세 시험에 합격해야 합니다. 학생 중 60%만이 그래머스쿨에 갈 수 있기 때문에 전력을 다해 공부하게 됩니다. 가톨릭 교사들이 '공부를 못하면 네 인생도 없다'고 압박하는 상황입니다. 또한 개신교와 가톨릭학교를 막론하고 대부분의 그래머스쿨 교사들은 자기 자녀를 꼭 그곳에 보내려고 하기에 명문 그래머스쿨은 경쟁이 세서 입학하기가 쉽지 않아요.

반면 개신교의 경우 상대적으로 취업이나 삶에서 유리했던 관계로 공부에 큰 신경을 안 썼던 것이 사실이지요. 산업혁명 이래 오랫동안 벨파스트엔 선박회사가 많았기 때문에 개신교 남자들의 경우엔 취업에 문제가 없었어요. 굳이 먹고살기 위해 하기 싫은 공부를 하지 않아도 거기 들어가면 충분히 살아갈 수 있었으니까 전혀 문제가 되지 않았어요. 그래서 먹고사는 것이 절박했던 가톨릭 학부모들에 비해 상대적으로 개신교 부모들이 이념적으로 자유로웠던 측면도 있지요. 그러나 지금은 상황이 확 달라졌어요. 글로벌화로 인해 전 세계에서 적절한 노동력을 공모하니까요. 이제는 실력 있는 사람들만 들어가게 되는 구조이다 보니 오랫동안 공부를 안 해도 지역에서 기득권을 가지고 살았던 사람들이 지금의 변화된 경쟁적 상황에 적응하기가 아주 어려운 거죠. 이 문제를 해결하는 것이 중요한 사회적 관건입니다. 요즈음 이 아이들의 일탈이 아주 심각해요. 공부 안 하는 개신교 아이들의 문제가 지금 가장 큰 북아일랜드 교육문제입니다. 결국 이런 상황이 개신교 성인들의 정치적 보수화로 귀결된다고 볼 수 있어요."

최근 학교에서 공부 안 하고 불만이 가득한 개신교 남자아이들의 사회적 행동장애가 심각하게 나타난다고 한다. 개신교 성인들의 사회적 공격성도 같은 맥락에서 나타난다. 데릭 윌슨(Derick Wilson) 교수에 의하면, 사회적 불만이 이들을 극단적 보수주의로 나아가게 한다.

이러한 분리주의적 환경에서 태어난 종파분리주의 학교제도와 달리, 통합학교에서는 교육기회평등, 남녀공학, 종파분리주의 반대 및 비선발 원칙(11세 시험 폐지) 등을 강조하며 학교에서는 전혀 시험 준비를 시키지 않는다. 또한 이런 교육철학 위에서 더욱 중요한 것은, 서로 다른 능력을 지닌 아이들을 차별하지 않고 다 함께 교육한다는(all ability together) 이상이다. 그래서 통합초등학교에서는 능력별 반편성이나 수준별 학습을 하지 않는다. 이러한 통합교육철학에도 불구하고 11세 시험이 민간 차원에서 유지되기 때문에 학교에서 안 시키면 부모들은 결국 사교육에 의존할 수밖에 없다. 이렇듯 자녀의 학업성취가 학부모의 지원 역량에 따라 결정되기 때문에 6학년까지 잘하던 노동계급 아이도 7학년이 되면 결국 성적이 떨어진다고 맥나이트 교장은 한탄한다. 계급 요인으로서 개인교습의 영향이 크기 때문에 학부모들이 과외를 시킬 수 있는 경우엔 문제가 없지만 그렇지 못한 경우 실패할 수밖에 없다는 것이다. 경쟁시험은 기본적으로 쪽집게식 문제풀이를 해야 하는데 일단 통합학교 교육은 그러한 주입식 문제풀이 교육을 전혀 하지 않는다. 그러니 과외를 안 한 아이들은 시험에서 떨어질 수밖에 없다. 사실 과외비가 시간당 15파운드니까 결코 적지 않다. 그런데 여기서는 초등학교 교사들이 주말에 과외를 많이 한다. 이것은 자기 선택으로 불법이 아니고, 학부모들은 현직 교사를 선호한다. 바로 이러한 문제 때문에 통합학교가 비선발 원칙을 그렇게 강조하는 것이다.

상대적으로 전 영국에서 북아일랜드의 학업성과가 가장 높게 나온다고는 하지만 북아일랜드의 경우 잘하는 사람과 못하는 사람 간의 학력 격차가 제일 크고, 잉글랜드의 경우엔 평균은 다소 낮지만 그 격차가 그리 크지 않기 때문에 이런 점에서 통합교육에 대해서 달리 평가해야 한다. OECD 학업성취도(PISA) 평가처럼 단순히 학업성취만으로 학교를 서열화해서는 안 될 것 같다. 한국이 핀란드와 함께 상위에 있지만, 핀란드는 최고점자와 최하점자 사이의 편차가 그리 크지 않은 반면에 한국은 점수 양극화가 문제이지 않은가? 과외로 대표되는 사교육 문제 등을 공통으로 이야기하며 교육성취의 양극화에 대해 불평등의 각도에서 재론할 필요가 있다는 의견을 나누다 보니 이 학교의 상황이 궁금해졌다.

로흐뷰는 라간과 가까이 있는 중산층 지역이라 그런지 전체적으로 포지 통합초등학교와는 분위기와는 많이 달라 보인다. 포지의 무상급식 비율이 거의 30%인데 비해 로흐뷰는 10%가 채 안 된다. 중산층 지역 부모들이라 신청을 안 하려고 한다. 반면 특수요구를 가진 아이들은 25% 정도로 대부분의 학교와 비슷하다고 보면 된다. 이 가운데 18명은 실제로 의사들의 지원을 받아야 할 정도로 심각하다. 여기가 장애 아동 차별이 없는 학교라고 생각하기 때문에 이러한 어려움을 가진 아이들이 많이 선호해서 그 비율이 높다. 학교도 이를 잘 수용하여 이러한 특수요구를 가진 아동들이 어려움 없이 잘 통합되도록 최선을 다하고 있다. 일반적으로는 같은 교실에서 함께하지만 개별적인 특별지도가 필요한 아동들은 특별실에서 가끔 따로 추가 수업을 받고, 무엇보다 이러한 아동들은 보조교사들의 지원을 받기 때문에 교육적 통합이 훨씬 용이하다고 볼 수 있다. 장애의 정도가 너무 심해서 움직일 수조차 없는 아동이나 정신적 활동이 불가능한 아동을 제외하면 통합교육의 우산 아래 모든 능력의 아이들이 함께 놀고 공부하여 자기 성장을 꾀할 수 있다는 믿음에는 변함이 없다는 맥나이트 교장의 얘기에 로흐뷰에 대한 믿음이 생긴다.

학교 홈페이지에 올라온 로흐뷰 장학보고서는 교장 리더십이 탁월하다고 평하고 있다. 교장의 역할을 오케스트라 지휘자라고 생각한다는 맥나이트 교장은 학교 구성원 간의 화음을 제일 강조한다. 그러기 위해선 각자 의견을 존중해야 한다고 강조한다. 교장이지만 방과 후 활동 지원교사로 마라톤을 지도하고, 학습에 어려움을 느끼는 아이들의 수학 지원 방과 후 활동도 한다. 교장이 독단으로 전권을 가지고 학교를 운영하는 것은 효과적이지도 않고 좋은 성과를 낼 수도 없다고 생각한다. 사람들을 변화시키기 위해선 결국 선의를 가지고 최선을 다하는 방법밖에 없기 때문에 언제나 같은 자세로 변함없이 대하다 보면 동료 간에 동등한 관계(equal friendship)를 맺을 수 있고 그러면 학교는 안정되고 발전한다고 믿는다. 위계적이고 서열적인 구조는 학교 발전에 도움이 안 되고 개인적으로도 그런 스타일을 싫어한다. 협력과 보완이 아주 중요하므로 교육과정이나 학교 운영 여러 면에서 학교 구성원들과 공유하며 이때 모든 부문 참가자들의 목소리가 나오도록 한다. 그것을 토대로 결정하여 추진하면 늘 모두가 만족하고 '우리 학교'라는 애정을 가지게 된다는 것이다. 그래서 로흐뷰에는 재학생, 학부모, 졸업생, 지역민 모두의 목소리가 필요하다고 했다. 오케스트라의 지휘자처럼 각자가 자기 음향을 마음껏 내게 하고, 그러한 자신의 색깔이 전체적으로 화음을 이룰 수 있도록 만드는 것이 교장으로서 제일 중요한 일이라는 말에 문득 나 자신도 부끄러워진다.

특히 맥나이트 교장이 가장 중요하게 여기는 교육적 가치와 신념은 모든 사람에 대한 배려와 돌봄이다. 초등의 경우엔 교사나 학부모가 성심껏 아이들을 돌보면 얼마든지 아이들을 바꿀 수 있다는 믿음이다. 그래서 로흐뷰는 모든 아이가 다 자기 권리의 주체라고 인식하여 유니세프로부터 인권존중학교(RRS)로 인증받았고, 학교의 자연적 환경을 지구자원 보전과 연결시키는 활동을 하는 에코스쿨로도 인증을 받아 모든 아동이 인권교육과 지속가능발전교육에 관여되어 있다. 특히 아동들이 권리와 책임을 균형감 있게 익히고 학교를 민주주의의 장으로 만들기 위한 노력으로 학생회나 학부모회가 아주 중요하다고 한다. 평등, 민주주의, 반(反)차별이 아동권리의 핵심으로 학교의 통합적 교육철학에 녹아 있어야 한다는 것이다. 이것은 오늘날 지구촌이 나아갈 세계시민교육의 핵심이기도 하다. 이러한 통합교육철학이 마이클 맥나이트 교장이 가장 강조하는 학교의 기본 방향이었다. 왜 이 학교가 주목을 받는지는 교장의 열의만 가지고도 알 수 있으나 필자가 만난 대부분의 교사도 똑같이 학교의 철학을 공유하고 있다. 학교 전체가 함께 나아가지 않으면 통합교육은 실현 불가능하다. 말 그대로 통합은 사람 간의 통합이 먼저이다. 그래서 학교 구성원 모두가 민주적 토대 위에서 평등하게 통합될 수 있어야 할 것 같다.

자유주의 풍토 통합초등학교의 여운

로흐뷰의 첫 교장인 모린 버틀러가 몬테소리 자유주의적 통합교육의 철학적 기반을 학교에 잘 다져놓았고, 이후 교장들도 그런 철학이 훼손되지 않게 자기만의 가치나 요소를 가미하면서도 학교 철학의 일관성을 유지해왔다. 다만, 많은 통합학교가 교장 리더십에 지나치게 의존하여 10년 이상 재임하는 경우가 대부분인데 마이클 맥나이트 교장은 그런 분위기에 대해 약간 부정적이었다. 한 교장이 한 학교에 10년 이상 있는 것이 바람직하지 않다는 것인데, 교장 본인에게나 학교 공동체에나 신선한 자극이 필요하고, 아무리 유능한 교장이라도 한 사람의 영향력이 지나치게 장기화하는 것은 아무래도 한계가 있어 보인다는 얘기다. 맥나이트 교장도 벌써 8년 동안 로흐뷰에 있다 보니 자기도 모르는 사이에 타성에 젖은 것 같다며 변화가 필요하다고 말한다. 이미 자기는 구시대적 사람이라고 하는 말에 깜짝 놀랐다. 많은 사람에게 존경받고 로흐뷰를 성공적으로 안착시킨 교장으로 평가받는 맥나이트 교장이 자기를 타성에 젖은 사람이라고 보다니. 이런 겸손함이 나를 부끄럽게 한다.

초등학교는 기본적으로 재미있어야 하고 아이들을 행복하게 만들어주어야 한다는 것이 교장의 생각이었다. 그래서 로흐뷰는 기본적으로 놀이를 중심에 두고 학교 운영을 하고 있다. 놀이 중심의 교육이 아동중심교육의 핵심으로, 놀이를 통해 아이들은 창의력을 키우고 사회적 기술을 익히며 학습의 기초도 탄탄하게 할 수 있다는 것이다. 그런데 키스테이지1(P1+2)에 들어가면서부터 인지학습에 대한 요구가 생겨나고, 그 결과 시험 준비에 들어가고, 그러다 초등학교 고학년(키스테이지2, P3+4+5++6+7)에 들어가면 아이들은 11세 시험 준비를 해야 하기에 놀이를 포기하고 공부에만 매달리게 되어 결국 아이들이 누릴 행복을 상실하게 되는 위기에 몰린다. 아동 개개인의 차이를 존중하고 지원하면 아이들이 행복할 텐데도 일반학교는 그렇게 하질 않는다. 그래서 로흐뷰는 아동중심교육을 가장 중요한 교육철학으로 잡고 아동들의 행복추구권을 보장하려고 하고 있다.

그런데 이처럼 아동의 행복권과 발달권을 강조하는 아동중심교육이 중산층교육으로 오도되거나 북아일랜드의 역사성을 경시하는 자유주의 사상이라고 비판받기도 한다. 사실 북아일랜드는 종파분리주의로 오랫동안 고통의 역사를 살았기 때문에 종교적 지평 밖에서의 인간적 전망이 불가능한 사회로 비친다. 그러다 보니 종교 이외의 다른 개념인 보편적 인권은 쉽게 이해되거나 받아들여질 수 있는 주제가 아니다. 하지만 인권은 종교를 넘어선 보편적 주제이다. 북아일랜드에서는 일반적으로 종교 간의 포용만 이야기되고 어디를 가나 종교에 관한 논의를 포기하지 않으려고 한다. 이것이 북아일랜드의 문화적 정체성, 자신들만의 특수성이라고 여기기에 이 문제를 외면해서는 안 된다고만 생각한다. 하지만 1998년 이후 북아일랜드를 둘러싼 글로벌 환경이 극적으로 바뀌었다. 종교 카테고리를 개신교라고 표명하더라도 교회에 거의 나가지 않는 사람이 많다. 그럼에도 자신은 개신교 영국인이라고 생각한다. 여전히 자기가 속한 진영을 국기로 드러내는 국기 이미지 사회이다. 북아일랜드의 상징물이 된 이미지를 극복할 방법론적 대안 중의 하나가 인권이라고 본다는 맥나이트 교장의 말에 전적으로 동의한다. 역사적 희생자에 대한 접근을 인권적 접근 없이 어떻게 이해할 수 있겠는가? 지난 30여 년간의 분쟁기 동안 발생했던 고통스러운 일들에 대해 어떻게 이해하고 접근해야 하느냐 하는 문제가 모두 보편적 인권의 문제인 것이다.

맥나이트 교장은 1980년대만 해도 오직 28%만이 대학에 갔으나 지금은 거의 50%가 대학에 진학하는데 대졸자가 갈 수 있는 직업은 그렇게 많이 늘지 않은 것이 문제라는 현실을 지적한다. 대학에 대한 기대가 엄청 높고 그만큼 낭비도 많은 것은 바로 이와 같은 노동시장의 왜곡된 구조때문이라는 것이다. 그래서 아이들에게 무조건 대학에 가는 그래머스쿨만 좋다고 하는 교육을 해서는 안 된다는 것이다. 통합교육이념의 확산을 통해 자기가 무엇을 하는 것이 좋은지 잘 알고 준비를 할 수 있도록 해야 한다는 문제 지적은 모든 국가가 다 같이 안고 있는 동일선상의 주제이다.

현재 북아일랜드 일반학교가 지나치게 공부만 강조하는 것에 대해 많은 우려를 한다는 지적에 새삼 한국을 생각했다. 학생들이 평생을 살아가려면 무엇보다 창의성과 자발성이 중요한데 너무 단기적인 안목으로 아이들을 잡는 것이 아닌가 걱정스럽다는 마이클 맥나이트 교장이 너무나 커 보인다. 그러면서 그는 직업 구조 변화와 과잉학력에 대해 문제를 제기했다. 북아일랜드의 이러한 교육문제가 다 우리의 문제이기도 하지 않은가?

로흐뷰는 포지와 2002년에 새로 설립한 밀레니엄과 더불어 자주 만나 이 지역의 통합교육 활성화를 위해 긴밀히 협력한다. 이때 라간이 늘 중심에 있다고 하니 이 세 학교가 라간의 피더스쿨인 것만은 틀림없다. 캐슬리어 로드에 있는 로흐뷰에서 라간은 아주 가깝다. 잠시 라간을 들려 사진을 몇 개 더 찍고 나와 1970년대 통합학교 설립을 둘러싸고 심각한 논쟁을 벌였던 현장 스토먼트 국회를 돌아간다. '확실히 이쪽이 북아일랜드 통합교육의 역사적 산실이 맞구나' 하는 느낌을 확 갖게 한다.

2부

·

열악한 지역에서 싹튼 민중적 통합교육

노스벨파스트, 1985년

헤이즐우드 통합칼리지

헤이즐우드 통합초등학교

노스벨파스트 North Belfast

노스벨파스트는 지난 30년간의 분쟁기에 종파분리주의적 폭력이 빈번하게 일어난 지역이다. 양 진영 민병대원이 가장 많이 살던 곳으로, 분쟁기 동안 460여 명이 이곳에서 사망했다. 부둣가 지역인 이곳은 조선업의 호황기 때는 노동자들이 여흥을 즐기며 모여 살던 곳이었으나 불황기에는 종파분리주의에 노출된 일상의 폭력이 난무했다. 내셔널리스트 거주지와 유니어니스트 거주지가 조각보처럼 서로 맞닿아 있어 어른이고 아이들이고 서로 지나가다 부닥치기만 하면 으르렁거리는 아슬아슬한 교차로가 여러 곳 있다.

헤이즐우드 초중등학교는 자녀들의 미래를 염려한 학부모들의 통합학교 설립 운동으로 탄생했다. 종파분리주의적 극단주의가 요동치는 이른바 노동계층 우범지대에 통합학교를 만들자는 지역 학부모들의 제안에 신생 BELTIE가 화답하여 1985년 역사적인 헤이즐우드 초등학교와 칼리지가 동시에 탄생한다. 헤이즐우드 칼리지는 1996년 영국교육위원회에서 선정한 취약지구에 설립된 효과적인 학교 중 하나로 소개되었다. 즉, 소득, 고용, 주거, 보건 등의 사회적, 경제적 여건이 아주 열악하며 안전하지 않은 우범지대에서 통합교육을 통해 아이들에게 종교적 다원성을 심어주어 종파분리주의를 극복한 비폭력적 지역사회운동의 선도적 사례로 선정된 것이다. 초등학교 역시 이곳의 어린이들이 가장 가고 싶어 하는 아동친화학교로 잘 알려져 있다. 이제 헤이즐우드는 이곳 지역인들의 자부심이다.

04

진보적인 열린 교육의 가능성,
헤이즐우드 통합칼리지

Hazelwood Integrated College
www.hazelwoodcollege.co.uk

헤이즐우드 통합칼리지로 가는 길은 낙후된 취약지구라는 느낌이 있었지만 막상 학교가 자리 잡은 공간은 너무나 아름답고 쾌적했다. 학교 안쪽에 오래되어 보이는 근사한 건물이 있어 들어가 보려 하니 마침 앞에 리셉션이라고 붙어 있다. 너무나 아름다운 바로크식 건물인데 아주 잘 정돈된 누군가의 대저택에 초대받아 들어가는 느낌이다. 리셉션에 들어가 물어보니 이 지역 부호의 개인저택이었던 것이 전쟁 중에 병원으로 이용되었고 나중에 여학교로도 활용되다가 본격적으로 이 부지에 학교 건물을 새로 지을 때 전면적으로 수리했다고 한다. 아래층은 행정 건물로 활용하고 2층에는 음악실이 있는데 거기서 이 학교가 자랑하는 '하모니 인 노스(Harmony in North)' 합창단이 연습도 하고 음악수업도 한다.

교장실 행정비서의 안내로 본관 1층 입구에 있는 교장실에서 캐슬린 오헤어(Kathleen O'Hare) 교장을 만났다. 자신은 공모로 온 지 얼마 안 되었기 때문에 학교 초기의 발전 과정은 잘 모른다고 하면서, 역사적 사실을 알려줄 어른을 소개한다. 어윈 매크리(Eoin McCrea), 현재 학교운영위원회 부위원장이다. 1985년 학교 설립 당시부터 막내아들을 보낸 학부모로서 설립 운동에 참여했고 지금도 설립학부모위원 자격으로 지속적으로 학교운영위원회에 참여하면서 학교 일에 관여하고 있다.

학교 역사에 관한 이야기는 매크리 부위원장에게 맡겼지만, 교장도 통합교육에 대한 의지가 대단해 보인다. 통합학교가 시작된 지 35년이 지났으니 지금 대부분의 통합학교 교장들은 초기 학교 설립에 관여했던 교사 출신이라기보다는 자율적인 통합학교 운영 역량이 있어 보이는 교육자를 공모 방식으로 모셔온다. 이제는 새 인물이 새로운 리더십의 기반 위에서 통합학교 교장 역할을 수행한다. 원칙 있는 통합교육철학의 계승이 염려되면서도 다른 한편 통합교육이 확산되는 것 같아 바람직한 변화로도 보인다.

가난과 폭력 속에서 통합학교를 시작하다

통합교육의 계승과 확산에 대한 염려와 기대를 공유하며 어윈 매크리 부위원장의 살아 숨 쉬는 학교 이야기 속으로 빠져 들어갔다.

나는 북아일랜드 출신으로 이곳 퀸스 대학교를 졸업한 후 잉글랜드로 가서 취업했고 그곳에서 결혼해 아이를 넷 두었다. 그러던 중 여기 폴리테크닉 대학에서 엔지니어로 와달라고 해서 1973년에 왔다. 이곳 사정을 잘 모르던 터라 폴리테크닉과 가깝고 바다가 내려다보이는 전망이 좋다는 이유로 이곳에 자리 잡았는데, 살다 보니 너무 위험한 우범지대였다. 그래머스쿨로 진학한 큰 아이들이 하교할 때면 늘 버스정류장까지 나가서 데려와야 했다. 이런 환경이 끔찍해서 우리 아이들의 교육 환경부터 바뀌어야 한다고 생각했다. 바로 그때 라간이 생겼다. 막내를 라간에 보내려고 갔더니 대기자가 너무 많고 지역에서도 보내기가 멀어서, 그렇다면 나도 여기서 통합학교를 만들어야겠다고 생각했다. 주변 사람들과 이야기를 나눴고 몇몇 부모들이 참여하겠다는 의견이 모여 준비모임을 했는데, 그때 벨파스트통합교육트러스트(BELTIE: Belfast Learning Trust of Integrated Education)가 적극적으로 지원하며 이끌어 주었다. BELTIE는 토니 스펜서(Tony Spencer)가 주도했던 통합학교 지원 재단으로, ACT가 라간을 위시한 사우스벨파스트 지역에 학교 설립을 주도했다면, 사회학자인 토니 스펜서는 중산층 지역을 넘어서서 취약 지역과 기타 농촌 지역에도 통합학교를 세워야 한다고 생각하여 ACT와 별도로 1984년 설립한 것이었다.

그런데 준비 과정에서 BELTIE와 ACT 간의 갈등이 너무 심하다는 것을 느꼈다. 도무지 중간지대가 없었다. 이 둘의 갈등이 해소되지 않는 한 통합교육운동은 한계에 봉착할 수밖에 없고, 또한 앞으로 통학학교가 늘어날 것으로 기대할 때 이 둘을 넘어선 새로운 통합운동 지휘 진영이 있어야 한다고 생각했다. 그래서 ACT, BELTIE 그리고 나와 앨런 스미스(Alan Smith) 교수 등이 협력하여 밀어붙여 만든 것이 북아일랜드통합교육협회(NICIE)이다. 지역 학부모들이 모임을 시작할 때 참여하여 안내하고 교육하고 공청회를 주선하고 필요한 지원사업을 하고 후원조직을 연결하는 일들이 중요한데 이것은 개별 학교 차원에서 할 수 있는 일이 아니다. 1987년 NICIE가 만들어지고 난 이후는 NICIE 전문인력들이 지원하여 학교 설립을 도왔기 때문에 우리처럼 어렵게 했던 것 같지는 않다. NICIE가 이후 교육부로부터 예산 지원을 받아 가면서 약간 관료화되는 느낌은 있지만 그래도 NICIE는 통합교육운동에 아주 중요하며, 공적 역할을 나름대로 잘하고 있다고 생각한다. NICIE 설립에 참여했던 한 사람으로서 자부심을 느낀다.

나도 그랬지만 우리 학부모들도 학교 설립 과정에서 필요한 물자를 모으고 교사를 채용하고 낡은 건물을 수리하기 위한 후원금을 모으려고 안 해본 것이 없다. 낮에는 직장에서 일하고 밤과 주말은 오직 학교 설립을 위한 일에만 시간을 썼다. 모두가 다 나와 학교에서 살았다. 1985년에 학생 17명, 교사 3명과 함께 학교를 임시로 시작할 수 있었다. 첫 교장인 톰 롤리(Tom Rowley)와 2대 교장 노린 캠벨(Noreen Campbell)은 다른 학교에서 교사로 근무하다가 통합교육이념에 동의하면서 이곳으로 합류한 아주 열정적인 교사였다. 우리는 교사 봉급을 감당할 수 없어서 3명의 정규교사 외 많은 임시교사를 통해 교과를 진행했다. 원래는 학교 설립인가 신청을 하고 임시운영체제에 들어갔을 때 인근 학교의 남는 시설을 이용하려고 했었다. 1985년 학교 설립 당시 개신교 거주자들이 이곳에서 더 이상 살 수가 없어 지역을 떠나고 있었기 때문에 지역 내 공립학교 6곳이 폐쇄 위기를 겪고 있었다. 그럼에도 지역 학교들의 반발과 교육청의 비협조로 부분사용이 허락되지 않아 할 수 없이 벨파스트 시내의 협동조합 건물 코업홀(co-op hall)로 가서 초등학교와 함께 수업을 진행했다. 시내 중심가에 있는 코업홀이 바로 폴리테크닉 대학 앞이고 또 벨파스트 도서관이 가까워서 아이들은 벨파스트 시티센터를 열린 교육 공간으로 삼아 훌륭한 현지교육을 했다고 본다. 아이들은 항상 신이 났다. 교사들도 열의가 있었고. 이렇게 열심히 하자 교육청은 3개월도 안 되어 학교 부지를 결정해주었다. 초등학교에는 폐교된 손힐(Thornhill) 초등학교를, 우리에게는 폐교된 그레이마운트 여학교(Gray Mount Girls School)를 주어, 우리는 지금은 없어진 낡은 폐교에서 학교를 시작했다. 사용하지 않던 폐교는 모든 것이 부실했다. 문짝이 떨어졌고 비가 오면 새서 양동이를 늘 받치고 있어야 했고 지붕마저 내려앉을 것 같은 불안한 환경 속에서도 아이들과 교사들은 모두 행복해했다. 학생 수는 문을 열자마자 폭발적으로 증가하여 아시다시피 지금은 라간에 이어 두 번째로 큰 통합칼리지로 학생 수가 900명을 넘는다. 내년부터는 1000명으로 정원이 확정되었다.

우리 학교의 행정관인 고풍스러운 건물은 그레이가(家)의 저택이다. 이 건물은 전쟁 중엔 병원으로 쓰였고, 종전 후엔 그레이마운트 여학교로 11세 이후 여학생들을 위한 주간학교로 사용되었다. 이 지역엔 개신교도 수가 적은데다가 거주하던 개신교도들마저 지역이 불안하니까 이주하는 바람에 이 학교는 학생 수가 줄어 결국엔 폐교가 된 채 방치되다가 1985년 헤이즐우드로 거듭나게 된 것이다. 계속적인 학생 수의 증가로 오랜 건물로는 감당이 안 되어 컨테이너 건물을 붙여 15년간 사용했다. 그동안 학부모들은 부실한 학교 시설에도 불구하고 통합학교를 가졌다는 그 한 가지 사실만으로 기뻐서 그 누구도 불평하지 않고 자기들이 할 수 있는 보조 역할을 충실히 다했다. 오늘날의 근사한 건물은 2000년에 지어졌다. 우리는 이것을 밀레니엄 건물이라고 부른다. 그때만 해도 이 정도 건물이면 충분할 것이라고 생각했는데 학생 수가 계속 늘어 현재 6폼 A레벨 과정 학생들은 본관 위에 있는 컨테이너 건물에서 수업하고 있다. 내년부터 건축이 시작될 예정이라 다들 기대감에 부풀어 있다.

이 지역은 지금도 여름만 되면 자기 진영을 상징하는 국기를 집에 걸어 내가 가톨릭 내셔널리스트이다, 혹은 내가 개신교 유니어니스트이다, 이렇게 표명한다. 여기엔 종파학교가 나란히 있다. 아침에 각자 다른 교복을 입고 가톨릭 가정에서는 가톨릭학교로, 개신교 가정의 아이는 개신교학교로 등교하고 종일 따로따로 공부하다 하교한다. 학교에서도 서로 다른 이념을 각기 학습한다. 자연스럽게 서로에 대해 불쾌해한다. 이러한 마음을 가지고 하굣길에서 마주쳐 괜히 싸우는 것이다. 이곳은 이렇게 싸움이 일상화되어 있는 지역이다. 또한 이 지역엔 실업이 가장 큰 문제였다. 그러니 종파분리주의가 더 극성을 부렸다. 지금은 나아지긴 했지만 분열의 뿌리는 여전히 남아 있다. 중산층은 상대적으로 온건한 이념을 가질 수 있지만 가난한 사람들은 자칫 더 극단화될 소지가 많다. 그래서 이 지역은 끊임없는 싸움, 큰소리, 상징적 국기 등이 난무했다. 거리를 두고 이렇게 나뉘어 분란을 일으키는 통에 내 처는 언제까지 여기서 살아야 하느냐고 하소연했다.

하지만 내가 살던 런던도 마찬가지였다고 생각한다. 가난한 지역은 마약이 들끓어 아이들을 거기로부터 보호해야 하는 의무가 가장 컸다. 바로 이러한 문제를 가지고 염려했기에 나는 우리 시대로 이러한 분열을 끝내고 싶었다. 가능하면 빨리. 그 길이 교육이라고 생각했고 통합교육운동에 매진했다. 당시 나는 이 지역에서는 이른바 엘리트였기 때문에 할 일이 많았다. 그러다 보니 지금까지 역할이 주어진 것 같다. 라간과 달리 나는 처음부터 이곳은 가난한 지역이기 때문에 무엇보다 학비를 내지 않고(non fee paying) 다 함께 시작하는 것이 중요하다고 생각했다. 이점이 다른 지역의 통합학교운동과 다른 점이다. 우리는 가난한 지역이기에 후원단체들의 도움도 어느 정도 받을 수 있었고 주민들도 힘을 합쳐 지역의 무상 통합학교로 설립하자는 취지에 찬동했던 것이다. 이것은 대단한 것이었다. 지금 생각해도 너무나 신나는 일이었다. 힘든 줄 모르고 여기까지 왔다. 이제는 너무나 발전하여 이 학교를 들어오고 싶지만 들어올 수 없는 대기자가 너무 많다. 대부분의 통합학교가 마찬가지이다. 그럼에도 정부는 통합학교를 만들어주지 않는다. 그래서 비율이 낮은 것이지 안 가는 것이 아니다. 심지어 정원을 늘려주지도 않는다. 정원을 늘리면 주변 학교 학생들을 빼어온다는 비판을 받는다고 생각해서 눈치를 보느라고 정원도 안 늘려준다. 결국 이런 분위기로 인해 통합학교는 지금 들어가기 대단히 어려운 학교로 되어 있다. 북아일랜드 학부모들의 절대다수가 통합교육을 지지하지만 정부는 정책을 공유교육이라는 이상한 방향으로 몰고 가고 있다. 이게 문제다.

여기까지 오면서 우린 사실 너무나 고생했고 그만큼 보람도 느낀다. 지역에 학부모들이 협심하여 이런 학교를 세운다는 것은 지역사회에 새로운 역사를 쓰는 것이나 마찬가지이다. 특히 가난한 지역에서 그동안 교육청에서 해주던 일을 주민 스스로가 일어나 만들어냈다는 것은 최고의 경험이다. 이것은 그동안 전혀 기대하지 못했던 새로운 일로서 돈도 없고 능력도 없는 가난한 지역 학부모들이 갈등의 지역 환경을 바꾸자, 우리 아이들 세대는 우리 같아선 안된다, 통합이 중요한 가치다, 이제 분리주의는 끝내자 등의 지역사회운동을 전개했고, 그 중심 가치로 통합교육이 있다. 가난한 지역에서 자기 자녀의 미래를 위한 학부모운동이 성공했다는 점에서 대단하다.

북아일랜드의 통합교육을 잉글랜드의 종합교육과 거의 같은 의미로 나는 받아들인다. 잉글랜드의 교육은 능력별 분리주의를 근간으로 했던 차별교육이기에 모든 능력의 아이들이 한 학교에서 다 함께 배우자는 영국 종합교육의 이념은 분명 대단히 진보적이고 의미 있는 교육 개혁이다. 특히 11세 시험을 기준으로 한 조기선발교육이 심각한 폐해를 주고 있었기 때문에 11세 시험 폐지를 근간으로 하는 종합교육이념은 이곳의 통합교육이념과 상당히 가깝다. 하지만 여기에서는 그것과 함께 종파분리주의를 극복하는 것이 더 중요한 이념적 방향으로 설정되었는데 이것이 북아일랜드 통합교육의 특수성이다. 종파통합(all faith), 능력통합(all ability), 양성통합(all gender)으로 상징되는 북아일랜드 통합교육은 1980~1990년대 북아일랜드라는 특수한 환경의 산물이다. 오늘날 종교는 상대적으로 덜 중요해져 많은 사람들이 특정 종교를 말하려 하지 않는다. 또 이주민의 비중도 높아졌다. 따라서 통합의 범위가 더 넓어져야 한다고 본다. 그래서 이렇게 확대된 통합교육이념이 정부정책으로 자리 잡았으면 하는 기대가 있다. 종파통합, 능력통합, 양성통합은 정말 중요한 통합의 내용 아닌가? 우린 아직도 자주 만난다. 학교 이야기를 하면서 즐거워하고 지금도 학교에 필요한 일이 있으면 언제고 달려간다. 이제는 학교가 안정되어 사실 우리가 할 일이 별로 없다.

진보교육을 향한 포용적 리더십

어윈 매크리의 이야기에 헤이즐우드의 고난과 승리의 여정이 모두 들어 있다. 중산층 주도의 통합학교가 아닌 민중적 통합학교가 어떠한 길을 갈 것인가는 이러한 교육을 실천할 교사에게 달려 있고 특히 학교장의 리더십은 가능과 불가능을 결정짓는 바로미터이기도 하다. 1985년 톰 롤리 초대 교장을 필두로 현재 4대 캐슬린 오헤어 교장이 교육적 책임을 지고 있다. ◆

캐슬린 오헤어 교장은 2012년 공모를 통해서 선임되었다. 이전에 데리의 오크우드 통합칼리지 교사로 있던 때에는 오히려 통합교육에 회의적이었다고 한다. 그래서 가톨릭 정부재정지원 자율학교에서 교장으로 있다가 통합교육의 가능성을 재확인하고 헤이즐우드 칼리지로 오게 되었다. 역사 교사로서 북아일랜드 평화교육, 갈등 해결, 역사적 사실로서의 평화 등을 다루면서 특히 교과서 편찬 작업에 많이 참여했고 상호이해교육(EMU) 활동에도 관여했다. 이러한 활동에서 난민, 갈등, 평화, 전쟁 등의 주제를 분단사회 갈등해결교육으로 발전시킴으로써 통합교육의 가치를 일반학교에서도 실천해왔다. 오헤어 교장은 모든 아이가 능력, 신념, 종파, 성, 사회적 지위 등을 초월하여 통합된 학교 공동체에서 공유된 미래를 열어간다는 교육관을 지니고 있다.

헤이즐우드에서는 청소년기의 성정체성 문제를 아주 민감한 주제로 간주하고 보편적 인권 기반의 접근을 시도하는데, 게이나 레즈비언을 포함한 GLBT(gay, lesbian, bisexual, transgender) 문제도 적극적으로 다룬다.

◆ 1985년 개교하면서 2명의 교사와 함께 톰 롤리 교장이 11년을 역임했고, 이어 초대 교사였던 노린 캠벨 교장이 2005년까지 9년을 역임, 이후 아일린 레너헌(Eileen Lenehan) 교장을 거쳐 2012년부터 캐슬린 오헤어 교장이 학교 행정을 맡고 있다.

이 학교엔 동성애 교사도 있고 학생들도 있다. 이런 점 때문에 이 학교를 선택하는 학생도 있다고 한다. 여기서는 이것을 공개적으로 다루며 성적 소수자로서의 자기 정체성을 건강하게 지니며 살아가도록 격려한다. 오헤어 교장은 학생들의 지속적이고 의미 있는 영적 상담을 체계적으로 지원하기 위해 새롭게 교목을 임용했는데, 이런 교목실은 통합칼리지 중 라간과 헤이즐우드만 가지고 있다. 현재는 아일랜드성공회 소속 교목으로 모든 종파를 포괄하는 신앙적 훈련 및 자기 수련을 담당하면서 자기 교과도 가르친다. 여기서도 라간처럼 신구 양쪽의 교목을 두려고 했는데 가톨릭 쪽에서 반대하여 현재는 개신교 교목만 있다.

2016년 봄에 헤이즐우드 30주년 기념 합창공연을 미국 케네디센터에서 가졌다. 배리 더글라스(Barry Douglass)라는 이곳 출신 음악가가 오헤어 교장과 함께 인근 종파학교들을 설득해 노스벨파스트 청소년합창단을 만들었다. 합창단이 부른 노래는 이곳 출신 시인 마이클 롱리(Michael Longley)가 쓴 노스벨파스트 찬양시에다 곡을 붙인 것이다. 아이들이 손뼉으로 박자 맞추면서 춤추며 부르는 가벼운 노래로 이곳 지역의 주민들이 아마도 다 부르게 될 것이라고 기대한다. 그동안 헤이즐우드 합창단에는 여학생들이 주로 참여하고 남학생은 거의 없었는데 인근 학교 남학생들이 합창단에 합류하면서 성별 균형이 이뤄졌다. 이렇게 해서 지역청소년 합창단 하모니 인 노스가 탄생한 것이다. 워낙 가난한 곳이라 지역 자부심이 없었는데 학교가 있음으로 인해 그런 자부심이 생겼고, 이를 노래로 표현했다. 이러한 지역 연계 활동을 계기로 학교가 지역통합을 위해 적극적인 역할을 하려는 것 같다.

지난 4년간 캐슬린 오헤어 교장은 헤이즐우드에 깊게 뿌리내린 아동 중심적 진보적 평등문화를 좀 더 원숙하고 교양 있는 일반학교 문화와 융합시키기 위한 노력을 했다. 그중 하나가 개교 때부터 전통처럼 되어 있던, 교사와 학생 간의 이름 부르기(first name calling)를 변경한 것이다. 교사끼리는 이름으로 부르는 것을 유지하나 학생이 교사를 부를 때는 공손하게 성을 부르게 하자는 엄청난 변화였다. 거의 30여 년 동안 선생님의 이름을 친구처럼 부르던 평등문화를 위엄 있는 교양문화로 바꾸려는 노력으로 보인다.

또한 학력 신장도 오혜어 교장이 강조하는 한 면이다. 올해부터는 학생 정원도 1000명으로 증원되었다. 이같이 학교 발전이나 성장이 필요하기는 하지만 교장이 추진하는 성과 기반의 성장이 자칫 오랜 진보적 통합교육 전통을 와해시킬 가능성도 없지 않다고 염려하는 사람들도 있다. 하지만 이 모든 것을 교장 단독으로 결정하는 것이 아니라 학교운영위원회의 논의를 거쳐서 결정·실행하는 것이고, 또 문제가 생기면 바로 수정하는 탄력성을 보이기에 큰 걱정은 하지 않는다. 현재 학교 구성원들은 교장의 이러한 시도를 애정을 가지고 지지하는 것 같다. 교육 환경을 둘러싼 변화된 상황을 적극적으로 수용하고 정책 변화를 시도하려는 교장을 신뢰하며 지지하기 때문에 학교에 변화를 통한 변증법적 발전이 이루어질 것 같다.

내가 헤이즐우드에 간다니까 많은 사람이 노린 캠벨을 만나야 한다고 말했다. NICIE 사무총장으로만 알고 있던 노린 캠벨은 개교 당시부터 교사로 참여했던 제2대 헤이즐우드 교장이다. 헤이즐우드에 대한 애정과 통합교육이론을 그동안 여러 차례 글로 발표했기 때문에 많은 사람이 노린 캠벨의 글을 통해 헤이즐우드를 이해한다고 한다. 만나서 이야기를 나눠보니 정말 '영원한 헤이즐우드 사람'이다. 톰 롤리 초대 교장이나 노린 캠벨 자신은 각기 다른 종파학교에서 10년 이상 근무했던 사람이라 종파학교의 폐해를 뛰어넘을 통합교육이념에 목말라 있었다고 한다. 개신교 남학교에서 18년 근무했던 톰과 가톨릭학교에서 10년간 근무했던 노린 자신은 로저스의 인본주의 심리학, 콜버그의 도덕성 발달이론 그리고 매슬로우의 욕구의 위계이론 등을 토대로 헤이즐우드만의 통합교육이론을 체계화하여 아동중심 통합교육이론을 발전시켰다. 이렇게 체계적으로 형성된 통합교육사상은 오늘의 헤이즐우드 통합칼리지를 만드는 데 결정적으로 기여했다고 평가된다. 노스벨파스트의 지역 특성을 알고 헤이즐우드의 탄생 과정부터 소상히 이해하고 있는 두 사람은 이 지역 청소년들을 아우르고 지원할 통합교육이 어떠해야 하는지를 잘 알고 있었다. 분리주의적 살인이 발생하고 실업과 박탈감이 에워싸던 열악한 노스벨파스트의 헤이즐우드를 신뢰가 싹트는 통합학교로 자리 잡게 하는 것이 쉬운 일은 아니었다. 아동중심 통합교육은 아무도 모르는 개념이었고 특히 학부모들에게는 너무나 낯선 사상이었다. 교사는 물론이고 학부모들에게도 왜 이러한 진보적 사고가 필요한지에 대해 끊임없이 연수하며 생활화하고자 했고, 민주적 학교 운영을 통해 누구나 존중받는다고 느끼도록 했다. 이를 위해 교장 자신부터 학생이나 교사 모두가 "캠벨 교장 선생님"이라고 부르는 대신 "노린"이라고 친구처럼 부르게 하는 등 혁신적인 조치를 취했다. 보수적인 당시의 학교풍토로는 수용하기 어려운 아주 급진적인 방향이었다. 이러한 노력의 결과로 1996년 영국교육위원회에서 부여하는 '취약지구의 좋은 학교'로 선정되었고, 토니 블레어 영국 총리가 1997년 12월 17일 학교를 방문하여 학생들과 성탄예배를 함께 보는 등 엄청난 사회적 주목을 받았다.

헤이즐우드에서 중시하는 제일 가치는 교육을 통해 궁극적으로 아이들을 하나하나 소중하게 다루는 것이다. 모든 아이는 각기 유일하고 독특한 소중한 존재이다. 그런데 교육 환경이 똑같이 입시 준비를 시키고 자기가 속한 집단의 가치만을 강조하면서 아이들의 참된 속성을 죽이기에, 진보적 통합교육을 통해 아이들의 자기다움을 살리는 교육을 해야 한다고 믿는다. 북아일랜드에서는 정치권과 그에 종속된 학교가 2개의 심볼만을 각기 강조하다 보니 아이들은 그 안에 갇혀 세상을 못 보게 된다. 그러므로 더 넓은 세계를 크게 볼 수 있도록 교육철학과 교육정책이 바뀌어야 한다고 보고, 헤이즐우드는 통합가치 중심의 홀리스틱 교육을 지향했다. 교육의 모든 부문에서 배려(empathy), 개방성(openness), 신뢰(trust), 수용(acceptance), 자기 존중(self-esteem), 상호 존중(mutual respect), 차이의 탐구(exploration of difference) 등이 서로 연결된 틀로 숨겨진 교육과정(hidden curriculum)에까지 반영되게 한다. 아일랜드 언어와 얼스터 문화도 똑같이 다루며, 금요일 오후에는 각기 자기 선택교과를 할 수 있게 하고 학기 말에는 선택교과의 결과물을 중심으로 2주간 역량 강화 시간(enrichment fortnight)을 갖는다. 헤이즐우드에 반영된 이러한 통합교육은 모두 상황적 모델(contextual model)에 기인한다. 이는 학습 환경의 재구성을 의미하는 것으로 각자의 능력이 평등하게 통합된 교실에서 종교적 균형이 맞춰진 형태로 표현되고 구성되는 것이다. 이를 통해 인성과 사회성 발달을 구현하며 동시에 인지적 역량도 심화시킬 수 있게 된다고 본다. 행동수정은 비체벌적(non-punitive) 방법으로 이루어진다. 부적절한 행동을 했을 때에는 처벌하기보다는 학습 기회로 삼게 하며 교사나 학부모가 역할모델이 되어 그들이 원하는 바를 보여줄 수 있어야 한다. 이렇게 학생지도를 하면 아이들의 폭력이나 고민도 평화적인 방법으로 해결할 수 있게 된다.

학급은 소인수로 구성하여 절대 23명을 넘지 않게 했으며, 종교문화적 배경, 성별, 능력별 여건을 고려하여 고루 섞었다. 학생들은 학생회를 통해 자기 의견을 개진하며, 차이에 대한 표현을 스스럼없이 하도록 했다. 학생들의 개인적, 사회적, 인지적 학습은 상호 장려되었고 학력 신장도 게을리하지 않았다.

또한 헤이즐우드에서는 학부모의 역할이 아주 강조되었다. 반드시 학교행사에 참여하도록 했고, 학교 목적을 인지하도록 끊임없이 교육하고 교사를 신뢰하고 학생들을 존중하도록 부탁했다. 학교운영위원회에 학부모대표가 참석함으로 선출의 기회를 다양하게 했으며, 학교 정책에 학부모들이 의견을 개진하도록 했다. 논쟁이 일더라도 그런 시끄러움이 학교를 발전시킨다는 철학 위에서 모두 허용했다.

개교 이래 헤이즐우드는 학부모들의 협조와 지역민들의 이해에 힘입어 엄청난 확장 일로에 있었다. 하지만 지역 내 분리주의적 책동은 여전하여 학생들의 등하굣길을 두고도 분쟁이 일곤 했다. 2001년 아르도인에서는 특히 충돌이 잦고 그 피해도 컸다. 결국 평화의 벽을 치는 것으로 일단락될 정도로 지역 내 내셔널리스트 거주자들과 유니어니스트 거주자들 간의 반목이 극심했다. 예를 들어 가톨릭초등학교 정문은 돌아서 가야 하기 때문에 후문으로 다니는 것이 편한데 그러려면 아이들이 유니어니스트 거주지역을 지나야 했다. 이 과정에서 자주 분쟁이 일어나 부모들이 아이들을 데리고 다니고 진압경찰(riot police)이 치안 유지를 할 정도로 긴장이 높았다. 이러한 지역분쟁은 헤이즐우드 학생들이 사는 노스벨파스트 지역 환경에도 영향을 주어 아이들의 통학차가 공격당하곤 했다.

그런데 2001년 9월 4일 화요일 아침, 14세 개신교 소년이 자전거를 타고 등교하다가 헤이즐우드 어린이집에 아이를 데려다 주고 나선 가톨릭 어머니의 차에 치여 사망하는 사고가 일어났다. 긴장이 극도로 치솟았고, 헤이즐우드는 개신교 학생을 죽인 살인자 학교로 지목되었다. 단순사고였음에도 정치적 의미가 배가되면서 학교는 패닉 상태에 빠졌다. 공포감이 학교를 지배했지만 학교가 안전한 공간이라는 믿음을 주기 위한 노력으로 그런대로 큰 고비가 잘 지나갔다. 그러다 9월 28일 통학버스에 던진 블록에 맞아 학생 7명이 부상당하는 사고가 생겼다. 11월 11일에는 개신교 지역인 타이거베이에서 16세 소년이 맞아 죽었다. 다음 해 1월 11일엔 가톨릭학교 교사가 살해당했으며 12일에는 헤이즐우드 졸업생인 20세 청년이 종파분리주의자의 총에 살해되었다. 학교 공동체가 와해되기 직전이었다. 경찰이 학교를 상시 순찰했고 아예 상주했다.

노린 캠벨 교장은 침착하게 당시 진행 중인 지역사회 폭력이라는 주제에 대해 적극적으로 학습시켰다. 교사들과 함께 지역을 탐방하면서 학생들이 거주하는 지역의 문제점을 교사들이 이해하게 했고, 분쟁을 어떻게 극복하며 화해에 이를 것인지 토론하게 했다. 이 지역을 어떻게 사람들이 안심하고 살 수 있는 공간으로 만들 것인가에 대한 고민은 학교의 사회적 주제학습으로 자리 잡았다. 또한 벨파스트 아이스하키팀의 경기를 단체로 관전하는 행사를 기획하여 600명이 넘는 학생과 학부모가 함께 학교 정체성을 경험하게 했다. 한편 학교에서는 모두가 자기의 이야기를 하도록 권장받으며 상호 이해의 소통 시간을 갖도록 했다. 그러면서 폭력과 종파분리주의에 대항하여 자신이 할 수 있는 일에 대해 이야기하는 논쟁 시간을 가졌는데, 이것이 2002년 5월부터 시작한 '네 평화를 이야기하는 날(speak your peace day)'이다. 여기서는 모든 사람이 자기네 집이나 지역에서 중시하는 심볼을 가져와서 그것이 왜 중요한지를 이야기하고 서로 듣게 하면서 상대방을 이해할 수 있도록 했다. 무장 이념의 표징으로서냐 아니면 집단 아이덴티티로서의 뱃지냐 사이에 엄청난 차이를 이해할 수 있게 되면서 아이들은 울고 웃었다. 교장 노린 캠벨의 이런 리더십에 힘입어 함께 노력한 결과 모두가 함께 승리했다.

통합교육은 기본적으로 진보적 교육모델로서 민주적 학교풍토를 만들기 위해 교사와 학생 간의 평등한 관계를 유지하고, 능력별 반편성을 하지 않고 함께 수업하며, 체벌을 하지 않고, 적대적이고 공포스러운 환경을 만들지 않기 위해 노력하는 교육 패러다임이다. '수용과 높은 기대의 문화(culture of acceptance and high expectation)'가 학교에서 만들어지면 이것은 학교 혁신(innovation)으로 이어진다. 캠벨 교장은 "실패하면서 전진한다. 교사도 이러한 환경 속에서 성장하며 학부모도 참여를 통해서 많이 배운다"라는 믿음을 가지고 있었다.

일반적으로 통합교육은 주류 전통교육론에 대항하는 대안적 시도로 비친다. 하지만 노린 캠벨 교장은 통합교육을 주류 밖의 대안교육으로만 남아 있게 하지 않고, 특히 교장이 된 후에는 학교 정책을 통하여 확실히 실천하려고 했으며, NICIE의 총무가 된 후에는 통합학교 전체로 확산하려 했다. 그래서 다소 공격적이란 비난도 받지만 그녀의 열정과 강력한 리더십이 오늘날 헤이즐우드와 NICIE를 안정권에 놓이게 했다는 것이 일반적 평가이다.

열린 교육과정

북아일랜드 통합교육은 장애·비장애 통합을 이야기하는 것이 아니라 종파분리주의를 넘어선 대통합을 지향한다는 북아일랜드 맥락에서의 역사성을 갖는다. 이는 종파분리주의를 극복하고 서로 존중하며 통합하자는 일종의 분단극복 교육운동의 성격을 지닌다. 그런 맥락에서 평화적 가치나 화해, 용서 등의 가치가 다 포함된다. '모든 능력을 가진 아이들이 다 함께'라는 것 또한 분열된 두 종파를 뛰어넘어 같이 모여 공부한다는, 모두를 아우르는 교육을 말한다. 환경적으로 아주 열악한 노스벨파스트에서 용감한 청소년 17명이 헤이즐우드의 첫 학생으로 1985년 등록했다. 가톨릭 아이, 개신교 아이, 혼합혼 가정의 아이, 한부모 가정의 아이, 장애가 있는 아이, 정치적 좌파 가정의 아이, 지역 공산당 가정의 아이가 모여 1985년 학교 문을 열었다. 분쟁이 심한 지역에서 통합학교를 신설한다는 현안에 더해 개교하자마자 학생 수가 급증하여 세간의 주목을 받았는데, 1988년 6월 13일 교육부 장관인 마위니(Brian Mawhinney)가 방문할 정도였다. 또한 벨파스트평화협정 전후로는 아일랜드공화국의 메리 로빈슨(Mary Robinson)과 메리 매컬리스(Mary McAleese) 대통령 등을 위시하여 토니 블레어 영국 총리 및 해외 유명 정치가들이 학교를 방문하여 격려했다. '가난한 우범지역의 문화를 바꾼 학교', '11세 시험을 없앤 평등학교', '장애·비장애가 통합된 학교', '모든 종파의 아이들이 한 학교에서 종파분리주의 극복을 위한 평화교육을 실시하는 학교' 등 다양한 수식어를 가진 오늘의 헤이즐우드로 우뚝 솟았다.

수업에 참관하기로 한 날, 아침 8시부터 정문에서 등교하는 학생들의 표정을 살폈다. 스쿨버스로 등교하는 아이, 일반버스로 오는 아이, 여럿이 모여 택시로 오는 아이, 부모가 데려다 주는 아이, 걸어서 오는 아이 등 다양하다. 명랑한 소년소녀들이다. 그날 학교는 장학을 받느라 어수선해서 오헤어 교장과는 눈인사만 하고 바로 6폼 칼리지 컨테이너 교실로 캐서린 하블린(Catherine Havlin) 선생과 올라갔다. 캐서린 하블린은 교과 담당교사가 아니라 이 학교만 있는 18년 차 자기학습 지원교사이다. 학생들이 자기 문제를 고민하여 수업에 들어가기 싫으면 대신 여기에 와서 자습하거나 하블린 선생과 상담할 수 있고, 그룹 단위로 프로그램에 참여하기도 한다. 그래서 하블린 선생은 담임보다도 학생들과 더 가깝다. 마침 아이들이 없어 학교 이야기를 하던 중 하블린 선생이 학교의 모든 기록을 다 정리·보관하고 있다고 하니, 이게 웬 횡재냐 싶다. 곧장 자료 검토에 들어갔다.

1989년에 만든 첫 번째 학교 안내 책자에 의하면, 헤이즐우드는 "'말보다는 실천(Facta Non Verba)'이라는 이념하에 '통합적이고, 모든 능력의, 남녀공학을 추구하는(integrated, all-ability, co-educational)' 중등교육기관"이다. 이에 따라 북아일랜드 두 종파 문화에 동등한 지위를 부여하도록 학생 선발과 교사 임용에서 신·구교 간에 비율을 50 대 50으로 하되, 최저 60 대 40이 되어야 한다. 학교는 신·구교 및 기타 종교적 배경의 학생들을 평등의 원칙 위에서 가르치고 북돋되, 학교는 성격상 세속적이라기보다는 기독교적이어야 한다. 종교 학습은 학생들 희망에 따라 제공하되, 모든 종파의 성직자들이 독특한 그들만의 방식으로 학교에서 집례할 수 있도록 한다. 학부모는 자녀교육과 복지에 일차적인 책임을 지며, 이것은 자녀교육의 내용과 계획에 그들이 참여해야 함을 의미한다.

이러한 교육 원칙에 따라 교육 목적으로 "우리는 통합적, 모든 능력의, 남녀공학을 지향하는 칼리지이다. 지적 개발과 학문적 수월성의 중요성을 강조하는 한편, 개별 아동의 인격적, 사회적 발달에 깊게 관심을 지닌다"라고 명시하며 구체적인 도달목표를 다음과 같이 설정했다.

1. 상호 존중의 장려를 통해 이해를 성취한다.
2. 가능한 한 모든 학생의 인격적, 지적, 학문적 발달을 이룰 수 있도록 한다.
3. 변화하는 세계 속에서 삶에 필요한 지식, 기술, 전략을 갖추고 칼리지를 졸업할 수 있도록 한다.
4. 미래 성인의 삶을 준비하는 데 있어 인격적 발달이 자신의 지적 발달의 한 중요한 요소임을 강조한다.
5. 사회적, 기술공학적, 물리적 세계를 이해할 수 있도록 계발한다.
6. 위협받는 환경으로 세계를 이해하도록 계발한다.
7. 학부모, 학생, 교사 간의 파트너십과 상호 의존성을 강조함으로써 학교조직의 개방 체계를 발달시킨다.

이러한 교육 원칙과 목적은 지금까지 지속되는 것으로 초기부터 평가된 장학보고서에 따르면 헤이즐우드 칼리지의 교육과정이 학생을 개별적 존재로서(as an individual) 간주하도록, 폭넓고 균형 잡힌 교육(broad and balanced education)으로 구성되어 있다고 결론지을 수 있다고 한다. 교사는 매일 학생 성장(progress)에 관한 자기평가(self-assessment) 보고서를 작성한다. 여기에는 연 2회 공식시험과 학생·교사 간의 접촉을 기록할 뿐 아니라 학생 성장을 관찰하는 데 관여하는 학부모들을 참여시켜 가정에서의 생활 의견도 반영한다. 이러한 자기평가 사정의 통합(integration of assessment)이 학습자, 교육자, 학부모 간 긍정적 관계 형성의 중축이 된다. 또한 숙제는 학부모가 학교와 협력할 수 있도록 적극적으로 개입하게 하는 프로그램의 유용한 구성요소가 된다. 그 외 다양한 특별활동을 구성하여 학생, 학부모, 교사가 문화적 행사를 통해 자신의 재능을 발휘하고 발달시킬 수 있도록 하고 있다. 학교에서의 모든 활동에 교육 동반자로서의 참여(교육적 파트너십)가 가장 중요하다. 구조적인 참여 조건으로, 교사와 학부모는 학교운영위원(BoG: Board of Governors)으로 참여할 수 있으며, 자발적인 학부모회(parents council)를 중심으로 학부모의 날이나 상담 및 각종 학교 발전 지원 활동 등을 기획하며, 별도의 교사회(staff council)를 통해 학교의 모든 정책 결정 과정에 영향을 미친다. 또한 학생회(students council)는 학급당 2명씩 참여하는 대표자 모임으로 학생들의 대의기구이다.

벨파스트통합교육트러스트(BELTIE)는 1984년 구성되어 첫 번째 사업으로 헤이즐우드 학교 설립에 성공적으로 참여하여 이후 지역의 통합학교 설립의 견인차 역할을 했다. BELTIE는 학교 설립 재단으로 학교운영위원회에 2명의 위원을 지명할 수 있는 자격을 갖게 되어 오늘날까지 그 영향력을 행사하고 있다.

학교 설립과 관련하여 이러한 설명을 보고 나니 통합교육 전담교사인 브렌던 오론(Brendan O'Loan) 선생의 종교교육 수업을 참관할 수 있다고 한다. 예수의 마지막 만찬 장면을 중심으로 영상자료를 보여주니 아이들이 자유롭게 중간중간 질문을 한다. 예수가 끌려가는 장면에 이어, 예수가 심판받는 장면에 가니 이것이 법정에서 하는 재판이냐 아니면 군중에게 묻는 거냐고 질문하니까 아이들이 각자 의견을 제시한다. 아이들 참여가 아주 적극적이다. 물론 엎드려 다른 생각 하는 아이도 있으나 교사는 개의치 않는다. 이야기를 20분 정도로 종료하고 각자 문제지를 나눠주며 풀면서 생각해보라고 한다. 아이들이 어수선하면 교사는 "조용히 하세요" 하질 않고 "3, 2, 1" 하고 숫자를 센다. 그러면 아이들이 조용해진다. 이것이 정말 신기하다.

11시 45분에 다른 반이 들어온다. 키가 더 커 보이더니 상급학년이라고 한다. 남학생 13명에 여학생 6명인데 여기도 자연스럽게 남녀가 따로 앉는다. 출석을 부른 후 'being lonely'와 'being alone'의 차이가 무엇인지에 설명하고, 이어서 예수가 혼자 있으면서 기도하는 것은 'lonely'냐 'alone'이냐를 묻는다. 지난 시간엔 여학생들이 적극적으로 참여했는데 여기서는 남학생들이 아주 적극적이다. 이어서 100만 파운드를 누가 네게 준다면 어떤 곳에 어떻게 사용할지 생각해보고 나눠준 종이에다가 그려보라고 한다. 토론하는 것이 아니라 자기 생각을 정리하는 것이라고 한다. 어디에서 살 것인지, 가구는 어떻게 할 것인지, 무엇하면서 놀 것인지, 무슨 색깔을 사용할 것인지, 벽은 어떻게 구성할 것인지 등에 대해 자유롭게 생각하고 그려보라고 한다. 12시 20분이 되니 점심 잘 먹으라면서 선생이 문을 열어준다. 종이 울렸다.

수업 끝나고 휴게실로 가자 오헤어 교장이 보냈다면서 따뜻한 스콘을 내놓는다. 마음 씀씀이가 고맙다. 브렌던 오론은 18년째 재직하는 종교

교사로 통합교육 담당교사이다. 어떤 프로그램을 하느냐고 물으니 8학년은 정체성 관련 프로그램, 9학년은 문화적 이해 프로그램, 10학년은 심볼에 관한 이해 교육 프로그램으로 구성한다고 한다. 3월이나 6월에 통합교육 주간을 정해 행사를 하는데, 각기 집에 있는 심볼을 가져와서 이것이 무슨 의미인지를 말해보게 하는 아주 독특한 행사로 2001년 사건 이후 시작한 프로그램으로 벌써 15년이 되었다. 북아일랜드에서 정치적 집단의미를 가졌던 국기, 라벨, 음악, 스포츠 등의 심볼이 이제는 개인적 취미 이상의 의미를 지니지 않는 것으로 되어간다고 한다. 그럼에도 이름을 보면 그 아이가 영국 사람인지 아일랜드 사람인지 알 수 있고, 좋아하는 운동이 축구냐 럭비냐에 따라서도 그 의미가 달라지는 환경에서 심볼리즘을 이해하는 것은 중요하다.

이 학교와 라간 칼리지에만 있는 교목(校牧, chaplain)제도도 일반 종파 학교의 제도와는 다르다. 여기 교목도 현재 비즈니스 교과교사인 사람이 목사여서 겸직을 하는 것이지 별도의 교목을 두는 것이 아니다. 학생 목회상담을 더욱 체계화하기 위한 목적으로 올해 제도화했다고 한다. 여기 교목도 지역의 목회자들을 조정하는 역할을 할 뿐이지 집례를 책임지는 목회자는 아니라는 것이다. 단지 학교 기독교 행사 때에만 집례한다. 결국 역할을 늘렸을 뿐 새로 교사를 채용한 것이 아니고, 학교 재정상 그럴 여력도 없다고 한다. 재미있는 것은 여기서는 뭐든지 라간과 비교를 한다는 점이다.

여기서는 오랫동안 교사나 학생이 모두 이름을 불렀었는데 지금은 미스터, 미시즈, 미즈에 성을 붙인 선생님 호칭으로 불러야 한다. 이전에 학생들이 "브랜던" 하고 불렀는데 이제는 "미스터 오론"으로 부른다며, 처음에 아주 어색했지만 이제는 익숙해졌다. 일부 교사들은 여전히 이름을 부르게 하지만 차츰 바뀌어가는 추세라고 한다.

헤이즐우드는 여전히 학생 선발 과정에서 비선발(non-selective) 원칙을 지킨다. 우수한 학생보다는 이 학교에 오고 싶어 하는 학생들이 진학해야 한다고 믿는다. 그래서 "우리가 최고의 학교다(We are the best school)"라고 믿는 학생, 이 학교를 제1순위로 선택한 학생을 중심으로 선발한다고 한다. 그럼에도 늘 대기자가 많이 밀려 있다.

이 학교만의 독특한 활동으로는 4명의 비교과교사(non-teaching staff)인 학생 지원 활동가를 자체 예산으로 채용하고 있다는 것이다. 찰스 왕세자가 설립한 취약청소년 멘토링 지원사업 프린스 트러스트(Prince's Trust) 프로그램을 헤이즐우드에서도 진로지도 담당자가 실시하는데, 학생들에게 아주 인기 있고 그 효과도 좋다고 평가된다. 하지만 이것은 일반 교과교사들이 담당하기엔 벅찬 일인 것이 사실이다. 16년째 재직하고 있는 캐서린 하블린은 학생들이 어려워하는 자기관리 역량을 높여주는 일을 맡고 있다. 이 지역은 특히 경제적으로나 사회적으로 낙후된 곳이라 이와 같은 취약청소년 지원 프로그램이 많다고 한다. 실제로 특수요구를 가진 학생들이 많아 이에 대한 지원 대책이 교내외적으로 요구된다. 그래서 외부 프로젝트를 많이 수주할 뿐 아니라 학교 예산 중 여기에 쏟는 비중도 상대적으로 아주 높다.

왜 헤이즐우드인가?

1997년 12월 17일 토니 블레어 총리가 갑자기 학교 방문을 통보했다. 학교는 이날 성탄 캐럴예배를 가질 계획이었다. 학교가 위치한 화이트웰 로드(Whitewell Road)가 일반인에게는 폐쇄되었고 지역 사람들은 총리가 오는 것도 몰랐다고 한다. 블레어 총리는 허름한 작은 강당에서 모인 사람들과 악수하면서 '헤이즐우드 칼리지는 분쟁기 종파분리주의의 사슬을 끊고 잔학 행위를 종식하고 희망과 화해로 나아가는 통합교육의 길을 열어주었다'고 치하했다. 오늘까지도 블레어 총리가 한 평화와 화해의 통합교육 메시지는 이 지역과 학교에 살아 있다.

통합교육이란 분리하지 말고 다 함께 동등한 구성원으로 존중받으며 섞여, 상호 문화를 이해할 수 있도록 서로 존중하는 마음을 갖도록 교육해야 한다는 원칙이다. 특히 양 종파가 섞이되 상호 의존적으로 공유하는 사회에 다양한 자기 정체성을 충분히 유지하며 참여할 수 있도록 하는 것이 통합교육에서는 중요하다. 똑같은 하나님의 자녀로서 기독교적 전통을 존중하고 지키면서 상대방의 것도 소중하다는 것을 인식하도록 함에 있어 기본적으로 기독교는 하나라는 믿음이 중요하다. 그리고 이러한 변화는 학부모 참여를 통해 가능하다고 보며, 이러한 통합은 특히 분쟁이 심한 저소득 지역일수록 요구되는 교육적 노력이라는 점이 헤이즐우드 통합교육에서 가장 강조된다.

헤이즐우드 오픈데이 때 나를 안내한 학생이 자기 선생님이라며 소개한 아나 말트만(Anna Maltman)을 참관 교실에서 만났다. 한국에서 왔다니까 자기도 서울에서 4년 살았다며 반갑게 맞는다. 교사로서 왜 이 학교를 선택했는지 질문했더니 자기에게 헤이즐우드 이외의 대안은 없다고 한다. 말트만 선생은 그 이유를 이메일로 보내주었다. 그녀의 이야기는 내게 '왜 헤이즐우드여야 하는가'에 대한 충분한 설명이 되었다.

나는 1982년 북아일랜드 던도날드에서 태어났습니다. 자라기는 이스트벨파스트 시던함의 개신교 지역에서 성장했지요. 잉글랜드에서 북아일랜드로 공부하러 오신 아빠는 벨파스트 출신의 엄마를 만나 결혼했어요. 엄마는 개신교 노동계급 출신으로 형제자매가 아홉이나 됩니다. 성장 과정에서 외가

쪽과 많은 교류는 없었지만 루스 이모네 가족과는 간혹 만났습니다. 당시 부모님의 신앙심이 깊어 우리 식구 모두 개신교교회에 열심히 출석했는데, 거기서 가톨릭은 기독교가 아니고, 가톨릭교인은 구원받지 못한 영적으로 불쌍한 사람들이라고 배웠습니다. 부모님은 가톨릭 사람들과 가까이하는 것을 허락하지 않았기 때문에 난 가톨릭에 대해선 전혀 알지 못한 채 성장했지요.

그러다 1988년 아빠가 대한민국 서울에서 일하게 되어 이사를 했어요. 그곳에서 나의 속 좁은 북아일랜드 세계관을 깰 수 있었습니다. 1992년 다시 돌아와서 이스트벨파스트의 여자 그래머스쿨로 진학했을 때는 다른 친구들의 종교에 대해 더 이상 고려하지 않게 되었지요. 역사 교과가 재미있어서 졸업 후엔 퀸스 대학교에서 역사를 전공하고 2000년에 졸업했습니다.

2002년 루스 이모의 아들 알렉스가 로열리스트 민병대에 가담해 총기를 난사하고 자기도 총에 맞아 결국 젊은 나이로 사망했습니다. 스물두 살의 젊은 나이였어요. 어렸을 때 같이 뛰어놀던 착한 소년이 왜 민병대에 가담하고 자기의 삶을 그렇게 포기했는지 이해할 수 없었습니다. 그래서 그처럼 좌절한, 저학력 개신교 남학생들의 문제를 외면할 수가 없었습니다.

2003년 교직과정을 마치고 여기에 오기 전 1년간 일반학교에서 역사를 가르쳤어요. 한쪽 입장에서가 아닌 양자의 입장에서 성찰할 수 있는 역사를 다루고 싶었지만 어려웠습니다. 여전히 분쟁기의 적대적 이미지에 사로잡힌 역사를 가르쳐야 했지요. 운 좋게도 헤이즐우드에 자리가 생겨 여기서 양쪽 입장에서 균형 잡힌 역사를, 살아 있는 지역의 역사를 다룰 수 있게 되었습니다. 때로는 아주 민감한 주제를 다뤄야 하고, 또 때로는 논쟁적이기도 하지만, 이것이 모두를 성숙시킨다는 확신이 있습니다. 더 이상 알렉스 같은 종파 분리주의의 희생자가 나오지 않도록 헤이즐우드에서 최선을 다하고 있습니다. 이들이 북아일랜드 공유된 미래를 만들어나가는 청년 대사로서 평화와 화해의 길로 안내할 것이라는 확신이 내게는 있습니다.

가난한 아이들의 천국,
헤이즐우드 통합초등학교

Hazelwood Integrated Primary School
www.hazelwoodips.co.uk

북아일랜드 통합학교 탐방을 시작한 그 주에 NICIE의 폴라 국장은 나를 하루는 포지에 데려갔고 다음 하루는 헤이즐우드 통합초등학교에 데려다 주었다. 종일 헤이즐우드 통합초등학교를 돌아보며 이 사람 저 사람 만나 분위기를 파악한 운 좋은 하루였다. 그리고 이후 서너 번 더 방문하여 학교 관련 자료도 받고 수업 참관도 다양하게 했으며 학부모들도 만나 이야기를 나누었다. 사우스벨파스트에 위치한 포지가 교육청과의 관계 악화로 험한 여정을 걸어왔다면, 노스벨파스트의 헤이즐우드는 상대적으로 교육청의 협조를 잘 받아 원만하게 정착해서 그런지 학교의 건물 구조나 주변 풍광이 평화롭고 근사해 보인다. 그레이 동산 아래 위치해 있으며 바다가 내려다보이는 이 학교는 최상의 교육 환경을 잘 갖추고 있는 것으로 보인다. 패트리샤 머타(Patricia Murtagh) 교장의 따뜻한 환대는 이 학교만의 어떤 특성을 분명히 보여준다. 교장은 내가 궁금해하는 학교 이야기를 듣도록 설립학부모인 재키 데이비슨(Jackie Davison)을 모셔다 놓고 학부모의 의견 입장도 들어보라고 권했다.

패트리샤 머타 교장 자신이 이 학교에 1차로 임용된 교사로서 30년 재직한 역사적 증인이다. 그 생생한 이야기에 나는 곧바로 푹 빠져들었다. '어려웠지만 너무나 값진 여정이었고, 지금은 모두가 만족하며 최초의 통합초등학교라는 역사적 소임을 자각한다'는 총평과 함께 이야기는 시작되었다.

노스벨파스트에서 탄생한 통합초등학교

헤이즐우드 통합초등학교와 칼리지는 1985년 노스벨파스트에서 동시에 시작했고 동시에 인허되었다. 당시 1981년에 생긴 라간 칼리지에 통합학교의 역량이 모여야 한다고 주장하던 '모든 어린이가 다 함께(ACT)' 재단의 의견과 달리 지역 학부모들과 교사 그리고 벨파스트통합교육트러스트(BELTIE)가 중심이 되어 노스벨파스트에 초등학교와 칼리지를 동시에 진행시켜 지역의 통합교육 토대를 단단하게 구축했다. 노스벨파스트는 지역적으로 도로를 사이에 두고 가톨릭과 개신교가 따로 떨어져 살지만 가깝게 일상에서 만나는 지역사회로, 그러다 보니 종교적 분리가 충돌을 낳는 배타적인 집단거주지(enclave)의 성격을 지닌다. 그래서 종파 간 폭력적 충돌이 일상화된 위험지대이며, 분쟁기 동안 분리주의 살인, 실업, 박탈감이 에워싸고 있어 아이들의 교육 환경으로는 최악인 곳이었다.

1984년 학교 설립을 논의할 당시, 지역의 이러한 특성으로 인해 개신교 거주자들이 지역을 떠나고 있었기 때문에 지역의 개신교 쪽 공립초등학교들이 폐쇄 위기에 놓여 있었다. 그래서 라간 설립에 고무된 지역 학부모들이 모여 비어 있는 학교를 통합학교로 전환하자는 의견을 모아 지역 교육청에 전달했으나 수용되지 않았다. 여기서는 초등과 칼리지 학부모들이 함께 학교 설립을 추진한 것이기 때문에 모든 준비 과정을 함께 밟아갔다. 학부모를 비롯한 학교 설립 주체들은 1985년 9월 1일 학교 설립을 선언했는데, 교육청에서 학교 부지를 결정해주지 않자 임시로 시티센터에 있는 협동조합 건물 코업홀(co-op hall)을 빌려 운영을 했다. 칼리지 17명에 초등 60명을 포함해 근 80여 명이 넘는 아이들이 넓진 않았지만 교육공간으로는 충분한 코업홀을 중심으로 시티센터를 오가며 재미있게 서너 달을 보냈다. 학부모들은 북아일랜드교육부와 영국 웨스트민스터 의회에 계속 청원하면서 통합교육을 받을 권리를 인정해달라고 요구했다. 급기야 웨스트민스터에서 교육청을 압박하여 1986년 1월부터 두 학교는 폐교를 합법적으로 사용할 수 있게 되었다. 초등은 개신교 공립학교였던 손힐 초등학교(Thornhill Primary School) 부지를, 칼리지는 길 아래 그레이마운트 여학교(Gray Mount Girls School)를 받아 지금까지 사용하고 있다. 이곳 학부모들이 가난하고 자녀가 많으며 또 일을 해야 했기에 초등은 어린이집 과정도 함께 시작했다.

하지만 개교에 대한 인근 학교의 저항은 대단했다. 특히 가톨릭학교의 반대가 심했다. 상대적으로 개신교 인구가 많은 지역이라 개신교 학생 비율은 걱정하지 않았지만 가톨릭 학생 비율 구성은 처음부터 만만치 않았다. 통합학교에 학생을 뺏기지 않아야 했기 때문에 통합학교에 자녀를 보내려는 가톨릭 학부모들에 대한 교회 측의 압박이 대단했다. 통합학교 학생들에게는 P4 때 성체성사나 P7 때 받아야 할 견진성사를 주지 않겠다고 하는 등 종교적 압박을 가했다. 이렇게 적대적인 지역 환경 속에서 학교가 태어났다.

방치되던 폐교를 이용해 운영한 탓에 시설이나 관리 면에서도 아주 열악했다. 아이들은 지금 시설로 신축된 2000년까지 정말 위험한 교육 환경에서 지냈다. 학부모들은 열의를 다해 시설을 보수하고 중고 컨테이너를 가져다가 사용하게 하는 등 학교 발전을 위해 헌신했다. 학부모 대부분이 거의 학교에서 살다시피 했다. 집에 있는 물건 중 학교에서 필요해 보이는 것은 죄다 가져왔다. 북아일랜드는 비가 자주 오는데 천장이 부실해서 비가 오면 그대로 교실 바닥으로 떨어졌다. 빗물을 받을 양동이가 많이 필요했다. 그래서 집에 있는 양동이는 거의 다 가져왔다고 한다. 대걸레도 마찬가지이고.

헤이즐우드는 초중등이 모두 정부재정지원 자율통합학교(grant-maintained integrated school)로 시작하여 지금까지 그 지위를 계속 유지하고 있다. 그래서 100% 국가재정이 지원되지만 결정 과정까지 시간이 많이 소요되었다. 이 기간의 부족분을 학부모들이 메워야 했다. 그래서 학부모들의 많은 헌신이 요구되었고 그만큼 학부모들의 자부심이 클 수밖에 없다. 재정지원 자율학교는 일반공립에 비해 학교 운영의 자율성이 커서 학교운영위원회를 거쳐 일단 예산이 세워지면 설계에서 집행까지 모든 것을 자율적으로 진행한다. 일차로 학부모회에서 아동의 욕구를 수렴하여 정부 재원과 학부모회가 마련할 비용을 따로 산정하기 때문에 이들의 지원과 참여가 아주 활발하다. 정부가 지원하는 학교 기본 경비 외 소요예산은 많은 경우 학부모들의 기부와 발전기금 행사를 통해 충당된다. 대체로 공립학교 건물이 아주 획일적인 데 반해 통합학교의 건물은 제각각 독특한 건축양식을 보여준다. 통합학교는 학교 운영의 자율성 원칙 위에서 건축 비용이 계상되면 학교 건물 설계에 들어가고 이에 따라 정부로부터 예산을 받는 구조를 취한다. 헤이즐우드 통합초등학교 건물이 아주 효율적이면서도 아름다운 이유가 있었다. 일반적으로 '이러한 학교를 가지고 싶다'는 모든 학교 구성원의 의견을 모아 대강의 안을 만들어

설계사에게 주는데, 마침 설계사가 학부모들의 문제의식을 잘 아는 학교 운영위원이었다고 한다. 덕분에 학교 구성원들의 희망사항을 수렴하여 성공적으로 설계해서 신축될 수 있었다.

헤이즐우드 초등학교 건물은 기본적으로 3개 구역으로 나뉘는데, 한 구역에 4개의 교실이 있고 각 구역마다 화장실과 탈의실이 있다. 1·2·3학년, 4·5학년, 6·7학년이 한 구역에 있는 구조이기 때문에 수업을 모였다 흩어졌다 할 수 있다. 1·2·3학년 따로 한 그룹, 4·5학년 그리고 6·7학년이 각기 다른 구역으로 나뉘어 전체는 복도로 연결되는 구조로, 독립적인 세 개의 날개처럼 만들어져 있다. 이러한 세 공간에서 여러 학년이 함께 하는 공개행사나 학년별 행사를 하고 학급 활동도 독자적으로 이루어지는 편리한 구조이다. 즉 작은 세 개의 공간이 따로 또 같이 진행되는 그런 구조이다. 교실 밖으로 바로 산이 연결되기 때문에 아이들은 언제든지 자유롭게 야외 활동을 즐길 수 있다. 대체로 한 겨울에도 날씨가 영상 5도를 웃돌아 오늘도 아이들은 쉬는 시간만 되면 밖으로 나가서 신나게 떠들고 논다. 잘 놀아야 아이들이 건강하게 성장한다고 믿는다는 머타 교장은, 그러면서도 안전하게 다 같이 놀 수 있도록 학교 시설을 정기적으로 잘 점검한다고 한다.

학교 가까이에는 벨파스트산 아래로 벨파스트캐슬과 동물원이 있다. 또 지금은 타이타닉 박물관으로 개조된 산업혁명의 상징, 타이타닉 조선소가 학교 아래로 보인다. 조선소 노동자들이 모여 살던 이 지역은 개신교와 가톨릭이 크게는 혼합되어 있지만, 실제로는 길 하나를 사이에 두고 한쪽은 개신교 지역, 다른 한쪽은 가톨릭 지역으로 완전히 나뉜다. 시장을 가더라도, 병원을 가더라도, 또 학교를 가더라도 길을 건너야 하므로 일상에서 잦은 마찰이 일어나게 된다. 오래전에도 학교 앞 다리 위에서 큰 종파 싸움이 일어나서 이를 계기로 통합학교로 만들자는 제안이 있었단다. 그때는 학부모들이 지금처럼 뭉치지 않았고 칼리지 학부모들의 준비가 안 되어 있을 때라 추진되지 않았다고 한다. 1985년에 통합학교 설립이 급격히 추진된 것은 라간의 선례가 있었기에 가능했고, 또한 BELTIE가 적극적으로 역할을 해주었기 때문에 가능했다. 무엇보다도 이 모든 과정에 헌신적으로 참여했던 패트리샤 머타 교장이나 학부모 재키 데이비슨 같은 이들이 있었기에 가능했다.

지역과 밀착하라는 패트리샤 머타 교장

자신이 헤이즐우드를 만난 것은 아주 행운이었다고 말하는 패트리샤 머타 교장은 가톨릭 가정에서 태어나 자란 정통 가톨릭계 인물로서, 1983년 가톨릭 교육대학인 세인트메리 대학을 졸업하고 교직에 진입할 준비를 하고 있었을 때 통합초등학교 설립 준비를 한다는 말을 듣고 찾아가서 초대 설립 교사로 학교 설립 준비 과정에 참여했다. 종파분리주의적 교원양성제도와 종파학교체제 자체가 문제라고 생각하던 터라 과연 학교 설립이 허가될지 모르는 상황에서 급여도 확정되지 않은 상태로 주저 없이 첫 교사로 참여했다. 그녀 자신의 첫 일터이고 개교 당시부터 시작한 3명의 교사 중 한 사람으로 30년 이상을 헤이즐우드에서 일했다. 평교사로 시작해서 교장을 하고 있는 것이니 학교의 산 역사라고 해도 과언이 아니다. 처음에 같이 시작했던 교사들은 당시 교장인 피터와 데버러가 개신교, 클레어와 머타 자신이 가톨릭으로 반반 비율이었다. 1985년 9월에 60명의 아이들과 함께 시작한 학교가 크리스마스가 되었을 때 벌써 100명이 넘었고 이후로도 학생 수가 지속적으로 증가하여 오늘날 가장 큰 통합초등학교 중의 하나로 자리 잡고 있다. 현재 450명인데 학교 공간이 없어 더 이상 늘릴 수가 없다. 그래서 머타 교장은 이 지역에 다른 통합초등학교가 더 생겨 통합교육을 원하는 사람들의 교육적 욕구를 충족시키기를 늘 학수고대하고 있다. 이후 헤이즐우드 같은 정부 재정지원 자율통합초등학교의 신설이 이곳에서는 더 이상 진행되지 않았으나 인근의 2개 개신교학교가 2008년 통합학교로 전환했는데 그 교육적 성과가 성공적이다.

헤이즐우드를 중심으로 지역 통합학교끼리 협조를 잘하고 있다고 머타 교장은 자부했다. 헤이즐우드 칼리지와도 30주년 기념식을 함께했으며, 학교 시설을 일부 공유하고 교과 지원을 받는 것 등을 포함한 많은 협력 활동을 하고 있다. 통합교육의 정신을 잘 아는 초등 출신들이 칼리지로 진학하여 학교풍토를 잡아가는 것이 중요하기 때문에 헤이즐우드 칼리지의 피더스쿨로서 초등학교는 칼리지에도 아주 중요하며, 초등과 칼리지와의 상호 협력은 아주 긴요하다. 노스벨파스트 통합학교 간의 협력은 특히 진학을 매개로 잘 이루어지고 있다는 평가이다.

패트리샤 머타 교장은 통합교육 일반 원칙에 더해 '양질의 교육(good quality education)' 이념을 강조한다. 그래머스쿨을 지향하는 것은 아니지만, 아이들이 평생 살아갈 지적 토대를 균형 있게 갖춰주는 시기가 초등이라고 생각한단다. 통합학교일수록 지적 균형을 잡아주는 것이 강조되어야 한다고 믿으며, 통합학교는 결코 놀기만 하는 곳이 아니라는 점을 강조한다. 그래서 학업성과도 내야 하는 것이다.

한편 지역 여건상 학부모들도 어려운 사람이 많아 학부모들이 학교에서 일할 수 있는 보조 역할을 많이 찾으려고 하고 있고, 이미 학급보조를 비롯한 필요 인력을 학부모 중에서 많이 채용하고 있다. 장단점이 있겠지만 패트리샤 머타 교장은 장점이 더 많다고 생각하여 학부모들을 위한 학교 내 일자리를 더 많이 만들어가려고 하고 있다.

"학교가 낯선 곳이 아니라 우리 아이들이 있는 곳으로 내 도움이 필요한 곳이라는 인식이 요청됩니다. 그리고 경제적으로도 도움이 되지요. 워낙 어려우신 분들이 많아요. 그분들께 도움이 되는 것이 우리 아이들에게도 도움이 되는 일이죠. 경제적 어려움이 큰 학부모들에 대한 지원이 필요합니다. 이 학교는 학부모들이 만든 학교이기에 학부모의 역량을 키워 계속 협력할 수 있는 풍토를 조성하는 것이 중요하거든요. 학부모 교육을 활성화하고자 합니다. 상담과 지도도 아주 필요합니다. 학대에 노출된 아이들이 많아요. 아동 발달에 특히 신경을 써야 합니다. 무엇보다 하나의 인격체로서 자기를 발견하고 자부심을 갖도록 하는 교육이 제일 필요하다고 생각합니다."

초창기 학부모 참여가 학교 설립에 초점이 맞춰져 있었다면 지금은 학부모 참여가 학부모 역량 강화와 학부모 지원을 통한 학교 이해로 나아가야 한다고 보는 패트리샤 머타 교장의 마음이 너무나 따뜻해 보였다.

교사로 재직할 때나 교장으로 역할을 할 때 늘 아이들이 살고 있는 지역에 대한 우호적인 마음을 갖춰야 한다고 주장하는 머타 교장은, 교사로서 지역사회에서 '좋은 시민'이 무엇인지, 이를 위해 어떻게 노력해야 하는지, 도전 과제가 무엇인지 등에 관해 끝없이 고민하고 대안을 모색하고 있다고 말했다. 그런데 신규 교사들이 지역 실정을 잘 모르기 때문에 교사 연수가 많이 필요해서 저녁 늦게까지 교사들과 토론한다고 한다. 지역 학부모들은 상대적으로 지역 실정을 잘 아나 교사로 이곳에 와서 다른 지역에서 출퇴근하는 경우엔 지역과 이질감이 있을 수 있어서 지역에 대해 교육하고 또 접촉 기회를 갖도록 격려하고 있다. 지역에 좀 더 가까이 가라고 권장하며, 그래서 오래된 교사와의 교류가 필요하다. 교사의 지역 밀착도를 높여야만 교사 자신과 아동의 통합을 꾀할 수 있다고 본다. 또한 NICIE가 실시하는 신임 교사 연수는 아주 의미 있는 결과를 가져온다고 생각한다. 일단 연수를 받고 나면 통합교육에 대한 이해가 더 분명해지기 때문에 종파분리주의 교원대학에서 교육을 받았다 하더라도 이를 극복하고 통합교육의 방향으로 나아가려 노력하게 된다. 현재 재직 교사는 9명이 가톨릭, 7명이 개신교, 5명이 기타로 종파 비율을 맞추고 있으며, 전체 21명 중 남자교사가 4명이다. 초등엔 여자교사 비율이 높아 남교사 모셔오기가 어려운데 이 학교엔 19%로 그래도 많은 편이라 적극적인 상호 교차적 성역할을 기대한다.

학교가 위치한 곳이 정부가 열악한 환경으로 지정한 특별관리지역이라 교육부가 실험기획안으로 지정한 급식 지원 그룹(nurture group) 20개 학교에 헤이즐우드도 선정되었다. 현재 무상급식 비율은 49%이지만 모든 아동이 학교에서 급식하는 100% 무상의무급식으로까지 비율을 높여야 한다고 머타 교장은 생각하고 있었다. 또한 현재 이 학교의 특수교육 지원 대상 학생이 30%여서 보조교사도 33%를 할당받고 있다. 특수요구를 지닌 아동이 450명 중 100여 명이 넘는데 이 아이들이 다 지원을 받을 수 있어 아주 행운이라며 기뻐한다. 워낙 어려운 지역이라 교장이 아이들의 복지와 학부모 인력 활용을 위해 많은 노력을 하는 것 같다.

패트리샤 머타 교장은 학교의 최우선 과제로 환경친화학교(eco school), 학생회(student council), 아동보호(child protection)를 들었다. 학교 뒷산 그레이 동산이 그리 높지 않으나 학교를 폭 싸안고 있고 바다 전망이 좋아서 숲학교(forest school)를 운영하는데, 북아일랜드 숲학교협회(NI Forest School Association)에도 가입해 있다. 이러한 방과 후 숲학교엔 학부모들이 참여하여 지도하고 있다. 학부모 자원과 지역 자원을 최대로 활용하는 프로젝트이다. 방학엔 캠핑도 하고 오리엔티어링 등 숲과 관련된 대부분의 활동이 적극적으로 알차게 이루어진다. 아이들이 시간만 나면 나가 놀며 몸동작을 활발히 하고, 또 숲 활동에서 얻은 생태계 이해가 통전적(holistic) 교육 활동으로 직결되기 때문에 대부분의 통합학교들이 숲학교를 지향하고 있다. 그런 면에서 헤이즐우드의 자연환경은 최적이다.

헤이즐우드 초등학교의 '숙제 클럽(homework club)'은 3시부터 4시 반까지 가정에서 적절한 숙제 지도가 어려운 가정의 자녀들을 도와주는 프로그램이다. 이 지역 학부모 중에는 경제적 어려움뿐 아니라 저학력이나 문화적 차이로 인해 숙제 지도가 어려운 경우가 많다. 그래서 학습 결손이 생기기도 한다. 아이들이 간식을 먹으면서 숙제를 학교에서 다 하고 가니까 학부모들도 안심하고 좋아하는 프로그램이다. 또한 부모가 일찍 나가 아침을 못 먹는 아이들이 있어 '아침밥 클럽(breakfast club)'도 운영한다. 이같이 지역사회 밀착형 학교로 발전시키려는 노력을 끊임없이 하고 있는 패트리샤 머타 교장은 중산층 중심의 교육이라는 통합교육에 대한 오해를 이제는 풀어야 할 때라고 말한다.

사우스벨파스트 지역에서의 통합학교가 중산층 학부모들에 의해 촉발되었다는 계기로 인해 통합교육운동이 중산층운동이라고 매도되는 경향이 있지만, 헤이즐우드의 경우엔 일부 소수의 중산층이 있기는 해도 대체로 어려운 노동계급 부모들에 의해 이루어지는 통합교육이다. 지역의 폭력적 충돌을 막아보려는 평화 지향적 민중교육이기도 하다. 그래서 다른 학교에 비해 여기에서는 경제적, 사회적, 정서적으로 어려운 가정의 자녀들을 배려하여 지원하는 인지교육과정 외 사회정서적 지원 프로그램이 많다. 취약아동을 지원하기 위한 특별교실도 운영하고 있다. 지역 상황이 너무나 어렵기 때문에 모든 차별을 넘어선 통합학교를 만들자고 한 것이기에, 여기에선 11세 선발고사 준비를 전혀 시키지 않는다. 간혹 이것이 7학년 학부모 갈등의 요인이 되기도 하나, 통합교육의 원칙하에 학부모 선택을 열외로 존중한다.

헤이즐우드는 통합학교이지만 그럼에도 불구하고 개신교와 가톨릭 간의 오해는 여전히 심하다. 특히 가톨릭 측의 반발은 아직도 계속되어, 헤이즐우드 아이들의 성체성사와 견진성사 참여는 지금도 어려운 실정이다. 교구제로 운영되는 가톨릭교회 구조상 다른 지역에 가서 견진성사를 받기가 불가능한데도 신부들이 '개인적으로는 안타깝지만 어쩔 수 없다'는 입장을 보이고 있다.

2001년 9월 4일 화요일 아침, 헤이즐우드 어린이집에 아이를 데려다주고 나선 학부모의 차에 치여 사망한 14세 개신교 소년의 죽음으로 학교는 큰 고비를 맞았었지만, 학교의 지역사회 평화문화 구축 활동이 받아들여져 더 이상 문제가 불거지지는 않았다. 지금도 학교 정문 옆에는 희생된 아이의 넋을 기리는 표지판이 남아 있다.

지역 내 분쟁이 이제는 많이 줄어 직접적인 충돌은 자주 일어나지 않는다지만 여전히 종파분리주의적 충돌 위험은 늘 도사리고 있다. 그래서 지역 학부모들이 종파학교에 대한 집착이 강한 동시에 통합학교에 대한 요구도 커서 헤이즐우드는 항상 대기자가 많다. 지금은 전환통합초등학교 2곳이 인근에 생겨 분산되지만 여전히 통합학교의 상징은 헤이즐우드이기 때문에 입학생 증원에 대한 욕구가 많은 실정이다. 하지만 현재 재학생이 470명이나 되어서 더 늘리기 어렵고, 늘릴 의지도 없다.

민중적 통합교육과정

민중적 통합교육을 어떻게 하고 있는지를 직접 보고 싶어 이틀에 걸쳐 학교 수업을 참관할 수 있는 기회를 얻었다. 이틀 동안 P4 종교교육과 P7 수학 시간을 참관하면서 취약아동 지원 특별교실인 스타 교실과 레인보우 교실 그리고 매직 교실을 차례로 돌아보았다.

헤이즐우드에서는 종파분리주의 갈등을 예방하는 상호이해교육을 강조할 뿐 아니라 종파별로 요구되는 상이한 종교교육도 실시한다. 특히 가톨릭에는 별도의 종교교육이 필요하다. 개신교를 비롯한 다른 종교와 무종교 학생들은 일반 종교교육을 받는다. 4학년 담임인 데이비드 버제스(David Burgess) 선생은 북아일랜드 출신이지만 잉글랜드에서 대학을 다녔고 졸업 후 북아일랜드로 와서 헤이즐우드에만 16년째 근무하며 통합교육을 담당하고 있다. NICIE 이사이기도 한 그는 최근에 자신이 참여했던 NICIE 통합교육 담당교사 연수 이야기를 들려주었다. 용서치유(forgiveness therapy)를 주제로 한 연수였는데, 좀 어렵기는 하겠지만 아이들과도 용서의 의미를 생활 속에서 실천할 수 있겠다고 한다. 일상이 크고 작은 싸움이고 갈등이니 그럴 수 있겠다고 동의하며 같이 교실로 들어갔다. 4학년 종교 시간에 다룰 오늘의 주제는 세계종교 가운데 힌두교이다. 일반 종교 시간에는 세계종교뿐만 아니라 일반 사회·도덕도 다룬다고 한다. 다른 반 교실에서는 가톨릭 성사의례를 다루고 있다. 그리고 개신교는 성경 공부를 따로 한다. 학년별로 3개 단위로 나뉘어 제공하는 종교 시간은 아이들의 선택에 따라 자유롭게 결정하고 참여한다. 통합학교는 초기부터 기독교 정신에 따라 신·구교를 상호 존중하는 방식으로 운영했기 때문에 모든 학교가 이렇게 한다고 한다. 단지 헤이즐우드는 규모가 큰 학교라 3개 반으로 나누지만 대부분은 2개 반으로 나눠 진행한다.

아이들이 떠들고 있다가 데이비드 버제스 선생과 내가 함께 들어가자 어리둥절, 웬 낯선 사람을 데려왔는가, 호기심 천국이다. 다들 나를 보느라고 수업에 집중을 못 할 지경이다. 전자칠판에 힌두교에 관한 내용을 띄운 선생님이 지난주 수업한 시크교에 관해 질문하자 아이들이 생각나는 대로 손을 들며 열심히 말한다. 힌두교가 어디 종교냐면서 말문을 열고 종교의 탄생 시기를 그래프로 보여주자, 힌두교가 가장 오래된 종교라는 것을 인지한다. 힌두교는 신이 많고 신들 사이에도 서로 갈등이 있지만 결국은 하나라는 사실을 알려준다. 아이들은 신기해하면서 열심히 자기 이야기를 보탠다. 보조교사로 일하는 시나 선생님이 힌두교도가 아니냐면서 친근함을 보이기도 한다. 신들의 표정을 설명할 때는 토머스라는 아이를 앞세워 아이 얼굴을 위로 올리기도 하고 옆으로 당기기도 하면서 비슷한 표정을 보여주자 아이들이 배꼽을 잡고 웃는다. 토머스도 신났다. 음식, 옷, 의례, 축제 등 힌두신상을 중심으로 설명하며 모두가 재미있게 수업을 했다. 종이 울리자 다른 반에서 수업한 아이들이 들어와 한 반으로 합쳤다. 종례를 하고 CA 활동 교실로 바뀌었는데, 그러자 그 반은 태블릿피시 교실이 되었다. 학교 자재인 태블릿피시를 나눠주며 교육적으로 어떻게 활용할지는 특별교사가 맡아 진행하는데 아이들이 아주 집중하는 것 같았다. 와자지껄한 4학년 교실에서 나와 학교 관련 자료를 설명 듣고자 교장실로 왔다.

헤이즐우드엔 심각한 증상에서부터 가벼운 증상, 신체적, 정신적, 사회적, 정서적 등등의 이유로 특수지도를 받아야 하는 학생들이 많아 이들을 특별히 배려하는 특수교실을 운영하고, 이들에 대한 각종 지원을 하고 있다. 이러한 사회적 정서 지원 프로그램은 교감인 애치슨(Mandy Acheson) 선생이 책임지고 운영하고 있다. 무상급식 대상자가 거의 50%나 되는데, 이것은 단지 경제적 문제뿐만 아니라 여타 사회적 지원의 필요성이 많다는 것을 의미한다. 어려운 가정이 많아 가정방문지도(home school visit) 프로그램을 실시하기도 한다. 이 지역엔 이주 학부모나 저학력 학부모가 많아 학부모교실도 운영하는데, 월요일에 영어, 화요일에 수학을 교육하고, 수요일에는 알코올 문제나 정신보건 필요성이 있는 학부모를 대상으로 교육한다. 학부모들은 학교 도서관을 이용할 수도 있다. 형편이 어려운 학부모가 많아 아동보호 문제가 심각하다. 아동학대가 자주 발생하여 이에 대한 학부모 집중교육을 실시하고 동시에 필요한 상담 지원도 하고 있다. 이주나 가정형편 문제로 저학년 중 정서불안 요소가 있는 아동은 스타 교실에서 안정을 찾게 하고, 레인보우 교실에서는 학생 간 대화를 통해 문제를 찾게 하며, 더 심각한 경우엔 매직 교실에 가서 안정을 찾도록 도와준다. 이것은 헤이즐우드만의 고유한 아동지원 프로그램으로, 일반교육과정 이외 과외 활동으로 진행된다.

다음 날 아침, 애치슨 교감의 안내로 스타 교실을 관찰했다. P1, 만 5세 아이들 중 사회적 행동 혹은 학습장애를 가진 아이들이 월·화·수요일 오전 12시까지 여기서 사회성 친화행동을 주로 한다. 오후에는 교실로 돌아가 점심을 먹으면서 아이들하고 같이 생활하다 하교한다고 한다. 여자아이 3명과 남자아이 3명이 스타 교실에서 지내고 있었다. 꼬맹이들은 낯선 이국 사람에 대해 아주 흥미 있어 하면서도 자기들 하던 일을 조용히 계속했다. 보조교사가 자기소개를 하며 재미있는 노래를 하나씩 해보자고 하자 애비게일이 나와 한없이 길게 노래한다. 그러자 새디도 하겠다면서 율동까지 곁들여 "반짝반짝 작은 별…" 하고 노래를 부른다. 그러나 다른 아이들은 전혀 적극성을 보이지 않는다.

뒷산과 뒷마당이 보이는 스타 교실에서는 비가 안 오거나 날씨가 좋으면 다들 나가서 논다는데, 그날은 날씨가 차서 실내 활동을 했다. 어윈이 자기는 그루팔로(동화 캐릭터) 인형을 가지고 놀겠다고 하자 선생님이 지금은 친구들 노래를 들을 때라고 정중하게 거절한다. 다 끝나고 아침식사를 하자고 하자 아이들이 모두 식탁에 모여 앉는다. 애비게일이 내게 그루팔로 동화책을 읽어주겠다고 해서 그러라고 했더니 한없이 계속된다. 여기서는 가볍게 토스트를 먹으면서 "우유 좀 건네줄래?(Can you pass me the milk?)" 혹은 "… 좀 주세요(Please pass me …)"라고 부탁하고, "고맙습니다(Thank you)"라고 인사하는 일종의 생활예법을 가르치며 일상화하도록 한다. 모든 아이가 식사를 마칠 때까지 기다리고 대화를 하게 하는 것도 포함된다. 집이나 친구에 관한 이야기, 어제 있었던 일이나 읽은 책 등에 관한 이야기로 소통하는 능력을 높인다. 그렇게 하자 아이들이 웃기 시작한다.

아침을 끝내니 아이들이 장난감을 가지고 논다. 남자아이들은 자기들끼리 기차와 자동차를 가지고 노는데, 전혀 말을 하지 않던 오스카가 어윈과 말도 하고 웃기도 한다. 애비게일은 자기가 당번이라며 예쁘게 싱크대에 가서 설거지를 한다. 다른 여자아이들은 선생님 곁에서 놀이를 한다. 설거지를 끝낸 애비게일이 인형으로 아기에게 젖 먹이는 역할극을 하다가 아이를 재운다며 다들 조용히 하라며 "쉬쉬…" 그런다. 큰 소리로 말하지 말고 "속삭여 줘(Whisper please)" 한다. 애비게일은 연신 나한테 인형 머리띠를 씌워달라고 하고 팬티를 입혀달라고 부탁한다. 선생님도 따라서 "쉬쉬…" 해주니 인형 재우기 놀이를 계속한다. 어윈이 아기 흔들의자를 갖다 주니 애비게일이 좋아했다. 그러면서 자장가를 불러주는데, 선생님이 따라 불러주자 다시 조용히 해달라고 부탁한다. 그러다 그루팔로를 어윈이 가져오자 아이가 깼다며 어윈과 함께 그루팔로를 가지고 논다. 아빠는 흑인이고 엄마는 여기 사람인 칼지는 그동안 전혀 이야기를 안 했다는데 그날은 놀이하면서 가끔 웃기도 했다. 그러다 선생님 곁에 있던 새디가 재채기를 하니 손을 가리고 하라며 휴지를 갖다가 닦으라고까지 한다. 이 방의 목적은 이렇게 의사소통 기술을 길러주어 다른 아이들과 잘 지낼 수 있게 하는 것이지 문제행동을 진단하고 교정하는 것이 아니다.

방 안에 아래와 같은 글귀가 붙어 있다.

우리는 귀 기울여요(We listen).

우리는 다정해요(We are kind).

우리가 어떻게 느끼는지 얘기할게요(We tell others how we feel).

우리는 최선을 다해요(We try our best).

당신이 나를 웃게 해요(You make me smile).

종이 울리자 선생님이 "이제 치울까요" 한다. 아이들이 가지고 놀던 장난감을 치우고 책상도 닦고 정리한다. 그때 고학년으로 보이는 여자아이가 후배들을 도우러 들어왔다. 스타 교실 아이들을 줄을 세워 조용히 밖으로 데리고 나가는데 아이들이 잘 따랐다. 아이들이 모두 나가자 애치슨 선생이 얘기해준다. "저 아이는 6학년 아이인데 한 달 전 아버지가 돌아가셨어요. 너무 힘들어하기에 여기 와서 아이들 좀 도와주라고 했더니 기꺼이 와서 슬픔을 이기려고 노력봉사를 하고 있어요." 여기 오는 아이들은 너무 말이 없는 아이도 있고, 너무 혼자만 떠드는 아이도 있다. 다른 친구들과 못 어울리는 아이도 있다. 가벼운 사회적 행동장애가 있다고 볼 수 있는 정도라서 공동체 생활에 적응할 수 있도록 돕는 활동이 이곳의 주목적이다.

곧이어 히잡을 쓴 학부모 도우미가 들어왔다. 여기엔 학부모 도우미가 여러 명 있는데, 숙제를 돕거나, 독서 지원을 하거나, 특수교육이 요구되는 아이들에 대한 학급 지원을 하기도 한다. 그들에게도 도움이 되는 경제적 지원이고, 자기 아이가 다니는 학교에서 도우미로 활동한다는 보람도 있어서 학부모도 좋아하고 학교에도 좋은 제도이다. 헤이즐우드는 한 학급당 인원이 30명으로 많기 때문에 개별지도에 한계가 있는데, 특수아동으로 개별지도를 신청해 배정받으면 이러한 보조교사를 지원받을 수 있다. 이를 위해 교장과 교사들은 교육청이나 교육부 혹은 각종 후원 재단에 편지를 쓰고 행정공문을 처리해야 하는 수고로움을 많이 해야 하지만, 아이들을 위해 그러한 행정적 절차를 기꺼이 한다고 한다.

스타 교실을 다 정리하고 교직원휴게실로 옮겨 차를 마시며 담소하다가 7학년 ICT(Information and Communications Technology) 수업 참관에 들어갔다. 베라 맥클레난(Vera McClenghan) 선생이 나를 간단히 소개하고 학생들에게 오늘은 세 그룹으로 나누어 활동한다고 안내한다. 한 팀은 태블릿피시를 가지고 15세기 콜럼버스가 어떻게 서쪽으로 갔는지를 조사해서 발표할 것이며, 둘째 팀은 노트북 컴퓨터실에 가서 타이타닉이 어떻게 사고가 났는지 조사하고 사고 전·후를 비교해서 박물관 홍보 리플렛을 만들며, 마지막 팀은 2층 도서관에서 책을 읽는다. 학생들은 노트북 컴퓨터실, 매직 교실, 앞의 소그룹 테이블로 흩어져 각자 그룹작업을 한다. 그 사이 아이들이 열심히 조사하고 선생님께 열심히 보고하면 선생님은 긍정적 반응을 보여준다. 아이들은 신이 난다. 교사도 학생도 한시도 쉴 틈이 없다. 이렇게 스스로 하는 학습에 익숙하니 아이들의 자기 주도적 학습이 절로 되는 것 같다. 한 팀이 선생님을 조용한 방으로 불러 결과물을 보여주며 너무나 좋아한다. 선생님은 잘했다고 칭찬하고 수정할 부분을 중심으로 자신의 의견을 약간 보탠다. 이 반에는 문제행동을 보이는 아이 3명에게 각각 보조교사가 배치되어 있다고 한다. 주의력결핍 과잉행동장애(ADHD)나 아스퍼거 증후군이다. 장애의 정도가 큰 것은 아니나 가정에서만 치유하기엔 힘겨워 정부에 신청해서 보조교사를 지원받았다.

약속한 30분이 지나자 학생들이 교실로 돌아와 모였다. 태블릿피시를 가지고 갔던 학생들은 다시 충전기에 연결해두는 것을 잊지 않는다. 다음 학생을 위해서이다. 이어 컴퍼스로 각도 재기를 하는데 대부분의 설명이 전자칠판에 영상으로 제시된다. 교사는 학생들이 잘 알아들을 수 있도록 정성껏 설명하고 아이들은 열심히 듣는다. 직접 재는 것을 가르치면서 연습문제를 풀게 하는데 어려워하는 아이들도 있다. 내게도 도와달라고 해서 한 아이를 도와주었더니 다른 아이들도 도와달란다. 아이들이 내게 호기심을 보이자 선생님은 끝날 때쯤 내게 소개 시간을 주고 싶다고 한다. 아이들이 내가 어느 나라에서 왔는지, 이름의 의미가 무언지 등을 물어서 칠판에 한글과 한자로 써주며 의미를 설명했더니 신기해한다. 자기 이름도 한글로 써달라고 해서 2명한테 써 주었다. 아이들이 아주 적극적이다.

다시 종이 울리니 점심시간이 시작된다. 휴게실로 가니 머타 교장이 내 밥을 챙겨놓았다. 이런 따뜻한 배려가 헤이즐우드의 전 교육과정에 스며 있다. 모든 아동 하나하나가 다 소중하고 개인의 전인적 발달을 지원하는 것이 중요하다는 교육철학이 학교 곳곳에 그대로 반영되어 있는 느낌이다.

손주를 보내고 싶은 헤이즐우드

패트리샤 머타 교장의 말대로 헤이즐우드는 아마도 북아일랜드 전체에서도 제일 가난한 아이들이 다니는 학교이겠지만, 아주 풍요로운 교육과정을 운영하는 학교라고 자부할 수 있을 것 같다. 학교에 대한 이러한 자부심은 설립학부모위원 모두가 다 그런 것 같다. 설립학부모◆들은 지금도 학교 일이라면 당장 달려와 돕고; 일부는 학교에서 제공하는 학부

◆ 재키 데이비슨(Jackie Davison), 머린 머피(Maureen Murphy), 트레버 파크힐(Trevor Parkhill), 실라 홀(Sheila Hall), 린다 폴(Linda Paul). 머타 교장은 설립학부모 5명의 이름을 하나하나 적어주었다.

모교실에도 계속 참여한다. 학교에서 만난 재키 데이비슨 할머니가 보여준 학교에 대한 애정은 '내 손자도 이 학교에서 공부하게 해봤으면…' 하는 소망을 품게 한다. 이야기의 여운이 아직도 내 귓가를 맴돈다.

"전 지금도 여기서 살고 있는데 학교 설립 첫 모임을 우리 집에서 했어요. 우리 집에서 처음 모인 수가 5명이던가… 확실하지 않지만, 통합학교를 만들자고 했어요. 우리는 이사 가고 싶지 않았고, 아이들 교육은 필요했고, 새로운 형태인 통합학교가 만들어지면 모두 다 좋지 않겠느냐, 뭐 그런 논의였습니다. 이후 정말로 많이 공부했어요. 통합교육이 뭔지도 몰랐던 내가 나중에는 이것을 홍보하고 다녔으니까요. 아이들도 모두 이곳에 보냈어요.

설립 당시 교사 급여는 아동자선재단(Child Charity Trust)에 신청해서 받았지만, 다행히 신규 교사를 중심으로 선발했기에 급여가 낮았는데, 젊은 교사들이라 의욕이 대단했습니다. 하지만 시설 운영 비용이 없었어요. 학교기금을 모으려고 안 해본 것이 없지요. 학교를 만든 사람으로 돈 때문에 늘 마음이 조마조마했어요. 일단 학교를 이리로 옮기고 나니 낡은 시설이라 매일 비가 새서 고쳐야 하는 등 자잘한 문제는 있었지만 교사들이 알아서 잘해주었고 학부모들도 너무나 열심히 잘해주어서 큰 어려움은 없었습니다.

오늘 보시다시피 학교는 잘 성장하고 있습니다. 여기 들어오고 싶어 하는 사람은 엄청 많아요. 대기자가 너무 많죠. 이 지역을 위해, 우리 아이들을 위해, 아주 잘한 일 같아요. 저는 1985년부터 2005년까지 20년간 설립학부모로서 학교운영위원을 했으며 이후는 학교운영위원회 서기를 하는 등 지금도 간간이 참여하고 있습니다. 학부모교실에도 참여해요. 나 자신이 자꾸 학력이 떨어지는 것 같아 학교에 와서 새로운 걸 배우고 있어요. 저는 학교 사람입니다. 너무나 행복해요. 학교는 보기만 해도 굉장히 뿌듯합니다. 내 자식이지요."

3부

·

최초의 지방 통합학교가 주목받다

·

뉴캐슬, 1986

올칠드런스 통합초등학교

심나 칼리지

뉴캐슬 Newcastle

뉴캐슬은 북아일랜드 남동쪽, 먼산(Mourne山) 아래 심나강이 아이리시해에 유입되는 해안가에 위치한다. 이곳은 1년 내내 레포츠를 즐기려는 관광객이 끊이지 않는 작고 아름다운 전원휴양도시이다. 아일랜드공화국으로 들어가는 진입로이기도 한 뉴캐슬은 분쟁기 동안에도 종파분리주의 충돌이 크지 않았던 유일한 곳이다. 총인구가 8000명도 안 되는 이 소도시는 가톨릭 인구가 압도적으로 많지만(가톨릭 62%, 개신교 22%, 기타 16%) 정치적으로 보수적이지는 않다. 천혜의 자연환경으로 북아일랜드에서 살기 좋은 지역으로 꼽히면서 벨파스트와도 가까워서 출퇴근하는 중산층 가족이나 퇴임 후 체류하는 노령인구가 늘고 있다.

상대적으로 중산층 거주인이 많은 이 지역에서 1981년 라간 칼리지 개교 이래 통합교육운동에 매료된 젊은 학부모들이 "우리 지역에도 통합학교를 세우자"고 추진하여 설립한 것이 올칠드런스 통합초등학교이다. 포지 통합초등학교 설립 과정의 고난으로 힘든 상황이었음에도 ACT는 1986년 벨파스트 외곽 지역 최초의 통합초등학교 설립을 적극적으로 지원했다.

이후 올칠드런스 통합초등학교 졸업생들이 배출됨에도 진학할 근교 통합칼리지가 없어 1시간 이상씩 라간 칼리지로 통학해야 하는 상황에 직면하자 통합칼리지 설립 운동이 올칠드런스 학부모들을 중심으로 전개되었고, 그 결과 1994년에 심나 칼리지가 설립되었다. 통합교육 원칙과 우수한 학업성과를 잘 조화시켜 운영하는 균형 잡힌 통합학교로 정평이 나 있는 심나 칼리지와 올칠드런스 초등학교는 뉴캐슬 지역민 누구에게나 자랑거리이다.

조그맣고 예쁜 희망의 공간,
올칠드런스 통합초등학교

All Children's Integrated Primary School
www.allchildrensips.co.uk

북아일랜드에 오면 많은 사람이 먼산(Mourne山)으로 하이킹을 가고 싶어 하고 또 뉴캐슬의 해변가를 거닐다 근사한 카페에서 로컬푸드를 맛보고 싶어 한다. 내가 머문 벨파스트 리스본 로드의 북아일랜드 친구 부부도 뉴캐슬 근처의 던드럼을 노후 최고의 거주지로 꼽는다. 이같이 벨파스트 근교에 위치한 쾌적하고 살기 좋은 곳에 예쁜 통합초중등학교가 있다. 거주 인구가 8000명도 안 되는 뉴캐슬에는 원래 종파 소속의 작은 초등학교만 4개 있었고 중등과정 칼리지는 없었다. 그래서 초등을 마친 아이들은 인근 발리나힌치(Ballynahinch)나 심지어는 더 멀리 벨파스트로 진학했다고 한다.

그런데 이러한 작은 마을에서 동네 아줌마들이 일을 냈다. 벨파스트에 통합초등학교가 생겼다는 이야기를 들은 다운패트릭(Downpatrick) 지역의 학부모들이 자기네 동네의 던드럼 공립초등학교가 폐쇄될 것 같다며 이것을 통합학교로 전환하자는 운동을 했다. 그래서 인근 지역 학부모들이 다 같이 모여 시도했으나 그 자체는 실패하고, 뉴캐슬에 살던 학부모 일부가 그 운동을 이어 뉴캐슬에서 아예 새로운 통합초등학교를 신설하자고 사람들을 모았다. 기적적으로 일이 성사되어 1986년 5월 15일 올칠드런스 통합초등학교(All Children's Integrated Primary School)의 문을 연다고 공고하고 그해 9월 1일 개교했다. 뉴캐슬 학부모들의 이러한 모험 이야기를 당시 이 지역에 거주하며 자녀를 키우던 여성평화 활동가인 앤 카(Anne Carr) 여사로부터 상세하게 들을 행운을 잡았다.

앤 카에게 듣는 올칠드런스의 탄생 이야기

올칠드런스 통합초등학교에 이미 두 차례나 다녀왔지만 학교 설립 이야기를 시원스레 들을 수가 없어 답답하던 차에 NICIE의 드니스 모건(Denise Morgan) 차장으로부터 한 인물을 소개받았다. 지금은 지역사회 여성평화 활동가로 샨킬 로드에서 열심히 통합보육 활동을 하고 있는 앤 카(결혼 전 이름 앤 비티)는 25년 동안 뉴캐슬에 살던 거주민 설립학부모로서 초기부터 10여 년 동안 학교운영위원장을 역임했으며 자녀가 중등으로 진학할 때쯤 심나 칼리지에도 설립학부모로서 관여했다고 한다. 젊은 시절엔 네 아이의 엄마로서 통합학교 설립을 위한 지역 학부모운동을 했고, 아이들이 모두 학교를 졸업하자 이전에 살았던 샨킬 로드로 들어가 지역에서 활동가로서 치열한 삶을 살고 있는 앤 카는, 올해로 65세가 되어 이제는 스코틀랜드로 가서 성찰적 삶을 살고 싶다며 북아일랜드를 떠나려는 참이었다. 성찰적 자서전을 쓰러 길을 떠나기 전 길게 자신의 학교 설립 이야기를 털어놓았다.

나는 1952년 북아일랜드에서 태어나 어렸을 때는 캐나다에서 살다가 1965년에 다시 고향으로 돌아와 개신교 거주지인 샨킬 로드에서 살았다. 개신교 여학교에 다니면서 학교를 오갈 때마다 가톨릭 학생들과 거의 매일 패싸움이 일어나는 것을 보았다. 당시 지역 상황은 최악이었다. 거의 매일같이 거리에서 사람이 죽고 분쟁이 일었다. 이전에 살았던 캐나다하고는 완전히 딴판이었다. 힘들어하고 있을 때 길 건너편 펄스 로드에 사는 가톨릭 남자친구가 생겼고, 우리는 사랑에 빠졌다. 양쪽 식구들은 다 난리였지만 우리는 개의치 않았고 결혼해서 지금까지 같이 잘 살고 있다. 1972년 나는 캐나다를 여행하고, 남자친구는 스페인을 여행하던 중 남자친구의 집에 개신교 사람들이 총격을 했다. 집에 있던 16세 동생은 가까스로 목숨을 건졌으나 집은 쑥대밭이 되었다. 그 사건 이후 남자친구의 가족은 시골로 이사했고, 남아 있던 우리도 결국엔 잉글랜드 런던으로 옮겨 직장을 구했다. 더 이상 벨파스트엔 아무도 남지 않아서 우리 둘은 런던에서 살기로 하고 시청에서 행정적인 결혼을 했다. 북아일랜드 용어로 말하자면 개신교와 가톨릭 간의 이른바 혼합혼(mixed marriage)을 한 것인데, 북아일랜드에서는 매사에 아주 골치 아픈 선택을 해야 하는 일이었지만 잉글랜드에서는 아무 문제가 없었다. 1970년대 중반이 되자 런던의 실업률이 높아져 많은 사람이 직장을 구하러 북아일랜드로 돌아갔다. 우리도 마찬가지였다. 런던 생활을 정리하고 북아일랜드로 돌아와 살기로 하고 상대적으로 분규가 적은 뉴캐슬에 터전을 잡았다. 그때 우리에겐 아이가 넷 있었는데 북아일랜드에 돌아오자 혼합혼 가정 부모로서 고민이 불거진 것이었다.

아이들 학교를 택할 때 내 종교를 따라 개신교학교로 보낼 것인지, 아니면 남편의 종교인 가톨릭학교로 보낼 것인지를 우선 선택해야 했다. 런던에서 살 때에는 전혀 느끼지 못했던 종파분리주의 교육의 문제에 맞닥뜨리면서 어떠한 형태로든 공존교육의 방향으로 나아가야 한다고 생각하게 되었다. 아이가 4명인데 아이들이 어렸을 때부터 양쪽 진영 아이들을 함께 놀게 하는 통합놀이터를 다른 부모들과 함께 활성화시켰다. 이때 만난 어머니들이 통합학교 설립의 주류가 되었다. 애들이 놀 때 우리는 같이 배드민턴이나 에어로빅을 하고, 또 애들 학교교육에 대해 수다를 떨면서 종파분리주의 문제를 화두에 올리곤 했다. 어찌 보면 동네 아줌마들이 운동을 하면서 수다를 떨다가 그 안에서 공통적인 사회적 이슈를 찾은 셈인데 나는 이것이 아주 중요하다고 생각했다. 나는 개신교인데도 가톨릭학교 체육관에서 운동(에어로빅)을 하면서 그쪽 여성들과도 허물없이 많은 이야기를 했다. 공통성 찾기에 함께 운동하는 것만큼 좋은 것은 없다. 그렇게 엄마가 운동하는 사이에 아이들은 어울려서 같이 놀았다.

그 무렵 폐교에 직면한 던드럼 공립학교가 있었다. 이것을 살려 통합학교로 전환하자는 의견을 다운패트릭 지역 학부모가 내놓았고 이에 인근 지역 학부모들도 통합초등학교 전환에 가세했다. 이때 뉴캐슬 학부모들도 참여했는데 결과적으로 그것은 실패했다. 당시엔 전환한다는 개념을 교육부가 수용하지 않았기 때문에 벨파스트의 포지 통합초등학교 때와 마찬가지로 이러한 전환통합학교 제안은 받아들여지지 않았다. 그렇다고 포기할 수는 없었다. 그래서 우리 지역 뉴캐슬에서 학교를 새로 만들자고 발동을 걸었고, 그것이 결실되어 올칠드런스 통합초등학교가 탄생한 것이다.

던드럼 학교가 실패한 이후 운동을 함께한 학부모들과 벨파스트의 라간 칼리지와 헤이즐우드 초등학교·칼리지를 견학하고 통합교육 관련 공부도 하면서 우리는 학교 설립을 본격적으로 준비해나갔다. 당시만 해도 이 지역에서는 어떤 사람도 통합교육의 개념을 잘 몰랐고, NICIE가 생겨나기 전의 일이라 체계적으로 학교 설립을 돕는 기관도 없었다. 다행히 ACT가 사우스벨파스트의 포지를 1985년 9월에 막 신설한 이후라 벨파스트 외곽에 신설 학교가 생긴다는 데 고무되어 도와야 한다는 의욕을 보였다. ACT에서 2000파운드의 재정을 지원해주었고 학교 설립에 관한 갖가지 팁도 주었는데 그것이 너무나 유익했다. 당시 ACT는 교육부와의 관계가 엄청 힘들었다는데도, 특히나 재정적으로도 엄청 어려운 가운데서도 우리를 도왔다. 벨파스트가 아닌 곳에서 처음으로 일어나는 운동이라 남동부교육청(SEELB: South Eastern Education and Library Board)도 반신반의하면서 선뜻 도우려고 하지 않았는데, 마침 잉글랜드 출신 국장이 좋은 일이니 열심히 하라고 격려하고 지원을 많이 해주어서 이후엔 교육청과의 일은 좀 쉬워졌다. 우리가 열심히 하니까 지역의 한 독지가가 학교 설립을 돕겠다고 나섰고 그가 2만 파운드를 지원해주었다. 우리는 고무되어 그 돈을 종잣돈으로 삼아 일차적으로 학교 부지를 찾아다녔다. 때마침 땅을 팔겠다는 사람이 있어서 오늘의 근사한 이곳, 먼산 아래 땅을 구입하게 된 것이다. 하지만 건축 비용이 없어 일단 중고 컨테이너를 들여다가 거기서 공부를 시작했다. 학부모들은 학교기금을 모으기 위해 안 해본 일이 없다. 매일 길에서 학교 홍보지 돌리기, 지역 교회에 가서 설득하기, 교육청에 몰려가 항의하기도 하고 때론 싸우기도 했고 설득도 했고, 지역신문에 엄청 광고도 했고, 바자회나 각종 후원기금 마련 행사를 위해 거의 학교에 살다시피 했다. 같이한 학부모들 모두가 그랬다. 여러 차례 공청회를 하면서 홍보를 했는데 일단 온 사람들은 관심을 보이긴 했지만 그 수가 처음엔 그리 많지 않았다. 하지만 다른 지역에 비해 뉴캐슬은 정치적, 사회적 분위기가 그리 나쁘지 않아 학교 설립 준비를 시작한 지 1년도 채 안 되어 통합학교를 만들 수 있었다.

드디어 1986년 5월 15일 오후 3시에 올칠드런스 통합초등학교 및 어린이집 과정을 연다는 것을 알리는 첫 번째 뉴스레터가 발간되었다. 이렇게 1985년 10월부터 시작된 통합학교에 25명의 아이들이 등록을 마쳐 1986년 9월에 정부재정지원 자율학교(grant-maintained) 지위를 갖춘 통합초등학교가 정부로부터 인준을 받아 설립되는 것으로 결실을 맺게 되었다. 그러자 지역 교회에서 난리가 났다. 특히 가톨릭교회는 노골적으로 통합학교에 반대하며 통합학교에 다니는 아이들은 교회에 나오지도 못하게 했고 견진성사도 안 주고 성체성사 참가도 못 하게 했다. 개신교학교는 상대적으로 덜 부정적이었지만 그래도 지역 교회에서는 통합학교를 문제시했다. 작은 지역사회이다 보니 교회가 반대하면 할 수 있는 일이 거의 없다. 결국 지역 교회의 반대로 지역 교육청의 지원을 효과적으로 받을 수 없게 되었다. 벨파스트 포지 통합초등학교와 함께, 학교의 지위를 정부재정지원 자율통합초등학교(grant-maintained integrated primary school)에서 정부통제 통합초등학교(controlled integrated primary school)로 변경하기로 1991년 결의했다. 학교 지위가 변경된 이후 포지와는 달리 남동부교육청이 아주 협조적이어서 학교에 대한 여러 교육적 지원이 수월해졌고 그 결과 오늘의 새 건물을 2002년에 지을 수 있게 되었다.

나는 새 건물 완공 때까지 학교운영위원으로 참여했다. 초기에는 위원장이었다. 학부모 중심으로 설립된 올칠드런스 통합초등학교는 벨파스트 이외 지역에서 최초라는 자부심을 가지고 있다. '올칠드런스(all children's, 모든 아이들의)'라는 것이 통합교육의 기본 정신이기 때문에 지명을 따르기보다는 가치와 정신을 존중한다는 의미에서 학교명을 확정했다. 나는 이후 뉴캐슬에 4세부터 18세까지 아이들이 온전하게 통합교육을 받을 수 있도록 초등에 이어 통합칼리지를 설립하자고 또 학부모운동을 전개했는데 그 결실이 바로 옆에 세워진 심나 칼리지이다. 이미 부지를 크게 확보해놓았기 때문에 심나는 같은 캠퍼스에서 상대적으로 쉽게 시작할 수 있었다.

지금도 우리는 학교가 부르면 언제고 달려가 올칠드런스 식구로서 재회하며 안정적인 학교 운영에 행복해한다. 2016년 9월에 있었던 개교 30주년 행사에서는 담벼락 전시회(wall exhibition)를 했다. 초기 학부모들도 모두 만났고 졸업생도 굉장히 많이 참가했다. 인구 8000명도 안 되는 소지역에 사는 뉴캐슬 시민들도 자녀를 이 학교에 보내든 보내지 않든 통합학교 캠퍼스를 가진 도시라는 데 큰 자부심을 느낀다.

키다리 교장 존 비티

학교 탐방 일정을 잡을 때 이왕 갔으니 나란히 옆에 붙은 학교를 한꺼번에 봤으면 하는 기대를 하는 것은 당연지사일 것이다. 일정 잡기가 여의치 않다가 마침내 한날 첫인사를 다 할 수 있게 되었다. 벨파스트 버스 터미널에서 8시 반 버스를 타고 뉴캐슬로 가는데, 아침 일찍부터 버스를 이용하는 사람들이 많다. 버스를 타면 사람들이 거의 없는 북아일랜드 환경에서 버스 안이 북적거리니 흥이 난다. 뉴캐슬에 도착하여 방향이 잘 안 잡혔는데 마침 심나 학생이 같이 탔기에 안내해줄 수 있겠느냐고 했더니 같이 가잔다. 그런데 이 친구가 밥을 안 먹었다며 학교도 늦었는데 중간에 가게에 들러 빵까지 먹고 느긋하게 가는 것이 아닌가? 결국 이 친구를 기다리다가 나도 약속 시간에 5분 정도 늦게 도착했다. 아무튼 해변을 따라 걸어가는 내내 바닷바람을 쐬니 바람은 싸늘해도 화창한 날씨에 기분이 아주 좋다.

큰길에서 막 돌아 조금 올라가니 올칠드런스 초등학교가 있고 그 옆에 심나 칼리지가 나란히 섰다. '이런 것이 통합학교 캠퍼스구나' 하고 감탄하는데 한 학부모가 들어오라고 나를 맞이한다. 학교 건물 안으로 들어가니 교장실이 현관에 바로 붙어 있다. 키가 190센티미터쯤 되어 보이는 존 비티(John Beatie) 교장이 나와 정중하게 방문객을 맞이한다. 이 학교에 온 지 3개월밖에 안 된 교장이라 학교 사정을 잘 모른다고 해서 일반적인 사항을 중심으로 이야기를 나누는데, 학교 이야기를 모르는 것이 아니라 이미 거의 다 파악이 끝난 상태였다. 아동인권교육이나 세계시민교육 등에 관해 무척 관심이 많고 인상도 아주 좋다. 부인도 라간 칼리지 교사이고 아들은 로흐뷰 초등학교에 다닌다니 가족 모두가 통합교육 공동체이다. 자신은 매일 벨파스트에서 이리로 출퇴근하고 반대로 자기와 비슷한 포지의 네빌 왓슨 교장은 여기서 벨파스트로 매일 출퇴근한다며, 웃으면서 북아일랜드는 조그만 한 지역사회라고 한다. 왓슨 교장의 아들은 이 학교에 다닌단다.

존 비티 교장은 퀸스 대학교를 졸업하고 북아일랜드라는 환경 속에서 자신의 미래와 사회변화에 관심을 갖게 되어 여행을 떠났다. 이때 이스라엘 키부츠에서 임시교사로 머물며 분단사회의 문제에 주목하게 되었는데, 개신교 가정에서 태어나 개신교 종파학교에서만 성장해온 자신이 받은 충격은 아주 컸다고 한다. 특히 미래 세대인 아동이 현 세대인 어른의 태도 변화에 어떻게 영향을 미치는가를 비판적으로 바라보게 되어 교사가 되어야겠다고 생각하고 교직과정(PGCE)를 추가로 이수했다. 그러면서 분리주의적 편파성을 넘어선 통합과 다양성에 많은 관심을 갖게 되었고 이것을 수업을 통해 어떻게 반영할 것인가를 고민했다. 그래서 통합학교를 택하게 되었고, 여기에서도 똑같은 질문을 매일같이 하고 있다고 한다.

대학에 다니던 1970년대 '피스피플'에 관심을 갖고 참여했던 것도 그에게 큰 영향을 주었다. 부인의 가족이 이 운동에서 주도적인 역할을 한 사람들이어서 자연스럽게 온 가족의 관심이 평화교육, 인권교육, 환경교육 등에 초점을 맞춘 아동교육으로 모였고, 지금도 이러한 철학을 학교 운영에 적용하려 노력하고 있다. 자신의 이러한 교육철학을 토대로 처음 20년 동안은 크랜모어 통합초등학교에서 일반교사로 있었고 글렌크레이그 통합초등학교에서는 10년간 교감으로 있다가 올칠드런스 교장직에 응모했다. 모든 통합학교가 마찬가지겠지만 올칠드런스 초등학교도 기본적으로는 북아일랜드 교육과정 지침을 통합교육 가치와 융합해 따르고 있으며, 초등이라 특히 노작환경교육, 스포츠, 음악, 예능교육 등에 주력하고 있다. 모두가 함께하는 통합교육을 어떻게 균형 있게 운영할 것인가, 남을 얼마나 수용하는가, 모두가 서로 다르다는 사실을 어떻게 수용할 것인가 등에 대해 교사들과 학부모들이 함께 고민하며 학교를 운영하고 있다고 한다.

　이전에 있던 학교에서 또래조정을 운영한 비티 교장은 올칠드런스에 어떤 활동이 맞을지 탐색 중이었다. NICIE가 주관하는 반편견교육이나 종교적 다양성에 관한 학습은 이미 많은 교과에 통합되어 운영되고 있기 때문에 학교 재정이나 교사들의 의지 등을 고려하여 학교운영위원회와 상의해 민주적인 방식으로 결정하게 될 것이라고 한다. 현재 학교운영위원회 위원장이 북아일랜드 앰네스티 인터내셔널(AI: Amnesty International) 활동을 하고 있어서 아동인권교육을 적극적으로 해야 한다고 주장해왔기 때문에 인권존중학교(RRS) 인증 계획은 바로 시도하게 될 것 같다고 한다. 이와 관련하여 성정체성교육(RSE: Relationship Sexuality Education)으로 이해되는 동성애에 대한 불신을 해소하려는 활동을 하는데 이것은 기존 학교에서는 엄격히 금지되어 있다. 가톨릭은 물론이고 개신교도 마찬가지이다. 북아일랜드의 경우 10대 게이들의 자살률이 아주 높아, 학교 프로그램과 별도로 7학년 학부모 중에는 게이 퍼레이드에 자녀를 데리고 가서 보여주고 자신의 감정을 이야기하도록 하는 사례도 있다. 학교에서는 그 행사에 참여한 학생들의 반응을 듣게 하여 자연스럽게 아이들이 이 주제를 소화하도록 하고 있다. 학교운영위에도 이런 사실을 보고하고 학교 방침을 논의해야 하는데, 비티 교장은 운영위원회가 이러한 주제에 대해선 이해도가 아주 높아 전혀 문제제기를 하지 않으리라 생각하고 있었다.

학교에서는 지역사회개발링크(LCD: Link of Community Development)를 진행 중인데, 이는 컴퓨터를 통한 지역사회 상호 이해 활동으로 관련 자료가 모두 학교 홈페이지에 게시되어 있다. 아이들은 이런 활동에 익숙해서 아주 잘한다. 여기서도 학부모 참여를 강조한다. 그 밖에도 모든 지역사회 참여 활동은 교사가 아닌 학부모들의 주관으로 진행된다. 요리를 만들거나 해양놀이 혹은 산악놀이 활동 등이 전부 다 학부모 자원활동으로 진행되기 때문에 교사들은 학부모들을 격려하여 더 많은 다양한 활동이 우리 아이들을 위해 부여되기를 희망하고 있다. 비티 교장도 학교의 이러한 특성을 자랑스럽게 여기고 있으며 특히 특수요구를 가진 학생들에게 우선순위를 두고 이 아이들이 소외되지 않고 적극적으로 학교 활동에 참여하도록 권장한다. 그래서 비티 교장은 학부모 참여가 자원봉사나 기금 모금에만 맞춰지기보다는 다양한 학부모 요구를 수용하여 정책화하는 쪽에 초점을 맞추고 있다. 또한 학생회는 아주 중요한 학교 정책 결정 파트너로서 특히 고학년 아이들의 경우 아주 활발하게 참여하고 민주적 리더십을 월등하게 잘 보여주고 있다. 학교조회 때마다 학생회 발표는 필수이다.

통합학교 중 학부모 주도로 신설되어 100% 자율성을 누리는 정부재정지원 자율학교 지위를 가진 학교는 교육부로부터 직접 재정을 지원받는 시스템이나, 신설되었더라도 올칠드런스나 포지처럼 중간에 정부통제학교로 지위를 변경한 학교나 대부분의 전환학교들은 일반공립학교로서 교육부가 아닌 교육청으로부터 재정 지원과 일정한 규제를 받는다. 올칠드런스는 성공적으로 학교 지위를 변경한 사례로 지금도 남동부교육청과는 매우 협조적인 관계를 유지하며 자율성을 거의 제한받지는 않는다. 단지 학교운영위원회 구성에서 교육부에서 파견하는 2명이 아닌

교육청에서 4명을 파견하여 관리하는 구조로 그만큼 학교 운영의 책임을 운영위보다는 지역 교육청이 지고 있기 때문에 학교장으로서는 이러한 세력 간의 조율을 얼마나 잘하는가 하는 것이 학교 평화를 위해 중요하다. 1991년 지위 변경을 결정할 당시 학교 부지는 구입했으나 임시건물에서 수업하며 지냈기 때문에 학운위로서는 지역 교육청의 협조를 얻어 빨리 오늘과 같은 건물을 짓고 싶었을 것이다. 현재 모든 학교들이 다 비슷하지만 교육청 산하이면 학교의 모든 기본 경비 지원이 반드시 이루어지지만 교육부에서 직접 지원받아 운영하는 구조이면 운영위나 학부모들의 부담이 확실히 많다. 모든 학교의 기본 재정은 100% 다 정부에서 나오는 것이고 하지만, 예를 들어 학교 시설을 확충한다고 할 때 직접 교육부에 가면 '당신네 재단에서 할 수 있는 것을 먼저 해보라'고 하기 때문에 학운위의 부담이 아주 크다. 반면 일반공립학교는 교육청이 조사한 후 타당하면 예산을 배정한다. 특수교육이나 건물 개보수 시에는 교육청 협조만 얻으면 아주 쉽게 진행된다. 하지만 이것도 쉽지는 않아 어떤 지위가 바람직하다고 말할 수는 없다. 자율학교의 경우엔 그래서 학교장이 엄청 스트레스를 받는다. 하지만 여기도 그러한 스트레스는 교육청과의 조율에서 늘 받는 것이라 이른바 학교장 리더십을 어떻게 발휘하느냐를 놓고 이견이 많아 보인다.

지역사회 환경과 관련하여 뉴캐슬은 가톨릭 인구가 압도적으로 많은 지역이라 비율 맞추기가 당초 어렵다. 워낙 작은 소도시라 뉴캐슬 아이들만 올칠드런스에 오는 것이 아니라 던드럼(Dundrum), 캐슬웰런(Castle-wellan), 클라우(Clough), 애날롱(Annalong), 시퍼드(Seaford) 그리고 마게라(Maghera) 등 인근 지역에서도 온다. 또한 그리 많지는 않지만 최근 들어 이주 아동 수가 빠르게 늘면서 '이제는 통합이 아니라 다문화'라는 방향으로 나아가는 가운데 통합보다 공유교육을 강조하는 경향이 있다. 특히 가톨릭에서는 상당수가 폴란드나 헝가리 등 가톨릭국가 출신인 이주가정 아동을 가톨릭 종파학교로 흡수하려 한다. 그래서 지금이 '갈등 후 사회'라고 말하면서도 여전히 통합학교 학생에게는 견진성사를 비롯하여 모든 성사의례를 해줄 수 없다고 비협조적으로 나온다. 이것은 단순히 뉴캐슬만의 문제가 아니고 오늘날 통합학교가 다 부딪히는 문제로 공동으로 해결해야 할 시대적 과제이다.

존 비티 교장의 우려를 들으면서도 정작 아이들이나 교사들이 하도 행복해 보여 전혀 문제가 없어 보인다. 통합학교 아이들이나 교사들의 표정에는 자부심과 만족감 그리고 행복감이 어디에서나 나타난다. 뒤이어 교실로 들어가 아이들의 행복한 학급 활동을 참관하게 되었다.

행복 교실의 교육과정

올칠드런스 통합초등학교는 1년 예비학급(reception class)과 전체 7학년의 초등교육과정으로 구성된 작은 학교이지만, 상대적으로 이 지역에서는 가장 큰 초등학교이다. 2016년 기준으로 예비학급 9명, 6학년만 소규모의 2개 반으로 30명이고, 다른 학년은 모두 한 학급씩으로 대부분 20명을 정원으로 하기 때문에 학년별로 20~25명이라고 보면 된다. 학교 병설어린이집(nursery)에 대한 지역사회의 요구는 있으나 일단 부지도 좁고, 허가도 안 내주고, 인건비도 지원이 안 되는 구조라 엄두를 못 내고 있단다. 벨파스트에서 방문한 헤이즐우드나 로흐뷰는 엄청 큰 학교인 셈이다.

한 학년에 한 학급씩인 작은 학교가 해안도로 위 언덕에 다른 집들과 어울려 예쁘게 자리 잡고 있다. '나 학교야' 하고 뽐내지 않는 소박한 건물이다. 하지만 다용도 강당에서는 체육도 하고, 급식도 하고, 조회도 하고, 지역민들이 함께하는 특강도 열 수 있는 충분한 학교 시설을 갖추고 있다. 교실 문을 열고 나가니 바닷가가 한눈에 들어온다. 주차장에 나가면 먼산 둥지에 폭 파묻힌 자태이다. 에코스쿨인 여기서는 아이들이 해변에 조개를 주우러 나가고 바닷가 수영장에서 수영 교실에 참여하며 먼산에서 하이킹, 오리엔티어링, 산악자전거를 체험한다. 거의 밖에서 놀면서 교육한다는 말이 딱 맞다. 천연의 자연환경이라 다른 곳에서는 모방하기가 어려울 듯하다.

방문한 날이 우리나라 설날(서양식으로는 '중국 새해'라고 한다) 전날이라 그런지 학교에 음식 냄새가 가득하다. 1학년 수업 시간에 중국계 이주 아동을 중심으로 중국의 새해에 관련한 행사를 하고 음식도 중국 음식을 만들어 먹고 있다. 나한테도 먹어보라면서 한국 요리와 비슷하냐고 묻는다. 아이들은 신이 났다. 라마단 기간에는 이슬람 문화에 대해 설명하면서 금식하는 이유와 함께 나눔의 의미에 대해 이야기한다고 한다. 크리스마스도 그런 의미에서 기독교 문화의 하나로 설명하지 강요된 문화적 전횡은 없다고 한다. 올칠드런스에서는 이같이 다문화적 환경을 중요가치로 생각하고 이를 교육과정에 통합하고 있었다. 최근 이주 아동이 증가하면서 통합교육은 낡은 개념이라는 문제제기가 있는데 이는 사실이 아니라고 존 비티 교장이 설명한다. 이미 통합교육의 가치가 확장되어 NICIE는 가톨릭과 개신교만의 통합이 아니라 무신론자와 기타 종교까지를 포용하는 통합교육으로 전환했다. 그럼에도 낡은 개념이라고 비판하는 것은 통합교육을 수용하지 않으려는 사람들의 억지라면서, 올칠드런스의 통합교육은 결코 분쟁기의 유산인 개신교와 가톨릭 간의 통합만이 아니라고 단호하게 말한다. 실제로 통합교육에 들어온 이주민 아이들은 정말 행복해하며, 이들의 학업성취도 일반 종파학교 아이들보다 훨씬 높고 사회적 통합지수도 월등하다고 평가된다.

각 학년별 교실이 가운데 공동공간을 중심으로 빙 둘러 배치되어 있어서 학년 간 접촉이 빈번하다. 아이들은 내가 참관한다고 왔다 갔다 하니 신기한 듯 눈길을 주고 교사들은 교실마다 열심히 방문자를 소개한다. 아동 참여 수업 방식이 지배적인 듯, 아이들이 수업에서 열심히 자기 활동을 하고 있다. 교사는 가르치고 학생은 배우는 수직적인 은행저축식 교육은 여기에 없어 보인다. 교실 벽은 아이들 작품으로 가득하다. 수업 결과를 나누는 공간으로 활용하는데, 잘한 것만 게시하는 것이 아니라 순차적으로 활동 결과를 나누는 개념으로 게시판을 활용하고 있다. 특히 특수아동을 배려하여 모든 아이가 서로에게 도움이 되는 방향에서 장애·비장애 아동 통합을 고려하는 활동을 많이 한다. 그래서 조별 활동도 같은 팀으로만 하는 것이 아니라 자주 바꿔가면서 모든 아이가 서로의 능력을 각기 평가하고 협동할 수 있도록 한다. 여기에는 교사뿐 아니라 보조교사와 학부모 자원활동가까지 관여한다. 이러한 활동을 중심으로 내년도에 어떠한 지원과 보조가 학부모회로부터 이루어져야 하는지를 고려하게 된다고 하니, 학교 전체가 어떻게 하면 우리 아이들에게 이익이 되는 활동으로 귀결될 것인가에 대해 공동의 지혜를 모으는 것 같다.

학교는 부장교사팀(SLT: Senior Leaders Team)을 중심으로 연간 학교발전계획(SDP: School Development Plan)을 짜는데, 이때 학부모회나 학생회 등의 의견을 반드시 고려하여 이전 연도 활동에 대한 평가표를 근거로 향후 계획을 세운다고 한다. 30주년 기념식을 언제 어디서 어떻게 할 것인지, 도서관 수리를 어떻게 할 것인지, 학생들의 학업성취 향상을 위해 어떤 노력과 개선책이 뒤따라야 하는지, 학교안전교육을 위해 경찰이나 소방서 등과 어떤 협력을 해야 하는지, 해외 수학여행이 필요하다면 몇 학년이 어디로 언제 가며 비용은 어떻게 할 것인지 그리고 이를 위해 학부모회는 재정 마련 행사를 어떻게 계획해야 할지 등에 관한 모든 결정이 민주적인 의사 결정 과정을 따른다.

통합교육 담당교사인 폴라 매컨빌(Paula McConville) 선생은 학교의 통합교육 활동 역시 담당교사 혼자 짜는 것이 아니라 학기 말에 다음 해 연도별 교육과정 계획을 다 함께 짠다고 얘기해주었다. 매컨빌 자신은 4학년 담임으로 지역 특성과 학년별 욕구를 고려하여 학년별 그리고 학교 전체 통합교육 일정을 짠다고 한다. 특히 종교적 이해와 종파통합은 북아일랜드 통합교육에서 제일 중요한 주제로, 지역에서의 종파통합 문제를 이야기하도록 하고 있다. 가톨릭 우세 지역인 뉴캐슬 거리에서 마주하고 있는 가톨릭교회와 개신교교회를 어떻게 이해하며 이 둘이 지역민을 위해 어떻게 협력할 수 있을지에 대한 각종 아이디어를 모으기도 한다. 그래서 다른 지역 종파학교와는 달리 이곳의 아이들은 양쪽 종파의 지역 교회를 아무런 거리낌 없이 드나든다고 한다. 또한 '능력 차별 없이 모든 능력의 아이들이 다 함께(all ability together)'는 이제는 통합학교뿐만 아니라 북아일랜드 전체 학교가 지향하는 방향이 되었다. 국가교육과정 자체도 이러한 포용교육 내용이 반영되도록 구성되어 있다. 예를 들어 '우리 주변의 세계(World Around Us)'는 이전의 지리, 역사, 과학을 통합한 주제별 교과이다. 지금 4학년에서는 주거(housing) 문제를 다루는데, 건축 소재를 이해하기 위해 과학 지식을, 어디에서 살 것인가를 놓고서는 지리 교과를 활용한다. 도시 형성의 역사나 가족의 역사도 같이 활용한다. 이러한 주제학습은 이미 국가교육과정의 방향으로 잡혀 있고, 나의 세계에서부터 우주 세계로까지 세계에 대한 개념이 확대되는 것이라고 한다. 현재 초등에서는 아동들이 이해할 수 있는 쉬운 수준의 내 주변의 세계 이해를 목적으로 한다. 이 주제 범주에서 전쟁과 평화도 다룬다.

북아일랜드 국가교육과정상 초등교과목은 문해(literacy), 수리(numeracy),

우리 주변의 세계, 미술, 음악, 인성발달과 상호이해(PDMU: Personal Devel-opment and Mutual Understanding), ICT(정보통신교육) 등으로 구성된다. 모든 교과별 목표는 국가교육과정에서 제시되나 학교별 혹은 교사별로 각기 학교 환경에 맞춰 재해석하여 적용하는데, 올칠드런스에서는 통합교육 가치에 맞춰 교과 목표를 재구성한다. 폴라 매컨빌은 4학년 담임이고 통합교육 담당교사이자 문해 교과 주임이다. 자신의 교과 목표로는 글을 통한 자기 이해가 우선이고 그 토대 위에서 타인 이해와 지역사회 이해가 뒤따르도록 교육한다고 한다. 읽기, 쓰기, 말하기, 듣기, 독해 등 모든 것이 통합되고 아일랜드 문화와 브리튼 문화를 통합적으로 운영하는 것이 통합교육 교과목의 핵심이다. 드라마로 하는 자기 표현도 아주 중요하다. 특히 크리스마스 행사는 전 교과가 통합적으로 협동하는 활동으로 참여학습의 하이라이트이다. 지역도 참여하고 학부모들은 당연히 참여한다.

특히 학교 교육과정 및 방과 후 활동이나 동아리 활동에서 학부모 지원은 환상적이다. 존 비티 교장이 가장 참여적인 학부모로 소개해준 캐시 윌리엄스(Cathy Williams)는 네 아이의 어머니로 학교운영위원으로 활동하고 있다. NPO의 일환으로 지역에서 민간 평생교육센터를 직접 운영하고 있다고 하여 점심도 할 겸 같이 나가 시설을 돌아보았다. 타운센터 안에 방치되어 있던 작은 건물을 사서 보수하여 교육 활동 공간으로 대여하는 사업을 하고 있다. 이를 통해 지역 예술가나 교육 활동가들이 마음 놓고 활동할 수 있게 하며, 이때 학교와는 아주 긴밀하게 교육 지원을 하게 된다. 예를 들어 연극 교육은 지역 연극인으로 하여금 클럽을 만들게 하여 학교와 평생교육센터를 오가며 준비하고 궁극적으로는 센터에서 작은 연극을 할 수 있게 하는 것이다. 이때 소요되는 경비를 학교, 학생, 지자체가 분담하는 형식으로 하기 때문에 지역의 모든 역량을 다

결집시킬 수 있다고 한다. 그렇게 하여 지역적으로는 방치되어 있는 시설이 문화행사로 넘쳐나는 공간으로 거듭나게 되었고 또한 아이들의 참여를 통해 온 식구가 참여적인 문화가족으로 변화하는 결과를 가져온다. 때에 따라선 성인들의 스토리텔링 공간으로도 활용된다. 모노드라마 비슷한 형식으로 자기 이야기를 독백으로 풀어내는데, 작은 공간이어서 친구들이나 가족이 함께하며 상당히 공감하는 결과를 가져온다. 윌리엄스 자신도 자기 이야기를 푼 적이 있는데 이후 시댁이나 친정 등이 충분히 자기 커플을 이해하고 아이들도 환영하게 되었다고 한다. 자신은 종교적 의례로 해야 하는 결혼식이 맘에 안 들어 아이 아빠와는 파트너로 있는데 아마도 나중에 늙어서 필요하면 결혼할 수도 있겠지만 지금은 전혀 계획이 없단다. 아이들도 개의치 않고. 종파분리주의적 결혼의례 풍토가 바뀌면 기꺼이 남편과 결혼할 생각이다. 북아일랜드에서는 합법적 남편이냐 아니냐가 전혀 문제가 되지 않는다고 한다. 아이들의 양육에도 보호권에도 이른바 호적상 엄마, 아빠의 지위가 필요한 것이 아니고 보호자가 누구로 되어 있는가를 중시하기 때문에 법적으로도 아이들은 자기네 둘의 자녀라는 것이다. 한국적 사고로는 이해하기 어렵지만 아주 자유로운 영혼의 소유자이다.

윌리엄스는 현재 큰아이가 심나 칼리지에 다니고 나머지 아이들이 다 올칠드런스에 다녀서 학교 일에 아주 관심이 많다. 그래서 학부모회의 자원활동을 많이 한다. 폐기 또는 재활용할 물건에 새로운 가치를 부여하는 업사이클링에 관심을 가지고 지역 예술가나 학부모와 함께 교과 활동이나 방과 후 활동을 돕기도 하는데 그러다 보니 학교발전기금을 마련하는 일에 자연히 많이 관여하게 된다. 자신이 학교 자원활동으로 제공하는 '재미있는 학습(learning as a fun)' 프로그램에 참여하는 아이들이 많아 자기도 즐겁다고 한다. 프로그램 중에 만든 결과물을 판매하여 학교

기금으로 내놓는데 액수와 상관없이 아이들이 큰 기쁨을 느낀다.

자신은 개신교, 남편은 가톨릭인 혼합혼 커플인데 뉴캐슬의 분위기가 개방적이어서 살아가는 데 큰 불편함은 없다고 한다. 아이가 4명이어서 잘 나가던 직장을 그만두고 집에서 육아에 전담하다가 지금 하는 일을 시작하게 된 것이다. 열두 살 큰애는 올칠드런스 통합초등학교를 졸업하고 심나 칼리지에 갔는데, 자기 아이의 상태를 고려할 때 통합학교 아니고는 상상도 할 수 없단다. 아이가 겉은 멀쩡하지만 학습장애와 사회성 장애가 있어서 올칠드런스에 다닐 때부터 보조교사를 지원받아 학교생활을 성공적으로 해낼 수 있었다. 특수학교를 보낸다는 것은 생각도 안 해보았고, 아이가 올칠드런스 학교생활을 너무나 행복해했다. 둘째가 열 살인데 자기도 올칠드런스를 마치면 당연히 심나로 간다고 말했다고 한다. 쌍둥이 남매인 막내들도 학교생활이 행복하다고 한다. 무엇보다 학교가 가깝고, 아이들이 종교 선택의 갈등을 안 해서 좋다. 윌리엄스는 아이들이 학교생활을 행복해한다는 데 우선적으로 만족한다. "다른 학교는 규제가 엄격해서 답답해요. 여기보다 자유롭고 융통성이 있는 학교는 없어요. 가톨릭학교나 개신교학교 모두 제가 보기엔 불필요한 치마 길이, 신발 등의 세세한 규제가 너무 심해요. 학교생활이 자유롭고 발랄해야 하지 않겠어요?" 캐시 윌리엄스, 이 용감한 학부모는 올칠드런스의 더불어 함께 살아가는 교육에 정말로 공감한다며 환히 웃는다.

작은 마을 학교 올칠드런스를 그리워하다

학교 역사 이야기로 들어가면서 내가 자꾸 설립위원을 만나고 싶다고 하니까 존 비티 교장은 나를 학교 게시판 앞으로 데려간다. 거기에 붙어 있는 초기 학교 자료로 충분하지 않느냐며 필요한 것이 있으면 말하라고 한다. 단 아이들 얼굴이 나오는 장면은 곤란하다고 했다. 그 말에 안도감이 인다. 대부분 학교에서 학교 홍보로 아이들 사진을 내주는 경향이 있어서 의아했는데 비티 교장은 그에 대해 분명히 말한다. 아이들 사진은 학교 홈페이지에 많으니 그것을 보고 느껴보라고. 나도 그것은 필요 없다며 건물 중심으로 살펴보고 싶다고 했더니 바로 자료실로 가서 그 자리에서 자료를 스캔해 내 이메일로 보내주는 것이 아닌가? 학교 설립을 공고하는 첫 번째 뉴스레터는 손으로 직접 쓴 안내 홍보지였다. 30년 전의 글씨체에 통합학교 설립에 대한 의욕이 반영되어 있다. 책을 쓰는 중에 질문이 있으면 언제고 이메일을 보내달라고 한다. 가슴이 참으로 따뜻한 키다리 교장 선생님이다.

벨파스트로 돌아가는 버스를 기다리는 동안 찰리 채플린이 뉴캐슬에 사는 애인을 만나러 올 때마다 묵었다는 슬리브도너드 호텔 로비에서 아이리시해의 넘실대는 파도를 바라보며 올칠드런스에서 내려다본 바닷가를 벌써 그리워하게 된다. 작은 시골 학교 같지만 모두가 열렬한 통합교육 지지자인 올칠드런스 통합학교 공동체는 분명 벨파스트 외곽에서 최초로 시작한 통합학교라는 자부심을 지니기에 충분하다고 단언한다. 굳이 큰 학교를 지향하지도 않고, 지나치게 자기 학교만의 자율을 구가하려고 하지도 않고, 국가교육과정이나 지역 교육청과 충분히 좋은 교육에 대해 논의할 만하다는 신뢰를 기반으로 한 학교는 오히려 일반 종파학교도 이러한 교육을 같이하자고, 어깨동무하자고 손을 내밀게 하는 예쁜 모습이다.

문득 앤 카 여사의 말이 생각난다. 그녀는 1998년 벨파스트협정 문안 작성 시에, 여성당(Women Together)의 일원으로 참여하여 평화협정문에 '화해와 인권'을 넣자고 했고 또한 거주지역을 통합하여 통합교육을 해야 한다는 문안도 넣어야 한다고 했다. 남성 중심의 논의로 정치적 논제만 있었지 지역사회와 일반인의 의견은 거의 반영되지 않은 것이 평화협정의 한계라고 생각했다는 것이다. 이처럼 평화와 인권 그리고 지역사회통합 기반의 통합교육을 품은 올칠드런스 통합초등학교의 교육이 갈등 이후의 북아일랜드 교육에 온전히 자리 잡았으면 하는 바람을 아이리시해 해안에 나도 날려본다.

07
통합교육정신을 지키며
경쟁력을 기르는 심나 칼리지

Shimna Integrated College
www.shimnaintegratedcollege.org

북아일랜드 통합학교를 탐방하면서 사람들을 만나다 보면 많은 사람이 케빈 람(Kevin Lambe)과 심나 칼리지를 언급한다. 그리고 심나에 가보았느냐고 물으면서 그곳은 뭔가 다를 거라고 덧붙인다. 라간 칼리지의 35% 11세 시험 전형을 비판하고 싶은 사람들은 심나를 대안으로 내밀면서 통합학교가 경쟁에서 결코 뒤지지 않는다고 반론한다. 심나 칼리지에 직접 가서 보니 왜 그토록 케빈과 심나를 꼭 봐야 한다고 했는지 알 수 있었다.

올칠드런스에 갈 때마다 이야기를 마치면 꼭 존 비티 교장이 나를 데리고 심나로 가서 케빈 람 교장에게 인계해주었다. 마치 이웃 마실을 데려다 주는 느낌이다. 낯선 사람이 길이라도 잃을까 봐 그러는 건 아닐 테고, 아마도 같은 배를 탄 동지라는 의미에서의 환대 같은 것이 아닐까? 그런데 심나에 가면 늘 교장실 앞에 학생이 한둘 면담하고 있다. 교장이 왜 직접 이렇게 학생들을 만나나 궁금했다. 교장실 앞에 심나를 처음 시작한 60명의 학생과 5명의 교사 사진이 붙어 있고 갈 때마다 교장은 60명의 첫 학생들에 대해 이야기를 한다. 사진 속의 한 학생을 가리키며 이 친구가 지금 우리 학교 교사로 있다며 으쓱한다. 첫 학생에 대한 애정만이 아니고 아마도 초심을 잃지 않겠다는 다짐이 아닌가 싶다.

처음 방문했을 때 케빈 람 교장은 나를 데리고 바로 학교 곳곳을 안내하기 시작했다. 24년째 교장을 하니 학교 어느 곳 하나 자신의 손때가 묻지 않은 곳이 없을 것이다. 학교의 모든 것에 대한 자부심과 열정이 배어 있다. 학교 설계도 교과별 통합교육이 잘 연계되도록 블록화되어 있다. 2층에는 복도 한복판에 기념자료관이 작게 만들어진 것도 눈에 띠었다. 1994년 영국의 존 메이저수상과 신페인당(Sinn Féin黨)의 제리 애덤스가 아일랜드공화군(IRA)의 동의하에 휴전협정에 조인하자, 이에 불복한 북아일랜드공화군(PIRA) 요원이 우체국에 폭탄을 던져 우체국직원 프랭크 커(Frank Kerr)가 그 자리에서 숨지는 사건이 일어났다. 무고한 희생자 프랭크 커를 기리는 사업으로 우편노조에서 기금을 모아 전시하던 관련 자료를 학교로 옮겨 온 것이다. 학교운영위원 중의 한 사람이 학교에 기념자료실을 만들어 지역 평화와 화해의 교육관으로 하자는 제안을 수용하여 우편노조와 공동으로 제작하고 설치했다고 한다. 북아일랜드 분쟁의 한 비극적 사건으로 기억하고자 학교는 매년 추모식에도 참여하고 있다.

통합학교 설립 요구가 폭증하다

1981년 라간 칼리지가 최초로 설립된 이래 4년간은 후속 통합학교가 신설되지 못하다가, 1984년 구성된 BELTIE를 중심으로 토니 스펜서(Tony Spencer)가 통합학교 설립 운동을 촉발시켰다. 그 결과 1985년 벨파스트에 3개의 초중등통합학교가 설립되었고 1986년엔 뉴캐슬에 올칠드런스 통합초등학교가, 1987년엔 브리지와 밀스트랜드, 1988년엔 윈드밀, 1989년엔 브래드사이드와 에니스킬렌, 1990년엔 오마와 포츠다운 초등학교가 설립되었다. 1991년엔 브라운로가 첫 전환통합학교가 되었고, 3개의 통합초등학교가 설립되었다. 1992년엔 2개, 1993년에 3개의 학교가 설립되는 등 1989년 교육법령이 반포된 이후 통합학교에 대한 지역사회의 요구가 폭증했다. 시기적으로도 1987년 NICIE가 조직되어 통합학교 설립이 전폭적으로 지원되면서 이전보다는 더 효율적으로 진행된 측면도 있었다. 당시 라간 칼리지 교사로 재직했던 케빈은 1991년 NICIE로 자리를 옮겨 통합학교 설립을 지원했다. 학교가 성공적으로 설립될 때마다 개인적인 성취감에서만 아니라 통합교육 확산을 통한 사회적 진보를 이룰 수 있다는 기쁨에 케빈은 북아일랜드 전 지역을 돌면서 새벽까지 즐겁게 일했고, 굉장히 긍정적인 결과를 이뤄냈다고 자평한다.

뉴캐슬엔 일찍이 1986년에 올칠드런스 통합초등학교가 설립되어 지역에서 어느 정도 자리 잡아가고 있었지만 중등과정인 통합칼리지가 없었기 때문에 초등 학부모들은 통합교육과정 연계상의 문제를 느끼고 있었다. 당시 올칠드런스를 졸업한 아이들은 인근 그래머스쿨이나 아니면 멀리 벨파스트의 라간 칼리지로 진학할 수밖에 없었다. 그래서 1992년부터 올칠드런스 학부모들이 중등과정을 만들자는 운동을 시작하면서 1993년 2월에 NICIE를 방문하여 학교 설립을 도와달라고 요구했고, 그때 NICIE에서 통합학교 설립 지원 책임을 맡던 케빈이 지역 학부모들과 논의를 시작했다. 헤이즐우드를 제외하고는 당시만 해도 신설 학교가 거의 초등학교에 몰려 있었기 때문에 자연히 중등학교에 대한 요구로 이어질 수밖에 없던 상황이었다. 1991년 (런던)데리의 오크그로브는 초등을 세우자마자 P7 학부모들을 중심으로 1992년 칼리지 설립으로 발전시켜 통합칼리지를 완성했고, 1989년 설립된 에니스킬렌 초등학교에서도 통합칼리지 설립을 논의하고 있었다. 이 같은 분위기로 인해 작은 마을인 뉴캐슬에도 올칠드런스의 학부모들을 중심으로 통합칼리지를 설립하자는 움직임이 일었다.

1차 지역모임은 올칠드런스 초등학교에서 열렸다. 그때만 해도 학교가 컨테이너 임시건물을 쓰는 형편이었지만, 학부모를 포함한 지역 인사들의 의지는 확고했다. 케빈이 NICIE가 구상하는 통합칼리지 기풍이나 비전에 대하여 설명하자 학교 설립준비위 5명의 올칠드런스 학부모는 모두 그러한 통합교육의 이념에 동의했다. 당시 준비위는 2명의 여성과 3명의 남성으로 구성되었는데, 학교 설립에 필요한 최소 학생 수 60명을 채우는 문제, 부지와 설비 마련을 위한 은행대출 문제 등에 대해서 낙관적이었다. 다행히 통합교육기금(IEF)으로부터 비용을 융자받을 수 있었으나, 통합교육철학이 일관되고 확고한 교장을 찾기가 어려웠다. 특히 올칠드런스 초등학교에서 초기에 통합교육철학을 지지하는 교장을 안정적으로 확보하는 데 어려움을 겪었기 때문에 칼리지 설립 과정에서는 이것이 더욱 심각한 문제로 여겨졌다. 학부모들은 라간에서의 경험이 충분한 케빈에게 함께 학교를 세우자고 요청했고, 자신이 교장직을 맡을 수밖에 없는 상황을 수용하여 케빈 람은 학부모들과 함께 학교 설립을 추진하고 지금까지 24년간 교장직을 수행하고 있는 것이다.

케빈 람 교장은 석사학위논문에서 심나의 설립 과정을 아주 상세하게 서술했다. 당시 설립준비위에 참여한 학부모는 2명의 가톨릭과 3명의 개신교 배경이긴 하지만 2명만 종교적 정체성을 분명히 했고 나머지는 특정 종교적 색채를 표방하고 싶어 하지 않았다. 소속국가(시민성)도 2명은 잉글랜드, 1명은 브리튼, 1명은 아일랜드이며 다른 1명은 응답하지 않겠다고 했다. 직업은 대부분 지역사회 교육 활동가들이고 1명은 소품 디자이너로 작은 가게를 운영하는데, 모두가 지역사회 여론을 환기하는 데 중요한 역할을 하는 시민이었다. 동기를 보면, 3명은 잉글랜드 같은 종합교육 환경에서 자녀를 개방적 마음을 지닌 아동 중심의 홀리스틱 통합교육 옹호자로 키우고 싶어 했고, 자신도 대부분 북아일랜드 평화 과정에 기여하는 통합교육의 파수꾼이고자 했다. 초기 5명의 준비위원은 통합칼리지 설립을 위한 지역 공청회를 개최했는데 점점 더 많은 새로운 사람이 모였다. 프리랜서 저널리스트, 회사원, 엔지니어, 주부, 농업 및 숙박업 종사자 등 다양한 사람이 참여했다. 또한 올칠드런스 학부모뿐 아니라 인근 가톨릭학교 부모도 참여하면서 지역에서 호응과 관심이 확대되었다. 그리하여 뉴캐슬뿐 아니라 킬킬(Kilkeel), 래스프릴랜드(Rathfriland), 워런포인트(Warrenpoint), 발리나힌치, 밴브리지(Banbridge), 뉴리(Newry), 캐슬월란(Castlewellan), 다운패트릭 등지에서도 참여했다. 뉴캐슬 주민이 압도적으로 많았지만 가톨릭과 개신교 혼합지역인 밴브리지도 적극적으로 학교 설립에 관심을 보였다. 하지만 브라운로 전환통합칼리지는 거리상 가깝다는 이유로 뉴캐슬의 통합칼리지 신설을 반대했다. 무엇보다 통학거리가 길고 또 학생 모집에 어려움을 겪을 것이라는 우려 때문이었다. 이러한 반대 분위기는 오히려 뉴캐슬의 지지자들을 결속시켜 뉴캐슬의 공청회는 성황리에 끝났고 학교 설립은 기정사실화되었다.

1993년 3월 이후엔 주말미팅으로 이어지면서 학교 설립법인을 만드는 것, 부지 확보, 입학자 수를 채우는 일, NICIE 회원기관으로서 NICIE 통합교육 원칙에 따라 학교 정관을 만드는 일 등에 착수했다. 학교 부지를 선정하는 과정에서 뉴리와 밴브리지 학부모들이 자녀를 지역 멀리까지 통학시키는 데 반대하면서 뉴캐슬과 뉴리·밴브리지가 따로따로 학교 설립을 추진하게 되어 뉴캐슬 심나 칼리지는 1994년에, 뉴브리지(Newbridge) 통합칼리지는 1995년에 각기 설립되었다. 뉴캐슬이 워낙 작은 도시라서 60명 이상 초기 등록자를 채운다는 것은 심각한 난제였다. 1993년 11월 NICIE에 등록 인원을 이야기할 때만 해도 33명이었으나 1994년 1월 26일까지 60명을 채우는 것으로 하고 NICIE가 설립 준비 허가를 하는 것으로 결론을 내렸다. 그러나 결국 1월 24일까지도 개신교 13명(26%), 가톨릭 32명(64%), 기타 3명(6%), 무종교 2명(4%), 이렇게 50명으로 학생들의 종교별 균형도 못 맞췄고 적정 인원도 채우지 못했다. 우여곡절 끝에 9월 1일 개교 시에는 60명이 다 채워졌다. 학교는 이전에 퀸스 대학교 과학실험실로 사용되던 던드럼 소재 멀라우 하우스(Murlough House)에서 시작했으나 저택이 협소하고 학교로는 부적절하여 2000년에 현재의 장소인 올칠드런스 옆으로 이전하면서 신축공사도 하게 되었다.

이렇게 시작한 심나 칼리지는 비약적으로 성장하여 곧 200명을 넘었고, 개교한 지 채 5년도 안 되어 인원이 400명을 넘었으며, 지금은 500명이 넘는 정원을 가진 통합교육 원칙에 충실한 우수 학교로 인정받고 있다. 이른바 1994년 휴전협정 직후 개교한 학교로서 지역 학부모들이 앞장서서 '서로에게서 배우는 교육'을 주창하는 심나는 건물도 예쁘고, 지역사회와도 밀착되어 있고, 통합교육 원칙에 철저하다. 아이들을 진보적인 시민으로 성장시키면서도 공부도 열심히 하게 하여 좋은 대학에 진학도 잘하는 바람직한 통합칼리지로 인정받는 '작은 마을에 우뚝 선 큰 학교'임에 틀림없다.

케빈 람의 통합교육론

북아일랜드 벨파스트에 가서 샨킬 로드 출신이라고 하면 '아, 개신교 로열리스트군요'라고, 또 펄스 로드에서 산다고 하면 '아, 가톨릭 내셔널리스트군요'라고 인식하는 종파분리주의적 환경에서, 케빈은 웨스트벨 파스트 펄스 로드 출신으로 아일랜드 정서로 똘똘 뭉친 지역에서 자랐고 형제가 모두 가톨릭학교를 다녔다. 가톨릭 노동계급 가정환경에서 성장한 개인적 경험으로 인해 가족이나 친구 모두가 북아일랜드공화군(PIRA)을 지지하고 아일랜드 문화에 경도되어 있었으며 가톨릭교회에 출석하면서 개신교도들에 대한 알 수 없는 적대감을 키워갔다. 10대에 11세 시험에서 그래머스쿨로 진학한 아이들은 그나마 지역 밖으로 나갈 수 있었지만, 교복을 입고 나가는 행위 자체가 이질감을 안겨주고 그것이 괜한 싸움으로 이어지는 풍토였다. 심지어 절친한 개신교 친구 딸의 결혼식에 참석하는 것조차 '이교도의 결혼식'이라며 교구신부에게 허락을 받지 못하는 기이한 해프닝이 일상적으로 벌어지곤 했다. 일상생활이나 체육대회 모든 것이 '우리(us)'와 '그들(them)'로 나뉘었고 항상 적대적인 '다른 무엇(others)'이 있었다.

그렇게 고등학교를 마친 케빈 람은 '이것은 아니다'라는 생각이 들었다고 한다. 서로의 인생 줄을 잡아당기면서 달리 살아온 인생을 이야기할 수 있어야 하는 것이 아닌가 하는 생각에서 그는 대학 졸업 후 1976년부터 10년간 가톨릭 그래머스쿨이 아닌 가톨릭 종합여학교에서 교사로 일했다. 그러나 그곳도 모든 능력의 아이를 비선발 원칙에 따라 모집하는 방식을 지켰지만 종교적 통합은 이루어질 수 없는 구조였다. 아무리 종합교육을 한다 해도 가톨릭교리에 근거하는 종파학교라는 틀의 문제가 있었던 것이다. 그런 생각에 1987년 라간 통합칼리지로 자리를 옮겨 스페인어와 프랑스어를 가르쳤다. 그런데 라간은 기독교 정서를 너무 강조했고, 게다가 좋은 아이들을 그래머스쿨에 다 뺏긴다고 생각하여 일부 우수한 아이를 11세 선발고사로 뽑는다는 결정을 했다. 엄청난 논란이 일었으나 결국 라간은 비선발 원칙을 일부 포기했다. 비선발 학생 모집이라는 가장 중요한 통합교육 원칙을 포기한 라간에 계속 있을 수 없다고 생각하던 중 NICIE에서 일하게 되었고, 그때 심나 설립 논의를 지원하다가 심나를 철저한 통합교육 원칙에 맞춰 운영해보고자 학교 설립 과정에 참여했고, 1994년 초대 교장으로 시작하여 지금까지 학교를 책임지고 있다. 모든 것이 완벽할 수는 없겠지만 통합학교라면 최소한 비선발 원칙과 종파 간 통합은 지켜야 한다는 것이 케빈 람의 소신이었다.

심나의 오픈데이 분위기가 궁금하여 2017년 1월 14일 토요일에 다시 방문했다. 조용하면서도 꽉 찬 느낌이다. 케빈 람 교장은 나를 보자 며칠 전 만났는데 또 왔느냐면서 아주 반가워한다. 통합학교 탐방을 다니면서 상당히 많은 학교의 오픈데이에 참석했는데 입구에서 교장 인사말 원고 (Principal's Address)를 나눠주는 학교는 처음이었다. 분쟁기의 산물인 통합학교가 휴전 이후, 평화협정 이후에도 여전히 중요하냐는 질문을 가지고 시작하는 글이었다. 현재 북아일랜드 학부모들의 3분의 2 이상이 다양성의 사회에서 일하면서 살아가는데 통합교육의 가치만큼 중요한 것이 없다고 인식하며 자녀를 통합학교에 보내고 싶다고 한다는 이야기이다. 왜 심나 칼리지에 보내려고 하는가에 대답은 통합교육을 실시하는 심나의 교육풍토가 학업능력 신장에서도 우수하고, 비차별·비선발 원칙에 기초하며, 학생 중심적이고, 학부모 우호적인 학교라고 믿기 때문이다. 결국 11세 시험도 종파별로 따로따로 치러지는 것이고 남녀분리교육도 북아일랜드 교육제도의 왜곡된 운영에서 기인한 것이기 때문에, 학생이나 학부모 입장에서 주변 학교에 대한 모든 정보를 종합해서 볼 때 심나만큼 민주적이고 평등하며 정의롭고 상호 존중하며 호혜적이면서도 우수한 교육성과를 내는 곳이 없다는 것이다. 학교 건물만 해도 설립위원뿐 아니라 후원자와 교육부 등이 합심하여 지은 것으로 먼산 아래 근사한 해안가에 이처럼 아름답고 자연 친화적인 건물이 어디에 있겠느냐고 질문하면서 심나는 우리 것만이 아닌 모든 지역 사람의 공간이라고 말한다. 초등학교를 마치고 심나 칼리지에 와서 자신의 미래를 성공적이고 충만하게 준비해 행복하며 사랑받는 존재로 성장할 수 있다고 확신한다며 교육 여정을 잘 선택하라고 인사하며 글을 마친다. 청중이 숨죽이며 하나하나 잘 듣고 있는 분위기에 나도 압도당한다. 교장 인사말에 통합교육에 대한 엄청난 자신감과 열정 그리고 헌신이 어우러져 있다.

케빈 람 교장은 평화협정 이후 북아일랜드 사회변화에 맞춰 미래를 위한 통합교육 모형으로 갱신하여 21세기 통합학교를 재구조화해야 한다고 제안한다. 1987년 토니 스펜서가 통합교육의 원칙을 체계적으로 지원할 NICIE 설립을 제안하면서 통합교육 개념을 확장해나가야 한다고 했듯이, 북아일랜드의 기본 모순인 종파분리주의가 내재해 있는 교육 시스템 자체에 대한 개혁을 단행해나가야 한다는 것이다. 변화한 외적 세계만 강조하고 북아일랜드의 기본 모순을 경시하면 자칫 이상한 수정 모형으로 나아갈 것이라는 우려이다. 케빈 람 교장은 지금 북아일랜드 스토먼트 의회가 가장 문제라고 지적하면서, 의회를 중심으로 종파분리주의 구조에 안주하려고 하는 정치계와 교육계가 야합하고 있다고 비판한다. 이미 분쟁기는 지났고 세계는 다문화적 환경으로 변하니 다양성을 담보하는 종파학교 체제는 그대로 두고 기존 교육 체제 위에서 학교 간 자원을 공유하는 공유교육으로 나아가자는 수정 논리가 이 야합에서 나왔다는 것이다. 이와 함께 국가의 정책 방향과 별도로 통합학교들 자체의 수정노선도 문제라고 지적한다. 특히 학생 모집이나 교사 충원에서 종교적 애매함을 무마하기 위해 자꾸 비율을 완화하려고 한다고 비판한다. 50 대 50에서 60 대 40으로 가다가 현재 30 대 70까지 내리자고 하는데, 그러면 결국 어느 한편이 소수자 의식을 갖지 않을 수 없게 된다. 북아일랜드에서 어렵게 남녀공학을 이루어냈듯이 균형 잡힌 종파공학을 만들어야 한다. 이를 기반으로 심볼화된 각종 체육이나 음악 활동 등이 상호 교류되고 인정되는 균형적인 통합교육과정을 발전시킬 수 있다고 케빈 람 교장은 확신한다.

문제는 북아일랜드에 있는 일종의 '공손함으로부터의 고통(suffering from politeness, 자기 소속 집단 내에서는 참는 것이 미덕)' 문화에서 비롯되는, 어느 그룹인가에 속하지 않으면 불안하다는 분위기이다. 케빈 람 교장은 이것 때문에 한 집단에 속하게 되면 타 집단에 대해서는 무례해지는, 그런 문화에서 이탈하도록 교육해야 한다고 강조한다. "북아일랜드에서는 이름만 들어도 '아, 저 사람은 아일랜드 사람이구나, 이분은 브리튼 사람이구나' 하고 알 수 있어요. 스포츠, 노래, 음식 등이 모두 종파분리주의 문화에 물들어 있습니다. 그래서 서로 공존할 수 있는 통합교육이 절실하고, 이것은 빠를수록 좋습니다. 통합학교가 원칙을 잘 지켜서 성공하고 이를 확산해 전 사회로 적용할 수 있어야 북아일랜드가 건강하게 살아난다고 믿어요."

그래서 케빈 람 교장은 북아일랜드 통합학교의 상징처럼 되어 있는 라간 칼리지의 수정노선에 동의하지는 않는다고 잘라 말한다. 자녀 둘이 라간에 다니고 있고 라간에 대한 신뢰는 여전하지만 라간이 비선발 방식과 선발 방식을 함께 유지하는 잔꾀를 부리는 데 대해 우려한다고 그는 개탄한다.

"선발 체제를 인정하면서 다양성을 말한다는 것 자체가 난센스입니다. 비슷한 아이들만 별도로 시험으로 뽑아놓고 '우리는 다양성을 존중한다'라고 한다면 어떻게 아이들의 다양한 능력이 함께 어우러지겠습니까? 우리 학교를 택한 폴란드 소녀의 예를 보죠. 다른 형제들은 가톨릭 그래머스쿨에 갔는데, 거기서 인종적 차별에 더해 북아일랜드 가톨릭이 아니라 폴란드 가톨릭이라고 차별받고 있다고 하소연한다고 합니다. 그에 비해 자기는 심나에서 아무런 차별을 받지 않고 행복하게 공부에만 몰두할 수 있어서 좋다고 해요.

　이렇게 북아일랜드가 다문화사회로 이행하기 때문에 모두를 위한 다양한 능력의 아이들이 함께하는 능력차별이 없는(all ability) 통합교육이 더 요구되는 겁니다. 그래서 비선발 전형은 가장 중요한 통합교육 원칙입니다. 현재 11세에 개신교선발시험(AQE)과 가톨릭선발시험(GL)이 따로 진행되는 이상한 구조를 법으로만 금지하고 방치하는 것 자체가 종파분리주의에 항복하는 정치권의 수순입니다. 이게 다양성이고 학부모 권리 존중이라고 하는데, 이 자체가 개념적 남용이고 학생인권을 침해한다는 명백한 사례입니다.”

　케빈 람 교장에게는 지금까지 24년째 심나 통합칼리지를 지키는 통합교육 이론가로서 비선발 원칙을 지키면서도 학문적 수월성을 유지하고 있다는 자부심이 있다. 선발고사를 치르지 않을 뿐 아니라 라간에서 하는 식의 수준별 반편성(banding)이나 수준별 단위수업도 하지 않는다. 교과에 따라 교사 재량으로 허용하지만 교사들이 거의 안 하려는 학교 분위기이다. 그럼에도 심나 아이들은 케임브리지, 퀸스를 비롯해 잉글랜드의 웬만한 대학교에는 다 진학한다. 케빈은 11세 때 인생을 성공자와 실패자로 나누는 이러한 선발 시스템은 정의롭지 못한 비교육적 잣대라고 혹독하게 비판한다. 하지만 이러한 주장이 공허하다는 느낌을 최근에는 NICIE 회의나 교장단 회의에 가면 느낀다고 실토한다. 알게 모르게 정부정책이 공유교육으로 치닫고 학부모들도 양질의 교육에 대한 욕구를 표출하니까 자꾸 통합교육의 원칙에 손을 대는 경향이 보인다고 슬퍼한다. 그래서 종파 간 균형모집을 자꾸 완화하려는 경향을 보이며, 또한 학생들만 균형을 지키면 된다는 나이브한 생각도 하여 교사 비율이 흐트러지고 있는 현실이라고 토로한다. 또한 NICIE도 분위기가 바뀌어 직원들

자체가 자기 자녀를 통합학교에 보내지 않으니 이전의 NICIE가 아닌 것 같다고 비판한다. 자기 자녀도 통합학교를 안 보내면서 어떻게 통합교육을 옹호할 수 있겠느냐며, 이미 공룡이 되어가는 자신이 화석화되어 죽기를 기다리는 것 같다며 그는 씁쓸하게 웃었다. 그리고 이젠 분쟁기가 끝났으니 역사적 소산인 통합교육도 변해야 하는 것이 아닌가 하는 논의는 이른바 '갈등 후 사회(post-conflict society)'라고 주장하는 북아일랜드가 어떻게 역사적 유제를 극복할 것인지에 대한 논의로 이어져야 한다는 소신을 강하게 피력한다. 이러한 논의 없이 종파학교 간 공유교육으로 역사를 되돌린다면 통합교육은 끝장이고, 북아일랜드의 미래와 희망도 없을 것이라며 한숨짓는다. 그는 오늘날 통합이냐 공유냐 하는 문제는 북아일랜드 교육계의 문제이자 곧 정치권의 문제라고 힘주어 말했다.

심나는 무엇이 다른가?

오늘날 학계를 비롯한 정치권은 지난 10년간 통합학교 수가 증가하지 않았다는 이유를 들어 통합교육이 비현실적 아이디어라고 몰아가고 있다. 현재로서는 지지하는 사람들이 적지만 케빈 생각은 좀 다르다. 다른 통합학교와 달리 심나 칼리지는 설립학부모가 현재 학교운영위원회에 남아 있지 않다. 앤 카와 마찬가지로 설립학부모 대부분이 자녀가 성장하고 졸업하면서 학교행사 때에는 연락하지만 일상의 삶의 양식이 학부모에서 지역사회 시민으로 달라지면서 다른 일에 매진하고 있다. 이처럼 심나는 설립학부모 없이 초기 설립 원칙을 잘 지키고 있고 지속적으로 새로운 학부모나 교사와 교감하며 통합교육철학을 변화된 상황에 맞춰 재구성해나가고 있다. 이른바 통합교육의 온고지신(溫故知新)인데, 1980

년대 통합교육의 이념을 원칙을 지키면서도 그 외양은 늘 새롭게 변화에 맞춰나가는 것, 이것이 심나의 성공 비결이다. 사실 설립학부모들이라고 생각이 모두 같았던 것은 아니다. 참여한 동기도 제각각 달랐다. 그래서 NICIE가 만든 통합교육 원칙을 지키는 것이 중요했다고 케빈 람은 강조한다. 단지 NICIE가 가톨릭의 가톨릭학교협회(CCMS: Council for Catholic Maintained Schools)와 같은 실질적 권한이 없다 보니, 학교 자율성이라는 이름 아래 통합교육 원칙이 파기되어도 이를 제재하거나 지원할 방법이 없는 현실이 안타까울 뿐이다.

통합교육과정 구성에서 가장 중요한 것은 '처음부터 섞는 것'이다. 그것도 어느 한 파가 소수자라는 인식이 들지 않도록 균형 있게 섞는 것, 남학생과 여학생이 한 학교에서, 능력이 서로 다른 학생들이 한 교실에서, 가톨릭과 개신교 출신의 아이들이 함께 공부하는 균형 잡힌 섞임의 교육을 하는 것, 이것이 통합교육의 핵심이다. 이를 위해 11세 선발고사는 절대로 치르지 않는다. 그렇다고 공부를 게을리하는 것이 아니다. 이를 위한 최선은 학부모와 통합교육철학을 공유하고 교사들도 이러한 통합교육철학을 내면화한 역량 있는 교육 전문가여야 한다는 원칙이다. 이러한 교사들은 자기 교과 운영에 대한 자율성을 충분히 누리며 상호작용적 교육 활동을 통해 아이들과 눈높이를 맞춘다. 그렇기 때문에 11세 시험에 떨어져서 패자로서 심나에 온 학생들이 지금은 지역에서 자기 분야를 확실히 하며 당당하게 살아가고 있는 것이다. 심나 학생들은 비선발로 입학했지만 의대에 가서 의사도 되고 각종 분야의 전문가도 된다. 지역에서 소품가게를 운영하기도 하고 유기농업을 하는 농부도 있다. 지역에서 목회를 하며 시민활동가로 살아가는 졸업생도 있다. 통합학교 교사로 생활하기도 한다. 이렇듯 다양한 자기 삶을 행복하게 이뤄가는 것, 그것이 진정한 통합교육의 목적이라고 본다. 교육과정 자체는 북아일랜드 국가교육과정을 따르고 GCSE(중등교육자격검정시험)도 준비시키고 6폼에서는 GCE(교육자격검정시험)도 준비하게 한다. 여기서 좋은 성과가 나올 수 있도록 교사들과 학생들이 최선을 다한다. 이러면서도 북아일랜드, 더 나아가 세계가 원하고 자기가 하고 싶어 하는 미래를 만들어나갈 수 있도록 다양한 동아리 활동이나 방과 후 과정을 제공하고 있다. 이때 지역사회의 인적 자원이 동원된다. 심나에서는 (교과교사를 제외하면) 누구나 교사가 될 수 있다.

심나는 작년에도 GCSE에서 비선발 학교로는 최고 성적을 거두었다. 그래머스쿨이야 처음부터 우수한 아이들만 뽑아가니까 학교가 잘해서라기보다는 처음부터 우수한 아이들이라 결과가 상대적으로 좋게 나오는 것이기에, 모든 그래머스쿨은 어떻게 하면 처음에 성적이 1점이라도 더 우수한 학생들을 선발할 수 있을지만 생각한다. 그래서 11세 시험에서 좋은 점수를 받지 못한 아이들은 그때 이미 인생의 패배자로 낙인찍힌다. 11세에 내 인생은 끝났다고 좌절하면서 살기에는 인생이 너무나 소중하고, 남은 인생 동안 충분히 역전시킬 계기는 언제고 있다. 심나에서는 그래서 '우리 아이들은 어리석지 않다(not stupid)'고 생각하며 늘 그렇게 말하고 학생들을 존중한다. 그렇게 하기 때문에 학업성취의 문제는 저절로 풀린다. 자신이 원하는 방향으로 성공 가능성을 높이기 위한 로드맵을 함께 짜기 때문에 학생들은 혼자가 아니고 교사들도 학생들의 성공을 통해 자기 성취감을 느끼게 된다. 그래서 심나는 학생지도 방안으로 체벌 금지, 방과 후 남게 하기 금지, 체벌로 숙제주기 금지, 쉬는 시간이나 점심시간 뺏기 금지 등을 지킨다. 많은 학교에서 교장실이나 상담실에 방과 후 벌칙으로 아이들을 따로 떼어놓으면서 아이들을 무력하게 만들고 있다. 통합가치는 진보가치이다. 존중하고 자기 결정권을 지켜주면 아이들은 저절로 성장하게 되어 있다. 그 원칙만 지키면 결과는 따라

온다는 믿음을 심나는 가지고 있다. 핀란드처럼 평등하게, 아동 중심으로, 모두가 수준을 향상시키는 공동체적 자기 발전을 지향한다. 단지 핀란드는 종파분리주의가 기승을 부리지 않으니 북아일랜드보다는 낫겠지만, 심나도 기본 구조는 같으니 할 수 있는 만큼만 한번 해보는 것이라고 서로 격려하고 있다. 이미 성공 사례가 있으니 그 길로 같이 가자고, 어깨동무를 하자고 설득하면서 신나게 해보는 것이다.

심나에서는 교사들의 요구에 따라 일부 교과에서는 능력별 반편성을 허락하고 있다. 사실 잉글랜드 종합교육에서도 능력별 반편성을 다양성 존중, 개인차 존중이라는 각도에서 문제 삼지는 않는다. 통합교육에서는 일단 능력별 통합이라는 원칙하에 대체로 꺼리는 정책이지만 수학과 과학 교과의 경우 인지력 이해의 문제가 있어 학생도 희망하고 교사도 요구하므로 부분적으로 허용한다. 영어 교과의 경우 담당교사가 반대하여 안 하는데, 그럼에도 GCSE에서 영어 평가 결과가 아주 좋아서 심나에서는 능력별 반편성의 효과에 대해 회의적인 것이 사실이다. 아이들 중에는 분명 아주 우수한 아이도 있고 아주 모자란 아이도 있어서, 함께 섞어 교육적 효과가 높은 교과는 당연히 섞고 서로 어려워하는 교과일 경우엔 능력별 반편성을 하는 것도 나쁘진 않다고 보는데, 단지 학생과 학부모의 동의하에서만 가능하다. 이렇게 교육과정을 운영한 결과 2014년 교육청 장학보고서에 따르면 심나(34.5%)는 다른 비선발 학교(22%)보다 대학 진학률이 월등히 높은 것으로 평가받고 있고 직업학교나 기타 취업률 부분에서도 전체가 성공한 사례로 꼽히고 있다. 이러한 노력의 결과 심나가 받은 상은 이루 다 헤아릴 수 없다. 학교 소개 책자에 나와 있는 것만 봐도 어마어마하다.◆

◆ JP McManus University Scholarship, Prince's Trust Educational Achievement Award,

다양한 수상 경력이 말해주듯, 심나의 교육과정은 다양한 아이들의 흥미만큼이나 포괄적이다. 이것은 심나의 학생클럽이 얼마나 다양한지를 말해주는 것이기도 하다. ✦ 사회공학과 관련된 은행 클럽이나 주식투자 연습 클럽 등 실생활 연계된 클럽은 지역 상인이나 학부모들이 함께 연계해서 진행한다고 한다. 해비타트 클럽 학생들이 작년에 에티오피아에 가서 자원활동을 하고 왔는데 이를 위한 학부모들의 바자 행사가 아주 활발해서 학생들뿐만 아니라 지원기금을 준비하는 학부모나 지역 인사들도 활동 결과를 기대하여 결과보고회를 가졌다고 한다. 게이 클럽은 동성애 소수자들이 자긍심을 갖고 살아갈 수 있도록 하기 위한 공개행사인데 이를 통해 성정체성 교육도 활발하게 이루어지고 있다고 한다.

학교가 늘 시끌벅적 하면서도 하나로 응집되는 느낌을 주었던 이유가

Silver Democracy Award Stormont, Diana Award for Volunteering, Dermot Curran Award for Culture and Citizenship, Times Educational Supplement Outstanding Community Partnership Award, Diana Anti-bullying Award, Westminster Speaker's School Council Award, Specialist School in Languages and the International Dimension, International School Award, Investors in People Award, Silver Eco Award-Green Flag underway, Deutsche Bank Spotlight Award, Prince's Trust Study Support Awrad, Education Extra Distinction Awards, Diana Award-Silver, NI Teacher of the Year(principal), NI Governor of the Year, NI Teacher of the Year, NI Classroom Assistant of the Year, NICIE Teacher of the Year, NICIE Support Staff of the Year, Collodi Foundation European Poetry Prize, Pushkin Award for Inspired Learning, Father O'Mhuirigh Cup for Irish, Baha'i Award for the Elimination of Prejudice, Frank Kerr Award, Woodland Trust Green School Gold Award.

◆ 학교 오픈데이 때 나눠준 클럽 활동 안내지에 의하면 다음과 같이 너무나 다채롭다.
Shimna Rock Climbing, Eco Club, Music Club, Book Club, Student Investmet Club, Gay/Straight Alliance, Umbrella Group, English Club, International Work Experience (French, German, Spanish), Gaeilge(Irish), Technology and Design Club, 6th Form Basketball, Arabic Classes, Habitat for Humanity, French Club, Duke of Edinburgh's Gold Award Group, Banking Club, Hockey Club, Independent Learning Centre, Mangahigh Club, Coding Club, Science Club, Credit Club, Ski Trip, Scripture Union, Amnesty International Student Group, Drama, Student Council, Girls' Sports Activities, Boys' Sports Activities, Maths Homework Club, Spanosh Lunchtime Club, Astronomy Club.

바로 심나만의 이러한 통합교육과정 때문인 것 같다.

뚝심 케빈과 헤어지면서

심나의 교육과정을 제대로 느끼기 위해 참석한 오픈데이에서 여기저기를 자유롭게 돌아다니다 보니 왜 심나인지를 알 수 있을 것 같았다. 교장의 준비된 인사말을 마치고는 바로 학교를 둘러보기 시작했는데, 다른 학교처럼 그룹으로 나누지를 않고 각자가 나눠준 학교 지도를 들고 찾아가서 직접 궁금한 것을 물어보고 확인하며 정리한 바를 적어보는 형식의 자기 탐색 과정이었다. 재미있어 보여서 나도 '심나 오픈데이 퀴즈'를 풀면서 둘러보았다.

종교: 북아일랜드의 노벨평화상 수상자는 누구인가요?

과학: 인생의 성공 비결은?

드라마: "원하는 인생 _____을 즐겨라"에서 _____를 채우시오.

디자인과 공학: 오늘의 말은 무엇이고 그것의 상징은?

이런 식으로 모든 교과교실*에 들어가서 주어진 질문에 대답하여 다 끝내고 제출하면 작은 사탕과 함께 차를 마실 수 있게 한다. 초등학교를 마치고 칼리지에 진학할 P7 아이들이 굉장히 진지하게 참여하며 열심히 묻고 있었다.

◆ Art, Moving Image Arts, Music, English, Latin, Irish, Spanish, German, Business Studies, French, Geography, Maths, Politics, History, Home Economics, Health & Social Care.

드라마 반에서는 뮤지컬 〈미스 사이공〉의 노래를 부르면서 애절한 베트남전쟁의 배경화면을 띄웠는데 너무나 감동적이다. 이러한 시사성 있는 내용을 드라마의 소재로 삼고 함께 토론한다는 것을 알 수 있었다. 각종 언어 교과에도 아이들이 관심을 많이 보였다. 프랑스어, 스페인어, 독일어, 아랍어 및 아일랜드어 등에 대한 홍보전이 치열했다. 과학은 실험으로 흥미를 유인했다. 음악실에 사람들이 많이 몰려 있어 들어가 보니 한 꼬마가 드럼을 아주 신나게 치고 있다. 곧이어 한 아이가 기타를 집어 들고, 합주가 이어진다. 처음 보는 아이들이란다. 곡이 아주 좋아 옆 사람에게 물으니 아일랜드 전통음악이라고 알려주었다. 연주가 끝나고 올라간 2층에서는 학생들의 자발적인 해외탐구 활동으로 해비타트와 앰네스티가 불꽃 튀는 홍보전을 펼치고 있었다. 기금을 넣어주니 자기네 활동을 열심히 설명한다. 역사도 여성문제, 전쟁문제, 1916년 부활절봉기나 솜(Somme) 전투 등을 균형 있게 접근하려고 노력했다. 수학도 일상에서의 문제를 해결하기 위한 숫자를 다루는 것으로 여러 아이들이 모여 재미있게 문제를 풀고 있었다. 아이들은 미리 받은 오픈데이 퀴즈 용지에 열심히 답변을 써넣고 있다. 우리 아이들하고 반응이 다른 것인지 아니면 우리 아이들에게는 그런 것을 요구하지 않아서인지…. 아이들의 진지한 자기 선택 활동에 감동하게 된다. 이처럼 선택 능력을 키워주는 교육이 참으로 필요한 4차산업사회의 교육 역량이 아닐까 생각하게 된다. 2016년에 통합교육기금(IEF) 지원으로 지었다는 체육관도 둘러보았다. 넓은 공간에서 다양한 체육놀이를 폭넓게 시도해보는 아이들이 행복해 보인다.

이러한 통합교육 활동이 북아일랜드 종파분리주의를 극복하고 미래 세대를 주도하는 적극적 시민 양성에 기여할 것이라고 필자는 확신하지만, 그럼에도 통합학교를 하나의 학교 유형으로만 파악하여 7%도 안 되는 영향력 없는 소수파 학교교육으로 치부하려는 경향이 분명히 존재한다. 그리고 '이제는 갈등이 사라지고 평화가 왔으니 굳이 하나로 합치지 말고 서로 인정하면서 만나면서 평화롭게 살자'며 분단극복을 위한 교육적 노력을 외면하려는 경향이 있다. 이러한 국면 전환에 경종을 울리는 통합교육 원칙론자인 케빈 람 교장이 심나를 지키는 한, '통합교육을 통한 평화와 화해 구현'은 여전히 다 함께 나아가야 할 통합학교의 구호이다. 통합학교만이 통합교육을 담보하는 것은 아니다. 분명 통합교육은 통합학교를 넘어선 분단극복을 위한 북아일랜드 교육의 절대절명의 방향이다. 하지만 통합교육을 구체적으로 실현할 교육적 태가 어떤 모습인지 고민하게 되면 역시 통합학교라는 구조적 틀일 수밖에 없다. 종파분리주의 학교 틀로는 통합교육이념을 실현할 수 없지 않은가?

케빈과 나눈 이러한 이야기를 마음에 품고 심나를 떠나며 우리 시대 분단극복의 교육적 과제를 함께 떠올린다.

4부

·

테러의 아픔을 딛고 이룬 통합교육

·

에니스킬렌, 1989년

에니스킬렌 통합초등학교

에른 통합칼리지

에니스킬렌 Enniskillen

북아일랜드 퍼매너(Fermanagh) 지역의 중심지 에니스킬렌은 2013년 아름다운 에른호수 가에서 G8 정상회담을 개최했던 유명한 교육도시이다. 1만 3000여 명이 거주하는 작은 소도시이지만 양 종파의 남녀 그래머스쿨 4개를 포함하여 중등교육기관이 7개나 있을 정 도로 교육열이 대단히 높은 지역이다. 노벨문학상 수상자인 오스카 와일드와 사뮈엘 베케 트가 공부한 포토라 로열 아카데미(Portora Royal Academy)는 영국 전역에 걸쳐 명성이 자자한 최우수 그래머스쿨이다.

하지만 에니스킬렌은 아일랜드공화국과 인접한 내륙의 호반으로 식민지 기간뿐만 아니라 분쟁기 동안 잦은 군사적 충돌이 있었던 곳이기도 하다. 역사적으로 영국의 지배질서에 저항한 민병대원을 가두고 고문했던 감옥이 (런던)데리와 에니스킬렌에 있었는데, 에니스 킬렌의 감옥은 일부가 오늘날 사우스웨스트 칼리지 퍼매너 캠퍼스로 이용되고 있다. 특히 분쟁기엔 종파분리주의적 충돌이 민간인을 대상으로 거리에서 일어나곤 했었는데, 그중 에서도 1987년 11월 8일, 전쟁 중 희생당한 영국 군인을 기리는 추모식에 참여한 재향군 인들을 향해 폭탄을 던진 북아일랜드공화군(PIRA)의 테러로 11명이 현장에서 사망한 불 행한 사건은 지역민으로 하여금 비폭력적 대안을 찾게 하는 계기가 되었다. 에니스킬렌은 거주민의 65% 이상이 가톨릭 신자이지만 그 같은 민간인 대상 대량학살에는 다들 비판적 이어서 사건 이후 반테러 및 상생을 추구하는 지역모임이 생겨났다. 그곳에서 가톨릭도 아니고 개신교도 아닌 반종파분리주의(anti-sectarianism)에 대한 논의가 있었고, 그 결과 는 통합학교 설립 운동으로 이어졌다.

이렇게 세계인의 주목을 받으면서 슬픔을 딛고 평화와 화해를 향해 일어선 에니스킬렌 통 합초등학교가 1989년 성공적으로 설립되었다. 이후 초등학교 졸업생들이 진학할 통합칼 리지 설립에 대한 요구가 일자 1993년 통합칼리지 설립 운동을 전개하여 1994년에는 에 른 통합칼리지가 설립되었다.

폭력에서 평화로,
에니스킬렌 통합초등학교

Enniskillen Integrated Primary School
www.enniskillenintegrated.org.uk

벨파스트에서 첫차를 타고 에니스킬렌에 도착하여 택시를 탔다. 기사가 잘 모르는 것 같아 설명했더니 "아, 드럼코(Drumcoe)에 있는 그 학교!"라며 방향을 잡는다. '2013년 G8 정상회담에서 캐머런 영국 총리와 오바마 미국 대통령이 이 학교를 방문하여 교육계를 떠들썩하게 했었는데도 정작 지역 기사들도 잘 모를 정도로 인기가 없나…' 하고 생각하며 학교로 들어간다. 드럼코 입구에 에른 칼리지가 있고 더 들어가면 에니스킬렌 초등학교가 나온다. 학교 안으로 들어서자 활달한 성격의 아델 커 (Adele Kerr) 교장이 친절하게 맞이한다. 기사가 잘 모르더라고 했더니 여기 아이들은 다 스쿨버스로 이동하고 부모들도 자기 차로 움직이기 때문에 정작 지역 사람들이 택시로 이곳에 올 일이 거의 없어 모를 거라고 아무렇지도 않게 말한다. 기사들은 관광지만 잘 안다면서, 학교 복도에 붙어 있는 심볼 등에 대해 간단히 설명한다.

학교 안이 오바마 대통령과 캐머런 총리 방문 기념 흔적으로 가득하다. 같이 교사휴게실에서 차 한잔하자고 해서 들어갔는데 쉬는 시간이라 교사들이 다 모여 있다. 간단히 인사하고 차를 마시는데 한 선생님이 건네는 디저트가 범상치 않다. 이 지방 것이냐니까 아니라면서 이슬람 학부모가 계시는데 오늘이 이슬람 축제일이어서 학교에 보냈다고 한다. 설탕에 절인 것 같은 디저트는 맛있긴 하지만 내겐 너무 달았다. 교사들이 한마디씩 이슬람 축제일에 대해 이야기한다. 그렇게 알게 된 이슬람 축제일에 대해 수업에 들어가 알려주고, 이슬람권 학생이 있는 반은 그 아이한테 축제에 대해 설명해달라고 할 예정이라며 아주 신나는 이벤트로 받아들이고 있었다. 교사들이 이런 선물을 받아도 되느냐고 물으니, 현금도 아니고 개인에게 주는 것도 아니고 자기네 축제 문화를 나누는 것이기 때문에 전혀 문제가 안 된다고 한다. 이것은 분명 우리 식의 촌지는 아니다. 나눔의 문화랄까 하는 훈훈함이 배어 있다. 우리 교무실도 가끔 학부모들이 보낸 떡을 나누며 정담을 나누기도 하지 않는가?

죽임의 한탄 속에서 탄생한 생명과 평화의 학교

노린 캠벨이 소개하여 만난 톰 노블(Tom Noble) 선생은 에른 칼리지 퇴임 교장으로 여기 에니스킬렌 초등학교 학교운영위원장이다. 명문 그래머스쿨인 포토라 로열 아카데미(Portora Royal Academy) 교사로서 통합교육운동에 심취하여 자녀를 이곳에 보낸 설립학부모이자 칼리지 설립을 주도한 지역 유지이다. 톰 노블로부터 들은 학교 설립 이야기는 학교 설립 때부터 있던 두 교사 우나 레저(Una St. Ledger)와 캐서린 번스(Catherine Burns)의 이야기와 함께 너무나 흥미진진하다.

톰 노블 선생에게 이메일을 보내 통합학교 탐방 과제에 대해 소개하며 만나고 싶다고 청했더니, 학교 설립을 위한 첫 학교공청회를 했던 킬리헤블린 호텔(Killyhevlin Hotel) 로비에서 보자고 답했다. 북아일랜드식의 환대가 이런 것이구나 하고 느낄 정도로 친절하게 대해주며 에니스킬렌의 이야기가 다른 나라로 소개된다는 것에 대한 자부심으로 정말로 열심히 설명해주었다. 초등은 말도 못하게 어려운 환경에서 시작한 쾌거였다는 말에 배어 있는 자부심이 강하게 전달되었다.

1987년 11월 8일, 에니스킬렌 시내 중심가에 있는 전쟁 추모비 앞에서 추모식에 참석하여 도열해 있던 재향군인들을 향해 북아일랜드공화군(PIRA) 요원이 던진 폭탄으로 인해 민간인 10명과 경찰관 1명, 총 11명이 사망하고 63명이 부상당했다. 부상자 중에는 아이들이 13명이나 포함되어 있었다. 사망자는 암스트롱(Armstrong) 부부, 존스톤(Johnston) 부부, 멀란(Mullan) 부부 그리고 존 메거(John Megaw), 조지나 퀸톤(Georgina Quinton), 마리 윌슨(Marie Wilson), 새뮤얼 걸트(Samuel Gault), 에드워드 암스트롱이었다. 사망자 대부분은 퇴역군인 및 부인들로 예순이 넘은 노인들이었다. 에드워드 암스트롱은 당시 복무 중인 경찰관이었고 새뮤얼 걸트는 막 퇴직한 경찰이었다. 딸과 함께 참석한 고든 윌슨(Gordon Wilson)은 딸 마리 윌슨이 사망하고 고든 자신도 부상을 입는 비극을 당했다.

이 무자비한 폭탄테러에 전 세계인이 분노했고, 특히 북아일랜드에 거주하는 가톨릭 시민들도 무모한 폭탄테러에 격분했다. IRA도 극단적인 PIRA의 행동을 비판하면서 이후 휴전과 평화를 요구하는 목소리가 더 힘을 받기 시작했다. 그래서 1994년 IRA가 휴전에 서명했고 이러한 화해 제스처에 PIRA는 무력으로 불만을 내보이는 악순환이 일었으나 평화와 화해를 요구하는 북아일랜드 시민의 목소리는 이러한 피해자들의 고통 속에서 커질 수 있었던 것이다. 폭탄이 터져 희생자가 났던 자리에는 2000년에 클린턴 센터(The Clinton Centre)가 세워졌다. 1998년 벨파스트

평화협정 조인에 중재자로 기여한 빌 클린턴 미국 대통령의 이름을 딴 것으로 현재 전시관으로 사용되고 있다.

이런 비탄 속에서 에니스킬렌 지역 분위기는 침울했지만, 부상을 치유한 고든 윌슨은 딸 마리의 죽음을 헛되지 않기 위한 책임이 여기 에니스킬렌에 있으니 평화와 화해를 향한 에니스킬렌의 정신을 살리자는 뜻으로 재단('Spirit of Enniskillen Trust')을 설립했고 이것은 전 주민의 운동으로 확산되었다. 이때 또 다른 종파분리주의 테러의 희생자 가족인 존 맥스웰(John Maxwell) 선생은 지속적인 화해 운동의 결실을 위해 통합학교를 설립하자고 제안하는 '에니스킬렌 투게더(Enniskillen Together)'를 조직하게 된다. 1979년 여름, 슬라이고 카운티의 멀라모어(Mullaghmore) 항구에서 엘리자베스 2세 여왕의 사촌인 마운트배튼 경과 14세 손자가 아일랜드공화군(IRA)의 폭탄테러로 살해당했는데, 이때 그 보트에서 아르바이트를 하던 존 맥스웰 선생의 아들 폴도 사망했다. 테러로 딸을 잃은 고든 윌슨과 아들을 잃은 존 맥스웰은 공동으로 평화와 화해 운동에 동참하기로 했고, 이때 존 맥스웰은 아이들에게 에니스킬렌의 정신을 구체화하는 운동이 통합교육이라고 보았다. 그래서 다시는 이런 일이 재발하지 않도록, 종파분리주의적 폭력에 대항할 수 있는 역량을 기르도록, 근본적인 문제해결을 위한 집단적 지역주민운동으로 어려서부터 함께 교육하자는 의미의 '에니스킬렌 투게더'가 1988년 창설되었다. 여기서 희생자 가족 대표로 존 맥스웰은 가톨릭도 아니고 개신교도 아닌 종파를 초월한 통합학교를 만들자는 제안을 했고, 개신교 공립학교 교사였던 자신도 학교 설립준비위원이 되어 에니스킬렌 통합초등학교 설립 운동을 자연스럽게 이어갔다. 이렇듯 IRA 폭격으로 아들을 잃은 존 맥스웰(개신교)을 중심으로 하여 톰 노블(개신교), 스텔라 매퀼란(Stella McQuilan, 가톨릭), 리즈 케이스네스(Liz Caithness, 개신교), 빌 바버(Bill Barbour, 개신교), 마이클 맥마너스

(Michael McManus, 가톨릭) 등 학부모 6명이 주축이 되어 학교 설립을 의욕적으로 진행했다. 이제는 뭔가는 해야 하지 않는가 하던 지역주민들도 합류했고, 또 그때가 1987년 NICIE가 막 생겨난 직후라 적극적으로 신규 학교 설립을 지원받을 수 있었다.

초기부터 6인 학부모 준비위원으로 통합학교 설립 운동에 참여하게 된 톰 노블은 1950년 에니스킬렌 출신으로 개신교 가정에서 성장하고 이곳 명문 포토라 로열 아카데미 출신이었다. 학교 졸업 후 바로 대학에 진학하지 않고 일반 회사에서 사무원으로 3년 일하다가 더블린 트리니티 칼리지(Trinity College Dublin)에 진학하여 경제학과 정치학을 전공했다. 졸업 후 사우스웨스트 칼리지 퍼매너 캠퍼스에서 임시로 실업 교과를 가르쳤는데 갑자기 모교인 포토라 아카데미에서 카누 수업 중 사고가 나서 상업과 수학 및 카누를 다 가르칠 교사로 자신을 충원했다. 그래서 1978년부터 1994년까지 처음엔 교사 자격증도 없이 교사를 시작했다. 그 시기는 교직이 그리 인기 직종이 아니어서 엄격한 잣대를 요구하지 않았고 본인이 이곳 출신으로 본교 졸업생이라 무조건 뽑아준 것 같다고 회상한다. 학교가 다른 곳에 비해 그리 권위적이진 않았지만 종파적 경직성은 문제였다. 카누 수업을 위해 호수에서 거의 살다시피 했고 그래서 이 아름다운 호반 호텔에 자주 와 호텔 종업원들과도 아주 친하다며 웃는다. 반면 1977년 결혼한 부인은 가톨릭 가정에서 성장해 가톨릭 여자 그래머스쿨 교사로 일하고 있었다. 톰 노블 자신은 이런 용어를 싫어하지만 이른바 '혼합혼' 커플이라 자녀들의 학교 선정에 어려움이 있었다고 한다. 그는 북아일랜드에서 일반적으로 사용되는 혼합혼이라는 표현은 부적절하다면서, '종파 간 결혼(inter-church marriage 또는 inter-denominational marriage)'이 정확한 표현인 것 같다고 내게 용어 수정을 부탁한다. 부부는 서로 다른 종파학교의 교사였지만 가르치는 것이 아주 재미있었고 학교 일에도 많은 의미를 느껴 집에서 나누는 주된 화제가 교육문제였다. 그러다 보니 자연스럽게 아이들의 미래에 대해 이야기하는 시간이 많아지면서 종파학교의 대안으로서 통합학교의 필요성에 대해 많은 대화를 나누게 되었고 자녀의 학교 선정에 관해서도 고민하게 되었다. 특히 아이들이 개신교학교로 가야 하는가 아니면 가톨릭학교로 가야 하는가를 고민하게 만들기 때문에 부부로서도 곤혹스러운 일이었다. 고심 끝에 부부가 내린 결론은 통합학교였다.

"북아일랜드처럼 어려서부터 분리된 환경에서 성장하면 상대편에 대한 의심, 무지 등으로 건강하지 못한 삶을 살게 되고, 결국 각자의 교리에 빠져 더욱더 고립되는 경향이 있습니다. 종교, 문화, 음악, 스포츠 등이 모두 따로 변용되어 남아프리카공화국의 아파르트헤이트처럼 차이가 차별이 되고 마는 것이지요. 자기 것에만 집착하여 다른 것에 대해 의심하고 부정하면서 분단 사회의 모든 자파 심볼을 자기 정체성의 본질로 삼게 됩니다. 가정, 학교, 놀이 공간이 모두 그렇습니다. 대학이나 직장에 가서야 섞이게 되는데 그때는 이미 늦어요. 교회가 지나치게 아이들의 삶을 규제하고 통제합니다. 개신교는 종파별 분화가 많이 이루어져서 그래도 다양하지만, 오직 하나의 중앙집권적인 교회로서의 가톨릭은 정말 어렵습니다. 더구나 아일랜드 내셔널리즘과 결합된 가톨릭은 완전 교조적이에요. 그래서 통합학교여야 한다고 생각했습니다."

가톨릭인 부인도 이러한 통합교육에 전적으로 동의했다. 아이들의 미래를 생각하면 가톨릭도 변해야 한다고 생각한 것이다. 그래서 자연스럽게 통합초등학교 설립에 합류했고, 네 아이 중 셋째와 넷째를 에니스킬렌 통합초등학교에 첫 입학생으로 등록시켰다. 사실 톰 노블이 재직했던 포토라 아카데미나 부인이 성장한 가정환경이 그리 보수적이지 않고 비교적 자유주의적인 분위기였기 때문에 통합학교를 선택하는 데 어려움은 크지 않았다. 무엇보다도 가톨릭 인구가 압도적으로 많은 에니스킬렌의 대부분 초등학교에서는 기독교 학습이 아주 원론적이어서 부모로서 상당히 고민하고 있었기 때문에 당시 통합학교 설립 논의는 새로운 복음으로 다가왔다. 그래서 정치에 관심이 없었는데도 정당 중 유일하게 통합교육을 지지하는 북아일랜드연합당에까지 참여하게 되었다고 한다.

1987년 11월 폭탄테러 이후 지역 시민사회가 요동쳤고, 에니스킬렌 투게더를 중심으로 통합초등학교 준비위가 1988년 2월에 구성되어 매주 논의를 거쳐서 드디어 지역신문 《퍼매너 헤럴드(Fermanagh Herald)》 1989년 8월 26일 자에 공지가 실렸다. "학부모와 교직원이 열심히 노력하여 드디어 에니스킬렌 통합초등학교가 9월 1일(금)에 개교한다." 이어 초대 교장 캐시 쿡(Cathy Cook)과 2명의 교사 우나 레저와 캐서린 번스가 55명의 등록생과 추후 확보될 10여 명의 아동과 함께 드럼코의 임시교실에서 수업을 시작한다고 알린다. 통합학교 원칙에 따라 학생들의 종교적 배경은 50 대 50으로 구성함을 공고하고, 초대 교장은 '도전하고, 매사에 호기심을 갖고 노력하며 이에 따른 결과가 주어진다'는 가치로 함께 노력하자고 인사말을 했다. 이윽고 9월 1일 총 64명의 아동이 등록하고 학교는 순탄한 출발을 하게 되었다.

1989년 9월 개교 이전까지 준비 과정에서 소요된 모든 재정과 행정상의 절차 처리는 학부모의 자구 노력에 더해 NICIE가 중간에서 문제를 해결하는 역할을 해주었다. 이때 학교 설립을 위한 학교법인이 필요하고 북아일랜드 서부 지역에 지역 통합학교를 더 세워야 한다는 미래 발전적 구상에서 통합교육서부재단(WACTIE: Western Area Charitable Trust in Integrated Education)이 만들어졌고 WACTIE는 이후 오마 통합초등학교, 드럼라 통합칼리지, 에른 통합칼리지 등 오마와 에니스킬렌 지역의 통합학교법인 역할을 톡톡히 했다. 외부 지원단체로는 론트리 자선재단(Joseph Rowntree Charitable Trust)이 2만 파운드의 재정을 지원해주었다. 그 외 정치적 영향력이 있던 에니스킬렌 출신 정치가인 빌 바버와 브라이언 마위니 등이 에니스킬렌 통합초등학교 설립에 아주 적극적이어서 모든 것이 순탄하게 이루어졌다. 특히 브라이언 마위니 의원은 당시 토리당 소속 북아일랜드 교육부 장관으로 1989년 교육개혁법령 제정에 앞장섰고 통합교육 성문화를 명령했다. 그래서 1989년 이후엔 통합학교가 일단 허가되어 학교 설립의 기초가 이루어지면 바로 정부 지원이 가능해졌던 것이다.

에니스킬렌 통합초등학교가 설립 운동을 시작한 지 18개월 만에 정부 재정지원 자율통합초등학교로 인허되면서 학교 준비는 본격화되었다. 학교 부지를 물색하던 중 마침 드럼코에 있는 적당한 부지의 땅주인이 매각 의향을 보이자 바로 은행융자를 받아 부지를 매입했고, 거기에 컨테이너로 이동식 교실을 세우고 중고 교구를 싸게 들여놓았다. 이렇게 교육시설을 완성해서 학교를 시작할 수 있게 되었다. 학교는 개교하자마자 입학을 희망하는 학생 수가 폭증하여 매해 대기자가 넘쳤다. 이후 초등학생들이 졸업하면서 진학할 통합칼리지가 필요해짐에 따라 1994년 에른 통합칼리지가 바로 초등학교 앞 같은 부지에서 시작되었고 1997년 병설어린이집이 신축되면서 에니스킬렌에는 학령 전부터 중등교육과정에 이르기까지 완벽하게 연계된 통합학교 캠퍼스가 갖춰진 셈이다. 2007년 지금의 건물을 지어 나름대로 충분하고 완벽한 시설을 갖추었으나 학생 수가 계속 늘어 현재는 건물이 포화 상태이다. 정부에 학급 증설과 건물 신축을 요청했으나 계속 거부당하여 학급당 인원수만 늘려왔다. 다행히 2017년에는 정부의 '새 출발 기금(Fresh Start Agreement Fund)' 지원이 결정되어 곧 신축공사에 들어갈 예정이다.

2014년 개교 25주년 행사에서 에니스킬렌 통합초등학교는 엄청난 양적, 질적 성장을 해온 역사에 대해 지역민들에게 특히 감사한다는 인사를 전했다. 초대 학부모설립위원 중 2명이나 여전히 학교운영위원으로 참여하고 있으면서 학교의 역사성을 지켜나가도록 조언하고 있다. 그래서인지 2013년 오바마 대통령의 방문으로 더욱 유명해진 학교는 유명세에 시달릴 틈이 없이 계속 진보하는 모습이다. 에니스킬렌 폭탄공격의 슬픔과 절망을 잘 극복하고 오늘의 아름답고 균형 잡힌 학교로 잘 성장하고 있는 모습에 다들 굉장한 자부심과 책임감을 느끼는 것 같다.

낙관적인 미래사회를 전망하는 아델 커 교장

9년간 근무한 초대 교장 캐시 쿡이 1998년 퇴직하자, 당시 교감이었던 우나 오도널(Una O'Donell)이 1년간 교장대행을 맡게 된다. 그리고 1999년 통합학교 경력이 전혀 없는 28세 젊은 교장을 후임으로 채용하는 이변을 일으킨다. 그가 현재 23년째 교장직을 수행하며 수많은 유명인사를 방문자로 맞이하는 아델 커 교장이다. 에니스킬렌 통합초등학교 역사는 1987년 11월의 폭탄테러에서 촉발되었지만, 이후엔 NICIE가 정한 통합교육의 일반 원칙을 성실히 따랐다고 볼 수 있다. 특별히 반테러 혹은 비폭력 통합교육을 별도로 하지는 않아왔는데, 외부인들은 '에니스킬렌은 어떤 특별한 평화교육 프로그램을 하느냐'고 항상 묻는다며 아델 커 교장은 웃는다. 통합교육의 가장 중요한 원칙, 종파분리주의 극복이 바로 북아일랜드 평화교육의 핵심일 텐데도 말이다. 이러한 이야기를 주고받으며 아델 커 교장 개인의 교육관으로 화제를 옮겨본다.

지난 2011년도 교육부 장학보고서를 보니 에니스킬렌 통합초등학교는 교육의 질이 탁월하고 학생지도도 최우수이며 학교 운영 역량도 훌륭하다는 종합평가를 받고 있다. 커 교장은 아마도 1999년부터 23년간을 교장으로 재직하면서 통합교육 원칙을 학력 신장과 연결해 운영해왔기에 종합적으로 이런 좋은 평판을 유지하고 학부모들로부터도 신뢰를 받는 것 같다고 말한다. 커 교장의 남편은 바로 이웃의 에른 통합칼리지에서 평교사로 일하고 있다. "그이는 가르치는 것을 더 좋아하고 난 행정에 더 능력 있어서 교장을 할뿐"이라며, "우리 학교 아이들의 70% 정도가 에른으로 진학하기 때문에 아이들 이야기가 부부 화제의 태반"이라고 한다. 남편이 '초등학교에서 이런 것을 해주면 좋겠다'고 하면 아델은 바로 교사들과 협의하여 그렇게 조정하고, 또 아델은 남편에게 '칼리지의 선발 원칙을 이렇게 하면 좋겠다' 또는 '초등학교와 이러한 협력사업을 하면 좋겠다'고 하면 남편은 그쪽 교사회에서 초등학교 요구로 논의한 후 조정한다고 하니 에니스킬렌의 통합교육이 이 집에서 다 결정되는 것이 아닌가 싶다. 실제로 아델 커 교장은 에른 칼리지와 정례적으로 학교협력실천계획(School Collaboration Action Plan)을 세워 학생 선발 비율과 방법에서부터 교과별 협력 방안, 책임 소재 및 기한까지 구체적으로 정해 함께 시행한다고 한다.

아델 커 교장은 개신교 가정 출신으로 개신교 그래머스쿨을 졸업하고 개신교계 교육대학인 스트랜밀리스 대학에서 공부하면서 상호이해교육(EMU)을 접했고 그때 통합교육에 대해 생각해봤다고 한다. 하지만 1989년 졸업했을 때 첫 직장은 화이트애비(Whiteabbey)에 있는 평범한 개신교 공립초등학교로 그곳에서 5년 근무했다. 결혼하여 퍼매너의 접경마을 벨릭(Beleeck)에 있는 아주 작은 학교에서 교사겸직교장으로 근무했을 때, 복식학급(1명의 교사가 2개 이상의 학년을 한 교실에서 가르치는 방식)을 운영하면서 학년 간 통합교육 개념에 대해 생각해봤다고 한다. 자신의 성격상 학교 행정이나 운영에 더 관심이 있어 그때 벨파스트로 석사과정을 하러 다녔고, 그런 가운데 교장 자격도 취득했다. 교장 자격을 막 취득한 1999년 에니스킬렌 통합초등학교에서 교장 공모가 나서 한번 내봤단다. 워낙 경험이 없고 에니스킬렌 자체가 주목받는 신설이라 채용될 것이라고는 기대도 안 했는데 지금까지 23년째 교장을 하고 있다. 그때는 통합교육에 대한 강한 의지보다는 종파학교의 문제점을 개선하고 싶은 욕구와 벨파스트가 아닌 지역 학교의 소외감을 극복할 수 있는 방안 등에 대해 생각하고 있었기 때문에 이것이 통합교육이념과 약간 맞닿은 부분이 있다고 평가되었는지도 모르겠다고 한다. 아델 커는 오히려 에니스킬렌에 와서 통합교육철학에 푹 빠졌고 지금은 통합학교가 아닌 다른 교육은 생각조차 할 수 없게끔 통합교육 옹호자가 되었다. 교사로서의 경력이 아주 짧은 상태에서 시작한 교장직을 너무 오래한 감이 있다며, 그렇게 시간이 흘러가서 이제는 교장직을 마치면 평교사는 할 수 없을 것 같다고 토로한다.

아델 커가 교장으로서 학교 운영에서 제일 중요하다고 생각하는 것은 교사들이 잘할 수 있도록 지원하고 학부모들의 요구를 적절하게 잘 조정하면서 아이들이 행복하고 안전한 학교 공간에서 자신의 역량을 충분히 계발할 수 있도록 하는 것이다. 그녀의 교장 리더십 유형을 굳이 나눠보자면 권위주의적 통제형이라기보다는 아래로부터의 화합형 아니면 지원형 민주적 리더십으로 평가할 수 있다. 아마도 그것이 좋게 평가되어 이렇게 오래 불화 없이 안정적인 교장직을 유지할 수 있는 것 같다. 학교 설립 당시부터 첫 부임 교사로 재직해온 우나 레저 선생도 "아델은 정말로 늘 웃으면서 활달하게 모든 이야기에 귀 기울인다"라고 평가한다. 캐시 쿡 교장이 퇴임한 뒤 1년간 교장대행을 지낸 우나 오도널 선생은 교장은 아무나 하는 것이 아니라면서 아델은 정말 행정에 맞는다고 한다. 이렇듯 학교엔 당연히 교장보다 나이 많은 교사들이 많이 있고 또한 아주 젊은 교사들도 있는데, 이러한 세대 차를 조정하며 함께 학교풍토를 만들어가는 것이 중요하다고 교장은 말한다. 에니스킬렌엔 특히 학교 설립 때부터 함께한 초기 교사 2명이 아직도 재직하고 있고, 설립학부모 학교운영위원도 2명이나 있기 때문에 그들이 학교의 정체성을 잡아준다고 보고 모든 것을 상의한다고 한다. 젊은 교장을 예쁘게 보고 잘 격려해주어서 오늘의 학교가 있다고 말하는 자세가 아주 보기 좋다.

　여기도 초기엔 혼합혼 가정이 통합학교를 주도하는 듯했지만 지금은 종파와 상관없이 누구에게나 열려 있고 통합교육에 의욕적인 사람들이 이 학교를 이끌어오고 있다고 본다. 특히 퍼매너 지역은 가톨릭 거주 인구 비율이 높은 까닭에 학생이나 교사 충원 시 종파 간 비율 맞추기가 쉽지 않으나 에니스킬렌 초등학교는 통합학교 테두리 안에서 적정 비율을 유지하고 있다. 종파통합의 원칙을 가장 우선해서 지켜야 한다는 것이 설립위원들의 요구이고, 교장으로서도 우선적으로 존중하고 있다. 병설 어린이집은 모집 인원이 26명으로 아주 적어 종파 간 비율을 반드시 맞추고 있지만, 초등과정부터는 인원이 약간 많아 총인원을 기준으로 선발하는데 자연스레 비율이 거의 맞춰진다. 교사의 경우엔 워낙 신규 채용이 적어 기존 교사를 중심으로 운영할 수밖에 없는 까닭에 종파 비율을 맞추기가 쉽지는 않다. 초기엔 엄격하게 적용했다고 하지만 지금은 신규 교사 선발 시 종교적 배경을 묻지 않고 능력 위주로 선발한다. 최근에는 대부분의 통합학교에서 교사 충원 시 능력 위주의 선발 원칙이 우선이고, 이 부분이 통합교육 원칙론자들에게 비판받기도 한다. 초등의 경우엔 교원양성과정 자체가 종파분리주의에 기초하고 있어서 가능하면 스트랜밀리스 출신과 세인트메리 출신을 균형 있게 충원하려고 한다. 초등학교에서는 종파 균형 못지않게 오히려 남녀교사 비율이 더 중요한데 에니스킬렌 통합초등학교에는 다행히 남자교사가 4명 있어서 여자교사 비율이 압도적이지는 않다. 성별 사회화를 위해 교사의 성별 균형이 요구되는 것이 전 세계적인 경향이긴 하지만 여기도 남자교사 충원이 어려운 현실이다.

학교장으로서 학교운영위원회와의 협조는 아주 중요하다. 현재 설립학부모위원 2명, 재단추천위원 4명, 학부모위원 4명, 교사위원 2명, 교육부파견위원 4명, 이렇게 구성되는데 학교 역사를 잘 알고 있는 지역 인사들로 학교 운영에 아주 협조적인 위원들이라 조정도 쉽다. 모든 일이 다 자녀를 위해서 하자는 것이라고 이해하기 때문에 그 진정성을 수용하여 흔쾌히 허락한다. 학교 비전을 세우거나 특별활동 기금을 마련하는 일 등은 거의 다 여기서 결정되고 학부모회나 교사회가 적극적으로 참여하여 성사시킨다. 에니스킬렌 통합초등학교 졸업생을 주축으로 한 동창회는 없지만 지역에 가까이 살면서 서로 자주 만나고 대부분이 가족 단위로 자녀를 입학시키기 때문에 학교 공동체의 협조는 예나 지금이나 변함없이 잘 이루어진다. 1세대 학부모들이 지금은 손주들을 이어서 보내는 경향이 있다. 한 예로 설립학부모위원인 리즈는 지금은 직장에서 은퇴하고 일주일에 3일 학교에 나와 자원봉사를 한다. 자기 학교라는 생각이 강한 사람들이 여전히 학교를 움직인다. 그래서 교사들도 열심히 하지 않을 수가 없다. 지금의 학부모를 포함하여 설립학부모까지 아주 편하게 학교를 드나들기 때문에 다들 호의적으로 대하면서도 늘 긴장하며 열심히 준비하게 된다. 에니스킬렌 학교에서 교사들은 누구에게나 항상 열려 있어야 한다. 또한 학교는 지역사회에 필요한 공간으로도 자주 활용된다. 누구든지 주말에 학교 사용을 요청하면 절차에 따라 사용할 수 있다. 학부모가 아니어도 개방된다.

학교 설립 이래 여기만큼 유명 인사들의 방문이 많았던 학교가 없을 것 같다. 외부 방문자들이 많은 만큼 자부심도 크지만 다른 한편 학교를 잘해야 한다는 책임감도 크다. 여기가 퍼매너 지역에서 유일한 통합초등학교이기 때문에 아주 멀리서부터 이곳으로 다니는 아이들이 많다 보니 통학버스를 5대나 운영한다. 이렇게 많은 버스를 운영하는 작은 학교도 없을 거다. 그래서 스쿨버스의 안전을 늘 최우선으로 하고 이동을 담당하는 운전기사들에게 항상 '천천히, 안전하게'를 강조한다. 이렇듯 퍼매너 전 지역에서의 요구를 현재 규모로는 감당할 수 없어서 곤란했는데, 다행히 '새 출발 기금'이 오기로 되어 다들 새 건물을 기대하고 있다. 이제는 유명 방문자가 아니라 학교를 지어주는 사람이 왔으면 좋겠다며 환하게 웃는 아델 커 교장이 진정성 있는 참교육자로 느껴진다. 그러면서도 방문자들을 통해 아이들이 세계와 접한다는 것도 놓치지 않는다. "오늘은 거의 모든 수업에서 한국을 이야기할 것"이라고 하며, "이것이 세계 교육 아니겠느냐"고 아이처럼 말하는 아델 커의 교육관은 분명 에니스킬렌 학교를 움직이는 살아 있는 힘이다.

브리지를 이어가는 아이들

에니스킬렌 학교에 들어가면 아이들이 만든 집단작품인 '브리지(Bridge)'가 있다. 다리는 두 세계를 이어준다는 의미이다. 가톨릭과 개신교, 여성과 남성, 흑인과 백인, 공부 잘하는 아이와 못하는 아이, 부자와 가난한 사람 등등을 이어서 더 행복하고 정의롭고 평화로운 세상으로 나아가게 하는 이음을 상징한다. 에니스킬렌에서의 통합은 바로 이러한 브리지를 의미한다고 아이들은 생각한다. 이러한 브리지 교육과정이 에니스킬렌에 녹아 있다.

에니스킬렌 통합초등학교는 병설어린이집 과정을 포함하여 7학년까지 총 336명이 재학 중이다. 원래 245명이 정원이나 지역사회의 요구를 수용하다 보니 일종의 과밀학급을 운영하는 셈이다. 이러한 문제를 해결하기 위해 각반에 2~3명씩 보조교사가 배치되기 때문에 큰 문제는 없다고 한다. 통합교육이 중산층운동의 결과라는 비판이 있지만 이 지역의 경우엔 반드시 그렇지만은 않다. 현재 무상급식 비율은 26%로 다른 학교와 비슷한 수준이고, 학습 지원을 받도록 등록된 아이는 3.9%, 특수교육 대상 아동은 17.4%이다. 이런 지원은 다른 일반학교에 비해 통합학교들에서 아주 잘 되어 있다. 실제로 학교에서는 이러한 아이들이 소외되지 않도록 특별히 배려하는 각종 학생상담 활동을 활성화하고 있다. 학생상담이나 보충수업의 일차 책임은 담임교사가 지도록 하고 있으나 이때 학부모의 동의는 필수이다. 반(反)편견교육은 특별히 중요하다고 판단되어 모든 교사가 반드시 NICIE 반편견교육 연수를 받도록 하고 있다. 이 학교는 NICIE가 만든 통합교육 원칙에 따라 반편견교육, 또래조정 그리고 에코스쿨 인증 등을 하고 있고 이것은 모든 교과로 다 녹여낸다. 2017년부터는 글로벌 네트워킹을 담당하는 교사를 두어 세계시민교육 부분도 강화했다.

통합학교는 민주적 운영이 생명이다. 학교 설립 자체도 종파분리주의적 충돌을 막아 지역 평화를 이루자는 학부모와 지역민의 자발적인 민주정신에 의해서 이루어진 것으로 이후 학교운영위원회의 구성이나 학교운영에서도 모든 교육 주체들의 참여가 필수적으로 보장된다. 법적 권한을 갖는 학교운영위는 반드시 학교 구성원들로부터 다양한 의견을 듣고 결정하기 때문에 학운위 교사위원도 자기 생각보다는 교사회에서 결정된 합의를 토대로 의견을 제시하고, 학부모위원도 학부모회의 의견을 들고 가져오기 때문에 학운위 독주는 생각할 수 없다. 일반적으로 학부모회는 아주 중요한 학교 지원 세력으로서 바자회를 열거나 학교행사를 보조하거나 직접 운영하기도 한다. 이들 없이는 학교가 돌아가지 않는다고 할 정도이다. 학생회는 어린 아동부터 고학년 학생에 이르기까지 각종 의견을 수렴하여 다양한 방식으로 학생들의 목소리를 내도록 하고 있다. 학생은 학운위에 공식 참여권은 없지만 교사나 학부모는 학생회의 의견을 반드시 듣는다. 아이들은 학교의 환경위원회(eco council)를 통해 학교 환경의 지킴이로서도 역할을 단단히 한다. 환경 도우미 아이들은 건강하고 안전한 학교 환경을 위해 쓰레기 분리수거, 전기 절약, 교복 물려주기 등에 관해 많은 의견을 내놓고 학교나 지역사회에 협조를 구하기도 한다. 모든 학생위원은 자발적인 기여를 원칙으로 하지만 전원 학생선거를 통해 선출된다. 이 과정 자체를 아이들은 아주 재미있어한다. 장난기 어린 투표로 심각한 투표는 아니나 이러한 참여 과정 자체가 의미 있는 행위임은 틀림없다.

현재 학생들의 종파별 구성은 가톨릭 44%, 개신교 42%, 무교 및 기타 16%로 아주 균형을 잘 맞추고 있다. 초등학교의 경우 특히 성체성사나 견진성사 등에 대한 집전을 두고 가톨릭교회와의 갈등과 반목으로 종교교육의 문제가 크다. 아직도 가톨릭교회의 비타협성의 문제는 해결되지 않은 채 남아 있지만, 여기만의 문제는 아닌 북아일랜드 통합초등학교의 골치 아픈 사안이다. 종교교육은 가톨릭 종교교육과 일반 종교교육으로 나뉘어 운영하고 있으며, 일반 종교교육은 세계종교와 일상의 시사 문제 등을 다룬다. 2000년대 들어 이주민이 급증하고 있으나 이주 아동들도 두 가지 종교교육 트랙 중 하나를 선택하여 참여하고 있다. 기본적으로 통합교육은 기독교 정신에 기초하여 학교를 운영한다는 북아일랜드 국가교육정책을 따르고 있기 때문에 별도로 제3종교 의례를 교육하고 있지 않다. 단지 세계종교 시간에 이슬람, 힌두교, 시크교, 유대교 등에 대해 일반적으로 설명하고 이해의 폭을 넓혀주는 데 주력하고 있다.

모든 통합학교가 그렇듯이 여기도 교육과정은 북아일랜드 국가교육과정을 100% 따른다. 단지 종파분리주의를 극복하는 통합교육철학을 학교풍토나 교육이념의 중심으로 놓기 때문에 학부모들도 통합학교 교육과정을 여기만 특수하게 하는 이상한 교육 혹은 생뚱맞은 교육이라고 생각하지는 않는다. 여기 아이들도 똑같은 북아일랜드 교육과정을 하는 일반 중등학교나 통합칼리지로 진학하고 있다. 그래머스쿨로 가는 아이들이 있고, 때론 일반 세컨더리 직업학교로 진학하기도 한다. 학교는 모든 학생의 자기 결정권을 존중한다. 단, 통합교육철학에 맞춰 학생들의 정서 지도에 훨씬 더 많은 신경을 쓴다. 이 부분은 교육부 평가에서 늘 최고 점수를 받고 있다. 어떤 아이도 소외되지 않으며 모든 교과나 학급 활동에서 모두가 똑같이 존중되며 배려를 받는다. 이같이 모두의 능력을 녹여내어 서로의 차이를 이어주는 브리지 정신으로 일반교육과정을 진행하고 있다.

이러한 교육성과가 그대로 홍보되어 학교엔 대기자가 늘 넘친다. 특히 병설어린이집 유아 26명이 그대로 초등학교로 진학하기 때문에 P1의 40명 정원을 기준으로 보면 1학년으로 뽑을 수 있는 실제 인원이 14명뿐이다. 그래서 지역에서는 들어가기 힘든 학교가 된 안타까운 현실이다. 지역민들이 만든 학교이고 이렇게 유지해준 장본인들인데 정작 자기 아이들을 보내기 어렵게 된 상황으로 인해 아델 커 교장은 늘 미안한 마음이다. 이것 자체가 통합정신에 반한다고 보지만 어쩔 수 없는 현실적 한계라 정원과 시설을 늘리는 것밖에 다른 묘안이 없어 보인다.

이런저런 이야기를 마치고 수업의 실제 상황이 궁금하던 중 휴게실에서 만난 교사가 자기 교실에 한번 들어와 보라고 권한다. 1학년 산수 시간이었다. 총 22명인데 마침 크리스마스 휴일을 마치고 막 시작한 첫날이라 아이들도 어수선하고 결석생도 4명이나 되었다. 마름모형, 직사각형, 정사각형, 삼각형 등으로 차별화된 책상에 아이들이 모둠별로 앉아 수업을 받는다. 가위질도 서툴고 또 이국적인 방문자도 와서 집중을 못한 채 수업은 진행되는데, 교사가 아이들을 서서히 빨아들여 조금 지나니 아이들은 나를 잊은 듯했다.

초등학교 교실이 다 그렇듯이 다양한 교과를 하는 학급교실이기 때문에 숫자, 알파벳 그리고 생일 기록 카드 등으로 다양하게 꾸며져 천정에서부터 벽까지 빈 공간이 없을 정도이다. 아이들 사진을 생일별로 다 정리해 이름을 붙여 걸어놓았다. 이 반만의 특징인 듯하다. 담임은 앞에서 아이들이 알아들을 수 있도록 천천히 재미있게 감정을 충분히 넣어서 설명하고, 보조교사들은 특히 학습에 어려움을 겪는 아이들을 대상으로 옆에서 보조한다. 이러한 보조교사 경력은 이후 정교사 지원 시 유리하게 작용한다고 한다. 모둠별로 구성된 테이블에 5~6명이 앉아 있는데 책상 위에 아이들 이름이 쓰여 있다. 1학년이라 아이들 말귀를 알아듣기가 어렵다.

수업은 1부터 10까지를 읽고 세는 것으로 더하기 빼기도 함께 진행하는 시간이었다. 모둠별로 각종 물건이 든 통을 가지고 주사위를 던져 나오는 수만큼 동물별로, 색깔별로, 재료별로 찾아보는 놀이학습이다. 마지막은 종이에 그려진 주사위 점을 숫자에 맞춰 연결해서 가위로 오려 붙이는 것이었는데 쉬운 것 같지만 꼬마 아이들은 아주 어려워했다, 특히 내 앞의 서배스천은 거의 못하고 있다. 그러자 선생님이 태블릿피시로 아이의 상황을 찍어 부모님께 아이가 이 과정을 어려워하고 있다는 사실을 전송한다. 태블릿에 아이들의 모든 기록을 교사가 저장하고 학기말에 그 아이의 자료 파일을 만들어 보낸다고 한다. 이것이 바로 ICT 조합인 것 같다. 태블릿피시를 이렇게 학생 자료 파일을 만드는 실제 기제로 활용하는 것에 감탄했다. 아이들이 더하기 빼기를 하면서 어렵고 혼란스러워 교실 안이 다소 시끄러워지자, 교사는 음악을 틀어 아이들의 활동을 고무시킨다. 그러다 아이들이 너무 신이 나니 이번엔 조용한 음악을 틀어준다. 그러자 아이들이 전부 엎드린다. 교사가 조용히 하라고 아이들에게 소리 지르는 법이 없다. 착해서인지 아니면 잘 훈련해서인지 궁금할 정도로 아이들이 알아서 잘 조절한다. 그렇게 수업이 다 끝나니 아이들이 각자 자기가 가지고 놀던 교구들을 깨끗이 정리하여 교구통에다 넣어 제자리에 갖다둔다. 책상 위의 쓰레기를 전부 휴지통에 넣고 의자 정리까지 끝내고 나니 보조교사가 앞장선다. 교사를 따라 한 줄로 식당으로 가서 아이들은 점심을 먹는다.

자율적인 것과 통제 사이에 이렇게 큰 차이가 있다는 사실을 통합학교에서 나도 배운다. 다시 교장실로 가니 맨 처음 부임한 교사인 우나와 캐서린 선생이 와서 기다린다. 캐시 쿡 교장과 함께 일을 시작했던 이야기, 그리고 초대 운영위원장 존 맥스웰의 헌신적인 학교 설립 이야기 등 생생한 이야기가 시작되었다. 지역신문에 난 관련 자료를 내게 보여주며 그 자리에서 바로 복사해주기도 한다. 우나 선생은 4학년 담임으로 지금은 학교운영위원회의 교사위원으로 참여하고 있다. 지금 '우리 주변의 세계(World Around Us)' 수업을 하고 있는데 환경교육과 관련해 지역문제를 토론하고 있단다. 학생들과 만든 에코 책받침을 보여주며 아이들이 지구촌 환경문제에도 관심을 가진다며 흐뭇해한다. 이런 식으로 주제를 발전시켜 세계시민교육까지 다룰 예정이라고 한다. 북아일랜드의 시민교육은 지역시민에서 세계시민까지 나아간다.

우나와 캐서린에게 지금까지 28년째 근무하면서 통합학교 교사로서의 자부심을 언제 느끼는지 물었더니 매일매일 느낀다고 한다. 첫 일터가 에니스킬렌 통합초등학교였던 자기는 운이 좋았다는 이야기에 가슴이 뭉클하다. 폭탄테러가 일상화된 북아일랜드 환경에서 통합교육으로 평화와 화해를 이루고자 하는 역사적 대업에 함께한다는 책무가 오늘의 일상을 더 의미 있게 바라보게 하는 것 같다.

오늘을 고민하며 내일을 열어가는
에른 통합칼리지

Erne Integrated College
www.erneic.org.uk

에니스킬렌 통합초등학교를 돌아보고 에른 통합칼리지(Erne Integrated College)로 가야 한다니까 서무과 수전 선생이 자기도 갈 일이 있다며 데려다 준다고 일어선다. 걸어가도 얼마 안 되는데 친절하게도 동무해주니 고맙다. 차 안에서 수전은 자기 아들이 에른 학생이라며, "학교가 지금은 통합학교 정체성을 놓고 고민을 하지만 잘 해결할 것"이라는 뜻밖의 말을 한다. 가는 시간이 너무 짧아 길게 이야기할 수는 없었지만 뭔가 학교 운영에 빨간 불이 켜진 듯한 예감이다. 에른 칼리지에 도착하니 수전 선생은 자기 학교처럼 막 들어간다. 나중에 보니 학교운영위원회의 학부모위원이라 자주 드나든다고 한다. 그래서 자기 학교처럼 애정을 가지고 많은 이야기를 했던 것이다. 학교 설립에 관해서는 톰 노블 전 교장이 가장 잘 안다며 "그때 학교는 정말 의욕적이었다"라고 덧붙이는데, 그 표정이 약간 속상해하는 듯한 느낌이었다.

조금 무뚝뚝해 보이는 지미 잭슨웨어(Jimmy Jackson-Ware) 교장이 나와 인사하며 교장실로 안내한다. 교장은 학교에 관한 일반적인 설명을 하다가 먼저 학교를 둘러보는 것이 좋겠다며 직접 안내해주었다. 견학 중에 간혹 교사들을 만나 이런저런 이야기를 듣고 또 학생들과 함께 급식까지 먹으니 학교 분위기가 잘 느껴진다. 다시 교장실로 돌아와 학교 현황을 듣다 보니 장학보고서에서 언급되기도 했던 학교 리더십 안정에 대한 지미 교장의 고민을 이해할 것 같다.

에른강을 학교명으로

에니스킬렌 통합초등학교가 1989년에 설립되어 학생들을 배출하는데 중등과정인 통합칼리지가 없으니 상급학교 진학에 비상이 걸렸다. 당시 통합교육을 실시하는 중등과정은 벨파스트의 라간과 헤이즐우드 그리고 (런던)데리의 오크우드밖에 없었다. 그래서 에니스킬렌 통합초등학교 학부모를 중심으로 중등과정 신설을 논의하게 되었다. 마침 NICIE의 케빈 람이 심나를 준비하던 터라 함께 준비하기로 했다. 에니스킬렌엔 이미 중등학교가 포화 상태라 쉽지는 않았지만, 뉴캐슬과 에니스킬렌은 각기 초등학교 가까이에 부지를 준비하여 통합캠퍼스를 공유한다는 원칙하에 준비에 들어갔다. 뉴캐슬에서 심나강을 학교명으로 쓰듯이 에니스킬렌에서도 에른강(Erne江)의 이름을 따 에른 칼리지로 하기로 했다. 당시엔 1989년 교육법령에 따라 정부가 통합교육을 증진한다는 원칙을 세우고는 있으나 종파분리주의 정부나 교육계는 전혀 의지를 보이지 않고 오히려 반대했다. 이러한 교육계의 분위기하에서 교육법은 있으나 마나 한 것이었지만 그래도 법적 토대가 있으니 그 위에서 통합학교 설립이 이전보다는 수월했다고 볼 수 있다.

초등학교의 설립학부모위원이었던 톰 노블이 적극적으로 추진했는데, 교회엔 안 나가지만 가톨릭으로 사회사업가인 학부모 앨런 매커쿤(Allen McAcoon), 가톨릭으로 에니스킬렌 초등학교 학교운영위원인 찰리 애컬리(Charlie AcAuley), 개신교 일반학부모 진 햄스(Jin Hames) 등이 주축이 되어 함께 학교 설립을 추진했다. 버니 매크로리(Bernie McCrory)는 학부모는 아니지만 임시학교로 사용했던 노인요양시설 행정 담당 국장으로, 통합교육에 대한 이해가 아주 커서 의욕적으로 지원하고 학교 운영에 불편이 없도록 최대한 배려해주었다. 에니스킬렌과는 약간 떨어진 벨릭에 사는 의사 부부는 동네 아이들을 다 등록시키기로 하고 공청회에 참석했을 뿐 아니라, 개교 후에 매일 마을 아이들을 학교에 데려다 주기도 했다. 또 결혼 후 이곳에 사는 프랑스인 카트린 웨이틀리(Catherine Waitley)는 몬테소리 어린이집을 운영하면서 동네 사람들을 통합교육 공청회에 모두 데려왔다. 이미 초등학교 설립을 통해 통합학교에 대해서 열려 있던 지역민들은 통합칼리지 설립에 큰 거부감을 보이지 않았지만 정작 지역 칼리지에서는 난리가 났다. 지역 칼리지들은 지금이나 그때나 학생 수 감소를 가장 염려했기에 당연한 일이었다. 인구 1만 3000명밖에 안 되는 작은 에니스킬렌에 개신교 남녀 그래머스쿨, 가톨릭 남녀 그래머스쿨, 3개의 세컨더리스쿨 등 모두 7개의 중등교육기관이 있어서 이미 그 학교만으로도 학생 수가 모자라는 상황이었다. 그런 데다 통합칼리지를 하나 더 설립한다고 하니 서부교육청(WELB: West Education and Library Board)과 지역 칼리지들이 모두 난색을 표했다. 지역의 평화와 화해를 위해 통합교육이 중요한 교육이념인지 아닌지보다도 학생들을 뺏긴다는 학교 존립의 문제가 더 심각했던 것이다.

북아일랜드 교육법에 의하면 모든 칼리지는 최소 인원 60명이 넘어야 신설 가능하다. 학교 설립을 논의하는 공개모임에서 등록 의사를 밝힌 학생 수가 1994년 1월 당시 이미 80명이 넘었기 때문에 추진 세력은 인가 문제를 전혀 염려하지 않았다. 그래서 학교 설립준비위원회에서 준비 교장으로 톰 노블을 임용했다. 준비교장으로서 톰 노블은 이미 초등 신설에도 관여해본 터라 학교 설립을 계획하고 추진하는 과정에서 큰 어려움은 없었다고 한다. 에니스킬렌 초등학교를 만들 때 통합교육서부재단 (WACTIE: Western Area Charitable Trust in Integrated Education)을 만들었기 때문에 별도의 학교법인을 만들 필요성은 없었다. 당연히 인가가 바로 나오리라고 생각했는데, 지역 교육계의 눈치를 보는 서부교육청과 교육부가 미적거리자 학교 설립의 가능성이 불안해진 학부모들이 하나둘 떠나 6월엔 24명만 남았다. 9월까지 얼마나 더 떨어져 나갈지도 문제였다. 하지만 설립준비위는 설사 인가가 나지 않는다 해도 남은 학생들만 데리고 민간 자율학교(voluntary non-maintained school)의 지위로 일단 시작한다는 원칙을 세웠다.

이때 가장 중요한 것이 학교 시설 공간을 확보하는 일이었다. 때마침 설립준비위원회의 빌 바버가 보건행정국장이었는데, 그가 노인요양시설 (Old People's Home)이 비어 있으니 실버힐(Silver Hill)에서 일단 시작할 수 있다고 했다. 그래서 톰 노블이 중심이 되어 교사 7명을 충원하고 개교 준비에 들어갔다(당시 초임 교사로 시작했던 교사 4명은 아직도 재직하고 있다). 오랫동안 비어 있던 요양시설 건물 열쇠를 받아 문을 열고 들어가니 냄새도 심하고 청소도 안 되어 있어서 끔찍했다고 한다. 일단 모든 짐을 다 끌어내 대청소를 한 후 그날 당장 교육 기자재를 비롯한 학교 물품을 구입하여 학교 꼴을 만들었다고 한다. 노인요양시설 건물이라 방들이 대부분 작아서 교실로는 부적합했지만 어디까지나 임시 공간이고 처음엔 학생들도 얼마 없어 문제가 되지 않으리라 생각했다고 한다. 그렇게 최선을 다해 개교 준비를 하는데, 교육부에서 수시로 시찰을 나와 '이런 건물에서 무슨 과학을 하고 테크놀로지 수업을 하느냐며 학교 부적합 판정을 내리겠다고 협박하기도 했다.

학교 설립준비위가 만들어지면서 준비위는 WACTIE를 내세워 통합교육기금(IEF)에서 기본 경비를 지원받고 얼스터 은행(Ulster Bank)으로부터 융자를 받아 에니스킬렌 초등학교 옆 드럼코에 진작 학교 부지를 매입했다. 교육부 관료들에게 이미 학교 부지를 마련했고 인가만 나면 정부와 협의하여 제대로 된 건물도 신축하고 교사도 다 충원할 예정이니 염려 말라고 했지만, 트집을 잡기로 하고 온 그들은 인가 불허의 조건만을 제시했다고 한다. NICIE가 적극적으로 개입하고 지역 명문교인 포토라 로열 아카데미 교사 출신인 톰 노블 준비교장의 권위도 작용하여 1994년 8월 조건부 인가가 났다. 그러나 그때까지도 학생 수가 60명이 못 되고 50명을 겨우 넘겼다. 교육부는 9월 1일 자로 60명이 안 되면 인가를 안 하겠다며 매일 전화로 등록 수를 확인하곤 했다. 그래서 준비위에서는 더블린에서 학교 다니는 조카 아이 이름을 빌려다가 한 달간 등록해놓는 등 이상한 불법도 다 저질렀다고 하며, 당시는 통합학교 인가가 제일 중요했기 때문에 선의의 거짓말도 잠시만 용서하자고 농담을 했다고 한다. 우여곡절 끝에 9월 1일, 등록자 수 62명으로 아슬아슬하게 개교했고 정부는 그제야 인가를 했다. 합법적인 에른 통합칼리지의 학생은 9월 말에 73명이 넘었고 이후 비약적으로 늘어 연말도 안 되어 100명을 넘었으며 몇 년 지나지 않아 400명을 넘겼다. 이것은 지역의 다른 학교들에는 엄청난 위협이었지만 통합학교라는 특수성으로 이후엔 그리 큰 반발을 사진 않았다.

이같이 학교 기본 운영비는 IEF가 지원하고 얼스터 은행에서 학교 부지 구입을 위한 담보대출을 해주었기 때문에 학교 인가가 가능했다. 하지만 이 과정에서 학교 유지에 필요한 일반 교육기금을 마련하느라 설립위원들은 온갖 노력을 다했다. 안 해본 것이 없을 정도라고 하니 그만큼 학교에 대한 애착도 여전히 크다고 한다. 아직도 에른은 '내 학교'이자 '내 자식'인 것이다. 대부분의 통합학교가 이렇게 만들어졌다. 일단 학부모들이 단합하여 설립준비위원회를 구성하여 학교를 짓자고 결정하면 지역 교육청에 알아보고 가능성을 확인하는데, 이때 지역 교육청의 협조가 잘 이뤄지는 경우는 거의 없다고 봐야 한다. 그래서 1989년 교육법을 이행할 책임을 지는 교육부와 직통하는데, 이때도 인가가 나오기 전까지 소요되는 준비 비용을 마련할 길이 없다. 일단 학교 설립준비위나 학교법인 형식이 갖춰지면 NICIE는 학교 행정을 지원하고 재정 지원은 IEF가 담당하지만 전체 운영 비용은 어림도 없다. 특히 학교 부지를 마련하기 위해 담보대출을 받을 때 설립위원들이 학교법인이사로 등록하고 차용증을 쓰기 때문에 인가가 안 되면 고스란히 설립위원들이 빚을 다 떠안게 되는 구조라 인가 전까지 관련 위원들이 다들 불안한 상태인 것이다. 일단 인가를 받으면 교육부가 부지에 대한 재정 지출을 국고로 충당하기 때문에 빚은 곧 청산된다.

1994년 9월 1일, 에른 칼리지는 실버힐 노인요양시설에서 개교하고 수업을 진행하면서 드럼코에 1995년 1월부터 건물을 짓기 시작했다. 일단 학교 부지에 철제골조만 올려놓은 채 한 학기가 지났고, 이후 한 동씩 늘어나 오늘의 건물이 되었다. 지난 이야기를 들려주며 오늘날의 성취에 다들 엄청 만족해한다. 은행 융자를 비롯한 관련 비용은 3년 뒤 최종 인가가 나서 교육부가 다 갚았다고 한다. 1989년 통합교육 지원 교육법 제정 이후에도 북아일랜드 정당 대부분은 통합교육을 지지하지 않고 오히려 공개적으로 반대했는데, 북아일랜드연합당이 유일하게 영국의 자유민주당(Liberal Democrats)과 연대하면서 통합교육을 찬성했기에, 대부분의 학부모는 북아일랜드연합당 당원이 되었고 통합교육 홍보에 열심히 참여했다고 한다. 정치에 관심이 없어도 통합교육을 원하는 사람들은 모두 연합당 당원이라고 보면 된다며 수줍게 웃는 톰 노블은 통합교육은 분단사회 북아일랜드의 평화를 향한 정치적 결과물이라고 평가한다.

교장 리더십의 변화: 톰 노블에서 지미 잭슨웨어로

톰 노블 교장은 1994년 개교 준비교장으로 시작하여 2011년에 정년 퇴임했으니 17년간 교장으로 재직한 셈이다. 오늘의 칼리지 터전과 기반을 재직 시에 다 이뤄놓았다고 평가해도 과언은 아니다. 에니스킬렌 출신인 톰 노블은 퍼매너 지역 교장단 회의에 열심히 참여하면서 통합학교에 대한 오해를 불식시키려 노력했을 뿐 아니라 학교 간 지역 협력 네트워크를 만들어 이를 통해 교류하자고 제안해서 퍼매너 학습 공동체 공유 자료(Fermanagh Learning Community Shared Source)를 구축했다고 한다. 이것은 공유교육이 구체화되기 이전에 제안한 일종의 지역 공유교육 시스템으로서 넓게 퍼진 농촌 지역사회에 적합한 협력 모형이었다. 에니스킬렌이 중심 도시인 퍼매너 지역은 멀리서 통학하는 학생들이 많이 있어 휴일 등 평소에 집 근처 교육시설을 활용한다면 이것도 크게는 학교 간 문을 열어 학생을 통합하는 광의의 통합교육이라고 생각하여 제안했는데 다른 교장들도 흔쾌히 수용했다. 톰 노블은 아마도 자신이 개신교 그래머스쿨 교사 출신 교장이라는 점과 17년간 최장수 교장직을 수행하여 자연히 교장단 회의에서 수장 노릇을 하게 되었다는 점 때문에 제안이 비교적 쉽게 받아들여졌을 거라고 웃는다.

에니스킬렌 지역 인구의 거의 70%가 가톨릭이라 종파 균형을 맞추는 것이 아주 중요하다고 생각했기에, 1월에 있는 오픈데이 참여를 가장 중요시했다고 한다. 해마다 에니스킬렌 통합초등학교에서 올라오는 학생들이 20명 정도니까 나머지 70여 명은 일반학교 출신 학생이었다. 그래서 일반초등학교 아이들에게 통합이념을 소개한다는 심정으로 오픈데이 전에 지역의 모든 초등학교를 직접 돌아다니며 통합학교인 에른 칼리지를 소개했다. 이때 학교 안내 책자(prospectus)가 아주 중요하다. 에른의 학교 시설이 훌륭하고 교육과정에 학생 참여 활동이 많으며 실제로 읽기, 쓰기 등에서는 늘 좋은 평가를 받고 있다고 하니까 초등 아이들은 호기심을 가졌다. 가톨릭은 처음부터 아예 문을 열어주지 않았지만, 개신교 초등학교는 처음엔 거부했더라도 나중에는 우호적으로 변해 학생들에게 직접 홍보할 기회를 주었고 직접 와서 설명하는 것을 오히려 좋아했다. 어디고 마찬가지지만 가톨릭은 전반적으로 보수적이고 통합학교에 대해 비판적이다. 이 지역 브라이언 다치(Brian D'arch) 신부는 오늘날 많은 문제가 되고 있는 가톨릭교회의 성추행이나 낙태 등에 대해 기성 교회와 다른 입장을 보이며 그것을 공개적으로 비판하기도 했는데, 이런 이들조차도 통합학교는 불편해서, 결국 종교교육 시간에 초청하여 강연을 듣고자 했으나 한 번도 오지 못했을 정도로 가톨릭교회의 반통합교육 정서는 대단했다. 1989년 교육법령 제정 이후 성문법의 틀 안에서 통합교육을 할 수 있게 되었기에 통합학교 학부모들은 많은 기대를 했지만 북아일랜드 의회에서는 그리 큰 실정법적 효력을 갖질 못했다. 종파학교를 변화시킨다는 것이 너무나 어렵고, 정치인들도 모두 종파학교 출신으로 표를 잃지 않고 싶어 했기 때문에 통합학교에 대한 지원을 거의 안 했다고 봐야 한다. 결국 통합교육 촉진법을 만들어놓긴 했으나 실효는 없었다. 그럼에도 통합학교를 하겠다는 사람들에게는 법적 울타리를 만들어주어 이만큼 오게 된 것이다.

톰 노블 교장은 44세에 에른 칼리지 교장으로 취임했고, 5명의 자녀를 모두 여기로 진학시켰는데 각자 자기가 좋아하는 전문직 활동을 하며 잘 지내고 있다고 한다. 이렇듯 가정사적 경험으로도 통합교육의 질이 결코 떨어지지 않는다고 톰 노블은 확신한다. 그 자신이나 부인도 각기 종파 그래머스쿨에서 아주 우수한 학생들을 가르친 경험이 있으나 특히 중등에서의 분리교육은 사회적 통합을 가로막는 암적 요소라고 생각한다. 그런 자신에 대해, 이 지역에선 통합칼리지를 11세 시험에 떨어진 아이들이 가는 세컨더리스쿨과 동격으로 간주하는 분위기였기 때문에, '명문 그래머스쿨 출신이 무엇 때문에 통합학교를 하느냐'며 곱지 않은 시선으로 보았다고 한다. 하지만 게의치 않고 오히려 긍정적인 전망을 가지고 '의지가 있으면 안 하는 것보다 이거라도 시도하는 게 낫다'고 생각했는데, 다행히 함께하는 사람들이 있었기에 겁은 안 났다고 한다. 주변에서 많이들 염려는 했지만 정말 신나게 준비했고, 개교 이후엔 진정성 있는 통합학교로 정착시키려고 다들 엄청 노력했다는 그의 표정에 뿌듯함이 어린다. 그러면서도 지역 행사에는 한 번도 빠지지 않고 참여하니까 결국 지역에서 에른 칼리지를 받아줬던 것이다. 이후엔 에른 없이는 지역 행사가 안 될 정도로 지역 친화적 학교 운영을 했다. 그래서 지역 학교들이 에른을 지역 학교의 중심에 놓고 '여기에 가면 다 된다'라고 할 정도가 되었다. 일반학교에서는 안 하는 갈등해결교육이나 시민교육이라든가 혁신교육과정 도입 등을 초기엔 에른 칼리지에서만 했는데 지역 학습 공동체를 통해 확산하니 이제는 모든 학교가 다 한다고 한다. 그런 의미에서 에른이 진정한 통합교육의 씨를 뿌리고 다녔다고 확신한다.

초등에 비해 칼리지는 종교교육이 의무이나 시험이 있는 것이 아니고 또한 성사의례를 위해 초등처럼 따로따로 해야 할 필요가 있는 것이 아니기 때문에 에른에서는 다 같이 일반적인 종교교육으로 진행했다고 한다. 종교의 의례화를 학교에서까지 강요해서는 안 된다고 생각하기 때문에 종교의 사회적 의의를 중심으로만 일반 의제로 다뤘다고 한다. 교회에서 신앙훈련을 하는 것은 당연하지만 학교에서까지 강제하는 것은 문제라고 보고, 모든 것을 통합교육철학에 따라 운영했다. 체육 시간에도 개신교만 하는 럭비를 모두가 함께한다든지 가톨릭만 하는 게일식 축구를 함께한다든지 하여 서로의 종파적 심볼을 인정하면서 종파적 적대감을 없애가는 교육과정을 만들어나갔다. 톰 노블은 자신이 교장으로 있을 당시의 한 예를 들려주었다. 나란히 있던 학생 둘 가운데 한쪽은 유니어니스트 집안 아이로 부모가 감옥에 갇힌 적이 있고 다른 쪽은 IRA 집안의 아이였는데, 이 둘이 원수인가 아닌가 하는 문제를 토의하게 해서 궁극적으로 서먹한 관계를 없애줘야 하는 교육과정이었다. 이것은 통합학교만이 할 수 있는 장점이다. 통합교육철학을 담은 '문가에서 자신의 정체성을 학습하라(Learn your identity at the door)'라는 말처럼 부딪혀야 이런 학습이 생겨난다고 믿는다. 그래서 교육에서 섞임(mixing)이 중요하다. 능력을 섞고, 종파도 섞고, 남녀도 섞어야 세계가 잘 돌아간다. 그는 '교육은 섞자고 하는 것'이라며, 자기 아이만 잘 가르치려면 집에다 최고의 가정교사를 모셔놓고 가르치는 것이 훨씬 더 효과가 높지 않겠느냐고 하면서 '섞임의 통합교육'을 찬양한다. 이주가정 자녀들만 해도 에른에서는 섞여 있으니 아주 편하게 느낀다. 공부를 잘한다고 그래머스쿨에 간 이주 자녀들이 힘들어하는 예를 자주 본다고 하며, 이런 섞임의 통합교육이 지닌 장점을 사회가 알아야 하고 이런 과정을 통해서 사회도 분단을 넘어 통합될 수 있다고 믿는다. 이렇게 하면 아이들이 어른을 변화시키고 사회를 변화시켜서 궁극적으로 아이들이 평화를 가져온다며, 북아일랜드에서 분단극복의 방법으로는 통합교육만이 대안이라고 확신한다고 그는 힘주어 말했다.

2011년 톰 노블이 퇴임한 후 데이비드 리스(David Rees) 선생이 후임 교장으로 선임된다. 하지만 건강상의 이유로 2013년 퇴임하고 교감이던 샤론 매키(Sharon McKee) 선생이 교장대행을 2년간 하다가 2015년 9월 현재의 지미 잭슨웨어 교장이 취임하게 되었다. 이렇듯 톰 노블 교장 퇴임 후 안정적인 학교장 리더십 확립에 어려움을 겪게 되자 2015년 장학보고서도 리더십 불안정성을 극복해야 하는 과제에 대해 언급하고 있다. 그런 만큼 지역에서도 지미 잭슨웨어 교장 부임 이후 새로운 에른에 대해 기대감이 커지고 있다. 톰 노블 교장이 오랫동안 개신교학교에서 일했던 경험의 소유자라면 지미 잭슨웨어는 오랫동안 가톨릭학교에서 일했던 교직 경력을 가지고 있다. 톰이 통합교육철학을 더 철저히 하려고 했다면 지미는 통합교육철학도 중요하지만 학력 신장에 대한 학부모들의 기대도 충족시켜야 한다는 방향을 세우고 있다. 이러한 차이가 갈등으로 비칠지, 아니면 새로운 통합으로 귀결될지는 아직 판단하기 어려우나 많은 통합학교가 2세대로 넘어가면서 이러한 고민에 휩싸이고 있다는 인상을 준다.

지미 잭슨웨어 교장은 오마 출신이고 집도 오마여서 매일 그곳에서 출퇴근한다. 아이들은 모두 드럼라 통합칼리지에 다니고 있다. 오마 사람으로 에니스킬렌이 다소 낯설기는 하겠으나 같은 퍼매너 지역이고 또 드럼라에서 7년 일했던 경험이 있기에 이곳 통합칼리지의 시스템에 대한 두려움은 없다고 한다. 가톨릭 그래머스쿨 출신으로 퀸스 대학교를 나왔고 런던에서 2년간 회계업무에 종사하다가 이것이 아니다 싶어 런던에서 교직과정(PGCE)을 밟았다. 교직과정 이수 후 런던에서 교사를 2년 했고, 그 후 스페인에 가서 2년 영어 교사로 일하다가 다시 런던으로 돌아와 교사를 했다. 그러던 중 부인이 북아일랜드로 돌아가자고 해서 드럼라 통합칼리지에서 7년 재직하다가 가톨릭 그래머스쿨로 옮겨 거기서 교장을 10년 했고, 지난 9월에 에른으로 왔기 때문에 거의 매일 부장교

에른 통합칼리지의 종파 간 구성   (단위: 명)

구분	가톨릭	개신교	비종파
학교운영위원회	8	5	1
비교과교사	19	19	3
교과교사	18	14	3
학생	178 (42.5%)	187 (44.6%)	54 (12.9%)

사팀(senior leader team)과 회의를 통해 학교 방향에 대해 토론하고 있는 중이라고 한다.

개교 이래 지금까지 학생이나 교사 비율에서 종파 간 비율은 아주 중요하기 때문에 잘 맞추고 있다. 지미 잭슨웨어 교장이 바로 컴퓨터에서 학교 자료를 뽑아주는데, 균형적인 통합교육 구성 비율이다. 가톨릭 거주가 우세한 지역이라 개신교 학생을 모집하는 데 어려움이 있을 것으로 예상했으나, 워낙 통합교육이 개신교 쪽에는 상대적으로 우호적이어서 학생들은 오히려 개신교가 많다(학교운영위원과 교사 등 성인들은 가톨릭이 많다). 지미 잭슨웨어 교장이 온 지 얼마 안 되어 신임 교사를 채용한 적은 없지만 교사 채용 시 자신은 종파 비율보다는 능력 위주로 선발할 예정이라고 한다. 하지만 학생 선발에는 종파 비율을 반드시 맞출 것이란다.

잭슨웨어 교장이 여기에 부임한 이래 가장 신경을 쓰는 부분이 학력을 높이는 것이다. 아마도 에른은 통합교육의 원칙을 지키느라 이 부분을 놓치고 있었다고 평가하는 것 같다. 그래서 교장 재직 기간 동안 학력 수준을 높이려고 계획하고 있고, 운영위원회에 그 방침을 알려주었는데 다들 동의하고 있다고 한다. 2016년도 학교 안내 책자에서도 교장은 "21세기 사회가 요구하는 적극적 시민으로서 성공적으로 살아가는 데 필요한 자질을 갖추게 하기 위해 학교가 최대한 노력을 하겠다"라는 다짐을 보였다. 그 첫 번째 목표가 도전적이고 지원적인 환경하에서 최고의 학업 수준을 추구하는 것이다. 이를 위한 긍정적 학습 환경 구축이 따르고 학교가 추구하는 가치로 3E(Excellence, Equality, Encouragement, 수월성·평등·격려)를 설정하고 있다. 아마도 큰 변화일 듯하나 학업능력 고양은 지금으로서는 세계의 모든 중등교육기관이 다 추구하는 것이기 때문에 에른만의 고민은 아닌 것 같다. 단지 이 과정에서 통합의 원칙을 어떻게 지켜나갈 것인가의 문제가 남을 뿐이다. 쉽지 않을 것 같은 이 문제를 풀기 위해 지미 잭슨웨어 교장은 학력 신장 프로그램을 작성하는 중이다. 이전 가톨릭학교에서 해봤던 프로그램으로 성공적인 표준학습 모형(Good standard lesson format)을 만들어 전 교과에 적용해보려고 계획 중이다. 교사와 학생 간의 멘토·멘티 제도로서 모든 교사가 멘토가 되어 학생의 학습 과정을 색깔로 표기하는데, 붉은색은 모자란 부분, 노란색은 중간 부분, 녹색은 성과를 거둔 부분으로 나누어 일대일로 학생지도를 하는 것이다. 이것은 특히 12학년을 대상으로 실행하려고 하는데, 이 학생들은 GCSE(중등교육자격검정시험)를 치르기 직전의 학년이다. 평가와 측정을 엄격히 하여 아이들이나 교사, 학부모 누구든지 정확하게 학생의 학습 도달 과정을 볼 수 있도록 하여 6폼 칼리지(6th form college) 지원을 용이하게 하자는 것이다. 이 모든 것은 학년부장이나 교과부장으로 구성된 부장교사팀과 숙의하는 브레인스토밍 과정을 거쳐 결정하려고 한다. 아마도 대부분의 에른 교사들이 통합교육의 평등주의적 사고에 익숙해 있어서 차별화에 대한 저항도 있겠지만 성과를 내려면 이 방법밖에 없어 보인다면서 실행 의지를 강하게 보이고 있다.

학교 장학보고서에서도 에른 칼리지의 학력 수준 보강이 요구된다고 하기 때문에 아마도 학운위나 부장교사팀에서도 흔쾌히 동의할 것 같다. 학교 홈페이지에 올라와 있는 2015년도 에른의 장학보고서에 따르면 목회상담이나 진로지도(working relation) 분야 교육은 최고로 평가받지만,

학력 부분이나 리더십에서 취약성을 지적받고 있다. 그래서 지미 교장은 아이들을 독려하기 위한 포상제도도 기획하고 있는데 여기에는 저항이 심하다. 학업성취에 도달한 학생들이 스탬프 10개를 받으면 브론즈에서 시작하여 실버, 골드 식으로 올라가다가 플래티늄을 받은 아이에게는 큰 상을 주는 것이다. 가톨릭학교에서 하는 차등적 포상으로서 효과는 있으나 교육적으로 바람직하지 않다고 비판받는 것인데 최근 통합학교장으로 오는 가톨릭학교 출신 교장들이 가톨릭학교협회(CCMS)에서 개발한 이 프로그램을 적용하려는 데 대해 일부 반발이 있으나 결정은 학운위에서 하는 것이니 두고 볼 일이다. 에른은 개교 이래 꾸준히 증가해온 학교이기 때문에 건물도 계속해서 신축해왔다. 하지만 몇 년째 학생 모집에 비상이 걸리면서 450명 이하는 통합한다는 정부의 교육정책에 학교가 진퇴양난이다. 2015년 10월 학교통계를 보면 총 정원이 419명이다. 그래서 학교의 발전적 유지를 위해 학력 신장에 주목해야 한다는 것에 관심이 쏠리고 있다.

학생회와 학부모회도 학교 정책 결정에 상당한 영향을 미치는 민주적 조직으로 에른에서도 그 중요성이 인지되고 있다. 학생회는 남녀학생 둘을 공동회장(co-president)으로 선출하고 있다. 아직은 교육과정이나 학교 운영에 관한 것보다는 식당이나 복리 같은 것에 의견을 개진하는 정도이고 한 학기에 두 번 전체회의를 하나 다른 학교와 마찬가지로 학교가 갈등에 빠지면 학생회도 큰 목소리를 내게 된다. 학부모회는 거의 한 달에 한 번 열리는데 아주 활발하다. 법적 책임은 지지 않지만 학교 정책 결정에 상당한 영향을 미치고 있다. 학교 운영을 위한 발전기금 모으는 데 가장 중요한 조직이다. 학교 홍보도 거의 학부모회에 달려 있다. 학교장도 중요하지만 학부모들의 긍정적 사고와 홍보가 제일 중요하다. 최근 학교가 어려움에 빠지면서 학부모들이 나서서 학교를 건강하게 잘 유지하자는 움직임이 있다고 한다. 2017년 사업으로 체육관을 신축하는 일이 있다. 오랜만에 느껴보는 신나는 신축 사업으로 학교 효율성을 높이고 자원을 한데 뭉치는 역할도 할 것으로 모두가 기대한다. 톰 노블 교장 퇴임 이래 학교가 위축되어 있었는데 체육관이 지어지면 모든 졸업생들과 지역민들이 다 같이 체육관에 모여 에른의 새 얼굴이 인사도 하고 지역민과 융합하는 계기가 될 것으로 기대하는 것 같다.

다른 학교와 마찬가지로 에른도 NICIE에서 주도하는 또래조정이나 반편견교육에 적극적으로 참여하고 있다. '인성발달과 상호이해(PDMU: Personal Development and Mutual Understanding)' 수업에서 반편견 교육을 집중적으로 실시하고 있고, 회복적 정의나 또래조정은 학생상담의 일환으로 지속적으로 실시하고 있다. 학교따돌림(school bullying)에 관해서는 교사, 교직원, 학부모 누구든 학생이 원하면 상담자가 되는 구조로 학교 주체들은 모두 학생상담에 참여한다. 이 경우 누구든 일단 학생상담을 접수하면 모든 과정은 기록으로 남겨야 한다. 이것은 법이다. 에른에는 동성애 교사는 없고 학생은 있으나 공개적으로 관련 성교육을 하지는 않고 있다. 학운위에서 이를 심각하게 느끼고 있지 않기 때문에 공론화하고 있지 않다.

지미 잭슨웨어 교장의 안내로 학교를 돌아보다가 이주가정 자녀가 늘어나서 학교가 별도로 이주가족 언어 교실을 운영한다는 사실을 알게 되었다. 여기에 현재 8개국에서 온 학생 32명이 등록하며 도움을 받고 있다고 한다. 가능하면 이주 아동의 모국어를 제2외국어로 인정하려고 하나 문제는 관련 교사 섭외가 쉽지가 않다고 한다. 이주 아동의 학부모들은 학교에 자주 와서 자녀의 사회적 통합에 대해 담당교사와 상담하는데 학부모들 의견으로는 통합학교가 다른 일반 종파학교에 비해 차별이 없어 좋다고 한다. 2017년 초 마이클 히긴스(Michael D. Higgins) 아일랜드 대통령 내외가 방문하여 통합교육의 중요성에 대해 특강을 했다고 하는데 에니스킬렌은 아일랜드공화국과 접경지역이고 또 통합교육기관이라는 장점 때문에 귀빈 방문이 잦은 학교이다. 그래서 학생들이나 교사들의 자부심은 아주 크다고 한다.

학교를 견학하던 중에 교장과 담당교사의 허락을 받아 ICT 수업을 참관했다. 서맨사 매손(Samantha Masson) 선생은 2008년부터 재직하고 있는 본교 출신 교사이다. 자기가 학교 다녔을 때 사진이 걸려 있다며 데리고 가서 보여준다. 오늘의 주제는 해외위탁투자 웹디자인을 하는 6폼 과정의 선택교과로 오늘은 5명이 듣고 있다. 만일 자신이 인도에 해외개발투자를 한다고 할 경우 어느 항목을 어떻게 누구와 접촉해서 성공적으로 달성할 것인지 등을 중심으로 학생들이 상의하며 웹디자인을 하는 것이었다. 출판, 관광, 부동산, 텔레비전, 오락, 교육 등 모든 관련 자료를 다 활용할 수 있고 웹 2.0 프로그램을 사용하여 자기 안을 작성하는 것이었다. 아이들이 열심히 참여한다. 자기의 중간 과정을 수시로 복사해서 선생님께 보여주며 수정 지시를 받는다. 교실에 있는 복사기로 프린트는 자유롭게 할 수 있다. 숙제도 내주는데 자신이 BBC 리포터가 되어 이 주제를 어떻게 다루고 홍보할 것인지에 대해 직접 프로그램을 만들어 오는 것이었다. 이러한 과정은 내게도 아주 흥미롭게 다가왔다. 내가 보기에 ICT 과목은 컴퓨터 교과라기보다는 컴퓨터를 활용한 진로지도교육과 유사하다. 즉, 자기가 만드는 프로그램에 어떤 내용을 넣을 것인지를 계속 토의하며 미래 직업을 탐색하는 수업이었다. 내가 생각했던 단순 ICT 교과목과는 거리가 멀었다.

수업 후 서맨사 선생과 함께 간단히 반대쪽 교실을 한 바퀴 둘러봤는데 자신이 학교 다녔을 때 얼마나 자랑스러워했는지를 신나게 설명했다. 자기는 통합학교에 가도록 정해진 운명이었다고 한다. 이미 부모님이 적극적으로 칼리지 설립 운동 때부터 참여하셨던 분이었기 때문에 자기는 가톨릭 일반초등학교를 나왔는데도 불구하고 에른에 반드시 가야 한다고 했기 때문에 좋건 싫건 여기에 와야만 했다고 한다. 결과는 환상이었고 자기 인생은 성공했다고 웃는다. 그래서 지금은 교사로서 에른을 잘 만들고 싶다고 한다. 충분히 잠재력이 있고 지금의 문제는 쉽게 해결될 수 있다고 낙관한단다. 나도 그렇게 생각한다고 했더니 좋아한다.

한 바퀴 돌아보는데 학교 시설이 특이해 보였다. 중간중간 공간이 확 트였는데 그래서 그런지 환하게 지붕이 뚫린 느낌을 준다. 거기서 아이들이 편하게 바닥에 앉아 점심을 먹거나 토의를 하며 시간을 보내고 있었다. 이러한 자유공간이 참 좋아 보인다. 교장실로 가니 지미 잭슨웨어 교장이 함께 식당으로 가서 급식을 먹어보자고 한다. 무뚝뚝해 보여서 어려웠는데 이렇게 따뜻하게 방문자를 배려하는구나 생각하니 미안했다. 오늘의 점심 메뉴 중 내가 고른 것은 '찬들'이라는 일종의 중국식 볶음국수였는데 맛이 상당히 괜찮았다. 북아일랜드 학교들을 탐방하면서 많은 학교에서 먹어 본 급식이 상당히 수준급이다. 모든 학교가 다 똑같이 학교 직영은 아니고 위탁운영인데 학교 보조가 많이 들어간다고 한다. 학교는 안전급식을 아주 중시하여 우리와 유사하게 위탁이나 책임은 학교장이 지는 것이라 교장이 불시에 자주 먹어본다고 한다. 오늘같이 손님이 있어서 같이 가는 날에도 교장도 급식비를 낸다고 한다. 학생들도 무료급식을 하는 친구들은 쿠폰을 받아 사용하고 그렇지 않은 학생들은 급식비를 내고 사서 먹는 구조이다. 현재 에른의 무상급식 비율은 27%로 다른 학교와 비슷하다. 명문 그래머스쿨을 제외하면 북아일랜드 지역의 무상급식 비율이 대체로 20~30% 정도이다.

지미 교장과 이런저런 이야기를 하며 기분 좋게 급식을 함께하고 나오니 밖에서 톰 노블 선생이 기다린다. 학교 안으로 안 들어오고 밖에서 기다리니 지미 잭슨웨어 교장이 나가서 인사한다. 둘은 학교 이야기를 잠간 하다가 나중에 한번 보자며 헤어졌다.

통합교육철학이냐, 학업능력 신장이냐?

에른을 나와 톰 노블 선생과 함께 다시 킬리헤블린 호텔 커피숍에 갔다. 에른의 염려를 이야기하니 설립위원으로서 걱정이라면서, 통합교육철학을 지켜야 하는데 이것이 문제라며 안타까워 한다. 오늘날 정부의 교육정책이 지역 기반의 계획(area-based planning)에 근거하기 때문에 학생 정원이 기준에 못 미치는 학교는 지역 안에서 통폐합하라는 것이다. 작은 지역에 개신교학교 따로, 가톨릭학교 따로 이렇게 분리되어 있기 때문에 소규모 학교가 너무 많아 학교당 초등은 100명, 칼리지는 450명 이하면 지원 중지, 이렇게 기준을 세우고 강행하다 보니 학교마다 각자 살려고 난리이다. 정부정책을 이해하지 못하는 것은 아니나 큰 틀이 부재한 상태에서 이러한 숫자 중심의 정책을 하니 통폐합의 원칙이 안 세워지는 것이다. 그런데 지역 기반의 계획과 별도로 학교 간 자원을 공유하는 공유교육이 또 다른 대안으로 제시되는 상황에서 오늘날 통합학교의 위치가 애매해졌다. 이러다 보니 많은 통합칼리지들이 지역 경쟁에 이겨서 학생들을 끌어와야 한다는 생각으로 학업 수월성을 통합교육철학보다 우위에 놓는다고 비판하며 통합학교의 미래를 염려한다. 톰 노블에게 공유교육이냐 통합교육이냐의 문제는 종파분리주의에 대한 이해를 '살짝 만나게(shallow contact)' 해서 문제를 해결하느냐 '진정한 접촉(deep contact)'을 통해 변화를 가져올 것이냐의 문제로 보인다. 그래도 이만큼 왔으니 걱정은 안 하나 많은 통합학교가 더 이상 진전하지 못한 채 오히려 주저하는 모습이 아쉽다는 것이다. 또한 최근에 통합학교 관계자들의 열정 부족도 문제라고 비판한다. 즉, 초기의 열정이 없는 것도 문제로 지금은 교사들도 학교라는 안정적인 직장의 월급쟁이에 불과하고 학부모들도 이전 같지 않다고 한다. 톰 노블로서는 통합교육의 초기 열정을 되살릴 방안을 강구해야 하는데, 사실상 이제는 웬만큼 인지도도 있고 잃을 것이 없는 구조니까 학부모들도 큰 부담 없이 보내고 교사도 통합학교 교사를 한다는 것에 대해 큰 리스크가 없어서 열정을 갖는 그런 구조는 아니라고 한숨을 쉰다. 그러면서 아무튼 뭔가 다른 전기가 필요하긴 한데 뾰족한 대안이 없어 걱정이라며 염려하는 기색이 역력하다.

톰 노블 교장이 퇴임한 후 퍼매너 학습 공동체 네트워크도 운영이 잘 안되는 것 같아 아쉽다고 한다. 특히 6폼에서 GCE를 준비하려면 28개 교과를 운영해야 하는데 이것을 학교 단위로는 충족시킬 수 있는 곳이 하나도 없기 때문에 학교별로 시설이나 과정을 공유하기 위한 것이었다. 이것은 요즘 말하는 공유교육이념을 따르는 것이기도 하지만, 통합학교도 지역 학교와 협력하지 않을 수 없다. 28개 과목 중 3분의 1 이상을 직업교과로 운영해야 해서 지역의 전문대학(further college)과 협력해야만 이수가 가능하다.

그런데 최근 정부가 퍼매너와 오마를 교육적으로 통합해 운영한다고 하면서 일반학교를 합병할 가능성을 내비치고 있는데, 이것이 에니스킬렌이나 오마의 통합학교에도 도전 요인이다. 공유교육이라는 이름하에 그래머와 세컨더리를 종파 안에서 병합하는 양상을 보이는데 같은 종파 간의 병합이라 차이는 있지만 지역 통합학교에는 다소 위험 요인이 되는 것도 사실이다. 세계적 수준에서 이루어지는 신자유주의적 교육 개혁의 바람이 북아일랜드에도 불면서 학력 경쟁과 교육 효율성을 모두가 강조한다. 특히 STEM의 강조 및 교육 개별화 전략 등은 통합교육철학을 혼드는 외적 충격이다. 이러한 바람이 퍼매너로까지 불어온다.

　퍼매너 지역에서의 교육정책상의 변동이 엄청난 충격을 주는 요인으로 작용하지만 동시에 기존의 통합학교들이 변화를 수용하고 미래를 여는 대책을 세우는 기회로 작용한다면 에니스킬렌에는 충분한 잠재력이 있다며 환하게 웃는 톰 노블 선생이 아주 든든하게 보인다.

5부

·

평범한 지역시민들의 열망을 모은 통합학교

오마, 1990년

오마 통합초등학교

드럼라 통합칼리지

오마 Omagh

오마는 벨파스트와 (런던)데리 그리고 에니스킬렌을 잇는 교통의 요지다. 1850년대 철도
가 놓였다가 100년 후 폐선되고 지금은 자동차 연결망의 중심지로서 거주 인구 2만 명이
넘는, 티론(Tyrone) 카운티에서 가장 큰 도시(town)이다. 서부교육청이 있을 뿐 아니라
농촌개발부 등 주요 국가행정기관이 소재하고 있는 곳으로 분쟁기에는 영국 군대가 주둔
하여 군인 가족이 많은 곳이었다.

세계를 놀라게 했던 오마 폭탄테러는 분쟁기의 종료를 알리는 벨파스트평화협정이 체결
된 해인 1998년 8월 15일에 일어났다. 평화협정에 반발한 RIRA 민병대원이 시내 중심가
에서 민간인을 대상으로 폭탄테러를 자행하여 29명이 사망하고 100여 명이 부상했다. 사
망자 가운데 14명이 여성이었고 9명이 아이들이었으며 스페인 관광객도 2명 포함되었다.
사건 이후 오마는 종파분리주의 테러를 반대하는 시민모임을 발전시켰고, 이러한 평화 지
킴이 활동의 주요 시민세력이 바로 통합학교 관련자들이다.

가톨릭 우세 지역인 이곳에 사는 젊은 혼합혼 부부들이 '우리도 다른 지역같이 통합학교를
만들어 지역에 평화와 화해를 심자'는 논의를 해 1990년 오마 통합초등학교를 설립하는
데 성공했고, 1995년 지역을 흐르는 강의 이름을 딴 드럼라 통합칼리지로 결실을 맺었다.
오마 통합초등학교와 드럼라 통합칼리지는 일반 학부모들, 특히 혼합혼 학부모들이 북아
일랜드의 미래를 위해 자발적으로 세웠다는 데서 그 의의가 더욱더 값지다.

컨테이너 교실에서도 행복한
오마 통합초등학교

Omagh Integrated Primary School
omaghintegratedps.com

통합학교 탐방을 시작할 때 나의 오랜 북아일랜드 지인인 데릭 윌슨 교수가 처음 소개해준 사람이 오마 통합초등학교 전 교장 에릭 불릭(Eric Bullick) 선생이었다. 오마에 갈 때마다 안내를 자청한 에릭 불릭은 오마 통합교육운동의 산 증인이다. 사실 오마는 관광지로는 전혀 알려지지 않은 북아일랜드 내의 행정 중심지였기 때문에 장소도 낯설었고 역사도 알려주는 사람이 아무도 없었다. 친절한 에릭 교장의 안내로 시작한 오마 탐방은 도착하자마자 나를 흥분시켰다. 놀라지 말라며 보여준 초등학교는 정말 시설만 보면 허름한 간이시설이었다. 그 안에 350명이 넘는 초등학생들이 너무나 재미있게 놀면서 수업을 받고 있다. 학부모들이 항의하지 않느냐고 물었더니, '시설이 나쁘니 다른 학교에 가겠느냐'고 해도 '누가 뭐래도 난 이 학교에 남겠다'고 한단다. 도대체 이 학교의 교육풍토가 어떻기에 그러는지 너무나 궁금했다. 학교 시설이 헐고 나빠 아이들이 위험하니 새 건물을 지어달라고 시위라도 하라고 해도, 학부모들은 이것으로도 충분한데 뭘 더 바라느냐는 심정으로 25년간 이곳을 지켜왔다고 한다. 하여간 이상한 학부모들이다.

오마 초등학교에서는 지난해 부임한 앤터니 브래들리(Antony Bradley) 교장이 환대해주었다. 학교를 경쟁력 있게 만들고 싶다는 앤터니 브래들리 교장의 이야기를 듣기에 앞서 우선 설립학부모였던 2대 교장 에릭 불릭으로부터 오마 초등학교와 드럼라 통합칼리지의 설립 과정을 들었다. 몇 가지 구체적 사실이 궁금하던 차에 교내에서 우연히 만난 서무행정실의 캐럴라인 매커이더프(Caroline McEiduff)가 학교 역사 기록을 파일로 만들어뒀다며 보여주겠단다. 얼마나 기뻤는지!

캐럴라인은 1989년 10월 25일 오마 통합초등학교 설립준비위원회가 결성될 때 서무행정비서(coordinator, secretary)로 정식 채용되어 그때부터 체계적으로 자료관리를 해왔다. 1989년 3월 임시운영위원회 설립 이후에는 모든 회의에 참여하여 기록해뒀지만, 초기 기록은 주로 운영위원인 모나 번팅(Mona Bunting)이 잡은 초안을 틀에 맞춰 재구성한 것이다. 모든 자료를 타이핑해 보관하고 있으며 지금도 기억이 생생하다고 하니 이들의 학교에 대한 자부심은 도대체 어떤 것인가 더욱 궁금했다. 캐럴라인은 어머니가 가톨릭학교 교사였지만 통합교육 지지자여서 자기도 적극적으로 의미를 부여하며 참여했다고 한다. 당시 학부모들의 열의가 정말 대단해서 매일 학교에 나와 페인트칠하고, 청소하고, 교재교구를 사러 돌아다니고, 집에 있는 것 중 학교에 필요한 것은 죄다 갖다 놓았다고 한다. 정말로 살아 있는 학교였다고 캐럴라인은 회상했다. "통합학교가 이 지역에 생긴 것 자체가 의미 있는 사건이었다"라는 캐럴라인의 회고 속에 이 학교가 지역민에게 얼마나 큰 자부심인지를 알 수 있었다.

보통사람들이 힘을 뭉쳐 만든 오마 통합초등학교

에릭 불릭 부부는 코리밀라에서 열렸던 통합교육 설명회에서, 벨파스트 라간 칼리지의 설립에 관여했고 헤이즐우드를 성공적으로 안착시킨 토니 스펜서(Tony Spencer) 교수의 강연을 듣고 통합교육 개념에 완전히 반했다. 그때 이미 벨파스트를 비롯하여 몇몇 지역에 10개의 통합학교가 설립되었기 때문에 자신들도 그런 것을 만들었으면 좋겠다는 생각을 했다. 하지만 에릭 불릭은 개신교 일반공립학교 관계자였고 아이들이 너무 어려서 논의에 직접 끼어들기가 어려웠다. 당시 에릭 불릭은 작은 농촌 학교에서 교사겸직교장으로 15년간 재직하다가 서부교육청(WELB) 상호이해교육(EMU) 담당 장학사로 활동하고 있었다. 2년 동안 일했지만 그 자신은 EMU 개념에 회의적이었다. 물론 성공적인 학교도 있었으나 사실상 아무것도 안 하는 학교가 훨씬 많았고 그 효과에 대해서도 의구심이 일었다.

그때 벨파스트에서 이주해 온 번팅 부부(Aidan and Mona Bunting)가 벨파스트 통합학교 모형을 오마에서도 시도해보고 싶어 했다. 그래서 1988년 말부터 관심을 가진 학부모들을 중심으로 간간이 논의하던 중, 1989년 에니스킬렌에서 통합학교가 설립되자 오마에서도 논의가 본격적으로 진척되었다. 벨파스트교육청 출신인 두 사람, 에이던 번팅과 알래스데어 패트릭(Alasdair Patrick)이 서부교육청으로 전근 와서 통합학교 설립에 필요한 행정적 역할을 맡아주었다. 이에 지역 학부모들은 신이 났고, 에릭 불릭 선생의 부인 리사(Lisa Bullick)는 아주 적극적으로 참여했다. 각 가정을 돌아가면서 모여 '분쟁기를 극복해나갈 수 있는 길은 이것이다, 우리 아이들부터 시작하자, 서로 친구로 삼게 함께 교육하자, 서로를 존중하게 하자' 등의 철학을 중심으로 통합학교 설립을 구체적으로 이야기했다. 특히 불릭 부부 같은 혼합혼 부모들은 학교 선택의 어려움을 안고 있기에 더 적극적으로 참여했다. 사실 종파분리주의 학교제도로 인해 가장 혼란스러워하는 것은 아이들이다. 학교 선택 문제로 부모들이 집에서 자주 싸우기 때문에 한쪽 부모의 종파학교를 택할 수밖에 없는 아이는 항상 불안을 안고 학교생활을 하게 된다. 특히 오마에는 개리슨(Garrison) 군사기지에 개신교 군인이 많았는데, 이들이 가톨릭 지역주민들과 많이 결혼했다. 이러한 혼합혼 가족들이 통합학교 설립에 대해 긍정적인 지역 분위기 조성에 영향을 주었다고 본다.

오마 통합초등학교 설립에 관한 논의의 시발은 1988년 12월 5일 던브린(Dunbreen)에 있는 번팅 부부 집에서의 모임이었다. 퇴근 후 8시에 모여 시작한 첫 논의를 시작으로 크리스마스 모임에 이어 1989년 1월 8일에 3차 모임을 하는 식으로 거의 격주로 논의를 이어갔다. 시기상 1987년 11월에 있었던 에니스킬렌 폭탄테러 이후라 NICIE도 관심을 갖고 지원했다. 이렇게 오마에서 통합학교 설립 논의가 이루어지자 이에 에니스킬렌 통합초등학교 설립을 위해 만들었던 통합교육서부재단(WACTIE)이 에니스킬렌에 이어 오마에서도 설립법인 역할을 할 수 있게 되었다. 비슷한 시기에 준비를 시작했던 에니스킬렌에서는 1989년 그해 통합학교 설립을 이루었지만 오마는 학교법인 구성 문제가 따로 불거져 1년 뒤인 1990년에 설립하게 된다.

최초 모임부터 지속적으로 참석했던 사람은 번팅 부부와 NICIE의 조안 매케너(Joanne McKenna) 그리고 학부모 등 10명이었다. ✦ 이들은 학교

✦ 에이던과 모나 번팅(Aidan and Mona Bunting): 벨파스트교육청, 학운위원장.
칼란과 카트리나 퍼도시안(Kamran and Katrina Ferdowsian): 바하이 커뮤니티.
로즈메리 잠시디(Rosemary Jamshidi): 지역사회 인사, 학부모가 아님, 학운위.
알래스데어 패트릭(Alasdair Patrick): 벨파스트교육청, 학부모, 자녀를 2명 보냄.
토니 브로건(Tony Brogan): 지역인.

명, 부지, 구체적인 설립 절차 및 기금 확보, 학교 방향, 교육과정 등 기본적인 운영 방안을 논의했다. 이들은 1월 말에 오마 통합학교 프로젝트(Omagh Integrated School Project)를 만들고 지역신문을 통해 홍보하여 통합학교 신설에 대한 학부모들의 관심을 모았다. 초기 참석자를 중심으로 한 오마 통합초등학교의 임시운영위원회는 3월 7일 구성되었다.◆ 그리고 드디어 4월 4일, 마이너타운홀에서 처음으로 공청회가 열린다. 이 자리에는 예비 학부모를 포함한 지역인 30여 명이 참석했다. 학부모설립위원으로 참여하여 성공적으로 통합학교를 이끈 얼스터 대학 앨런 스미스(Alan Smith) 교수가 밀스트랜드(Mill Strand)의 사례를 발표했고, 에니스킬렌의 학교운영위원장인 존 맥스웰 선생도 사례 발표자로 참여했다. 참석자들은 이러한 상호작용을 통해 통합교육운동을 확대해나가자는 결의를 다졌다. 다른 지역에서와 마찬가지로 오마도 처음에 10여 명 정도가 참여하여 논의하던 것이 공청회를 거치는 과정에서 30명으로 늘고, 50명, 70명, 100명으로 확대되었기 때문에 학교 설립에 전혀 문제가 없는 듯 보였다.

이러한 분위기에 힘입어 4월 13일에 서부교육청에 청원서를 보내 학교 설립을 요청했다. 4월 25일 모임에서는 학교 부지 마련을 논의를 했고, 5월 5일 공청회에서는 기금 모금 방법에 대한 구체적인 논의를 이어갔다. 이렇게 되자 정부도 적극적으로 지원할 의지를 보였고 당시 등록 학생 수가 30명을 넘어 개교 준비가 차질 없이 진행되는 듯했다. 그래서 학교 인가 신청과 함께 학교 부지 선정을 위한 접촉도 개시하고, 교육과

갤리 매킨리(Gali McKinley): 학부모, 남자, 학운위에 25년간 참여, 초기부터 중요 인사로 활약.
해리 파킨슨(Harry Parkinson): 지역인, 학부모.
조안 매케너(Joanne McKenna): NICIE 파견자.
◆ 위원장 에이던 번팅, 부위원장 알래스데어 패트릭, 서기 해리 파킨슨, 회계 캄란 퍼도시안.

정안도 준비하며 통학용 차량도 알아보는 등, 1989년 9월에 개교할 준비를 신속하게 진행했다.

하지만 개교 예정일을 목전에 두고 속도 조절에 들어갈 수밖에 없게 되었는데, 절차와 방향에서 이견이 불거졌기 때문이다. 학교법인 인허가에 관해 NICIE와 정부 간에 이견이 생기면서 WACTIE 이외의 학교법인이 요청되었고, 오마 학부모들이 병설어린이집도 동시에 개원해야 한다고 주장하고 나섰다. 결국 8월 23일 회의에서 1989년이 아닌 다음 해에 개교하기로 결정되었다. 특히 인가 이전까지 소요되는 재정을 누가 부담할 것인가에 대한 방안이 없는 상태에서는 학교를 열 수 없다는 현실론에 부딪혔다. 그래서 1990년 9월 1일 개교를 준비한다면, 어린이집의 경우 1990년 6월까지는 원장과 교사 1인을 선임하고, 초등학교 교직원 채용을 위한 위원회를 구성하여 신규로 교사겸직교장과 교사 2인 그리고 행정직원도 2월 말까지는 채용한다는 일정을 짰다. 학교의 법적 요식인 학교법인('Omagh Integrated Primary School Limited Company')이 2월 말까지 구성되어야 하고, WACTIE가 통합재단으로서 이를 지원하여 NICIE에 연계되도록 해야 했다. 그러면 이후엔 학교 설립 행정을 거의 다 NICIE가 담당하게 된다. 이러한 절차를 밟아 1990년도 9월 전에 부지 문제가 매듭되고 학교법인의 이름으로 아이들을 등록시키려면 적어도 2개월 전인 7월 초까지는 모든 행정적, 법적 처리가 마무리되어야 했다.

이후 거의 매주 준비위가 열렸고 학교 설립에 관한 공청회도 열렸다. 그리고 10월 25일 오마 통합초등학교 및 병설어린이집이 지금의 위치인 오마 더블린 로드에 세워진다는 계획이 완성되었다.✦ 학교운영위원회

✦ 초대 학교운영위원회에 법인에서 파견하는 위원은 다음과 같다. 위원장 에이던 번팅, 부위원장 알래스데어 패트릭, 법인자산관리 브라이언 멜런(Brian Mellon), 교육과정 카이 턴불(Keye Turnbull), 병설어린이집 메리 오라일리(Mary O'Reilly).

개신교와 가톨릭, 그 외 타 종교나 무종교적 배경의 어린이들을 함께 교육
하고 밝게 만든다.

a. 북아일랜드의 개신교, 가톨릭 혹은 그 외 종교 공동체를 이해하고 상호
   존중하는 관련 지식을 증진시킨다.
b. 세속적이라기보다는 기본적으로 기독교를 바탕에 둔 열린 정신을 증진
   한다.
c. 교육의 과정에서 아동 중심적인 접근의 필요성을 강조한다.
d. 자녀들의 교육에서 학부모의 권리와 책임을 강조하며, 교육의 과정에서
   학부모의 참여를 독려한다.

에서는 NICIE의 통합교육원리에 따라 교육목표 초안도 작성했다. 이후
로도 격주 회의는 지속되었고, 지역신문 ≪얼스터 헤럴드(Ulster Herald)≫
(개신교계)나 ≪타이론 컨스티튜션(Tyrone Constitution)≫(가톨릭계)은 통합
학교 준비 현황을 적극적으로 홍보해주었다.

드디어 1990년 3월 12일에 위원회는 론트리 재단으로부터 대금을 빌
려 학교 부지를 매입했고, 신임 교장을 공고하여 4월 23일 초대 교장으
로 모린 버틀러(Maurine Butler)를 선임했다. 오마 정부재정지원 자율통합
초등학교(Omagh Grant-maintained Integrated Primary School)의 초대 교장 모
린 버틀러는 교사 낸 밀러(Nan Miller)와 함께 32명의 아이들을 데리고 학
교를 시작했다. 모린 교장의 회고에 의하면, 교장으로서 학교 부지로 선
정된 장소를 가보니 텅 빈 들판에 말 한 필만 덩그러니 서 있더니만 6주
후엔 완전히 바뀌어 컨테이너 교실 두 채가 세워졌고 아이들이 풀밭에서
마음껏 뛰어노는, '한번 해볼 만한' 환경으로 변해 있었다고 한다. 건축을
전공한 패트릭 위원이 중심이 되어 컨테이너를 들여오고, 가구를 싸게
사왔다. 급식은 학부모들이 돌아가며 하고, 다 같이 청소도 하는 등의 과

정을 거쳐 학교는 빠르게 안정되어갔다. 처음 32명으로 시작한 학교가 2년도 안 되어 100명을 넘겼고 오늘날 350명이 넘는 비교적 큰 단위의 통합초등학교로 성장했고 평판도 좋은 편이다. 처음엔 통합교육에 대한 이해가 분명치 않아 다양한 이유에서 아이들이 여기에 등록했다고 한다. 학교 옆집에 사는 아이는 가까워서 오기도 했고(일반학교인 줄로 알았다고 한다), 장애 아동은 특수교육시설로 알고 왔고, 간혹 방과 후까지 아이들을 봐준다고 해서 온 경우도 있다. 이런 오해가 서로 조정되면서 이제는 안정적인 통합학교로 자리 잡았다.

분쟁기에 서로 적대시하고 자기 것만 정당하다고 주장하는 극단적 대치 국면에서 두 집단 간의 공동공간은 없었다. 그래서 지역, 교회, 학교로 단단히 엉킨 종파분리주의 사슬을 깰 수 있는 통합교육 자체가 평화와 화해를 위한 중요한 여정으로 모두에게 의미 있는 것이었다. 그러다 보니 이 학교에서는 어린아이들까지 '학교가 왜 분열되어야 하는가? 왜 따로 가야 하는가? 무슨 이점이 있는가?' 등 직접적인 질문을 많이 한다. 사실 북아일랜드 상황에서 가톨릭 집단이 대단히 차별받았기 때문에 자파 교육 시스템에 대한 집착이 컸다. 현재도 똑같은 문제를 안고 있으나 그럼에도 사회적으로 큰 변화가 일어남으로써 사람들은 어떠한 이유에서든지 폭탄테러 같은 사회적 폭력이 재발되어서는 안 된다고 생각한다. 이러한 비폭력 통합교육철학이 오마 통합초등학교 설립 이래 지켜온 교육 방향이다. 아직도 컨테이너 교실에서 공부할 수밖에 없는 여건이지만 아이들의 미래를 위해 학부모들은 여전히 이 학교를 고집하는 것이다. 서무행정실의 캐럴라인은 결혼 후 모든 가족이 가톨릭이고 집이 멀기도 해서 어린 자녀들을 일반 가톨릭학교에 보냈지만, 북아일랜드 거대 두 종파 간의 대화가 없는 상태에서 종교적 다양성을 근간으로 하는 통합교육이야말로 모두를 살리는 교육이라고 확신한다.

설립학부모 교장과 열혈 교장

1990년 개교 당시 첫 교장인 모린 버틀러는 잉글랜드 출신으로 종합 교육이념을 신봉하는 진보적인 아동중심교육 실천가였다. 잉글랜드에서 교사로 일하다가 부모와 함께 북아일랜드로 이사하면서 오마 통합초등학교 초대 교장으로 왔다. 학교를 진보적인 아동중심사상 학교로 발전시키고자 했으나 그가 2년 뒤 벨파스트 로흐뷰 통합초등학교의 초대 교장으로 이직함에 따라 2대 교장으로 오마 출신이면서 학교 설립 과정에 참여했던 에릭 불릭이 선임되었다. 아마도 모린 교장의 진보적이고 민주적인 아동중심교육을 런던에서나 가능한 교육 방식으로 여겨서 오마 사람들은 힘들어했던 것 같다. 이러한 생각은 정확한 것으로, 모린 교장은 중산층 거주지역인 사우스벨파스트에서 아동 중심적 진보 통합학교인 로흐뷰 통합초등학교를 16년간 아주 성공적으로 운영했다.

2대 에릭 불릭 교장은 1993년부터 2009년까지 16년간 교장직을 훌륭하게 수행했다. 본래 불릭 부부는 설립학부모위원으로 학교 설립 과정에 적극적으로 관여했을 뿐 아니라 학교를 지역사회에 안착시키는 데도 상당히 공헌했다. 교장직을 수행하는 동안 초등학교 졸업생들의 통합중등교육기관 진학을 염려하여 드럼라 통합칼리지 설립 논의에도 적극적으로 관여했고 지금도 칼리지 학교운영위원으로 참여하고 있다.

에릭 불릭 교장은 취임 후 모린 버틀러 교장이 추구했던 아동중심교육을 양질의 교육(quality education)과 결합하려 노력했다. 학교는 즐겁게 노는 곳이자 동시에 살아가는 데 필요한 공부도 열심히 하는 곳이라는 인식이 중요했다. 통합교육철학에 기초하여 학부모 참여를 독려하고, 종파분리주의를 넘어선 통합문화를 조성하고, 교과통합적 지식을 재구성하여 질 높은 교육을 제공해야 할 의무가 있다고 생각했다. 민주적인 학교풍토로 투명하게 모든 것을 공개하고 아이들의 학력 향상이 자발성에 기초하여 교사들의 헌신성에 힘입어 이뤄져야 함을 강조했다. 여기서 교장은 특히 아이들의 이야기에 경청하는 것을 중요하게 여겼다. 아이들이 무엇을 원하는지, 왜 싸우는지, 왜 학교가 싫은지, 왜 교회에 가기 싫은지 등을 묻고 들어주었다. 그렇게 학교에서 교사들은 아이들의 친구가 되었다. 아이들이 스스로 통제할 수 있는 능력을 갖추게 되자 학력은 저절로 향상되었다. 학교의 성과에 대한 소문이 퍼졌고, 늘 많은 대기자가 입학 순서를 기다리게 되었다. 입학 규정상 병설어린이집 출신 아동이 전원 초등학교로 자동 진급하기 때문에 어린이집 경쟁률이 아주 세졌다. 그래서 어린이집에 오지 못하는 아이들을 위해서 통합정신에 입각한 개방놀이터를 같이 운영했는데 그 평판이 아주 좋았다.

교장으로 재직하는 동안 에릭 불릭은 교육, 소통, 태도 등에 대한 기준을 높여 성과 목표에 도달하려고 했다. 전통적인 교육방법을 넘어서면서도 동시에 전통적인 교과나 능력 향상도 필요하다고 생각했기에 전통적 교육방법도 이어갔다. 그는 오마에 좋은 그래머스쿨이 있듯 좋은 통합학교도 있어야 한다는 생각으로 최선을 다해 학교를 운영했다고 한다. 교육의 질을 최상의 수준으로 유지하는 것은 학교로서 아주 중요하다고 생각했다. 그러면서도 학생들 곁에 교사들이 늘 함께하면서 안전하게 관리하고 아이들이 원할 때마다 돌봄을 베풀 수 있도록 교무실을 교실 옆에 배치했다.

이런 학교 운영에는 학부모 참여가 핵심적인 관건이다. 학부모들이 만든 학교라는 자부심을 갖고 '우리 학교를 내가 만든다'는 인식과 아울러 학부모 참여 활동을 적극적으로 만들어주는 것도 필요했다. 그래서 주차장 편의시설부터 만들어 학부모들이 편하게 접근할 수 있도록 하고 지원 활동도 적극적으로 환영했다. 한 예로, 한부모 가정 어머니인 제럴딘은

2명의 아들을 힘들게 키우고 있었는데, 간호사 일과 자녀 양육을 병행하기 위한 법정투쟁에 나섰을 때 학교가 가세하여 결국 이긴 일이 있다. 아이를 혼자 키워야 하므로 오전 9시부터 오후 3시까지만 일할 수 있게 해달라는 요청이 받아들여진 것이다. 이때 다른 학부모들도 법정투쟁을 지지하며 제럴딘의 기를 세워주었다. 이렇게 대화와 연대를 통해 문제를 공동으로 해결하다 보니 학부모들 간에 공동체적 연대감이 공고해졌다. 이런 바탕 위에서 지역사회와의 연대도 강화했다. 영국 군대가 오마에 임시로 주둔해 있을 때 학교는 지휘관을 임시교사로 채용하고 군악대가 교내에서 주말공연을 열게 했다. 가톨릭 문화가 지배적인 오마 지역에서 개신교 성향인 영국군의 군악대 공연이란 용인되기 어려운 일이었지만 종파적 이해를 넘어선 지역통합을 전제한 것이었기 때문에 오마 초등학교에서는 가능했다. 또한 일요일에는 학교를 바하이 신앙을 위한 예배 공간으로도 대여했다. 이렇듯 통합교육철학에 따라 일체의 종파적, 성적, 능력별, 인종적 편견 없이 학교 운영을 했다.

이처럼 여기 아이들이 상대적으로 민주적이고 진보적인 교육풍토에서 생활하다 보니 동성애에 대해서도 개방적이다. 최근 지역신문에 동성결혼 소식이 실렸는데 콘스탄스와 제니퍼 부부가 둘 다 오마 초등학교 출신이다. 이곳에는 성교육 시간에 동성애에 대해 부정적인 의견을 개진하지 않고 오히려 성적 정체성을 건강하게 지켜주려고 노력하는데 이런 분위기가 다른 학교에서는 불가능하다. 지역사회 회복운동에도 참여가 활발하다. 1998년 8월 15일 발생한 오마 폭탄테러에서 다행히 학교 관련자 가족의 피해는 없었으나 지역이 주최하는 피해자 모임에 전교생이 참여하여 비폭력적 대안 만들기를 생각하는 모임을 통해 평화 만들기(Work for Peace) 활동을 했다. 이 활동은 지금까지 이어지고 있어서 폭탄테러 발생일인 8월 15일마다 모인다. 에릭 불릭은 지역의 불행한 사건을 기억하며 다시는 이러한 일이 벌어지지 않기를 함께 기도하는 평화 만들기 활동이 아이들을 저절로 의식화한다고 본다. 또한 불럭 교장 부임 이래 지속적으로 만들어온 학교신문은 일종의 사진 소식지로, 지금도 오마 공동체를 엮는 네트워크 기능을 한다. 학교 앞길의 이름을 딴 학교신문 ≪더그머니 다이제스트(Dergmoney Digest)≫에는 작은 일이라도 기사화해서 싣는다. 아이들은 자기 얼굴이 나온 자료를 무척 소중히 여기기 때문이다. 더그머니 소식지에 실린 한 아이의 시를 보자. 오마 폭탄테러 이후 클린턴 대통령이 오마를 방문한 후 7학년 라이언 에드거(Ryan Edgar)가 남긴 글이다.

안녕하세요, 빌 클린턴(Hi, Bill Clinton)

슬픈 마을에 기쁨을 가져왔네요(Brought some joy to this sorrow town)

잠깐이라도 긴장했던 사람들이(People straining to get even a glimpse)

더 악수하고 싶어 하게 되었어요(Some wanting more-handshake)

당신은 곧 오마 사람들을 떠나시겠지만(Soon he was gone leaving people in Omagh)

이전보다 더 기쁘게 되었어요(More joyful than before)

에릭 불럭이 교장으로 재직하는 동안 학교는 사회적으로 많은 주목을 받았다. 2000년 2월 토니 블레어 총리가 제정한 정부헌장마크(Government Charter Mark) 인증을 받았다. 학교를 포함해 모든 공공시설에서 나름의 기준을 가지고 질을 관리한 우수 기관을 선정해 수상하는 것인데, 북아일랜드에서는 오마 통합초등학교가 유일하게 받았다.

오마 초등학교 문은 늘 열려 있게 했다. 학생이든 교사든 학교직원이든 운영위원이든, 필요한 교육이 있으면 방과 후든 토요일이든 일요일이든 학교 문을 열어 제공했다. 그래서 학교엔 방과후학교, 토요학교, 일요학교 등이 운영되고 있다. 심지어 여름방학 중에도 '이런 교육을 하자'고 하면 학교를 열었다. 아마도 학교는 365일 열려 있어야 한다고 생각했던 것 같다. 개교 때부터 어린이집을 열었는데 당시엔 정부 보조를 못 받던 상황이라 어린이집 기금 마련을 위한 바자회나 음악회 등 안 한 것이 없다. 이러한 활동을 통해 학부모도, 교사도, 학생도, 지역도 하나가 되는 결과를 가져왔다. 덕분에 학교 홍보도 엄청 잘 되었던 건 물론이다.

에코스쿨로 지정되어 환경교육을 적극적으로 실시했는데 그 결과 'BT 미래의 땅(BT Grounds for the Future Award)' 인증도 받았다. 이것은 자연주의자 데이비드 애튼버러(David Attenborough)가 제안하고 BT(영국통신)가 주관하는 인증서인데 상금이 조금 나와 다들 즐겁게 씨앗도 사고 필요한 시설도 보완했다. 학교 뒤뜰에 있는 자연정화 연못을 학부모들과 함께 만드는 활동을 수업과 연결하여 운영함으로써 환경교육 성과도 낳고 학교 에너지도 줄이는 양면효과를 거두었다. 학부모들이 토요일마다 모여 자연보호 생태정원을 만들며 놀다 갔다. 또한 학교 시설 관리자로 필요한 일자리가 있으면 학부모 중에서 일자리가 필요한 사람을 추천받아 학교가 학부모에게 일자리를 만들어주었다. 이러한 협력이 오마 통합교육 공동체를 아주 건강하게 만들어주었다고 자부한다.

학교를 시작할 때부터 교사 모집에는 큰 문제가 없었다. 개교를 1년 늦추면서 상대적으로 안정적인 조건에서 시작할 수 있었고, 정부 인가 전이라도 교사 급여를 재단에서 변통해주기로 했기 때문에 좋은 교사 선임만 신경 쓰면 되었다. 모린 버틀러 교장이 처음부터 아동중심철학을 통합교육과 연계해놓았기 때문에 후임인 에릭 불릭 교장은 그 틀을 유지하면서도 지역성과 양질 교육을 추가한 정도여서 이후 학교 행정을 추진하는 과정에서 큰 어려움은 없었다. 그러다 보니 초기 교사 모집 때부터 줄곧 응모하는 교사들이 넘쳤다. 학교 설립 후 학교가 성장하고 안정되는 기반을 닦은 에릭 불릭 교장 재임기에 대부분의 교사를 채용했는데, 불릭 교장은 경력보다는 신규 교사를 선호했다고 한다. 그편이 운영 비용이 적게 들고, 학교교육에 대한 선(先)이해가 없어서 좋은 교사로 훈련을 쌓을 여지가 있기 때문이었다. 또한 무엇보다 통합교육에 의욕적인 교사를 선정해야 했기에 혁신적인 방법으로 교사를 충원했다. '왜 여기서 교사를 하려고 하는지'가 가장 중요했다. 교수방법도 전통적인 방식이 아니라 자기만의 아동 중심적 전략이 있어야 했다. 통합교육철학을 지닌 능력 있는 교사를 충원한다는 원칙이다.

에릭 불릭은 교사 채용이 성공적이었다고 자평한다. 개교 후 등록 학생이 급증하여 불릭이 교장으로 재직할 당시에는 학년 당 2개 학급을 편성해 운영했는데, 총 12명의 교사 중 남교사가 3명, 여교사가 9명이었다. 성별 균형을 중시했는데 운이 좋았다고 한다. 종파 균형과 관련해서 아동의 경우에는 가톨릭 대 개신교를 50 대 50으로 구성했고 소수 종파 쪽을 다 합해 다수 종파가 50%를 넘지 않게 하려고 했다. 학교행사나 직원 채용에서도 종파 비율을 균형 맞추려고 노력했다. 심지어 학교 공간을 대여하는 데도 종파 간 균형을 맞추어 한쪽에 치우치지 않게 대여해주었다.

통합학교의 교장은 일반학교 교장과 달리 교장 이상의 CEO 역량이 필요하다. 학교운영위원회하고의 관계도 잘해야 하고, 지역사회나 교사들 그리고 학부모들의 자발성을 끌어내어 함께 학교를 만들어나가야 하기 때문에 통합학교 교장은 늘 바쁘다. 조정자이자 홍보담당관이며 문제해결사이기도 하다. 그 역할을 잘해낸 에릭 불릭 교장은 통합학교 교육의 성과에 대해서도 낙관적이다. 분리와 비교해 통합의 교육성과가 결코 낮다고 보지 않는다. 그리고 오마는 지역적 갈등이 덜하므로 학교만 잘

하면 지역 협력은 문제없다고 생각한다. '학교가 잘해야 하고, 그러면 지역은 따라온다'고 믿는 에릭 불릭 교장은 한편으로 초기와 달리 변화한 통합학교의 분위기를 염려하면서도 여전히 문제해결에 대한 낙관론을 견지하고 있었다.

16년간 학교를 이끌었던 에릭 불릭 교장이 2009년 퇴임한 후 3대 교장 나이절 케언스(Nigel Cairns)가 2014년까지 6년간 재임했고, 2015년부터는 지금의 앤터니 브래들리 교장이 책임지고 있다. 통합학교 교직 경험이 전혀 없는 브래들리 교장은 통합학교장의 역할은 일반 종파학교와 정말 다르고 어렵다면서, 왜 어려운지 설명하는 데 상당한 시간을 할애했다.

오마 출신으로 지역을 잘 알고 있다는 앤터니 브래들리 교장은 일반 가톨릭학교에서 가르치다 교장도 했으며 이후 서부교육청 장학사로 오래 근무하다가 2015년 오마 교장으로 왔기 때문에 아직도 적응 기간이라고 스스로 말한다. 아무래도 교장이 가톨릭에 많이 치우쳐 문제가 될 수도 있지 않겠느냐는 의구심과 달리 종파 균형은 자신의 소신이기도 하고, 또한 오마 통합초등학교와 드럼라 통합칼리지의 관계가 좋아 학교 운영을 통합교육 원칙에 맞춰 함께 상의하면서 풀어가기 때문에 문제가 없다는 낙관론을 가지고 있다. 오마 초등학교와 드럼라 칼리지는 초중등을 단일 캠퍼스로 만들어 유지한다는 계획을 양교 운영위원회에서 가결하여 이미 부지 매입을 끝낸 상태이다. 정부에서 건설 비용만 승인하면 문제는 다 해결된다고 한다. 단지 오마의 교육이 굉장히 아동 중심적이고 모든 것이 공개적이며 학부모 참여가 많은 점이 일반 가톨릭학교와는 아주 달라서 아직 적응하기 어렵다고 한다. 가톨릭학교나 오마 통합초등학교 모두 정부재정지원 유형이면서도 자율성이 큰 만큼 학교 흥패에 대한 책임을 교장이 져야 해서 교장의 스트레스가 무척 많다고 한다. 가톨릭 정부재정지원 자율학교는 그나마 가톨릭학교협회(CCMS)에서 방향을 세워주고 그 기준에 따라 운영하면 되는 구조인데, 여기는 가이드라인만 있는 자율성이 큰 정부재정지원 자율통합학교라 할 일이 무지 많다는 것이다. 교장 부임 이후 정시에 퇴근해본 적이 거의 없지만 자율성이 보장되기 때문에 재미있고 의미 있어서 교장으로서 한번 해볼 만한 일이라고 확신한다. 실제로 대부분의 통합학교가 주말 프로그램을 운영하기 때문에 교장이 거의 매일 학교에 상주해야 해서 통합학교의 모든 교장이 아주 바쁘다.

컨테이너 교실이 너무 낡아 빨리 신축해야 했기 때문에 교장이 되고 나서부터 그동안 매번 정부에 제안서를 올리고 설계도까지 마련해 시급함을 호소했으나 교육부는 알겠다고 하면서도 예산 타령으로 신축을 미루고 있다. 앤터니 브래들리 교장이 서부교육청 장학사 출신이라 뭘 좀 해보려고 해도 오마 초등학교는 정부재정지원 학교라 바로 교육부로부터 예산이 떨어지기 때문에 지역 교육청이 할 수 있는 일은 없고 단지 중앙정부에서 예산이 집행될 때까지 기다릴 수밖에 없다. 그래서 학교가 정부재정지원 유형에 속한 것이 다소 불만이라는 듯한 뉘앙스를 풍긴다.

이렇게 오마 초등학교는 재정적 자율성뿐만 아니라 교육과정 운영을 비롯하여 모든 것을 학교가 책임져야 한다. 지역 교육청을 거치지 않고 교육부로부터 직접 재정을 지원받는 학교라서 자율성이 크지만 재정이 부족할 경우 그것을 보충할 길이 없다. 그래서 학교운영위원회의 역할과 책임이 그만큼 큰 것이다. 학생 정원의 5% 안에서 자율성을 갖고 더 뽑기도 하고 덜 뽑기도 할 수 있는데, 오마는 늘 대기자가 넘치기 때문에 5% 한도 안에서만 추가 모집을 하는 것으로 적정 인원을 유지한다.

브래들리 교장도 그래서 "이렇게 자율적인 학교의 교장은 일종의 CEO"라는 에릭 불릭 교장의 말에 동의한다. 실제로 지역 교육청이 중간에 있으면 거기가 큰돈 뭉치를 가지고 움직이니까 학교장의 로비 능력에 따라 좀 더 따올 수도 있는데 정부재정지원 학교는 교육부로부터 직접 지원을 받으므로 10월 통계에 기초한 재정이 확정되고 나면 조정할 길이 없다. 하지만 일단 연간 단위로 재정이 확정되면 이후엔 일체의 간섭 없이 학교장 재량에 따라 운영권이 주어지기 때문에 학교 자율성 면에서는 이점이 크다. 그래서 교장으로서는 학교 운영 관리가 제일 중요하다고 생각한다. 하지만 학교 재정 83%가 교사 인건비로 나가는 지금 상황에서는 교비 운영의 여지가 별로 없다. 그나마 교과 외 활동을 비롯하여 학부모 협의회, 현장여행, 통합버스 운영 등은 나름대로 짜볼 수 있지만, 학교인터넷망을 새로 깔거나 시설을 개보수하는 것처럼 큰 비용이 드는 계획은 지금 예산으로는 어림도 없다. 재정위원회나 학교발전위원회에서 늘 논의하지만 정부 지원이 따라주지 않는 한 발전기금만 갖고는 할 수 있는 일이 크지 않다. 그래도 학교운영위원회의 역할이 크기 때문에 운영위원을 다양하게 구성해서 다양한 의견을 충분히 듣기를 원한다. 재정, 법제, 건축, 교육 등에 전문성을 갖춘 사람들이 골고루 참여하면 좋기 때문에 운영위원 자리가 나면 기존 위원들이 조정하기도 한다. 오마 초등학교 운영위원들은 자부심도 커서 종파 균형뿐 아니라 직종 균형 및 남녀 균형 등을 늘 염두에 두고 신임위원 선정에 주목한다.

2015년 개교 25주년을 맞아 학교는 통합캠퍼스 이전을 구체화하려고 하고 있다. 이미 운영위에서 드럼라 칼리지 옆에 부지를 확보해놓았기 때문에 건축 비용만 오면 바로 시작하는데, 다행히 2017년부터 영국 정부기금 지원으로 시작할 수 있게 되었다. 그런데 학부모들은 그리 기뻐하질 않는다. 오래된 학교에 익숙하기도 하고 학교가 멀어지는 불편함 등도 있어서 그런지 초중등 통합교육캠퍼스를 갖춘다는 점에 기뻐하면서도 정든 곳을 떠난다는 사실에 못내 안타까워한다고 한다.

사실 오마 학교는 너무 낡아 위험하기까지 하다. 2013년 오바마 대통령 방문이 자극이 되어 조성된 'Together Building a United Community (TBUC)' 기금으로 필요한 지원을 할 수 있게는 되었으나 학교 건축은 이에 해당이 안 된다고 해서 오늘날까지 그 혜택을 못 받고 있다. 그런데 영국 정부가 통합교육과 공유교육에 대한 건축비 지원을 목적으로 2016년부터 사용할 수 있도록 조성한 5000만 파운드의 '새 출발 기금(Fresh Start Agreement Fund)' 대상 학교로 오마가 포함되어 드럼라 칼리지 옆에 새 건물을 짓게 되었다. 교장과 교사들은 빨리 건물을 짓자고 하는데 학부형들은 지금도 좋은데 뭘 그러냐는 식이다. 처음 32명으로 시작한 학교가 현재 350명을 넘어 10배 이상 성장을 한 것이니 이것으로 만족하며 행복해하는 학부모들이 여전히 많다.

현재 학교는 학년 당 2학급, 학급당 25~32명으로 구성되어 있다. 현재 무상급식 비율은 22%로 그리 높지 않은 편이고, 특수교육 대상 아동도 그리 많지는 않다. 브래들리 교장은 낙인효과를 우려해 가능하면 아이들을 특수아동 카테고리로 묶지 않으려 한다. 오마의 학생 비율은 크게 가톨릭 58%, 개신교 35%, 나머지 7%는 기타로 보면 된다. 지역이 가톨릭 인구가 압도적인 특성이 있어 열심히 비율을 맞추려고 노력 중이다. 특이한 점은 그럼에도 교사의 경우엔 개신교 비율이 더 높다는 것이다. 교사 비율을 잘 맞춰야 하는데 장기근속 교사 비율이 높다 보니 신규 채용이 거의 이뤄지지 않아 조정 자체가 어렵다. 그렇더라도 차기 교사 임용 시에는 종파 균형을 고려해야 한다고 브래들리 교장은 생각하고 있다. 남녀교사 비율을 맞추기는 더 어렵다. 현재 정규교사 중에는 남자교사가 없고, 보조교사 1명과 시설관리사 1명이 남성이다.

오마 초등학교는 성교육 관련 활동을 각별히 신경 쓰고 있다. 가톨릭 신부의 성추행 문제가 사회 이슈가 되면서 초등에서의 남자교사에 의한 여아 성추행 방지 교육을 하라는 권고가 있었다. 오마에서는 이를 위해 PATHS 프로그램을 운영하는데, 효과가 만족스럽다고 한다. 브래들리 교장은 이 프로그램이 아이들의 인권보호나 사회적 기술을 향상시키는 데 아주 도움이 된다고 본다. 지역 교육청에서 주관하는 반차별교육은 단기간의 단순 교사 연수여서 별로 효과가 없어 보인다고 한다. 그런데 앤터니 브래들리 교장은 취임 이래 지금까지 NICIE와 교류가 거의 없다고 불평하고 있다. NICIE의 반편견교육이나 또래조정 같은 프로그램이 좋아 보이나 한 번도 공문이나 지원을 받은 바 없어서 잘 알지를 못한다고 하니, 뭔가 오해가 있는 듯하다. 적극적인 관계 회복 노력이 양쪽에서 다 필요할 것 같다. 브래들리 교장이 지난 학교에서 좋은 효과를 확인해서 조심스럽게 여기서도 해보려고 한다는 가톨릭의 통합정신 프로그램('The Spirit of Integration Award Scheme')은, 사회적 관계 형성에서 성과표를 중심으로 4단계(브론즈, 실버, 골드, 플래티늄)로 올라가는 방식인데, 최고 단계는 학년에 한둘 정도가 도달한다. 이렇게 최고 단계에 도달한 아이들에게 일정한 포상을 하는 것인데 효과가 있다고 확신하기는 하지만 조심스러워 아직은 시도를 못 하고 있단다. 에른 칼리지의 지미 교장도 시도하려고 하는 가톨릭 행동수정 개발 프로그램이다.

에릭 불릭 교장 때 수여한 '미래의 땅 학교 인증서'에 나타나듯이 아이들의 생태 감수성은 아주 높고 그래서 에코스쿨로서의 자긍심도 크며 학부모들의 참여도 높다. 이 때문에 오마 초등에 지원한다는 학부모도 많다. 여기 아이들 중 30여 킬로미터 이상 떨어진 지역에서 오는 장거리 통학생은 아침도 못 먹고 오기 때문에 아침밥 클럽(breakfast club)을 운영한다. 대부분 부모가 오마에서 일하기 때문에 출근하면서 아이를 데려다주고 퇴근하면서 데려간다. 그래서 수업 이후에도 부모 퇴근 시간을 기다리느라 방과 후 자습을 하거나 클럽 활동을 하는 아이가 많다. 이러한 돌봄 프로그램이 학부모들로부터 좋은 평가를 받게 한다.

오마 지역에는 중등에 가톨릭 남녀 그래머스쿨 하나씩, 개신교 남녀 그래머스쿨 하나씩 모두 4개가 있어 Y7 진학지도가 아주 중요하다. 그래서 학부모들과 진로지도를 위한 모임을 하고 있는데, 대부분이 드럼라 칼리지로 가길 원하지만 소수는 그래머스쿨 진학을 원한다. 이 경우 학교에서는 11세 선발고사 준비를 일절 시키지 않고 그것은 전적으로 학부모들의 선택으로 알아서 준비시키도록 권한다. 브래들리 교장은 오마 초등학교에서 통합교육철학에 맞춰 아이들을 잘 가르쳐 드럼라 칼리지로 많이 보내는 것이 제일 바람직하다고 생각한다. 오마 초등 출신은 동일 통합교육기관인 드럼라에서 다 받도록 되어 있기 때문에 드럼라 진학에는 문제가 없다. 현재 졸업생 90% 이상이 드럼라 통합칼리지로 진학하고 있으며, 통합칼리지로의 진학률이 전국에서 오마가 제일 높다. 사실 드럼라 통합칼리지의 평판이 워낙 좋아 심지어는 아이들이 드럼라를 가기 위해서 오마 초등학교에 오는 경우가 있을 정도로 드럼라 덕을 초등이 톡톡히 보고 있다.

"인생은 단순하다. 최선을 다하면 좋은 결과를 얻는다"라는 오스카 와일드의 말을 좋아한다는 앤터니 브래들리 교장은, 협치 리더십 철학에 따라 자신이 학교 운영의 책임을 지지만 혼자 할 수 있는 것이 아니기에, 수업은 교사들이, 학교 시설 관리는 리처드가, 행정은 캐럴라인이, 이렇게 분담해서 책임지고 일을 맡아 나눠 하고 그 결과를 존중한다고 한다. 그러면서도 외부에 나가 돈도 따와야 하고 학교 관계자들과 협조도 해야 하고 지역하고도 잘 지내야 하는 CEO 교장 역할을 하기가 쉽지는 않다고 토로한다. 그러면서 양질의 교육을 하는 학교로 자리 잡기 위해선 학부모 참여가 제일 중요하다고 강조한다. 자녀교육의 책임은 일단 학부모에게 있다. 학부모 생각에 이 학교의 교육이 마땅치 않으면 말을 하고,

그렇게 해도 안 되면 학교를 옮긴다고 보기 때문에 이러한 수요자적 자세와 동시에 참여자적 자세를 학부모도 가져야 한다고 생각한다. 그래서 학부모 교육이 필요하고, 학교와 가정 간의 파트너십이 강조되며 또한 학교의 법적 책임을 지고 있는 학교운영위원들은 학교 구성원의 목소리에 귀 기울이며 지역에서의 경쟁력을 키울 수 있도록 협력해야 한다는 것이다.

대부분의 통합학교들이 이같은 어려움에 처해 있기 때문에 북아일랜드 전체 통합학교교장단협의회(APTIS)와 별도로 중부얼스터 통합학교교장협의체(Cluster of Principals of Integrated Schools in the Mid Ulster)를 중심으로 통합교육과정을 비롯한 학교 운영 전반에 걸쳐 함께 논의하며 변화된 지역 교육 상황에 대처하고 있다. 브래들리 교장은 대부분의 통합학교 교장이 학력 저하를 우려하고 있다며, 자신은 경쟁력을 높이기 위한 양질의 교육에 더욱 신경을 쓸 것이라는 포부를 내놓는다.

앤터니 교장의 25주년 기념사를 생각하며

오마를 방문할 때마다 쾌활한 웃음으로 맞이해주며 통합학교 경험이 없어도 전혀 개의치 않는 앤터니 브래들리 교장이 만나자마자 바로 이야기를 시작하는 바람에 같이 차 한잔을 못 했다면서 다음에 꼭 다시 만나자고 한다. 어찌나 아이같이 귀엽던지! 컨테이너 교실 한쪽에 있는 교장실에서 인터뷰를 마치고 밖으로 나와서는 학교 로고 앞에서 방문 기념사진을 찍자고 해서 한 번 더 웃었다. 그런데 에릭도 사진을 꼭 찍어야 한다고 거드는 것이 아닌가? 왜 그러나 했더니 에릭은 해외에서 방문한 손님을 학교 사진 소식지에 내려고 하고 앤터니는 방명록에 첨부해놓으려고 한단다. 두 번째 방문 때 자신이 25주년 기념식에서 한 연설문이라며 수줍게 건네주는 짧은 글에 오마 통합초등학교장으로서 앤터니 브래들리의 자부심 어린 소감이 들어 있다. 글에서 오마 통합초등학교가 잘 드러난다.

1989년 에니스킬렌 학교 설립에 자극받아 선두적 학부모들에 의해 학교 설립이 논의되었습니다. 열렬한 활동에 힘입어 학교를 만들자는 프로젝트는 현실로 드러났고, 1990년 9월 개교하게 되었습니다. 학교는 세 동의 이동식 컨테이너 건물에서 32명의 초등학생과 24명의 어린이집 원아와 함께 시작했습니다. 새로 만든 작은 초등학교가 역사도 없고, 평판이나 뿌리도 없이, 이미 잘 운영되는 7개의 성공적인 초등학교가 시내에 자리 잡은 오마의 외곽에서 시작한다는 것 자체가 자칫 무모해 보였을 겁니다. 지역 학부모들의 신뢰와 자신감을 얻어내기 위한 투쟁도 쉽지 않았을 것이고, 어린이집 예산을 확보하는 것도 초기에는 너무나 어려웠을 겁니다. 토니 블레어가 '우선 학령 전부터(pre-education initiative)'를 주장하면서 그나마 나아졌습니다. 특히 다른 학교들은 건물도 근사하고 시설도 좋은데 여전히 컨테이너 건물에서 아이들을 교육받게 한다는 것이 학부모들로서는 좋지 않았을 겁니다. 하지만, 운영위원이나 교사, 학부모는 이러한 역경에 굴하지 않습니다. 분단된 장벽을 거두어내기 위한 통합교육운동은 학부모들의 열의를 더 높여놓았고 어떠한 상황에도 이겨낼 자신감을 불어넣었습니다.

1993년 첫 교장이었던 모린 버틀러 선생은 벨파스트의 신설 학교 교장으로 옮겨갔습니다. 2대 교장인 에릭 불릭 선생은 오마에서의 통합교육에 대한 근본적인 의미를 추구하면서 자신의 비전을 밝혔습니다. "현재 이 학교가 다른 학교들과 비교하여 아무리 작고 시설이 형편없다고 하더라도, 10년 뒤엔 모두를 감당할 수 없을 만큼 사람이 몰릴 것이다."

그렇습니다. 학교는 날로 팽창했고, 개선되어 학부모들의 요구와 아이들의 열망을 만족시킬 수 있는 학교로 나아가게 하는 데 초점이 맞춰졌고, 성공했습니다. 오늘날 오마 통합초등학교는 아동 중심의, 진보적인, 학부모 친화적인 학교로 정평이 났습니다.

평균적으로 학급당 인원수는 18~24명의 소인수를 지향합니다. 그리고 반마다 보조교사를 두어 수업 결손이 일어나지 않도록 모두 개별지도 체제로 나아가려고 합니다. 말로는 다 할 수 없는 만족감이 분명 주어질 겁니다.

1999년 장학감사를 받았고 2000년에 정부헌장마크를 받았습니다. 북아일랜드 최초의 일입니다. 학생 수가 1999년에 200명을 넘었고, 2007년에 300명을 넘었습니다. 저희는 계속해서 정부에 400명으로 학생 수를 증원해달라고 요청하고 있지만, 교육부 허가에도 불구하고 지역 교육청 관료들은 보류하고 있습니다. 2009년 에릭 불릭 교장이 퇴임하고 나이절 케언스 교장이 취임하여 2014년까지 부임하다 퇴임한 이후 제가 온 지 1년이 넘었습니다. 25주년이 되는 올해 학교는 좀 더 노력해야 할 듯합니다. 통합교육이념하에 인종, 종교, 문화, 사회적 배경과 무관하게 누구나 존엄성을 지니며 존중받을 수 있는 학교를 만들어야 할 것입니다. 드럼라 통합칼리지와 나란히 새 건물을 짓는 것입니다. 그 안에서 아이들이 행복하게, 통합교육이념하에 상호 이해와 다양성을 존중하는 분위기 속에서 성장하기를 희망합니다.

2017년 1월 드럼라 오픈데이에 참석하려고 오마를 방문하니 오마 통합초등학교 건물 신축공사를 드럼라 칼리지 옆 부지에서 시작했다. 오마 통합학교 캠퍼스의 첫 삽을 떴다. 축하한다.

11

지역 교육을 주도하는 명문학교,
드럼라 통합칼리지

Drumragh Integrated College
www.drumraghcollege.co.uk

평범한 사람들이 일궈낸 오마 통합초등학교를 둘러보고 나니 에릭 불릭 교장이 점심에 초대한다. 비가 오는 궂은 날씨에도 밝은 미소로 열심히 설명해준 그의 열의에 감탄하며 함께 학교를 나섰다. 그가 데려간 곳은 큰아들이 주말마다 아르바이트한다는 로열암스 호텔(Royal Arms Hotel) 식당이다. 오마식 스테이크를 먹어보라는 것이다. 3분의 1도 못 먹을 만큼 양이 푸짐하고 맛도 좋다. 로열암스 호텔은 통합학교 설립 공청회를 비롯해 공유교육 공청회 등 지역 사안을 크게 논의할라치면 모이는, 오마의 유일한 호텔이다.

식사를 마치고 나가니 눈앞에 보이는 것이 바로 북아일랜드 공유교육 성공 사례로 자랑하는 오마의 리저널리(Lisanelly) 공유교육캠퍼스이다. 오마에는 종파별, 남녀별 그래머스쿨이 따로 있다. 그래서 양쪽에 나란히 있는 개신교계 남자 그래머스쿨인 오마 아카데미(Omagh Academy)와 가톨릭 남자 그래머스쿨인 크리스천 브러더스(Christian Brothers) 사이에 모든 학교가 함께 사용할 수 있는 공유교육캠퍼스를 만들었다. 양쪽 학생만 아니라 다른 학교 학생도 와서 시설을 공유하도록 한다는 지역화 아이디어이다. 오마 공유교육캠퍼스는 주민 의견을 결집하여 추진된 성공 사례로 북아일랜드 공유교육 진영에서는 대대적으로 홍보하고 있다. 하지만 공유의 정도를 볼 때 얼마만큼 공유할지, 왜 또 시설을 지으면서까지 하려고 하는지, 거기서 공유하는 것이 실제로 얼마나 가능할지 등에 대해서는 더 계산해보고 심도 있게 논의를 해봐야겠지만 일단 진행되는 과정과 성과는 유일한 성공으로 칭송되고 있다. 다른 지역 세 곳에서도 논의는 있었으나 이렇게 추진되는 곳은 오마뿐이다.

공유교육이 통합교육을 포함하여 더 광의의 개념으로 나간다고 이야기되는 것이기는 하지만, 에릭 불릭 교장은 상호이해교육(EMU)이나 공유교육이 종파분리주의 극복 모형으로는 부적합하다고 생각한다. 그저 겉으로만 '통합한다', '공유한다' 하면서 흉내만 내는 것으로 비친다는 것이다. 여러 연구를 통해 실제적인 통합은 통합학교 교육을 통해서만 더 근본적으로 이루어질 수 있다는 것이 이미 입증되었음에도, 정치권과 종교계의 여러 이해가 얽혀 통합학교로의 전환이나 개혁에 대한 동의가 이루어지지 못하는 것이라고 비판한다. 이러한 이야기를 하면서 에릭 불릭은 자신이 학교운영위원으로 참여하는 드럼라 통합칼리지로 나를 데려갔다. 처음 만난 드럼라는 학교 건축물부터 범상치 않아 보인다. 무척 근사하다.

힘든 과정을 넘어 우뚝 선 지역의 자랑 드럼라

에릭 불릭이 1993년부터 2009년까지 16년간 오마 통합초등학교 교장직에 있는 동안 통합칼리지 이야기가 시작되어 마무리되었다. 오마 학교는 설립 때부터 1학년만 받은 것이 아니라 전 학년을 받아 교육했으니 최초의 32명에 모든 학년이 다 섞여 있었다. 그래서 1993년 에릭이 교장으로 간 시점에는 벌써 졸업하고 칼리지로 진학하는 아이들이 나오는 때였다. 그런데 지역에는 이 아이들이 갈 통합칼리지가 없으니 아주 멀리 가든지 아니면 오마에 있는 그래머스쿨에 진학하도록 11세 선발고사를 준비시켜야 했다. 통합초등학교로서는 아주 난처한 상황이다. 초등에서만 통합교육을 하고 7학년 때 11세 중등선발고사를 준비시킨다면 통합교육은 결국 사라지게 된다. 이 문제에 대해 염려하던 한 학부모가 전화를 했는데, 물론 그 학부모가 칼리지 설립까지 기대하진 않았겠지만, 에릭은 그 전화를 받는 순간 칼리지를 만든다는 결심을 하게 되었다. 그때가 1994년 부활절이었으니까 9월 개교로 준비를 한다면 시기적으로 엄청 바쁜 일이었다.

첫 모임으로 로열암스 호텔에 30여 명이 모여 논의했는데 다들 열의를 가지고 참여했다. 이미 그때 초등학교는 학생 수가 계속 늘어 100명이 넘었으니, 7학년 학부모들은 개별 과외를 시켜 11세 선발고사 준비를 해야 할지 염려하고 있었다. 통합초등학교에서 선발고사를 부정하는 교육을 하는데 정작 오마에는 비선발 원칙을 준수하는 칼리지에 진학할 기회가 없다는 것이 너무나 큰 문제였다. 통합초등학교 교장으로서 학부모들의 문제 상황에 봉착하자 정신이 번쩍 났다고 한다. 그래서 초등 학부모들을 중심으로 오마에서도 통합칼리지를 설립하자는 운동을 전개하기로 방향을 잡았다. 당시 통합초등 학부모로서는 선발고사를 학교에서도 안 가르치지, 지역엔 통합칼리지는 없지, 통합칼리지가 있는 곳이 벨파스트나 데리인데 거기까지 통학시키기란 비현실적이지, 사실 아주 난감한 상황이었다. 그래서 일단 통합칼리지가 생기기 전까지는 학교에서 선발고사를 준비시키기로 해서 학부모들을 안심시키고, 이어 바로 통합칼리지 설립을 위한 학부모 준비모임을 만들었다. 1994년 10월에 CHOICE (Campaign to Have Omagh Integrated and Comprehensive Education)를 발족했는데 호텔에서 열린 첫 모임에 70명이 넘게 참석했다. 지금은 벨파스트 퀸스 대학교에서 공유교육 전문가로 활약하고 있지만 당시에는 얼스터 대학에서 앨런 스미스 교수와 함께 통합교육을 지원하고 있던 토니 갤러거(Tony Gallagher) 교수가 강연했고, 다들 통합칼리지 설립에 기대를 모았다. 지역신문에도 소식을 실었다. 1994년 10월에 '드럼라 통합칼리지를 1995년 9월 개교하려 준비한다'는 광고를 내고, 1995년 2월에는 '1995년 9월에 드럼라가 개교하게 되었으니 학부모들은 등록 준비를 하라'는 내용의 광고를 실었다.

교육법상 통합칼리지는 최초 등록 학생 수가 최소 60명은 되어야 하는데 가능하겠느냐, 가톨릭이 압도적인 지역에서 가톨릭과 개신교 학생 비율을 맞출 수 있겠느냐, 재정을 끌어올 수 있겠느냐 등 염려가 많았지만 각 가정에 방문하면서 학부모들을 설득했다. 개신교 공립학교의 경우엔 큰 문제가 없었던 반면에 특히 가톨릭교회와 가톨릭학교의 거부감이 심했다. 그래도 크게 염려할 집단적 반발은 일어나지 않았다고 한다. 통합학교 설립 과정에는 반드시 제일 먼저 학부모 의견을 수렴해야 하는 절차가 있어서 공청회를 통해 예비등록을 받아보는데, 막상 60명을 넘어서자 설립이 가능하다는 희망에 등록자가 더 몰려 85명이나 등록했다. 처음부터 오마에서만 학생이 온 것이 아니라 인근 지역에서도 왔기 때문에 학생 수가 넘쳤던 것이다. 그 결과 드럼라 칼리지는 85명의 등록 학생과 8명의 교사로 1995년 9월 4일 개교할 수 있게 되었다.

이렇게 되면 학교 설립준비위가 구성되는데 창단 멤버는 자동으로 임시 학교운영위원(interim BoG)으로 있다가 인준이 완전히 끝나면 이들이 공식 학교운영위원이 된다(그래서 처음부터 학교 설립에 관여했던 초등학교 교장 에릭 불릭은 지금까지 학교운영위원으로 드럼라에 참여하고 있다). 학교는 크리비나 로드(Crevenagh Road)에 위치한 넓은 부지를 마련했으나 건물이 없어 임시로 티론앤드퍼매너 종합병원(Tyrone and Fermanagh Hospital) 건물에서 시작한다고 알리고, 오마 통합초등학교 소식을 중심으로 제작되던 ≪더그머니 다이제스트≫도 2면에서 4면으로 증편하여 칼리지 설립 준비 과정을 포함한 통합학교 소식이 전 오마에 잘 전달될 여지를 만들었다. 준비위는 처음부터 초중등을 함께 운영하려고 넓은 부지를 찾았었다. 뉴캐슬이나 에니스킬렌처럼 한 부지에 통합교육캠퍼스를 하자는 뜻이었다. '드럼라'라는 교명은 오마를 흐르는 강의 이름을 딴 것으로, 에른, 심나, 라간 등 여러 통합칼리지와 같은 흐름을 따랐다. 일단 인가가 나자 그 이후에는 정부가 알아서 처리해주었기 때문에 학교 운영과정에 큰 어려움은 없었다고 한다.

그런데 이렇게 힘을 합쳐 만든 드럼라에 다른 문제가 생겼다. 오마에는 좋은 그래머스쿨이 많아 6월에 치르는 선발고사 이전에 7학년 아이들에게 칼리지를 홍보해야 했는데, 교장 선임 문제로 그 절차가 자꾸 지연되었다. 사실 데리, 뉴캐슬, 에니스킬렌에서는 초대 교장이 설립위원으로 학교 설립을 주도하면서 통합적 리더십을 기반으로 학교의 통합교육과정과 정책을 구성했다. 하지만 오마에서는 그러한 칼리지 인사를 찾지 못한 채 공모 형식으로 개신교 그래머스쿨 교장 출신인 캐슬린 하인즈(Kathleen Hinds) 박사를 초대 교장으로 모셔왔다. 사실 신설 통합칼리지 교장으로 모시기에는 과한 인물이었다. 하인즈 교장은 2002년까지 6년간 재직하면서 칼리지의 기본 틀을 만들긴 했지만 통합교육을 지향하는 설립위원들과 갈등이 심했다고 한다. 그 결과 학교운영위원 중 절반이 나간 상태에서 2대 교장으로 로즈메리 살리스버리(Rosemary Salisbury)가

취임했으나 그녀 역시 2년을 못 채우고 나갔고, 3대는 마리아 길스파이(Maria Gillespie) 선생이 교장대행으로 1년을 보내는 등 불안정한 교장 직무가 학교를 패닉 상태에 빠지게 했다. 그렇게 어려운 가운데 4대 나이절 프리스(Nigel Frith) 교장이 2005년 부임하여 지금까지 10년 넘게 재직하며 학교를 안정화한 것이다. 오늘날 드럼라는 완벽하게 구축되어 지역에서만 아니라 전국적으로도 모범적인 통합칼리지로 자리 잡았다. 특히 오마 지역의 학생 사이에서는 가장 가고 싶은 학교가 되었다. 에릭 불릭은 설립위원으로 그동안 교장 리더십이 흔들려서 마음고생을 많이 했는데 나이절 프리스 교장이 학교를 잘 자리 잡게 해주었다면서 통합학교야말로 성패가 교장의 리더십에 달려 있다고 확언한다.

잉글랜드 신사 나이절 프리스 교장의 통합교육과정

드럼라 칼리지는 놀라운 시설을 갖추고 있다. 입구부터 아주 깨끗하고 단정하다. 장애인을 위한 자동출입장치가 있어 버튼을 누르면 문이 열린다. 에릭 불릭이 들어가니 다들 다정하게 인사한다. 불릭은 오마 통합초등학교에서보다 더 편하게, 마치 자기 학교에 온 것처럼 행동한다. 서무과 선생의 안내로 들어간 교장실도 아주 단아하게 꾸며져 있었다. 나이절 프리스 교장이 점잖게 인사를 하는데 북아일랜드 출신 교장들과는 그 폼이 사뭇 다르다. 잉글랜드 오트 쿠키와 차를 준비하고 대접하는 모양새가 영락없는 영국 신사이다. 그렇게 하면 이곳 사람들이 불편해하지 않더냐고 물으니 에릭 불릭도 웃고 프리스 교장도 웃는다. 아주 조용하며 예의 바른 신사라는 느낌이 확 오는 교장이다.

나이절 프리스 교장은 잉글랜드에서 20년 정도 영어 교사로 일하다가 북아일랜드 출신인 아내가 고향으로 돌아가고 싶다고 하던 차에 마침 교장 공모가 나서 응모했다고 한다. 드럼라의 설립 과정에 대해 전혀 아는 바는 없지만 선임 교장들이 구축해놓은 계획에 따라 학교운영위원들과 협의하며 학교를 운영하는 것이 크게 어렵지는 않았다고 겸손하게 말한다. 프리스 교장의 인내 어린 경청이 모든 어려움을 쉽게 풀어주었다고 에릭 불릭이 거든다. 북아일랜드라고 해서 잉글랜드 사람들에게 항상 적대적인 것은 아니어서 지난 10년간 살면서 실제로 어떤 편견으로 인한 피해는 받은 바 없다고 한다. 오마가 가톨릭 지역이어서 약간 내셔널리스트적인 면이 세긴 하지만 학교 관계자들이 아주 협조적이라 전혀 문제가 없다. 잉글랜드 학교들하고만 비교해도 드럼라는 최고라고 평가한다. 나이절 프리스 교장 자신이 잉글랜드 종합학교의 교사였기 때문에 통합교육을 수용하는 데 전혀 거리낌이 없었다. 조기선발의 폐해를 강조하며 비선발 원칙에 입각하여 모든 능력의, 모든 계층의 아이들을 섞어 교육하자는 잉글랜드의 종합교육이 영국의 오랜 엘리트적 선발 원칙에 경종을 울린 민주적 교육 개혁이었다고 확신했기 때문에, 그 자신이 북아일랜드에서 통합학교를 선택하는 것은 자연스러운 방향이었다고 한다. 1960년대 말 시작한 종합교육이 1970년대 북아일랜드 통합교육운동에 영향을 미친 것은 지극히 당연하다고 평가하는 프리스 교장은, 그럼에도 불구하고 통합교육은 종파통합에 더 초점이 맞춰진 북아일랜드의 특수성이 반영된 개념이기 때문에 큰 의미가 있다고 평가한다. 잉글랜드에서 독실한 기독교인으로서 종합교육이념을 신조로 삼고 교사생활을 해왔던 프리스 교장은 바로 이 두 가지, 즉 기독교 정신과 종합교육이라는 포기할 수 없는 교육 원칙을 드럼라에서 잘 실천할 수 있을 것으로 생각했다. 그렇기 때문에 교장직에 응모했고 여기까지 왔다는 그의 통합교육 실천의지가 확고하게 보였다.

잉글랜드도 그렇고 북아일랜드도 그렇고 통합학교나 종합학교에서는 공부를 잘 시키지 않는다고 생각하는데, 프리스 교장은 이것이 오해라며 강하게 부정한다. 모든 교육에서 인지적 학업능력 향상은 아주 중요하다. 이를 위해 드럼라는 지역 학교, 심지어 그래머스쿨과도 협력한다. 학교가 못 갖춘 부분을 다른 학교가 가지고 있다면 학생들을 위해 당연히 협력해야 한다고 본다. 모든 학교 시설은 우리 아이들만을 위한 시설이라기보다는 모두를 위한 시설이고, 그렇기 때문에 국가가 비용을 제공하는 것이라는 생각이다. 이러한 시설 공유는 공유교육이념이 지향하는 바이기도 하다. 다만 드럼라는 통합교육철학을 철저히 하면서 학생들을 위한 실익 측면에서 시설을 공유하기에 이것이 통합교육을 포기하는 일은 아니다. 반면 공유교육은 시설 공유에만 초점을 맞추고 통합교육이 지향하는 종파분리주의를 극복하는 교육철학을 수용하는 것이 아니므로 둘은 근본적으로 다르다는 것이다. 나이절 프리스 교장의 입장은 통합교육 이념을 따르긴 하지만 배타적으로 통합교육만 옳다는 입장보다는 학생들의 이익을 위해 그래머스쿨의 교육도 받아들일 용의가 있다는 것이다. 이러한 입장에 대해 처음엔 교사나 학부모들이 의아해했지만 이제는 학교 방침을 이해하고 존중하며 지지하는 것 같다고 한다.

"선발고사에는 반대하지만, 일단 들어온 학생 가운데 더 영리한 학생들은 그들이 그래머를 포기하고 여기에 온 데 대한 보답을 해야 한다는 입장입니다. 통합교육이념에 맞춰 그들의 능력도 균형 있게 향상시켜줄 책임이 학교에 있다고 봐요. 그래서 일부 교과에 한해 능력별 반편성을 하여 능력이 우수한 학생들은 좀 더 능력을 향상시키게 하고, 반면에 못 따라가는 학생들에게는 그들 자신이 더 잘할 수 있는 것을 찾아 다양하게 진로를 개발할 수 있도록 기회를 열어주고 있습니다. 숙제 도우미를 제공하고, 학생 간의 관계를 더 효과적으로 맺게 하기 위한 지원 프로그램도 운영하며, 학교폭력예방교육도 합니다. 그 결과 드럼라가 작년에 NICIE 최우수 통합학교로 선정되었지요."

나이절 프리스 교장이 2005년 부임했을 때 드럼라 칼리지는 그래머스쿨에 갈 아이들은 안 온다는 분위기였다고 한다. 통합학교라고는 해도 지역 특성상 가톨릭 냄새가 진해서 드럼라도 거의 가톨릭학교와 비슷했다. 진보적 통합교육철학을 따르는 학생들이 가는 학교라기보다는 그래머스쿨에 갈 수 없는 아이들이 가는, 세컨더리스쿨보다 약간 나은 학교라는 정도의 인식이 지배적이었다. 그러다 보니 학습 결손 아이도 많았다. 이러한 분위기를 바꾸긴 해야 하는데 쉽지가 않았다. 이 문제를 두고 전임 교장단과 학교운영위원 간의 갈등도 있었다고 들어서 프리스 교장도 방향 전환을 주저하며 3년을 보냈다. 그런 가운데 학교 평판은 계속 나빠졌다. 그래서 교장이 최우선적으로 제안한 것은 혼합반(mixed ability class)을 잉글랜드 종합학교에서와 같이 능력별 반편성체제로 바꿔보자는 것이었다.

"한 반에는 능력이 뛰어난 아이도 있고 능력이 아주 떨어지는 아이도 있는데 그것을 섞는 것만이 능사일까요? 잉글랜드의 종합학교에서는 비선발 원칙을 지키되 학교 안에서는 유동적인 능력별 반편성을 통해 아이들이 자기 역량을 키워나가도록 합니다. 비선발시험 원칙은 통합학교의 기본으로, 이것은 반드시 지킬 것입니다. 하지만 능력이 우수한 아이들도 여기서 잘 교육받고 좋은 대학에 진학할 수 있도록 잘 가르치려면 능력별 반편성이 불가피합니다. 섞어만 놓으니 아이들 모두가 수업이 자기 수준에 맞지 않아 지루해합니다."

이렇게 잉글랜드 종합학교의 실제 운영 경험을 근거로, 공부할 수 없는 학교 분위기라는 고정관념을 바꾸어보고자 했다. 그 결과 지금은 비선발고사 원칙 위에서 통합교육철학을 선호하는 우수한 아이들이 드럼라 칼리지에 와서 좋은 대학에 진학하고 있다. 특수교육의 요구가 있는 학생들이 있듯이 우수한 아이들도 별도의 추가 교육을 받을 권리가 있다. 아주 우수하고 재능 있는 학생들이 존재하고, 이들은 조금만 따로 더 도와주면 놀라운 성과를 잘 낼 수 있다. 그런 아이들을 위한 능력별 수업을 따로 운영하자는 것이다. 모든 교과에서 할 수 있지만 교사의 희망에 따라 진행하는데 아무래도 인지교과가 중심이 된다.

또 다른 어려움으로는 오마 지역이 가톨릭 거주지역의 성격이 강해 개신교 학생들을 모집하기가 어렵다는 점이 있다. 지금도 50 대 50 비율로는 모집하지 못하고 있다. 2016년 통계에 따르면 가톨릭이 57.8%이고 개신교가 27.3% 그리고 기타가 14.9%이다. 가톨릭 종교의례와 별도로, 소수파인 개신교 아이들의 정서적 동질감을 위해 매년 11월 8일 전쟁 피해자 추모일이 되면 주일에 개신교교회에 함께 가서 추모예배를 보는 프로그램을 만들었다. 사실 영국 군인 추모일(Remembrance Day) 행사를 함께한다는 것이 이 지역 정서상 아주 어려운 결정이었다. 지역 개신교 종교행사에 학교가 참여하기 시작하니까 다른 학교에서도 드럼라 칼리지를 파트너로 인정하고 수용하는 느낌이었다고 한다. 단지 다른 학교는 다 개신교학교만 참석하는데 드럼라는 가톨릭 학생도 함께 참여하는 것이 가장 큰 차이이다. 양 교파 간의 상징을 없애는 것만이 능사가 아니다. 이미 문화화되어 있는 것을 없애려 하기보다는 모든 행사를 인정하고 서로 이해하며 함께 이야기하자는 것이 나이절 프리스 교장의 접근 방법이다. 인정, 상호 존중, 상호 문화에 대해 이야기하게 하는 것, 이런 과정이 이제는 필요하다고 보는 것이다. 학교 내에서도 11월 기억의 달

(month of remembrance) 행사에 대해 가톨릭 측은 아주 부정적이었다. 영국 군대 희생자들을 기억하며 다시는 이러한 과거를 반복하지 말자는 것이지만 가톨릭 측은 '그들은 희생자가 아니라 가해자'라는 입장이기 때문에 관점이 아주 다르다. 그래서 이러한 이슈에 평화나 인권 등의 보편적 개념을 가지고 접근하고 있다. 가톨릭 측 미사도 마찬가지이다. 이러한 의례는 개신교에는 없는 것이다. 상호 이해의 폭을 넓히기 위해 매주 1회 전체조회를 하는데 이때 반드시 공동행사로 진행한다. 마케도니아나 키프로스 등 분단사회에 대한 논의로 통합 이야기를 풀어보기도 한다. 또한 드럼라 칼리지의 학생 다수가 다닌 오마 통합초등학교와 함께 매년 10월에 마음의 상처를 씻자는 의미의 희망 걷기(Walk of Hope) 대회를 열고 있기도 하다.

이야기를 나누는 가운데 나이절 프리스 교장이 특히 강조한 것이 있다. 학교 운영에서 뭐든 솔직하게 이야기하는 것이 최상의 교육이라는 점이다.

"자녀가 학습 결손이 심해도 학부모에게 이야기하면 이것을 잘 인정하지 않습니다. 하지만 아이를 위한 최선이 무엇인지 이야기하면서 학교에서 따로 보충교육을 할 테니 함께 노력해보자고 하면 바로 인정하고 고마워해요. 이때 학교는 정말 태도 교육에서부터 아이의 능력별 수준에 맞춰 성실하게 지도합니다. 모든 교사가 함께 노력합니다.

이런 데 드는 비용을 모두 학교가 따로 산정해서 부담하고 있습니다. 특히 테크놀로지나 그래픽디자인 같은 분야에서 아주 탁월한 학생이 있다면 교사가 그 학생을 별도로 지도하기도 하고요. 그런 학생들이 외부 대회에서 수상을 해오면 다른 학생에게도 자극이 되고 학교나 지역사회에도 긍정적으로 작용합니다. 학부모들도 이제는 이런 점을 인정해서 우리 아이들이 자기 능력에 맞춰 통합적으로 잘 성장하길 원하지요."

드럼라의 교과 수업은 능력별로 따로 진행하기도 하지만 대부분의 활동은 다 같이 한다. 특별교과 지도는 주로 점심시간이나 방과 후에 있는데 모든 과정은 다 공개적으로 진행한다. 이러한 통합교육이 지역사회에 잘 알려지면서 이제는 그래머스쿨 대신 드럼라 칼리지를 지망하는 우수한 학생이 늘고 있다. 대기자가 많아지는 상황인데 일단은 입학 정원이 있어 지원자 모두를 뽑을 수는 없지만 학교장 재량으로 입학 인원을 조정할 수가 있다. 본래 학년당 4개 학급 100명의 입학생을 받아야 하는데 지난해는 너무나 많이 몰려 정원 외 20명 정도를 더 선발했다. 하지만 이것이 반복되면 주변 학교와의 관계가 복잡해진다. 다른 학교는 그만큼 학생을 뺏기는 것이고, 학교 재정이 어려워지는 것이기 때문이다. 이처럼 학생 수 비율로 학교 재정이 결정되는 상황에서는 피할 수 없는 일이라 드럼라 칼리지도 균형을 맞추기 위해 엄청 노력하고 있다고 한다.

일반학교에서는 시험 기간에 집에서 자습하라고 일찍 보내지만 드럼라는 학교를 늦게까지 개방할 테니 학교에서 공부하기를 원하는 학생은 원하는 일정을 잡아두라고 한다. 많은 아이가 학교에 와서 공부하고, 이때 교사도 같이 나와 있으면서 학생들이 질문하면 도와준다. 교사들에겐 힘든 일이지만 아이들의 성장을 보면서 다들 기뻐하는 것 같다. 통합학교라 해도 능력이 우수한 아이들을 잘 지도하여 사회 지도자로 양성하는 것도 아주 중요하다. 동시에 누구에게나 보충해서 자기를 수정할 수 있는 보완학습(revision lesson) 기회가 주어지도록 하는 자세를 갖춰야 한다는 것이 나이절 프리스 교장의 기본 교육철학이다. 통합교육캠퍼스가 만들어지면 이러한 철학을 더 광범위하게 실천할 수 있을 것 같다며 내년에 꼭 다시 와서 보라고 한다.

두 마리 토끼를 쫓는 드럼라 교육과정

뒤처져 허우적거리고 있던 통합칼리지가 제자리를 잡은 성공 사례로 논의되는 드럼라의 하루를 경험해보고 싶어서 두 번째 방문 때는 아침 일찍 학교에 도착했다. 나이절 프리스 교장은 현관에서 학생과 교사들을 맞이하며 아침인사를 하느라 무척 바빠 보였다. 저 분주한 교장을 종일 따라다니며 살펴보는 것도 좋은 방안이겠다는 생각이 들었을 정도다.

아이들이 교실로 들어가 수업이 시작되는 듯하자 프리스 교장은 나를 데리고 2층으로 올라갔다. 학생이 많은 교실도 있고 아주 소수가 수업하는 반도 있다. 교과교실로 운영하기 때문에 교실마다 특색 있게 꾸며져 있다. 처음 참관한 교실에서는 6폼의 Y14(17~18세) 대상 역사 수업이 있었다. 야무져 보이는 여교사인 브렌다 케린(B. Kerrin)이 나를 소개하고는 1800~1900년 아일랜드 상황에 대한 학습을 시작했다. 아일랜드 19세기가 얼마나 정치적으로 민감한 시기였는지를 학생들이 쉽게 알아듣도록 설명한 후 바로 학생 개별 발표로 들어갔다. GCE 선택교과라 학생 8명이 둘러앉아 수업하는 모양이 대학수업 세미나보다 더 진지하다. 교복만 입었을 뿐 여학생들은 곱게 화장도 하고 매니큐어도 칠하고 머리도 나름대로 만지고 각자 멋을 내고 왔다. 교복 입은 남학생들도 깃을 올리고 머리도 각자 특색 있게 남성다움을 맘껏 표현하고 싶어 하는 듯하다. 아이들은 특정 역사적 인물에 대해 준비해올 것을 이미 과제로 받은 듯했다.

역사 속 인물의 개인적 배경, 인물이 속한 조직이나 캠페인, 사상, 전략, 역할과 업적, 성공인가 실패인가 등의 기준을 가지고 학생들이 준비한 것을 발표하고 질문에 대답하면 중간중간 교사가 보충해준다. 교사도 많이 준비하고 있어야 아이들이 각자 준비해온 것을 보충해줄 수 있으므로 수업에서 상호작용의 질이 아주 훌륭하다. 참여학습의 장점이 잘 드러나는 수업이다. 수업을 정리하며 '특정 역사에 대해 이렇게 서로 다른 관점으로 재구성하여 설명하는 역사적 방법을 수정주의 사관(revisionist history)이라고 한다'고 설명하는 것에는 깜짝 놀랐다. 아니, 고등학교 학생들한테 그렇게 어려운 개념을 아무렇지도 않게 설명하다니. 그리고 19세기 세계정세에 대해서도 설명하면서 프랑스혁명과 아메리카 남북전쟁도 아일랜드 독립운동에 영향을 미쳤다고 부언했다. 또 영국에서는 왜 1996년 맨체스터 폭탄테러 이후 반아일랜드 정서가 싹텄는지, 왜 아일랜드에는 반영 정서가 생겼는지를 역사적 사건을 중심으로 설명하면서 법률, 혁명, 문화·민족문화, 이렇게 세 요인을 중심으로 역사를 해석해야 한다고 마무리한다.

수업이 끝나갈 즈음 나이절 프리스 교장이 데리러 왔다. 함께 학교를 한 바퀴 돌아보고 나니 이 지역 아이들이 왜 여기에 오고 싶어 하는지 이해할 수 있을 정도로 학교가 짜임새 있게 잘 지어졌다. ICT 교실에는 매킨토시 컴퓨터가 13대나 있다. 아이들이 그래픽디자인 수업에 활용하도록 구입했다는데, 이 비싼 것을 전문가도 아닌 어린 학생들 수업용으로 구비해놓은 데에 또 한 번 놀란다. 프리스 교장은 이렇게 미래 지향적 교육 활동에 학교 비용을 쏟았다. 학교를 걷다 보니 다른 통합학교와의 차이가 또 하나 눈에 띈다. 라간이나 헤이즐우드는 모든 교실에 담당교사 이름을 붙였는데 여기는 그냥 교과 명칭만 붙여났다. 이유를 물으니 자기는 특별히 그런 생각을 안 했다면서, 다른 교사들도 함께 사용하는 교실이라 그러면 편하지 않을 것 같다고 한다. 드라마 교실은 조명까지 갖췄고 가끔 작은 공연도 한다고 한다. 그날도 옛날 의상을 입은 학생들이 스스로 각색한 셰익스피어 극을 연습하고 있었다. 미술 교실은 살아 있는 하나의 갤러리이다. 이번 학기 주제는 동양예술이라면서 한자가 쓰인 천으로 천장을 장식해두었다. 적힌 글이 무슨 뜻인지 아느냐고 했더니 잘 모르는데 멋있어서 했단다. 내가 그날따라 친구가 천연염색한 옷감으로 만든 한복 느낌의 윗도리를 입고 가서 갑자기 한국의 옷에 대해 설명하게 되었다. 이기연 질경이 사장이 말하던 우리 옷의 선과 색을 간단히 이야기하니 내 옷을 만져보고 난리다. 한복이었으면 벗어주고 왔을 것 같다. 하여간 새로운 것에 대한 이들의 관심은 대단하다. 목공 수업 교실에서는 아예 가구를 만들고 있다. 오크로 만드는데, 마지막 학년이 되면 주문제작도 받는다고 한다. 자동차 디자인 시간엔 아이들이 만들어 대회에 나가 우수상도 탔다고 자랑한다. 체육 활동으로 자기 집에 말이 있는 학생들은 경마대회에 나가서 상도 타 온다. 여기가 농촌 지역과 가까워 집에서 말 타는 아이들이 많은데 그중 경마에 관심 있는 학생들은 연습해서 대회에 나간다고 한다. 최근 이주가정이 늘면서 들어온 폴란드 이주가정 학생들은 폴란드어를 제2외국어로 택하여 최우수 점수를 받았다는 것이다. 헝가리 이주가정 자녀들에게도 모국어를 제2외국어로 택하도록 격려하고 있다. 이때 소요되는 비용은 학교가 부담하기도 하고 지역 이주가정 지원센터와 협력하여 지원받기도 한다. 학교가 학생들의 문화적 자산을 잘 활용하여 그 자산을 더 높이도록 노력한다면 교육적 효과도 더 높아질 것이라고 전망한다.

아래층에는 옥스퍼드나 케임브리지 대학처럼 정방형 학교 건물 안 정원에 누각을 만들어 학생들이 쉬거나 놀 수 있는 은밀한(private) 공간을 만든 것이 아주 내 마음에 든다. 작년에는 양 진영의 화해를 상징하는 브리지를 만들었고 그 아래 작은 연못을 만들었다. 갈등해결교육도 브리지에서 시도하고 있다고 한다. 또 학교 지붕에 태양에너지 발전장치를 해놓았다. 여기는 비만 오지 햇볕이 없으니 에너지는 별로 만들지 못하겠다고 했더니, 그렇긴 하단다. 북아일랜드에는 바람이 많이 불기 때문에 풍력을 이용하여 에너지교육을 하는 것도 좋을 듯하나 도시 내에서는 풍력발전소 설치가 허용되지 않는다고 한다. 아무리 에코스쿨이라 하더라도 도시 안전상 허락이 안 된다고 하는데 충분히 이해가 된다. 학교 강당이 점심시간에는 식당으로 변한다. 450여 명의 학생이 여기에 모여 함께 식사한다. 도시락을 싸오는 학생들도 식사는 여기서 같이 한다. 밥상 공동체의 의미랄까!

하루 종일 드럼라에 있었는데도 시간이 금방 지나갔다. 아무래도 오픈데이에는 꼭 와봐야 할 것 같았다.

드럼라 오픈데이가 1월 첫째 주 토요일 아침 9시 45분부터 시작한다고 해서 전날 에릭 블릭 선생님 댁에서 자고 같이 9시 40분쯤 가니 학부모들이 모여든다. 10시쯤 되자 강당이 꽉 찼다. 먼저 남녀 학생대표가 학교 방문을 환영한다고 인사하며 만족스러운 자신들의 학교생활에 대해 이야기했다. 이어서 학교운영위원장이 드럼라의 학부모로서 얼마나 큰 자부심을 갖고 사는지 이야기하고, 마지막으로 나이절 프리스 교장이 어떤 원칙으로 드럼라를 운영하는지 10분간 프레젠테이션으로 일목요연하게 설명했다.

이어 진행된 그룹별 학교 견학에 한 팀을 따라다니며 그 반응을 살펴보았다. 드럼라는 아주 철저하게 준비를 하여 학생들이 오픈데이에 와보면 어떤 교육을 받을 수 있을지를 예측하게 하는 것 같다. 음악실엔 없는 악기가 없어 보인다. 참가한 아이들로 하여금 전부 다 한 번씩 악기를 만져보게 한다. 아이들이 신나게 두들겨보고 만져본다. 수학 교실에서는 일상생활에서 수학은 어떻게 활용되는가를 중심으로 설명하며 빙고게임을 시킨다. 더 이상 수학은 재미없는 교과목이 아니다. 가정 교실에서는 다과 파티가 열린다. 체육 교실은 다양한 스포츠에 참여하도록 구성했다. 아이들이 뛰고 공을 던지고 암벽을 타며 북적거린다. 영어, 드라마, 지리, 미술, ICT 등도 가벼운 퀴즈나 게임을 통해 아이들의 흥미를 유발했다. 부모들도 진지하게 참여하고 아이들은 신났다. 종교 교실에서는 앰네스티 인터내셔널에 참여하는 학생들이 종교분쟁을 방지하는 활동에 참여할 것을 선언했다. 역사 교실에서는 브렌다 선생이 유럽, 영국, 아일랜드의 입장에서 사건을 되돌아보며 비판적 사고를 하도록 하는 것이 북아일랜드 역사 교육의 목적이라며 "나의 역사 만들기를 통해 내 안에 녹아 있는 사회적 의미를 찾자"고 한다.

오늘 나의 역사 만들기는 '내가 왜 북아일랜드 통합학교 탐방을 하려고 하는가'에 대한 의미 찾기로 이어진다. 나와 드럼라는 평화와 화해를 위한 교육으로 계속 만날 것 같다.

오마 통합학교 캠퍼스를 생각하며

오픈데이를 마치고 나오니 교문에 오마·드럼라 통합교육캠퍼스 깃발이 붙어 있다. 에릭 불릭이 저 위에 있는 굴착기를 보라고 한다. 오늘 막 들어왔으니 오늘부터 첫 삽을 뜨는 역사적 순간을 내가 보았다고 흥분한다. 분명 그에게는 오늘 이 순간이 엄청난 의미를 지닌 역사적 사건일 것이다. 이제 오마에는 정부가 자랑하는 공유교육캠퍼스와 나란히 통합교육캠퍼스가 공존하게 된다. 2006년부터 가속화된 북아일랜드 정부의 공유학교 확대 정책에 따라 오마에 리저널리 공유교육캠퍼스가 2019년 완공 예정으로 최초로 세워지고 동시에 크리비나 통합교육캠퍼스도 완공된다. 공유냐 통합이냐 하는 논쟁이 오마에서 거세게 일 것 같다.

오마 지역에는 통합학교를 포함하여 중등 12개, 초등 12개의 학교가 있어 이미 포화 상태이나 통합학교는 많은 아이들이 가고 싶어 하는 학교이다. 이제는 종파차별도 많이 해소되었고 경제적 상황도 개선되었으며 또 평화협정 이후 종파분리주의 일상도 많이 개선되어 대부분의 문제가 거의 다 해결되었으니 탈종파분리주의적 개혁인 통합교육운동은 그만해도 되지 않느냐는 논의를 정치권을 중심으로 시도하고 있다. 많은 사람들 역시 이제는 평화를 선언했으니 또 다른 변화는 필요 없다고 생각하고 교육부도 이러한 정치권의 변화에 맞춰 통합교육으로의 전환에 대한 정책 및 재정 지원에 인색하다. 점점 1998년 벨파스트평화협정의 구절은 잊히고 있는 분위기이다. 그래서 보통 사람들이 성공시킨 오마의 통합학교 사례가 더욱더 중요하다.

에릭 불럭은 경험에 비추어 이전의 상호이해교육(EMU)이나 지금 교육청이 주도하는 CRED(Community Relations, Equality and Diversity) 그리고 교육부가 밀어붙이는 공유교육은 근본적인 종파분리주의 극복 노력이 아니라 살짝만 건드리는 피상적 접촉에 불과하다고 비판한다. 통합교육 외부 환경이 이처럼 적대적인 분위기인 데다가 학부모나 교사들의 통합교육 헌신도도 이전과 다르다는 점도 염려한다. 통합교육에 정통하고 스스로 의미를 부여하는 학교장을 선임하기도 쉽지가 않다. 처음에 아주 견고한 의지를 품고 시작했던 1세대 설립학교장이나 교사, 학부모가 물러나고(일부가 여전히 설립위원으로 역할을 한다지만), 새로 임용된 교사나 학부모, 심지어 교장들의 의지도 이전 같지가 않고 많이 사그라진 것 같다고 한다. 통합학교가 부딪힌 오늘날의 문제는 정부의 정책 변화 같은 외적 요인 탓도 있지만 내적 결속력 약화 같은 내부 요인에 기인하는 것이기도 하다. 프리스 교장이 통합학교교장단협의회(APTIS) 회장을 역임했는데 그곳 회의에도 모두가 의무적으로 모이지 않고 소수만 참여한다고 한다. 현재 NICIE는 통합학교의 우산 역할을 제대로 해내지 못하고 있다는 염려도 있다. 여전히 목소리가 큰 학부모와 학교 운영의 책임을 지는 학교장 사이의 갈등 조절도 관건이다. 지역 인구구성을 보면 학생 모집

에서 종파 비율을 맞추기가 녹록지 않고, 종파분리주의에 맞춰진 임용과
정을 거치다 보면 능력 있는 교사의 종교 균형을 맞추기도 쉽지 않다. 성
별 균형도 맞추기 어려운데, 남자교사가 와서는 한 학기 경력을 쌓고는
곧 잉글랜드나 다른 도시 학교로 전근을 가버리기도 한다. 교사가 많다
고 해도 좋은 통합학교 교사를 찾기란 쉽지가 않다.

"이러한 문제는 사실 어디에나 다 있습니다. 우리만 해도 세대에 따라 인
식이 다르지요. 지역별 편차도 굉장히 크고요. 문제에 대한 비판이 현장 개
혁으로 잘 이어질 때, 건강한 비판 세력은 통합교육 현장을 더욱 단단하게 만
들 수 있는 내적 강화 요인이 될 수 있습니다."

어려운 점은 너무나 많지만, 에릭 불릭이나 나이절 프리스는 오마에서
가능성을 낙관하고 있었다. 사람에 대한 믿음, 진리에 대한 헌신, 진보에
대한 확신, 평화에 대한 희구, 교육을 통한 변화, 이러한 가치가 우리에
게 통한다는 것을 강하게 느낀다. 그래서 기쁘다.

6부

·

블러디 선데이의 도시에서 일군 통합학교

(런던)데리, 1991년

오크그로브 통합초등학교

오크그로브 통합칼리지

(런던)데리 (London)derry

(런던)데리는 17세기 포일강(Foyle江) 가에 건립된 아름다운 성곽도시이다. 아일랜드 식민지화 초기 영국 식민도시로 상징되는 지명을 강요받은 (런던)데리는 제1·2차 세계대전 때에는 정치적, 군사적 요지로서 미군함대본부가 주둔한 유럽 주요 해군기지로 기능했다. 또한 1969년 분쟁기를 여는 최초의 대중봉기가 열리고 1972년 1월 피의 일요일(Bloody Sunday) 사건이 발생한 역사적 현장이기도 하다.

데리의 원어(아일랜드어)인 'Daire'는 '오크나무 숲(oak grove)'을 의미하며 '런던'이란 말은 켈트어로 항구요새를 의미하는 것이기에, 런던데리는 데리 항구요새라는 지명으로 아주 정확했다. 하지만 본래 데리인으로 살던 아일랜드인들은 결코 '런던데리'라는 명칭을 수용할 수 없었다. 반면 잉글랜드나 스코틀랜드에서 새로 이주해 온 사람들은 '데리'라는 명칭을 선호하지 않아 결국 지명을 둘러싼 정체성 갈등은 오늘날까지 이어지고 있다.

아일랜드공화국 도네갈 카운티와 접경해 있는 (런던)데리는 그만큼 IRA 활동에 우호적인 가톨릭 우세 지역이지만 평화협정 이후 모든 시정에서 반드시 종파 균형을 유지하도록 제도화하고 있다. 그래서 지금은 종파분리주의 폭동으로부터 가장 안전한 도시로 인정받고 있다. 종파분리주의를 극복하기 위한 가장 성공적인 시민 활동 중 하나가 바로 1991년 오크그로브 통합초등학교와 1992년 오크그로브 통합칼리지 설립이다. 지역의 명문 그래머스쿨들이 종파별로 공존하는 가운데 오크그로브는 종파통합뿐 아니라 그래머스쿨과 세컨더리스쿨을 묶고 일반초등학교와 특수학교를 묶는 지역통합시민운동의 산실이기도 하다.

12

바비큐파티에서 시작된 학교 만들기,
오크그로브 통합초등학교

Oakgrove Integrated Primary School
www.oakgroveschool.co.uk

북아일랜드에 관심을 갖고 드나들면서 갈 때마다 잠시라도 꼭 공기를 맡고 와야 하는 곳이 두 곳 있다. 하나가 코리밀라이고 다른 하나가 (런던)데리이다. 벨파스트와 (런던)데리는 버스나 기차로 이어지는데, 갈 때 기차로 간다면 올 때는 꼭 버스로 돌아오고, 반대로 갈 때 버스로 간다면 올 때는 시간이 좀 더 걸려도 꼭 기차로 돌아온다. 그래서 그런지 왠지 (런던)데리는 아주 친숙하다. 1994년부터 봐온 곳인데도 성곽 안 풍경은 여전하다. 랜드마크 극장인 밀레니엄 포럼이 새로 생겼고 피스 브리지 (peace bridge)가 만들어져 시내에서 쉽게 강 건너편 성곽도시의 아름다움을 볼 수 있게 된 것 빼고는 예전 그대로이다. 지역을 동서로 나누는 포일강(Foyle江)도 여전하고, 길드홀 1층 카페도 그대로 있다. 늘 하듯이 성곽을 따라 한 바퀴 돌자면 분쟁기의 상징 벽화를 보게 되는데 이상하리만큼 볼 때마다 그 느낌이 다르다. 맨 처음 1994년 휴전협정 이전에 갔을 때는 긴장감이 돌았다. 하지만 2016년 7월에 갔을 때에는 평화로운 옛 기억물로 비칠 뿐이었다. 그럼에도 'Londonderry'라고 적힌 이정표는 번번이 페인트칠로 'London' 부분이 지워져 있고 말할 때도 상대방에 따라 '런던데리'라고 해야 할지 아니면 '데리'라고 해야 할지 고민하게 만드는 종파분리주의 문화가 여전히 일상을 지배한다.

그래서 오크그로브 통합초등학교를 추동한 콜름 머리(Colm Cavanough Murray)는 다음과 같이 통합교육으로의 교육 변혁을 주장한다.

> 북아일랜드 통합교육은 종파주의에 맞서는 교육적 결단이다.
> 역사적으로 나는 아일랜드 사람이라고, 나는 잉글랜드 사람이라고 각기 배우고 서로에게 다른 상징물로 사회화된 상태로 어떻게 지역 공동체를 건설할 수 있는가? 우리에게 미래는 없다. 그래서 분단을 넘어서는 행동으로 배우고, 이해하고, 수용하자고 대화하기 시작했고 함께 토론하면서 우리 지역사회를, 우리 공동체를 만들자고 호소하게 된 것이다.
> 신학은 죽임의 신학이 아니다. 교육도 마찬가지다.

이러한 시도를 집 앞 공원에서 동네 사람들이 바비큐를 하면서 시작했다. 그렇게 오크그로브 통합초등학교가 탄생했고 곧이어 다음 해에 칼리지도 성공적으로 설립되었다. (런던)데리에는 얼스터 대학교 데리 캠퍼스인 머기 대학(Magee College)이 있고, 그 안에 유엔 갈등해결센터 인코어(INCORE: International Conflict Research Institute)가 있다. 2013년 NICIE의 던리스 강좌(Dunleath lecture)에서 특강을 들었을 때 인상이 강해 한 번 더 만나고 싶어 연락을 했더니 INCORE 소장 브랜던 햄버(Brandon Hamber) 교수가 기꺼이 만나주었다. 오전에 햄버 교수와 분단사회의 평화 구축 및 통합교육의 의의와 한계에 대해 이야기를 나누고, 바비큐파티를 계획하여 이후 통합교육운동을 주도해온 콜름 머리와 앤 머리(Anne Murray)

부부, 초대 학교운영위원장이었던 팀 웹스터와 버니 웹스터(Tim and Bernie Webster) 부부를 모두 만나 생생한 학교 설립 이야기를 들을 수 있었다. 두 부부는 옆집에 살고 있는데 집 앞 작은 공원이 바비큐파티가 열렸던 학교 설립의 역사적 현장이라고 알려준다. 콜름 머리는 현재 NICIE 회장으로 지역에서만 아니라 북아일랜드 통합교육정책 개발과 관련하여 중요한 역할을 하는 사회적 교육 실천가이고, 부인 앤 머리는 가톨릭 초등학교 교사로 있다가 오크그로브 통합학교 설립에 관여하면서 초대 교장으로 임용되어 2013년까지 23년간 재직하며 오크그로브를 만들어온 열성적인 교육자이다. 콜름 머리는 지역 평화구축 사업이나 시민활동 사업에 적극적으로 참여하고 있으며, 앤 머리 또한 퇴임 후 오크그로브 통합칼리지 학교운영위원회에 설립학부모위원 자격으로 참여하며 통합학교 교장 연수 지도자로 활약하고 있다. 팀 웹스터는 잉글랜드에서 온 엔지니어로 시 공무원이었으며 그래픽디자이너나 학교 소식지를 도맡아 편집하고 있는 초대 학교운영위원장이자 현 학교운영위원장이다. 버니 웹스터는 가톨릭 가정에서 성장한 사회복지사로 특히 칼리지 설립 때 아주 적극적으로 관여했고 지금도 칼리지 학교운영위원회 총무로 자원활동을 하고 있다. (런던)데리 통합교육운동의 선구자인 네 사람을 세 번이나 만나 학교 방문도 하고 밥도 먹고 집도 방문하면서 (런던)데리의 통합학교 이야기를 풀어나갈 수 있었던 것은 정말 큰 행운이었다.

"데리라면 통합학교가 있어야지"

평소 자주 모여 아이들의 미래에 대해 이야기를 하던 이웃들이 통합학교 이야기에 촉각을 세우고 있었다. 그러다가 "데리에서도 아이들을 위해 이러한 학교가 하나 만들어져야 하지 않겠느냐"라면서 동네 공원에서 바비큐를 하며 던진 이야기가 급진전했다. 그때가 1990년 8월이었으니 다른 시민운동 속도와 비교해 데리 통합학교 설립은 약간 뒤늦은 감이 있었다. 사실 첫 통합칼리지인 라간이 벨파스트에 세워진 지 10년이 될 때까지, 그리고 인근 에니스킬렌이나 오마에도 통합학교가 다 세워졌는데 데리에서 통합학교 설립이 논의되지 않았다는 것은 다소 의아하기는 하다. 하지만 일단 발동이 걸리자 속도가 붙어 초등학교를 만들기까지 채 1년도 걸리지 않았고 이듬해에 중등칼리지까지 설립했으니, 초중등 통합학교가 모두 설립된 것으로 보면 벨파스트 외곽에서는 데리가 가장 빠르다.

바비큐에 참석한 사람 가운데는 콜름과 팀 가족이 중심이었지만 이후 학교 설립과 관련해서는 데리 지역의 시민사회 활동가를 주축으로 대부분 부부 단위로 참여했다. 처음부터 깊게 관여했던 팀은 일단 학교 설립 안이 논의되자 생활에서 학교 일이 주업이 되었다고 한다. 워낙 꼼꼼한 성격이라 모든 논의 과정을 기록해놓아 2001년에 10주년 일지(diary)를 자료집으로 펴내기도 했다. 창간호부터 보관된 월간 소식지 ≪뉴스 업데이트(News Update)≫는 북아일랜드 통합학교 아카이브를 구축한다면 중요한 자료가 될 것이다. 최초의 소식지는 개교 전인 1990년 12월에 나왔다. 팀이 정리한 자료에서 학교 설립에 참여했던 19쌍의 부부를 보면 의사, 회계사, 요리사, 주부, 무직자, 교사 등 각 방면의 다양한 사람들로 구성되었다. 가정형편이 어땠는지는 정확히 알 수 없으나 초등학교를 보내는 젊은 부부가 중심이라 경제적 여건이 그리 넉넉지는 않았을 것 같고, 아마도 가정형편보다는 사회문제 해결에 의지가 있는 젊은 부모들이 참여했다고 보는 편이 옳을 것이다.

발기위원 부부 19쌍 중 5쌍이 가톨릭, 5쌍이 개신교 그리고 9쌍이 혼합혼 부부로,[*] 통합학교 설립에는 어디건 간에 종교 간(inter-church, inter-denominational) 혼합혼 가정이 대세이다. 통합교육은 혼합혼 가정에서는 피할 수 없는 주제이자 사실상 완벽한 대안이었다. 어느 쪽을 따를 수 있겠는가? 양쪽 다 포기할 수 없는 신앙인데…. 아이들이 학교에서 생각하면서 자연스럽게 결정하게 하는 것이 가장 평화적인 해결책이었던 것이다. 폭력적 대립으로 이어진 사회적 분쟁의 원인인 종파분리주의에 마주하여 제시된 혼합거주(mixed housing), 혼합혼(mixed marriage), 혼합학교(mixed school) 등 혼합(mixing)은 피할 수 없는 극복 방안이었고 통합교육운동은 그 중심에 있었다. (런던)데리 오크그로브는 이같이 혼합혼 가정이 주류이긴 했지만 종합적으로 일반 학부모가 주도한 반(反)종파분리주의 통합교육운동의 결과로 성취한 것이라고 볼 수 있다.

◆ 학교 설립발기위원 학부모 명단

이름	종교
Colm & Anne Murray-Cavanagh	가톨릭 / 가톨릭
Jimmy & Kathy Laverty	가톨릭 / 개신교
Gerry & Mary Walpole	가톨릭 / 가톨릭
Geoff & Eileen Starrett	개신교 / 개신교
Andy & Rita Meenagh	개신교 / 개신교
Sandra & Nial McCallion	개신교 / 가톨릭
Siobhan & Michael Carroll	가톨릭 / 가톨릭
Brian & Rhyll McGilloway	개신교 / 개신교
Jim & Diane Greer	개신교 / 개신교
Nuala & Derek MacLochlain-Rowe	가톨릭 / 개신교
Ron Smith & June Neill	개신교 / 개신교
Kenny & Marguerite Martin	개신교 / 가톨릭
Stan & Teresa Page	개신교 / 가톨릭
Bert & Anne Montgomery	개신교 / 가톨릭
Jim & Jen Simpson	개신교 / 개신교
Brendan & Siobhan Devlin	가톨릭 / 가톨릭
Paul & Irene Cosgrove	가톨릭 / 가톨릭
Stanley & Berenice McWilliams	개신교 / 가톨릭
Tim & Bernie Webster	개신교 / 가톨릭

1990년 8월부터 학교 설립 논의를 시작했는데 (런던)데리 시민사회와 밀접하게 관여되어 있던 발기위원들이 행정 절차나 일의 성격을 워낙 잘 알았기 때문에 바로 12월에 추진그룹을 만들었고, 이것이 이후에 학교 설립준비위원회로 발전했다. 이 같은 오크그로브 통합초등학교 설립 소식은 BBC 등의 매체를 타고 급속하게 번져나갔으며 지역사회도 아주 우호적이었다고 한다. 첫 공청회를 리스너젤빈 지역센터(Lisnagelvin Leisure Centre)에서 했는데 예상을 훌쩍 넘어서 200명 이상이 모여 성황을 이루었다.

학교 이름 공모로 67명이 참여한 투표에서 '오크필드'를 1표 차이로 제치고 '오크그로브'가 33표를 획득하여 학교 이름이 결정된 때가 1991년 2월이었다. NICIE는 오크그로브에 재단 설립과 학교법인 구성 그리고 학교운영위원회 구성 등을 준비하도록 요청했다. 4월에는 퀸스 대학교를 졸업하고 벨파스트와 런던 그리고 아프리카에서 교사 경력이 있는 앤 머리가 교사겸직교장으로 선임되었다. 이후 학교 설립과 안착 과정은 임시 학교운영위원장인 팀 웹스터와 교장 앤 머리의 주도로 책임 있게 진행되었다. 그해 5월에 교육부가 학교 설립을 인준하면서 학교법인을 구성했고, 6월에 포일 트러스트(Foyle Trust)가 형성되면서 학교의 법적 외형은 완벽하게 갖추어졌다.

당시는 1989년 북아일랜드 교육개혁법이 만들어지면서 통합학교 지원이 가시화된 이후라 통합학교 지원이 정부의 책임임을 명기했기 때문에 이전보다 통합학교 설립이 상대적으로 쉬웠다. 특히 NICIE가 통합학교 지원을 목적으로 설립되어 지원하고 있었는데, 현 심나 칼리지 교장인 NICIE의 케빈 람이 굉장히 헌신적으로 도왔다. 학교 관련 주체들로부터 의견을 모아 교육부와 로비하고 행정 실무 등 거의 모든 일을 신속하게 처리해주었다. 보통은 학교를 설립하고 운영해가는 주체가 교사나 교육부라고 생각하지만, 오크그로브는 학부모들이 더 주도적이었다고 할 수 있다. 학부모 스스로가 통합교육의 방향을 잘 알기 때문에 그 의지를 실천할 교사를 임용하면 될 것이라고 생각하고 그렇게 초기 교사 임용을 진전시켰다고 한다. 그 결과 앤 머리 교장을 비롯하여 초기 교사 대부분이 통합교육에 대한 열정을 갖고 10년 이상 근무했고 지금까지 근속 중인 교사도 2명이나 된다.

학교 설립 준비 과정에서 적당한 부지를 찾아 구입하고 건물을 짓는 것이 가장 중요한 일이었다. 그런데 (런던)데리는 거주지가 종파별로 분리되어 있기 때문에 가톨릭이나 개신교 아이들이 모두 불편 없이 접근할 수 있는 학교 부지를 찾기가 어려웠다. 설립위원들은 50군데 이상을 둘러보며 적정 부지를 찾아다녔다. 이때 그래픽디자이너이기도 한 팀 웹스터가 학교에 대한 꿈을 담은 이미지를 만들어 공표하기도 했다. 다행히 경계지역에 있던 옛 환경부 행정사무실을 적지로 발견하여 임대해 사용하다가 나중에 그곳을 매입하여 새 건물을 지어 오늘의 학교로 만들었다. 임대해 사용했던 초기엔 벽을 밀면 무너질 상황이었다. 그래서 옆에다 컨테이너를 붙여놓고 거기서 수업을 하곤 했지만 다들 기대에 차서 행복했고 아무도 불만을 말하지 않았다고 한다.

1991년 9월 4일 개교식엔 68명이 첫 등록자로 시작했는데 이후 곧 77명이 되었고 4년도 채 안 되어 150명을 넘겼다. 지금은 400명이 넘는 비교적 큰 통합초등학교로 발전해 이제는 (런던)데리의 자랑거리가 되었다. 학부모들의 요청으로 1993년 5월 비인가 어린이집(Playgroup) 준비위가 구성되었고 그해 9월엔 24명의 어린이가 등록했다. 그와 동시에 방과후 교실도 열었다. 1999년에 오늘날의 신축건물이 완성되었고 2001년에는 병설어린이집(nursery)을 개원했다. 이로써 4~11세까지의 종합적인 학령전·초등교육과정을 구축했다.

앤 머리 교장의 신뢰 기반 리더십

오크그로브 통합초등학교 설립 과정에서 학부모의 참여가 결정적이었듯, 이후 학교 운영의 모든 과정에서도 학부모 참여가 없는 학교는 상상할 수가 없다고 앤 머리 교장은 말한다. 학교 운영비는 거의 다 정부 지원이지만 기타 특별활동비는 학부모들이 바자회나 공연을 열어 마련한 기금으로 충당하고 있다. 학생이 돈을 내고 돈을 낸 학생만 참여하는 학교 활동은 거의 없다. 일단 학운위에서 소수 아이라도 특별교육 활동을 하기로 하면 그것은 학교 프로그램이고 비용은 당연히 학교가 부담한다는 원칙이다. 그래서 학부모들은 모든 아동의 특별교육을 위한 기금 마련 활동에 참여한다. 내 아이가 참여하지 않는다고 해서 학교 프로그램이 아닌 것은 아니다. 그러다 보니 학부모들에게도 재미가 있고 의미도 있다. 이러한 활동들은 학교를 지역사회에 알리는 기능도 한다. 학부모회에서는 학교 일에 관한 모든 일차 논의를 하는데, 법적 기구는 아니지만 협력기관 또는 아주 중요한 의사 수렴 과정이다. 학생들은 학생회를 통해 자유롭게 자기 의견을 개진하고 의사 결정 과정에 반영시킨다. 학운위의 모든 결정은 투표로 이루어지는데 설립 재단인 포일 트러스트가 6명을 보내니 그 목소리가 결정적이다. 포일 트러스트는 처음에는 학교 설립기금을 모으는 일에 집중했으나 이제는 운영기금이 정부에서 나오니까 학교 설립위원으로서의 역할만 충실히 하면 된다. 학교가 통합교육 이념을 지켜나가는 데 아주 중요한 중심 역할을 한다고 볼 수 있다. 이해하기가 쉽지는 않지만 포일 트러스트 대표가 앤 머리 교장의 남편 콜름 머리이고 학교운영위원장이 옆집 사람 팀 웹스터이며 설립위원 대부분이 지금도 학교 일이라면 발벗고 나서 참여하는 동네 사람들이다. 앤 머리는 그 때문에 오히려 긴장감을 놓을 수 없다고 한다.

교장으로서 제일 중요하면서도 어려운 일이 갈등 조정이다. 교사와 학부모 간, 교장과 교사 간, 학교와 지역사회 간 갈등이 없을 수는 없기 때문에 앤 머리 교장은 늘 마음의 문을 열고 대화하고 또 대화했다. 그래서 지금까지는 원만하게 풀어왔다고 한다. 간단한 학생생활 규정에 대해서도 모든 것을 대화로 해결한다. 앤 머리가 교장으로 있을 때 7학년 학생이 시내에서 담배를 피우는 것을 본 적이 있는데, 그런 교칙 위반 징계도 아이가 문제를 인정하고 벌점을 받겠다고 할 때까지 기다리는 방법을 취했다고 한다. 아이들도 생각이 있고 지각이 있으니 아이들 중심에서 교육한다는 철학으로 임하면 시간은 좀 더 걸려도 다 잘된다고 믿는다. 오크그로브가 사실 큰 어려움 없이 계속 성장해왔고 좋은 평가를 받아왔기 때문에 자기가 너무 문제의식이 없을 수도 있겠고 너무 안주하며 행복해하고만 있는 것이 아닌지 모르겠다고 하지만 그런 학교로 발전시킨 힘이 바로 앤 머리 교장의 신뢰 기반의 리더십으로부터 나온 것 같다. "정말 문제가 없는 건가요? 우리가 너무 행복해하는 것은 아닌가요?"라고 묻는 앤 머리 교장의 어린아이 같은 질문이 정말 잘 살아왔음을 입증한다.

종파분리주의 극복을 외치는 통합학교의 큰 어려움은 지역의 종파학교들과 학생 수를 놓고 경쟁하는 관계에 있으면서도 또 협력할 일이 많다는 점이다. 지역 학교장 모임이 매달 열리는데 이곳에서조차 초기엔 통합학교 교장은 부르지도 않았다. 그럼에도 앤 머리 교장이 자료를 입수하여 열심히 쫓아다녔더니 나중에는 초대도 하고 아동교육 관련 일에 협조도 잘해주게 되었다. 지금은 인근 학교와 많은 협력을 하고 있으며 특히 특수학교와는 아주 밀접하게 협력한다. 이제 오크그로브 없는 지역 교장단 회의는 상상할 수도 없을 것이다. 오크그로브는 통합학교라서 종파 간 협력과 대화가 기본이지만 다른 종파학교는 지역에서의 학교 간 협력에 어려움을 느낀다. 이런 문제에 오크그로브가 중간다리를 놓고 대화를 유도하면 잘 진행된다. 2006년 이후 정부가 공유교육으로 종파학교 간의 협력을 유도했지만 모든 것이 이질적이어서 공유할 것도 제한적이고 공유의 필요성을 거의 못 느끼는 상태였다. 그래서 이런 문제에도 통합교육과 공유교육은 다르긴 하지만 어떤 형태이든 종파 간 만남과 대화는 필요한 것이기 때문에 참여할 수 있다고 전제하고 오크그로브가 대화의 물꼬를 터주는 역할을 하고 있다.

(런던)데리는 북아일랜드 분쟁의 중심지로 양측의 공방이 심해 가톨릭이나 개신교 가정에서 서로 상처받은 아이들이 입학하는 경우가 있지만, 서로 충돌하여 어려운 상황으로까지 갔던 심각한 경우는 없었던 것 같다. 작은 지역이라서 거의 다 알고 지내기 때문에 서로 감싸는 분위기이다. 사실 오크그로브에 경찰 가족이 자녀를 보내고 IRA 가족이 자녀를 보내 서로 부딪히는 사례는 거의 없었다. 한두 가정이 분쟁기 동안 아버지가 사망했거나 형제가 사망했던 사건이 있어 개인사적으로 곤란을 겪긴 했었지만, 그것을 학교 문제로 확대하지는 않았다. 오크그로브 초등학교는 학생들이 아직 어리기 때문에 갈등사회의 화해 프로그램을 구체적 사례에 적용시켰다기보다는 일반적 사회 주제로 다뤄왔다. 학생들이 관계된 특수 사례는 다루기도 어렵고 또 너무 민감하여 직접 다루지 않았다. 그래서 이 학교만 하는 것은 아니나 NICIE가 주도적으로 발전시킨 반편견교육, 또래조정, 학교폭력예방교육, 비판적 사고훈련 등을 모든 아동에게 적극적으로 실시하고 있다. 학업성취 면에서도 좋은 성과를 보이고 있다고 앤 머리는 자부한다. 특히 태도나 사회적 기여 측면에서는 최고로 월등하다. 학교 장학보고서를 보면 오크그로브 초등학교는 모든 면에서 월등하다고 평가하고 있다.

학교의 안정성이 때론 안주로 비칠 수도 있겠으나 초대 학교장으로서 앤 머리는 교사들을 정말로 신뢰한다고 한다. 앤 머리 자신도 23년간 교장으로 있었고 이어 라레인 쿨터(Larraine Coulter) 교장대리나 현 애슐리 도너기(Ashley Donaghey) 교장도 15년 이상 재직하다가 교장이 되었으니 모두 학교를 너무나 잘 아는 사람들이다. 앤 머리가 교장으로 퇴직한 지가 벌써 4년이 지났는데 그 이후로도 신규 교사 채용을 안 했으니까 지금도 예전 교사들이 다 그대로 있다. 임시교사나 보조교사는 늘 새롭게 바뀌지만 정교사는 그대로이다. 다들 학교생활을 정말로 행복해하는 것 같다. 모두 21명의 교사 중 4명이 남자교사로 북아일랜드 초등학교에서 남자교사 비율이 상대적으로 높은 편이다. 체육교사가 축구를 할 수 있는 남자교사인 것도 운이 좋은 편이다. 아이들이 아주 행복해한다. 교사들의 종교적 배경 비율에 관한 구체적 자료는 보관하지 않으나 지역 자체가 가톨릭 지배적인 구조라 가톨릭 교사 비율이 높은 편이다. 하지만 학교운영위원 구성은 가톨릭 44%, 개신교 39%, 기타 17%로 특정 종파에 치우치지 않게 학교 정책 결정이 이루어지고 있다고 확신한다.

(런던)데리에 오크그로브가 있음으로 인해 지역사회는 엄청 생동감이 있어졌다고 앤 머리는 자부한다. 통합학교가 어떤 의미를 갖는가와 상관없이 '우리 지역에도 통합학교가 있다'는 것은 지역민들에게는 큰 자랑이다. 그리고 그 학교가 성공적이라는 점 역시 자부심을 준다.

앤 머리 교장이 갖춰놓은 아동 중심의 포용적 통합교육이념을 라레인 쿨터나 애슐리 도너기 교장도 거의 그대로 이어받았다. 에코스쿨도 그대로 계속하고 이 학교의 자랑거리 또래조정도 그대로 한다. 변화하지 않으면서도 상황에 맞춰 변하는 오크그로브 초등학교는 분명 (런던)데리의 엄청난 자랑거리임에 틀림없다. 애슐리 도너기 교장은 25주년 기념식에서 "오크그로브의 교육 목적은 모두가 다 함께 더불어 사는 삶을 향한 학습 공동체로서 다양성을 지향한다. 이를 위해 분단사회로부터 파생된 모든 문제를 안고 있는 사람들의 성공적인, 생동적인, 행복한 학습 공동체

조롱받으며 사는 아이는	A child that lives with ridicule
소심해지도록 배우고	Learns to be timid
비판 속에서 살아가는 아이는	A child that lives with criticism
뭔가가 모자라다고 배우며	Learns to condemn
불신 속에서 성장하는 아이는	A child that lives with distrust
거짓말일 거라고 배우며	Learns to be deceitful
증오 속에서 살아온 아이는	A child that lives with antagonism
적대적이 되도록 배우고	Learns to be hostile
애정을 받으며 살아온 아이는	A child that lives with affection
사랑하기를 배우며	Learns to love
격려받으며 살아온 아이는	A child that lives with encouragement
자신감을 배우고	Learns confidence
진리 안에서 성장해온 아이는	A child that lives with truth
정의를 배우고	Learns justice
칭찬 속에서 살아온 아이는	A child that lives with praise
인정할 줄 알게 되고	Learns to appreciate
나눔 속에서 살아온 아이는	A child that lives with sharing
배려할 줄 알게 되고	Learns to be considerate
지식과 함께 살아가는 아이는	A child that lives with knowledge
지혜를 배우고	Learns wisdom
인내 속에서 살아가는 아이는	A child that lives with patience
관용을 배우고	Learns to be tolerant
행복 안에서 살아가는 아이는	A child that lives with happiness
사랑과 아름다움을 찾게 될 것이다.	Will find love and beauty

가 되고자 한다"라고 선언했다. 그렇게 오크그로브 통합초등학교 아이들은 스스로 만든 아동헌장을 늘 가슴에 새기며 생활한다. 또한 오크그로브가 유니세프의 인권존중학교(RRS) 인증학교가 된 이후로는 아동헌장을

기초로 유엔아동권리협약을 실천하는 각 학급 고유의 학급헌장을 만들어 실천하고 있다.

평화적 교육과정이 이루어지다

분단사회에서 파생된 모든 문제를 해결하는 핵심은 종파분리주의 극복이다. 그럼에도 (런던)데리의 인구 82%가 가톨릭이기 때문에 오크그로브도 다수 종파가 50%를 넘지 않는 것이 노력만큼 쉽지는 않다. 현재 오크그로브 통합초등학교 학생들의 종교 배경을 보면 가톨릭 52%, 개신교 23%, 기타 24%로 구성되어 있다. 학생 402명 중 127명(31.6%)이 무상급식 대상자이고, 멀리서 통학하는 아이들이 많은데 모두 다 무료통학이다. 이주가정의 자녀도 점차 늘어 현재는 5.7%(23명)가 재적하고 있다. 중증장애 아동은 없으나 다양한 수준의 특수교육(SEN: special educational need) 대상자도 상당수 128명(31.3%)이 등록되어 있다. (런던)데리가 경제적으로 어려운 지역임을 감안할 때 여기 아이들도 많이 어렵다고 보는데, 전체적으로 가톨릭학교에 상대적으로 가난한 아이들의 비율이 높기 때문에 이 학교가 중산층학교로 비치는 것 같다. 지난해 오크그로브 초등학교 졸업생의 중등학교 진학 상황을 보자면 56명 졸업생 중에 71.8%가 오크그로브 칼리지로 진학했다. 학교 교육과정을 통해 통합교육철학에 대한 이해가 깊어진다고 믿는 학생들이 대다수이다.

오크그로브 초등학교의 하루가 어떻게 이루어지는지를 보고자 9시경 학교로 갔다. 마침 그날 아침엔 전 학년이 강당에 모여 전체조회를 한다고 해서 애슐리 도너기 교장의 안내로 함께 참여했다. 20여 분 진행하는 조회가 아주 흥미롭다. 교장이 간단히 방문자를 소개하고 인사말을 한

다음, 스코틀랜드 사람으로 유명한 사람을 누구 아느냐고 묻는다. 어떤 아이가 "번스!" 그러니까 오늘(1월 25일)이 그의 생일인 것도 아느냐고 다시 묻는다. 아이는 아빠가 말해주었다고 의기양양하게 대답한다. 이렇게 분위기를 잡고서, 아이들도 잘 아는 노래 〈올드 랭 사인(Auld Lang Syne)〉 가사를 스크린에 띄워놓고 같이 부르며 그 의미를 알아보는 시간으로 활용했다. 스코틀랜드 민족시인 로버트 번스가 지은 시로 만든 노래인 〈올드 랭 사인〉을 가톨릭이 주류인 지역 아이들과 같이 부른 것이다. 아이들이 놀랄 만큼 조용하고 차분했다. 이런 식으로 계기를 잡아 양 종파의 민족문화를 공유하는 시간을 갖는데, 아일랜드 민요를 하는 날도 있다. 조회를 마친 후 교장실로 가서 애슐리 도너기 교장과 학교 현황에 대해 잠시 이야기했는데 앤 머리 교장 때와 변한 게 거의 없다고 한다.

학교행정과 통합교육을 총괄하는 닐 질(Niel Gill) 선생과 오크그로브 교육과정에 대해 이야기하면서 교실을 돌아보았다. 질 선생은 자기가 어릴 때는 통합학교가 없어 가톨릭학교를 다니긴 했지만 가톨릭 어머니와 개신교계 아버지 밑에서 편견 없이 균형 있게 자랐기 때문에 교직을 시작하면서 통합학교를 찾았다고 한다. 개인적으로 오크그로브에서의 교사생활 시작이 너무나 자연스러운 일이었다. 그리고 1996년부터 교사를 했으니 학교가 얼마나 성공적으로 안착했는지도 잘 안다는 것이다.

"모든 것을 민주적으로 투명하게 운영하는 이 학교는 학부모와 교사 간의 협력이 정말로 잘 되는 곳이라고 확신합니다. 북아일랜드 국가교육과정을 따르기 때문에 교육과정은 다른 곳과 큰 차이가 없겠지만, 교사 간에 상호 교육을 열심히 해서 학년 간 협조가 잘되고 주제학습에도 아주 익숙해요."

지역의 일반학교 아이들보다는 생활이 좀 나을지는 몰라도 오크그로브에 크게 부잣집 아이들은 없다. 약간 가정이 어려워도 학교에서 그런 아이들이 불이익을 받지 않도록 많은 배려를 하기 때문에 대부분의 아이들이 아주 행복해한다고 한다. 오크그로브 초등을 마치고 70% 이상이 오크그로브 칼리지로 진학하고 나머지 25% 정도가 그래머스쿨로 진학하는데, 중등 진학 준비는 학교가 하질 않고 다 학부모가 알아서 한다. 그래머스쿨에 진학한 아이들도 자주 학교로 놀러오는데 학교 공부를 강조하는 분위기에 잘 적응하는 아이들도 있고 힘들어하는 아이들도 있다. 그것은 순전히 개인차이다.

교실을 둘러보고 싶다니까 6학년 아이 남녀 2명이 학교 안내를 자원했다. 아이들은 나를 안정되게 잘 이끌어 안내해줬다. 교실에 노크를 하고 나를 데리고 들어가서는 방문 이유를 설명한다. 그러면 담임은 나를 학생들에게 소개한다. 교실 분위기가 아주 자유롭고 복도 벽은 학생 작품 전시실이다. 빈 공간이 하나도 없다. 밖에서 체육 수업을 하는 아이들을 보니 학교를 지을 때 그대로 남겨놓은 오래된 나무들 사이에서 다람쥐처럼 재미있게 잘 논다. 이렇게 열심히 노는 것이 체육의 목적이란다.

2013년에도 오크그로브를 방문하여 또래조정 활동을 참관한 적이 있었는데, 2017년에도 여전히 또래조정은 7학년으로 진급할 때 필수적으로 실시된다고 한다. '미운 오리, 예쁜 오리(Ugly and Pretty Ducks)'라는 시나리오를 활용해 7학년에 진입한 아이들이 또래조정 훈련을 받고, 친구의 실제 문제 상황에 개입하여 친구들이 스스로 문제해결 하도록 돕는다. 비폭력적 갈등 해결 방법인 또래조정은 크고 작은 학교폭력 예방에 아주 효과가 높은 것으로 평가되는 평화교육 활동이다. 6학년 담임인 쿨터 선생이 주관하고 있다. 쿨터 선생 말에 의하면 또래조정은 아이들이 자발적으로 참여하고 경청을 통해 소통이 확대된다는 것을 느낄 수 있는, 아주 재미있고 의미를 찾을 수 있는 활동이다. 그녀가 내게 보여준

한 사례에는 꼬마 아이들의 갈등이 무엇인지 잘 드러나 있었다. 갈등의 두 당사자인 질과 앤디는 서로 다른 이유에서 기분이 나빠져 화가 났다.

> **질** 어제 나는 거실에서 비디오를 보고 있었다. 앤디가 들어와서는 비디오를 빼고 티브이를 켰다. 내가 다시 비디오로 돌리자 앤디가 다시 티브이로 돌려놨다. 나는 앤디를 밀었고 부엌으로 가서 티브이를 보면 될 게 아니냐고 소리질렀다. 앤디가 내 손목을 비틀고 때렸기 때문에 나는 엄마를 불렀다.
>
> **앤디** 내가 티브이를 보려고 거실 앞으로 왔을 때 질은 놀고 있었다. 그래서 내가 비디오를 빼고 티브이를 켜니까 질이 내가 보는데 왜 돌리냐며 다시 비디오를 틀었다. 질은 분명 비디오를 보는 게 아니었다. 그냥 켜놓고 놀기에 다시 티브이를 켠 건데, 그 아이는 나를 때렸다.

앤디는 질과 싸우기를 원치 않았지만 소란은 일어났고 결국 엄마가 와서 시시비비를 가리게 되었다는 이야기이다. 이 사례에서 또래조정이 어떻게 이루어졌는지, 또래조정자가 구체적인 지침을 조정 단계별로 실천해간 실례를 살펴볼 수 있다. 또래조정을 신청하고 전 과정에 동의하면 조정자가 배정된다. 두 사람의 또래조정자에게 자기들의 갈등을 같은 자리에서 이야기하고, 이 이야기를 듣고 상대방이 어떻게 느끼게 되는가를 이해한다. 이에 대해 각자 조정자에게 느낀 감정에 대해 이야기하며, 다시 만나 갈등의 원인과 쟁점이 뭔지에 대해 이야기하며 분석한 후, 서로 원만한 해결을 원하면 가능한 해결 방안을 이야기하고 최종적으로 합의한다. 이렇게 15단계의 절차를 거치는 동안 문제가 분명해지고, 이 과정에서 갈등 당사자나 조정자가 모두 성숙해진다.

오크그로브 초등학교의 또래조정은 1993년 '퀘이커 평화 프로젝트'로 도입되어 적용해보던 것을 얼스터 대학교 (런던)데리 캠퍼스 갈등해결센터에서 초등 상황에 맞게 재구조화하여 발전시킨 학교 평화교육 프로그램이다. 20년 넘게 오크그로브의 상징적 평화교육 활동으로 자리 잡아온 또래조정은 1996년 아일랜드 대통령 메리 로빈슨이 방문했을 때 또래조정자 학생들을 만나 대화할 정도로 집중적인 관심을 받았다. 이 밖에 반 (反)편견 프로그램을 비롯하여 '하모니(HARMONY)' 행사 등 지역에서의 공존과 화해를 위한 평화교육 활동을 진행하고 있다. 특히 하모니 퍼레이드는 오크그로브 아이들이 지역인들과 함께 공존을 이미지화하는 거리행사로 학교의 지역화에 기여하는 프로그램이다.

이러한 활동들을 통해 지역에서의 학교 전망은 대체로 긍정적이다. 정부에서 아무리 공유교육으로 간다고 해도 학부모들은 자녀를 오크그로브에 보내고 싶어 한다. 여기에서 하는 아동중심 통합교육을 지역에서 잘 인정하고 있다고 학교는 확신한다. 그러면서도 역시 긴장되는 일은 7학년 때 이루어지는 11세 시험 준비로 학교가 어수선해지는 것이고, 칼리지에서도 이 부분을 가장 염려하고 있다. 비선발 원칙을 고수하는 통합학교라도, 북아일랜드를 둘러싼 교육사회가 경쟁적이다 보니 부모들도 흔들리고 학교도 어렵게 될 수 있다. 기존 종파분리주의에 근거한 평가를, 아무리 국가가 이를 금지했다고 해도, 학부모 선택이라는 미명하에 온존시키는 구조가 통합교육의 이념을 손상할 수도 있기에, 어떻게 대처하는 것이 좋을지 하는 부분에 대해서는 계속 긴장하면서 오크그로브 초등학교와 칼리지가 공동으로 대응해나가고 있다. 특히 주변에 너무나 막강한 그래머스쿨들이 있어 힘든 면이 있다고 한다.

오크그로브 통합초등학교는 행복하고 지역 내 평판도 좋지만, 통합학교 전체는 지금 정체를 겪고 있는 듯하다. 사실 공유교육과의 관계 설정에서 통합교육을 통합학교 유형의 교육으로만 유지해야 하느냐는 근본적인 문제가 있다. 공유교육에 한계가 있더라도 아무것도 안 하는 것보다는 낫겠지만, 사실 공유교육 개념이 너무 모호해서 왜 이것을 그렇게 강조하는지 정치적 저의가 의심스럽다고 오크그로브 사람들은 토로한다. 학교를 갈라놓고 뭘 어떻게 하겠다는 것인지, 사회는 함께 가자고 하면서 학교는 갈라놓고 공유하자는 것이 얼마나 황당한 이론인지, 그토록 어려웠던 분쟁기에 투쟁을 통해서 얻어낸 정치적 성과물인 통합교육을 왜 지금에 와서 스스로 폐기하는지 등등 모든 것이 혼란스러운 상황에서도 오크그로브 사람들은 담담하게 통합교육을 실천하는 학교로 전진한다. 그래서 '왜 오크그로브를 만들었는가'는 아주 중요하다. 통합학교가 없었으면 북아일랜드를 떠났을 거라는 학부모 지미 래버티의 말이 가슴을 뭉클하게 한다.

사랑이 통합학교를 낳았다

지미 래버티는 2017년 겨울 다시 오크그로브를 찾았을 때 콜름이 '꼭 만나야 할 사람'이라며 학교에서 소개해준 인물이다. '왜 이 학교였는지'를 절실하게 고백할 사람이라며 들어보라고 한다. 앉자마자 아이가 몇 명이고 몇 학년 때 오크그로브에 다니기 시작했느냐고 묻기도 전에 이야기가 시작되었고, 나는 그 이야기에 빠져들었다.

"난 원래 잉글랜드에서 태어나 살았어요. 1950년대 아버지가 이곳 공장으로 와서 일하게 되면서 여기 가톨릭 지역으로 이사했는데, 동네 사람들은 내가 잉글랜드 억양을 쓰는 사람이라는 것 자체를 못마땅해했습니다. 그렇게 나는 비우호적인 가톨릭 환경에서 자라고 교육받았지요. 여기를 빠져나가고 싶어 안달하다가 드디어 1967년 런던 아트 칼리지로 갔어요. 그때 아내를 만났고요.

아내 캐시는 전형적인 잉글랜드 개신교 가정 출신으로 대학을 마치고 초등학교 교사를 하고 있었습니다. 잉글랜드 개신교 여성과 결혼하겠다고 하니 가족의 반대는 말할 것도 없이 거셌지만, 나는 가족을 버리고 사랑을 택했습니다. 우린 런던에서 개신교식으로 결혼했고, 거기서는 북아일랜드 사람과 잉글랜드 사람의 결혼이 전혀 문제가 되지 않았어요.

큰 불편 없이 살다가 런던에서의 일자리가 불안정하던 차에 이곳에서 런던데리개발계획(Londonderry development plan)을 담당할 사람을 모집한다는 거예요. 그 일이 아주 흥미로워 보였어요. 그래서 (런던)데리로 이사했죠. 캐시는 개신교니까 여기 개신교 지역인 스트라스포일(Strathfoyle) 초등학교 교사로 발령받았는데, 종파분리주의 풍토 때문에 엄청 시달렸지요. 가톨릭 남자랑 사는 잉글랜드 여교사를 받으면 안 된다고 학부모들이 항의를 하고, 우리 집 유리창을 깨고, 욕도 하고, 난리가 아니었어요. 내가 살고 싶어서 여기로 왔는데 고통은 사랑하는 아내가 다 받는 형국을 이해할 수가 없었고 화가 났습니다. 심지어 우리 아이들이 지역에서 따돌림과 린치를 당하기도 했어요. 결국 여기서는 더는 못 살겠다 싶어 혼합지역인 교외로 이사했습니다.

그런데 거기서도, 하루는 아들 존이 '나는 가톨릭이 싫어, 죽이고 싶어' 그러는 게 아니겠어요. 네 아비가 가톨릭인데…. 나중에 알고 보니 가톨릭인 보모가 자기 아이가 다니는 가톨릭학교에 존을 데려갔답니다. 개신교학교 교복을 입은 존을 보고 가톨릭학교 아이들이 달려들어 침을 뱉고 욕하고 때리고 온갖 행패를 부린 거였어요. 난 그때까지도 모르고 있었습니다. 그런 일이 반복되면서 존은 마음에 깊이 상처를 받았고, 급기야 그런 말을 뱉은 것이었어요.

우리는 당장 이사하기로 결정했습니다. 그때 오크그로브 초등학교 설립 논의가 일기 시작했던 거예요. 이것이 해답이다 싶어 아내도 이전 학교에 사표를 내고 신설 통합초등학교의 첫 교사로 시작하고, 나는 바로 설립학부모가 됐습니다. '종파적 분리주의가 아닌 교육'이어야 했습니다. 아이들이 위험했어요. 우선 이 문제가 가장 중요했습니다. 무엇보다도 안전해야 하지 않겠습니까? 자존감도 중요합니다. 왜 누굴 다른 카테고리라는 이유로 미워하고 때리고 이기려고 할까요? 그래서는 안 돼요. 무조건 '통합'이어야 했고, 이렇게 탄생한 통합학교는 내게 복음이었습니다.

아이들이 넷인데 위의 둘은 당시에 이미 초등학교를 졸업하고 칼리지에 다니고 있었고, 존이 7학년으로 들어갔습니다. 그래서 입학하자마자 바로 7학년 학부모들을 중심으로 칼리지 신설을 논의했고 나는 칼리지 설립위원으로도 활동했습니다. 이론의 여지가 없었습니다. 막내도 여기를 다녔어요. 셋째와 넷째가 다 여기를 다녔죠.

같이 학교 설립을 준비한 초대 교장 앤 머리는 통합교육에 대한 철학이 분명한, 아주 탁월한 사람이었습니다. 우리는 앤과 콜름을 믿었어요. 또 내 아내가 이 학교의 첫 교사로 같이 시작했기에 모든 교육적 기대는 이 학교로 다 모였습니다. 우리 삶에서 오크그로브는 다른 말이 필요 없어요. 설립 때부터 지금까지 학교 일이라면 만사 제치고 달려옵니다.

학교 일을 하면서 지역 일에 더 많이 관여하게 되었고, 그러면서 나 자신도 지역시민으로서 성장하게 되었습니다. 학교가 지역을 통합교육의 가치와 철학으로 다시 세우는 데 중요한 역할을 하고 있다고 자부합니다. 개인적으로 패럴림픽 수영코치로 자원봉사를 하는데 이때 이들이 장애인이라는 사실보다는 이들에게 깔려 있는 문화에 주목해왔습니다. '이들의 열등한 문화를 비난하지 말자. 이들의 능력, 이들의 문화를 다시 살려주는 일에 관심을 쏟자.' 이것이 내가 패럴림픽에 관여하게 된 이유입니다. 나는 이것이 통합교육의 가치이고, 내가 할 일이라고 생각했습니다. 능력에만 관심을 갖지 말고 무능력(disability)에 관심을 가지면 이들의 다른 문화를 볼 수 있고, 이들의 문화가 함께 어울릴 수 있게 하면 되겠다고 생각하게 한 것이 통합교육입니다.

나는 늘 통합교육운동으로부터 정말 많이 배웁니다. 단지 학부모였기 때문이 아니라, 통합학교는 나를 세상일에 장님이었던 상태에서 눈뜨게 했고 세상을 더 잘 받아들일 수 있게 만들었습니다. 그런 의미에서 통합학교의 최대 수혜자는 바로 나 자신입니다."

오크그로브 통합초등학교는 이러한 노력의 결과 2010년 유럽재단이 수여하는 '양질의 교육' 최우수상을 받았고 2011년 유니세프의 인권존중 학교(RRS)로 인증받았다. 또한 2015년 NICIE가 선정한 통합교육 우수 학교로 지정되었다.

13

지역 통합학교체계를 완성한
오크그로브 통합칼리지

Oakgrove Integrated College
www.oakgrovecollege.com

1990년 8월 바비큐파티에 모인 사람들은 처음 시작했을 때부터 큰 두려움은 없었다고 한다. (런던)데리 지역 공동체는 시민사회와 협력이 워낙 잘 되었고 콜름 카버나 머리(Colm Cavanagh Murray)를 비롯한 설립학부모위원들의 열성적인 지원에 힘입어 초등학교 설립이 아주 순조롭게 진행되었기 때문이다. 그래서 초등학교를 시작하자마자 중등 칼리지 설립준비위원회를 꾸렸다. 교육부는 초등학교 진행 과정을 보면서 그 성과를 토대로 3년을 더 준비하라고 충고했지만 칼리지 설립위원들은 이미 경험이 있으니 6개월이면 된다고 주장했고, 실제로 그렇게 해낸 데에 교육부도 무척 놀랐단다. 이러한 진행 속도는 다른 지역에서는 있을 수 없는 일이었고 나름대로 성공했다고 다들 자부하고 있다. 이것이 (런던)데리의 특수성이고 다른 지역과의 차별성이다. 오크그로브 초등학교 학부모들이 그대로 칼리지 설립준비위원이 되어 통합교육철학을 초중등이 공유하며 모든 것을 같이 이어서 추진하기 때문에 오크그로브는 4-18통합교육과정을 일관성 있게 진행하고 있다고 장담한다.

"칼리지 설립을 미룰 수 없다"

1991년 9월 4일 초등학교를 시작하자마자, 7학년 학부모들은 곧 1992년에 있을 칼리지 진학이 염려되었다. 통합칼리지가 없는 상태에서 아이들이 바로 11세 선발고사 준비를 해야 하는 것이 부당하다고 여겼다. 통합교육의 철학인 비선발, 종파통합, 남녀공학 등은 기실 통합칼리지로의 진학을 염두에 둔 정책이다. 따라서 중등과 연계되지 않은 초등만의 통합학교는 잘못된 구조이고, 그런 점에서 초중등을 함께 설립한 벨파스트의 헤이즐우드가 옳았다고 판단하게 되었다. 그러니 빠른 속도로 칼리지를 설립해야만 했고, 이런 판단을 내리자 곧장 칼리지 설립준비위원회를 꾸렸다.

이에 초등학교 학부모 대부분이 열성적으로 참여했다. 특히 버니 웹스터는 학교 설립준비위 총무로서 모든 행정적 역할을 도맡아 했고 앤 머리 교장의 남편 콜름 머리는 변호사로서 법적인 문제를 중심으로 교육청이나 교육부와의 조율을 원만하게 해냈다. 칼리지 설립 논의에 처음부터 참여한 사람들은 대부분 부부 단위로 열성적으로 함께했다. 이들은 초등학부모이자 초등학교 설립발기위원들이었다. 학부모는 아니었지만 나지 하라이(Nazy Harrais)는 바하이 신자로서 학교기금 마련에 도움을 주었다. 6개월간 준비한 학교의 틀을 가지고 학교 설립 인준을 청원하자 교육부는 난색을 표했다. 1989년 교육법이 통합학교 지원의 책임이 정부에 있다고 명시했음에도, 그동안 초등학교 설립만 진행되었지 칼리지 설립을 요청하는 지역은 없었기 때문이다. NICIE도 학교 설립까지 최소 2년이 소요될 것이라고 충고했다. 당시 교육부는 '칼리지는 초등학교와는 다르다'면서, '규모도 더 커야 하고, 교직원도 더 많아야 하고, 과정도 아주 복잡한데 할 수 있겠는가? 적어도 준비 과정에 3년은 소요된다. 만일 서둘러서 하려면 라간이나 헤이즐우드처럼 인가 전까지 비용을 보전해줄 수 있는 너필드 재단이나 론트리 재단 같은 후원기관을 찾아야 한다. 아니면 브라운로처럼 기존 공립칼리지를 통합칼리지로 전환하라'는 입장이었다.

하지만 학부모들의 의지는 확고했다. 여차하면 빚 25만 파운드를 떠안고 민간 자율학교의 형태로라도 설립하자고 콜름이 강하게 주장하며 모든 법적 요식을 맞추어 인허가를 요청하니, 결국 교육부도 그해인 1992년 6월에 칼리지 설립을 인가하게 되었다. 이후 준비는 순탄하게 진행되었다. NICIE도 처음엔 반신반의했지만 전 과정을 적극적으로 지원하며 학부모들에게 자신감을 안겨주었다. 학부모들은 학교 설립 과정을 BBC 라디오와 인터뷰하는 등 학교 홍보에도 적극적으로 나섰다.

하지만 1년 전 초등학교 설립 때와는 달리, 칼리지에 대해서는 지역학교들이 교육부에 청원서를 낼 정도로 반대가 심했다. 당시 북아일랜드 교육정책이 로컬 거버넌스를 중시하며 지방 교육청으로의 이양을 지향했기 때문에 단위학교 자율성이 강조되고 있었다. 하지만 단위학교 자율 경영 정책은 결국 학교 간 경쟁을 조장하여 살아남는 학교는 적극적으로 지원하고 학생 수가 감소하는 학교는 폐교한다는 것이다. 이미 학교 포화 상태인 지역 교육 환경상 학생을 빼앗길까 고민하는 기존 지역 칼리지로서 전환은 어쩔 수 없다 해도 신설은 달갑지 않은 일이었다. 양쪽의 종파학교들은 이런 점에서는 이해 일치를 봤기 때문에 신설 통합칼리지 설립에는 공동으로 반대했다. 하지만 교육부로서는 원칙적으로 통합학교 설립을 장려해야 하는 입장이었기 때문에 학부모 선택권이 있는 한 어쩔 수 없다는 말로 반대자들을 무마할 수밖에 없었다. 이렇게 신설 통합학교 설립을 둘러싼 갈등이 커지자 지역 학교 협의체가 결성되었고, 또한 벨파스트에서도 교육부 관료들과 미팅이 마련되었다(입장이 모호한 관료들은 그냥 듣기만 했다고 한다). 결국 1989년 법에 따라 칼리지는 원만하게 설립되었고 이후엔 더 이상의 집단적 반대행동은 없었는데, 이것이 바로 평화와 화해를 중시하는 (런던)데리 정서라고 한다.

칼리지 인허가 요청과 동시에 학부모들은 적당한 학교 부지를 찾아 매입하고 교사도 뽑아야 했다. 무엇보다 초대 교장이 아주 중요했다. 일단 학교는 그랜샤 공원 스트라드리 병원(Stradreagh Hospital of Gransha Park) 정신과 병동에서 시작했다. 폐허 상태의 병원 건물이 으시시하고 안전하지 않아 그대로 사용할 수는 없어서 컨테이너 건물을 붙여 부족하고 부적합한 시설을 보충했다. 그렇게 수리해서 10년 이상을 사용한 후 2004년 12월 10일 지금의 새 학교로 이사했다. 폐허로 방치되었던 병원도 이제는 이전 학교 건물을 물품창고로 활용해 사용 중이고, 학교가 쓰던 컨테이너도 그대로 남겨 일부 사용하고 있다고 한다.

이렇게 성공적으로 학교를 안착시키고 새 건물로 이전할 수 있었던 데는 초대 교장 마리 코완(Marie Cowan)의 탁월한 리더십이 큰 역할을 했다. 1992년 4월에 초대 교장으로 임용된 마리 코완은 통합교육이념에 찬동하는 가톨릭학교 교사 출신으로, 본인도 자녀 2명을 오크그로브에 보낸 설립학부모였다. 20여 년 교장으로 재직하는 동안 학교에 늘 상주하며 누구에게나 따뜻하게 대했고, 적극적으로 학교를 운영해 소규모 학교에서 대형 학교로 발전시킨 유능한 학교 CEO였다. 1992년 4월 초대 학교장으로 결정된 마리 코완은 이어 6월에 학교 인가가 허락되자 자신을 포함하여 8명의 교사와 직원을 채용했다. 그리고 드디어 1992년 9월 1일, 학생 79명이 등록하고 학교가 정식으로 시작되었다. 학생 수는 비약적으로 늘어 개교한 지 6년 만인 1998년에 800명이 넘는 대형 학교로 성장했다. 병원 건물의 불안정성 그리고 학생 수를 감당할 수 없는 한계를 타개하기 위해 교육부가 신축 자금을 주기로 결정했고, 마침내 2004년 병원 건물이 있는 그랜샤 공원 부지 안에 오늘의 학교를 세울 수 있었다. 평화와 화해를 상징하는 건물 외관을 비롯하여 교육적 효율성을 겸비한 학교 건축물은 오크그로브가 나아갈 통합교육철학인 비선발 원칙 위에서의 교육 수월성, 종파통합, 남녀공학 등을 이미지화한 것으로 오크그로브 통합교육 공동체의 값진 승리를 보여준다.

섬김, 포용, 환대의 리더십

오크그로브 통합칼리지가 설립되기 이전부터 마리 코완 교장을 중심으로 교사들은 교육과정에 대해 많은 논의를 했다. NICIE의 통합교육철학에 기초하면서도 (런던)데리의 특수성을 감안해야 했고, 또한 열성적인 학부모들의 요구를 수용해야 했다. 당시 교사들이나 학부모들 역시 통합교육에 대한 관점이 분명치 않았으므로 다들 공부하면서 알아가는 과정, 이른바 통합교육 학습 공동체로서의 의식이 요구되었다. 이미 초등 설립 경험이 있던 학부모설립위원이라 하더라도 통합교육을 제대로 이해하고 적용할 필요성이 있었다. 이때 마리 코완 교장은 이러한 역할을 아주 성실하고 진정성 있는 태도로 수행했다. 버니 웹스터 학교운영위원회 총무는 코완 교장의 이러한 리더십을 '섬김의 리더십, 포용의 리더십, 환대의 리더십'이라고 격찬한다. 누구라도 만나면 항상 "같이 커피 한잔하실래요?"라고 물으며 대화의 터널로 들어오게 했다고 한다. 교육청이나 교육부와 조율할 때에는 늘 구체적인 중요한 협상거리를 안겨주면서도 행정적 절차를 존중했고, 학부모 연수나 교사 연수를 통해 통합교육이념을 학교에 합치시키는 데 중요한 공헌을 했으며, 그럼으로써 자기 정체성의 문제를 학교라는 공동체나 지역의 관점에서 객관화하도록 만들었다. 새로운 도전적 상황에서 '내가 누구인가, 다른 집단은 왜 다른가'에 대해 잘 이해할 수 있도록 도왔다면서, 만약 마리 코완이 없었더라면 오늘날의 오크그로브도 불가능했을 것이라고 평가한다. 지금의 교장 질 마르캄(Jill Markham)도 코완 교장이 종합적인 발전안을 잘 세워놓았기 때문에 후임인 자신은 상황에 맞춰 조정만 하면 되었다고 말한다. 원칙은 이미 마리 코완 교장 때 세워졌단다. 그녀가 누구인가? 어떻게 그럴 수 있었는가?

마리 코완은 남편 로니 코완과 함께 1991년 겨울 칼리지 설립 준비 때부터 학부모로 참여했다. 당시에는 가톨릭 세컨더리스쿨 역사 교사로 있으면서 종합교육 개혁에 대해 고민하고 있었다고 한다. 더블린에서 교육학 교수로 있는 동생 내외와 북아일랜드 교육제도에 대해 비판적인 입장에서 많은 논의를 나누고 있기도 했다. 세계 어느 곳에도 이렇게 종파분리주의에 입각한 학교교육제도를 온존시키는 국가가 없다는 것을 알았기 때문에, 코완은 아이들이 세계에 눈뜨게 하기 위해서도 종합교육 혹은 통합교육이 절실하다고 느꼈다. 사실 가톨릭학교가 혼합교육을 한다 해도 기본적으로 가톨릭 이념을 전제로 하는 것이기에 종합적인 통합교육은 아니다. 그래서 제대로 된 통합교육을 실천해보고자 초대 교장으로 합류하기로 결정한 것이다.

"원래부터 통합학교는 민간사립이 주도하는 대안학교를 지향하는 것이 아니었습니다. 우리는 NICIE를 믿고 정부재정지원 자율통합학교 유형을 희망했어요. 돈을 많이 들이는 사학은 꿈도 꿀 수 없었죠. 이곳은 가난한 가톨릭 지역이니까요. 당연히 국가 차원의 교육 개혁을 지향하는데, 정부가 못하니까 자발적인 혁신적 의지가 있는 교육자와 학부모들이 나서서 해보고 좋으면 정부가 이러한 방향으로 교육 개혁을 할 것이라는 믿음으로 시작한 겁니다.

이렇게 국가교육과정을 따르면서 통합교육정신을 추구하는 것이기 때문에 무엇보다 열린 세계관을 갖춘 교사를 초빙해오는 것이 가장 중요했습니다. 기존 교사들은 이미 종파분리주의 환경에서 교사로 양성되었지만, 그럼에도 교육 현장에서 문제의식을 느껴 통합교육을 희구하는 교사들이 있다고 가정하고, 그런 용감한 교사들을 선발하고자 했습니다. 왜곡된 종파분리주의적 학교교육 현장이 통합교육을 알게 하는 최상의 교사입니다."

코완은 이렇게 선발된 8명의 교사와 함께 시작한 것이 '환상의 조합'이었다고 덧붙였다. 남교사 2명에 여교사 6명으로 종파별로는 반반이었다. 교사 모두가 통합교육철학에 대해 서로 달리 이해하는 측면이 있어서 늘 함께 공부했다. NICIE 연수는 그런 점에서 대단히 중요했다. 마찬가지로 학부모 연수도 필요했다. 이렇게 오크그로브 칼리지는 통합교육 공동체로 의식을 개조해갔다.

처음에는 폐쇄된 병원의 정신과 병동에서 학교를 시작했는데 매년 등록 학생 수가 급증해 병원 건물 전체를 쓰다가, 이것도 모자라 컨테이너를 붙여 임시건물도 사용했다. 그러니 학교는 늘 공사 중이고, 항상 뭔가를 고치거나 새로 사서 들여놓아야 하는 불안정한 환경이었다. 이 모든 일을 학부모들이 다 했다. 마리 코완 교장은 모든 결과에 대해 학부모들에게 감사한다고 말한다.

"당시 학부모들의 지원은 환상적이었어요. 학부모들 스스로 이것이 필요하다, 저것도 필요하다, 이렇게 하자, 저렇게 하자, 거의 매일 학교에 나와 살면서 학교가 뭘 필요로 하는지 살피고 당장 갖다 놓았습니다. 한 식구였죠.

특히나 교장이 한다고 하면 전폭 지원을 해줬습니다. 그래서 잘할 수 있었고, 신나서 했어요."

이러니 주변 학교에서는 난리였다. 교육법으로 학생들의 교육 선택권이 보장되고 오크그로브는 학생들을 위해 최선을 다한다는 원칙을 지킬 뿐이었지만, 학생들이 오크그로브 칼리지로 몰리면 다른 학교는 그만큼 학생을 잃는 것이기에 결과적으로 학교 존립이 문제가 되었다. 특히 개신교 측의 반발은 대단했다. (런던)데리 지역의 82%가 가톨릭이라 개신교학교는 그 자체로도 어려운데 오크그로브 칼리지는 균형선발을 해야 하기 때문에 개신교 학생을 우선 선발할 수밖에 없었다. 종파학교에는 미안한 일이었지만 어차피 종파학교는 통합학교로 전환되어야 한다는 교육 개혁의 전제가 있고, 또 통합학교는 그러한 교육 개혁을 위해 노력하는 교육 공동체였기 때문에 지역 학교들과의 갈등은 불가피했다. 하지만 갈등은 그리 오래가지 않았고 곧 서로 현상을 인정하고 순착했다.

칼리지 안에서 통합교육철학을 둘러싼 갈등은 거의 없었다. 아이들에 대한 교육의 방향이 통합이었기 때문에 비선발 원칙은 통합교육에서 가장 중요하다. 하지만 학생의 개인차가 있기 때문에 일부 과목의 수준별 수업은 오히려 학생인권에 도움이 된다고 믿었다. 영어, 수학, STEM 교과목 등은 아이들과 학부모들이 원하고 교사들도 합리적이라 판단하여 수준별 수업을 하고 있다. 코완 교장의 설명을 계속 들어보자.

"여기서 수준별 학습은 모든 아이가 함께한다(all ability together)는 이념과 배치되는 것이 결코 아닙니다. 오히려 아이들을 균형 있게 도와주기 위한 것입니다. 영어를 못해도 다른 교과에서는 우수하거나 차별화된 반응을 보입니다. 수학을 못한다고 해서 바보가 아니에요. 학교 분위기를 경쟁으로 이끌지 않으면 아이들이 자기 역량껏 최선을 다해 개발하려고 합니다. 우수한 학생도 있고 약간 뒤처지는 학생들도 있습니다. 그렇기에 비선발 원칙은 지키되 학교에서 능력의 다양성을 키워주는 것, 이것이 통합교육 원칙에 벗어나는 것이 아니라고 생각합니다."

북아일랜드는 통합학교에서만 아니라 모든 교사가 교과서 없이 자기 교육과정을 스스로 개발해야 한다. 그런 점에서 교사들은 교육과정 전문가들이다. 오크그로브 칼리지는 북아일랜드 교육과정을 부정하지 않으며, 그것을 중심으로 교사 자신의 철학과 학교의 통합교육 원칙에 맞게 스스로 개발하여 교육한다. 그래서 교사 워크숍이 중요하다. 오크그로브는 지역 교육청이 주관하거나 NICIE가 주관하는 교육연수에 열심히 참여할 것을 권고하고 있다. 특히 역사나 종교 교과는 교사가 고민을 많이 해야 한다. 유니세프 인권존중학교(RRS)에 참여하는 만큼 세계적인 보편 관점도 중요하다고 코완 교장은 말한다.

"보편성을 토대로 모든 능력을 평등하게 개발하는 것, 이것이 중요하다고 봅니다. 종교는 세계종교를 다루고 특정 신앙 교육은 하지 않고 있습니다. 그렇다고 세속화를 전제로 하는 것은 아니에요. 북아일랜드 교육 자체가 기독교 신앙을 원칙으로 해야 하는 관계로 기독교 정신을 중심으로 하지요. 매주 한 번씩 저학년과 고학년으로 나눠 조회를 엽니다. 이때 교장인 제가 강의를 하거나, 필요한 경우에는 지역 종교인을 초대하기도 합니다. 기독교 정신의 생활화가 목적이기도 하지만 지나친 교리 주입은 원칙적으로 있을 수 없습니다."

종파분리주의에 갇힌 학생들이 북아일랜드를 답답해하기 때문에 이러한 답답함을 해소하여 아이들에게 자랑스러운 조국으로 남게 해야 한다며, 마리 코완 교장은 국제 인사들의 방문도 그런 면에서 아주 좋다고 덧붙였다. 그녀는 퇴임 후에도 통합교육기금(IEF) 관련 일을 도우며 지역에서 통합학교가 잘 뿌리 내리도록 지원하는 것이 자신의 임무라고 하며, 분단 한국의 이야기도 들려달라고 주문했다.

학생의 목소리가 제일 중요한 통합칼리지

오크그로브에서는 종파분리주의에 왜곡된 북아일랜드 학교제도를 종교의 문제로 보지 않고, 역사적으로 식민지 기간 영국 정부가 교육비를 교회에 전가하면서 오늘날의 종파분리주의적 교육문제를 낳았다고 본다. 공교육의 책임 주체인 국가가 해방 후, 특히 분단체제하에서 종파분리주의적 교육 환경을 개혁하지 않고 오히려 심화시켰다고 역사적으로 분석하여 교육한다. 그렇기 때문에 종파분리주의 교육은 극복되어야 할 역사 왜곡의 문제이지 반대 종파에 대한 종교적 이해의 문제가 아니라고 생각하도록 유도한다. 현재 거주민의 82%가 가톨릭 신자인 (런던)데리에는 60%의 학교가 가톨릭계이고 나머지 40%는 개신교와 기타 종파에서 운영한다. 거주지도 종파별로 나뉘어 있고 일부 지역에서만 다른 종파들이 섞여서 산다. 그래서 지역통합운동으로 혼합거주(mixed housing)나 혼합교육(mixed schooling) 그리고 혼합혼(mixed marriage) 등이 논의는 되지만 통합교육으로의 혼합 이외에는 강제할 수 있는 정책이 없다.

그래서 통합교육 진영에서는 모든 학교 정책에서 균형적 혼합(섞음)을 가장 중시한다. 한 예로 오크그로브 칼리지 교사 구성을 보면, 총 120명 중 67명만이 가톨릭이니까 거의 50 대 50이라고 볼 수 있다. 통합학교에서는 학생의 균형선발 못지않게 교사의 균형임용을 중시했으나 지금은 많은 학교가 학생 선발은 균형을 지키되 교사에 관해서는 경시하고 있다. 오크그로브에서는 이것이 아주 위험하다고 생각한다. 분단사회에서는 사회적 지식의 전달자로서 교사의 종파 균형이 무엇보다 중요하다. 북아일랜드 인권법에 의하면 학교에서 종파별 자기 소속을 표시할 수 있게 되어 있다. 일반 유럽 인권법과 상치되기는 하나 북아일랜드의 특수성으로 국가인권위에서도 종파분리주의 극복을 위한 종파 균형은 인권 침해에 해당하지 않는다고 합치권고를 내린 바 있다. 그래서 오크그로브를 비롯한 통합학교에서는 '가톨릭(혹은 개신교) 교사 ○명 신규 채용' 식으로 공고하고 있다고 한다. 다른 일반적 잣대로 북아일랜드를 재단해서는 안 된다. 원칙적으로 신앙이나, 성별, 계층, 외모 및 기타 변인에 의한 차별적 채용은 인권 침해이다. 그럼에도 북아일랜드에서 가톨릭학교는 가톨릭 교사를 채용할 수 있고, 개신교도 마찬가지이며, 통합학교도 교사 균형 비율에 따라 특정 종파 출신을 채용한다고 공고할 수 있다. 교사의 교육 역량이 최우선이지만 동시에 종파 간 균형선발을 원칙으로 채용한다.

학교가 있는 곳이 가톨릭이 대다수인 가난한 낙후 지역이기 때문에 현재 등록된 특수교육 대상자만 300명이 넘고 무상급식 대상자가 54.6%이다. (런던)데리의 특성상 대부분의 학교가 비슷하고 아마도 그래머스쿨만 조금 더 나은 형편의 아이들이 다닐 것이다. 가톨릭학교는 '가난한 학교'라는 별칭이 있을 정도로 가톨릭 거주지는 전통적으로 가난한 지역이다. 여기서는 교육이 아주 중시되는데 그 이유는 교육을 열심히 해서 가난을 벗어나게 하자는 모토 때문이다. 이 지역이 분쟁기 동안에 극심한 투쟁 위주의 삶을 살았던 까닭에 이러한 불안정한 삶을 벗어나기 위해선 교육밖에 없다는 지역 정서의 영향일 수도 있다. 그래서 다른 지역에 비해 지역사회 활동이 더 필요했고 시민운동이 다른 지역에 비해 훨씬 더 활성화되었다고 볼 수도 있다고 질 마르캄 교장이 부언한다. 그래서 학교의 교육과정에 지역사회 친화적 활동이 많다. 또한 지역 활동가로서의 삶을 준비하는 클럽 활동도 아주 많다. 사실 민병대의 관점에서 보면 경찰은 이미지가 나쁘다. 그래서 그러한 이미지를 변화시키기 위해 경찰에 관한 직업교육을 할 때 치안 유지나 안심 지킴이로서의 경찰 역할을 긍정적으로 교육하여 학생들의 사회적 공안들에 대한 인식을 바꾸려고 노력한다. 진로지도교육 때 지역 경찰이나 소방관 및 지역 활동가가 학교에 와서 안전지대(Safe zone)에서의 경찰이나 소방관의 역할을 강조하고, 학생들이 시민사회 활동가의 '압력자'로서의 역할이 중요함을 이해하면서 미래 진로에 대한 긍정적 자기 이해로 나아가게 한다.

또한 학교의 모든 정책 결정 과정에서 학생들의 목소리를 경청하며 학생회를 학교전체회의체(whole school council)로 격상시켰다. 민주적으로 선출되어 전체 학생의 의견을 투명하고 공정하게 반영하는 학생회의 위상을 학교운영위원회에서도 인정하고 존중한다. 그러다 보니 학교에서 가장 막강한 목소리를 내는 주체가 학생 자신이다. 이러한 학생들의 균형감각을 위해 2007년부터 초등학교와 동시에 유니세프의 인권존중학교로 인증받고 학교의 모든 주체를 대상으로 적극적으로 인권교육을 실시하고 있다. 학부모도 예외가 아니며, 교사뿐 아니라 행정직원도 인권교육을 받아야 한다. 학생은 당연히 최우선적 인권교육 대상이다. 내 목소리를 내고 싶은 만큼 남의 목소리를 경청하고, 책임 있는 행동과 대화를 할 수 있어야 한다는 것이다. 이러한 활동의 결과 2013년 세계 공동체의 다른 구성원들에 대한 존중, 폭력에 대한 비폭력적 대안 찾기, 평화교육 증진 등의 활동에 대한 종합평가로 오크그로브 칼리지는 평화학교 인증(Peace Flag Award)을 받았다. 학생과 교사들은 (런던)데리의 문제뿐

사랑의 주님
당신 덕분에
여기 오크그로브 칼리지의 학생이 되어
성장할 수 있고
배울 수 있으며
놀 수 있고
친구가 되었습니다
우리가 함께한 모든 친구에게 감사하며
여기 오크그로브 칼리지에서
진실한 친구로 남게 우리를 도우시고
나누고
신뢰하며
존중하고
서로를 돕게 해주세요
친구들에게 미안하다는 말을 할 수 있게 도와주시고
그들이 우리에게 상처를 주었을 때조차 그들을 용서하게 해주시고
우리의 우정이 영원하도록
여기서 나눈 시간을 통해
오크그로브를 떠난 후에라도
주님께서 오크그로브를 축복하시어
평화가 이 안에 항상 함께하도록 하옵소서
아멘

아니라 가까운 지역인 오마의 폭탄테러 희생자들을 기리는 오마 추모식에도 매년 참여하고 있다.

(런던)데리 통합교육운동의 주창자인 콜름 머리는 "통합학교가 7%로 성장하기까지 30년이 걸렸다"라는 제목하에 데리의 통합학교 이야기를

쓰면서, 많은 통합학교 졸업생이 다원주의사회에 더 잘 적응하며 살아가고 있다는 의미에서 통합교육이 북아일랜드에서 잘 작동되고 있다고 확신한다고 전했다. 그러면서 오크그로브의 역사를 다음과 같이 시작한다.

1990년. 그해 북아일랜드에서 84명이 사망했다.

1991년. 북아일랜드에서 102명 넘는 사람들이 죽었다. 이러한 이야기로부터 우리는 무엇을 배우는가?

1992년 1월 22일. 분쟁기인 이달에만도 북아일랜드에서 벌써 13명이 폭탄테러로 죽었다. 그해 말에 이르러서는 피해자가 91명으로 증가했다.

북아일랜드에서 일상적으로 벌어졌던 이러한 폭력과 희생을 생각하며 학생들이 공동으로 작성하여 올린 학교기도문은 '왜 오크그로브인가'를 가름하게 만든다.

왜 오크그로브인가?

마리 코완 교장은 북아일랜드 일상을 지배하는 종파분리주의 극복을 위해서 통합교육이 절실하다면서, 현재 정부가 강하게 밀어붙이는 공유교육에 대해 우려했다. 북아일랜드 교육부는 '통합교육은 이미 낡은 개념이다. 더 이상 늘지 않고 있지 않느냐'고 하면서 진정으로 변화를 가져올 새로운 교육적 대안이 요구된다고 주장한다. 그러면서 엄청난 기금을 앞세워 정부 주도로 공유교육을 추진해왔다. 하지만 정부의 계획대로 변화가 일어나지 않고 있는 이유는 무엇일까?

공유교육이 정부 주도의 종파 간 상호이해교육운동이라면 통합교육은 학부모 주도의 분단극복을 위한 종파통합, 남녀공학, 민주적 평등교육운동이다. 하지만 기존 종파학교가 정치권을 후광으로 버티고 있다. 기성 종파학교 간의 상호 교류는 용인하되 통합은 안 된다는 것이다. 종파분리주의 학교 운영을 전제로 한 공유교육은 실상 잃을 것이 하나도 없다. 하지만 통합교육은 종파학교의 기반 자체를 버려야 한다. 북아일랜드 평화를 위해서는 그 길로 가야 하겠지만 종파적 이해를 생각하면 그렇게 못 한다는 것이다. 여기에 더해 엘리트 교육 시스템의 온존 여부도 또 하나의 변수이다. 민중 배제적인 엘리트 교육제도로 인해 북아일랜드 교육은 영국의 4개 연방 중에서 가장 높은 학업성취 수준을 유지해왔고 이를 자부한다. 하지만 교육의 궁극적 목적이 무엇인가? 콜름 머리는 통합교육이 잘 작동한다는 예로 졸업생들이 '학교가 다원주의 사회에서 살아갈 수 있는 역량을 길러주었다'고 생각한다는 점을 들었다. 이뿐 아니라 통합교육은 학교만의 교육이 아니라 함께한 학부모들의 삶의 질을 제고했다. 이것이 이들로 하여금 오크그로브에 대해 엄청난 자부심을 갖고 살게 하는 자산이다.

세 아이를 모두 오크그로브에 보냈다는 팀과 버니는 학교 설립에 관여하면서 삶 자체가 달라졌다고 말하며 미소 지었다. 이전엔 집에서 티브이나 보고 아이들 돌보고 하는 것이 다였는데, 학교 설립 이후엔 학교를 만들어가면서 지역을 고려하고 지키는 시민으로서의 삶이 더욱 중요해졌단다. 바쁜 시간이었지만 의미 있는 생활인으로서 자세를 견지할 수 있었다고 자부하며, 자신들은 종파학교 출신이지만 통합학교에 아이들을 보내면서 새로운 통합학교 어른 학생이 되었다고 기뻐했다. 영국 군인 가족으로 잉글랜드에서 (런던)데리개발사업의 일원으로 이주한 시 공무원 팀 웹스터는 자신의 장기인 그래픽디자인 능력을 100% 활용하여 학교 홍보 자원활동가로 참여하면서 자기 인생이 달라졌다고 한다. 이제까지의 전 학교 기록을 다 보관하고 있으니 언제고 와서 보고 가라는 웹스터의 환대에 오크그로브에 대한 자부심이 물씬 배어 있었다.

학교에서 밤늦게 만난 또 한 사람의 설립학부모 짐 심슨도 밝은 표정으로 이야기를 들려주었다. 그 자신이 이스트벨파스트라는 분리 환경에서 자라며 갈등이 얼마나 심각한지를 뼈저리게 느낀 심슨은 1976년 (런던)데리로 이사해서 '우리 아이들을 희생자로 계속 놔둘 수 없다'는 생각에서 통합학교 설립 운동을 했는데 너무나 뿌듯하다고 (런던)데리 통합학교의 성과를 연신 자랑한다. 그러면서도 이러한 기쁨과 자부심이 자기들만 느끼는 것으로 끝나면 안 된다면서, 통합교육으로의 정치적 역량 결집을 강조했다.

"1989년 교육법령에 의해 통합교육을 장려하도록 했고, 1998년 평화협정에서 이를 강조하면서 통합교육은 긍정적으로 이해되었습니다. 하지만 2000년 이후 정치권이 안정 추구형으로 바뀌면서 공유교육으로 전환하더니 급기야 지역 기반(area-based) 정책으로 접근하면서 이제는 교육에서 통합은 없고 공유만 남은 상태입니다. 지금 정치권은 통합교육 이야기는 그만 하자는 분위기가 지배적이에요. 이런 상태에서 통합교육의 발전 방향을 잘 잡아야 할 듯합니다. 통합교육의 정신을 강조하면서도 국가교육의 목적을 잘 이행하고, 교육의 질도 보증하고, 쉽지는 않겠지만, 장기적인 안목에서 통합교육의 문제를 발전적으로 잘 가져가야 할 것입니다.

데리에서 우리끼리는 전혀 문제가 없어요. 학교는 이미 안정적인 체제를 잘 갖추고 있고요. 오크그로브가 데리에 있다는 것 자체가 엄청난 자부심입니다. 이대로도 큰 문제는 없지만, 그럼에도 앞으로 공유교육에 치이면 위축될 가능성은 있다고 봐요. 초기 학부모들과 오늘날 학부모들의 태도가 다소 다르긴 하지만, 여기는 정말 학부모들이 안 하는 것이 없어요. 자녀가 졸업했어도 지역민으로, 설립학부모운영위원으로 참여하면서 학부모회를 중심으로 학교에서 필요한 협력을 다하고 있습니다. 오늘날 폭력의 남용 문제에 대한 논의에서부터 분쟁기의 잔재 해소 등에 이르기까지 모든 논의를 열어놓고 있다고 봅니다. 그러다 보니 교사들이 가르치기 어려운 주제들에 대해서 학부모들과 같이 상의하면서 조정하고 있고, 지역의 갈등과 분쟁기의 문제에 대한 대응을 학교에서 어떻게 할지에 대해서도 심도 있는 논의를 나누고 있지요. 교사 연수도 적극적으로 장려하고 있고, 학부모 교육도 아주 많아요. 학교에서 뭔가 한다고 하면 우리는 만사 제쳐놓고 갑니다. 학교가 우리 생활의 중심이에요. 그래서 이런 학교풍토에 열려 있는 교사를 선발하는 것이 아주 중요하죠. 이제까지 문제없이 잘 왔고, 앞으로도 그럴 것이라고 기대합니다.

북아일랜드에서는 워낙 종파 간 차이가 크고 이해가 다릅니다. 예를 들어 상징이 다르고, 샌드위치 자르는 문화, 노래를 부르거나 운동을 하는 내용, 아일랜드식이냐 잉글랜드식이냐, 심지어 철자법도 달리 쓰기 때문에, 이것을 학교교육을 통해 서로 이해하고 학부모들과 함께 더불어 살아가는 능력을 준비하는 교육이 통합교육입니다. 변화된 환경에 대한 적극적이고 긍정적인 접근이 필요해요."

오늘날에는 지역 기반 계획화(area-based planning)에 기초해 학생 수를 조정해가며 학교를 운영해야 하므로 초등학교나 칼리지를 너무 크게 하려고 할 필요는 없다. 현재 수준에서 규모나 운영 방식에 다들 만족해한다. 지역에 인기 있는 좋은 그래머스쿨이 많음에도 오크그로브는 평이 좋은 편이다. 북아일랜드 전체 문제이긴 하지만 지역의 가톨릭이나 개신교학교들이 자민족 중심주의 경향을 띠는 것이 문제이다. 종파적 이해의 견지에서 모든 것을 정치 해석으로 끌고 가려는 풍토하에서는 교육이 이데올로기 장치로 작용한다. 이러한 이념적 배타성을 극복하기 위해서도 사실 통합학교와 일반학교 간의 교류와 협력은 필요하나 공유교육 편제는 해답이 아니다. 이러한 고민이 행복한 (런던)데리 통합교육 공동체를 감싸는 변화된 상황이다.

에필로그

공유학교도 돌아보며

"통합교육(integrated education)인가, 공유교육(shared education)인가?" 이 질문으로 귀결되는 통합학교 탐방이 답답함을 안겨주는 동시에 참신한 지적 자극을 준 것 또한 숨길 수 없는 성과이다. 어디고 비슷하겠지만 초기에 함께 몸담았던 통합교육 동지가 30여 년이 지나 누구는 공유교육 진영에 가 있고 또 누구는 일편단심 통합교육 옹호자로 자리를 지키는 상황이라면, 공유교육 옹호자가 된 주류 인사는 이러한 변화를 개인사적 선택의 문제라기보다는 사회변동사적 지평에서 해석해야 한다고 주장할 것이다. 그럼에도 북아일랜드 교육적 전망은 분단을 넘어선 평화와 화해를 향한다고 단언하는 통합교육 옹호자에 대해 공유교육 옹호자들이 등을 돌리며 배제하고 대화하지 않는 것은, 지역사회 학교 간 자원의 공유를 통해 평화를 추구하려 한다는 공유교육의 진정성을 의심할 수밖에 없게 한다. 그래서 왜 공유교육인가에 대한 의문을 통합교육 관계자들이 아닌 일반학교 관점에서 이해하고 싶어 방문하고자 했으나 좀처럼 기회를 잡지 못하다가, 다행히 2017년 6월 북아일랜드 안트림교육청(Antrim Board Centre, Education Authority) 로나 가디너(Lorna Gardiner) 국장의 도움으로 공유학교 지역 세 군데를 돌아보는 행운을 잡았다.

공유교육에 참여하는 초등학교인 성 존보스코 초등학교(St. John Bosco Primary School, 가톨릭)와 벨라기 초등학교(Bellaghy Primary School, 개신교)는 발리미나(Ballymena)에 소재하며 서로 3킬로미터 정도 떨어져 있다. 존보스코 초등학교는 학생 118명이 재적하고 교사는 학교장 포함 5명으로 운영하는 가톨릭학교이다. 이 학교가 있는 발리니즈(Ballynease)라는 동네는 완전 가톨릭 거주지라 샤론 도민(Sharon Domin) 교장조차 초등에서 심지어 대학(세인트메리 대학) 다닐 때까지 가톨릭 친구만 있었다고 한다. 그 반면 벨라기(Bellaghy)는 이전엔 개신교 밀집 지역이었으나 분쟁기(the Troubles)에 심한 공격을 받은 후 개신교 주민들이 거의 다 떠나 지금은 가톨릭 주민이 대부분이지만, 벨라기 초등학교는 학생 54명에 교장 포함하여 3명의 교사로 운영하고 있는 작은 개신교학교이다. 가톨릭 거주지인 발리니즈와 개신교 거주지였던 벨라기에 있는 두 학교는 아주 가까이 위치하고 있으나 거주민 구성이 종파별로 완전히 나뉘어 있던 형국이라 학창시절에는 상호 접촉 기회가 거의 없었다고 한다. 시내 백화점에서는 서로 부딪히겠지만 모르는 사이라 서로 없는 듯 지냈기 때문에, 가까운 지역에 사는데도 주민으로서의 결속은 전혀 없고 오히려 분쟁기 때에는 서로 원수처럼 살았다고 한다. 실제로 오가다 잦은 충돌마저 있었다고 한다.

그래서 1980년대 시작한 EMU(상호이해교육) 사업에 이 학교들도 참여했는데 그때는 두 학교가 협약을 맺고 지속적으로 프로그램을 유지했던

332

것이 아니고 같이 자이언트 코즈웨이를 간다거나 얼스터 교통박물관을 가거나 할 때 공동사업을 했던 정도로 지속성은 없었다고 한다. 더욱이 학교 전체가 다 하는 것이 아니라 관심 있는 교사가 알아서 하는 수준이어서 안 한 것보다는 좋았겠지만 큰 반향은 기대하기 어려웠다고 한다. 그럼에도 분쟁기라는 특수 상황에서 화해와 문화적 단일 정체성을 유지시켜준다는 EMU 목적은 타당했던 것으로 평가해야 한다고 교장들은 말한다. EMU 사업은 교육부가 주도했고 북동부교육청 담당 장학사가 학교 협력사업으로 진행했다. 오늘날까지 분단사회에서 상호 이해는 여전히 중요하여 '인성발달과 상호이해(PDMU)' 교과를 통해 여전히 강조되는 사회철학이다. 1998년 벨파스트평화협정 이후에는 평화와 화해를 향한 정부교육정책 방향이 시민교육에 집중되면서 EMU 사업은 약화되었기 때문에 북동부교육청은 지역사회의 작은 학교 간 협력이 필요한 경우에 지역사회접촉 프로그램을 진행할 수 있도록 지원해주었을 뿐이었다. 그러다 2006년부터 공유교육이 장려되기 시작했고 2011년부터는 CRED (Community Relations, Equality and Diversity)가 본격적으로 추진되면서 발리니즈의 아주 작은 개신교초등학교와 가톨릭초등학교가 공유교육 협정 (Shared Education Signature Project)을 맺어 현재는 아주 잘 운영하고 있다고 한다. 학교 현장에서는 EMU, 통합교육, 공유교육, CRED 등의 개념이 "지역사회 평화를 이루자"라는 같은 의미의 프로그램이라 일단은 지속적으로 할 수 있게 되어 다들 행복해한다고 한다.

무엇보다 버스 지원이나 교육 활동비 같은 재정적 지원이 주어짐에 따라 할 수 있는 프로그램이 아주 다양해졌다. 특히 교실 활동 공동참여는 아이들을 아주 가까워지게 했고, 코리밀라로의 숙박체험 공동 프로그램도 양쪽의 아이들을 아주 가깝고 서로에게 의미 있게 만들어준다. 두 학교 간의 프로그램으로 자주 하는 '서클 타임' 때는 서로 다른 교복을 입은 학생들이 다 함께 둘러앉아 놀이나 토론을 하고 돌아가며 자기 이야기를 하는 등 교분을 쌓는다. 또한 연극 공연을 같이 함으로써 학부모들도 참여하게 한다. 아이들이 연습하는 동안 학부모들이 밖에서 기다리면서 서로 말을 트게 되는 것도 공유교육이 만든 또 하나의 성과이다. '드럼 클럽'은 아주 인기이다. 아이들이 제일 좋아하는 것은 두드리는 행위이다. 음악이 어떤 것이냐는 중요하지 않다. 이런 활동을 통해 상호 무지했던 과거로부터 벗어나 서로에게서 배운다.

교원양성과정 자체가 분리되어 어찌 보면 초등에서 대학까지 종파분리주의에 물든 채 성장해온 교장과 교사들이 이러한 프로그램을 통해 가장 많이 배운다. 사실 샤론 교장만 해도 그렇게 성장했기 때문에 아일랜드식 이름이 아닌 사람을 만나면 거북했던 것이 사실이다. 그렇게 살다가 이러한 공유 프로그램을 통해 수시로 다른 진영의 사람을 만나다 보니 이제는 많이 편해졌다. 무엇보다 양쪽의 학교들이 다 소규모 학교라 교사가 한정적인데 이런 자원을 공유하는 데에서 아이들에게도 효과적이고, 교사들도 너무 작은 학교라서 외롭고 소외되어 있다는 생각에 젖는데 이렇게 잦은 교류를 통해 관계가 확대되면서 덜 외로워지는 경향을 보인다. 이 때문에 교사들의 역량도 개발되는 느낌을 받는다고 한다. 또한 낯선 이들과 함께 수업을 하면서 늘 긴장하게 되어 더 많은 준비를 하게 되므로 자신의 낡은 교수법을 개선하게 되는 장점도 있다.

이제는 시내에서 만나면 아이들이 서로 인사하고 부모들도 소개시켜주는 등 적극적인 지역사회 교류인자로 활동한다. 이러한 일에 교장뿐 아니라 교사들도 적극적이다. 그런 점에서 벨라기나 발리니즈라는 작은 지역사회를 활력 있게 만드는 요인이 바로 이러한 학교 간 접촉 프로그램이고, 이전까지 거의 접촉이 없던 동네에서 강제로 문을 열게 하여 서로 오가게 하면서 프로그램을 하니 아이들의 시야도 많이 넓어졌다고 하며 웃는다. 샤론 교장은 공유교육에 한계는 있겠지만 일부에서는 아주 신나게 잘하고 있다는 사실도 인정하면 좋겠다고 한다.

이제는 교육청(일반학교)이나 NICIE(통합학교) 심지어 CCMS(가톨릭학교)도 양쪽의 교사들을 연수시켜 서로에 대한 상호 이해를 장려하고 교수법을 소개하는 등 교사들에게 공유교육과정에 대한 자신감을 불어넣어 주고 있다. 그런 점에서 통합교육이라는 제도적 일치 없이도 낮은 수준의 교류와 접촉 그리고 상호 이해를 충분히 하고 있다고 여기서는 평가한다. 그런 의미에서 갈등이나 분단 대치가 평화적으로 해소된 현 상황에서 공유교육은 나름 의미 있는 시도로 보이며, EMU나 CRED 등을 비롯한 그동안의 평화교육 성과의 총합으로 비친다. 통합학교는 학부모들이 나서서 학교 지위에 대한 변화를 가져오려고 했지만, 이 지역은 학부모들이 정체성을 상실하지 않고 자기 학교를 유지하면서 그런대로 공유하는 수준에서 만족하기를 원해서 학교운영위원회도 흔쾌히 이러한 프로그램을 지지해왔다. 단지 벨라기 학교의 재학생 수가 너무 적어 폐교의 압력을 받는데, 그러면 아이들이 가까운 가톨릭학교에 오기보다는 시내의 큰 개신교학교로 가게 될 것이기 때문에 지역의 근거를 잃게 된다. 따라서 정부의 지속 가능한 학교 프로젝트(Sustainable School Project)의 일환으로 공유교육의 성과를 인정하여 학생 수가 적더라도 학교 평가를 달리해 지속시켜 주었으면 하는 기대를 품고 있다. 발리니즈가 공유교육의 우수 사례로 선정되면서 2015년 5월에 찰스 왕세자 부부가 가톨릭인 이 학교를 방문하기도 했다. 그때 지역에서는 약간 당황했지만 아이들은 '이렇게 유명한 사람이 우리 학교를 방문하다니' 하면서 아주 자부심을 갖는 계기가 되었고, 가톨릭 주민들에게도 영국 왕실에서 방문했다는 것 자체가 나름의 큰 의미를 주는 행위로 작용했다.

통합학교 건물처럼 학교 시설이 아동 중심적이라는 느낌을 받지는 않았지만 교장들의 열성적인 자세와 초등 아이들의 해맑은 웃음을 볼 수 있어서 좋았다.

다음 날 로나 가드너 국장의 도움을 받아 발리캐슬 중등학교의 공유교육 현장을 방문했다. 가는 길에 코리밀라에 들러 차 한잔 마시며 안부하고는 발리캐슬 하이스쿨(Bally Castle High School, 개신교)과 그 앞의 크로스앤드패션 칼리지(Cross and Passion College, 가톨릭)로 향했다. 그동안 많은 학교를 다녀봤지만 이렇게 도로를 가운데 두고 양쪽 진영 학교가 나란히 마주하고 있는 경우는 처음 봤다. 분쟁기에는 대단한 갈등 요인이었을 것 같다.

발리캐슬 하이스쿨의 이언 윌리엄슨(Ian Williamson) 교장이 반갑게 맞이하면서 방문자를 위한 프레젠테이션으로 그간의 공유교육 활동사를 설명하겠다고 한다. 그러는 중에 크로스앤드패션 칼리지 폴 매클린(Paul McClean) 교장이 왔다. 두 학교는 북아일랜드가 추진하는 공유교육캠퍼스를 해안가가 내려다보이는 두 학교 사이에 건축할 것이라며, 이것은 두 학교뿐만 아니라 이 지역 모든 학교에도 축복이라고 설명한다. 발리캐슬 지역 자체가 가톨릭 인구 다수 지역이라 두 학교는 인구구성상의 차이뿐 아니라 분위기와 역량 등에도 차이가 있어 보인다. 두 학교가 모일 로드(Moyle Road) 길 하나를 두고 마주한 상태라 1980년대만 해도 크고 잦은 분쟁이 있어, 일단 횡단보도라도 만들자는 논의부터 하다가 EMU를 비롯한 교육 프로그램으로 교류를 진행해오던 터였다. 특히 중등이라 GCSE(중등교육자격검정시험), GCE(교육자격검정시험) 등 교과목 교류를 시작했는데 역시 정치적 조건에 따라 결과가 달라지긴 했다고 평가한다. 정치권에서 이러한 접촉의 필요성을 많이 부각하여 재정 지원을 쏟아부으면 프로그램이 많아져 확실히 효과가 나타난다고 한다. 지역 특성상 개신교 인구가 이주해 나가면서 발리캐슬 하이스쿨 학생 수도 감소하여 현재 395명이고, 크로스앤드패션 칼리지는 724명으로 그 2배 규모라고 볼 수 있다. 둘 다 비선발 학교이고 주변에 그래머스쿨은 없다. 학교 바로 옆에 개신교 발리캐슬 초등학교가 있고 아랫동네에 발리캐슬 통합학교가 하나 더 있다.

1960년대부터 EMU 활동의 일환으로 낮은 수준에서 교류는 해왔지만 이렇게 체계화된 공유교육 프로그램으로 공식적으로 발전시킨 것은 2012년 이후로 볼 수 있다. 지리 교과의 경우 양쪽을 오가면서 배우다 보니 확실히 상호 이해의 폭이 넓어졌다. 학생들의 흥미와 교과목 성격에 따라 공유교육의 효과가 큰 것이 있고 영어나 수학 같은 일반교과는 효과가 확실히 덜하다. 무엇보다 지역이나 학교, 학생, 학부모, 교사들의 요구가 응집하여 위로 올라간, 아래로부터의 공유교육으로 진행될 때 효과적이다. 아무리 좋은 것이라도 정부가 위에서 '이게 좋으니 이렇게 하자' 하고만 밀어붙여서는 효과가 한정적일 수밖에 없다. 이를 위한 학교장이나 학부장들 간의 교류와 협력이 필요하다. 이러한 맥락에서 '효과가 좋다면 한 학교에서 통합하여 하면 되지, 수도 적은데 왜 이렇게 복잡하게 분리해서 공유교육이라는 이름으로 진행하느냐'는 학생이나 학부모의 요구는 없느냐고 물으니까 통합은 중요한 방향이나 많은 학부모가 자기 정체성을 유지하며 자기 학교로서 종파적 특성을 유지하고 싶어 해서 이것이 최선의 방안이라고 생각한다고 한다. 그러한 가운데 이러한 왕래와 접촉을 통해 미처 알지 못했던 상대방의 문화나 종교 그리고 특성을 이해하고 경청하는 것이 진정한 다양성의 존중이라고 보기 때문에 지역사회에서도 통합교육으로의 전환을 강하게 요청하는 부모가 없다고 한다. 학교 구성원들이 학교를 오가면서 학풍에 배여 있는 종교문화적 차이를 이해하면 좋겠다는 생각을 하기 때문에 특히 학교운영위원회에서 공유교육 활성화를 강조한다고 한다.

중등 수준에서의 공유교육은 초등과 달리 교과 차원의 공유교육 프로그램이 활성화되어 있다. 스포츠나 오케스트라 구성 등은 어느 단위에서건 중요하지만, 특히 중등에서는 28개 GCE 교과목을 모든 학교가 다 제공할 수 없기 때문에 학교 간 교과목 공유는 불가피하다. 통합칼리지에서도 마찬가지이지만 대부분의 중등학교 혹은 칼리지들이 교과목 다양성을 학교 개방이라는 틀로 보장하기 때문에 공유교육이라고 이름을 붙이건 아니면 단순히 학교 간 교류 프로그램이라고 이름 붙이건 입시 준비를 위한 교과목 공유는 기정사실이 된 것 같다. 지역사회 평생교육관 같은 의미의 공유교육캠퍼스에 대한 기대가 너무 커서 실제적인 공유교육 활성화에 대한 질문은 많이 하지 못한 채 중등 공유교육 현장에 대한 방문을 마쳤다. 종파분리주의의 근본적인 문제만 없다면 공유교육이 왜 문제일 수 있겠는가?

마지막으로 우리에게도 오해의 소지가 있을 수 있는 특수학교를 방문했다. 통합교육이란 일반적으로 장애·비장애 아동이 한 학교에서 함께 교육하는 것을 말한다. 그런 의미에서 분리된 특수교육시설이라는 것 자체가 이미 통합교육은 아니나, 여기서 어떤 형식의 공유교육을 발전시키고 있는지가 너무나 궁금했다.

안트림에 위치한 힐크로프트 학교(Hill Croft School)는 중증장애 아동이 다니는 특수학교이다. 일반학교에서 보통 아이들과 큰 차이를 드러내지 않는 특수교육 대상 아동과 이러한 특수학교 학생들과는 장애의 수준에서 엄청난 차이가 있다. 여기 아이들 대부분은 아이큐 55 이하이다. 장애등급이 아주 높은 아이들로 자폐나 학습 결손이 아주 심한 수준에 놓여 있다. 이러한 아이들은 일반학교에서 통합교육이 불가능한 수준임에도 불구하고 여전히 통합교육 절대화를 말하는 학자들이 있는 것이 사실이다. 힐크로프트 학교도 궁극적으로는 아이들이 일상에서 독립적인 생활을 영위할 수 있도록 자립심(기능적 문해)을 길러주는 것을 교육 목적으로 삼고 있다. 이를 위해서는 가정과의 협력이 제일 중요하다. 하지만 부모들은 자기 자녀들이 특수아로 독립이 불가능한, 절대적인 보호가 필요한 아이라고만 생각하여 지나치게 보호하려고만 한다. 그러다 보니 아이는 모든 가족에게 부담이 되는 존재이다. 그래서 형제자매들하고의 관계 개선도 중요한 의제가 된다.

북아일랜드의 모든 특수학교는 개신교 공립학교이다. 힐크로프트 학교가 있는 곳은 개신교 지역이라 전체적으로 개신교 가정 자녀가 60%로 다수지만 가톨릭 비율도 30% 정도(기타 10%) 되기 때문에 개신교 공립학교이면서도 저절로 종파통합교육의 틀을 유지하는 구조이다. NICIE는 종파통합 기준에 맞추기를 원하겠지만 로즈 맥피터스(Roz McFeeters) 교장은 장애가 있는 아이라면 종파와 무관하게 선발하는 것이 더 중요하다고 생각한다. 그래서 힐크로프트는 4~19세 아이 중 장애가 심하여 일반학교에 갈 수 없는 아동 모두를 대상으로 하고 있다. 교사나 보조교사도 특수교육에 대한 이해를 전제로 해서 충원하기 때문에 종파를 따지지 않으나 자연스럽게 비율이 유지되는 것 같다고 한다. 그래서 개신교적 종교교육을 강요하기보다는 교회일치운동의 분위기를 유지하면서 가톨릭 성사도 집행하고 개신교 종교교육도 각기 진행한다. 작년엔 북아일랜드 전체 특수학교 가톨릭 아이들이 모여 첫 성체성사를 치르기도 했다.

특수학교에서 제일 중요한 문제는 안전성이다. 특히 성적 학대와 관련하여 아무리 친한 사람이라도 자기 몸을 만지거나 자극하면 안 된다고 정확히 말해줘야 하고 성교육을 아주 구체적으로 시켜야 하는데, 부모들의 협조가 쉽지 않다. 부모들은 그런 것을 왜 가르치느냐며 숨기고 참기를 가르쳐야 한다는 입장이다. 장애 아이도 기본권을 가지고 있고 욕구를 가지고 있는데 누르는 것만이 상책은 아니다. 그런 점에서 부모와 늘 접촉하고 서로의 어려움을 이해하고 배려하는 것이 중요하다.

로즈 맥피터스 교장은 일반학교 교사로 일하다가 연수를 받아 10년 전 이 학교에 왔다고 한다. 특수교육을 전공하지 않은 교사가 특수학교장이라는 점이 아주 신선하게 비쳤다. 일반교육 관점에서 특수교육을 균형 있게 설명하는 자세가 아주 설득력이 있어 보였다. 교장과 학교 시설을 한 바퀴 돌고 나니 시설이 아주 넉넉하고 좋다. 각종 지원시설이 충분하고 깨끗하게 관리되고 있었으며 공간적 넉넉함이 충분하다. 정서적 어려움을 겪는 아이들이 물리치료실이나 감각통합치료실 등에서 자기 느낌을 잘 표현하도록 정서적 지원 활동을 풍부하게 하고 있으며, 모든 교실이 야외로 통하게 되어 있어 실내 활동과 실외 활동을 자연스럽게 연결하고 있다. 아이들이 감정이나 욕망을 주체하지 못하면 격리실(quiet room)에서 절제하고 극복하도록 시간을 충분히 준다. 이것은 자칫 인권 침해 소지가 있어 보이는 통제로 비치기도 하는데, 교장은 강압적인 것이 아니고 특히 10대 아이들이 흥분할 경우 호흡을 조절하도록 권고하는 수준인데 잘 운영된다고 한다. 교장을 비롯하여 학교에서 만난 교사들의 표정이나 자세가 아주 맑고 헌신적으로 비치는 것이 참 보기 좋다.

통합이냐 공유냐 또는 혼합이냐?

로나 가드너 국장 덕분에 통합학교 중심적 사고에 머물렀던 그간의 관점에서 좀 더 객관적으로 '왜 통합이고, 왜 공유인가'를 정리할 수 있게 되었다. 가드너 국장의 소개로 만난 마크 베이커(Mark Baker) 박사가 던진 한마디는 정신을 번쩍 차리게 했다.

"공유교육은 기본적으로 북아일랜드 정부재정에 의한 것이 아니라 외부 특별자금으로 진행되는 이상한 구조입니다. 북아일랜드 정부가 진정으로 원하는 것이라기보다는 외적 자금에 의해 한정적으로 운영하는 것이라는 점에서 재원이 끊기면 없어질 수도 있는 것입니다. '무엇이 진정한 해결책인가' 하는 문제에는 '우리가 사는 현실에서 비현실적인 유토피아를 찾는 것이 아니기 때문에 할 수 있는 만큼만 한다'는 입장이 중요합니다. 그런 의미에서 분쟁기의 역사적 산물인 통합교육을 진정성 있게 지켜가는 노력, 특히 통합학교 측의 노력이 필요합니다."

사실 ACT의 초기 주창자들에게 통합교육이나 공유교육은 같은 의미였다. 어떤 명확한 용어 정의 없이 역사 속에서 함께 전진해온 개념이다. 그리고 자연스럽게 통합교육으로 정착했고, 이러한 통합교육철학은 통합학교라는 틀로 구현된다고 믿고 이를 위해 정책화했다. 분쟁기라는 역사적 고통 속에서 통합학교로의 전환이나 신설은 기존 종파학교에는 도전이었고 통합교육철학이 정치적으로 해석되었다.

종파분리주의를 넘어서는 교육운동은 처음부터 통합교육이나 '공유된 미래를 향한 아동중심교육(All Children Together for the Shared Future)'을 지향하는 동일선상의 개념이었다. 1970~1980년대 ACT의 공청회 자료집에는 '통합교육'이라는 표현보다 '공유교육'이라는 용어가 압도적으로 많다. 초기 공유교육은 종파분리주의 극복을 위해 기존 교육 체제의 개혁을 지향한다는 점에서 오늘날의 통합교육과 같은 의미로, 종파학교의 유지를 전제로 하는 오늘날 공유교육의 의미는 결코 아니다. 즉, 종파분리주의에 기초한 공교육을 개혁한다는 차원에서 공유된 미래를 지향하는 통합교육이었던 것이고, 그것을 실현할 수 있는 학교태가 바로 모든 어린이가 한 학교에서 함께 공부한다는 통합학교였던 것이다. 이런 의미로 보면 세실 리너헌의 말대로 통합교육운동은 또 다른 형태의 대안학교를 만들자는 것이 결코 아니었다. 종파분리주의에 기초한 북아일랜드 교육 시스템을 통합 혹은 공유교육 형태로 개혁하자는 것이었기에, 이것이 북아일랜드 교육정책으로 확정되어 모든 학교가 그러한 방향으로 나아가게 될 것이라고 생각했던 것 같다. 처음 시작은 너무나 혁신적이었지만 현실적인 개혁 의제로 가능성이 있어 보였고 또한 개혁 추진 세력의 열정은 대단했다. 자신들의 구상이 정치권에서 받아들여지지 않자 바로 학교신설운동으로 나아갔고, 1990년대 분쟁기의 종지부를 찍는 단계에서는 통합교육이 북아일랜드 미래 교육의 당연한 바로미터로 비쳤다. 지금과 같이 조그마한 학교 유형의 하나로 통합학교 신설을 계획했던 것이 결코 아니었다.

1978년 교육조례에서 통합학교로의 전환을 성문화하려던 시도가 실패했음에도 1989년 교육개혁법에서 정부의 역할로 통합교육을 장려하고 촉진하는 의무를 성문화하고 1998년 벨파스트평화협정에서 교육과 주거에서의 통합이 평화와 화해로 나아가는 길임을 천명했다. 그런데 2000년대 들어 사회적 안정이 이루어지면서 학령인구 감소로 인해 학교 신설이 어려워지고 통합학교 등록 학생 수 비율이 계속해서 7% 이내에 머물자 2006년부터 정치권과 교육계에서는 오히려 공유교육에 대한 논의가 일었고, 정부재정은 아니지만 막대한 외부 기금이 공유교육 쪽으로 몰리더니 급기야 2016년 '공유교육법(Shared Education Act)'이 성문화되었다. 통합교육을 해야 하는데 통합학교로는 안 되니 기존 종파학교 체제를 인정하고 서로 교류를 확대하게 하는 공유교육이 현실적이라는 토니 갤러거 교수의 주장대로 공유교육은 양 진영의 이해를 인정하고 낮은 수준에서라도 서로 접촉하는 것이 안 하는 것보다는 낫지 않느냐는 것이고, 이것이 정치권과 종파 지도자 간의 타협 결과이다. 필자의 공유학교 방문을 통해서도 알 수 있듯이 종파학교 이해관계자들은 대부분 공유교육에 만족하여 통합을 이끌어내기는 현실적으로 어려운 상황이다.

벨파스트평화협정을 이끌어내기까지 북아일랜드의 시민사회가 평화의 여정을 향하여 전력했다면, 평화협정 이후(post-conflict) 오늘날 시민사회는 평화 구조가 후퇴하지 않도록 감시하고 역량을 떠받치는 평화 모니터링 역할을 하고 있다. 평화 정착의 어려움은 존재하지만 북아일랜드는 이제 유럽연합 내에서도 안정적인 사회로 인정받고 있다. 또한 개신교와 가톨릭뿐 아니라 10%가 넘는 제3의 이주민 집단이 혼합된 다문화사회로 이행하고 있다. 개신교와 가톨릭 양 종파로 분리된 종파분리주의를 극복하는 문제만이 아니라 다원화된 사회의 다양성을 어떻게 흡수할 것인지로 시각을 전환해야 한다는 또 다른 목소리가 나오는 가운데, 여전히 북아일랜드 시민들은 정치적 평화 과정이 후퇴할지도 모른다는 두려움과 정치적 폭력이 되살아날지도 모른다는 의구심에 불안해하고 있다. 이러한 불안은 특히 다원주의적 다양성을 추구하는 사회로 북아일랜드의 종파분리주의 모순을 대치하려는 공유교육의 공세에 대응하여 통합학교를 지키려는 통합교육 원칙주의자들에게는 아주 심각하게 다가온다. 그래서 통합학교 탐방의 말미에 그들은 꼭 공유교육에 대한 불만과 불안을 토로하곤 했다.

북아일랜드의 교육제도를 들여다보면, 11세에 초등학교를 마치고 중등으로 진학하는 과정에서 인문계와 실업계 간 혹은 일반계 학교 간의 차별적 선발 과정이 종파분리주의 학교 문제를 더욱 복잡하게 한다. 통합학교는 이러한 교육제도상의 분리를 거부하며, 아이들을 능력에 따라 선별하는 것이 아니라 모든 능력의 아이들이 함께 어울려 공부해야 한다는 이념을 고수한다. 이런 점에서 평화와 화해를 지향하는 통합교육이념에는 동의하더라도, 능력별 선발을 거부하는 통합학교에 대한 기존 종파학교와 학부모들의 저항은 대단히 큰 것이 현실이다. 이러한 배경에서 2009년 정부 주도하에 통합교육을 대체하는 공유교육 개념이 통합 개념을 포괄하는 상위의 대안적 패러다임으로 등장했다.

통합교육운동이 발전해감에 따라 '통합(integrated)', '혼합(mixed)' 그리고 '공유(shared)' 교육에 대한 논의가 이어졌다. 통합학교는 두 종파의 비율을 50 대 50으로 구성하는 균형적 통합을 지향하는데, 현실적 어려움이 있는 경우라도 소수 종파의 아이들이 최저 30%를 넘어야 한다는 법적 제한이 있다. 반면 혼합학교는 종파별로 분리해서 운영되지만 10% 이내의 다른 종파 배경을 가진 학생들이 다니는 학교로 정의되며 가톨릭 학교를 포함하여 현재 42개교가 등록되어 있다. 이러한 혼합학교나 통합 학교처럼 한 학교에서 여러 종파 아이들을 함께 교육하는 곳은 여전히 소수여서, 북아일랜드에서는 90% 이상의 아이들이 단일 종파 배경의 아이들만이 다니는 종파학교에서 그 아이들끼리만 교육받고 있는 현실이다. 이러한 현실에서 북아일랜드의 역사적 맥락에서 평화와 화해를 이루자는 교육 목적을 달성하기 위해서는 통합학교제도의 발전이 아닌 교육의 통합적 시스템으로의 발전을 추구해야 한다고 공유교육론자들은 주장한다. 그들은 통합학교가 북아일랜드의 모든 아이에게 비현실적인 선택이라고 주장하며, 정부가 더 현실적으로 사회적 결속(social cohesion)을 추구하고자 한다면 기존 종파학교의 역사적 발자취를 포함하여 모든 학교 유형 간의 관계 형성에 더 일관성 있고 지속 가능한 공유교육적 접근이 필요하다고 말한다. 특히 학생들과 부모들이 자신의 종교와 문화 그리고 철학적 신념 등을 존중받을 필요가 있다고 말하면서 학부모 선택을 강조한다.

그러나 많은 학자와 통합교육 관계자는 북아일랜드의 맥락에서 통합교육 개념을 상회하는 공유교육이 의미하는 바가 모호하다고 비판한다.

통합교육은 북아일랜드 교육 모순을 극복하기 위한 근본적인 교육 개혁으로, 분쟁기를 폭력으로 내몰았던 종파분리주의적 분단을 넘어서 평화와 화해를 추구하는 사회적 이상을 담은 교육 방향이다. 아이들끼리 교사끼리 만나고 학교 시설을 공유하는 것 자체보다 더 중요한 것은 교육적 만남과 접촉의 일상화를 통해 종파분리주의를 근본적으로 극복하는 것이다. 하지만 공유교육은 교육 비용 절감 차원에서 교육 효용성을 높이기 위해 학교들 사이의 협력을 포함하는 자원의 공유를 최우선 목적으로 한다. 그 때문에 공유교육의 지향점이 교육적이냐 사회적이냐 또는 경제적이냐를 따지기도 어렵고, 무엇보다도 공유교육이 정부정책으로서 교육제도의 구조적 개혁을 이끌 것인지 아니면 현재 분리주의에 기초한 종파학교 시스템을 유지하고자 하는 것인지를 파악할 수 없다. 이같이 공유교육이라는 개념에는 통합과 화해를 위한 '일상성'이 결여되어 있으며, 자칫 겉으로 보여주기식 교육제도 개선에 그칠 가능성이 상당히 크다. 통합교육이 추구해온 가치들과 학부모·학생·교사라는 교육의 세 주체가 함께 이루어온 교육적 성과가 부정될 수도 있고, 이 성과가 공유교육이라는 틀 안에서 이어질 수 있을 것인가 하는 문제도 과제로 남는다. 실제로 공유교육은 종파분리주의 교육을 다양한 배경의 종교와 문화, 이른바 다양성의 존중이라는 명목하에 정당화하며, 각 학교 사이의 협력과 접촉을 제시하고 있지만 이것이 어떤 '공유'를 의미하는 것인지에 대한 철학적 기반이 약해 보인다. 따라서 공유교육은 종파분리주의 교육 모순의 극복에 아직 이르지 못한 통합교육의 한계에 대한 피상적 대응으로 보이며, 오히려 통합교육운동의 기본 정신을 되돌아보게 만든다.

이렇듯 공유교육의 도전에 직면하여 통합교육이 발전해온 과정 속에서 발견되는 성과와 한계가 있지만, 실제로 통합교육이 제시하는 교육적 성과와 평화와 화해, 사회적 통합 등의 사회적 가치와 공교육 개혁의 면은 그 한계보다 더 높이 평가된다고 본다. 특히 공유교육 개념의 등장으로 인하여 통합교육의 성과이자 주목할 만한 과정 요소인 일상성과 '함께 교육함'의 의미를 되새기게 된다. 즉, 통합교육이 이루어야 할 세속화 문제나 사회적 불평등 해소 및 학력 신장 등이 여전히 과제로 남아 있지만, 지금껏 쌓여온 갈등을 화해와 평화의 방법을 통해 극복하는 과정적 정당성과 다문화사회라는 더 포괄적인 사회적 이슈를 함께 아우를 수 있는 포용교육의 맥락에서 북아일랜드 통합교육의 의미를 비교교육학적으로 재조명해야 할 것으로 보인다. 무엇보다 그러한 도전적인 과제는 장기적 관점으로 접근해야 한다고 판단되며, 따라서 공유교육과 같은 단순 협력과 접촉이 아니라 일상생활 속에서의 학습을 통해 풀어갈 수 있을 것으로 생각된다.

오바마 대통령이 에니스킬렌 통합초등학교를 방문한 것을 비롯해 여러 세계적 명망가들이 통합학교를 방문하여 교육적 성과를 치하하고 인정하나, 오히려 북아일랜드 내에서는 이에 대해 냉소적이다. 이제 분쟁기의 산물 대신 새로운 '하나 됨'을 이야기하자는 것이다. 즉, 피차 다양성을 인정하면 된다는 것이다. 이제는 만나도 위험하지 않으니 서로 각자의 정체성을 유지하며 찻집에서, 거리에서, 극장에서, 공원에서 만나면 되지 않느냐는 것이다. 그리고 가끔 만나면 되지 왜 꼭 다 함께 같은 공간에서 생활해야만 하느냐는 것이다. 공유교육은 이러한 맥락에서 아주 손쉽고 영리한 타협안으로 제시되었고 학부모 선택권 보장이라는 명분을 가지고 확장되고 있다. 앞서 말했듯이 통합학교는 단일한 교육의 장(場)에서 다양한 교수법(pedagogy)을 통해 아이들이 자신의 사회적 정체성을 형성해나갈 수 있도록 하는 것이며, 궁극적으로 현재의 갈등적 상황을 극복하고 태도의 변화와 용서 그리고 화해를 할 수 있도록 교육하고자 하는 것이다. 30년이 지난 오늘날 통합교육의 이상과 목표는 사실 통계적으로 평가하기가 어려우며 목표가 달성되었는지 여부를 짧은 시간에 판단하기도 쉽지 않다. 그럼에도 지금까지 통합교육·통합학교가 지향해온 교육적 이상과 목표를 장기적 관점에서 보았을 때 소기의 성과를 달성했다고 볼 수 있다. 실제로 많은 연구가 통합학교를 졸업한 학생들, 교사들, 교장들을 대상으로 조사하여 통합학교 출신 학생과 성인들이 자기와 다른 문화적, 사회적, 경제적 배경 등을 가진 사람들을 대하는 방법이나 기술을 잘 습득했으며 동시에 가톨릭과 개신교 사이의 부정적 고정관념이 거의 없고 대립된 집단과의 소통에 대한 인식 등이 긍정적임을 보여주었다. 또한 오늘날 두 종교 사이의 갈등과 화해만이 아닌 다문화적 관점에서도 통합교육이 북아일랜드 내의 다양한 집단(종교가 없는 집단 혹은 다른 민족과 인종 출신 등)을 인정하고 그들과 함께하는 교육으로 확장되고 있다. 이는 분단과 갈등, 폭력이 일상화되어 있던 사회에 변화를 가져온 통합학교의 큰 성과라고 평가할 수 있다.

북아일랜드가 우리에게 무엇을 말하는가?

우리에게 낯선 북아일랜드지만 사실은 우리와 참으로 비슷하다. 사람들이 술과 노래를 즐기고 떠들기를 좋아하며 낯선 사람에게 기꺼이 먹을 것을 내놓는 점도 비슷하다. 그래서 만나면 금방 친해진다. 그런데 우리와 더 가깝게 하는 것은 역사적 배경이 비슷하다는 점이다. 300년 넘게 영국의 식민지배를 받아온 아일랜드는 제1차 세계대전 이후 독립의 희망에 부풀었지만 그 희망은 잠깐이었고, 식민지 시절 영국에서 얼스터(오늘의 북아일랜드)로 이주하여 살던 스코틀랜드인들이 '여기는 우리 선조들이 일군 땅이니 나갈 수 없다'고 주장하면서 결국 아일랜드공화국(남아일랜드)과 영국의 일부로 남게 된 북아일랜드로 분단되는 비극을 맞게 되었다. 북아일랜드는 식민지화의 귀결로 분단된 우리의 역사와 유사하나 그 분단의 성격은 분명 다르다. 그리고 분단극복의 방향도 우리와는 아주 다르다. 분단의 비극과 분단극복의 과정을 제3자 관점에서 추적해봄으로써 우리의 문제를 객관화해볼 수 있는 계기로 삼을 수 있지 않을까 하는 바람으로 북아일랜드 통합학교 탐방을 시작했다.

이른바 갈등 후 사회(post-conflict society)로 명명되는 오늘날의 북아일랜드에는 '희망과 냉소, 아픈 역사를 기억하자'는 주장과 '이제 과거 역사는 잊고 내일로 나아가자'는 세력이 공존한다. 그래서 서점가에 가보면 여전히 21세기 글로벌 환경에서 갈등의 뿌리가 어떻게 현재화하고 있는지 고민하는 책들(『분쟁기 이해(Making Sense of Troubles)』 등)이 지속적으로 발간되고 있고, 얼스터 박물관에서도 3년 넘게 1층 로비에서 분쟁기를 연대기적으로 전시하고 있다. 그러나 젊은이들은 알려고 하지 않고 여전히 종파분리주의에 기반을 둔 학교와 정당 그리고 교회가 종파적 이해관계 속에서 역사를 호도하고 있기에, 해소되지 않은 갈등의 뿌리가 언제 어떻게 다시 발현될지 모른다는 우려를 하는 어른들이 많다.

북아일랜드 평화 과정이 한반도와는 많은 차이가 있지만, 식민지 해방 시점에 분단이 결정되었다는 점, 북아일랜드 사회 내부에 비민주적 정치 세력이 폭력적 분단 구조에 편승하여 자리 잡았다는 점, 그럼에도 평화에 대한 목소리가 아래로부터 줄기차게 나와 결국은 평화체제를 구축해가고 있다는 점 등에서 우리에게 시사하는 바가 크다. 반면 우리와 달리 아일랜드는 300년 이상 영국의 식민지로 존재했고, 해방되는 과정에서 패전국으로서 기득권을 승전국에 내놓아야 했던 일본과 달리 영국은 여왕의 자비로 자치를 허용하는 수준으로 갔다가 최종적으로 독립을 인정하는 점진적 과정을 거치면서 아일랜드의 독립운동 진영이 완전독립을 주장하는 세력과 분쟁의 소지가 있는 북아일랜드를 제외하고라도 자치와 독립을 하겠다는 세력으로 나뉘어 내전을 치르는 비극을 겪었다. 주민투표 결과 영국의 일부로 남게 된 북아일랜드에서는 두 종파 간 분쟁이 종교적 분열뿐만 아니라 정치적, 경제적, 사회적, 문화적으로 분단된 일상사를 낳게 만들었다. 따라서 북아일랜드는 제3세계 일반의 탈식민지 모형이 적용되지 않는 독특한 분단 모형으로 영국의 일부냐 아니면 아일랜드공화국으로의 통일이냐를 둘러싼 서로 다른 뿌리의 두 역사가 어떻게 공존할 수 있겠는가를 묻는 정치적 질문에 접해 있다.

그 결과, 모두가 지긋지긋한 엄청난 피의 역사를 경험했고 혹독한 희생의 대가로 드디어 1998년 성금요일 벨파스트평화협정을 체결했다. 정치권에서 민주적 과정을 통해 북아일랜드를 새롭게 만들자는 권력분점이 가능해졌고, 사람들은 원하는 대로 아일랜드 여권이나 영국 여권을 자유롭게 가질 수 있게 되었으며, 모두가 유럽연합의 일부로서 이제는 과거의 암울한 적대자상(敵對者像)을 떨쳐버리고 더 확대된 새로운 유럽시민으로서 다 함께 나아가자고 선언했다. 학교도 종파주의적 틀을 극복하고 모두가 같이 한 학교에서 공부하는 통합교육을 해야 한다고 평화협정에서 방향을 잡았다. 하지만 종파적 이해에 기반을 둔 정치권은 그것을 원하지 않고, 양측 교회는 교육 주도권을 내놓을 의지가 전혀 없고, 미디어 역시 종파주의적 이해에 따라 기반을 달리하고 있는 상황에서 역사를 새롭게 재구성하여 통합적으로 나아간다는 교육 개혁은 결코 쉽지 않은 난제였다. 결국 이제는 '평화 먼저, 정의는 나중에(peace first, justice next)'라는 주장이 기득권에서 자연스럽게 나오는 가운데, 왜 우리가 그렇게 피를 흘렸느냐를 묻게 한다. 약간의 개선은 있지만 여전히 종파분리주의가 사회를 지배하고 각기 남의 탓만 하는 현실에서 무엇이 달라졌나를 묻는다. 갈등 후 사회의 분단극복 과제가 무엇인지에 대한 진지한 성찰이 필요한 시점이라고 이야기하나 모두 다 논의를 피하는 분위기이다. 식민지 그리고 이후 분단화 과정에서 양 진영이 각자의 심볼로 한쪽은 스코틀랜드 얼스터 문화를, 다른 진영은 아일랜드 켈트 문화를 자기화한 측면이 있다고 패럴(Michael Farrell) 교수는 이야기한다. 이렇게 분단의 심볼로 자리 잡은 양 진영문화(심볼리즘)를 극복하는 탈식민화 문화에 대한 논의가 특히 가톨릭 지역인 웨스트벨파스트와 가난한 혼합지역인 노스벨파스트를 중심으로 일고 있다. 평화공존문화의 재구성에 대한 기대가 존재한다.

이러한 변화 속에서 교육을 통한 평화 구축에 대한 기대도 여전히 존재한다. 학교뿐 아니라 지역사회가 평생학습장(learning community)으로 나아가야 한다는 분위기는 이제 확고히 자리 잡은 듯하다. 학교교육은 사회 개혁에 일정 부분만 기여하기 때문에 전체 사회가 함께 개혁의 방향으로 나아가야만 온전한 사회변화가 가능하다. 그럼에도 공유교육은 역사를 깊이 건드리지 않고 아는 척만 하는 수준의 피상적 이해로 끝내려는 경향이 있다고 많은 사람이 우려한다. 북아일랜드 통합교육운동은 종파분리주의 교육이 사회적 모순을 심화하고 재생산한다는 인식 위에서 학부모와 지역주민이 중심이 되어 공교육 개혁을 시도한 상당히 성공적인 역사적 사례로 평가된다. 물론 '통합교육'이 일반적으로 '장애·비장애 통합교육'이라는 의미로 통용되어 다소 혼란스럽기는 하지만, 북아일랜드 통합교육은 '분단극복을 위한 교육운동의 원형으로서 통합교육'이라는 명확한 역사성을 지니고 있다. 공유교육이 결여하고 있는 통합교육의 이러한 역사성은 분단국의 관점에서 다음 세 가지로 정리해볼 수 있을 것 같다.

첫째, 북아일랜드 통합교육은 북아일랜드가 겪어온 역사적 고통으로부터 배운 자생적 학습 논리로서 더불어 살지 않으면 모두 죽는다는 미래 지향적 역사관에 근거하여 통합교육운동으로 자리 잡았다. '우리 아이들이 살아가야 할 미래는 우리 같아서는 안 된다'는 처절한 역사관에 뿌리를 내리고, 잉글랜드의 종합교육도 아니고 아일랜드의 '다 함께 교육(Educate Together)도 넘어선, 북아일랜드에 적합한 통합교육 모형을 제안하고 발전시켰고 안착시켰다. 그런 점에서 재학생 점유율 7%라는 성과는 정부정책을 견제하고 변화를 견인하도록 작용하는 데 충분한 규모이다. 발전이 너무 늦기 때문에, 학부모들의 욕구가 늘지 않기 때문에 통합교육은 실패했고 그래서 공유교육으로 나아간다는 정책 전환은 기성 종파분리주의 교육 환경에 안주하려는 정치권과 교육계가 담합한 결과에 불과하다. 그럼에도 북아일랜드에 거주하는 80% 이상의 학부모들이 인근에 통합학교가 있다면 자녀를 보내겠다고 응답하는 태도 변화는 30여 년에 걸친 통합교육운동의 결실이다. 비선발 학교로서는 최상의 학업성과도 내고 있을 뿐 아니라 무엇보다 통합학교 졸업생의 사회통합 지향성이 월등히 두드러진다는 교육적 효과는 주목할 점이다. 이러한 성공 사례가 북아일랜드 공교육 개혁을 추동할 것이라고 확신한다.

둘째, 북아일랜드 통합교육은 유네스코를 비롯한 국제사회가 추구하는 민주적 포용성을 지향하는 교육을 실현했다. 북아일랜드 통합학교는 북아일랜드 교육제도가 안고 있는 문제, 즉 종파분리주의에 입각한 학교 운영, 선발고사에 의한 능력별 분리교육, 보수적 성차별주의에 따른 남녀 분리교육 그리고 장애·비장애 분리교육 등이 민주적 통합사회에 부적합하다는 판단하에, 차별을 원천적으로 막고 균형적 섞임을 향해 나아가는 '모든 어린이가 다 함께' 교육을 실천했다. 교육적 평등, 정의, 평화, 인권 등의 가치를 통해 완고한 종파분리주의를 극복하려 하는 북아일랜드의 통합교육은 21세기 국제사회가 실현하고자 하는 포용교육(inclusive education)의 실례를 보여주는 것이다.

마지막으로, 북아일랜드 통합교육운동은 모순을 인지한 당사자인 학부모들이 전면에 나서서 내 아이를 위해, 내가 속한 공동체를 위해 모두가 배제되지 않는 아래로부터의 공교육 개혁을 이루어낸 아동 중심적 시민성을 보여주었다. 통합교육과정에 배여 있는 아동중심교육은 모든 아이들이 저마다 독특하고 소중하다는 새로운 관점 위에서 어떤 아이도 다른 종파의 아이라는 이유로, 능력이 떨어진다는 이유로, 사회적 배경이 다르다는 이유로 차별받아서는 안 된다는 평등주의에 기반을 두고 있다. 그래서 통합학교의 모든 교육 활동은 참여 아동들이 내는 경비로 운영되는 것이 아니라 학부모들이 마련한 학교발전기금으로 충당된다. 이러한 환경에서 자란 아이들은 지역사회에, 국가사회에, 국제사회에 긍정적으로 기여하는 민주시민으로 성장하게 된다. 통합교육의 이러한 학부모 주도의 아동 중심적 시민성으로 말미암아 북아일랜드의 모든 통합학교에서 '자기 학교'라는 자부심이 아주 강하다.

분단을 넘어서자는 북아일랜드 통합교육운동이 다른 분단국의 교육개혁운동에 좋은 선례가 될 수 있을 것 같아 북아일랜드를 오간 지가 벌써 20년이 넘었다. 분단의 성격이 완전히 다르긴 하지만 우리 사회를 가르는 수많은 분리장벽은 섞임 없이는 해결이 불가능하다. 그 섞임이 바로 통합교육이다. 종파분리주의를 넘어서는 것만이 아니라 능력별 분리를 넘어서자는 비선발 원칙 통합학교, 남녀 성분리가 아닌 남녀공학의 형식을 통한 통합학교가 북아일랜드에 있었듯이, 우리나라에서도 다양한 수준의 사회적 분리주의 혹은 차별을 넘어서자는 교육운동이 있어왔다. 특히 학부모들이 추동한 교육개혁운동이 촌지 없애기나 체벌 금지 등 민주적이고 인권 친화적인 학교문화를 형성하자는 교육운동으로 전개되기는 했지만, 사회통합을 지향하는 교육운동으로는 발전하지 못했다. 장애 아동과 섞임을 싫어하는 일반학교의 분위기, 다문화 아동을 분리적 환경에서 따로 교육하게 하려는 교육정책, 통일이나 평화를 말하면서도 탈북 아동·청소년을 배척하고 함께 학교생활을 하지 않으려는 교육풍토, 더 나아가 미디어에서 자주 방송되는 임대 아파트와 일반 아파트 사이를 가로막는 학교 분리의 벽, 이러한 막힘이 존재하는 분리주의 사회에 우리는 살고 있다. 분리주의 환경에서 누가 주류이고 누가 소수자인가? 누가 특권적 존재이고 누가 보통 사람인가?

전 세계적으로 일었던 중등 비선발 교육정책이 1960~1970년대 우리나라에도 불었고 북아일랜드에도 불었다. 한국에서는 비선발 평준화 정책의 정신을 구현한다는 확고한 교육철학과 사회적 공감대 없이 일부 지역 중심으로 위로부터 급하게 추진되었다. 그 결과 오늘날까지 정부 주도의 중등교육 평준화 정책은 광역지자체나 상대적으로 규모가 큰 지방 도시에서만 시행되고 규모가 작은 시군구 교육행정 단위에서는 여전히 고교 입시를 치르고 있다. 또한 평준화·통합교육이념을 가로막는 엘리트 학교들이 병존하는 상황에서 일반고의 위상이 낮아지는 등 모든 어린이가 다 함께 차별 없이 아동 중심의 교육을 받는다는 평준화의 통합교육철학으로부터 멀어져 있다. 반면 북아일랜드에서는 학부모와 시민의 힘으로 종파분리주의, 성차별주의, 능력차별주의에 근간을 둔 중등선발고사를 폐지하고 통합교육으로의 정책 전환을 추구했으나 실패하고, 대신 하나둘씩 통합학교를 설립함으로써 통합교육을 실천해나갔다. 이것은 북아일랜드 교육정책에 영향을 미쳤고 평화와 화해를 향한 통합교육철학은 통합학교에서만이 아니고 일반 종파학교의 교육과정에도 반영되었다.

필자가 통합학교 탐방을 시도했던 2015~2017년 동안 북아일랜드 통합교육 진영은 2009년 이래 2015년까지 거의 7년 동안 통합학교 신설이나 전환이 하나도 이루어지지 않은 채 무척 위축되어 있었다. 그 시기 북아일랜드 정부는 애틀랜틱 자선재단(Atlantic Philanthropies) 등의 외부 기금 수조 원을 들여와 공유교육 촉진 사업에 몰두했다. 이러한 민간기금은 이전엔 통합교육 지원금으로 사용되었던 재원이었다. 정치권과 종파학교는 이러한 정부정책을 환영했다. 이러한 혼란기에 통합교육을 장려해야 할 책임이 정부에 있다는 벨파스트평화협정 정신을 다시 꺼내는 정부 측 인사가 아무도 없었다. 그때 벨파스트에서 폐교에 직면한 작은 학교 말러스크(Mallusk) 초등학교가 통합학교로의 전환을 요청했다. 2016년, 그렇게 기적 같은 변화가 통합교육 진영에 하나둘 생겨났다. 2016년에만 3개의 초등학교가 통합학교로의 전환을 신청했다. 그때 정치권에서도 통합교육에 대한 지원과 촉진책이 북아일랜드 평화협정의 정신임을 환기시키며 입법을 발의한 여성 의원이 있었다. 2016년 11월 북아일랜드연합당의 켈리 암스트롱(Kellie Armstrong)이었다. 자신의 자녀도 통합학교에 보낸다는 이 당찬 여성의원은 의원입법이 현실화되건 못 되건 통합교육은 북아일랜드에 오늘의 평화와 화해를 이어준 다리라고 강조했다. 그리고 북아일랜드 출신 할리우드 스타 리암 니슨(Liam Neeson)은 통합교육기금(IEF)의 홍보대사를 자청했다. 교육부는 결국 영국이 '새 출발 기금(Fresh Start Agreement Fund)'으로 지원한 5000만 파운드(약 720억 원)를 10년 동안 통합교육과 공유교육 활성화 지원비로 사용하기로 했고 그 결과 포지 통합초등학교와 오마 통합초등학교의 컨테이너 교실을 없애고 영구교실을 지을 수 있게 되었다.

평화가 갈등이나 폭력보다 얼마나 더 좋은지 오늘날 북아일랜드 사람들은 실감한다. 정치적, 경제적, 사회적 안정이 젊은이들을 돌아오게 하고 관광객을 불러모았다. 아름다운 북아일랜드가 다시 살아났음은 확연하다. 그래서 이제는 갈등 후 사회에 적응하기 위해 과거의 산물을 던져버리고 싶은 분위기가 있는 것도 사실이다. 하지만 맥비(David McVea) 선생의 주장대로, 평화가 이루어졌다는 상징인 성금요일 평화협정의 실제적 의미를 살리려면, 다시는 과거로 돌아가고 싶지 않다는 사람들과 미래 세대를 위해서는, 과거는 잊히지 않고 현재적 사실로 이야기되고 긴장감 있게 오늘의 생활에 영향을 미쳐야 한다. 그렇게 하여 일상의 삶에 분단의 뿌리가 되살아나지 않도록 해야 한다고 평화활동가들은 이구동성으로 말한다. 따라서 우리 사회도 모든 교과에 정의로운 평화가 핵심 주제로 자리 잡도록 촉구하며 분리장벽 치우기에 하루라도 빨리 나서야 한다. 이것이 북아일랜드 통합교육이 분단극복을 위한 평화교육에 주는 시사점이다. 분단극복 평화교육은 미래 지향적 역사관에 입각한, 시민이 주도하는 아동 중심적 포용교육이어야 함을 북아일랜드 통합학교 선례가 말해준다.

'평화교육은 빨리 시작할수록 효과적이고 미래사회를 위해 모두에게 유익하다'는 요한 갈퉁(Johan Galtung)의 말을 되새겨본다. 이제 우리도 분단극복의 일상을 평화교육으로 시작해야 할 듯하다.

참고문헌

강순원. 1997. 「Corrymeela Community활동을 통해서 본 북아일랜드 평화교육의 실제」. ≪신학연구≫, 38집, 33~55쪽.

_____. 2003. 「1998년 벨파스트 평화협정과 북아일랜드 평화교육의 상관성: 상호이해교육 (EMU)에서 민주시민교육 (CE)으로」. ≪비교교육연구≫, 13(2), 221~244쪽.

_____. 2014. 「북아일랜드 또래조정활동의 평화교육적 의미」. ≪국제이해교육연구≫, 9(1), 1~36쪽.

_____. 2015. 「분단극복을 위한 북아일랜드 통합교육운동의 역사적 성격」. ≪비교교육연구≫, 25(6), 79~100쪽.

_____. 2016. 「분단의 벽은 학부모들의 통합교육 열망에 의해 무너질 수 있었는가?: 북아일랜드 통합교육운동에서의 학부모 내러티브를 중심으로」. ≪국제이해교육연구≫, 11(2), 1~32쪽.

김정노. 2015. 『아일랜드 평화프로세스』. 서울: 늘품플러스.

나이트, 마기 번스. 2016. 『문화와 역사를 들려주는 세계의 벽』. 이충호 옮김. 파주: 다림.

황익주. 2005. 「민족, 종교 그리고 일상생활: 북아일랜드의 유혈갈등과 일상에서의 타자성 경험」. 김광억 외. 『종족과 민족: 그 단일과 보편의 신화를 넘어서』. 서울: 아카넷.

Bardon, Jonathan. 2009. *The Struggle For Shared Schools In Northern Ireland: The history of All Children Together*. Belfast: Ulster Historical Foundation.

Borooah, V. K. and C. Knox. 2012. "The contribution of 'shared education' to Catholic-Protestant reconciliation in Northern Ireland: a third way?" *British Educational Research in Social Education*, 32(1), pp. 24~38.

Brewer, John. 2011. *Civil Society and Peace in Northern Ireland*. Oxford: Oxford University Press.

Carson, T. and C. Y. Jamison. 2006. *Integrate to Accumulate: beyond conflict, how a shared school system fuels social and economic growth*. Toronto: Alexandrian Press.

Cavanagh, Colm. 2013. "Thirty Years to Achieve 7 Percent: Working to Desegregate Schools in Northern Ireland." in *Integrated Education in Conflicted Societies*, pp. 249~259. New York: Palgrave Macmillan.

Connolly, Paul, Dawn Purvis and P. J. O'Grady. 2013. *Advancing shared education*. Report of the Ministerial Advisory Group.

DENI. 2017. *Briefing Paper*. Department of Education Northern Ireland.

Donnelly, Caitlin. 2008. "The integrated school in a conflict society: a comparative analysis of two integrated primary schools in Northern Ireland." *Cambridge Journal of Education,* 38(2), pp. 187~198.

Duffy, Terence, 2000. "Peace Education in a Divided Society: Creating a Culture of Peace in Northern Ireland." *Prospects*, 30(1), pp. 15~29.

Farren, Sean. 1999. "Denominationally Integrated Education in Northern Ireland: Panacea or Civil Right." *Paedagogica Historica: International Journal of the History of Education*, 35(1), pp. 353~368.

Gallagher, T., A. Smith and A. Montgomery. 2003. *Integrated Education in Northern Ireland: participation, profile and performance*, report 1. Coleraine: University of Ulster, UNESCO Centre.

Hansson, Ulf, Una O'Connor and John McCord. 2013. *Integrated education: a review of policy and research evidence 1999-2012*. Colerain: University of Ulster, UNESCO Centre.

Hayes, Bernadette, Ian McAllister and Lizanne Dowds. 2007. "Integrated education, intergroup relations, and political identities in Northern Ireland." *Social Problems,* 54(4), pp. 454~482.

Hughes, Joanne. 2011. "Are separate schools divisive?: a case study from Northern Ireland." *British Educational Research Journal,* 37(5), pp. 829~850.

Knox, C. 2010. *Sharing Education in Northern Ireland: draft policy briefing.* Jordanstown: University of Ulster.

Lambe, Kevin. 1995. "A case study of the establishment of a second-level integrated school." Med dissertation, Queen's University of Belfast.

Lynch, K., B. Grummell and D. Devine. 2012. *New Managerialism in Education.* New York: Palgrave Macmillan.

Marriott, Stuart. 1989. "To School Together." *Education*, 3(13), pp. 36~41.

McGlynn, Claire, Ulrike Niens, Ed Cairns and Miles Hewstone. 2004. "Moving out of conflict: the contribution of integrated schools in Northern Ireland to identity, attitudes, forgiveness and reconciliation." *Journal of Peace Education,* 1(2), pp. 147~163.

McGlynn, Claire. 2004. "Education for peace in integrated schools: a priority for Northern Ireland?" *Child Care in Practice,* 10(2), pp. 85~94.

_____. 2007. "Rhetoric and reality: are integrated schools in Northern Ireland really making difference?" *Irish Educational Studies,* 26(3), pp. 271~287.

_____. 2011. "Negotiating difference in post-conflict Northern Ireland: an analysis of approaches to integrated education." *Multicultural perspective,* 13(1), pp. 16~22.

McGlynn, C., M. Zembylas and Z. Bekerman(eds.). 2013. *Integrated Education in Conflicted Societies.* New York: Palgrave Macmillan.

McKendry, Eugene. 2007. "Minority-language Education in a Situation of Conflict: Irish in English-medium Schools in Northern Ireland." *International Journal of Bilingual Education and Bilingualism*, 10(4), pp. 394~409.

McKittrick, David and David McVea. 2012. *Making Sense of the troubles: A History of the Northern Ireland Conflict.* London: Penguin Viking.

Moffat, Chris. 1993. *Education Together For A Change: Integrated Education and Community Relations in Northern Ireland.* Belfast: Fortnight Educational Trust.

Murray, Dominic. 1985. *Worlds Apart: Segregated Schools in Northern Ireland.* Belfast: Appletree Press.

National Commission on Education. 1996. *Success Against The Odds: Effective Schools in Disadvantaged Areas.* London and New York: Routledge.

NI Department of Education. 2011. Community Relations, Equality and Diversity in Education. www.deni.gov.uk.

Northern Ireland Mixed Marriage Association. 2015. *Both Sides Now.* Belfast: Nova Print & Design.

Novosel, Tony. 2013. *Northern Ireland's Lost Opportunity: The Frustrated Promise of Political Loyalism.* London: Pluto Press.

O'Connor, Fionnuala. 2002. *A Shared Childhood: The story of the integrated schools in Norther Ireland.* Belfast: The Blackstaff Press.

Cormack, R. J., R. D. Osbourne and R. Miller. 1987. *Education and Policy in Northern Ireland.* Belfast: Policy Research Institute.

Paul, Noran. 2012~2014. *Peace Monitoring Report Number 1~3.* Belfast: Community Relation Council and Joseph Rowntree Foundation.

Richardson, N. and T. Gallagher. 2011. *Education for Diversity and Mutual Understanding: The Experience of Northern Ireland.* Oxford: Peter Lang.

Smith, Alan. 2001. "Religious segregation and the emergence of integrated schools in Northern Ireland." *Oxford Review of Education*, 27(4), pp. 559~575.

_____. 2011. "Education and Peacebuilding: from 'conflict-analysis' to 'conflict transformation'?" FriEnt Working group on peace and development, 10 years anniversary series 4, pp. 1~7.

Spencer, A. E. C. W. 2012. *Arrangements for the Integration of Irish Immigrants in*

England and Wales. Dublin: Irish manuscripts Commission.

Topping, Margaret and Colm Cavanagh. 2016. *Integrating Education in Northern Ireland: The Report of the Independent Review of Integrated Education*. Department of Education in Northern Ireland.

UNESCO Centre Ulster University. 2015. *A Review of Policy Areas Affecting Integration of the Education System in Northern Ireland*. Report commissioned by the Integrated Education Fund.

Wilson, Robin. 2016. *Peace Monitoring Report Number 4*. Belfast: Community Relation Council.

Northern Ireland Council for Integrated Education(NICIE). *Elephant, Bee or Other?*, Belfast: International Fund for Ireland.

부록 1

북아일랜드 연표(1967~2009년)

자료: Jonathan Bardon, *The Struggle for Shared Schools in Northern Ireland: The History of All Children Together* (Belfast: Ulster Historical Foundation, 2009), pp. 254~264.

연도	분쟁의 연대기	북아일랜드 통합교육의 발전사
1967	**1월**, 북아일랜드민권연합(NICRA)이 주택·선거·고용에서의 공정성을 요구하며 벨파스트에서 결성됨. **12월**, 오닐(Terence O'Neill) 북아일랜드 총리가 린치(Jack Lynch) 아일랜드공화국 총리와 스토먼트(벨파스트 교외, 북아일랜드 정부 소재지)에서 회담을 가짐. 신교도 지도자인 페이즐리(Ian Paisley)가 이에 대한 항의 시위를 주동함.	모든 종류의 학교가 이론상 반드시 그렇지 않을지라도 실제로는 종파에 따라 분리되어 있음. 일부 학교(외딴 시골 초등학교와 몇몇 명문 인문계 중등학교)에서 '혼합된' 입학생을 받기는 했지만, 그 어디도 통합되었다고 내세울 수 없는 실정.
1968	**6월**, 오스틴 커리가 티론 카운티의 칼레돈에서 공공임대주택을 무단 점거함. **8월**, NICRA이 주도한 콜리스랜드에서 던개넌까지의 행진에 2500명이 참가함. 데리에서 왕립얼스터보안대가 민권운동 시위대와 동참한 하원의원들을 진압함. **11월**, 오닐이 일련의 개혁안에 동의함. **12월**, 오닐이 '기로에 선 얼스터'라는 담화를 발표함.	노스다운 지역 일부 가톨릭 학부모들이 자녀를 공립학교(state-controlled school)와 비(非)가톨릭계 사립학교(voluntary school)에 보냈는데, 자녀들에게 가톨릭 신앙의 교리를 가르치고 싶어도 교회의 도움을 받기 어려움. 뱅거 시에서 가톨릭 학부모들이 소그룹을 만들어 주일학교를 열고 교대로 자녀들을 가르침.
1969	**1월**, 학생단체 '피플스 데모크라시(People's Democracy)'가 벨파스트에서 데리까지 행진하는 도중에 번톨레트 다리에서 신교도 군중에게 공격받는 사건이 발생함. **2월**, 북아일랜드 정부 선거. **4·5월**, 오닐이 사임하고 치체스터클라크(James Chichester-Clark)가 총리가 됨. **8월**, 데리에서 '보그사이드 전투'가 벌어지고 벨파스트에서 격렬한 충돌이 일어남. 영국군이 북아일랜드에 진주함. **12월**, 북아일랜드공화군(Provisional IRA)이 결성됨.	다운앤드코너 교구의 견진성사 집례에 대한 정책에 변화가 있음. 견진성사 수락에 앞서 아이들에게 카드를 교부하는데, 아이들이 지역 가톨릭학교에 다니는 경우 또는 주교가 '비가톨릭계' 학교에 다니는 것을 특별한 사정으로 받아들일 만하다고 여기는 경우에 한했음.
1970	**1월**, 얼스터방위연대(UDR)가 창설됨. **4월**, 얼스터특별보안대가 해체되고, 동맹당이 설립됨. **7월**, 벨파스트의 로어폴즈 지구 통행금지. **8월**, 사회민주노동당(SDLP) 설립됨. **12월**, 맥로리(Macrory)의 지방정부 개혁안이 수용됨.	학부모가 운영하는 교리문답 수업은 아일랜드공화국 가톨릭교육자문관이 규정해놓은 교안에 따라 계속됨.

1971	2월, 치체스터클라크 총리가 '북아일랜드는 북아일랜드공화군(PIRA)과 전쟁 중'이라고 선언함. 3월, 치체스터클라크가 사임하고 포크너(Brian Faulkner)가 총리가 됨. 5월, 북아일랜드 주택관리청 첫 회의. 8월, 1922년 이래 최악의 폭력사태로 긴급구금조치(internment)가 시행됨. 12월, 얼스터의용군(UVF)이 북부 벨파스트의 바에 폭탄을 투척해 15명이 사망함.	학부모 운영 교리문답 수업이 계속됨.
1972	1월, 데리에서 '피의 일요일' 사태가 발생하여 14명이 사망함. 3월, 영국 정부의 직접 통치로 전환됨. 6월, PIRA가 휴전 선언. 7월, PIRA가 휴전을 파기하고 벨파스트에서 22건의 폭탄공격을 감행하여 9명이 사망하는 '피의 금요일' 사태 발생. 이해에만 분쟁으로 인해 467명이 사망함.	세실 리너헌(Cecil Linehane)이 통합학교가 북아일랜드에서 버텨내려는 아이들에게 도움을 줄 수 있다고 제안하는 서한을 언론에 기고함. 이 서한으로 '모든 어린이가 다 함께(ACT: All Children Together)'의 공동 창립자인 베티 벤튼(Bettie Benton)과 세실 리너헌이 회동하게 됨.
1973	5월, 새로운 자치구 의회 구성을 위한 선거 실시. 6월, 78명의 의회가 구성됨. 12월, 공동자치정부 수립을 위한 서닝대일 협정(Sunningdale Agreement) 체결. 포크너를 집정관으로, 피트(Gerry Fitt)를 부집정관으로 한 공동자치정부가 12월 31일 성립.	'모든 어린이가 다 함께'가 창립되고, 첫 간행물 ≪학부모를 위한 안내(Guidance for Parents)≫가 발간됨. 노스다운 지역 대부분과 동부 벨파스트 일부에서 주일학교에 참여하는 학부모와 아이들이 증가함.
1974	1월, 공동자치정부 출범. 2월, 영국의회 총선. 북아일랜드 지역 하원의원 12명 중 11명이 서닝대일 협정에 반대함. 5월, 얼스터노동자평의회(Ulster Workers' Council)가 15일간의 총파업으로 지역 전체를 마비시키고 공동자치정부를 와해시킴. 총파업 기간 중 로열리스트의 폭탄공격으로 더블린에서 22명, 모나한에서 5명이 사망함. IRA가 잉글랜드에서 폭탄공격 감행. 10월, 길퍼드의 펍에서 5명이 사망하고 65명이 부상함. 11월, 버밍엄의 펍에서 21명이 사망하고 182명이 부상당함. 12월, IRA 휴전 선언(1974년 12월~1975년 1월).	공동자치정부 교육장관 배질 매카이버(Basil McIvor)가 공유학교계획(shared school plan)을 발표함. ACT가 공식적으로 출범함. ACT를 초교파적으로 만들기 위한 방안을 논의할 회합이 얼스터노동자평의회 파업 기간의 폭력사태로 5월에서 9월로 연기됨. ACT가 제1차 공개토론회 개최. 주제는 '초교파 학교: 어떻게? 왜? 그리고 나아갈 길'. 다운앤드코너 교구의 가톨릭 학부모를 대표하는 청원서가 교황청에 제출됨.

1975	1월, 런던에서 IRA의 폭탄공격이 4건 발생. 2월, IRA 휴전 선언(2월~9월). 5월, 북아일랜드제헌의회(NICC) 선거 실시 및 개원. 7월, 마이애미 쇼밴드가 얼스터의용군에 의해 피살됨. 12월, 긴급구금조치가 해제되고 마지막 구금자들이 석방됨.	BBC가 ACT에게 2개 프로그램 제작을 요청함. 라디오얼스터의 〈플랫폼(Platform)〉, BBC2의 〈오픈 도어(Open door)〉.
1976	3월, 북아일랜드 제헌의회가 소동 끝에 해산되고, 준군사조직 수감자에 대한 특수신분(전쟁포로에 준하는) 대우가 폐지됨. 7월, 아일랜드 주재 영국대사 에워트비기스(Christopher Ewart-Biggis)가 더블린에서 피살됨. 8월, 벨파스트 거리에서 발생한 조카 3명의 죽음을 계기로 맥과이어(Mairead Corrigan Maguire)가 평화운동단체 피스피플(Peace People)을 창립함. 메이즈 교도소에서 IRA 수감자들이 특수신분을 요구하는 담요·오물 투쟁을 시작.	ACT의 첫 번째 정책집 『공유학교와 ACT (ACT on Shared Schools)』가 발간됨. 북아일랜드 교육부에서 중등학교입시를 폐지하자는 확고한 제안을 담은 카원(Cowan) 보고서를 발간함. ACT의 제2차 공개토론회가 주발표자들이 다운앤드코너 교구에서 열리는 대회에 참석하는 것이 허용되지 않아 취소됨.
1977	1월, IRA가 런던 웨스트엔드에서 7건의 폭탄공격을 함. 3월, 얼스터의용군 26명이 총 600년 형에 처해짐. 5월, 로열리스트의 '조업중단'. 6월, 교육부 장관 멜체트(Melchett) 경이 중등학교입시(11-plus)를 폐지하고 종합교육제도(comprehensive education)를 도입한다고 발표. 8월, 엘리자베스 2세 여왕이 북아일랜드를 방문함. 10월, 피스피플 창립자 맥과이어와 윌리엄스(Betty Williams)가 노벨평화상을 수상.	ACT가 기초한 교육법안(북아일랜드 일반학교가 통합학교로 전환할 수 있게 하는 최초의 입법)이 던리스(Dunleath) 경에 의해 영국 상원에 제출됨. ACT 내의 가톨릭 학부모 소그룹이 더블린으로 가서 교회가 종교교육을 지원하지 않고 견진성사를 주지 않는 문제에 대한 교황대사의 강론을 참관함. 연 2회 발간하는 소식지 ≪액트-레프트(ACT-LETT)≫ 창간호 발간(1997년까지 간행됨).
1978	2월, 벨파스트의 라몬하우스 호텔에서 PIRA의 폭탄공격으로 12명 사망. 8월, 메이슨(Mason)이 남부 벨파스트에 드로리언(DeLorean) 자동차공장을 설립하려는 계획에 5600만 파운드의 보조금 지급을 발표함. 11월, 영국 하원이 북아일랜드에 의석 5	(북아일랜드)교육법1978이 통과됨(최초의 입법적 성취). 학기 중 전학제도 시행됨. 다운앤드코너 교구의 필빈(Philbin) 주교가 특별 견진성사 집례(이날 견진성사를 받은 사람 대부분이 가톨릭계 학교에 다닌다는 이유로 성례를 받지 못

	석을 추가 배정. **12월**, PIRA가 북아일랜드 11곳에서 동시다발 폭탄공격을 감행하고 '장기전을 준비하고 있다'고 선언. 이달에 리버풀, 맨체스터, 코번트리, 사우샘프턴, 브리스틀에서도 폭탄공격이 가해짐.	한 아이들). ACT의 제3차, 제4차 공개토론회가 개최됨. 주제는 '공유학교 실태', '종교교육에서 합의된 교안들'.
1979	**2월**, '산킬(Shankill)의 도살자'로 불리는 11명의 로열리스트에게 유죄 판결을 내림. **3월**, 런던 웨스트민스터에서 보수당 하원의원 니브(Airey Neave)가 아일랜드민족해방군(INLA)에게 피살됨. **8월 27일**, PIRA는 다운 카운티 워런포인트에서 영국군 18명을 살해하고, 슬라이고 카운티 멀라모어(Mullaghmore) 항구에서 엘리자베스 2세 여왕의 사촌인 마운트배튼 경과 14세 손자, 또 다른 2명을 폭탄 공격으로 살해함. **9월**, 교황 요한 바오로 2세가 아일랜드를 방문하여 평화를 호소함.	국제 어린이의 해. '모든 어린이가 다 함께 신탁기금'이 설정됨. ACT의 제5차, 제6차 공개토론회가 개최됨. 주제는 '고등교육에서의 협력(교사훈련)', '공유 교육과정 모색 사례'.
1980	**1월**, 1000파운드의 폭탄공격으로 왕립얼스터보안대원 3명이 사망함. **5월**, 대처 영국 총리와 호히(Haughey) 아일랜드 총리가 런던에서 회담. **10월**, IRA 수감자들의 첫 번째 단식투쟁이 시작됨. **11월**, 단식투쟁이 53일 만에 중단됨. **12월**, 대처 총리와 호히 총리가 더블린에서 회담.	신규 통합학교 개설을 위한 첫 계획이 수립됨. 유치원, 중등학교, 대입 준비학교(6th form college). '론트리 재단(Rowntree Trust)'이 재정을 지원. ACT의 제7차 공개토론회가 개최됨. 주제는 '공유와 통합: 잉글랜드, 웨일스, 스코틀랜드의 모형과 실제'.
1981	**3월**, 메이즈 교도소에서 보비 샌즈(Bobby Sands)가 단식하면서 두 번째 단식투쟁이 시작됨. **4월**, 샌즈가 퍼매너·사우스티론 선거구 영국 하원의원 보궐선거에 옥중 출마하여 당선됨. **5월**, 샌즈가 단식투쟁 끝에 사망함. **10월**, 10명의 희생자를 내고 단식투쟁이 종료됨. 신페인당(Sinn Féin黨)이 더블린에서 열린 전당대회에서 양면투쟁(armalite and ballot box) 선언.	최초의 통합학교인 라간 칼리지가 정부의 보조나 재정 지원 없이, 학생 28명으로 스카우트홀에서 개교식을 가짐. 실라 그린필드(Sheila Greenfield)가 첫 통합학교의 교장이 됨.

1982	5월, 던머리의 드로리언 자동차공장 폐쇄. 9월, 메이즈 교도소에서 IRA 수감자 38명이 탈옥함. 11월, 북아일랜드 의회의 첫 회기가 내셔널리스트의 불출석 속에 시작됨. 12월, 아일랜드민족해방군이 발리켈리에 있는 펍에 폭탄공격을 하여 군인 11명과 민간인 6명이 사망함.	ACT의 제8차 공개토론회가 개최됨. 주제는 '계획된 공유학교'.
1983	5월, 피츠제럴드(Garret FitzGerald) 아일랜드 총리가 더블린성에서 '신아일랜드포럼'을 개최. 서부 벨파스트에서 신페인당의 애덤스(Gerry Adams)가 사회민주노동당의 피트(Gerry Fitt)를 누르고 영국 하원의원에 당선됨. 6월, 총선 실시. 사회민주노동당 후보 1명과 유니어니스트 15명이 선출됨. 11월, 아마 카운티 다클리에 있는 오순절 교회에서 가톨릭반동군(Catholic Reaction Force)에 의해 3명의 교회장로가 살해되고 11명이 부상당함.	라간 칼리지 학생이 120명으로 늘어남. 라간 칼리지 학교운영위원회에서 남동부교육청(SEELB)에 공립학교 지위 인정을 신청함. ACT의 제9차 공개토론회가 개최됨. 주제는 '종교와 학력의 차이점을 넘어선 교육'.
1984	5월, 더블린에서 '신아일랜드 포럼' 보고서가 발간됨. 10월, IRA가 브라이튼에서 열린 영국 보수당 전당대회에 폭탄공격을 하여 사망자 5명, 부상자 34명이 발생함.	라간 칼리지 학생이 164명으로 늘어나고, 마침내 정부의 인정을 받아 통합학교에 대한 첫 정부 보조금을 받음.
1985	2월, 다운 카운티 뉴리에서 왕립얼스터보안대원 9명이 IRA의 박격포 공격으로 사망함. 11월, 대처 영국 총리와 피츠제럴드 아일랜드 총리가 영국-아일랜드협정에 서명. 아일랜드 정부는 북아일랜드 사태에 대한 자문 역할을 하되, 다수결에 의하지 않고는 북아일랜드의 헌법상 지위를 변화시키지 않을 것을 확약함. 벨파스트에서 열린 유니어니스트 집회에서 '얼스터는 안 된다고 말하자(Ulster Says No)' 운동이 시작됨.	벨파스트통합교육트러스트(BELTIE)가 설립되고, 북부 벨파스트에서 헤이즐우드 통합칼리지가 개설됨. 벨파스트에서 통합초등학교 2개소가 최초로 개설됨. 포지 통합초등학교, 헤이즐우드 통합초등학교.
1986	3월, 영국-아일랜드협정에 반대하는 유니어니스트 '행동의 날'에 벨파스트 많은 지역이 철시. 포터다운에서 'Banned Apprentice	올칠드런스(All Children's) 통합초등학교가 다운 카운티의 뉴캐슬에서 문을 열었는데, 이는 벨파스트 외부에서 개설

Boys' 행진으로 왕립얼스터보안대와 유니어니스트 사이에 충돌이 일어남.

8월, 유니어니스트 500명을 이끌고 모나한 카운티의 작은 마을을 침공한 사건으로 민주연합당(DUP) 로빈슨(Peter Robinson)이 체포됨.

11월, 벨파스트 시청에서 열린 영국-아일랜드협정 체결 1주년 항의집회에 유니어니스트 20만 명이 참가, 집회 후 난동과 상점 파괴가 벌어짐.

된 최초의 통합초등학교임.

던리스 법에 따른 (북아일랜드)교육령이 1986년 시행.

배질 맥가이버가 통합교육의 미래 발전을 구상하는 조직의 필요성을 제기한 토론 논문을 발표함.

잉글랜드 피터버러의 하원의원인 얼스터 태생 마위니(Brian Mawhinney)가 북아일랜드 담당장관으로 임명됨.

ACT의 제10차 공개토론회가 개최됨. 주제는 '미래 속으로: 통합교육의 역할'.

1987	**3월,** IRA가 독일 주둔 영국군 기지에 폭탄공격을 함. **5월,** 아마 카운티 로걸에서 영국군 특수부대(SAS)가 8명의 IRA 요원을 사살함. **11월,** 연안선 엑순드(Eksund) 호에 선적된 PIRA의 무기 150톤을 압수함. 같은 달, 에니스킬렌에서 열린 호국영령 추모일(Remembrance Day) 행사에 IRA가 폭탄공격을 하여 신교도 11명이 사망하고 63명이 부상당함.	ACT가 주요 신탁기금들에 자금신청을 하는 데서 상호 조정을 권장하는 첫 번째 조치를 취함. 북아일랜드통합교육협의회(NICIE)가 비공식적으로 출범함. 통합초등학교 2개소가 신규 개설됨. 다운 카운티 밴브리지의 브리지(Bridge) 통합초등학교, 안트림 카운티 포트러시의 밀스트랜드(Mill Strand) 통합초등학교.
1988	**1월,** 흄-애덤스 회담(사회민주노동당 존 흄과 신페인당 제리 애덤스 간)이 시작됨. **3월,** 지브롤터에서 SAS에 의해 IRA 요원 3명이 사살됨. 이들의 장례식이 열린 밀타운 공동묘지에서 스톤(Michael Stone)이 조문객을 공격하여 3명이 사망하고 60여 명이 부상당함. **10월,** 신페인당과 여타 준군사조직에 대한 방송 금지가 시행됨.	티론 카운티 던개넌에서 윈드밀(Windmill) 통합초등학교가 개설됨.
1989	**2월,** 변호사 피누케인(Pat Finucane)이 피살됨. **3월,** 밀타운 공동묘지 살인자 스톤에게 징역 30년형이 선고됨. **9월,** 영국 켄트 카운티 딜에서 IRA의 폭탄 공격으로 11명의 밴드단원이 사망함. **10월,** 포어(Guilford Four)가 석방됨. **11월,** 북아일랜드 국무부 장관인 브루크(Peter Brooke)가 공화군과의 회담을 제안함.	NICIE가 공식적으로 설립됨. (북아일랜드)교육개혁령1989 시행. 이는 입법상 주요한 진전으로, 신교도 학생과 가톨릭 학생을 같은 학교에서 가르치는 통합교육의 발전을 권장하고 촉진해야 할 법적 의무를 교육부에 부과함. 통합초등학교 2개소가 신규 개설됨. 퍼매너 카운티의 에니스킬렌 통합초등학교, 안트림 카운티 밸리미나의 브레이드사이드(Braidside) 통합초등학교.

1990	**1월**, 브루크의 회담 계획이 착수되고, '지역사회관계협의회(Community Relations Council)'가 출범함. **7월**, 런던증권거래소가 폭탄공격을 받고, 보수당 하원의원 고(Ian Gow)가 IRA의 부비트랩 공격으로 피살됨.	런던데리에서 통합교육을 위한 '포일 트러스트(Foyle Trust)'가 설정됨. 통합초등학교 2개소가 신규 개설됨. 티론 카운티의 오마 통합초등학교, 아마 카운티의 포터다운(Portadown) 통합초등학교. ACT의 제11차 공개토론회가 개최됨. 주제는 '변화와 도전: 새로운 (북아일랜드)교육개혁령1989에 대한 연구'.
1991	**2월**, 북아일랜드공화군이 다우닝가에 박격포 3발을 발사. **3월**, 브루크가 미래 회담을 위한 '세 갈래 길'을 제시함. **6월**, 1974년 길퍼드와 울리치에서의 폭탄공격 혐의를 받은 '맥과이어 가족 7인'에 대한 유죄판결이 항소심에서 파기됨. **7월**, 브루크 회담이 아무런 합의 없이 끝남. **12월**, 신페인당 애덤스가 영국 정부와 아일랜드 정부에 '끝장 토론'을 해보자는 서한을 보냄. 메이저 영국 총리와 호히 아일랜드 총리가 더블린에서 회동.	NICIE가 교육부의 보조금을 받음. 통합초등학교 2개소가 신규 개설됨. 안트림 카운티 란의 코런(Corran) 통합초등학교, 런던데리 카운티의 오크그로브 통합초등학교. 런던데리 카운티 가버의 카힐(Carhill) 통합초등학교가 통합학교로 전환한 최초의 초등학교가 됨. 아마 카운티 크레이개번의 브라운로(Brownlow) 통합칼리지가 통합학교로 전환한 최초의 중등학교가 됨. ACT의 제12차 공개토론회가 개최됨. 주제는 '아동, 교회 그리고 문화'. **4월**, 1부 '초교파학교에서의 종교교육과 학교사제'. **10월**, 2부 '공통의 문화유산: 성인, 학자, 성서'. NICIE의 원칙선언문(statement of principles)이 채택됨.
1992	**1월**, 티론 카운티 티베인에서 신교도 노동자 8명이 영국군 기지에서 일하고 돌아오는 길에 IRA의 폭탄공격을 받아 사망. **2월**, 레이놀즈(Albert Reynolds)가 아일랜드공화당 당대표로 선출되면서 북아일랜드 문제를 최우선 과제로 선언함. 같은 달 신페인당은 정치 전략을 담은 보고서를 발간함. 벨파스트 오모 로드의 마권업소에서 가톨릭 신자 5명이 로열리스트에 의해 피살됨. **4월**, 런던 발트해운거래소에 IRA가 폭탄공격을 하여 3명이 사망하고 수억 파운드의 재산피해가 발생. **9월**, 2000파운드의 폭탄이 터져 벨파스트의 북아일랜드과학수사센터가 완전히 파괴되고 주택 약 1000가구가 피해를 입음.	통합교육기금(IEF)이 설정됨. 통합중등학교 1개소가 개설됨. 런던데리 카운티의 오크그로브 통합칼리지. 통합초등학교 1개소가 개설됨. 안트림 카운티 캐릭퍼거스의 에이컨(Acorn) 통합초등학교. ACT의 제13차 공개토론회가 개최됨. 주제는 '공유 종교교육: 북아일랜드 교회의 제안'.

1993	3월, 워링턴에서 IRA 폭탄공격으로 어린 소년 2명이 사망함. 10월 샨킬 로드의 생선가게에서 IRA 폭탄공격으로 민간인 9명과 용의자가 사망함. 얼스터자유투사(UFF)가 런던데리 카운티 그레이스틸의 바에서 민간인 8명을 학살함. 11월, 메이저 영국 정부와 IRA 간의 비밀 회담이 폭로됨. 12월, 다우닝가 선언에 메이저 영국 총리와 레이놀즈 아일랜드 총리가 서명함. 이 선언은 준군사조직들에게도 무력행동 중단을 조건으로 대화의 문을 열고 북아일랜드의 미래는 모든 주민의 합의에 기초해 결정하도록 한다고 규정함.	(북아일랜드)교육령1993 시행. 종교단체 설립 사립학교(voluntary school)에 대한 자금 지원. 통합초등학교 3개소가 개설됨. 벨파스트의 크랜모어(Cranmore) 통합초등학교와 로흐뷰 통합초등학교, 아마 카운티의 세인트앤드스콜라(Saints and Scholars) 통합초등학교.
1994	1월, 빌 클린턴 대통령이 신페인당 애덤스에게 비자 발급을 허락함. 6월, 얼스터의용군이 로이너슬랜드의 바를 공격해 사망자 6명, 부상자 5명이 발생함. 1월~8월, 종파 간 보복 살인이 급증. 8월 31일, PIRA가 휴전 선언. 10월 13일, 로열리스트연합군(Combined Loyalist Military Command)이 휴전 선언. 12월, 영국 정부 대표자와 신페인당과의 공식적인 회담이 처음 열림.	통합중등학교 2개소가 개설됨. 에니스킬렌의 에른 칼리지, 뉴캐슬의 심나 칼리지. ACT의 공동 설립자인 세실 리너헌이 NICIE 이사진에 선임됨. ACT의 제14차 공개토론회가 개최됨. 주제는 '화해의 학교들: 교육, 평화 만들기 및 인권', 공개토론회 20주년 축하.
1995	2월, 평화 과정이 '공동기본지침서(Joint Framework Documents)'와 함께 개시됨. 9월, 포터다운 근처에서 가베이 로드를 통과하려는 연례 오렌지 행진 대열을 가톨릭계 주민들이 막아서면서 '제1차 드럼크리(Drumcree) 대치'가 시작됨. 트림블(David Trimble)이 얼스터연합당(UUP) 대표가 됨. 11월, 클린턴 미국 대통령이 북아일랜드를 방문함.	통합중등학교 3개소가 개설됨. 오마의 드럼라 칼리지, 다운 카운티 로흐브릭랜드의 뉴브리지(New-Bridge) 칼리지, 티론 카운티의 던개넌(Dungannon) 통합칼리지. 통합초등학교 1개소가 개설됨. 벨파스트 교외 크로스가르의 시더(Cedar) 통합초등학교. 초등학교 1개소가 통합학교로 전환함. 포터페리(Portaferry) 초등학교. ACT가 통합교육 발전을 위한 활동 21주년을 기념하여 벨파스트의 린넨홀 도서관에서 전시회를 개최함.
1996	1월, 미첼 위원회가 대화와 무장해제를 병행하라고 권고함.	(북아일랜드)교육령1996이 특별 지원 교육에 관한 조치를 취함. 존속 가능성

2월, 런던 카나리 부두 폭탄공격으로써 IRA가 휴전을 파기함.

5월, 북아일랜드포럼 선거가 실시됨.

7월, '제2차 드럼크리 대치'의 결과로 가톨릭계 택시운전사 맥골드릭이 살해되면서 북아일랜드 전역에서 폭동과 파괴가 일어남.

10월, IRA가 1994년 이래 북아일랜드에서의 첫 폭탄공격으로 리즈번의 영국군 본부를 공격하여 병사 1명이 중상을 입음.

11월, 안트림 카운티 밸리미나의 해리빌 가톨릭교회 앞에서 항의가 시작됨.

평가기준이 늘어나 신규 통합학교에 대한 국가 지원을 승인받기가 더욱 어려워짐.

통합중등학교 2개소가 개설됨. 런던데리 카운티 콜러레인의 노스코스트(North Coast) 칼리지, 안트림 카운티 밸리미나의 슬레미시(Slemish) 칼리지.

초등학교 2개소가 통합학교로 전환함. 리즈번의 힐든(Hilden) 초등학교, 안트림 카운티의 래슨로(Rathenraw) 초등학교.

통합초등학교 1개소가 개설됨. 안트림 카운티 데리아히의 오크우드(Oakwood) 통합초등학교.

1997

2월, 아마 카운티의 베스브룩에서 레스토릭(Bombardier Stephen Restorick)이 IRA 저격수에게 피살됨.

5월, 모울람(Mo Mowlam) 박사가 북아일랜드 담당 장관으로 임명됨.

7월, IRA가 다시 휴전을 선언. '제3차 드럼크리 대치'로 폭동이 야기됨.

9월, 얼스터연합당과 신페인당이 처음으로 대화를 위해 회동함.

12월, 블레어 영국 총리가 신페인당의 애덤스, 맥기네스(Martin McGuinness)와 다우닝가에서 회담을 가짐. 메이즈 교도소에서 로열리스트 의용군 지도자인 라이트(Billy Wright)가 아일랜드민족해방군에게 피격되어 사망함.

통합중등학교 3개소가 개설됨. 캐릭퍼거스의 울리디아(Ulidia) 칼리지, 캐로우도어의 스트랭퍼드(Strangford) 칼리지, 남부 벨파스트의 말론(Malone) 칼리지.

초등학교 1개소가 통합학교로 전환함. 다운 카운티의 앤스버러(Annsborough) 초등학교.

ACT 공동창립자인 베티 벤튼이 스트랭퍼드 칼리지의 초대 학교운영위원장이 됨.

ACT가 2개의 던러스 강좌를 주최함. 브라이언 램킨(Brian Lambkin) 박사(라간 칼리지 설립 교사, 후에 교장)의 '새천년 북아일랜드의 통합교육', 콜름 카버나(Colm Cavanagh, NICIE 의장, 포일 트러스트 창설)의 '당신 사람들이 내 사람들이다'.

1998

4월, 스토먼트에서 성금요일협정(Good Friday Agreement)이 체결됨.

5월, 북아일랜드 유권자의 국민투표에 의해 성금요일협정이 비준됨.

7월, '제4차 드럼크리 대치' 진행 중에 밸리머니에서 퀸의 자녀 3명(리처드, 마크, 제이슨)이 집에서 종파적 공격을 받아 사망함.

8월, 오마에서 RIRA가 설치한 폭탄이 터져 31명(쌍둥이 태아 포함)이 사망(분쟁기간 중 북아일랜드에서 단일 사건으로

ACT가 울리디아 칼리지와 스트랭퍼드 칼리지에 7만 5000파운드의 무이자 대출을 해줌.

중등학교 3개소가 통합학교로 전환함. 다운패트릭의 다운(Down) 아카데미, 다운 카운티 홀리우드의 프라이어리(Priory) 칼리지, 안트림 카운티 리즈번의 포스힐(Forthill) 칼리지.

초등학교 3개소가 통합학교로 전환함. 뱅고어의 뱅고어 센트럴(Bangor Central) 초등학교, 다운 카운티의 킬브로니(Kilbroney) 통합초등학교, 커커빈(Kir-

발생한 최악의 인명피해).

11월, 북아일랜드법에 의거해 의회, 인권위원회, 평등위원회, 남북각료협의체 설립.

cubbin) 통합초등학교.

1999	**1월**, 주요 영국군기지 폐쇄가 발표됨. **2월**, 왕립얼스터보안대가 체벌 중지를 보고함. **3월**, 루간에서 저명한 변호사 넬슨(Rosemary Nelson)이 살해됨. **9월**, 패튼 보고서에서 왕립얼스터보안대에 175건의 시정조치를 권고함. **11월**, 새로운 북아일랜드 의회가 얼스터연합당의 트림블을 수석장관으로, 사회민주노동당의 맬런(Seamus Mallon)을 부수석장관으로 지명함. 아일랜드공화국은 헌법을 개정하여 북아일랜드 영유권 주장을 폐기함. 남북각료협의체와 영국-아일랜드각료협의체를 구성함.	맥기네스(Martin McGuinness)가 교육부 장관이 되고 통합학교와 아일랜드어 전용학교에 대한 존속 가능성 평가기준 완화를 발표함. 유네스코의 통합학교 보고서가 발간됨. 통합초등학교 1개소가 개설됨. 런던데리 카운티 마러펠트의 스파이어스(Spires) 통합초등학교. ACT의 제15차 토론회가 개최됨(성직자 비공개 세미나). 주제는 '성공회-가톨릭 공동학교에서 해야 할 일'.
2000	**2월**, 맨덜슨(Peter Mandelson) 국무부 장관이 권력이양을 잠정 중단하고 직접통치를 복원함. **3월**, 새빌(Saville) 조사위원회가 피의 일요일 사건 재조사에 착수. **5월**, 권력이양 재개됨. 의회에서 무장해제 문제를 다루는 조건으로 유니어니스트가 스토먼트 복귀에 동의함. **6월**, IRA가 보유한 무기재고를 샤스틀레인(General de Chastlain)이 검수함. **7월**, 드럼크리 행진을 퍼레이드위원회가 금지함. 성금요일협정에 따라 마지막 수감자가 석방됨.	북아일랜드교육부(DENI)를 교육부(DE)로 개칭함. 통합초등학교 1개소가 개설됨. 벨파스트 캐리더프의 밀레니엄(Millennium) 통합초등학교.
2001	**1월**, IRA 해체가 시작됨. **7월**, 총선에서 민주연합당(DUP)이 승리하면서 트림블 수석장관이 사임함. **8월**, 콜롬비아무장혁명군(FARC)과의 기술교류 혐의로 기소된 IRA 대원 3명이 콜롬비아에서 체포됨. **9월**, 북부 벨파스트의 홀리크로스 초등학교 앞에서 충돌이 발생함. **11월** 왕립얼스터보안대가 북아일랜드경찰청으로 재편됨.	중등학교 입시에 관한 번스(Burns) 보고서가 간행됨. 초등학교 1개소가 통합학교로 전환함. 안트림 카운티의 칸라우(Carnlough) 초등학교.

2002	3월, IRA가 캐슬레이 경찰서에 침입함. 10월, 스토먼트에서 경찰이 첩보 활동 혐의를 두고 신페인당 사무실을 급습함. 북아일랜드 담당 장관 레이드(John Reid)가 권력이양을 중단함.	통합중등학교 1개소가 개설됨. 런던데리 카운티 마러펠트의 스페린(Sperrin) 통합칼리지.
2003	3월, 힐즈버러에서 블레어 영국 총리와 아헌(Bertie Ahern) 아일랜드 총리가 회담하는 동안 신페인당 애덤스가 트림블에게 IRA 해체 계획을 통지함. 4월, 부시 미국 대통령이 북아일랜드를 방문함. 5월, 블레어 영국 총리가 의회 선거를 연기함. 10월, 준군사조직에 대한 독립된 감시위원회가 활동을 시작함. IRA가 세 번째 무장해제를 단행함. 유니어니스트는 불충분하다고 이를 인정하지 않음. 11월, 의회선거에서 민주연합당과 신페인당이 양대 정당으로 떠오름.	ACT가 NICIE에 20만 파운드를 공여하여, 신규 학교 설립을 추진하는 학부모 그룹과 관련된 커뮤니케이션 팀과 봉사 활동가들을 지원하도록 함. 통합초등학교 1개소가 개설됨. 안트림 카운티 랜달스타운의 메인(Maine) 통합초등학교. 초등학교 2개소가 통합학교로 전환함. 안트림 카운티의 라운드타워(Round Tower) 통합초등학교, 벨파스트 교외의 글렌곰리(Glengormley) 통합초등학교. ACT가 해산하고 애나 호어(Anna Hoare) 수녀를 위한 송별회를 개최함. 20여 년 동안 북아일랜드의 화해를 위해 헌신적으로 일한 그녀는 잉글랜드의 종교 공동체로 복귀함.
2004	9월, 공동자치정부를 복원하기 위한 합의를 도출하고자 리즈성 회담이 열림. 11월, 신페인당 애덤스와 북아일랜드경찰청장 오드(Hugh Orde)가 처음으로 만남. 같은 달, '피의 일요일' 사건 재조사를 위한 청문회가 종료됨. 12월, 벨파스트에 소재한 북아일랜드은행이 2650만 파운드를 강도당함.	통합중등학교 1개소가 개설됨. 아마(Armagh) 통합칼리지. 초등학교 2개소가 통합학교로 전환함. 다운 카운티의 글렌크레이그(Glencraig) 통합초등학교, 그룸스포트(Groomsport) 통합초등학교. 통합초등학교 4개소가 개설됨. 다운 카운티 발리나힌치의 드럼린스(Drumlins) 통합초등학교, 런던데리 카운티 리머배디의 로밸리(Roe Valley) 통합초등학교, 티론 카운티 쿡스타운의 피닉스(Phoenix) 통합초등학교, 안트림 카운티 발리캐슬의 리어(Lir) 통합초등학교.
2005	1월, 오드 북아일랜드경찰청장이 IRA가 북아일랜드은행 강도 사건에 책임이 있다고 공표함. 벨파스트 바 앞에서 매카트니(Robert McCartney)가 IRA에게 피살됨. 7월, IRA가 무장투쟁 종식을 선언함. 9월, 무장해제를 감시한 샤스틀레인이 IRA의 무기는 이제 사용 불능 상태라고 보고.	초등학교 1개소가 통합학교로 전환함. 런던데리 카운티의 그로어티(Groarty) 통합초등학교.

이해 **3월**에 *A shared future: policy and strategic framework for good relations in Northern Ireland*가 발간됨.

2006	**4월**, 블레어 영국 총리가 북아일랜드를 방문하고 헤인(Peter Hain) 북아일랜드 담당 장관이 북아일랜드 의회에 11월 24일까지 '공동자치정부'를 수립하라고 최후통첩함. **10월**, 독립된 감시위원회가 IRA의 무장해제가 완료되었다고 보고함. 스코틀랜드에서 열린 양측 정상회담에서 공동자치정부 복원에 관한 세인트앤드루스 협정을 타결함. **11월**, 수석장관 내정자 페이즐리(민주연합당)와 부수석장관 내정자 맥기네스(신페인당)가 '취임선서문'에 합의함.	'통합학교운동'이 라간 칼리지 설립 25주년을 축하함. 2006년 현재 통합학교 61개소에 학생 수 1만 8733명에 달함. 초등학교 2개소가 통합학교로 전환함. 벨파스트의 크럼린(Crumlin) 통합초등학교, 안트림 카운티의 발리캐슬(Ballycastle) 통합초등학교 통합중등학교 1개소가 개설됨. 다운 카운티 세인트필드의 로얼레인(Rowallane) 통합칼리지. 통합초등학교 1개소가 개설됨. 티론 카운티 파이브마일타운의 클로거밸리(Clogher Valley) 통합초등학교 통합초등학교 2개소가 재학생 감소로 폐교됨. 안트림 발리캐슬의 리어 통합초등학교, 그룸스포트 통합초등학교.
2007	**3월**, 의회선거에서 민주연합당과 신페인당이 의석수를 늘림. **5월**, 새로운 북아일랜드 의회가 개원하고 새로운 공동자치정부가 출범함. **5월 8일**, 스토먼트에서 거행된 새 정부 취임식에 블레어 영국 총리가 아헌 아일랜드 총리가 참석함. **7월**, 북아일랜드에서의 영국군 군사작전(배너 작전)이 공식 종료됨. **11월**, 얼스터의용군, 얼스터방위군, 레드핸드특공대(RHC)가 무장투쟁 포기를 선언하는 성명을 발표하면서, 무기는 보유하되 '사용 불능 상태'로 두겠다고 천명함.	통합초등학교 1개소가 개설됨. 다운 카운티 모이라의 로언데일(Rowandale) 통합초등학교.
2008	**11월**, 국제감시위원회가 IRA 잔존세력을 '매우 심각한 위협'으로 간주해야 한다는 보고서를 발표함.	초등학교 1개소가 통합학교로 전환함. 벨파스트의 클리프트론빌(Cliftronville) 통합초등학교. 로얼레인 통합칼리지와 다운(Down) 아카데미가 합병하여 블랙워터(Blackwater) 통합칼리지 설립. 12월에 힐든 통합초등학교가 재학생 감소로 폐교됨.

| 2009 | 3월, RIRA가 안트림 카운티 마세리느 병영에서 영국군 2명을 살해하고 2명에게 부상을 입힘(1997년 이후 처음 발생한 영국군 사망 사건). IRA 잔존세력이 아마 카운티 크레이개번에서 경찰관 1명을 살해함(1998년 이후 처음 발생한 경찰관 사망 사건).

10월, 미국의 힐러리 클린턴 국무부 장관이 격려차 벨파스트를 방문했음에도, 스토먼트의 양대 정당은 영국으로부터 경찰권과 사법권을 넘겨받는 방안에 합의하는 데 실패함(2010년 2월 5일 협상 타결). | ACT가 제안한 연구논문("Churches and Christian ethos in integrated schools")이 라간 칼리지에서 발표됨. 이 연구는 통합교육기금(IEF)의 지원으로 NICIE가 매컬레이 연구소(Macaulay Associates)에 의뢰하여 수행되었음.

ACT의 문서보관소(아카이브) 기능을 포함하는 웹사이트를 구축하기 위한 초기 작업이 시작됨. |

주: 2009년 이후 직접적인 종파분리주의적 테러에 의한 사망 사건은 없음. 또한 통합학교 신설이 전혀 이루어지지 않다가 2016년 3개의 통합초등학교, 말러스크(Mallusk), 로리스(Loughries), 킬리리어(Killyleagh)가 신설되었다.

374

부록 2

공유학교와 ACT

자료: Jonathan Bardon, *The Struggle for Shared Schools in Northern Ireland: The History of All Children Together* (Belfast: Ulster Historical Foundation, 2009), pp. 280~286.

1976년 6월 14일 월요일, 코리밀라(Corrymeela) 센터에서 열린 기자회견에서 '모든 어린이가 다 함께' 운동이 "공유학교(shared school)와 ACT"라는 제목의 중요한 논의자료를 출간했다.

이 문건은 이미 '혼합된(mixed)' 학교에서 새로운 종류의 공유하는(shared) 공동체 운영을 먼저 해보자는 제안을 하고 있다. 이러한 공유학교들은 공립학교(controlled school, 개신교)와 정부재정지원 자율학교(maintained school, 가톨릭)로 이루어진 기존의 '이원화된' 시스템보다도 더 폭넓은 선택지를 학부모들에게 제공해줄 것이다.

이 문건은 수개월에 걸친 연구의 결과물이며, '공유하는 학교교육'의 바람직한 형태에 관해 우리와 인터뷰한 북아일랜드의 대다수 학부모들이 공감하는 내용을 담고 있다. 우리는 이 문건으로 '강요된 통합'에 대한 두려움 혹은 자녀를 위해 '분리(separate)' 교육을 택하는 학부모의 권리가 제약될 수도 있다는 우려가 해소되기를 희망한다.

우리는 교육 당국과 교회들이 이 문건을 세심히 살펴보고 우리와 함께 제반 이슈에 대해 폭넓게 논의해주기를 촉구한다.

우리는 중등교육 개편이 임박한 이 시기에 우리 아이들을 종교적, 문화적으로 통합하는 방안도 반드시 고려되어야 한다고 생각한다.

1976년 6월 14일

ACT 명예 간사, 엘리자베스 벤튼

모든 어린이가 다 함께, 북아일랜드에서의 새로운 운동

"아일랜드에서 더 나은 느낌을 갖기 위해서는, 어린 나이에 아이들을 결속시키고 같은 학교에서 키우는 것, 아이들이 서로 벗 삼게 하고 평생 동안 남아 있기도 하는 그런 작은 교분과 우정을 쌓도록 이끌어주는 것보다 더 좋은 방법이 없다." _1826년, 킬데어앤드라이글린 교구 주교 제임스 도일 박사

- **우리는** 150년 전에 피력된 위 견해를 지지하고 또 **믿는다.**
- **우리는** 북아일랜드 교육 시스템의 극심한 종교 분리가 북아일랜드 문제해결의 장애물이라고 **믿는다.**
- **우리는** 학부모가 자녀들에게 제공할 교육의 종류를 선택할 기본권을 가진다고 **믿는다.**
- **우리는** 북아일랜드의 기존 교육 시스템이 가톨릭학교와 개신교학교 모두에서 교회와 성직자가 과도한 대표권을 갖게 하는데, 이는 교육 관점에서 불필요하다고 **믿는다.**
- **우리는** 학교에서 성직자들의 본질적 역할은 아이들의 종교교육에 있다고 **믿는다.**

목표

'모든 어린이가 다 함께' 운동은, 학부모들이 원한다면 교회가 종교교

육과 목회상담(pastoral care)을 제공해주는 모든 교파와 문화권에서 수용될 만한 공유학교에 자녀교육을 맡길 수 있도록 하기 위해 북아일랜드 교육 시스템의 변화를 추구한다.

공유학교의 정의

우리는 공유학교가 학교 운영, 교직원 구성 및 학생 모집의 모든 단계에서 종교적, 문화적 배경을 달리하는 사람들이 함께하는 그 무엇이라고 **믿는다.**

북아일랜드에는 공유하는 학교교육의 여러 형태들이 이미 존재한다. 우리는 학부모에게 이런 선택지를 제공하기 위해 새 학교를 건립하는 것이 꼭 필요하지도 현실적이지도 않다고 본다.

1. 재정

우리는 공유학교의 재정이 전적으로 지역교육위원회를 통해 공적 자금에서 충당되어야 한다고 **믿는다.** 실은 모든 학교의 재정을 전적으로 지역교육위원회가 충당해야 한다고 믿는다. 이렇게 하면 예산에 추가 부담을 지우지 않을 터인데, 반면 '이원화된' 학교교육은 완전히 비경제적이며 현재 기부재단들(voluntary bodies)이 떠맡고 있는 초기 건축비의 15%보다 더 큰 예산 부담을 지울 수도 있다.

2. 운영위원회 구성

우리는 지역의 교육 당국(즉, 지역교육위원회)에서 운영위원의 3분의 1을 지명하게 하고 학부모대표와 지역사회가 3분의 2를 채우는 '4-2' 시스템을 채택해야 한다고 **믿는다.**

3. 공유학교 운영에 대한 교회의 관여

우리는 주로 교회의 관점이 통합을 막는다고 **믿는다.** 우리는 교회가 종교교육에 대한 영향력에 관심을 갖는 것은 당연하다고 본다. 우리 사회의 양측 간 문화적 차이도 똑같이 심각하긴 하지만, 우리에게는 교회의 관점이 주된 우려를 야기하는 이슈로 보인다.

이상적으로 말해, 우리는 성직자들이 '영구적인 권리를 가진 교회 대표'가 아니라 지역사회 또는 학부모의 대표로 선정된 사람으로서 운영위원회에 참여해야 한다고 생각한다.

우리는 공동체의 공동운영이 이미 확립된 지역에서는 지금 그러한 운영시스템을 개발하는 것이 가능하다고 믿는다. 이는 지역사회에 더 큰 대표권을 허용하기 위해 성직자 대표자들 일부가 자발적으로 사퇴해야 착수될 수 있다.

우리는 종교교육, 목회상담 및 예배 등 훨씬 중요한 성직자 고유의 역할을 알고 있다.

4. 교직원 구성

우리는 공유학교에 서로 다른 종교적, 문화적 배경을 가진 아이들이 함께 다닐 것이므로 교사와 사무직원 등 교직원 구성에도 동일한 공동체 정신을 반영해야 한다고 **믿는다.**

아울러 학교의 고위직은 지역교육위원회와 학교운영위원회가 공동으로 설치한 위원회에서 임명해야 한다고 **믿는다.**

5. 종교교육

우리는 당해 지역교육위원회가 개별 학교에 융통성 없는 규칙을 정해 줘서는 안 된다고 **믿는다.** 학교는 교회의 매우 유용한 경험과 전문지식을 최대한 이용해야 하는 곳이다. 각 교파의 성직자들이 학교의 일원이 되어 그들이 가장 잘해줄 수 있는 분야, 즉 종교교육에서 기여하도록 권장해야 한다.

종교교육을 실시하는 방식은 학교마다 다를 수 있다. 다음 선택사항들을 제시해본다.

a. 기독교가 우리 민족의 종교이기 때문에, 모든 교파에 공통된 기독교의 믿음 대부분을 다루는 공동의 종교교육 수업요강을 고안할 수 있다.

b. 아이들은 매주 일정 기간 공통 종교교육을 받는 수업에 함께 참여할 수 있다.

c. 각 교파의 가르침은 적합한 교회 당국과 협의하여 가르칠 수 있다.

d. 예배를 함께하여 성직자들, 교사들, 아이들, 때로는 학부모까지 결속시켜야 한다.

우리는 종교교육 교사들이 독실한 기독교인이어야 하고 기꺼이 과목을 가르쳐야 한다고 믿는다. 이렇게 하여 일부 교사들이 종교교육에 그다지 열의가 없어서 수업을 하도록 강요받는다고 느끼며 겪는 정신적 고통을 제거해야 한다. 그뿐 아니라, 공유학교에서는 종교적 관례에 충실하지 않을 것이라고 느끼는 학부모와 성직자를 안심시켜야 한다.

종교교육 교사들은 막중한 책임을 떠맡고 있으며, 많은 것이 교사 개개인의 태도에 달려 있다. '종교는 깨닫는 것이지 가르쳐지는 것이 아니다'라는 격언은 사실이다. 교사들이 기독교의 믿음을 요즘 아이들에게 전달하는 어려운 과제를 감당해내는 데 도움이 되는 강좌를 수강할 수 있게 해야 한다.

역사와 문화 학습

북아일랜드의 두 문화권에는 각기 다른 방향으로 편향된 충성심이 형성되어 있다. 이것들을 여기서 '근절하자'고 논의라도 하게 된 것은 최근 들어서이다. 학교들이 교과과정, 체육 활동 등으로 이러한 지향성을 강화하고 있는데, 겉보기에는 계획적으로 하는 것 같지 않다.

우리의 지난 역사에는 자랑스러운 것이 많다. 아일랜드 외의 지역에서 개발과 문화, 종교에 기여한 바가 역사에 기록되어 있다. 이리로 오는 이주자들의 상당수가 자기 조상이 살던 곳으로 실제 되돌아오고 있었던 것은 사실이다. 어떤 의미에서 아일랜드는, 특히 성 콜룸바(St. Columba) 시대(6세기)에, 스코틀랜드를 일정 정도 교화시켰다고 할 수 있다. 물론 그 전에 달리아다(Dalriada) 왕국(5세기, 아일랜드에서 건너간 스코트족이 세움)이 이미 세워져 있었다. 우리는 스코틀랜드에게 그 이름을 주었다.

스코틀랜드, 웨일스, 코니시반도(잉글랜드 남서부), 맨섬, 남아일랜드, 프랑스 브르타뉴와 더불어, 우리는 켈트 민족에 속한다.

우리는 켈트학(Celtic studies)의 포괄적인 교육과정을 도입하면 통합된 민족의 자부심을 고취하고 공유된 정체성을 확립하는 데 도움이 될 것이라고 믿는다. 이 교육과정에는 사회사, 역사지리, 자연환경, 종교, 음악, 미술 및 언어학이 포함될 것이다.

목표 달성 전략

1. 교육부와 지역교육위원회가 지금 당장 개발 지역, 학교 중복이 이미 비경제적인 농촌 지역, 그리고 특히 공동체 전반에 걸쳐 모든 수준에서 공동운영이 이미 존재하는 지역에 공유학교를 도입할 것을 요구한다.

2. 통합된 교원양성대학을 계속 요구한다. 이는 북아일랜드의 고등교육에서 유일하게 분리된(segregated) 채 남아 있는 부문이다.

3. 교파적인 어린이집 설립에 반대한다.

4. 사실상 교파적인 교육 시스템을 영구화하는 현행법의 개정을 추구한다.

5. 교육부와 지역교육위원회가 신규 학교에 관한 결정을 하기 전에 교육적 문제들에 대해 학부모와 협의할 것을 강력히 촉구한다.

6. 학부모와 교사가 학교 운영에 더 많이 참여할 것을 계속 요구한다.

7. 종교 및 도덕 교육 그리고 역사와 문화 학습의 공통 패턴이 포함된 새로운 교육과정을 홍보한다.

8. 종교교육과 목회상담을 제공하는 데서 지역 성직자들의 협력을 구한다.

일반 의견

'모든 어린이가 다 함께' 운동은 어떤 학교의 폐쇄도 지지하지 않으며 북아일랜드 내에서 획일적인 교육을 시행하는 것도 옹호하지 않는다. 하지만 지난 10년 동안 이루어진 세 차례 여론조사는 대다수 가톨릭교인과 대다수 개신교인이 자녀를 위해 공유학교를 선호한다는 것을 보여주는 바, 우리는 이러한 요구가 충족되어야 한다고 생각한다. 통합된 학교교육을 간절히 보고 싶지만 교회와 정부 당국에 대해 무력감을 느끼는 많은 학부모가 의식하는 암울함을 우리도 의식하고 있다.

1. 학부모의 권리

학부모의 권리는 여러 규범에 다음과 같이 규정되어 있다:

a. (북아일랜드) 교육 및 도서관령(1972), 34조. "학생들은 자신의 부모가 바라는 바에 부합되게 교육받아야 한다."

b. 세계인권선언(1948), 26조 3항. "학부모들은 자녀에게 주어질 교육의 종류를 선택할 수 있는 우선적 권리를 가진다."

c. 제2차 바티칸 공의회 '기독교인 교육에 대한 선언', 6절. "학부모는 자녀교육에 대해 일차적이고 양도할 수 없는 권리를 가지며 학교 선택에서 참된 자유를 누려야 한다."

d. 유럽인권보호조약 등.

그러므로, 우리 운동이 가톨릭계 학교에 대립해오지 않았고 앞으로도 대립하지 않을 것임은 아주 분명하다. 우리가 누누이 말했듯이, 우리도 학부모인데 다른 학부모들에게서 자녀를 위해 바라는 바, 즉 학교 선택의 자유를 어찌 박탈할 수 있겠는가? 우리는 바로 지금 차량들이 한 방향으로만 가는 것 같다는 사실에, 즉 가톨릭 아이들이 공립학교에 다닌다는 사실에 반색하지도 않는다.

그러나 이 운동의 목표가 원하는 사람들을 위해 공유학교를 창출하는 것이기 때문에, 우리는 개신교 학부모들이 자녀가 가톨릭 아이들과 함께 학교에 다니기를 간절히 바라지만 학교 운영을 사제가 독점한다고 여겨지는 현재의 가톨릭 시스템을 염려한다고 말해준 의견을 유념해야 한다. 학교운영위원회에 학부모 대표자를 받아들이면 상황은 틀림없이 나아질 것이다.

공립학교에서 운영위원회의 50% 수준을 개신교 성직자가 점하고 있는 현실은 자녀가 개신교 아이들과 함께 학교에 다니기를 역시 원하는 많은 가톨릭 학부모들을 체념시킨다. 일부 분야에서는 성직자 대표의 수가 50%보다 많기도 하다고 알려져 있다. 이로 인해 일부 가톨릭교인들이 그곳은 공립학교가 아니고 개신교학교라고 말하기도 한다. 다시 말하지만, 성직자 대표의 수를 감축하면 많은 분야에서 위대한 친선의 신호로 받아들여질 것이다.

2. 교육부

교육부는, 기회가 생겼을 때 공동 운영하는 학교를 마련하려는 사람들을 격려하는 것을 매우 주저하는 것 같다. 우리는 학교 중복의 증거가 충분한 지역의 교육위원회나 사립학교 당국에서 제출하는 계획을 받아줄 때 교육부가 자신의 정책을 엄격히 고수한다고 생각하지 않는다. 우리는, 불필요한 중복과 세금 낭비를 피하는 것보다 현상(status quo)을 유지하는 것이, 그것도 이 혹독한 긴축재정 시대에, 더 중요한 것 같다고 생각한다.

기획부가 어린이집 부문의 예산 확충을 수락한 것이 이 방면의 가장 최근 사례이다. 유아교육 확대를 환영하면서도, 우리는 '이원화된' 어린이집을 건설하고 우리의 3~4세 아이들에게까지 분리 시스템을 확장하는 것을 개탄한다. 1968년 이전에는 분리된 어린이집이 아예 없었다. 그런데 지금 왜?

3. 교회

우리 운동은 교회가 공감해주지 않으면 공유된 학교교육 시스템을 향한 전전이 있을 수 없음을 자각하고 있다. 그래서 우리는 교회에 다음과 같이 요청한다.

a. 우리와의 그리고 교파 간의 대화와 논의에 참여할 것.
b. 우리도 평신도로서 개(個)교회의 구성원이며 책임을 감당할 수 있음을 인정할 것.
c. 전통적으로 교회의 책임이었던 것, 즉 어린이를 위한 학교 통제를 학부모인 우리와 분담할 것.
d. 초교파적인 성인종교교육센터를 조속히 설립하는 방안을 숙고할 것.
   - 여기에서 교회학교의 효과성과 효율성, 복음화에 교사와 학교 이용, 교회의 교리수업 복귀 등에 관한 연구와 토론을 장려할 것.

맺는 말

이 운동은 자녀를 위해 공유학교를 갖기 원하는 모든 학부모가 그 가능성을 성취할 수 있도록 도움을 주는 데 헌신한다.

시범학교를 세워보자는 요구가 많이 있지만, 우리는 교육 시스템 중에서 통합이 이미 수용되어 있는 다음과 같은 부문에 주력하고자 한다.

∘ 어린이집(1968년까지의)
∘ 기술전문대학
∘ 정부의 직업훈련기관

- 장애 아동을 위한 학교
- 퀸스 대학교(Queen's University Belfast)

두 공동체의 아이들을 모두 수용하는 초등학교가 소수이지만 존재한다. 선례는 이미 만들어져 있다. 우리에게 시범학교가 필요할까?

교육계의 모든 사람이 변화가 불가피하며 50여 년 동안 지속되어온 시스템에 대한 조사가 지극히 건강하고 당연한 것이라는 점을 깨달아야 한다고 우리는 생각한다. 역사적으로 살펴보면 학교는 끊임없이 다른 형태를 취하고 있다. 변화가 완만하고 동의에 의하는 한, 그것을 두려워해서는 안 된다.

우리는 지금 중등교육 개편에 쏟는 관심 못지않게, 우리 아이들의 종교적, 문화적 통합에 많은 배려를 해야 한다고 생각한다. 정말로, 우리는 한 방향에서의 변화가 다른 방향에서의 변화를 고려하지 않고는 시작될 수 없을 것이라고 기대한다.

우리는 변화를 위한 변화는 추구하지 않으며, 우리 아이들을 위한 변화를 추구한다.

부록 3

북아일랜드 통합학교 현황

자료: Jonathan Bardon, *The Struggle for Shared Schools in Northern Ireland: The History of All Children Together* (Belfast: Ulster Historical Foundation, 2009), pp. 280~286.

북아일랜드 통합학교 등록 학생 수

(단위: 명)

학교명	소재지		설립/전환	2002	2003	2004	2005	2006	2007	2008	2009	2010	2011	2012	2013	2014	2015	2016
Lagan IC	Belfast	Belfast	1981	1,011	1,020	1,040	1,124	1,150	1,150	1,200	1,222	1,200	1,243	1,249	1,262	1,270	1,200	1,265
Forge CIPS	Belfast	Belfast	1985	225	212	226	213	230	250	249	254	287	264	313	340	304	377	379
Hazelwood IC	Belfast	Belfast	1985	736	721	744	740	804	810	845	871	869	863	868	893	917	900	900
Hazelwood IPS	Belfast	Belfast	1985	458	456	452	455	455	454	456	457	461	459	472	416	468	471	470
All Children's CIPS	Newcastle	Newcastle	1986	231	211	208	211	199	203	203	211	211	215	203	214	227	226	223
Bridge IPS	Banbridge	Banbridge	1987	402	411	410	414	408	413	409	409	411	413	408	411	411	416	416
Mill Strand IPS	Portrush	Portrush	1987	208	180	181	210	190	196	192	188	193	189	207	207	211	187	216
Windmill IPS	Dungannon	Dungannon	1988	223	217	222	231	230	228	234	232	231	231	241	233	252	246	246
Braidside IPS	Ballymena	Ballymena	1989	319	336	345	351	346	351	370	365	358	366	370	360	349	317	317
Enniskillen IPS	Enniskillen	Enniskillen	1989	244	235	243	261	235	239	240	244	244	246	233	272	299	294	317
Omagh IPS	Omagh	Omagh	1990	220	239	232	276	291	300	325	339	343	347	362	383	369	379	381
Portadown IPS	Portadown	Portadown	1990	224	223	222	218	220	228	234	231	231	231	234	271	289	331	332
Brownlow CIC	Craigavon	Craigavon	1991	372	377	410	410	434	439	450	423	418	385	347	334	312	270	270
Carhill CIPS	Garvagh	Garvagh	1991	43	41	46	42	44	55	40	32	26	32	53	64	66	67	67
Corran IPS	Larne	Larne	1991	199	199	190	189	201	212	208	205	209	212	204	194	194	167	166
Oakgrove IPS	L'Derry	L'derry	1991	452	460	452	445	467	451	441	444	453	445	447	450	447	442	445
Acorn IPS	Carrickfergus	Carrickfergus	1992	230	229	229	229	230	254	260	258	259	253	259	232	250	258	228
Oakgrove IC	L'Derry	L'derry	1992	812	852	876	849	846	800	850	850	850	842	847	870	857	801	819
Cranmore IPS	Belfast	Belfast	1993	173	211	193	215	208	223	209	221	206	185	212	224	232	232	231
Lough View IPS	Belfast	Belfast	1993	298	348	368	415	437	435	420	430	430	433	444	438	452	449	447
Saints and Scholars IPS	Armagh	Armagh	1993	229	240	250	275	272	274	258	253	236	224	213	220	217	233	234
Erne IC	Enniskillen	Enniskillen	1994	356	341	332	362	375	419	415	417	415	423	427	421	411	418	414
Shimna IC	Newcastle	Newcastle	1994	497	495	492	514	511	509	510	521	515	531	548	548	572	597	597
Cedar IPS	Crossgar	Crossgar	1995	208	213	216	211	217	220	225	220	217	211	209	220	221	217	217
Drumragh IC	Omagh	Omagh	1995	460	489	519	493	525	610	580	637	647	658	658	672	664	651	649
Integrated College Dungannon	Dungannon	Dungannon	1995	543	563	483	467	462	467	430	458	484	492	528	537	541	539	539
New-Bridge IC	Loughbrickland	Loughbrickland	1995	479	498	514	502	504	500	500	520	518	540	547	569	585	600	597
Portaferry CIPS	Portaferry	Portaferry	1995	85	84	84	86	83	80	73	70	65	54	63	63	63	57	68
Hilden CIPS	Lambeg	Hilden	1996	75	69	69	60	47	35	0	0	0	0	0				
North Coast IC	Coleraine	Coleraine	1996	475	527	522	512	534	535	495	476	495	455	462	458	446	425	427

학교명	소재지	소재지	설립년황	2002	2003	2004	2005	2006	2007	2008	2009	2010	2011	2012	2013	2014	2015	2016
Oakwood IPS	Derriaghy	Derriaghy	1996	196	206	192	224	230	231	232	232	227	204	233	234	232	231	199
Six Mile CIPS	Antrim	Antrim	1996	106	111	105	101	94	84	82	82	69	69	78	77	89	89	92
Slemish IC	Ballymena	Ballymena	1996	637	677	681	690	720	710	720	720	720	761	796	797	777	757	756
Annsborough CIPS	Castlewellan	Castlewellan	1997	44	42	46	50	55	62	54	48	59	59	42	57	55	50	42
Malone IC	Belfast	Belfast	1997	467	500	797	800	791	790	797	751	754	710	708	655	620	620	591
Strangford IC	Carrowdore	Carrowdore	1997	450	466	486	469	488	505	526	525	517	538	529	530	554	575	576
Ulidia IC	Carrickfergus	Carrickfergus	1997	745	799	522	529	530	540	540	534	540	554	575	573	570	583	581
Bangor Central CIPS	Bangor	Bangor	1998	496	498	531	537	561	561	560	563	571	578	604	606	601	601	602
Down Academy CIC	Downpatrick	Downpatrick	1998	111	126	297	300	300	240	0	0	0	0	0				
Fort Hill CIC	Lisburn	Lisburn	1998	453	446	867	867	867	873	880	878	895	895	904	890	866	858	854
Kilbroney CIPS	Rostrevor	Rostrevor	1998	86	88	96	93	93	105	105	108	92	92	99	111	125	129	129
Kircubbin CIPS	Kircubbin	Kircubbin	1998	290	304	119	111	103	102	121	123	116	123	152	179	199	203	203
Priory CIC	Holywood	Holywood	1998	893	891	477	489	418	420	445	473	482	507	494	500	550	582	580
Spires IPS	Magherafelt	Magherafelt	1999	162	163	183	188	201	200	202	205	202	202	203	203	197	190	188
Millennium IPS	Carryduff	Carryduff	2000	72	97	105	155	195	208	218	220	224	227	261	255	301	325	325
Carnlough CIPS	Carnlough	Carnlough	2001	28	27	37	41	41	52	48	44	47	40	40	42	28	36	36
Sperrin IC	Magherafelt	Magherafelt	2002	50	115	196	268	353	403	442	475	496	496	493	500	499	496	492
Glengormley CIPS	Glengormley	Glengormley	2003		185	150	160	155	155	167	182	250	217	296	346	384	392	386
Maine IPS	Randalstown	Randalstown	2003		17	30	48	86	104	117	124	134	127	114	135	144	113	135
Round Tower CIPS	Antrim	Antrim	2003		120	134	195	187	216	245	261	265	273	280	281	280	280	319
Armagh IC	Armagh	Armagh	2004			50	108	153	140	61	0	0	0	0				
Drumlins IPS	Ballynahinch	Ballynahinch	2004			12	22	37	61	83	101	115	135	152	160	171	173	173
Glencraig CIPS	Craigavad	Holywood	2004			186	210	225	230	253	220	227	219	222	219	211	211	236
Groomsport CIPS	Groomsport	Groomsport	2004			21	21	25	0	0	0	0	0	0				
Lir IPS	Ballycastle	Ballycastle	2004			17	26											
Phoenix IPS	Cookstown	Cookstown	2004			17	42	54	80	105	127	149	161	174	169	176	215	216
Roe Valley IPS	Limavady	Limavady	2004			25	44	72	101	126	138	157	155	175	168	162	162	170
Groarty CIPS	L'Derry	L'Derry	2005				43	40	36	31	32	42	41	40	40	32	36	36
Ballycastle CIPS	Ballycastle	Ballycastle	2006					100	124	129	142	151	161	177	184	188	204	203
Clogher Valley IPS	Fivemiletown	Fivemiletown	2006					12	20	23	23	0	0	0				
Crumlin CIC	Belfast	Crumlin	2006					352	350	400	300	234	233	169	142	107	97	100
Rowallane IC		Belfast	2006					40	86	0	0	0	0	0				

학교명	소재지	설립/전환	2002	2003	2004	2005	2006	2007	2008	2009	2010	2011	2012	2013	2014	2015	2016
Kindle CIPS	Ballykinlar	2007						36	0	0	0	0	0				
Rowandale IPS	Moira	2007						18	34	64	101	132	193	212	222	216	246
Blackwater IC	Downpatrick	2008							340	342	334	320	274	257	211	217	213
Cliftonville CIPS	Belfast	2008							182	185	180	193	225	254	299	330	313
Ballymoney CIPS	Ballymoney	2009								284	267	285	301	300	330	352	354
Crumlin IPS	Antrim	2009								194	180	180	179	180	150	142	168
Fort Hill CIPS	Lisburn	2009								233	234	239	235	236	240	235	234
Parkhall CIC	Antrim	2009								679	681	684	702	698	667	673	674
Mallusk IPS	Newtownabbey	2016														12	12
Loughries IPS	Newtownards	2016															75
Killyleagh IPS	Downpatrick	2016															123
합계			15,773	16,575	17,149	17,811	18,733	19,183	19,589	21,047	21,131	21,252	21,747	21,966	22,133	22,140	22,509

주: 65개 통합학교
15개 정부재정지원 자율통합칼리지(Grant-Maintained Integrated College), 이 중 1곳은 조건부 인가
5개 공립통합칼리지(Controlled Integrated College), 이 중 1곳은 조건부 인가
23개 정부재정지원 자율통합초등학교(Grant-Maintained Integrated Primary School)
22개 공립통합초등학교(Controlled Integrated Primary School), 이 중 2곳은 조건부 인가

지은이
강순원

◆

한신대학교 심리아동학부 교수이며, 한국국제이해교육학회
회장(2011~ 2015)을 지냈다. 교육사회학, 평화교육, 인권교육,
국제이해교육, 세계시민교육 등에 관한 글을 쓰며 관련 활동을
하고 있다. 『한국교육의 정치경제학』(1990), 『평화·인권·교
육』(2000), 『평화교육을 여는 또래중재』(2007), 『강순원의 대
안학교기행』(2013) 등을 썼고, 『우리 시대를 위한 교육사회학
다시 읽기』(2011), 『극단주의에 맞서는 평화교육』(2014), 『정
동적 평등: 누가 돌봄을 수행하는가』(2016) 등을 번역했다.

분단을 넘어서
북아일랜드 통합학교 기행

ⓒ 강순원, 2017

지은이 ｜ 강순원
펴낸이 ｜ 김종수
펴낸곳 ｜ 한울엠플러스(주)
편집책임 ｜ 배은희

초판 1쇄 인쇄 ｜ 2017년 11월 23일
초판 1쇄 발행 ｜ 2017년 12월 10일

주소 ｜ 10881 경기도 파주시 광인사길 153 한울시소빌딩 3층
전화 ｜ 031-955-0655
팩스 ｜ 031-955-0656
홈페이지 ｜ www.hanulmplus.kr
등록번호 ｜ 제406-2015-000143호

Printed in Korea.
ISBN 978-89-460-6410-2 03370

* 책값은 겉표지에 표시되어 있습니다.